常德市物价志

（1989—2012）

常德市地方志编纂委员会
常　德　市　物　价　局　编

方志出版社
Publishing House of Local Records

图书在版编目（CIP）数据

常德市物价志：1989—2012／常德市地方志编纂委员会，常德市物价局编．——北京：方志出版社，2015.6

ISBN 978－7－5144－1630－5

Ⅰ．①常…　Ⅱ．①常…　Ⅲ．①物价管理－概况－常德市－1989～2012　Ⅳ．①F726.764.3

中国版本图书馆 CIP 数据核字（2015）第 124878 号

常德市物价志（1989—2012）

编　　者：常德市地方志编纂委员会　常德市物价局
责任编辑：罗　滔

出 版 人：冀祥德
出 版 者：方志出版社
地址　北京市朝阳区潘家园东里 9 号（国家方志馆 4 层）
邮编　100021
网址　http：//www.fzph.org
发　　行：方志出版社发行中心
（010）67110500
经　　销：各地新华书店
印　　刷：武陵区宏垣彩色印刷厂

开　　本：787×1092　1/16
印　　张：44.5
字　　数：928 千字
版　　次：2015 年 6 月第 1 版　2015 年 6 月第 1 版印刷
印　　数：0001～1500 册

ISBN 978－7－5144－1630－5　**定价**：498.00 元

常德市地方志编纂委员会

顾　　问：王　群　宋冬春　刘　明　李爱国

主　　任：周德睿

副 主 任：赵应云　黄清宇　陈　华　吉荣华

委　　员：周代惠　涂碧波　陈国华　向才焰　陈智慧

向美华　沈　跃　殷宗德　吴让晓　李百艳

胡以军　汤祚国　诸戈文　赵　星　张友德

龚美爱　胡云武　尹正锡　张运华　刘建跃

洪振海　戴君耀　车德斌　陈安生　黄云新

朱　明　吴德新　黄修林　马　慧　张卫星

张克武　张国政　张　军　罗先友　张　平

唐子钧　程方山　袁云波　夏国祥　刘李波

陈集群　周华辉

《常德市物价志（1989—2012）》编纂委员会

《常德市物价志（1989—2012）》编纂办公室

《常德市物价志（1989—2012）》编辑部

主　　编　袁云波

副 主 编　李印华

执行主编　李印华

总　　纂　余昭绪

编　　辑　余昭绪　李印华　钟志宏　王　强　李　弘
　　　　　文　雯　刘　琳　李涤波　周丕元

打　　字　张　双　陈　楠　葛　凤

《常德市物价志（1989—2012）》审稿人员

市物价局内审人员

袁云波　龚椰林　刘邦原　陈谋建　常新群　陈秋林
赵怡德　王建国　李印华　钟志宏　王　强　沈兆兴
印甫生　刘书敏　朱伯章　刘德贵

专家评审人员

刘李波　周华辉　周　波　翦　甜　齐绍正　江时宜
罗志秋

序

袁云波

历时三载，《常德市物价志》（1989—2012年卷）编纂完成，可喜可贺。作为一名物价工作者，我见证了近十年来价格改革工作的发展历程；作为一名普通消费者，我切身感受到了二十多年来商品和服务价格的变化。

盛世修志。本志书承接《常德地区志·物价志》（1840—1988年）卷，比较全面系统地记述了1989—2012年24年间，常德市物价部门充分发挥稳物价、强监管、促改革、惠民生、优服务等职能，积极为全市经济社会发展营造良好价费环境所做的工作。

二十四年来，通过深化价格体系改革，目前全市97%以上的商品和服务价格实行了市场调节价，大大激发了市场活力，生产和消费都得到了长足发展。生产方面，社会物产极大丰富，2012年全市实现地区生产总值2038.5亿元，较1988年增长约31.2倍；消费方面，城乡消费市场不断繁荣，居民消费结构不断升级，2012年全市实现社会消费品零售总额638.8亿元，较1988年增长约17.3倍。

二十四年来，通过实施惠农价格政策，大幅提高农副产品价格，促进农民增收增效：1998年至2012年全市农民人均纯收入实现连续15年增长，2012年达到了8023元，较1988年增长约14.5倍。尽管受农民劳动力核算工价偏低影响，当前主要农产品价格仍然偏低，但我市稻谷收购价格已由1988年的每50公斤18.75元提高到现在的120元左右，优质晚稻的实际收购价格也已突破125元/50公斤，上涨了6.4倍。

二十四年来，通过价格政策扶持，常德市的电信、公路、电力等基础产业得到了较快发展。电信，2012年年末全市固定电话用户62.1万户，移动电话用户320.9万户，互联网宽带用户42.6万户；公路，全市高速公路在建与通车总里程447公里；电力，全市发电装机总容量达到270多万千瓦，社会用电量125.6亿千瓦时，有效保障了全市生产经营、居民生活及其他用电需求。通过价费政策扶持，教育、医疗、城市供水、公共交通等公益事业得到了跨越发展，市内学校、医院、旅游景点建设的硬件设施都得到了极大改善，这极大地提高了人民的生活品质，方便了人民生活。

二十四年来，通过价格杠杆促进转方式调结构，我市“两型”社会建设得以稳步推进。落实差别电价、惩罚性电价等价格政策，“十一五”期间全市万元GDP能耗下降19.04%，累计完成2.33万吨SO_2减排任务。完善环保收费改革，年筹集排污费5000万元，污水处理费8000万元，为生态文明建设提供资金支持。扶持第三产业发展，2012年全市第三产业增加值达到727.6亿元，较1988年的17.7亿元增加了41.1倍。

二十四年来，通过价格监督检查，整顿规范了价费秩序。开展涉企收费专项检查，优化经济发展环境，减轻企业负担；开展涉农价费专项检查，清费治乱，减轻农民负担；开展节假日市场价格巡查，严厉打击价格欺诈和乱涨价行为，让人民群众过好节；开展灾期应急价格监管，抗灾稳价。24年来，全市物价部门共受理价格举报2.56万件，查处违价案件2.58万起，处理违法所得金额3.38亿元。

二十四年来，通过价格调控，保持了全市价格总水平基本稳定。自1994年建立价格调节基金制度以来，共征收价格调节基金1.6亿元，扶持蔬菜基地10万亩，发放价格补贴5000万元，惠及全市低收入群体。2007年开始启动价格公共服务活动，全面落实民生价费政策，解决人民群众“三最”问题；坚持每年举全系统之力抓好“十件顺民心合民意的价格实事”，破解民生难题。

二十四年来，通过开展价费清理，取消、降低行政事业性收费项目和服务性收费项目近2000个。初步匡算，2005年以来，通过价格杠杆每年减轻全市城乡居民和企业负担近2亿元。

二十四年来，通过开展价格法治建设，规范价格行政行为。1998年，《中华人民共和国价格法》颁布施行。1993年，湖南省第一部价格法规《湖南省行政事业性收费管理条例》施行，随后《湖南省服务价格管理条例》《湖南省涉案物价格鉴证管理条例》《湖南省价格监督管理条例》相继实施。“一法四条例”的施行，基本形成了以《价格法》为核心的价格法律体系，使价格管理有章可循，有法可依。价格调整做到逢调必听，充分征求社会各界意见建议，当好“裁判”。近十年来，我市没有发生价格行政复议和诉讼案件。

二十四年来，通过开展价格诚信建设，经营者行为得到规范。从2006年启动首届价格诚信示范单位评选活动，到2012年开展“明码实价示范单位”评选，在全市营造了诚信受益、失信受损的社会氛围。

二十四年来，我们成功应对了1988年前后、1994年前后和2008年前后三次大的物价上涨，抗击了大洪涝、“非典”、禽流感、特大冰雪自然灾害等的侵袭，经受了1998年亚洲金融危机和2008年国际金融海啸冲击的考验。在这些巨大困难面前，物价工作都为我国成功实现经济“软着陆”做出了积极贡献，市场物价基本稳定，社会稳定，就业扩大，经济发展增速。在抗击冰雪灾害这场硬仗中，市物价局被市委、市政府评为抗冰救灾先进集体。在抗击“非典”的战役中，市物价局被市政府评为抗击“非典”先进集体。

二十四年来，市物价局获得了诸多荣誉：全国农产品成本调查工作优秀集体、全国价格监测工作优秀单位、全国价格认证工作先进单位；省级园林式机关、全省依法办事示范窗口单位、全省物价系统价格调控工作先进集体、全省物价系统落实十件实事先进单位；全市农民负担监管先进单位、市级平安机关、学习型机关、目标管理先进单位、争创“五好”先进集体、十佳人民满意机关、文明标兵单位等多项国家、省、市级荣誉。这些荣誉的获得凝聚了全市物价人的心血和汗水，毫不夸张地说，这部志书就是一部物价工作者的拼搏史。

价格改革未有时。这本志书以翔实的资料、丰富的内容、简朴的文字，真实地记载了24年间常德区改市后各个历史时期价格变化和价格管理情况，对价格改革也有详细记述。对具体商品和服务价格，记述了37多个大类品种，比较全面地反映了常德市场价格的历史变化。从价格这个层面，也概括地反映常德经济发展的历史。这对系统地了解常德价格工作发展的历史轨迹，从中吸取经验和教训，对进一步深化价格改革，完善价格机制和价格调控体系，继续保持市场物价的基本稳定，都可得到有益的借鉴。因此，可以这样说，《常德物价志》是一部服务当代、得益后世的重要志书。

（作者系市物价局党组书记、局长）

2005年10月8日落成的市物价局办公大楼

2014年6月26日，市物价局全体干部职工合影

2014年6月26日，市物价局领导班子成员合影，左起：常新群、赵怡德、陈秋林、刘邦原、袁云波、龚椰林、陈谋建、王建国、李印华

2014年12月，市物价局班子成员（前排）、科室负责人（后排）、区县市（含管理区）物价局局长（中排）合影，前排左起：钟昌宏、李印华、赵怡德、常新群、刘邦原、袁云波、龚椰林、陈谋建、陈秋林、王建国、易伟献、钟志宏；中排左起：鲁述初、杜群、石朝仲、喻自平、唐本力、周月华、汪晓虹、尹治才、李国保、易榕、朱建平、胡昌庆、黄幼男；后排左起：王强、徐兴涛、杨家武、李清、姚光华、聂智芳、吴宛燕、刘艳勋、李国忠、文智、何勇、张业文、龚玉峰、朱致君、鲁观兵

1991年12月9日，国家物价局局长成致平（后排左三）、省物价局局长张开连（后排右三）等到桃源县调研合影

1990年9月，国家物价局副局长胡邦定（前左二）在省物价局局长张开连（前左三）等陪同到桃源调研

1992年5月，省物价局局长马毅（左三）、副局长易焕文（左四）、省价格研究所所长肖少彬（右二）带领相关市州物价局负责人到常德市交流物价管理经验

2011年4月，省物价局局长龚秀松（左五）考察省市重点工程桃源水电站合影

2011年10月，市委书记卿渐伟（左三）调研市场物价

2009年9月，市长陈文浩（右一）考察甘露寺蔬菜市场

2013年8月23日，市长周德睿（右二）向市城区低保对象发放价格临时补贴

2010年12月，市政协主席刘春林（中）主持召开"稳定农产品物价，保障民生"协商会

2012年2月，市委常委、市纪委书记赵应云（正面左三）到市物价局调研

2001年4月，副市长龚建明（右）在常德市商品房价格会议上讲话

2009年9月1日，市人大常委会副主任杨先平（前左三）、市政协副主席朱传宏（前右一）参观全市价格公共服务现场

2011年1月，市人大常委会副主任张启祥（左二）、副市长沈习淼（右二）在大润发超市巡查

2010年2月9日，副市长李爱国（前排左）考察春节期间市场情况

2013年7月，副市长匡加才（前排右四）在平价蔬菜店调研

2008年2月27日，全市价格工作会议

2011年3月，全市“十佳人民满意机关”颁奖现场，市物价局局长袁云波(左五）上台领奖

2007年3月19日，全市价格监督检查工作会议

2007年6月，市物价局优化经济环境工作座谈会

2012年5月，全市价格监测工作会议

2010年8月23日，市物价局召开市城区居民生活用天然气销售价格调整听证会

2012年9月11日，市物价局召开市城区快速公交客运票价听证会

2014年9月11日，市价格认证中心对摩托车进行价格鉴定

2012年7月24日，
市物价局参加行风热线

2005年7月，市物价局干部职工到广福桥煤矿开展“保持共产党员先进性”教育活动

2007年6月23日，市物价局干部职工到帮扶点村开展送温暖活动

2010年6月29日，市物价局干部职工到韶山进行理想信念和革命传统教育

2011年11月4日，市物价局干部职工在点村肖伍铺开展走访慰问和体验农村生活活动

2006年9月16日，市物价局干部职工开展拔河比赛

2009年1月19日，市物价局举办“欢天喜地过大年”春节晚会

2012年5月，市物价局参加市直机关乒乓球比赛运动员合影

2011年5月，市物价局荣获第四届市直机关运动会优秀组织奖

2012年10月，市物价局召开老干部重阳节座谈会

2012年10月19日，市物价局局长袁云波（右二）、副局长龚椰林（左二）、总经济师李印华（左）、市方志办副处级纪检员葛锐（右一）在常德市物价志编修工作动员会上

市物价局局长袁云波与修志人员合影，前排左起：李涤波、余昭绪、袁云波、李印华、钟志宏、周丕元，后排左起：罗劲平、刘琳、罗芬、文雯、王强、鲁观兵、李弘

2015年3月26日，《常德市物价志（1989-2012）》稿专家评审会现场

2014年1月，市物价局修志办工作人员在石门县调查煤炭价格

市物价局所获部分荣誉奖牌

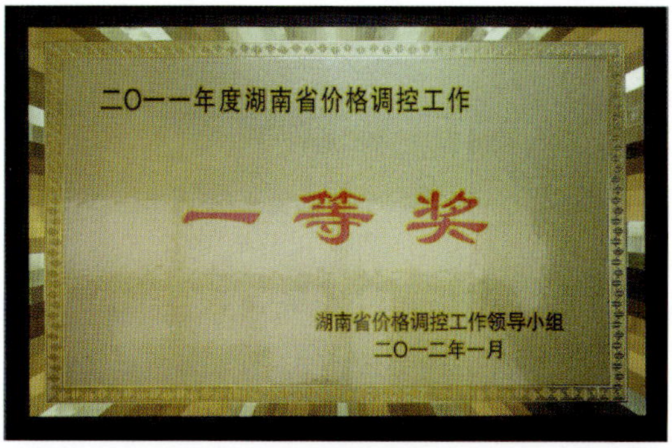

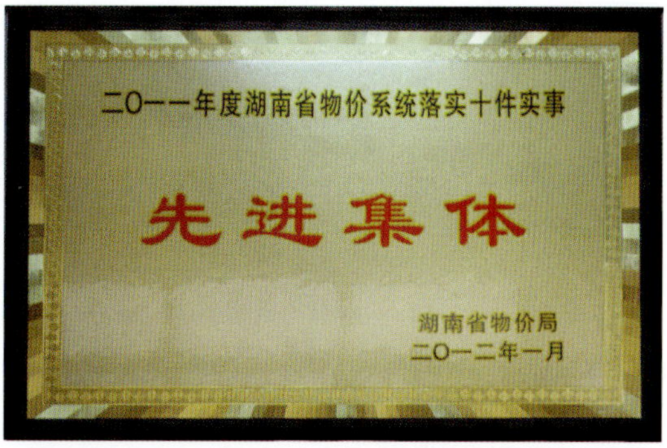

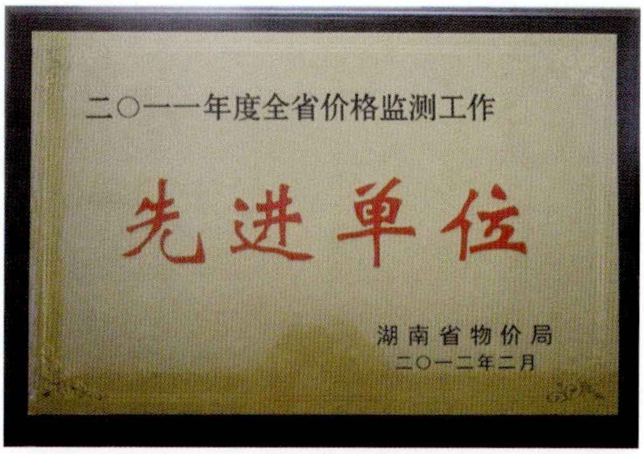

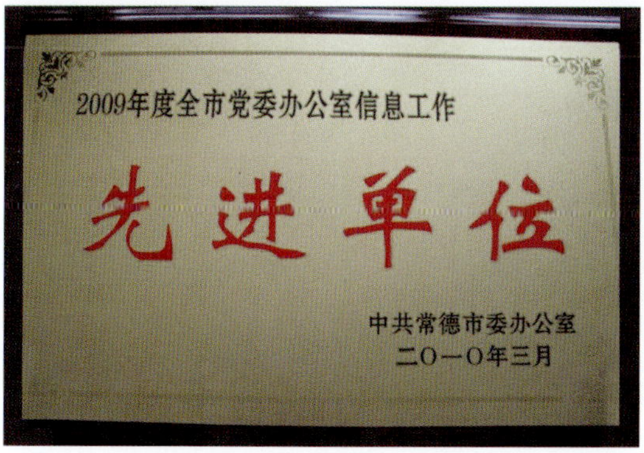

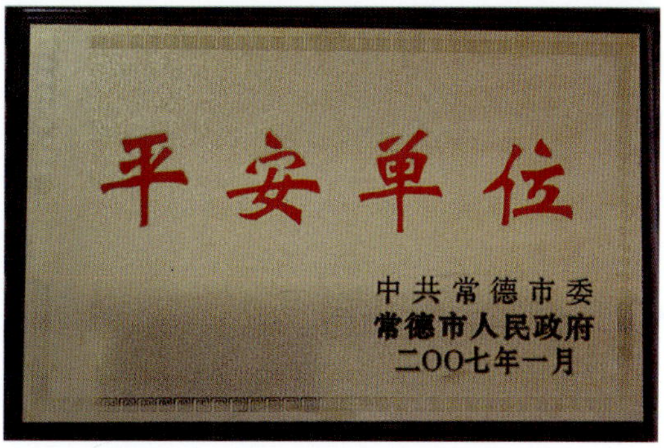

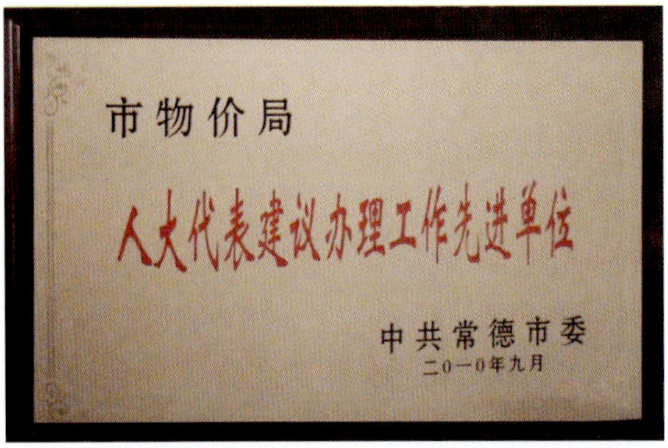
市物价局
人大代表建议办理工作先进单位
中共常德市委
二〇一〇年九月

2011年度全市农村办点工作
先进后盾单位
中共常德市委办公室
常德市人民政府办公室
二〇一二年二月

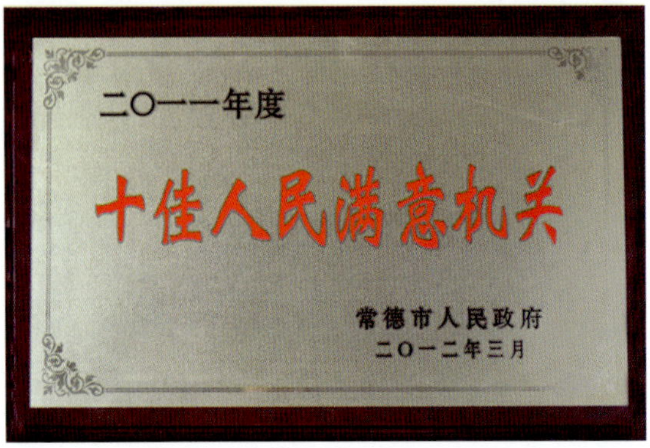
二〇一一年度
十佳人民满意机关
常德市人民政府
二〇一二年三月

2011年春运优质服务
先进单位
常德市人民政府春运领导小组
2011年3月

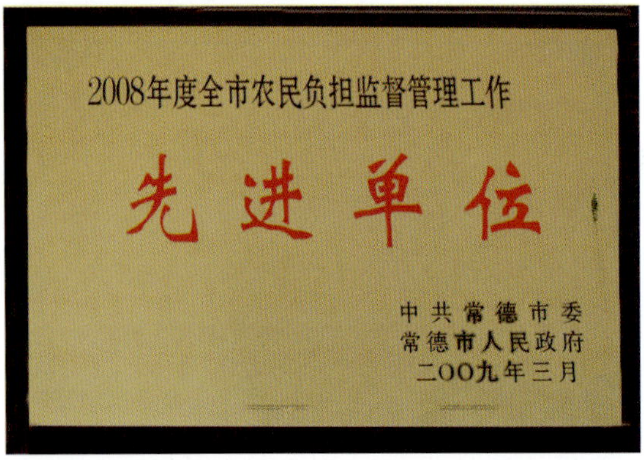
2008年度全市农民负担监督管理工作
先进单位
中共常德市委
常德市人民政府
二〇〇九年三月

文明标兵
中共常德市委
常德市人民政府
二〇一二年三月

在抗冰救灾工作中功绩卓著，授予
"常德市抗冰救灾先进集体"荣誉称号
中共常德市委员会
常德市人民政府
二〇〇八年三月

常德市抗击非典先进集体
常德市人民政府
二〇〇三年九月

凡　例

《常德市物价志（1989—2012）》根据国务院《地方志工作条例》和常德市人民政府办公室《常德市志书编纂工作细则》《常德市部门志书编修工作方案》和《常德市第二轮部门志书出版格式规范》的要求编纂出版。

一、《常德市物价志（1989—2012）》坚持辩证唯物主义和历史唯物主义的世界观和方法论，遵循志书编纂原则和体例，全面、客观、真实、系统地记载和反映常德市范围内20多年价格工作的历史与现状。

二、以1989—2012年为本志记述时间的上下断限，上承《常德地区志·物价志》的下限1988年，少数内容视其需要适当上溯或下延。

三、本志包括概述、大事记、专志、人物及附录等部分，序、述、记、志、传、图、表、录、索引等诸体完备。概述和大事记总揽全书，专志以时为序，横分门类，纵叙史实。专志设篇、章、节、目，共分8篇36章120节，以汉字拼音为序设有索引部分，方便查阅。个别地方以“附”的形式对内容作补充说明。

四、根据生不立传的原则，“人物篇”除“人物传略”外，对符合条件的健在者分别收录于“人物简介”和“人物名录”之中。

五、书中地名、组织机构名称、领导职务等均采用当时的称谓，如“鼎城区”“武陵区”在1988年常德地改市以前分别称“常德县”“常德市”等。有的机构名称第一次出现用全称，之后用简称，如“中共常德市委员会”简称“市委”、常德市人大常委会简称“市人大”、常德市物价局简称“市物价局”等。

六、鉴于市物价局工作职能将于2015年并入市发展和改革委员会，此机构将不复存在。对市物价局2013、2014年的工作概况采用大事记的方法予以记载。

七、本志资料主要来源于市物价局1989—2014年的档案，少数由本局各科室单位、区县市物价局及其他有关单位提供。

目　录

第三篇 价格调控

第四篇　价格监督检查

第五篇　价格事务与公共服务

第六篇 优化经济发展环境

第七篇 区县市价格工作

第八篇　人　物

附　录

CONTENTS

Part 3 Price adjustment and control

Part 4 Price supervision and inspection

Part 5 Price affairs and public service

Part 6 Ways to optimize the economic development environment

Part 7 The work of price in districts, counties and cities

Part 8 Related person

Appendix

概 述

概　述

常德市物价系统紧扣中心，服务大局，依法履职，开拓进取，为建设“现代常德、幸福家园”作出了积极贡献。常德市社会经济发展的每项成绩、文明建设的各项进步都渗透着价格工作者的辛劳与汗水。他们凝心聚力，以“稳物价、惠民生、优服务、树形象”为神圣职责，勇于探索、拼搏奋进，运用价格杠杆促进结构调整、促进发展、改善民生，用点点滴滴的实际行动，为群众办实事，为政府当参谋，为优化经济发展环境，为实现常德市经济社会又好又快发展作出了应有的贡献。尽管局领导成员换了一届又一届，工作人员调进调出一批又一批，但物价人打造阳光物价、推进公正执法、弘扬公仆精神、创建人民满意机关的服务宗旨始终没有变。

一

常德市物价局（以下简称市物价局）属市政府正处级工作部门，其间按照市委、市政府的统一部署，经历了1995年、2001年和2010年三次机构改革。每次改革都由市委、市政府及市政府办公室、市机构改革领导小组对单位级别、性质、编制及设置、局及其内设科室（单位）的职能予以明确，并作适当调整，使其更为科学合理，更加符合新形势的要求。市物价局党组织、工会组织、学术组织等党群组织机构完善，都按要求和职责开展各种活动，发挥各自的作用。

市物价局党组始终把加强党组织建设放在首位，把理论学习与工作实践有机结合起来，不仅注重提高全局党员、干部的政治思想素质，也注重将其与提高价格工作业务能力融合起来，政治思想教育学习常抓常新，党风廉政建设常抓不懈。机关党组织活力进一步增强，基层党组织建设不断进步，各级党组织的战斗堡垒作用和全体党员干部的先锋模范作用得到充分发挥。干部录用选拔按照上级组织人事部门的要求，严格依规定的标准与程序进行，坚持“凡进必考”“凡缺必竞”的原则，做到公开、公平、公正，优化干部队伍结构，全局成为团结一致、积极向上的优秀战斗集体。市物价局多次被市委、市政府评为目标管理红旗单位或先进单位，2011年被评为全市文明标兵单位，2010－2012年连续3年被授予全市“十佳人民满意机关”称号。全市物价系统涌现出一大批先进模范人物。

常德市物价机构伴随着改革大势而发展变化。各区县市分别于1983年前后建立物价管理机构。20 世纪 90 年代初，按照当地政府机构改革的安排，区县市物价局与县计划委员会（后更名发展改革局）合并。1995 年 10 月，按照市委、市政府的通知精神，全市 9 个区县市的物价机构全部单设。2001 年前后，又分别与本县发展改革局合并，称某某县发展改革物价局。2010 年 4 月 9 日，市物价局向市委、市政府提出《关于我市区县市价格行政管理部门恢复单独设立的请示》，要求将现称发展改革物价局的各区县市物价机构恢复单独设置区县市物价局。4 月 15 日，市委常委会议同意各区县市发展改革物价局更名发展和改革局，加挂物价局牌子。常德经开区及西湖、西洞庭、桃花源等管理区均设立并逐步完善物价管理机构。

常德市乡镇物价管理机构设置较早。1989 年，汉寿、石门两县率先建立乡镇物价监督站。1990 年，汉寿县物价局作为全省唯一的代表参加全国基层物价管理经验交流会。1991 年，全市农村物价管理工作会议在石门县召开，各区县市相继建立乡镇物价监督站。9 月 13 日，省物价局组织全省 14 个市州物价局局长到常德市考察学习物价管理和建立乡镇物价监督站的工作。由于 1994 年县级物价管理机构与县计委合并，大部分乡镇物价监督站被撤销，农村物价工作弱化，农村物价涨幅高于城区，特别是农资价格既高又乱，农民负担反弹。市委、市政府专题研究并两次下发文件，明确规定“在乡镇设立物价工作站”“县、乡两级政府都要明确一名领导负责抓物价工作”“把物价工作作为考核县、乡党委和政府政绩的重要内容”。市物价局抓住 1995 年撤区并乡的机会，着手恢复建立乡镇物价管理站。首先在桃源县进行试点，年底，桃源县建起 40 个乡镇站，然后将桃源的做法在全市普遍铺开。县级物价机构的单设和乡镇物价机构的完善，形成了市、县、乡三级物价管理网络，农村物价管理力量明显加强，为服务社会主义新农村建设发挥了积极作用。省物价局将常德市建立乡镇物价监督站的做法总结为“桃源模式”。1997 年 4 月，省政府在桃源县召开全省农村物价工作会议。1997 年年底，全市建立乡镇物价监督站 169 个，占全市乡镇的 85%，配备专、兼职物价干部 315 人。做到了“农民权益有人保护、农民利益受损有处投诉、价格违法行为有人处理、农村价格服务有人提供”。

全市物价系统通过加强教育、创新制度、深化改革、强化监督，将权力关进制度的笼子，用制度管权，按制度办事，靠制度管人，用教育预防、用制度约束，用作风规范。正是如此良好健康的廉洁自律局面，促使价格工作与时俱进，不断取得新的成绩，得到国家、省业务主管部门和市委、市政府以及各区县市党委、政府的充分肯定，社会的高度赞扬。

二

1989－2012 年，是常德市进一步深化经济体制和政治体制改革的关键时期。常德物价人坚持解放思想、实事求是、与时俱进，扎实开展理论与实践双重探索，把价格改革作为服务发展的重中之重，对全市经济的持续快速增长和社会的和谐稳定发挥了重要作用。

20世纪80年代中期至90年代初，物价部门采取“以放为主、以调为辅”的方式，价格改革的重心直指计划价格体制。1989年，贯彻“治理经济环境，整顿经济秩序，全面改革”的方针，紧紧围绕“物价上涨幅度明显低于去年”的目标，物价部门充分发挥职能作用，为促进生产、搞活流通、稳定市场、稳定物价、稳定人心做了大量工作。物价上涨幅度逐月回落，价格逐步趋向平稳。全年社会商品零售物价总指数为114.6%，较上年降低9个百分点，实现了年初确定的工作目标。1990年，遵循“既要稳定物价，又要发展经济”的指导思想，全面贯彻治理整顿、深化改革的方针，全年共调整6个系列、93个种类的产、商品价格，是改革以来出台项目最多、金额最大的一年。生产资料双轨制价格轨距由年初的104%缩小到年末的53%，高度集中的计划价格体制得到较大改变。省物价局及时推介常德市“点名留”放开小商品价格的改革方案。市物价局紧接着又推出了“管计划内商品价格，放计划外商品价格；管通用商品价格，放地方性商品价格；管零售商品价格，放内部结算价格；管畅销商品价格，放滞销商品价格”等价格改革措施，对发展生产，搞活流通收到了很好的效果。1992年，全市市场调节价商品到达910种（类），市场调节价商品在整个社会商品中的比重较过去明显增加。

1993年，较大幅度提高了一批基础产品价格，年调价额9500多万元，平衡了市场供求关系，对常德市全年影响4.93亿元。一批不合理的商品价格得到理顺，第三产业价格进一步放开搞活。1994年，顺利实施石油成品油、化肥价格改革，出台了粮食购销价格改革措施，对53种重要商品价格与收费实行严格的监控制度，从这一年开始，常德市建立价格调节基金（以下简称价调基金）制度。

1997年12月，全国人大常委会通过的《中华人民共和国价格法》（以下简称《价格法》）明确：“国家实行并逐步完善宏观经济调控下主要由市场形成价格的机制。”当年，常德市贯彻落实国家新的粮食收购价格政策；落实国家商品房价格改革措施，改商品房市场调节价为国家定价和国家指导价；贯彻实施新的医疗服务收费管理改革办法；协调解决辖区农场费负担长期不合理的状况。这些价格改革措施，促进了全市经济结构调整。1998年，精心组织实施粮食顺价销售，推进粮食流通体制改革，既保护了农民的种粮积极性，又维护了国家和企业的利益；整顿出租车服务价格，降价减负措施减轻消费者和出租车业主负担1700多万元；整顿电价秩序，减轻了城乡居民和单位的负担；改革住宅价格，降低建设成本1000多万元，刺激了住宅消费；完善自来水价格管理办法，缓解了供水企业生产经营的困难；改革成品油价格，较好地落实了新的石油价格管理办法；进一步整顿药品价格，抑制了药品价格回扣风，使药品价格逐步降低；通过整顿客运站（场）服务价格，减轻了车主的不合理负担，促进了客运事业健康发展；运用价格杠杆刺激消费，启动市场，对于优化资源配置，确保常德市10%的经济增长速度发挥了重要作用。1999年，进一步放开农业生产资料价格，搞活了农资市场；探索对自然价格的管制办法，在政府和企业之间初步建立了成本约束机制、价格竞争机制、价格认证机制、价格听证机制及价格监督机制，为市场经济条件下实行依法治价、民主管价开了个好头，得到省、市有关领导的肯定和群众的好评；积极推进农电、医药、自来水价格改革，受到广大消费者的普遍欢迎与赞扬。2000年，通过推进价格改革，价格结构性调整取得进展。调整供水价格，当年为供水企业增加收入1200多万元，给企业改革发展注入了活力；调整石油成品油价格，保证了客运市场的稳定和国家调价措施的顺利实施；制定和调整沅水大桥通行费标准，每年可筹措建设还贷资金3000多万元；调整小水电供电价格，为生产、经营企业增加收入200多万元，缓解了企业经营困难。

从2001年起，价格改革的重点是进一步完善市场形成价格的体制和政府对价格的管理调控体系，同时对极少数重要商品和服务价格进行调整。价格改革的主要内容包括：建立和完善包括经济、法律和行政手段在内的价格宏观调控体系；继续放开价格，完善市场形成价格的机制；继续调整理顺价格体系；建立和完善粮食储备和粮食收购保护制度，稳妥推进垄断行业的价格改革。当年，推行审批制度改革，取消、下放价格审批事项55项，精简审批项目69.6%。2002年4月，对1989年以来的1463份规范性文件进行清理，公布废止和失效844份，每年减轻企业和群众负担8000多万元（2011年年底又建立内部集中行政审批制度，实行一个窗口受理、办结）。2003年，积极稳妥推进电价、水价、路桥收费等基础产业和公用事业价格改革，实现城乡居民生活用电同价，农村居民生活用电平均每千瓦时由0.74元降至0.548元，全市130多万户农户每年减轻用电负担3500多万元。开征城市污水处理费，每年筹集治污资金8000万元。市政府下达《常德市水利工程水价核定及税费计收使用管理办法》，制定5大类农业生产用水价格。2005年，深化电力、自来水、药品、教育、殡葬服务等价格改革，取消162项行政事业性收费项目，进行4项转经营服务性收费改革。2010年在武陵区、安乡县推行基层医疗卫生机构基本药物制度试点工作，基本药物销售价格下降30%，每年降价金额1200多万元。到2011年6月20日，全市219家基层医疗卫生机构全部实行基本药物零差价销售，每年基本药物销售降价1亿多元。2011年，狠抓市政府《关于积极落实资源环境价格改革措施，促进经济发展方式转变的若干意见》的贯彻实施，推进"两型"社会建设，保护常德人民赖以生存和发展的美好环境。2012年，积极落实国家资源环境价格改革措施，在保证不增加多数居民用电、用水负担的基础上，稳妥推进超额累进加价的阶梯式价格。继2012年7月1日居民生活用电实行阶梯电价之后，常德市又是全省阶梯水价改革试点城市。物价部门扎实组织调研、认真学习外地经验、广泛征求意见，顺利召开了市城区阶梯水价听证会。贯彻公交优先的发展战略，制定了"同城同价"的快速公交票价标准，促进公交事业发展。

常德市的价格改革涉及农产品价格、工农业生产资料价格、消费品价格、资源环境价格、服务性价格等，关乎经济社会发展、关乎民生。全市物价工作者始终把价格改革作为经济体制改革的重要内容，在中国特色社会主义理论体系指导下，坚持市场取向，大胆实践，积极创新，实现了计划经济下价格体制向市场经济下价格体制的根本转变，市场机制在价格形成中发挥着基础性作用。同时，建立健全了市场价格调控体系。过去那种严重扭曲的价格体系已不复存在，价格体系的灵活性显著提高，除极少数直接涉及城乡居民基本生活的公用事业和公益性产品或服务外，绝大部分产品或服务都能够相当灵活地反映国内、国际市场供求关系的变化。市场基础性作用得以体现，生产经营者价格自主权不断扩大，较好地发挥了价格引导市场合理配置资源、调节分配、平衡供求的功能，促进了农业、能源、交通、邮电等基础产业发展，带动了经济结构调整，有利于投资体制、流通体制、财税体制和金融体制改革的顺利进行，对市场经济体制的建立和完善、对经济社会发展和改革开放发挥了十分重要的作用。

三

价格调控是政府实行宏观调控的主要手段之一。常德市的价格调控工作经历了抑制价格过度上涨、引导价格合理回升、防止价格异常波动和逐步完善调控体系的过程。

搞好价格调控，增强价格调控的前瞻性和实效性，首先必须对市场价格进行全面认真的监测和分析，准确掌握市场价格走向，以便科学制订价格调控政策与措施。《湖南省价格监督管理条例》中规定："县级以上人民政府价格主管部门应当建立健全价格监测制度，完善价格监测机构和网络，依照国家规定加强对重要商品和服务价格变动情况的监测，确定价格监测定点单位，依法跟踪、采集、分析、预测市场价格情况，为价格调控管理提供决策依据。"市物价局成立价格监测领导班子和工作机构，建立和完善各项监测制度，制定了《应对市场价格异常波动价格工作预案》，采集详细的监测资料为政府决策提供依据。1990 年年初，市物价局根据省下达给市政府的调控目标，推算职工基本生活费用指数，首次向区县市下达控价目标。4 月，实行"五五"（即 55 种产、商品）价格监测制度，填补了全省价格监测方法的空白。市物价局重视价格监测信息网络的建设，1989 年就有价格信息联络户 150 个，与国内 400 多家信息机构建立了联系，信息收集和反馈面遍及全国 26 个省（市），为市内 2000 多家企业和 300 多个农业种养大户发布经济信息 1280 条。结合"价格公共服务进万家"活动，在城乡设立市场价格监测联络员，及时发现和报告市场新情况、新问题。1993 年，要求各区县市物价局每月 25 日前向市物价局报送 34 个品种的价格。1994 年，对 53 种（类）重要商品实行价格监测。1995 年确定 351 个商品作为计算物价指数及物价监控代表规格商品，确定 40 个单位为国家物价定点调查监测单位。做好市级 100 多个品种、县级 300 多个品种的监测。2004 年，继续抓好农资市场价格监测，对可能引起市场价格异常波动的现象和问题及时进行预警预报，提出对策建议。2005 年，重点对粮、油、肉等农副产品收购、批发、零售价格走势进行监测，对农资出厂、批发环节的价格进行监测，并对其实行差率控制。2006 年，开展"市场监管年"活动，设立 80 个监测网点，对 11 个大类、41 个小类共 298 个规格品种的商品价格进行监测。2008 年，做好重要商品价格的日常监测和节假日市场价格监测。5月份召开价格监测定点单位总结表彰会和业务培训会。将几家大型超市和农资市场主要商品的当天价格编入《每日快讯》，为政府调控物价、改善民生提供第一手资料。2009年，建立健全42个定点监测点，市城区对粮油食品等19类265个品种的商品价格分别采取日报、周报、月报、季报制度。2011年，因受上年市场流动性充裕、国际大宗商品涨价、气候条件异常、劳动力和土地成本增加以及市场投放力量活跃等多种因素影响，以农产品为主的生活必需品价格上涨较快，价格总水平逐月攀升，加大了城乡居民特别是中低收入群体的生活负担。为进一步做好价格调控监管工作，稳定市场价格，切实保障群众基本生活，1月11日，市政府下发《关于稳定消费价格总水平保障群众基本生活的通知》，出台15条稳定市场价格的具体措施。市物价局紧紧围绕全面落实市政府通知精神扎实开展工作。对粮、油、肉、蛋价格进行监测调查，将调研文章编入《常德价格信息》报送市委、市政府。市委书记卿渐伟、市长陈文浩予以批示，政府很快采取了相应措施。2012年，实行价格监测日报告、周分析制度，加强生活必需品和重要生产资料的价格监测。开展“价比三家”监测活动，在市城区选取3家农贸市场和4家大型超市作为采价点，每日公布30个与居民生活密切相关的商品价格。通过网络专栏、报刊专栏、手机短信等发布监测信息，提高价格透明度，规范经营者定价。一系列的价格监测分析和预警预报工作，增强了政府价格调控的超前性，提高了价格决策的科学性。2003年、2008年、2010年，市物价局的价格监测工作被国家发展和改革委员会（以下简称国家发改委）评为先进单位，多次被省物价局评为先进单位。

为应对通货膨胀，增强政府对市场价格的调控能力。1994年，市政府办下发《关于建立市级价格调节基金制度的通知》，成立价调基金征管工作领导小组，在物价局设立价调基金征管办公室。各区县市亦相继开始征收价调基金。2004年起价调基金纳入预算内管理。市政府多次发文对价调基金征收方案进行修订、完善。2012年市本级征收价调基金首次突破1000万元大关，入库1164万元。各级政府和价格主管部门运用价调基金扶持生产、促进流通、平抑价格和对城乡生活困难户进行价格补贴，增强了政府运用经济手段调控市场价格的能力。

在重大自然灾害和价格突发性波动时，物价系统履行调控职能，确保市场稳定和社会安定。20世纪90年代中期常德市连续几年洪涝灾害期间、2003年“非典”防治期间以及2008年严重冰雪灾害期间等，物价部门在各级党委、政府领导下，采取一系列价格调控措施，为保障供应、稳定物价做出了积极地贡献。投放大量价调基金扶持“菜篮子”建设；对灾区重建、学生上学、灾民就医等减免价费负担，有力地支援了灾区安定生活、恢复生产和重建家园。2006－2010年的“十一五”期间，国内外经济形势复杂多变，自然灾害频发。全市价格部门应对2006年底的粮油价格异常波动，2007年、2008年的价格过快上涨，2009年国际金融危机带来的通货紧缩风险以及2010年下半年农产品为主的居民生活必需品价格较快上涨带来的挑战；也遭遇了雨雪冰冻、汶川和玉树特大地震、西南特大干旱等自然灾害和禽流感、甲型 H1N1 流感等疫情引发的价格异常波动。价格部门统筹兼顾、科学应对，积累了在各种复杂情况下保持价格稳定的宝贵经验，建立完善了价格应急机制。这一期间，常德市的地区生产总值（GDP）年均增长 13.5%，居民消费价格指数（CPI）年均涨幅 3.1%，保持了“高增长，低通胀”的良好态势。

常德市 1989 年起实行提价申报制度，1992－1994 年，物价部门按照市政府要求，落实价格调控责任制。1995 年起，市政府建立物价控制目标双向责任制，把控价责任落实到市直相关单位和区县市政府。1997－2001 年，常德市实施以启动内需为目标的价格调控措施，有效促进市场价格总水平合理回升。1990 年、1998 年，常德市抑制通货膨胀，控制物价上涨工作两次受到省政府嘉奖。2003 年，把启动市场、扩大内需、刺激消费作为价格调控的重要任务。2005 年，严格执行国家关于价格调控“两条控制线”的规定，从 2 月份起每月出台一项政策性价格和收费调整措施。2007 年，把控物价、保稳定放在各项工作的首要位置，千方百计控制物价过快过多上涨。2009 年 6 月份，在生猪价格连续 4 个月累计下跌幅度达 42.5% 的情况下，及时跟踪调查，写出《生猪生产今年 9 月底前将迎来转机》的专题材料，引导广大养殖户增强养殖生猪的积极性。2010 年，及时发布粮、油、肉、菜等居民生活必需品价格信息，开展经常性的调查、分析，引导社会各界正确看待价格走势，防止生产者惜售、经营者囤积、消费者抢购等非理性行为发生。2011 年，贯彻落实市政府出台的 15 条稳定市场物价的具体措施。当年，市政府获全省价格调控工作一等奖、市物价局被评为全省价格调控工作先进单位。2012 年，落实保供稳价责任。市委、市政府领导多次调研市场物价，研讨调控措施。市物价局先后组织开展农资、生猪和房地产多项市场调研。由于调控措施环环紧扣，抓得具体扎实，常德市的市场物价一直处于平稳状态，圆满完成了市政府历年提出的控价目标，居民消费价格指数绝大部分年份略低于全国、全省平均水平。

四

价格监督检查工作在保民生、保稳定方面发挥着至关重要的作用。市物价局从规范价格监督检查和价格投诉举报工作行为入手，建立一整套规章制度，严格落实价格举报受理、调查、处理程序，做到工作规范。全市价格监督检查机构围绕政府关注和群众关心的热点问题，加大专项整治和市场监管力度，改进和创新开展重点行业价格专项检查，及时查处价格举报投诉案件，把各种形式的价格监督检查作为贴民心、察民情、体民意的重要途径，把“办理态度、办理速度、办理满意度”作为考核自身工作的重要标准，真正成为人民群众价格权益的守护神和忠诚卫士。

20 世纪 80 年代中期，按照国务院的部署开展税收、财务、物价“三大检查”。1998 年《价格法》的颁布实施，为依法治价提供了法律武器。市物价局围绕贯彻《价格法》，以清费、治乱、减负与整顿和规范市场价格秩序为中心，组织开展了专项检查、市场检查、常规检查，在城市和农村组织职工、农民开展价格义务监督检查。设立“12358”价格投诉举报电话、开通网络投诉举报通道、热情接待来信来访、认真处理上级交办的投诉举报。到2012年，多次开展对教育收费、药品价格与医疗服务收费、成品油价格、农产品购销价格、农业生产资料价格、农村电价与农网改造收费等20多项专项检查。每逢元旦、春节等重大节日，对公路客运票价、农贸市场及超市的商品价格等进行的常规检查和经常性地开展以“菜篮子”“米袋子”等与群众关系密切的生活必需品及服务收费为重点的市场价格检查。将监督检查的触角伸向市场的每个角落，建立和发展职工价格义务监督检查和农村价格义务监督检查队伍。遍布城市社区和乡镇的价格义务监督员成为价格监管工作的千里眼、顺风耳，使价格监督检查工作如虎添翼，城乡消费者的价格权益得到最大限度的保护。由于物价部门心系民所想，利为民所谋，各项价格改革措施得到广大群众的衷心拥护与积极支持，价格部门在群众心目中的地位越来越高。

2001年5月8日，全市物价部门全面开通“12358”价格举报电话，市、县物价局均成立价格举报中心，专门负责价格举报投诉的受理、检查和回复工作。自“12358”开通后，市物价局采用多种形式宣传“12358”，让群众了解“12358”，引导群众运用“12358”。每年“12358”开通纪念日都开展宣传活动，发放宣传资料，发布公益广告。在各类公示和商品标价签上印制“12358”，让“12358”到处可见。对群众通过“12358”打来的电话，无论是价格政策咨询还是价格投诉举报，都做到热情接待、耐心解答、及时查处、认真回复，不断提高“12358”的服务质量。价格监督检查机构建立价格举报快速反应机制和应急工作机制，向社会公开承诺：凡属应急、突发的举报案件，城区2小时、乡镇4小时内赶到现场调查取证，最多10个工作日内办结，特殊情况不超过两个月。自“12358”价格热线开通至2012年，市本级受理价格咨询、投诉35000余件，其中立案查处2000多件。“12358”价格举报电话已经深入人心，成为广大群众的维权热线，为维护市场价格秩序，保护企业和群众利益，发挥着越来越重要的作用；价格举报电话成为政府价格主管部门了解社情民意的“窗口”、联系人民群众的“纽带”、为民排忧解难的“助手”。

20世纪80年代，物价部门与计量管理部门联合开展“双信”（价格、计量信得过）活动，成为一项制度。从2003年开始，开展“价格诚信”活动，成为“双信”活动和“百城万店无假货”活动的继续。物价部门组织评选委员会定期开展评比表彰。对被评上“双信”或“诚信”的企业、商家为其举行隆重的授牌仪式，通过媒体进行宣扬。一旦发现这些单位有价格欺诈行为即予摘牌。除评选市级“双信”“诚信”单位外，还挑选推荐参加省级“双信”“诚信”单位评选活动。1990年开始对商品和收费实行明码标价制度，按照国家定价、国家指导价、市场调节价三种价格形式分别采用红、蓝、绿三色价格标签、价目表。市政府领导高度重视，市政府副市长李江、秘书长傅启芳对明码标价工作作出批示。年底，市城区明码标价率达到97%。尔后，明码标价工作逐步向乡镇延伸，覆盖到常德市的广大城乡。2001 年 8 月 4 日，市物价局向市政府提出《关于在全市全面实施价费公示制度的报告》，将价费公示制度由农村扩大到城市，制定《常德市全面实施价费公示制度工作方案》，要求各区县市成立领导小组，搞好本地的价费公示工作。各收费单位采用电子显示屏、公示栏（墙、牌）、价目表、办事指南等形式，将收费项目和收费标准在缴费者方便阅读的位置进行公示。推进诚信活动使价格欺诈行为大大减少，促进了社会和谐稳定与经济健康发展。常德市先后评选出“双信”或“诚信”单位300 多家，有200多家单位被评为“明码标价示范单位”或“明码实价示范单位”，市城区商业步行街被评为“全省明码标价示范街”，被国家发改委授予“购物放心一条街”称号。

五

1983 年 12 月成立的价格成本调查机构，经历了由“常德地区农产品成本调查队”到“常德地区（市）工农产品成本调查队”“常德市价格成本调查队”三次名称定位。无论名称怎样改变，调查队始终坚持“为价格决策服务、为经济社会发展服务”，履行价格成本调查和监审职能。常德市的价格成本调查人员尽职尽责地做好相关工作，服务好政府决策，服务好地方经济。市物价局多次召开价格成本调查工作专题会议，举办专题培训班，努力提升价格成本调查和监审工作质量，为科学定价提供正确依据。

农产品成本调查不断深入。1989 年选择 150 个户进行常年性农产品成本调查，对蔬菜、生猪、粮食、油菜、苎麻等 33 个品种的生产全过程进行跟踪登记，写出成本调查材料 30 多篇。1990 年起，向各区县市下达农产品成本调查品种，市、县两级调查队实行“五统一”：统一认识、统一组织、统一要求、统一经费、统一考核。不断改进和完善调查工作方法，始终坚持农业成本调查工作为合理制定和调整主要农产品价格服务、为领导宏观决策服务、为农村调整产业结构服务的宗旨。每年除完成省市规定的至少 10 多个品种的调查外，还对国家下达的调查品种进行成本综合分析，写出分析材料随调查表上报。开展“农户种植意向”“农资购买意向”“农户存粮情况”等专题调查，调查数据做到“早、精、准、细、实”，调查报告做到有情况、有分析、有建议。市物价局历年农产品成本调查的资料被编入《常德农村统计年鉴》和《常德统计年鉴》。许多调查报告被省物价局和国家发改委采用。

价格成本调查由单纯的农产品成本拓展到工业产品领域，调查范围扩大、项目增多，调查网络不断优化。调查分析与研究，为政府决策提供了重要的参考依据。一系列的农调工作直接反映“三农”（农村、农业、农民）情况，为省、市乃至国家制定农产品价格政策和“三农”政策提供重要参考。1998 年，市物价局分 3 个组对桃源县、安乡县、汉寿县的 3 个国有粮食企业和部分个体粮食经营户收储、加工、零售等环节的费用进行为期一个星期的调查，搞清了各个环节的费用情况，写出分析材料上报市政府。2010 年，通过对 8 个种植大户的调查，了解他们在大规模种植中遇到的困难和问题以及各项扶农、惠农政策的落实情况。写出的调查报告为市政府进一步落实“三农”工作提供了重要参考依据。全省价格成本调查工作会议在常德市召开，市物价局被评为全省、安乡县物价局被评为全国价格成本调查工作优秀集体。2011 年，在全面完成各项农产品成本调查任务的基础上，撰写出《常德市油菜籽生产成本收益及价格走势分析》和《关于我市蔬菜、猪肉生产流通成本的情况调查》等文章，对上级制定有关政策起到重要作用。经全省市州交叉检查和省局全面考核，市价格成本调查队被国家发改委和省物价局评为全国、全省农产品成本调查优秀集体。

开展价格成本监审，为定调价提供可靠依据。1994 年开始，对部分关系国计民生的政府定价商品开展成本监审。近 20 年来，价格成本监审工作制度不断完善、工作程序不断规范、工作方法不断创新。1994 年，对 20 种重点商品和服务价格确定监审办法。2001 年市物价局召开成本审核协调会议形成决议：凡是定、调价项目必须事先进行成本审核，然后依据成本审核资料，合理制定价格。2003 年制订《常德市价格成本监审工作制度》和《常德市价格成本监审工作程序》，拟定《常德市重要商品和服务价格监审项目》。2005 年对成本监审工作人员进行培训考试，成绩合格者颁发由国家发改委统一制作的《价格成本监审资格证》。针对成本监审人员少、任务重等情况，对大型监审任务采取市县联合审核、委托审核和集中审核等办法，确保按质按量完成成本监审任务。同时利用“价格成本网络”平台，包括农产品上报汇总及数据库、价格成本调查上传下达、工作交流及价格成本监审数据库、价格成本监审有关法律规定和实用方法数据库等，提高工作效率。2005 - 2012 年（不含 2006 年、2011 年）的 6 年间，审核各单位上报财务成本 14 亿元，审减不合理成本费用 2.6 亿元，核减额占上报成本总额的 19%，为调整价格，促进相关行业约束成本、强化管理起到了重要作用。市、县成本调查机构为历次价格调整听证会出具的成本监审结论均得到听证代表的认可，为价格调整听证会的成功举行乃至之后的调价提供了可靠依据。

从“价格事务所”到“价格认证中心”既是机构名称的变化，又是工作职能的拓展。主要是围绕服务司法、服务政府、服务社会、服务系统这“四大服务”开展工作。20 世纪 90 年代初，价格认证业务范畴还较狭窄，只是“开展价格信息咨询服务，办理委托价格事务”，价格认证业务还不很明确。1992 年 10 月，将认证工作规范为“对赃物、罚没物、过期无主物和纠纷财物（简称“四物”）的估价”。2001 年 4 月，市价格事务所更名为市价格认证中心后，认证工作规范为：接受国家执法机关的委托，专门从事刑事、民事、行政、经济案件中的涉案物价格鉴证工作。从此，价格认证工作步入规范化和法制化轨道。市县价格认证中心依法依规履行职责，在涉案物价格鉴定过程中，以维护司法公正、保护当事人合法权益、维护社会稳定为出发点和落脚点，客观、公正、科学地开展涉案物价格鉴定这一主体性工作。1992－1998年，市价格事务所共评估赃物5030起，总价值4250万元；罚没物850起，总价值3500万元；纠纷财务2520起，总价值9750万元。20年共办理公、检、法委托的各类案件2万多件，涉案总金额100多亿元。在服务司法领域方面，取得了令人瞩目的成绩，特别是在一些重大、疑难案件的办理上，体现了专业水准，维护了司法公正。2004年12月常德桥南市场发生重大火灾后，经营户情绪极不稳定，为向政府索赔，多次赴京上访，甚至堵桥中断交通。2006年，市价格认证中心对火灾损失作出科学合理的鉴证，得到5000多经营户认可，受到鼎城区委、区政府赞扬，桥南市场又恢复了往日和谐繁荣的景象。2008年，受市政府安排，对市城区沅江河畔的餐饮船舶相关价值进行鉴证。核算上万个数据，核查上千件物品，撰写评估报告300多页，将船主提出的1300多万元的赔偿降低到290万元，市政府很快取缔了严重污染环境和水质的水上餐饮船。2009年参加全省涉案物价格鉴证案卷管理评比获一等奖。市物价局经常组织价格认证人员开展学习培训活动，选派人员参加省或全国举行的培训学习，取得司法鉴证资质。1991年起一直从事价格认证工作的高建设，多次参加全省培训学习，还先后5次到北京、上海、武汉参加全国培训，为常德市的价格认证工作做出了贡献，多次获得市物价局、省物价局表彰。市价格认证中心恪守服务第一、信誉至上的宗旨，严格依法依规办事，没有发生严重违反政策纪律的现象，评估、鉴证工作没有出现大的差错，做到了社会满意、相关单位和个人满意、领导满意，多次被评为全国、全省价格认证工作先进单位。

六

市物价局紧扣党和政府的工作中心，结合实际，广泛开展价格调查研究，形成了一批有观点、有内容、有对策、有措施的优秀调研成果。1990年，市物价局成立综合科，配备3名专职人员从事价格调查研究，并从汉寿县委办公室调来刘德贵担任综合科科长。1990－1995年，市物价局综合科被市以上党委、政府和党报党刊采用文章510篇，其中国家级89篇、省级294篇。《菜篮子跟着洪水上涨》的信息被国务院领导传阅，有6篇获得《经济日报》等国家级报刊奖。刘德贵采写的一篇仅312个字的反映常德市鼎城区政府治理乡镇乱设卡收费的消息《一句话报告拆掉八处路卡》获全国好新闻二等奖、全市优秀新闻金奖，《汽油市场在燃烧》《老物价的新足迹》获全国物价调研奖。《农民进入市场忧思录》《农产品价格还是管少放多好》分别被中共中央办公厅、国务院办公厅《经济参考》《农村工作通讯》及《农民日报》等采用，为加快放开农产品价格步伐、减轻农民负担、调整农村产业结构起到了促进作用。《难忍农村灯下黑——常德农村用电调查》一文在《中国电业》等多家报刊发表，为之后“两改一同价”的全国电业改革提供了正确思路。《价格服务——新时期物价工作的主旋律》一文为当时全国物价职能转变提供了很好的参考。在职能部门曾一度热衷用红头文件收费时，综合科针对性地撰写了《如今企业怕“红条”》《救救“费”墟中的特困企业》等调研文章；集中“治乱”时上报了《常德标本兼治，规范收费管理》等调研成果。这些调研文章都对新时期物价工作起到了超前参谋作用。刘书敏有多篇文章分别在《中国物价》及湖南省、江西省、福建省的价格刊物上发表。

市物价局把价格调查研究作为解决价格工作矛盾和问题的有效途径，作为探索新时期价格工作新路子的有效方法，作为锻炼价格工作队伍、转变工作作风的重要手段。1998 年市物价局开展“五个一”调研活动（即调查一个企业、一户农民、一名学生、一辆车子和一个个体户），撰写出一批有价值的调研材料。2002 年开展“调查研究年”活动，对粮食品质与价格、农业结构调整、农民减负增收、整顿和规范价格秩序、治理乱收费等进行调查研究。同时，开展县级价格工作调研评比活动。市物价局拟定 10 个调研专题，全市共撰写各类调查材料 126 篇，被国家级报刊采用 4 篇、省级报刊采用 10 篇、市级新闻媒体采用 32 篇。钟志宏撰写的《促进农户减负增收的价格政策》及彭廷寿、易伟献、杨文军、龚玉峰、邹昭英、姜文军等人撰写的调研文章被省物价局评为优秀价格调研成果，受到通报表彰。2004 年，市物价局按照“工作中抓调研，以调研促工作”的指导思想，从观念、渠道、重点等 3 个方面创新调研工作。提出“全员文字化”的口号，要求全局工作人员不管在什么岗位从事什么工作，都要深入开展调查研究，并写成文字材料。改变了文字工作过去由综合部门独立承担的局面，形成了“人人有学习动力，个个有调研压力”的工作氛围。2009 年，市物价局在深入学习实践科学发展观的活动中，按照一名领导、一个课题、一套班子的要求，带着群众最关心的 7 个价费热点问题，由 7 名班子成员各分一个专题分别带领人员深入全市 9 个区县市的乡、村、部门、企事业单位，开展“问计基层群众，共谋科学发展”的调研活动，尔后将调研报告汇编成《践行科学发展，提高服务水平》的调查研究文集。2010 年，参加省物价局组织的“纪念物价机构设立三十周年征文和演讲比赛”，袁云波和李国忠、李印华和王强撰写的文章均获一等奖，袁云波的另一篇文章获二等奖，陈秋林和张业文、陈谋建和易伟献撰写的调研文章获三等奖；文渊妮《物价责任大于天》的演讲获二等奖。2011 年，市物价局被评为全省价格系统调研工作先进单位。袁云波、王强《关于农产品流通有关情况的调查》获全省物价系统优秀价格调研成果一等奖；刘邦原、钟志宏的调研文章获二等奖；陈秋林和张亮以及何勇的文章分别获三等奖和优秀奖。2012 年，市物价局结合“走访群众听民声、深入基层解难题”作风建设主题活动，干部职工深入走访农村、企业和社区，人人参与调查研究，取得了丰硕的调研成果。

调查研究，使价格工作掌握了切合实际、行之有效的主动权；调查研究，为推进价格改革、为科学制定和调整商品与服务价格、为适时采取一系列切实有效的价格措施发挥了重要作用，收到了很好的效果。市政府利用市物价局提供的调研材料，有的放矢地采取相应措施对市场价格进行调控，稳定了市场物价。省物价局参考常德市的调研文章，正确制定了全省的价格政策。常德市的价格调研工作始终贯彻“以民为本，服务经济发展”的总体思路和总原则，密切关注社情民意，及时为政府宏观调控市场、制定相关价格政策发挥了重要作用，得到政府、企业和人民群众的好评。

市物价局坚持在价格理论与价格实践的学习中探索，在探索中工作。价格工作者紧紧围绕市委、市政府工作大局，坚持以科学发展观为指导，以“稳物价、惠民生、优服务、树形象”为目标，按照“保增长、扩内需、调结构、促就业、强基础”的总体要求，充分发挥价格职能作用，牢牢把握价格调控的主动权，精心谋划和组织实施价格改革，在促进人与自然和谐发展、经济与社会科学发展方面做出了积极贡献。20 多年来，全市物价系统充分发挥价格杠杆在促进经济结构调整和发展方式转变中的作用，从三个方面服务全市经济又好又快发展：一是服务新型工业化、二是服务现代农业化、三是服务新型城市化，全面优化了常德市的经济发展环境。市物价局充分运用价格政策，千方百计减轻企业负担、减轻农民负担、支持创业和再就业，对行政事业性收费进行清理整顿，对服务价格严加监管，大力开展治理“三乱”和清费减负工作，开展以“八进”为中心的“价格服务进万家”活动、认真办理“十件价格实事”，取得了可喜成绩。

加强价格法制建设，努力提高依法治价水平，把法治常德建设的要求与物价工作的实际紧密结合，精心“打造阳光物价、推进公正执法、建设法治机关”。市物价局坚持第一时间公布上级最新价格政策及本局下发的与群众、企事业单位利益相关的文件，保障群众的知情权、参与权、监督权，做到公开合理定价，科学民主决策。2012 年年初，在全省价格工作座谈会上，副市长沈习淼作了《打造阳光物价保障民生民利》的典型发言，市物价局被评为全市“法治常德建设先进单位”。市物价局在推进法治建设中，事事处处坚持以“公开”取信于民，不断拓展公开内容、不断创新公开形式、不断强化公开效果，得到了群众对价格工作的理解与支持，提高了物价部门的公信力和满意度。物价工作的社会地位以及在群众心目中的地位越来越高！

新知识层出不穷，新技术更为普及，新经济不断发展。物价系统既面临历史赋予的机遇，又面临错综复杂的新矛盾、新问题、新挑战。价格工作中一些原来熟悉的东西已经成为历史，而原来不太熟悉的东西正在成为工作的主要内容。要适应新形势下的新要求，既需要经验的总结又需要学习的提高，既需要实践的探索又需要理论的升华。改革与发展是永恒的主题，物价工作者任重道远，在未来的价格工作中要做到 5 个“必须坚持”：必须坚持处理好改革与稳定的关系，在稳定中推进价格改革；必须坚持发展是第一要务，为全市经济健康较快发展服务；必须坚持以人为本，确保人民群众共享价格改革发展成果；必须坚持全面协调可持续发展，充分运用价格杠杆促进经济社会协调发展；必须坚持统筹兼顾，为构建和谐稳定社会环境提供保障。

全体价格工作者要努力践行社会主义核心价值观，为早日实现中华民族伟大复兴的中国梦而奋斗！

《

大 事 记

大　事　记

1989 年

2 月 18 日　市物价局出台关系国计民生的重要商品价格监控办法，对 100 种商品价格变动实行旬报制度。

4 月 17－22 日　国家物价局副局长张琪、研究所所长陈德尊，省物价局副局长易焕文、研究所所长肖少彬到常德市调研农产品价格，为农产品价格改革提供依据。副市长李江陪同调研。

6 月 29 日　下午副市长李江到市物价局听取物价工作情况汇报。要求物价部门在促进经济发展、减轻群众负担、保持社会稳定等方面为市委、市政府当好参谋。

9 月 20 日　召开全市物价大检查工作会议，贯彻国务院《关于开展一九八九年税收、财务、物价大检查的通知》和全国、全省物价大检查工作会议精神，部署常德市物价大检查工作。

10 月 6 日　上午，市政府副市长杨万柱到市物价局了解办公楼修建工程进展情况，要求在十一层设一个大会议室。

10 月 27 日　下午，市政府常务副市长卜启圣到市物价局考察办公大楼工程建设，并了解资金到位情况。

12 月 30 日　省物价局局长马毅一行到市物价局调研物价形势，与基层物价部门座谈，探讨深化价格改革思路。副市长李江到桃林宾馆看望。

1990 年

3 月 14 日　经副市长陈德铨同意，在市城区四个大型农贸市场建立物价监督站，农村乡镇物价监督站在试点的基础上全面铺开，全市聘请义务物价监督员 380 余人。

3 月 15 日　国家物价局驻湘特派员易焕文、黄宗贤到市物价局调研市场粮价走势。

3 月 20 日　市委发出《关于成立市物价局党组的通知》（常发干〔1990〕69 号），同意成立市物价局党组。

4 月　实行“五五”价格监控制度。此举为全省价格监控之首创。

6月9日 国家物价局副局长胡邦定到常德市调研物价部门自身建设和物价综合信息工作中的难点、热点等问题，对市物价局的各项工作给予高度评价：常德市的物价工作在全国位居前列，市委、市政府十分重视物价部门的工作，希望继续努力，在深化价格改革中探索更好的经验。

6月30日 针对农村价格秩序“三乱”（乱收费、乱罚款、乱摊派）严重情况，市物价局推广建立乡镇物价监督站。副市长李江和市局领导深入现场解决问题，乡镇物价监督站发展到59个。

7月23日 汉寿县物价局局长罗炼章赴北京参加国家物价局召开的全国14地、市、县物价局长座谈会，汇报农村建立物价监督站的经验。

8月 市物价局副局长钟明炎被国家物价局授予“全国物价系统劳动模范”称号。

9月 中国物价函授学院常德函授工作站被评为全国物价函授教育先进工作站，被授先进奖牌，市物价局余本松获全国物价函授教育工作先进个人称号。

10月15日 省物价局副局长朱开圭到常德参加湘鄂两省价格协商会，研究两省边界地区价格衔接方案。

10月29日 省物价局副局长朱开圭陪同全国17个省市物价局局长到市物价局考察物价部门建设和机构设置情况，并到汉寿县物价局了解乡镇建立物价监督站情况和参观乡镇物价监督站。

1991年

1月7日 下午，市委书记庞道沐到市物价局考察工作，听取物价局工作情况汇报，强调物价部门的地位和作用，对物价部门的工作十分满意。

1月20日 国家物价局对在物价系统工作25年以上的老同志颁发“荣誉证书和纪念章”。常德市有市物价局钟明炎、朱伯章等8人获此殊荣。

4月12日 全国搞活大中型企业价格理论研讨会在常德市芷园宾馆召开，会议重点研究大中型企业产品价格形成机制。市物价局领导在会上作《当前搞活大中型企业的难点与渴求》的典型发言。

5月30日 国家物价局副局长胡邦定到常德调研物价宣传工作，对常德市的物价宣传工作给予高度评价。

7月22日 国家物价局确定常德市农产品价格重大变动情况直接上报国家物价局。

8月13日 省物价局局长张开连等到市物价局调研“八五”价格工作计划和物价工作职能转变等问题，听取市物价局汇报和建议。在省物价局出台的“八五”价格工作计划中，多处采用市物价局的建议。

9月9日 全国16个省市物价局局长在湖南省长沙市参加价格理论研讨会后，专程到常德考察物价部门的建设和价格改革方面的情况。

9月13日 省物价局组织本省14个市州物价局局长到常德市考察学习物价管理和农村乡镇建立物价监督站的经验。

9月26日 国家物价局驻湘物价特派员易焕文、黄宗贤到常调研农资价格和消费品价格波动情况，为省物价局控制农资和消费品价格频繁波动提供决策依据。

12月9日 国家物价局局长成致平、省物价局局长张开连等到常德调研物价工作在党委、政府工作中的地位、作用及物价工作开展情况，充分肯定常德市的工作，并对物价工作在市委、市政府工作中的地位和作用表示赞赏。

是年 市政府在石门县召开全市农村物价管理经验交流会。

1992年

1月15日 市价格学会召开第一届理事会第二次全体会议。1988年1月21日成立常德地区物价学会并举行第一届理事会第一次全体会议。

5月19日 市物价局、市水利水电局、市电业局在临澧县召开全市整顿农村电价经验交流会议，副市长刘士六出席会议并讲话。

5月20日 应国家物价局邀请，市物价局副局长刘书敏赴北京为全国物价局局长培训班作题为《开拓进取，努力做好基层物价工作》的辅导课，得到国家物价局法规司王司长的好评，学员纷纷表示要到市物价局学习。

6月18日 省物价局局长李后祥到常德市调研物价工作，探讨新形势下物价工作新思路。市委副书记周阳生到桃林宾馆看望。

6月20日 召开《常德地区物价志》评审会议，市地方志委员会领导出席会议，原副专员肖宗荣到会。

7月30日 常德市职工物价监督总站成立。2003年9月停止活动。

8月1日 放开猪肉和生活用煤原煤价格，并由财政给居民发放价格补贴。

8月23日 放开小化肥价格。

10月15日 全国物价期刊工作会议在市桃林宾馆召开，市物价局在会上介绍了期刊发行工作经验，获当年期刊发行工作先进单位称号。

11月3日 省物价局局长李后祥、省公路局朱局长、省政府办公厅经济处刘处长等到常调研沅水一桥设站收取车辆通行费问题，副市长陈德铨陪同。12月1日，沅水大桥开征车辆通行费。2006年7月1日零时撤销收费站，停止收费。

是年 市政府成立行政审批制度改革工作领导小组，制定行政事业性收费管理措施与办法，狠刹自立项目、用过期文件、越权收费等行为。

1993 年

2 月 22 日　市人大常委会任命沈兆兴任市物价局局长。

3 月 29 日　副市长李江带领市财办主任傅启芳、市法制办主任张友德等到市物价局专题研究对主要生产资料征收价格调节基金的问题，并议定征收原则、管理办法和使用范围。

5 月 29 日　山西省物价局领导带领该省部分地市物价局局长到常德考察价格事务工作，主要是事务工作机构设置、工作内容及开展事务工作的经验等。

6 月 18 日　国家物价局驻湘物价特派员易焕文、黄宗贤到市物价局调研市场物价情况。

9 月 8 日　市物价局根据《湖南省行政事业性收费管理条例》规定，对全市行政事业性收费实行年检年审制度。

1994 年

1 月 8 日　市物价局向市总工会申请成立常德市物价局机关工会，1 月 20 日市总工会予以批准。

7 月 11 日　市政府下发《关于建立市级价格调节基金制度的通知》（常政发〔1994〕9 号），决定建立市级价格调节基金。

9 月 22 日　市委、市政府下发《关于进一步稳定市场物价的意见》（常发〔1994〕19 号），抑制通货膨胀，控制物价上涨，运用价格杠杆落实各项宏观调控措施。

12 月 14 日　即日起开展全市物价大检查，组织近 200 个检查组，查处各类违价案件 518 起，实施经济制裁 494.08 万元。其中，市直共查处案件 95 起，实行经济制裁 168.5 万元。

是年　全市投入近 2000 万元价格调节基金进行蔬菜产业结构调整，城郊新建 5000 余亩蔬菜基地。

1995 年

3 月 23 日　市物价局贯彻《国家计委关于进一步学习宣传和贯彻商品和服务实行明码标价的规定及实施细则的通知》，在全市物价系统和相关行业组织开展学习宣传和贯彻落实活动。

8 月 4 日　市政府办公室首次下发《关于印发〈常德市市级价格调节基金征收方案〉

的通知》（常政办发〔1995〕1号），明确价格调节基金征收范围、标准和分工。此后，每年均有新的征收方案出台。

8月7日 市政府同意市物价局组建常德市市场物价稽查大队。市场物价稽查大队负责对市场价格进行监督检查。

8月14日 市机构编制委员会办公室以常编办直〔1995〕25号文件批复，同意成立常德市价格调节基金征收管理办公室，为正科级事业单位，隶属市物价局领导，核定事业编制5名，人员经费列入地方财政预算，负责市本级价格调节基金征收管理工作。

9月23日 根据市委、市政府《关于常德市市级党政机关机构设置的通知》（常发〔1994〕17号）精神，市机构编制委员会下发《关于印发常德市物价局职能配置、内设机构和人员编制方案的通知》（常编发〔1995〕17号），明确市物价局为市人民政府工作机构。其内设机构为办公室、综合信息科、产商品价格管理科、房地产价格管理科、非商品收费管理科。

是年 市政府建立物价控制目标双向责任制，分别对市直相关单位和区县市政府制定粮食、猪肉、蔬菜、农资等8类重要商品价格水平和收费项目的分类控制目标。9月份，制定重要商品价格水平分月控制目标，在全省率先建立区县市物价指数统计制度。

1996年

5月29日 全市农村物价管理工作经验交流会在桃源县召开，市委副书记王孝忠和市政府副秘书长龙迪安出席会议并讲话。市物价局副局长翟振彪传达全省物价工作会议精神，局长沈兆兴作总结讲话。

6月4日 市物价局出台“树形象、迎八运”活动实施方案，成立领导小组，以创良好的价格环境，树立常德良好形象为主题迎接湖南省第八次运动会在常德举行，争创文明机关，开展三大活动：市场物价检查系列活动；行政事业性和经营服务性收费整顿系列活动；产商品及交通邮电价格整顿系列活动。

8月22日 市物价局联合市交通、市公安、市工商、市蔬菜办等部门建立绿色通道，凡整车运销常德市的蔬菜在本市境内一律免征过路过桥过渡费。

是年 常德市在全国率先开展机动车交通事故车辆损失评估。主要是对道路交通事故造成的各种汽车、摩托车、拖拉机和自行车、助力车、三轮车、人力车、畜力车、残疾人专用车等机动车辆或非机动车辆损失进行价格评估。1998年6月23日，市物价局和市公安局交通警察支队联合下发《关于印发〈常德市交通事故车辆损失评估暂行规定〉的通知》（常价事字〔1998〕092号），对全市机动车交通事故车辆损失评估工作进行规范。通知要求：交通事故车辆损失评估工作由市、县两级公安交警部门指定的价格事务所（价格认证中心前身）车辆评估中心负责。

1997 年

1 月 8 日 市物价局向省物价局申请市级蔬菜科研机构建设资金 50 万元。

4 月 省政府在桃源县召开全省农村物价工作会议，推广桃源县物价局“以乡建立物价管理站，全面加强农村物价管理”的经验。副省长周时昌出席会议，各地州市常务副市长，各县分管物价工作的副县长参会。

5 月 7 日 市政府办公室（常政办发〔1997〕15 号）转发市物价局《关于实施 1997 年物价控制目标双向责任制的报告》，确定价格涨幅控制目标和责任部门。

8 月 22 日 市价格调节基金征收管理办公室在全省价格调节基金座谈会上作题为《加大征收力度，规范基金管理，促进我市价格调节基金工作稳步发展》的典型发言，介绍常德市价调基金征收管理工作经验。

12 月 桃源县物价局作为全省先进集体唯一代表出席全国物价系统先进集体、先进个人表彰大会，县物价局局长朱自权出席大会。与参会代表共同受到李鹏总理接见。

12 月 29 日 第八届全国人民代表大会常务委员会第二十九次会议通过《中华人民共和国价格法》，共七章四十八条，自 1998 年 5 月 1 日起施行。

1993－1997 年 市物价局连续 5 年荣获全省价格信息工作一等奖。

1998 年

4 月 5 日 市物价局组织开展为期一个月的全市《价格法》宣传活动，印发宣传挂图 5000 多套、宣传单 5000 多张，悬挂和张贴标语 1000 多条，出动宣传车 100 多台次。

5 月 4 日 市物价局开展行风评议工作。

5 月 28 日 市物价局向市政府呈报《关于运用价格杠杆刺激消费启动市场促进发展的报告》，对电力、电信、化肥等产业和商品采取价格措施，对过去价格干预措施进行清理，切实发挥价格杠杆优化资源配置作用。降低一批价格，取消一批收费项目，废止一批规范性文件。是年 7 月 4 日，市政府办以常政办发〔1998〕36 号转发。

6 月 17 日 市政府办常政办〔1998〕28 号批转《市物价局关于制定粮食顺价销售价格的报告》，主要原则是保本微利。

7 月 27 日 常德市发生历史罕见的洪涝灾害，市物价局加强市场调节价商品管理，加强物价监督检查，严格主要商品和服务价格管理，稳定灾区物价。

9 月 29 日 市物价局在芷园宾馆召开住宅价格改革工作会议。10 月 1 日，常德市住宅价格改革方案正式出台，对经济适用住房实行最高限价、对普通商品住宅适当降价，同时减免有关收费。

10 月 28 日 省价格信息中心设立常德工作站，聘请李印华为站长。

1999 年

1 月 13 日 市物价局就市城区公共汽车票价举行常德市首次听证会，副市长龚建明、市物价局负责人及有关工作人员、部门代表、市区两级人大代表和政协委员代表、消费者和经营者代表、新闻记者共 40 多人参加。

1 月 20 日 市总工会同意市物价局成立机关工会。2003 年局机关工会升格，7 月 22 日，局党组向市总工会呈报局工会组织升格后第一届局机关工会委员会成员的请示。

5 月 开展《价格法》实施一周年系列宣传月活动。邀请市人大、市政府领导在常德电视台、《常德日报》发表讲话和纪念文章，在城区主要街道、路口悬挂横幅标语，在常德电视台图文频道滚动播放宣传标语和《价格法》知识问答近一个月。在全市物价系统首次组织《价格法知识竞赛评比活动》。

2000 年

4 月 23 日 按照市委的安排，市物价局开始进行“三讲”（讲学习、讲政治、讲正气）教育，局成立“三讲”教育办公室，制订“三讲”教育实施方案。“三讲”教育 6 月 24 日结束。

7 月 11 日 国家计委授予桃源县物价检查所、鼎城区物价检查所“规范化物价检查所”称号。

12 月 18 日 《湖南省服务价格登记证管理办法》出台，要求凡从事属于政府指导价、政府定价的服务项目经营者，应按物价管理权限到价格主管部门进行服务价格登记，由价格主管部门核发“湖南省服务价格登记证”。常德市从 2001 年 1 月 1 日起实施服务价格登记证制度。

12 月 全面推行行政事业性收费“两证一卡”制度，要求所有收费单位必须办理“收费许可证”，单位执收人员必须取得“收费员资格证”，并主动向收费对象填写“工商企业税外费登记卡”或“个体经营户费负登记卡”。

2001 年

1 月 18 日 市委决定印甫生任市物价局局长、党组书记。8 月 31 日，市人大常委会任命印甫生任市物价局局长。

3 月 12 日 省物价局局长李后祥到常德市考察，先后到津市、澧县调研，对常德市涉农收费管理、监督的做法给予充分肯定，并将其经验在全省推介。

5 月 10 日 全市物价部门统一开通“12358”价格举报电话。

6 月 实行收费管理“六个一”：农民税费负担实行一卡制、农村电价实行一票制、医院实行住院病人医药费一日一清单制、乡镇站所收费实行一站制、部门收费和涉农收费实行公示制、服务价格实行一事一公示制。

8 月 14 日 常德市商业步行街被省物价局命名为湖南省明码标价示范街。

8 月 17 日 市物价局治理涉农收费工作的三个经验材料在全省价格工作会议上推介。

是年 市物价局在津市对涉农收费实行“一个窗口”试点，清理界定乡镇站所涉农收费项目与标准，将七站八所的收费归结乡财政“一块牌子公示、一个窗口执收、一本账目管理”，遏制乱收费行为。将这一做法向全市推介，共建立 128 个“一个窗口”。此举得到省政府的肯定，《湖南日报》作专题报道。

是年 根据《常德市人民政府办公室关于印发〈常德市物价局职能配置、内设机构和人员编制规定〉的通知》（常政办发〔2001〕63 号），市物价局设立办公室、行政事业性收费管理科、产商品价格管理科、服务价格管理科。同时设立事业单位市物价检查所、市价格调节基金征收管理办公室、市物价局德山物价管理办公室、市价格成本调查队、市价格认证中心。

是年 市物价局被市委、市政府授予全市文明单位称号。

2002 年

2 月 市委副书记李少甫率组织、人事、纪检、市直工委等单位负责人，对市物价局的机构改革工作进行考察，对干部民主推荐、竞争上岗的做法给予高度评价，将其经验在市直单位推介。

3 月 14 日 市人民政府调整常德市减轻企业负担领导小组成员，组长由副市长陈文浩担任，市政府助理巡视员唐必清任副组长，市纪委、市经贸委、市物价局、市收费局、市乡镇企业局负责人为成员。领导小组办公室设物价局，翟振彪任办公室主任，李印华任办公室副主任。

6 月 20 日 为适应加入“WTO”、优化经济发展环境的需要，市物价局对本局 1989 年以来有关价格（收费）文件进行清理，共废止失效文件 597 份。

12 月 市物价局全体干部（含事业单位人员）成功实现公务员过渡。

是年 常德市开始对服务价格每年开展一次年检年审工作。

2003 年

3 月 20 日 市人大常委会任命印甫生为市物价局局长。

5月 市物价局强化防治“非典”时期物价监管工作，共检查医药用品经销单位3222个（次），落实回复举报600多件，查处价格违法案件63起，实施经济制裁34.8719万元。

6月25日 市物价局以常价办〔2003〕7号向市政府请示以旧办公楼（1989年建）置换新办公楼方案，新楼选址武陵大道北段西侧。2005年10月8日迁入新办公大楼（即现址）办公。

8月20日 按市政府〔2003〕74号文件有关规定，市物价局所有行政审批、收费和办证项目共计25项进入市政务中心运行。

9月 市物价局开始在全局开展学习、贯彻“三个代表”（中国共产党始终代表中国先进生产力的发展要求、始终代表中国先进文化的前进方向、始终代表中国最广大人民的根本利益）重要思想的活动。

12月30日 市物价局对全市价费公示作出规定。各收费单位采取设置电子显示屏、公示栏、价目表、办公指南等形式，对收费项目和收费标准在缴费者方便阅读的醒目位置进行公示。全市制作电子显示屏90多块，电子触摸屏38台，公示栏1300多个，价目表20000多份。

是年 市物价局取消148项收费项目。

是年 市物价局被评为“全国价格监测工作先进单位”，2002－2003年评为“全国农产品成本调查优秀集体”。

2004年

1月13日 市物价局陈大波被市政府评为市直十佳公务员。

2月16日 成立常德市价格应急反应领导小组。市委常委、常务副市长陈文浩任组长，副市长龚建明、市物价局局长印甫生任副组长，市直相关职能部门主要负责人为成员，负责价格应急反应工作的组织领导、指挥协调。

4月14日 为加强价费管理，市物价局在“六个一”基础上提出“八个一”的新规定，即：商品价格一品一标签制、农电价格一票制、各类收费一块牌子公示制、住院病人收费一日一清单制、乡镇七站八所收费一站制、义务教育收费一费制、企业收费一窗制、农民负担一卡制。

8月2日 市物价局印发经市委组织部审定的《常德市物价局领导班子重大问题议事规则细则》。

9月8日 市委常委干〔2004〕25号任命袁云波任市物价局党组书记。印甫生任市物价局党组副书记，免去其市物价局党组书记职务。

10月10日 市政府下发《关于印发〈常德市面向社会服务司法鉴定管理办法（试行）〉的通知》。

2005 年

1 月 市四届人大常委会第二十次会议任命袁云波任市物价局局长。

1 月 市物价局启动保持共产党先进性教育活动。2 月 18 日下午在 11 楼会议室召开全体人员及市委督导组参加的“保先教育”动员大会。当年 6 月份基本结束“保先教育”活动。

12 月 8 日 市人大常委会主任莫道宏、市政协主席刘春林到市物价局考察工作，局党组汇报物价部门的工作情况。

2006 年

4 月 26 日 常德市物价检查所被湖南省依法治省领导小组命名为“依法办事示范窗口单位”。

8 月 24 日 市物价局党组书记、局长袁云波带领班子成员、科室负责人上市广播电台“行风热线”，与市民进行互动交流，解答市民提出的价格问题。

9 月 27 日 市物价局在市人大机关一楼一会议室召开市城区管输天然气销售价格听证会。

11 月 14 日 市政府调整市减轻企业负担领导小组成员，组长：宋冬春，副组长：张运华，成员：敖建斌、张友德、袁云波、刘慎松。领导小组办公室设市物价局，李印华任办公室主任。

11 月 15 日 市实施公务员法工作领导小组批准常德市物价局实施公务员法的工作方案，纳入公务员法实施范围的机关行政单位有：市物价局机关、市物价检查所。

12 月 12－13 日 市物价局召开全市价格部门服务社会主义新农村建设流动现场座谈会，交流工作经验。与会人员参观了临澧县修梅镇、安乡县安全乡、桃源县桃花源镇等现场，局长袁云波作会议总结，出席会议的省市领导讲了话。

12 月 30 日 结束对常德桥南大市场火灾损失评估。桥南市场在 2004 年“12·21”特大火灾中全部烧毁。2005 年重建后，为了恢复市场的繁荣，安定经营户，鼎城区委、区政府和桥南管委会从全市几十家专业评估机构中选择市价格认证中心进行灾前门面价值评估。评估结果为：损失价值 2.16 亿元。评估工作得到 5000 多户经营户的认可，受到鼎城区委、区政府和桥南管委会的高度赞扬。

是年 市物价局被市委、市政府评为全市文明单位。

是年 市物价局全面开展“市场监管年”活动，重点查处群众价格投诉案件，“倡导价格诚信，打击价格欺诈”，在市城区评选出 8 家价格诚信单位。同时在桃源县桃花源镇进行办点示范，形成的《唱好三字经，服务新农村》为题的经验材料，在全省农村价格工作会议上推介。

是年 市物价局被评为2005－2006年度全国农产品成本调查工作优秀集体。

2007年

4月2日 首次开展“十件价格实事”活动。市物价局制定落实“十件价格实事”工作方案，确定2007年“十件价格实事”的具体内容。

8月31日 市物价局获悉市网吧协会将城区170家网吧上网费标准统一提高到每小时2－2.5元，并制发通告给每家网吧。价格执法人员当即向网吧下发责令整改通知书，恢复原价并通过新闻媒体曝光。省物价局的《价格检查简报》刊登了此案。

11月16日 副市长李爱国在市政府一号楼601室主持召开贯彻落实国家发改委《关于加强市场价格监管努力控制价格上涨连锁反应的通知》专题会议，市物价局负责人在会上汇报了全市物价工作情况。会议决定，积极保障供应、努力稳定市场、严格执行国家政策、切实加强价格监管。

是年 市物价局价格举报工作在《常德日报》《常德晚报》分别以题为《春运期间乱涨价，罚!》《物价部门严肃查处乱涨价行为》等21篇文章进行报道，市优化办对物价部门的价格管理工作给予充分肯定并多次在政府工作会议上予以表彰。

2008年

1月 常德市遭受严重冰冻灾害，为避免价格混乱，市政府建立价格监管联席会议机制，由副市长李爱国任组长。市物价局集中力量，在全省率先对市城区步步高、家润多、大润发、惠生公司等10多家超市、肉类经营单位涉及粮油肉蛋共400多个品种价格进行临时干预。

2月20日 安乡县物价局被国家发改委价格监测中心授予优秀单位称号。

2月29日 市人大五届一次会议任命袁云波为市物价局局长。

4月29日 为纪念《价格法》颁布实施十周年，市物价局在市城区步行街开展价格宣传咨询和受理价格举报活动，向群众发放宣传品、解答群众咨询的价格问题。市人大、市政府、市政协以及市法制办领导莅临现场考察、指导。

4月29日－5月12日 市政府安排市物价局对常德市城区沿江河段正在经营的18条餐饮船舶的价值进行评估。整个评估掌握适度从紧、公正、科学、效率的原则，给市政府取缔沿江餐饮船舶提供了科学、客观、真实的决策依据，使船主提出的1300多万元的索赔降为290多万元。

7月1日 市编委常编办〔2008〕45号文同意，市物价检查所更名为市价格监督检查局，市价格成本调查队由事业单位改为行政机构。

2008年9月3日，省价格监督检查局局长何唤鸣（右四）、市人大常委会副主任张启祥（右六）、市政府副市长李爱国（右五）、市政协副主席杨新辉（右七）、市物价局局长袁云波（右九）、副局长刘邦原（中）参加揭牌仪式

7月1日 市编委常编办〔2008〕46号文同意，将原定区县市47名物价检查专项事业编制置换为行政编制，区县市物价检查所一律列为行政机构，并统一更名为价格监督检查局。

9月3日 常德市价格监督检查局成立并举行揭牌仪式。

12月23日 市物价局被评为全省价格系统“落实十件价格实事”优胜单位。

是年 市物价局被评为全国价格监测工作优秀单位。

2009年

3月4日 市委、市政府授予市物价局全市农民负担监督管理工作先进单位称号。

3月8日 市委授予市物价局争创“五好”领导班子先进集体称号。

3月23日 市物价局召开党组会议，传达贯彻市委动员会议精神，开始深入学习实践科学发展观活动。8月21日，向市委学习实践活动办公室呈送局学习实践活动自清自查工作报告，8月23日写出市物价局开展学习实践科学发展观活动总结，此活动告一段落。

4月23日 市物价局在德山开发区举行全市“价格服务进万家，促进发展保民生”活动启动仪式，拉开价格公共服务活动帷幕。副市长李爱国出席仪式，并向阳光乳业负责人授“涉企收费监督卡”。

4月 按照市政府《关于建设人民满意政府的实施意见》，从4月份开始，市物价局开始开展创建人民满意机关活动。市物价局2010－2012年连续3年被评为全市“十佳人民满意机关”。

5月1日 市物价局发出常价价〔2009〕56号通知，明确C207常德张公庙收费站等13个政府还贷二级公路收费站自2009年5月1日零时起撤销，停止公路客运线路涉及撤销收费站客运票价中向旅客收取的每站每人0.60元通行费。

5月11日 市物价局联合市电信、移动、联通三大营运企业举行市城区电信行业价格诚信评议活动启动仪式。省价格监督检查局局长何唤鸣以及市人大、市政协相关委办领导出席。

7月22日 市政府调整市减轻企业负担工作领导小组成员，副市长徐超文任组长，张运华任副组长，市纪委、市经委、市物价局、市财政局、德山经济开发区负责人为成员。领导小组办公室设市物价局，李印华任办公室主任。

8月13日 市物价局在安乡县召开全市价格公共服务进农村现场交流会，推广安乡县涉农价费公示经验。

10月12日 市物价局代表队参加全省价格法律法规知识竞赛，获二等奖。此次参赛领队龚椰林，队员有李印华、钟昌宏等。同时获竞赛组织工作先进集体称号，龚椰林获竞赛组织工作先进个人。

是年 市物价局被评为市直单位联系社区、城管创建工作先进单位。

2009年10月市物价局参加“白沙杯”湖南省价格法律法规知识竞赛荣获二等奖。图为参赛选手，左起：李印华、钟昌宏、廖在利

2010年

2月1日 副市长李爱国在全省价格工作座谈会上汇报常德市强化价格监管、优化经济发展环境、深化价格公共服务等方面工作。

3月16日 市物价局被评为全市2009年度“企业服务年”活动先进单位，受到市委办、市政府办通报表彰。

4月29日 市政府在安乡县召开全市试点县区实施基本药物价格政策工作现场调度会议，副市长沈习淼出席会议并讲话，武陵区、安乡县两个试点区县政府分管区县长、其他有关方面负责人、32家基层医疗卫生机构负责人参加会议。会议由市政府副秘书长马麦秋主持，市物价局局长袁云波总结通报前段试点区县实施基本药物价格政策工作及取得的成效，提出今后工作要求。

8月17日 常德物价系统文渊妮和王履霞参加湖南省物价机构设立三十年暨争先创优活动演讲比赛，分别获得二等奖和三等奖。

8月20日 市政府调整市减轻企业负担领导小组及其办公室组成人员。副市长徐超文任组长，市政府副秘书长张运华任副组长，市监察局副局长熊连初、市经信委主任张友德、市物价局局长袁云波、市财政局副局长郑维菊、德山经济开发区管委会副主任雷光承、市民政局副局长李巨开、市纠风办副主任徐超云为成员。领导小组办公室由市物价局副局长陈谋建任主任。

文渊妮（右）和王履霞（左）获奖后合影

10月 省减轻企业负担专项治理督查组到常德进行督查，对常德市的减负工作给予充分肯定。

11月15日 市长陈文浩、副市长徐万发、沈习淼，市政府秘书长周代惠出席在武陵区方家巷举行的为困难群体发放价格补贴的仪式。市物价局关于物价上涨对低收入群体生活影响的调查报告，经市政府第41次常务会议研究同意，在全省率先对市城区28057名低保对象发放每人100元价格临时补贴。

12月8日 市政府下发《关于印发〈常德市物价局主要职责内设机构和人员编制规定〉的通知》（常政办发〔2010〕45号），明确职责调整、主要职责、内设机构、人员编制和领导职数等事项。

12月10日 市物价局在常德国际大酒店召开市城区出租车客运价格体系调整听证会，28人（其中消费者12人，经营者8人，政府部门、社会组织和其他代表8人）会议。之后发出《关于常德市城区出租车客运价格体系调整有关事项的通知》。

是年 市物价局获全市“十佳人民满意机关”称号。获全国价格监测工作优秀单位称号。

2011年

1月11日 市政府发出《关于稳定消费价格总水平保障群众基本生活的通知》（常政函〔2011〕11号），出台15条稳定市场物价的具体措施。

2月15日 市物价局被评为2010年度全省落实十件价格实事先进单位。受到省物价局通报表彰。

9月6日 副市长沈习淼主持召开市物价局等14个市直相关单位负责人参加的市政府第82次专题会议，研究价格调控监管工作。

2011 年 9 月，市物价局价格行政处罚听证会

9 月 15 日 市物价局举行新一佳常德金钻店价格欺诈案行政处罚听证会，此举在全省价格执法中尚属首例。8 月 2－3 日对湖南省新一佳商业投资有限公司常德金钻店的明码标价情况进行检查，发现该店存在虚构原价进行价格欺诈的不正当价格行为，故在全省首次举行这一听证会。

10 月 11 日 市委书记卿渐伟专题调研市场物价。

是年 市长陈文浩多次在会上强调保供稳价工作，要求区县市尽快建立并落实物价上涨与低收入群体价格临时补贴联动机制。

是年 市政府获全省价格调控工作一等奖。

是年 市物价局被评为全国农产品成本调查工作优秀集体。

是年 市物价局被评为“市级文明标兵单位”“十佳人民满意机关”“全省价格监测工作先进单位”。

是年 市物价局 2009－2011 年连续 3 年被市委、市政府评为市委农村点村工作先进后盾单位。

2012 年

1 月 18 日 省物价局党组成员、副局长邵桂初带队督导常德春运价格监管情况，邵桂初一行先后到常德汽车总站、桥南汽车站等地督导，副局长陈秋林陪同。

2 月 1 日 副市长沈习淼代表市政府在省政府召开的全省价格工作会议暨省价格调控工作领导小组会上发言，就保供稳价工作介绍经验。会上，市政府获 2011 年度湖南省价格调控工作先进单位一等奖，市物价局获 2011 年度湖南省物价系统价格调控工作先进集体和湖南省物价系统落实十件价格实事先进集体称号。

2 月 17 日 市物价局召开新闻发布会，向媒体通报全市春运期间 26 起价格违法典型案件的查处情况。

2 月 市价格成本调查队获“2010－2011 年度全国农产品成本调查工作优秀集体”称号。

3 月 22 日 省物价局党组成员、副局长邵桂初一行到常德督导全省价格工作会议暨省价格调控工作领导小组会议等工作的落实情况。

3月28日 市物价局推出“价比三家”监测活动，引导居民消费。

3月 市物价局被评为全市文明标兵单位，由市委、市政府授予“文明标兵”匾牌。

4月21日 成立市价格调控工作领导小组，市政府副市长沈习森任组长，市政府副秘书长陈彰波、市物价局局长袁云波任副组长，市发改委等17个单位为成员单位。

5月9日 省委常委、省长株潭“两型社会”建设综合配套改革试验区工作委员会书记张文雄一行到常德市调研“两型社会”建设。张文雄一行调研了常德阶梯水价改革实施情况，查看了国源小区智能水表安装运行情况，当了解到该水表系统能够为阶梯式水价改革提供较好的技术保障时，张文雄给予充分肯定，指出建设节约型社会要落实到每一个家庭。省物价局局长龚秀松、市物价局局长袁云波陪同调研。

5月30日 全市农村价费监管年活动动员大会在安乡县召开。市物价局领导成员、相关科室单位负责人，各区县市物价局局长、收费股长参加会议。安乡县委常委、常务副县长徐苠致辞，市物价局党组书记、局长袁云波出席会议并讲话。

6月1-2日 省物价局副巡视员刘年来、综合调控处处长刘振晓考察常德市蔬菜基地建设。

7月1日 根据全省统一部署，常德市实施居民阶梯电价。

8月30-31日 省委常委、常务副省长于来山一行到常德市考察调研物价工作，省物价局局长龚秀松、市物价局局长袁云波陪同。

9月6日 由市物价局签约引进的总投资5560万元的酱油及食用醋生产项目签约，落户西洞庭管理区。

10月16日 上午，市十佳人民满意公仆到市物价局举行优秀事迹报告会，市物价局价格认证中心主任杨家武等4名“十佳人民满意公仆”分别发言，介绍先进事迹。

10月19日 《常德市物价志（1989-2012）》编纂工作动员大会召开，各区县市物价局局长、主笔，市方志办，市物价局领导班子成员、局属各单位、科室负责人，物价志编纂办公室工作人员参加会议。

11月22日 市政府副市长匡加才到市物价局调研价格工作。

12月3日 全市农村价费监管年活动总结暨创满工作汇报会议在石门县召开。

12月4日 省物价局党组成员、总经济师罗懿一行检查常德2012年价格综合考核目标完成情况和十件价格实事落实情况，市物价局全体班子成员、科室单位负责人参加汇报会。检查组实地察看了石门、临澧等地价费公示现场。

12月 市价格认证中心获2011年全国先进价格认证中心称号。

是年 市本级价格调节基金征收首次突破千万元大关，入库1164万元。

是年 市物价局获全省价格系统价格工作先进单位。全市法制建设先进单位、全市作风建设先进单位、全市依法行政工作先进单位，连续3年获全市“十佳人民满意机关”称号。

是年 市物价局被评为2010-2012年度全国价格认证工作先进单位。

限外辑要

市物价局工作职能2015年初并入常德市发展和改革委员会，该机构不复存在。为完整记述市物价局的工作，特将2013年、2014年的大事辑录于下：

2013年

1月9日 市政府副市长沈习淼代表常德市人民政府在全省价格工作座谈会上作《打造阳光物价保障民生民利》的典型发言。会上市物价局被评为2012年度湖南省价格系统价格工作先进集体。

1月上旬 市物价局查处屈臣氏常德水星楼店等4家商贸零售企业低标高结等价格欺诈行为，分别下达《责令限期整改通知书》，要求立即整改，规范价格行为，并在常德电视台、常德日报、常德晚报、常德市政府网站等媒体公开曝光。

1月22日 市物价局扶持的市城区首家平价蔬菜直销店——田园蔬菜平价直销店在丹阳楼农贸市场附近开店迎客。

1月25日 市物价局组织召开春运价格监管座谈会，对春运客运价格监管工作进行安排和部署。市物价局、市交通局运管处、客管处、市交警支队负责人以及市城区各客运站场负责人参加会议。会议由市物价局党组成员、副局长刘邦原主持。市物价局党组成员、副局长陈谋建就相关工作进行部署。

2013年7月，副市长匡加才（中）在蔬菜基地调研

2月18日 市物价局被市委、市政府评为2012年度法治常德建设工作先进单位。

2月26日 全省物价局长会议在常德市召开。会上常德市有湖南九芝堂零售连锁有限公司吉春堂药店、常德国际旅行社有限公司、常德武陵区百利鞋业、湖南好乐商贸连锁有限公司常德武陵大道店等4家企业被评为全省价格诚信示范单位。

3 月 1 日 经中共常德市直属机关工作委员会批准，成立中共常德市物价局机关委员会。

3 月 6 日上午 全市价格工作会议召开，市政府副市长沈习森出席会议并讲话。会议由市政府副秘书长陈彰波主持。市物价局党组书记、局长袁云波作工作报告。会议对 2012 年度全市价格工作先进单位进行了表彰，为常德市 2012 年度“明码实价示范单位”授牌。

3 月 27 日 组织实施市物价局部分科级领导职位竞争上岗工作，其中正科级领导职位 3 名，副科级领导职位 2 名。获得正科级领导职位资格的是吴宛燕、文智、聂智芳，获得副科级领导职位资格的是罗芬、刘贞科。

2013 年 3 月 28 日市物价局副局长、新闻发言人龚椰林（右）、总经济师李印华（左）主持居民阶梯式水价新闻发布会

3 月 28 日上午 市物价局召开水价综合改革新闻发布会，市物价局党组副书记、副局长、新闻发言人龚椰林发布市城区自来水价格改革情况。湖南日报常德站、华声在线常德频道、潇湘晨报、常德日报、常德电视台等 13 家媒体参加新闻发布会。会议由市物价局党组成员、总经济师李印华主持。

4 月 26－28 日 市物价局举办全市价格执法人员业务知识培训班，来自各区县市物价局分管价格监督检查工作的副局长及价格监督检查人员共 80 多人参加培训。

5 月 31 日下午 市政府副市长匡加才一行到市物价局调研并座谈，市政府副秘书长杨俊陪同。市物价局全体在家的班子成员参加座谈。

6 月 5 日 市物价局党组书记、局长袁云波带领相关科室负责人到市长热线进行接话接访活动，向广大市民介绍物价部门的职能职责，宣传价格政策法律法规，受理群众诉求 4 件。

6 月 27 日 市物价局召开全体党员大会，选举产生中共常德市物价局第一届机关委员会，王建国任中共常德市物价局第一届机关委员会书记，鲁观兵任中共常德市物价局第一届机关委员会专职副书记。

7 月 2 日下午 市政府副市长匡加才调研平价蔬菜直销店建设工作。市政府副秘书长杨俊，市物价局党组书记、局长袁云波等陪同调研。匡加才一行现场察看了常德市田园农业综合开发公司蔬菜基地，走访了市城区青阳阁和丝瓜井 2 家平价蔬菜直销店。

8 月 6 日 常德市“发展环境优化年”收费专项检查工作会议召开，部署常德市收费专项检查工作任务。市物价局、市监察局、市财政局、市优化办等单位负责人出席会议并讲话。12 月底，全市发展环境优化年专项检查活动结束。此次专项检查共查证违法金额 2271.15 万元（其中：市直单位 1384.57 万元，各区县市 886.58 万元），涉及 67 家单位的 111 个收费项目。违规收费问题主要包括对明令取消的项目继续收费、自立项目收费、超标准收费、超范围收费、重复收费等。

8 月 13 日上午 市物价局党组书记、局长袁云波和副局长王建国到常德经济开发区三合垸防汛抗旱指挥部了解旱情，督导抗旱工作、解决抗旱工作难题，并为三合垸解决抗旱资金 2 万元。

8 月 23 日下午 市城区城市低保户和农村五保户一次性价格补贴现场发放仪式在武陵区城南街道府坪巷社区举行，仪式由副市长匡加才主持。市长周德睿、常德经济技术开发区管委会主任向绪彦、市政府秘书长周代惠、市政府副秘书长杨俊以及市物价局、市财政局、市民政局、武陵区政府、柳叶湖旅游度假区等单位负责人参加。此次价格补贴共发放 522.14 万元，市城区 26107 名城市低保户和农村五保户受惠。

8 月 28 日 市物价局党组书记、局长袁云波带领价格监督检查局、许可办、价格科、收费科、服务价格科、价调办、法制科等科室单位负责人做客市政府网站嘉宾访谈，回答网友提出的价格热点问题。

9 月 25 日下午 市物价局召开市场价格监管案情通报会，向市城区大润发、步步高、春天百货、华星电器等 10 余家大型超市和商场的负责人通报近期查处的沃尔玛（湖南）百货有限公司常德水星楼分店价格欺诈一案案情。

10 月 15 日下午 市物价局召开优化经济发展环境暨政风行风评议座谈会，邀请市人大代表、市政协委员、市优化经济发展环境监督员等 15 名代表参加会议，市物价局党组书记、局长袁云波带领在家的班子成员以及各科室、单位负责人参加会议。

10 月 25 日上午 市物价局党组副书记、副局长龚椰林带领在家的处级以上领导和各科室、单位主要单位负责人共 20 人深入到安乡县安丰乡开展现代农业示范区建设调研暨作风建设主题活动。

12 月 6 日 市政府副市长匡加才到武陵、西湖、汉寿等区县，专题调研平价蔬菜店和蔬菜基地建设，督查价调基金使用落实情况。市物价局党组书记、局长袁云波陪同调研。

12 月 27 日 省物价局党组成员、纪检组长金安荣一行检查常德市 2013 年价格综合考核目标完成情况和十件价格实事落实情况。市物价局全体班子成员、各科室单位负责人参加汇报会。检查组还暗访了芷兰实验学校等地价费公示现场。

12 月底 全市建成平价蔬菜直销店 38 家，其中市城区 21 家。

12 月底 由市物价局招商引进的宜昌三峡塑业有限公司落户常德经开区，签约投资 2.5 亿元的创意产业园项目动工。2012 年签约的酱油及食用调味品生产项目年度完成投资 4100 万元。

是年 全市共征收价格调节基金3844万元，其中市本级1758万元，争取省级价格调节基金近2000万元，均创历史新高。

是年 常德市居民消费价格指数（CPI）同比上涨2%，比全国低0.6个百分点，比全省低0.5个百分点，在14个市州中排名第12位。

是年 市物价局被授予全省价格工作先进集体称号，被省物价局评为价格综合材料、价调基金征管工作、价格成本调查工作先进单位（优秀集体）。朱致君、李弘、刘贞科、蒯菁被评为全省价格不同业务工作的先进个人。

是年 市物价局被评为全市政府系统办公室调查研究工作先进单位、全市政府系统办公室政务信息工作先进单位、全市政府系统办公室市长热线工作先进单位、全市政务公开工作先进单位。王强被评为全市第三产业目标管理先进个人、全市政府系统建议提案办理工作先进个人，张亮被评为全市党委（党组）学习中心组优秀秘书。

是年 市物价局王建国、张亮、李清被市委市政府记三等功，袁云波、龚椰林、陈谋建、李印华、鲁观兵、王强、吴宛燕、徐兴涛、聂智芳、彭春霞、马建、李弘、龚玉峰、徐颖奇、肖俊、文雯受市委、市政府嘉奖。

2014年1月，市物价局副调研员钟志宏（左）向常德汽车机电学校授全国价格监测点牌

是年 市物价局刘贞科、张业文、文渊妮、黄志成、颜雪梅、谭慧、刘艳勋、姚光华、姚宛妤、刘泽华、李健丽、朱致君、王任制、胡光忠、孙煜、饶凯、余本松、李桃玉被评为优秀共产党员。鲁观兵、张桂清被评为优秀党务工作者。

2014年

1月 市物价局参加省物价局组织的全省价格知识竞赛活动，全市3万市民踊跃参加。市物价局荣获“价格知识竞赛组织奖”，陆春桂、李健丽、朱致君、谭慧等荣获个人优胜奖。

1月9日 常德市价格监测中心和安乡县荣获2013年度全省价格监测质量考核优秀单位，全省共7个市价格监测中心、8个县获此殊誉。

1月16日 2013常德论坛年度颁奖盛典暨2014常德网友新春联谊会召开，市物价局等10个单位荣获2013年度“最佳部门用户”称号。

2月19日 即日止，春运期间，市物价局受理18件价格举报，其中景点票价1起，车站厕所收费1起，客运票价10起、出租车票价6起，清退多收价款218元，罚款3300元。

2月21日 全市价格工作会议召开。市物价局党组副书记、副局长龚椰林主持会议。市物价局党组书记、局长袁云波作工作报告。市政府副市长匡加才出席会议并讲话。

3月5日 市物价局召开党的群众路线教育实践活动动员大会。市委党的群众路线教育实践活动联点领导、市政协副主席、党组成员肖朝进，市委第二十五督导组组长、市中级人民法院党组成员、正处级审判员李爱群及督导组全体成员出席会议。市物价局党组书记、局长、局教育实践活动领导小组组长袁云波作动员报告。会议由市物价局党组副书记、副局长、局教育实践活动领导小组副组长龚椰林主持。会上，对市物价局领导班子和班子成员作风建设情况进行现场民主评议。

2014年3月5日市物价局召开党的群众路线教育实践活动动员大会

3月19日 市物价局局长袁云波、市财政局局长尹正锡一行深入市城区考察农副产品平价商店运营情况、蔬菜基地建设情况，了解蔬菜价格，督查财政资金投入效益情况。

4月18日 市物价局全体干部职工赴武陵监狱开展警示教育。

4月24日 市物价局党组书记、局长袁云波，局党组成员、副局长王建国一行，到市防洪重点堤垸常德经开区三合垸检查指导防汛工作，为三合垸解决抢险救灾物资器材资金3万元。

4月25日 市物价局邀请常德市道德模范田工，给全体党员干部作题为《奋斗不息奉献不止》的先进事迹报告。

4月25日 市物价局全体干部职工和退休干部到林伯渠故居开展革命传统教育活动，缅怀革命先辈的丰功伟绩。

4月29日 市物价局党组举行“践行党的群众路线，发挥青年党员作用”主题演讲比赛，罗芬荣获一等奖，吴宛燕、文渊妮荣获二等奖，李霏霏、文雯和蒯菁荣获三等奖，姚宛妤和孙煜荣获优胜奖。

4月 市物价局被评为2013年度全市政务公开工作先进单位，局办公室被评为2013年度全市政府系统综合先进单位，局法制科被评为2013年度全市政府系统调查研究工作、政务信息工作、市长热线工作先进单位。

4月 市物价局开展“三联三改三维护”主题活动。由局领导带头，组织全局干部职工共走访联系重点企业12家、社区12个、基层物价部门13个，召开社区居民座谈会7场次，解决价格热点、难点和关系群众切身利益的突出问题。

5月1日 新的《价格违法行为举报处理规定》及《价格违法行为举报奖励办法》实施。价格主管部门对举报人的最高奖励标准由原来的2000元提高到5000元。

5月4日 市物价局对16个价格行政审批事项分别予以取消、放开和下放，占本局全部审批事项的三分之二。

5月至6月 按照国家发改委和省物价局的部署，开展商业银行收费专项检查。经查，中国银行常德市分行和农业银行常德市分行，存在收取与贷款捆绑收取中间业务费、违规转嫁个人住房贷款登记费和固定资产抵押贷款评估费等问题，责令清退多收价款，并对两行分别给予49.8万元、64.5万元的处罚。

6月18日 省价格成本调查队副队长刘凡芬、办公室主任童军长一行在市物价局副局长常新群的陪同下到安乡县，调研油菜籽生产、销售情况。

6月25日 市物价局召开市城区道路停车泊位收费区域及收费标准调整听证会。聘请22名听证会参加人、3名旁听人，以及有关方面人员参加听证会。市政府副秘书长杨俊、市物价局党组书记、局长袁云波出席会议。听证会由市物价局党组副书记、副局长龚椰林主持。

6月26日 市物价局开展无偿献血活动。

7月1日 根据国家发改委和省物价局文件精神，常德市非公立医疗机构医疗服务实行市场调节价。凡实行市场调节价的营利性和非营利性的非公立医疗机构，不需再到物价部门办理《湖南省服务价格登记证》和价格备案手续。

7月16—20日 常德市发生特大洪水，常德经开区德山三合垸大堤出现管涌险情，市物价局组织40名青年志愿者，24小时坚守在防洪大堤。

7月21—25日 省价格成本调查队刘凡芬副队长一行到桃源县、市广积米业公司，队长吴大友、省局商品价格处处长廖益平等到汉寿县等地进行早稻收割、产量、成本、收益、销售价格以及粮食收购单位空库情况调研。市局副局长常新群陪同调研。

7月28日 市物价局召开领导班子专题民主生活会，9名班子成员对班子和个人存在的“四风”（形式主义、官僚主义、享乐主义、奢靡之风）问题开展批评与自我批评。党组书记、局长袁云波主持会议。市委组织部部务委员、市委党校副校长、市委第三指导组组长董建华，市委第25督导组组长李爱群，市第一纪工委副书记、监察一分局副局长何名松等出席会议并进行点评。

7月 市物价局向全局干部职工和退休人员征集单位职业道德主题词。局创建领导小组办公室对征集到的40条主题词进行初选、局党组会二次筛选，全局对入围的5条主题词进行投票选取，最终确定局职业道德主题词为："依法治价、阳光行政、服务发展、维护民生。"

7 月—11 月　开展第二阶段"发展环境优化年"收费专项检查工作。本次检查针对全市所有收费行为的部门和单位的行政事业性收费、经营服务性收费行为进行检查。

8 月 12 日　市物价局组织局全体干部职工集中观看法学博士、国家行政学院教授宋世明的电教片《学习 <行政机关公务员行政处分条例>》。这是市物价局开展"党纪条规教育年"活动的内容之一。

8 月 22 日　市物价局放开中小学校学生校服价格，由学校与校服生产厂家按照保本微利原则协商定价。

9 月 9 日　市物价局党组书记、局长袁云波带领 5 名科室单位负责人参加市长热线接访活动。在常德人民广播电台新闻频道直播连线 1 个小时，袁云波回答了群众关注的价费问题。

9 月 17 日　市物价局召开领导班子整改方案通报会暨整改落实建章立制工作部署会，局机关全体干部职工参加会议。

9 月 19 日　市财政局下发了《关于下达价格调节专项资金的通知》，运用价格调节基金对全市部分蔬菜基地、农贸市场、农副产品平价商店，分配"菜篮子"工程建设专项资金 313 万元。至此，市级价格调节基金年内共对全市"菜篮子"工程实施补贴 431 万元。

10 月中旬　查处湖南金健米业营销有限公司违规欺诈案。该公司在天猫网金健旗舰店对邦可泰泰国香米苏吝府原装进口泰国大米 5.0kg 等三种商品促销时，所标示的原价均高于促销期前七日内的最低交易价格，存在以虚构原价的方式进行价格欺诈的不正当价格行为。物价部门对该公司虚构原价的价格欺诈行为作出罚款 5 万元的行政处罚。

10 月 23 日　市物价局召开党的群众路线教育实践活动总结大会。党组书记、局长袁云波作总结讲话，市委第 25 督导组组长李爱群出席会议。市物价局群众路线教育实践活动从 3 月 5 日启动，历经学习教育、听取意见，查摆问题、开展批评，整改落实、建章立制等三个环节。

10 月 30 日　市物价局组织召开优化经济发展环境暨政风行风评议工作座谈会。部分市优化经济发展环境监督员和重点项目负责人代表及市物价局在家的班子成员及相关各科室、单位主要负责人参会。局党组副书记、副局长龚椰林主持会议。

11 月 15 日　市物价局机关党委与局工会组织 60 余名党员干部职工在柳叶湖畔环湖赛道举行自行车骑行活动，全体局班子成员参加，完成了往返 25 公里的骑行。

11 月　常德市规划局规划研究中心以常德市利群规划咨询服务中心的名义，为委托方提供服务时，收取技术论证费，作为规划研究中心的收入，存在收费主体资格不符的价格违法行为。省发改委授权市物价局作出罚款 20 万元的处理。

12 月 5 日　市价格成本调查队被评为 2014 年度全省价格成本调查工作优秀集体，蒯菁被评为2013－2014年度全国农产品成本调查工作优秀个人。

12月11日 市物价局举行学习贯彻中共十八届四中全会精神宣讲报告会，邀请市委讲师团副教授胡成璋作辅导报告。市物价局全体干部职工参加报告会。

12月17日 省发改委下发《湖南省居民生活用天然气阶梯价格实施办法》，市城区居民用气从2015年1月1日起实行阶梯式价格：第一档为年用气量390立方米（含本数），2.8元/立方米；第二档为年用气量390立方米以上至600立方米（含本数），3.36元/立方米；第三档为年用气量600立方米以上，4.2元/立方米。

12月31日 《中共湖南省委办公厅 湖南省人民政府办公厅关于印发<常德市人民政府职能转变和机构改革方案>的通知》（湘办〔2014〕72号），将市物价局职责划入市发展和改革委员会，不再保留市物价局，市发展和改革委员会对外可使用市物价局名称开展工作。

12月 12358价格举报管理信息系统全面启用，呼叫系统割接成功。举报系统可以通过互联网接收反馈价格举报、通过政务外网处理价格举报。

是年 常德市居民消费价格指数（CPI）同比上涨1.9%，与全省持平，比全国低0.1个百分点，在14个市州中由高到低与湘潭、邵阳并列第五。

是年 市物价局道德讲堂开讲三次，主题分别是“弘扬中华美德 做爱岗敬业模范”“坚持不懈 勇于追梦”“履职尽责 一心为民”，分别邀请市交警支队沈国初（全国劳动模范）、临澧县沈昌健（2013年度感动中国十大人物之一）、石门县陈建教（第三届全国道德模范提名奖、省人大代表、湖南省人民满意公仆）作先进事迹报告。

是年 市物价局被评为湖南省文明单位。

是年 市物价局被评为2014年度湖南省价格工作综合目标考评优胜单位。

是年 市物价局被评为全市绩效评估良好单位、市民网上诉求处理先进单位、全市党委（党组）理论学习中心组先进单位、全市依法行政工作先进单位、全市政府系统办公室政务信息工作先进单位、全市政府系统办公室市长热线工作先进单位。李弘被评为全市政府系统建议提案办理工作先进个人，文雯被评为全市政府系统办公室政务信息先进个人，张亮被评为常德市优秀志愿者。

是年 市物价局钟昌宏、李清、熊泽惠、梁辉获得国家发改委对全国在价格监督检查岗位工作三十年同志的表彰。

是年 市物价局袁云波、鲁观兵、李弘被市委市政府记三等功，刘邦原、王建国、王强、吴宛燕、李国忠、杨家武、李清、刘艳勋、聂智芳、胡光忠、蒯菁、龚玉峰、彭春霞、肖俊、饶凯受市委、市政府嘉奖。

是年 市物价局张业文、罗劲平、文雯、黄志成、谭慧、颜雪梅、罗芬、毛燕、李霏霏、王任制、孙煜、刘泽华、徐兴涛、曾志勇、姚宛妤、张桂清、朱伯章被评为优秀共产党员。李清、姚光华、徐颖奇被评为优秀党务工作者。

第一篇《

机构与队伍

第一篇　机构与队伍

第一章　常德市物价局

第一节　机构沿革

为能系统了解市物价局机构沿革，故对常德自解放以来的物价管理机构演变作简单介绍：1949 年 7 月 29 日，常德城解放，物价管理工作由中国人民解放军常德军事管制委员会负责。8 月，成立常德专员公署（简称“专署”），11 月，专署设工商科，负责工商物价管理。1950 年，专署设财政经济委员会（简称“专财委”），负责全地区市场物价的指导和管理。物价事务工作由专署粮食局、专署贸易公司、专署供销合作总社等部门负责。1955 年，专财委撤销，成立常德专署财贸办公室（简称“专财办”），下设物价小组管理物价工作，全区城乡市场物价委托专署商业局和专署供销合作总社分管。1959 年成立专署物价委员会（简称“专物委”），1962 年 6 月，专署计划委员会（简称“专计委”）下设物价科，为专物委办事机构，受专物委和专计委双重领导。“文化大革命”中，1967 年起地、县物价管理机构先后瘫痪，物价工作由革命委员会生产指挥组计划组负责。1973 年，专计委恢复物价科。1980 年，恢复常德地区物价委员会，专计委物价科仍为专物委办事机构。1983 年 9 月机构改革中，成立常德地区行政公署物价处，1984 年 2 月更名为常德地区物价局。1988 年随地改市，常德地区物价局更名为常德市物价局。（详见 1993 年 6 月出版的《常德地区志·物价志》第一章第一节）

1994 年，中共常德市委、市人民政府《关于常德市市级党政机关机构设置的通知》（常发〔1994〕17 号）明确市物价局为市人民政府工作机构。

2001 年，根据《关于市委、市政府机构设置的通知》（常通字〔2001〕16 号）和《关于印发〈常德市市直党政群机关机构改革方案实施意见〉的通知》（常发〔2001〕2 号）精神，设置常德市物价局，为主管价格和收费的市政府工作部门。

2010 年，《中共常德市委、常德市人民政府关于印发〈常德市人民政府机构改革方案实施意见〉的通知》（常委〔2010〕6 号）和《中共常德市委办公室、常德市人民政府办公室关于常德市人民政府机构设置的通知》（常办〔2010〕6 号）均明确：设立常德市物价局，正处级，为市人民政府工作部门。

1989－2012 年市物价局领导成员见下表：

表 1－1－1　　常德市物价局历任领导名录

（1989. 1－2012. 12）

职务	姓　名	籍　贯	出生年月	任职时间	备　注
局长	沈兆兴	湖南省临澧县	1944. 11	1988. 9－2001. 1	
	印甫生	湖南省桃源县	1949. 5	2001. 1　－2004. 12	
	袁云波	湖南省石门县	1962. 1	2005. 1－	
副局级领导	钟明炎	湖南省望城县	1933. 12	1984. 6－1993. 2	副局长
	刘书敏	湖南省邵阳县	1937. 8	1984. 4－1994. 12	
	雷志钦	湖南省安乡县	1955. 3	1985. 9－1993. 7	
	黎星兵	湖南省石门县	1954. 12	1992. 8－1993. 2	
	杨　峰	常德市鼎城区	1943. 10. 17	1993. 2－2001	
	翟振彪	湖南省临澧县	1948. 8	1994. 9－2001	
	刘新民	湖南省慈利县	1954. 3	1994. 11－2005. 8	
	左宜斌（女）	常德市武陵区	1951. 10	1997. 5－2002. 5	
	印甫生	湖南省桃源县	1949. 5	2000－2001	
	刘邦原	湖南省临澧县	1957. 4	2001. 9	
	朱建武	常德市鼎城区	1962. 8	2001. 9－2008. 4	
	陈友康	常德市鼎城区	1954. 12	2002－2004	
	袁云波	湖南省石门县	1962. 1	2004. 9－2005. 1	
	龚椰林	常德市武陵区	1959. 6	2005. 1－	
	陈谋建	常德市鼎城区	1965. 7	2005. 8－	
	常新群	湖南省汉寿县	1960. 2	2005. 10－	
	袁天鹏	湖南省桃源县	1963. 8	2008. 3－2012. 3	
	陈秋林	湖南省慈利县	1959. 9	2008. 4－	（兼工会主席）
	王建国	常德市鼎城区	1963. 7	2012. 3－	

续表

职务	姓　名	籍　贯	出生年月	任职时间	备　注
副局级领导	吴俩明	湖南省桃源县	1941.2	1990.6－1997	纪检组长
	谭国荣（女）	湖南省澧县	1951.6	1998.3－2006.12	纪检组长
	赵怡德	常德市武陵区	1957.1	2007.2－	纪检组长
	周辉明	湖南省津市市	1963.6	2003.6－2007.3	工会主席
	李印华（女）	河北省巨鹿县	1960.5	2009.9－	总经济师

表1－1－2　　常德市物价局副处级以上非领导职务任职人员名录

职别	姓名	籍贯	出生年月	任职时间
顾问	钟明炎	湖南省望城县	1933.12	1993.2－1993.12
调研员	吴俩明	湖南省桃源县	1941.2	1998－2001.2
	翟振彪	湖南省临澧县	1948.8	2001－2008
	印甫生	湖南省桃源县	1949.5	2004.9－2009.5
	岳伏春	湖南省安乡县	1952.2	2003.10－2012.3
	谭国荣（女）	湖南省澧县	1951.7	2006.12－2011.9
	李父军	湖南省桃源县	1952.11	2007.8－2012
副调研员	刘书敏	湖南省邵阳县	1937.8	1994.12－1997.9
	李父军	湖南省桃源县	1952.11	2001－2007
	李印华（女）	河北省巨鹿县	1960.5	2003.6－2009.9
	陈大波	常德市鼎城区	1961.5	2005.8－2008.3
	易伟献	湖南省湘乡市	1962.4	2012.3－
	钟志宏	湖南省望城县	1959.10	2012.3－

2005年10月8日，市物价局新办公楼落成庆典，局领导班子合影，左起：谭国荣、周辉明、陈谋建、刘邦原、袁云波、龚椰林、朱建武

附：1990年以前，市物价局设市政府（1988年前称常德地区行政公署）院内，1990年下半年迁至当年竣工的滨湖路（后更名洞庭大道）南段办公楼内。该大楼为砖混结构，高11层，建筑面积4000平方米，是当时市直机关最高办公楼，资产属市政府。有9个单位在楼内办公，由市物价局为主对大楼进行管理。位于武陵大道北段793号的市物价局现办公楼2004年3月动工兴建，2005年10月落成投入使用，属三类框架式结构工程，建筑面积4032平方米，总造价327.8561万元。资金来源是将洞庭大道的办公楼用以旧换新的办法，由市民主实业有限公司出资置换建成。该办法经市长办公会批准，按合法程序进行交易。

第二节　主要职能

1993年12月14日，市物价局印发本局工作任务及职责范围：物价部门属政府经济综合管理部门，履行经济决策参谋、市场价格监测调控、物价管理协调、价格监督检查、价格信息服务的职责，主要工作任务是为政府经济决策当好参谋，为培育市场管理好价格，为企业搞好服务。具体有以下工作任务及职责：⑴当好政府价格决策参谋。根据国家有关规定，拟定本市价格政策，按照“资源配置以市场调节为基础，市场调节以价格机制为核心，价格形成以市场供求为导向，价格管理以宏观调控为主体”的指导方针，加强调查研究，及时向政府提供价格决策方案和宏观调控措施。⑵精心组织价格改革措施出台。按照党的十四大精神和十四届三中全会《决定》要求，建立由市场形成价格的机制。在保持价格总水平相对稳定的前提下，放开竞争性商品和服务价格，理顺少数由政府定价的商品和服务价格，取消生产资料价格双轨制，加速生产要素价格市场化进程。⑶加强对重要商品和垄断行业价格的调控与管理。管好国家定价商品，尤其加强能源、交通、邮电、电力等垄断行业的价格管理，建立和完善价格调节基金制度和关系国计民生的重要商品储备制度，平抑市场物价。⑷严格行政事业性收费管理，负责对国家、省管项目调整的调查、申报，对所有收费实行许可证、年检年审和监督检查制度管理；对经营性收费要进一步放活；对越权、超标准的乱收费进行清理整顿，规范收费行为，减轻企业、群众负担。⑸加强房地产价格管理。根据国务院、省政府“房地产价格以物价部门为主”进行管理的规定，建立完善房地产价格管理办法，做好土地分等定级工作，合理制定基准地价和标定地价，开展房地产价格评估，进一步推进土地使用制度价格改革，防止国有资产流失。⑹加强市场价格监测。按照价格总水平控制目标，加强市场价格监测，做好价格信息搜集和传递工作。根据省委、省政府“把物价局办成经济气象局”的要求，经常向农村、向企业提供市场价格和供求信息。⑺强化价格监督检查。运用价格监督检查手段，代表政府维护市场价格秩序，确保经济持续、快速、健康发展，对国家管价的商品与收费实行重点监督检查；对放开价格的商品和收费实行间接调控和监督检查；对市场出现暴涨暴落、严重干扰价格秩序的商品价格，及时实行必要的监督检查。⑻开展价格事务服务。适应建立社会主义市场经济的需要，面向企业、面向农村，开展价格信息、价格咨询、价格仲裁等价格事务性服务。受理司法、行政执法机关各类案件中涉及的“赃物、罚没物、过期无主物和纠纷财务”的价格评估和各类资产抵押、拍卖物资的评估。⑼开展工农产品成本调查工作。组织并指导全市农产品成本调查工作。完成全市6类共33个品种的成本调查、综合分析、汇总上报工作，做好月报、季度和国家直报，并一年一度编印成册。负责定价前成本审核，及时完成省指定的工业品成本调查任务。

1995年9月23日，中共常德市委机构编制委员会、常德市机构改革领导小组发出《关于印发常德市物价局职能配置、内设机构和人员编制方案的通知》（常编发〔1995〕17号），对市物价局的职能配置作出规定。其中对转变的职能予以明确：

为适应社会主义市场经济的发展，市物价局需要强化价格决策参谋、监测调控、协调管理、信息服务、监督检查等方面的职能，弱化若干应当由市场调节的商品价格和服务收费管理职能，下放宜由区县市物价部门管理的职能。⑴需要强化的职能主要有：加强价格改革政策措施的研究，制定具体的价格改革实施方案；加强市场物价运行情况的监测、分析、预测和预警；加强全市物价总水平的监控，以及物价总水平控制目标与价格改革计划乃至国民经济增长计划的综合平衡；综合运用经济的、法律的和必要的行政手段，加强对市场物价的宏观调控，维护市场价格秩序。⑵需要拓展的职能主要有：生产要素市场化中的价格管理和指导。运用价格调节基金经济手段调控市场价格；规范生产经营者自主定价行为；协调县区间、部门间、行业间价格利益关系；开展价格信息、成本调查、物价业务培训、价格咨询和评估等服务。⑶需要弱化、下放的职能主要有：非基本生产和生活所需、非垄断性经营、非供求严重短缺的商品价格和服务收费，除国家规定必须管理的外，继续放开由市场调节；旅游、服务等收费，根据省制定的原则或办法，由市物价局和区县市物价部门分级管理。

2001年11月28日，市政府办公室《关于印发〈常德市物价局职能配置、内设机构和人员编制规定〉的通知》（常政办发〔2001〕63号）对市物价局的职能作出规定并明确职能转变：逐步减少由政府直接定价的品种和范围，将形成市场竞争的商品和服务价格，改为主要由市场决定；减少具体价格的审批事务，下放宜由县级物价部门管理的职能。

2010年12月8日，市政府办公室印发《常德市物价局主要职责、内设机构和人员编制规定》的通知（常政办发〔2010〕45号），对市物价局的职责予以明确，并对职责进行调整：加强对行政机关和法律法规授权的组织依法强制使用或指定配套销售的商品和服务价格的监管。

第三节 人员编制

以下为1995年、2001年、2010年3次机构改革和2011年市委编制办对市物价局的编制与配置规定。

常编发〔1995〕17号文件对市物价局人员编制、领导职数和岗位结构予以明确：核定行政编制17名，其中局长1名（兼党组书记）、副局长2名、纪检组长1名，不含超处级职数配备和处级非领导职务人员；正副科长（主任）7名，其他工作人员6名；机关后勤服务人员核定事业编制2名。

2001年11月28日，常政办发〔2001〕63号文件对市物价局人员编制及领导职数予以明确：局机关行政编制15名，其中局长1名，副局长3名，纪检组长1名，工会主席1名；正副科级领导职数5名；其他工作人员4名。机关后勤服务编制2名。纪检机构按有关规定设置，纪检（监察）人员编制在机关行政编制总额内单列。

2010年12月8日，常政办发〔2010〕45号对市物价局人员编制、领导职数等作出规定：局机关行政编制21名（含基层物价检查行政编制4名），其中：局长1名，副局长2名，工会主席1名，总经济师1名；正科级领导职数6名（正科级党风廉政建设联络员由人事科科长兼任），副科级领导职数3名；其他工作人员7名。机关后勤服务全额拨款事业编制2名。

2011年9月5日，市编委办公室《关于市物价局增设行政许可办公室的批复》（常编办〔2011〕177号）中，对市物价局的机关行政编制予以明确。调整后，局机关行政编制仍为21名，内设7个职能科室，正副科级领导职数9名，其中正科级领导职数7名、副科级领导职数2名。

第四节 内设科室与二级单位

1993年，市物价局内设科室有办公室、综合信息科、产商品价格管理科、非商品收费管理科、房地产价格管理科，管理的二级单位有市物价检查所、市价格事务所、市工农产品成本调查队。1994年成立市物价局德山物价管理办公室，为市物价局管理的二级单位。

1995年，市物价局内设科室有办公室、综合信息科、产商品价格管理科、非商品收费管理科、房地产价格管理科；管理的二级单位有市物价检查所、市价格事务所、市工农产品成本调查队、市价格调节基金征收管理办公室、德山物价管理办公室。

2001 年，市物价局内设科室有办公室（加挂法制科牌子、监察室与其合署办公）、行政事业性收费管理科、产商品价格管理科、服务价格管理科；管理的二级单位有市物价检查所（2008 年 7 月更名为市价格监督检查局）、市价格成本调查队、市价格调节基金征收管理办公室、市价格认证中心、德山物价管理办公室。

2010 年，市物价局内设科室有办公室、人事科、法制科（市价格监测中心）、行政事业性收费管理科、产商品价格管理科、服务价格管理科，2011 年增设行政许可办公室；管理的二级单位有市价格监督检查局、市价格成本调查队、市价格调节基金征收管理办公室、市价格认证中心、市物价局德山分局。

以下是 1989－2012 年内设（二级）机构负责人名录：

常德市物价局科室、单位历任负责人名录

1989－1995 年 11 月

办公室

主　任：李父军、朱伯章、张桂清、陈丽君（女）

副主任：陈丽君（女）、徐兴涛、朱建武、周辉明

产商品价格管理科

科　长：朱伯章、李父军、刘新民

非商品收费管理科

科　长：肖　俊

副科长：彭道德（女）

工农产品成本调查队

队　长：张桂清、余本松、刘新民

副队长：朱建武、李印华（女）、徐兴涛

物价检查所

所　长：吴俩明、朱伯章

副所长：喻启辉、彭道德（女）、徐兴涛、朱建武

价格信息站

站　长：余本松、喻启辉

综合科

科　长：刘德贵

房地产价格管理科

科　长：饶前进

价格事务所

所　长：喻启辉

副所长：杨金海、易伟献

德山物价办

主　任：喻启辉

1995 年 11 月 -2001 年 9 月

办公室

主　任：刘东华

副主任：陈大波、朱致君

综合科（综合信息科）

科　长：周辉明、钟志宏

产商品价格管理科

科　长：肖俊、朱伯章、李印华（女）

副科长：易伟献、钟志宏

房地产价格管理科

科　长：饶前进、罗则范

非商品收费管理科

科　长：陈丽君（女）、陈大波

工农产品成本调查队（价格事务所）

队　长：李印华（女）、徐兴涛

副队长：彭明洋

价格调节基金征收管理办公室

主　任：朱建武

副主任：罗则范

物价检查所

所　长：朱伯章、肖俊、周辉明

副所长：彭道德（女）、徐兴涛、胡长青、钟昌宏

德山经开区物价办

主　任：喻启辉、肖俊

副主任：黄新明

调控办

主　任：朱建武

副主任：李国忠

2001 年 9 月 -2007 年 8 月

办公室

主　任：刘东华、琚克平、肖俊

副主任：张燕（女）

综合信息科

科　长：钟志宏

产商品价格管理科

科　长：李印华（女）、陈大波

行政事业性收费管理科

科　长：陈大波、李印华（女）、张业文

房地产价格管理科（服务价格管理科）

科　长：罗则范、胡长青、朱致君

副科长：雷鸣（女）

价格成本调查队

队　长：李印华（女）、徐兴涛

价格调节基金征收管理办公室

主　任：朱建武、杨家武

副主任：张业文

物价检查所

所　长：周辉明、肖俊、钟昌宏

副所长：徐兴涛、钟昌宏、潘妍（女）、李清

价格认证中心

主　任：易伟献

副主任：喻启辉

德山经开区物价管理办公室

主　任：喻启辉、肖俊、钟志宏

副主任：李清

2007 年 8 月—

办公室（加挂监察室牌子）

主　任：刘艳勋、张燕（女）、尹志辉、聂智芳（女）

副主任：罗劲平、黄志成、徐颖奇（女）、鲁观兵

综合科（综合法规监测科、法制科、价格监测中心）

科　长：李国忠、王强

副科长：王强、刘贞科

人事科（监察室）

科　长（主任）：张燕（女）、尹志辉、龚玉峰、吴宛燕（女）

副科长：鲁观兵、文渊妮（女）

产商品价格管理科

科　长：陈大波、钟志宏、何勇

副科长：谭慧（女）

行政许可办公室

主　任：李国忠

行政事业性收费管理科

科　长：张业文、易伟献、刘艳勋

服务价格管理科

科　长：朱致君、张业文

副科长：雷鸣（女）、张立新

价格调节基金征收管理办公室

主　任：杨家武、何勇、朱致君

副主任：聂智芳（女）、龚玉峰、彭春霞（女）

价格监督检查局（物价检查所）

局（所）长：钟昌宏

副局（所）长：张立新、吴宛燕（女）、聂智芳（女）、熊泽惠（女）、郑鑫丽（女）、张亮、黄新明、饶凯、王任制（纪检员）

价格认证中心

主　任：易伟献、杨家武、文智

副主任：陆春桂（女）

德山物价办（分局）

主　任（局长）：钟志宏、徐兴涛

副主任（副局长）：熊泽惠（女）、文智、罗芬（女）

价格成本调查队

队　长：徐兴涛、张业文

副队长：郑鑫丽（女）、刘贞科、张立新、胡光忠

1989－2012年历任监察员、纪检员名录

余彩林、李印华（女）、陈大波、彭明洋、杨家武、高建设、张业文、钟昌宏、朱致君、潘妍（女）、尹志辉、龚玉峰（党风廉政建设联络员）

第二章　中共常德市物价局党组织机构

第一节　中共常德市物价局党组

1990 年 3 月 20 日，中共常德市委印发《关于成立市物价局党组的通知》（常发干〔1990〕69 号），党组由沈兆兴、钟明炎、刘书敏、雷志钦四人组成，沈兆兴任党组书记。

2001 年 9 月 29 日，市委《关于机构改革中市直单位党组织设置的通知》（常通字〔2001〕21 号），明确市物价局设立中共常德市物价局党组。

1989－2012 年市物价局党组成员见下表：

表 1－2－1　　中共常德市物价局党组历届成员名录

（1989－2012 年）

职务	姓　名	籍　贯	出生年月	任职时间	备　注
书记	沈兆兴	湖南省临澧县	1944. 11	1990. 3－2001. 1	
	印甫生	湖南省桃源县	1949. 5	2001. 1－2004. 3	
	袁云波	湖南省石门县	1962. 1	2004. 9－	
副书记	陈友康	常德市鼎城区	1954. 12	2002－2004	
	印甫生	湖南省桃源县	1949. 5	2004. 1－2005	
	龚椰林	常德市武陵区	1959. 6	2005. 1－	
成员	钟明炎	湖南省望城县	1933. 12	1989. 3－1993. 2	
	刘书敏	湖南省邵阳县	1937. 8	1989. 3－1994. 11	
	雷志钦	湖南省安乡县	1955. 3	1989. 3－1993. 7	
	吴俩明	湖南省桃源县	1941. 2.	1991. 12－1997	（2013. 5. 11 去世）
	黎星兵	湖南省石门县	1954. 12	1992. 8－1993. 2	
	杨　峰	常德市鼎城区	1943. 10	1993. 2－2001	
	翟振彪	湖南省临澧县	1948. 8	1994. 11－2001	
	刘新民	湖南省慈利县	1954. 3	1994. 11－2005. 8	
	左宜斌（女）	常德市武陵区	1951. 10	1997. 11－2001	

续表

职务	姓 名	籍 贯	出生年月	任职时间	备 注
成员	谭国荣（女）	湖南省澧县	1951.6	1998.11－2006.12	
	印甫生	湖南省桃源县	1949.5	1999.11－2001.1	
	刘邦原	湖南省临澧县	1957.4	2001.9－	
	朱建武	常德市鼎城区	1962.8	2001.9－2008.4	
	周辉明	湖南省津市市	1963.6	2003.6－2007.3	
	陈谋建	常德市鼎城区	1965.7	2005.8－	
	常新群	湖南省汉寿县	1960.2	2005.10－	
	赵怡德	常德市武陵区	1957.1	2007.2－	
	陈秋林	湖南省慈利县	1959.9	2008.4－	
	袁天鹏	湖南省桃源县	1963.8	2008.3－2012.3	
	王建国	常德市鼎城区	1963.7	2012.3－	
	李印华（女）	河北省巨鹿县	1960.5	2012.3－	

2012 年 12 月，市物价局班子成员民主生活会

第二节 中共常德市物价局总支委员会

市物价局机关总支委员会隶属市直机关工委，始设于 1989 年 10 月，以下为总支委员会历届任职人员名单：

书记：雷志钦、翟振彪、谭国荣（女）、龚椰林

副书记：张桂清、饶前进、刘东华、李印华（女）、朱致君、潘妍（女）

委员：余彩林、陈大波、易伟献、陈丽君（女）、刘东华、朱致君、张桂清、余本松、李印华（女）、钟昌宏、喻启辉、刘艳勋、何勇、李清、鲁观兵

第三节　中共常德市物价局基层支部

市物价局基层党支部隶属局机关总支委员会，设有机关支部、直属事业单位支部、物价检查所支部、成本调查队支部、价格事务所支部、价格调节基金支部、德山物价办支部、老干支部。以下是各支部历届书记、委员名单：

机关支部：

书　记：张桂清、吴俩明、饶前进、刘东华、陈丽君（女）、刘艳勋

副书记：余彩林、陈丽君（女）、钟昌宏、李印华（女）

委　员：余本松、刘德贵、李父军、陈大波、钟志宏、周辉明、朱致君、李国忠、谭慧（女）、龚玉峰、雷鸣（女）、张立新、王强

直属事业单位支部：

书　记：张桂清、何勇

委　员：高建设、刘照玲（女）、黄志成、胡光忠、姚光华、姚宛好（女）、彭春霞（女）

物价检查所（价格监督检查局）**支部：**

书　记：刘新民、朱伯章、饶前进、张桂清、余彩林、肖俊、李清

委　员：吴俩明、喻启辉、彭道德、胡长青、李印华（女）、周辉明、徐兴涛、钟昌宏、侯国保、何勇、潘妍（女）、王顶虑、梁辉（女）、饶凯

成本调查队支部

书　记：刘新民、余本松、易伟献、李国忠

副书记：李印华（女）

委　员：朱建武、高建设、肖俊、杨家武

价格事务所支部

书　记：余彩林

委　员：喻启辉、侯国保

价格调节基金征管办支部

书　记：张桂清

副书记：朱建武

委　员：罗则范、颜雪梅（女）

德山物价办（分局）支部

书 记：余彩林、余本松、姚光华

委 员：黄新民、喻启辉

老干支部

书 记：沈兆兴、张桂清

委 员：朱伯章、余本松

2012 年 5 月，市物价局召开老干部工作座谈会

第三章　群众组织与社会团体

第一节　常德市物价局工会委员会

1994年1月8日，市物价局向市总工会呈送《关于成立市物价局机关工会的报告》（常价办字〔1994〕2号）。市总工会组织部1月20日批示“同意成立市物价局机关工会”。6月18日，选举产生市物价局第一届工会委员会：主席刘东华，委员陈大波、侯国保、姜开斌、颜雪梅。同时成立经济审查委员会，陈大波为主任，潘妍、李经建为委员。此前，1991年5月8日，市财贸女工委员会发出《关于成立常德市物价局妇女小组的批复》（常财女工字〔1991〕04号），同意市物价局女工小组由陈丽君、李印华、梁辉组成，陈丽君任组长。

2012年9月25日，市物价局开展迎中秋、庆国庆登山活动

2003年，局工会组织升格，工会主席为副处级。7月22日，局党组向市总工会作出成立升格后第一届工会委员会的请示。经局党组提名、会员选举、市总工会批准，周辉明为主席、琚克平为副主席，高建设为经费审查委员会主任，李经建为女职工委员会主任。

表1－3－1　　常德市物价局工会历届组成人员

时间	主席	副主席	委　员	经审委员会		女工委员会	
				主任	委员	主任	委员
1994.6	刘东华		陈大波、侯国保、姜开斌、颜雪梅	陈大波	潘　妍、李经建		
1997	余本松						
1999.1	徐兴涛	李经建					

续表

时间	主席	副主席	委　员	经审委员会		女工委员会	
				主任	委员	主任	委员
2003.7	周辉明	琚克平 李经建	刘东华、李经建、李国忠、张桂清、易伟献、高建设	高建设	潘　妍、杨谋兵	李经建	吴宛燕、李桃玉
2008.6	陈秋林	易伟献	吴宛燕、张立新、聂智芳、龚玉峰、鲁观兵、雷　鸣	龚玉峰	张立新、鲁观兵	吴宛燕	聂智芳、雷　鸣

第二节　常德市价格学会

1987年12月28日，省物价局对常德地区物价局要求成立常德地区价格学会的报告作出《关于同意成立常德地区价格学会的批复》(湘价会字〔1987〕第09号)。1988年1月5日，常德地区社会科学联合会对地区价格学会筹备组发出《关于同意成立“常德地区价格学会”的批复》(常社科字〔1988〕1号)。

1988年1月21日，在常德地区烟草公司招待所成立常德地区价格学会(4月地改市后更名为常德市价格学会)。出席成立大会并讲话的有地委咨询小组成员何秋舫、省价格学会会长马毅、常德地区社科联副主席许厚明。长沙、湘潭、益阳、怀化、娄底、湘西、郴州、衡阳、零陵等地州市价格学会、物价局以及常德地区烟草公司、物资局、粮食局、商业局、总工会、供销社等40多家单位派员前往祝贺或发来贺电、贺信。53名会员代表出席会议，常德地区物价局党组书记、局长沈兆兴致开幕词。大会一致通过《常德地区物价学会章程》，选举产生由28人组成的常德地区价格学会第一届理事会。地区物价局副局长刘书敏当选为会长，地区物价局局长沈兆兴及副局长钟明炎、雷志钦当选为副会长，朱伯章当选为秘书长。另有23人为理事，他们是李父军、张桂清、余本松、肖俊、彭道德(女)、张德海、蔡建和、屈先琛、彭果权、吴腊珍(女)、李陶卿、徐炳生、宋贵清、李敦望、龚道衡、罗炼章、赵忠敏、廖生治、何春高、何永大、满延春、姚碧初、潘力民。刘书敏在成立大会上的讲话中强调价格学会的中心任务，就是要按照党的十三大提出的价格改革的框架，针对当前价格体系和管理体系中存在的主要问题，从理论和实践上进行突破。认真学习党的十三大精神，把稳定市场物价和发展生产力、提高经济效益作为近期调查研究的重要课题。加强学习和组织建设，积极开展学术交流，使学会活动全面地、经常地、丰富多彩地开展起来。

成立大会后，召开了第一次价格学术讨论会。

1991 年，市价格学会在对农村经济情况调查后，写出调查材料 45 份、论文 20 篇、信息 115 条。有 45 篇被党委、政府采用进入决策圈，被中办、国办、国家体改委采用 6 篇，被市以上报刊采用 61 篇。

按照市委、市政府对社会团体进行清理整顿的统一部署，价格学会对组织结构、会员思想、学会章程、设立学会的组织程序及学会活动进行清理，均符合《社会团体登记管理条例》的规定。经社团主管部门审查合格，办理了重新登记手续，并于 1992 年 1 月 15 日启用“常德市价格学会”印章。

1992 年 1 月，市物价局副局长刘书敏在国家物价局培训中心为全国 218 个地（市）、县物价局局长授课

1992 年 1 月 15 日，市价格学会召开第一届理事会第二次全体会议。会议有 4 项议程：审议通过学会理事会工作报告、审议通过学会章程修改草稿、增补价格学会理事、评选优秀调研文章并进行表彰。评选后发出了《关于表彰优秀调研文章的通报》，对 1991 年全市物价系统推荐上报的 14 篇文章中的 7 篇授予优秀调研文章奖。其中市物价局刘德贵、陈大波、刘新民、黄新明撰写的《还是管少放多好》和市物价局李父军、周辉明、刘德贵撰写的《难忍农村灯下黑》获一等奖。另有 2 篇、3 篇文章分别获二等、三等奖。学会编写出《物价指数的编制与应用》一书出版发行，在全省物价系统产生影响。当年，经调查研究、收集整理信息 600 多条，其中 100 多条被省以上报刊采用，10 多条被中办、国办采用，23 条进入政府决策圈。

此后价格学会活动逐渐停止。

2001 年 9 月，市物价局局长印甫生（前排右四）参加湖南省价格学会第五届理事会第一次会议

第四章　队伍建设

第一节　干部录用选拔

市物价局的干部录用选拔工作，在局党组的领导下，由负责政工的领导和办公室（政工科、人事科）等相关工作部门具体操作。每年制定“干部人事管理制度”，1995 年该项制度第 4 条“干部的提升任用”中规定“晋升任用副科级以上干部，必须采取‘领导提名——办公室组织民主评议（测评）——党组集体研究决定——按程序上报任命’的步骤进行。被提升者的材料由办公室综合，领导把关，客观公正地评价”。

下面选载几例市物价局干部选拔录用和竞争上岗的具体做法：

2006 年 1 月 9 日，市物价局向市委组织部提出《关于〈常德市物价局科级领导职位缺位竞争上岗工作实施方案〉的请示》（常价〔2006〕9 号），竞争上岗的正科级职位 2 个，副科级职位 2 个以上。要求竞争正科级领导职务者年龄 50 周岁以下（1955 年 12 月 31 日后出生），任副科级领导职务 3 年以上或现职正科级非领导职务人员；竞争副科级领导职务者年龄 40 周岁以下（1965 年 12 月 31 日后出生），从事物价工作 2 年以上、具有 4 年以上工作经历，具有国家公务员身份。竞争上岗工作的时间为 2006 年 1 月 13 - 20 日。竞争上岗的工作程序是：⑴符合条件人员，自愿报名参加正、副科级领导职位竞争。⑵局党组对报名人员进行资格审查后公布名单。⑶由全局在职人员对参加竞争人员的德、能、勤、绩、廉、学进行民主测评。⑷参加竞争者在全局干部职工大会上进行竞职演讲，全局在职人员对演讲者的仪表、语言表达能力、组织协调能力和综合分析能力进行打分。⑸全体人员在竞职演讲现场用无记名方式填写《民主推荐表》。⑹按照预先规定的标准进行综合评分。⑺对参加竞争人员按得分排序确定 1∶ 1.5 的入围候选人，由政工室对其进行综合考察。⑻由局党组按以上综合情况研究决定任职人选。⑼对局党组研究确定的人选按 1∶1 的比例公示 3 天。对反映有突出问题的候选人，经查证属实者取消任职资格，由局党组研究在其他竞争者中择优递补。⑽按程序办理上报任职审批手续。(11）按权限和归口行文任命。竞争上岗工作坚持 6 项原则：党管干部的原则，公开、公平、竞争、择优的原则，德才兼备、注重实绩和群众公认的原则，民主集中制的原则，有利促进干部队伍年轻化的原则和依法依章按程序办事的原则。市物价局 2006 年价格工作总结中写道：“增配了 3 名副科级领导职数，实施科级干部缺位竞争上岗，改善了中层干部队伍结构，为促进年轻人脱颖而出起到了积极作用。”

局内凡有科级职位空缺，均按照以上原则、方法和步骤实行竞争上岗。2007 年 4 月

13日，市物价局向市委组织部呈报《关于〈常德市物价局科级领导职位资格竞争上岗工作实施方案〉的请示》（常价〔2007〕29号），对3个正科级领导职位实行竞争上岗。4月19日，对3位拟任正科级领导职务的对象（刘艳勋、张燕、何勇）进行为期7天的公示。5月10日，向市委组织部呈报对其进行任命。10月20日，对4名主任科员和4名副主任科员的科级非领导职务的任职进行调整，要求任职主任科员的年龄在52周岁以下（1955年1月1日后出生），任职副主任科员的年龄在50周岁以下（1957年1月1日以后出生）。10月29日，对4名主任科员任职对象（李健丽、罗劲平、姜开斌、李桃玉）和3名副主任科员任职对象（刘照玲、熊泽惠、许菊林）进行为时7天的公示。全年提拔3名年轻干部担任科长职务，8名担任主任科员和副主任科员职务。

因工作需要，选调、录用工作人员首先要符合政府批复的“三定”方案，不超过核定编制数。经局党组集体研究决定的外单位拟调入对象，首先向市机构编制委员会办公室和市委组织部、市人事局提出申请，经同意后，采用有限竞争考试的办法予以确定。现任法制科科长王强、价格认证中心主任文智就是按此程序2009年分别从安乡县委办公室、桃源县芦花潭乡政府调入市物价局的。

新录用公务员，均由国家、省、市组织统一考试，对成绩合格者进行差额面试，最后进行政审，择优等额录取。2011年8月13日，袁云波主持召开局党组会议，研究干部录用考核事项，确定8月15－18日对5名拟录用人员进行考察，即政治审查。考察的方法和内容是与本人面谈、深入调查、审查资格条件、家庭情况以及个人政治表现等。考察由人事科及政工人员负责。最后确定录用文雯等5人为市物价局工作人员。

根据上级关于干部选拔的有关规定，市委组织部、市人事局党政机关干部轮岗交流的有关精神及本局《人事工作管理制度》定期和不定期对各科室、单位负责人进行轮岗交流，确保能干事者有机会，干成事者有舞台。轮岗交流工作与领导职位缺位竞争上岗一样坚持6项原则。工作步骤是公布轮岗人员及职位名单、轮岗人员填报《个人任职意向书》、轮岗人员进行个人述职、对轮岗人员实行民主测评、确定轮岗资格（民主测评得分在70分以下者取消轮岗资格）、由监察（政工）室对取得轮岗资格人员提出任免建议、局党组研究确定职务任免、在全局公示拟任职人员名单及职位、呈报审批后由局党组进行任免。

第二节 干部教育培训

一、干部教育主要活动

（一）学雷锋及文明创建活动

1990年3月7日，市物价局发出《关于在全市物价部门开展“学雷锋精神，扬管价新风”活动的意见》（以下简称“意见”）。“意见”提出“立足窗口学雷锋，秉公执法播春风”的学习目标。3 月 10 日，调整充实学雷锋活动领导小组，刘书敏任组长，张桂清、刘新民任副组长，陈丽君、朱建武、刘德贵为成员，召开“学雷锋精神，扬管价新风”动员大会、在局机关大门悬挂醒目的宣传横幅，机关院内开辟宣传园地，张贴中央领导题词、雷锋画像和宣传标语，介绍雷锋事迹；全局干部职工人人学唱《学习雷锋好榜样》等歌曲；3 月中旬，组织全局干部职工和在院的建筑工人观看故事片《雷锋》，干部职工人人通读《雷锋故事》一书和《常德日报》2 月 16 日刊登的雷锋日记和事迹，每周星期二、星期五下午进行学习，以小组为单位办学习体会专栏；3 月下旬组织全局人员参观雷锋事迹展览。

1990 年，每月对机关门前的滨湖路（后更名洞庭大道）和机关大院开展一次义务清扫活动。市物价检查所对市城区农贸市场，每月开展一次假日义务物价检查活动。每月开展做一次好事的活动，平均每人每年做好事 10 件以上。由领导牵头，有关业务科室的党、团员分 3 批组成咨询组、调研组下乡下厂服务，开展价格义务咨询和价格信息兴农、支工活动。全体人员自觉整治思想上的“营养不良症”、工作上的“软骨病”、生活上的“红眼病”和事业上的“精神衰弱症”，把学雷锋纳入精神文明建设目标管理的重要内容，作为评先、创优、提拔的依据之一。

1993 年一季度，开展“向雷锋同志学习，迎桃花源盛会，创物价业绩”的活动。在“向雷锋同志学习”题词发表纪念期间，组织党员、青年在市图书馆参观学雷锋先进事迹图片展览。二季度开展集娱乐、教育于一体的“七一”庆祝活动，表彰一批工作积极、作风过硬的优秀党员。三季度开展抗灾救灾募捐献爱心活动，全局募捐 2200 元，党员人均 35 元。四季度组织收看省表彰的服务经济建设先进事迹报告活动和纪念毛泽东诞生 100 周年的歌咏活动。

2001 年 4 月 15 日，印发《对局属单位实行双文明量化目标管理考核的通知》，把物质文明和精神文明建设作为一项重要工作来抓。2006 年 4 月 5 日，印发《常德市物价局创建文明单位工作规划》，成立以党组书记、局长袁云波为组长，党组副书记、副局长龚椰林为副组长，党组其他成员为成员的创建文明单位工作领导小组。局党组多次召开专题会议研究、布置文明创建工作，坚持对文明工作的定期调度制度。全年两次分党支部、小组开展对文明单位创建活动的学习、讨论，使文明单位建设与机关建设、文明单位建设与业务工作有机结合，文明创建工作做到了全员参与、齐抓共管。从 2006 年开始，市物价局开展“五好家庭”评选活动，推进创建市级文明单位工作。市物价局被市委、市政府授予市文明单位称号。

2008 年 7 月 18 日，为配合市委、市政府关于常德市创建全国文明城市的部署，市物价局制定《创建全国文明城市工作方案》，提出在创建文明单位的同时带动社区的文明创建工作，为常德市创建全国文明城市做出贡献。2009 年 4 月 1 日，市物价局印发《常德市物价局 2009 年创建市级文明标兵单位工作方案》（以下简称“方案”）。成立市物价局创文明标兵单位工作领导小组，由袁云波任组长，龚椰林、赵怡德为副组长，其他班子成员为成员，负责创建工作的部署、安排。创建市级文明标兵单位的主要活动：一是加强领导班子建设。以开展“双争”活动为载体，将领导班子建设成学习好、团结好、作风好、机制好、发展好的“五好”班子。二是加强干部队伍建设。以职业道德建设和作风建设为主线，充分调动干部职工的积极性和创造性，努力提高干部队伍的整体素质。三是加强基础设施建设。以精神文明阵地建设为主要内容，切实加强机关基础设施建设，努力将物价局建设成高标准的文明、卫生和绿化单位。四是推进物价职能工作。围绕“稳物价、保增长、扩内需、促民生、强基础”的工作目标，努力实现价格总水平基本稳定，运用价格杠杆保持经济平稳较快增长，切实加强民生价格监管，进一步夯实价格基础工作。全市居民消费价格指数控制在4%以内。市物价局被评为2009年度单位联系社区城管创建工作先进单位。

2008年8月1日，市物价局作风建设主题活动动员大会

2010年，市物价局举行全市物价系统演讲比赛，文渊妮、罗芬等6人分别获奖；开展“迎国庆、讲文明、树新风”志愿服务活动、清明节开展革命传统教育暨扫墓活动、讲党性重品行作表率活动、学模范讲道德做好人活动、“争十佳、创百优”作风建设活动、“全民学习周”活动等。市物价局是联系鼎城区武陵镇常沅社区开展文明创建工作的牵头单位，局领导和相关人员常到该社区指导创建工作，帮助解决环境整治、街道无路灯等实际问题，并与鼎城区水利局、省棉科所（位于该社区）等单位多次联系，召开会议，共同研究社区创建工作。7月，局党组书记、局长袁云波两次带队前往该社区调研，确定道路硬化、街道亮化、街边绿化和环境治理是社区亟待解决的问题，及时将情况反映给有关部门，多方争取投入资金1万余元，为社区群众办成了几件实事。2012年3月，市委、市政府授予市物价局“文明标兵”匾牌，评为全市文明标兵单位。

（二）社会主义思想教育

市物价局1991年10月开始在机关开展社会主义思想教育（以下简称“社教”）。“社教”分三个阶段进行：⑴宣传发动阶段（10月15－25日）。全市“社教”工作动员会后，市物价局迅速召开党组会，成立以党组书记、局长沈兆兴为组长的社教工作领导小组，安排专人具体抓，印发《常德市物价局关于开展社会主义思想教育的实施意见》（常价政字

〔1991〕87号）。⑵专题教育阶段（10月26日－12月9日）。分为三个专题：通过10月26日至11月9日第一个专题的学习，增强了对“三性”（社会主义代替资本主义的必然性、社会主义制度的优越性和社会主义发展的曲折性）的认识与理解；11月10－24日的专题是进行坚持共产党领导的教育；11月25日－12月9日第三个专题是开展党的性质、宗旨、纪律教育。通过学习马列原著，学习有关文件，听专题辅导报告等。大家关心的“东欧、苏联为什么会变？中国能否顶得住？”“社会主义有没有希望？我们应该怎么办？”等问题得到了解决，认识到只有坚持共产党的领导，牢记党的性质、宗旨，严格遵守党的纪律，才能保证社会主义制度的巩固和社会主义事业的发展。⑶整改阶段（12月10日－1992年1月20日）。在提高思想认识的基础上开展三个整顿：整顿思想，联系实际，检查与坚持四项基本原则和党的基本路线相悖的思想言行，解决在政治上、思想上与党中央保持高度一致的问题；整顿作风，结合行业特点，检查纠正违背党的宗旨，脱离群众的错误倾向和不正之风，牢固树立全心全意为人民服务的思想；整顿纪律，检查纠正个人主义、自由主义、宗派主义、分散主义，有令不行、有禁不止，公款吃喝、请客送礼等不良作风和党员干部队伍中存在的不团结、模范作用差等问题，严肃党纪政纪。通过学习整顿，全局初步形成了既有民主又有集中，团结一致，生动活泼，纪律严明的局面。

每个学习阶段结束，都召开全局干部职工大会，对学习情况进行总结。实行集体学习与自学相结合，局党组成员分工分专题进行辅导，从市委讲师团、市委党校请专家教授上辅导课。全局开展学习体会讲用交流，互相启发、互相促进。领导和干部职工、干部职工之间广泛开展交心谈心活动。处理好了业务工作与社教活动的关系，社教活动实现了时间、内容、人员“三落实”，全局52人，除必须出差者外，人人参加学习，不无故缺席。共写出心得体会148篇。

（三）“三讲”教育

1998年，中共中央发出《关于在县级以上党政领导班子中深入开展“讲学习、讲政治、讲正气”为主要内容的党性党风教育的意见》。2000年年初，市委作出开展“三讲”教育工作的部署，市物价局是第二批“三讲”教育单位之一，时间是4月下旬到6月中旬。4月23日，印发市物价局领导班子和领导干部“三讲”教育实施方案（以下简称“方案”），成立局“三讲”教育办公室（以下简称“办公室”），办公室由沈兆兴任主任，印甫生、谭国荣任副主任。

“三讲”教育，要通过政治理论学习，全面贯彻党的基本路线，推动当前工作。要发扬党内民主，开展批评与自我批评。要坚持走群众路线，实行开门搞“三讲”，解决领导班子和领导干部5个方面的问题：坚定对马克思主义的信念和对建设有中国特色的社会主义，最终实现共产主义的信念；坚决、全面执行党的路线方针政策和中央、省委、市委的重大决策，从实际出发，脚踏实地做好工作；牢固树立全心全意为人民服务的思想；严格遵守民主集中制的各项规定；树立求真务实、真抓实干、依靠群众、商量办事的好作风。

5 月 25 日召开全局干部职工、离退休人员动员大会，统一认识，保证‘三讲’教育的思想到位”“明确任务、精心组织、保证‘三讲’教育工作到位”“明确要求、坚持标准、切实保证‘三讲’教育的效果到位”。局长沈兆兴代表局领导班子成员表示：一定严于律己，高标准、高要求地开展“三讲”教育，虚心听取大家的意见，诚恳地接受大家的批评，坚持言者无罪、闻者足戒，有则改之，无则加勉的原则，绝对不会打击报复。特别欢迎大家对他给予帮助、批评。市委巡视组组长王华轩在动员会上发言并提出希望。

市物价局“三讲”教育经过“思想发动、学习提高”“自我剖析、听取意见”“交流思想、开展批评”“认真整改、巩固成果”4 个阶段。每个阶段都有活动方案、召开阶段动员会、总结会和文字总结。每个阶段结束，下阶段开始都向市委“三讲”办报告并得到批复同意。4 月 27 日、28 日派员分两组到市委办、市政府办、市纪委、市监察局、市计委、市经委、市教委等单位征求意见与建议，共征集到各类意见和建议 71 条。发出对局领导班子和领导干部测评意见表和测评意见书 61 份，收回 61 分。领导班子和领导干部联系各自思想、政治、纪律、作风等各方面实际，结合收集到的意见和建议，深刻剖析 1992 年以来在党性党风方面存在的主要问题。5 月 22 日，局党组印发沈兆兴、杨峰、印甫生、翟振彪、刘新民、左宜斌、谭国荣写的个人剖析材料。6 月 8 日，召开民主生活会，7 名班子成员参加。市纪委主要领导和市财办纪委书记龙旭光及市委“三讲”办巡视组全体人员出席。6 月 13 日，沈兆兴向全局干部职工通报民主生活会的情况。6 月中旬，每个领导干部写出个人整改方案或整改措施。6 月 19 日印发《常德市物价局整改方案》。6 月 24 日，向市委“三讲”办报送《常德市物价局领导班子和领导干部“三讲”教育总结》。

（四）学习贯彻“三个代表”重要思想活动

2003 年 9 月，市物价局按照市委《关于在全市党的基层组织中兴起学习贯彻“三个代表”重要思想新高潮的通知》精神，在全局开展学习贯彻“三个代表”（中国共产党始终“代表中国先进生产力的发展要求、代表中国先进文化的前进方向、代表中国最广大人民的根本利益”）重要思想的活动，结合创建“学习型机关”和整顿干部作风，组织全局党员、干部、职工深入学习实践“三个代表”重要思想。首先，召开局党组会，研究布置学习贯彻“三个代表”重要思想活动方案；然后召开全局党员、干部及离退休人员参加的大会传达精神，宣传动员。9 月下旬，召开局党组班子成员民主生活会；全体干部参加公务员依法行政知识学习、考试；组织干部、职工深入农村开展助教、扶贫帮困、支灾活动。邀请专家、教授讲授“三个代表”重要思想知识，集中学习规定的原著、法律知识；业务骨干讲授业务知识。12 月上、中旬，开展学习心得交流，进行自我回顾、总结，积极备考。12 月下旬全局组织阶段性考学和制订 2004 年学习计划，转入经常性学习。

学习中，围绕稳步推进价格改革，突出依法行政，强化管理监督，抓好价费公示，规范价费行为，努力做好各项价格服务工作。价格监测工作在全省唯一受到国家发改委表彰。学习活动促进了《价格法》实施 5 周年的宣传活动。全体干部深入实际加强调查研究，全年撰写各类调查材料83篇，有28篇被全国、省、市媒体采用。按照市委“三为”（为经济建设服务、为基层服务、为群众服务）要求，组织党员、干部、职工到建整扶贫点村和对口支援的受灾村，帮助解决困难，帮助搞好灾后重建。

通过学习践行“三个代表”重要思想活动，全局上下在认识上达到了新高度，实践上取得了新成效．较好解决了四个方面的问题：一是思想作风上存在的突出问题；二是物价工作中的实际问题；三是更加明确了群众对价格工作的新要求；四是找准了影响发挥各级党组织战斗堡垒作用和党员先锋模范作用的主要问题，并进行了整改。

为进一步践行“三个代表”重要思想，2004年，市物价局先后开展了“树立正确的群众观、政绩观、权力观”及“立党为公，执政为民”、争创“五好”班子、争做“四型”干部的“双争”及诚信教育等活动。

（五）保持共产党员先进性教育

2005年，市物价局在市直单位第一批开展保持共产党员先进性教育活动（以下简称“保先教育”），从2005年1月开始，到2005年6月基本结束。市物价局成立“保先教育”领导小组，党组书记、局长袁云波任组长，党组副书记、副局长龚椰林任副组长，刘新民、刘邦原、朱建武、谭国荣、周辉明、岳伏春为成员。领导小组办公室由岳伏春兼主任。2月5日，局“保先教育”领导小组召开会议，进行分工，明确责任。2月7日，制订《常德市物价局党组关于开展保持共产党员先进性教育活动的实施方案》。局党组成员以普通党员身份参加先进性教育活动，发挥表率作用，做到“四个带头”：带头参加学习、带头查摆问题、带头开展批评与自我批评、带头搞好整改。2月18日下午，市物价局召开全局“保先教育”动员大会。袁云波在动员报告中要求大家从3个方面统一思想认识：开展“保先教育”是加强党的执政能力建设的战略举措；开展“保先教育”是提高党员队伍素质的重要方式和手段；开展“保先教育”是推进价格工作长足发展的巨大动力。“保先教育”要做到“五坚持”：坚持理论联系实际，务求实效；坚持正面教育为主，认真开展批评与自我批评；坚持发扬党内民主，走群众路线；坚持领导干部带头，发挥表率作用；坚持区别情况，分类指导。市委“保先教育”督导组组长俞鸿钧在会上讲了3点认识、3点希望和3个态度，表示一定虚心学习，严守纪律。会议主持人龚椰林向与会人员提出切实提高认识、切实精心组织、切实严守纪律的要求。

“保先教育”分为动员学习、分析评议和整改提高三个阶段。每个阶段都召开动员会议，对上阶段活动进行总结，对下阶段工作提出要求。

“保先教育”第一阶段共写学习心得体会127篇。分析评议阶段，局领导班子和班子成员征求到各类意见和建议643条，基层支部70条，全体党员1143条。“保先教育”领导小组研究制订了《常德市物价局领导班子整改方案》。将600多条意见和建议分析、归纳、整理为16个方面，进行逐一整改落实。制定问题整改销号卡，明确整改的责任领导、责任单位和整改落实时间。

通过学习，大家明确了在新时期共产党员保持先进性必须做到的“六个坚持”，这就是坚持理想信念，坚定不移地为建设中国特色社会主义而奋斗；坚持勤奋学习，扎扎实实地提高实践“三个代表”重要思想的本领；坚持党的根本宗旨，始终不渝地做到立党为公、执政为民；坚持勤奋工作，兢兢业业地创造一流的工作业绩；坚持遵守党的纪律，身体力行的维护党的团结统一；坚持“两个务必”，永葆共产党人的政治本色。

“保先教育”期间，组织到石门广福煤矿开展艰苦奋斗教育，到武陵监狱开展廉政警示教育等。

（六）建设人民满意机关活动

2009年年初，市政府发出《关于建设人民满意政府的实施意见》（常政发〔2009〕11号），全市开展创建人民满意政府活动。4月28日，市物价局印发《建设人民满意机关活动实施方案》，成立创建人民满意机关（简称“创满”）领导小组。党组书记、局长袁云波在市物价局创建人民满意机关动员大会上的讲话中提出3点要求：一是统一思想，深刻认识创建人民满意机关的重大意义。二是明确重点，准确把握创建人民满意机关的目标任务。三是强化措施，确保创建人民满意机关取得实效。活动中，认真抓好“创满”宣传：印发上千份“创满”宣传手册，设立几处宣传橱窗，编印10多期“创满”工作专刊，在局域网开辟“建设人民满意物价机关”和“满意物价大家谈”专栏，拍摄“创满”专题电视片，在常德日报和常德电视台等媒体开辟专栏、举办专题节目。开展“转变作风，创建亲民机关”“坚持依法行政，创建法治机关”“完善工作机制，创建诚信机关”“健全各项制度，创建高效机关”“加强管理，创建节约机关”“加强监督，创建廉洁机关”的活动。区县市物价局必须是本县的“十佳人民满意机关”方能参加全市先进区县市物价局的评选。市物价局机关内部开展“月优胜单位”评选活动，对被评上者授予红旗，为年终评先评优提供依据。8月份举行“建设人民满意机关从我做起演讲比赛”，庆祝新中国成立60周年期间开展读书、征文、书法、演讲比赛等活动，组织“和谐家庭”评选等。年终听取人大、政协、新闻单位的意见、建议，进行自查自评，进行总结提高。

2010年4月13日印发《市物价局“创满”活动具体工作任务安排和相关责任分解》。4月28日印发《创建人民满意物价机关宣传工作方案》及《关于市“创满”监督员召集人向市物价局所提意见建议的交办函》。5月25日，召开全市物价系统建设人民满意机关工作座谈会，加强市、县物价部门“创满”工作整体联动。6月8日印发《常德市区县市物价部门2010年机关“创满”工作与目标管理考核办法》。9月下旬分3个组对9个区县市“创满”工作进行调研督导。市物价局与常德电视台影视频道联合制作《维护民生民利打造满意物价——常德物价局创满工作纪实》专题片在常德电视台播放。

市物价局根据本单位的工作特点，把“四民”行动贯穿于“创满”活动的始终：(1)开展亲民行动，密切与老百姓的情感联系。组织开展专题调查研究，走访人大代表、政协委员、创满监督员和居民群众1025人次，收集整理意见建议30多条，都做了回复。通过开展“问计基层破难题，服务发展惠民生”的调查活动，形成一批有价值的调研文章，为领导决策提供参考。办理人大代表建议和政协委员提案，获得满意效果。2010年市物价局被授予仅5家市直单位获得的“人大代表建议办理工作先进单位”称号。⑵开展便民行动，让老百姓切实感受价费优质服务。在局网站和《常德民生报》开辟《物价与民生》和《价格违法曝光台》专栏，方便群众了解和监督物价工作。制定《2010年政务公开工作方案》，全面推行政务公开。⑶开展帮民行动，切实维护老百姓的合法价格权益。组织开展全市商业零售市场价格欺诈专项整治月活动，营造诚信经营环境。9月21日，启动第二届市城区零售经营单位“价格诚信单位”评选活动。及时受理举报投诉，“12358”价格投诉平台24小时专人值守。⑷开展惠民行动，让老百姓得到实实在在的价格实惠。积极推行基本药物制度试点工作。出台《常德市义务教育阶段学校食堂伙食费监管办法》等，规范中小学校收费行为；联合财政等部门召开殡葬管理工作座谈会，取消墓地维护费；适当调低柳叶湖渔樵村门票价格；重新完善并出台数字电视数据广播业务考核办法，保障消费者的合法权益；制定市城区贯彻落实《湖南省物业服务收费管理办法》实施意见，规范住宅小区物业收费标准；拟定并经市政府办转发《关于积极落实资源环境价格改革措施，促进经济发展方式转变的若干意见》，推进生态城市建设，推动节能减排和低碳经济发展。

“创满”活动中，市物价局多次通过“嘉宾访谈”“市长热线”“行风热线”等形式，与市民面对面进行价格问题互动交流，宣传价格政策和工作动态；经常开展价格公共服务活动，帮助老百姓维护价格权益。通过价格听证制度，保证价费审批过程公开、结果公正。实行开门定价，形成了公开民主的定价机制。对典型违法案件，运用“案情通报会”“案件处理听证会”等形式接受社会和舆论监督。建立市民网上诉求快速办理机制，及时回复群众诉求，维护群众价格权益。

2010年4月22日，市建设人民满意政府工作领导小组办公室《建设人民满意政府工作简报》第10期大篇幅报道市物价局《开展‘四民’行动维护民生民利》的情况。市“满意办”负责人蔡新带队对市物价局“创满”工作进行督查，认为进展顺利、成效明显，得到市满意办充分肯定。

2011年，建设人民满意机关，开展“三联一帮”活动，即局领导成员分工联系满意机关建设监督员、优化环境监督员，科室、单位对口联系基层单位，干部职工联系社区居民。对涉及物价的19件建议提案，件件认真办理，及时回复办理结果。市物价局建立新闻发布制度。新闻发布的主要内容是价格整体运行情况及走势分析；本局出台的价格监管政策、规定和办法；本局采取的重要价格监管措施；本局组织的重要工作会议及重要活动；本局重大价格突发事件的信息发布；重大价格违法案件查处情况；重要价格成本调查情况；其他需要发布的与价格相关的重要事项。新闻发布的主要形式包括向新闻媒体提供报道材料（新闻通稿）；召开新闻通气或吹风会；举行新闻发布会；根据工作需要安排新闻媒体采访。新闻发言人及其工作班子定期研究本局新闻发布工作，以一年或半年为期制订新闻发布计划。

2012 年，提出创建“满意标兵单位”的目标，围绕“亲民、法治、高效、诚信、节约、廉洁”的要求，推进“创满”工作，使干部队伍建设加强、群众得到实惠更多、物价工作更加让群众信得过、靠得住、放得心。市物价局继续将建设人民满意机关工作目标管理考核内容及责任进行分解。

2012 年 4 月 27 日，市物价局创满工作情况汇报会

（七）深入学习实践科学发展观活动

2009 年 3 月 20 日市委学习实践活动动员大会后，市物价局及时召开党组会议，传达贯彻精神，成立学习实践活动领导小组，组长袁云波，副组长龚椰林，成员刘邦原、陈谋建、常新群、袁天鹏、陈秋林、赵怡德，领导小组下设办公室，主任龚椰林。3 月 25 日印发《常德市物价局开展深入学习实践科学发展观活动实施方案》。按照市委“党员干部受教育、科学发展上水平、人民群众得实惠”的总体要求，围绕“践行科学发展、提高服务水平”的主题，市物价局决定在学习实践活动中重点解决六个问题，即：思想观念问题、服务发展问题、民生价格问题、制度创新问题、干部作风问题和组织保障问题。为使活动得到群众的监督与支持，组建了由人大代表、政协委员、服务对象、基层价格部门及社区等方面的代表 10 人组成的党员群众代表咨询评议团，自始至终参加各项学习活动。3 月 27 日上午，召开全局“学习活动”动员大会，市委第九指导检查组组长吴云利及检查组全体成员出席会议。学习活动利用专栏、网站、电子显示屏和市级新闻媒体广泛宣传。“价格服务进万家、促进发展保民生”等特色实践活动受到市学习实践活动办公室的充分肯定，并在市学习实践活动简报第 10 期刊发。

在活动的学习与调研阶段。主要学习《深入学习实践科学发展观活动领导干部学习文件选编》《毛泽东、邓小平、江泽民论科学发展》《科学发展观重要论述摘编》《科学发展观学习读本》等及中央、省委、市委领导的有关讲话。每周二、五下午为自学时间，先后请市委讲师团、省物价局的教授、专家到市物价局进行 3 堂理论辅导，观看科学发展观电教片。局机关辟有学习实践活动宣传专栏和学习园地。在本局网站开辟了学习实践活动专栏，及时向市政府网站、省局价格在线发送信息。全局党员干部联系实际写学习心得体会。刚调入市物价局的干部王强，在题为《落实科学发展观，树立物价新理念》的学习心得中，提出了落实科学发展观，要树立“法制物价”“阳光物价”“民本物价”“效益物价”新理念的观点。全局进行了科学发展观理论知识考试，64 人参加，60 人获 90 分以上成绩，其中 100 分 11 人、95 分以上 39 人。

4 月 23 日，在德山阳光乳业举行“价格服务进万家、促进发展保民生”活动启动仪式，副市长李爱国出席。《常德日报》《常德晚报》、常德电视台分别报道。5 月下旬，举行学习实践活动读书心得体会交流和学习体会文章展览。

在分析检查阶段，局党组召开骨干和退休干部座谈会，向社会各界发放并收回 52 份调查问卷；在物价网站设立“价格连着你我他物价工作大家谈”意见箱栏目，广泛征求意见，经汇总梳理，其中对班子和班子成员的意见和建议 60 条。6 月 2 日，袁云波主持召开局党组专题民主生活会。市委指导检查组组长吴云利及党员群众咨询评议团成员列席。会上，党组书记对每名班子成员进行点评，班子成员之间进行互评。6 月 5 日，各党支部召开生活会，开展批评与自我批评。6 月 19 日，党员群众咨询评议团召开专题会议，对领导班子分析检查报告进行评议，市委第九指导检查组对检查报告表示满意。7 月 20 日制定局领导班子学习实践活动整改落实方案，并附“市物价局解决一批突出问题一览表”“市物价局整改落实方案考核表”。8 月 18 日，制定《市物价局开展领导干部抓整改促落实活动方案》。

在这次学习活动中，市物价局本着“规定动作不走样，自选动作有特色”的指导思想，开展了“问计基层群众、共谋科学发展”的调研活动、“价格服务进万家、促进发展保民生”主题实践活动和“三治一创”活动（治懒、治散、治飘和创市级文明标兵单位）。

按照常学组通〔2009〕60 号文件精神，局学习实践领导小组召开会议，研究布置总结测评工作，对照学习实践活动考核计分细则自清自查。8 月 21 日，向市学习实践活动办公室呈送市物价局学习实践活动自清自查工作报告。8 月 23 日，完成市物价局开展深入学习实践科学发展观活动总结。

（八）反腐倡廉教育

市物价局设立纪检监察机构，配备纪检监察专（兼）职人员，使反腐倡廉工作得到组织保证。建立党风廉政建设“一把手”负总责，其他班子成员分工负责，各科室、单位和个人承担相应责任的责任制体系。认真贯彻执行中央、省、市等各级关于党风廉政建设和反腐败的各项纪律、规定、制度和要求，根据物价部门的工作性质和特点，制定并每年修订完善《常德市物价局领导班子党风廉政建设责任分解》和《常德市物价局党风廉政建设及反腐败工作责任制实施细则》等反腐倡廉的规章制度，对领导班子成员和干部职工提出不同要求，在价格行政管理和价格行政执法以及平时的工作、生活中做清正廉洁的模范、反腐倡廉的勇士。

1989 年，市物价局开展“做人民公仆、办改革实事、创廉洁机关活动”，设立廉政建设举报箱、举报卡、举报电话。这些措施得到省、市有关部门的肯定。

1990年，集中进行廉政、遵纪守法和纠正不正之风教育8次，放专题教育录像5场，参观展览52人次，查处违纪苗头3起。10月份，向市直单位发出廉政建设意见征询书200份，收回150份，没有反映一起不廉洁的行为，对物价工作人员不办人情案、不定人情价和拒吃请、送礼的作风给予高度评价。局机关全年拒请吃110人次，拒礼73次。1991年，没有发现不廉洁的行为，拒吃请80余人次，拒公费请舞31人次，拒礼15起。1993年，各科室、单位年初签订遵纪守法，廉政建设“十不准”等内容的责任状。局党组、骨干、科室、支部、党小组，层层开展“学文件、学论述”的学习讨论，形成了反腐倡廉的浓厚气氛。

1994－2000年，不断完善和规范机关管理和依法行政管理制度，认真开展行风评议工作，制定行风评议和行政效能监察工作实施方案。采取集中学习、分组讨论、自清自查、内查外调等形式，就公仆意识牢不牢、艰苦朴素好不好、廉洁自律硬不硬、依法行政严不严、工作作风实不实等问题，开展批评与自我批评。完善以改革财务管理、公开办事制度、实行价格行政执法责任制为主的“两个文明”建设等12项管理制度。做到“送礼不办事，办事不受礼，用权不揩油，接谈不气粗”，涌现出一批送礼不要、请客不到的好人好事。1998年6月12日聘请王建国等38位同志、1999年1月25日聘请庹朝明等11位同志为市物价局行风监督员；市和区县市物价部门向企业发出廉政建设意见征询书。成立局长沈兆兴任组长、纪检组长吴俩明任副组长、收费管理科科长陈丽君为成员的反腐纠风领导小组，对本局反腐纠风工作负总责，各科室分别负责本科室业务范围内的反腐纠风工作。

2001年，贯彻省物价局《关于在元旦春节期间加强党风廉政建设的通知》（湘价纪字〔2001〕01号）精神，对严格自律的人和事大力宣扬，对违反规定不廉洁的苗头和倾向及时批评纠正。2月10日印发《市物价局党组成员党风廉政建设责任分解》，明确党组成员对党风廉政建设负责的范围和责任内容，明确协办科室单位及具体协办人员的名单。2月15日印发《常德市物价局党风廉政建设及反腐败工作责任制实施细则》（以下简称“细则”），“细则”分总则、组织领导责任、部门分工、责任考核和责任追究5章共16条35款。2002年，坚持以预防为主的反腐倡廉教育。召开局党组会议和科以上干部会议，学习贯彻江泽民在中纪委七次全会上的重要讲话和全市反腐败工作会议精神，全面领会中央、省、市反腐败工作的精神和要求，落实各自的责任。结合贯彻执行中共十五届六中全会提出的“八个坚持，八个反对”和中纪委七次全会提出的新要求，在党员干部中开展“改进作风，拒腐防变”的党性党纪党风教育。按照市委、市政府治理红色礼金问题的要求，狠抓红包礼金歪风，全年进行两次清理、登记和收缴红色礼金礼品的工作。坚决制止公费旅游和参与其他公费高标准娱乐健身活动。禁止科以上干部利用红白喜事大操大办，借机敛财。禁止干部职工在公务活动中、上班时间和下基层工作时打牌赌博，违反者按市纪委、市监察局、市人事局有关规定从严处理。局党组书记、局长印甫生在《个人党风廉政情况汇报》中写道："在遵章守纪上能带头自律，不奢侈、不铺张、不松懈。儿子结婚，按照规定事前向市委组织部备案，事中不大操大办，简单从事。"7月，市物价局被评选为全市作风建设先进单位，省纪委和湖南电视台两次采访并制作专题节目《为了群众的利益》在省电视台廉政频道播出。2003年3月20日印发《市物价局2003年纪检监察工作要点》。全市反腐败工作会议后，市物价局召开党组会进行专题学习，在全局干部职工大会上传达贯彻。认真学习胡锦涛在中纪委二次全会上的重要讲话，全面领会中央、省、市反腐纠风工作的部署和要求。学习《价格行政执法"十不准"》《物价系统廉政建设"八不准"》，并印发每人一份。对全局副科级以上干部进行廉洁从政知识考试，平均97分。对全市价格系统发生的3起违纪违规行为进行了严肃处理。领导班子成员没有违反规定出境出省旅游及参观学习的，没有属于分配性质购房的，没有从事第二职业的，没有借婚丧喜庆大操大办的。

2004年，向全市物价系统印发《市物价局2004年纪检、监察工作要点》，加大从源头预防和治理腐败的力度。深入开展"三观"（权力观、政绩观、纪律观）教育和理想、道德、法制教育，干部职工增强了对不正之风的免疫力。局党组向全市作出廉政建设八项承诺，并以常价办字〔2004〕144号印发全市物价系统。八项承诺：一是按"一岗双责"要求，对分工范围内的党风廉政建设和反腐败工作切实负起责任。二是坚持民主集中制。认真执行《常德市物价局领导班子集体决策重大问题议事规则细则》，做到大事集体研究决定，不搞个人说了算。三是严格按程序按规定选拔任用干部。四是严格依法依纪办事，不滥用职权，严格依法行政。五是以身作则，模范带头执行《领导干部廉洁自律有关规定》（即"十六条"）。六是改进工作作风，不搞劳民伤财的"政绩工程""形象工程"，贴近群众，贴近基层，切实发挥物价职能作用，解决群众反映的热点、难点问题。七是重视和支持局纪检组、监察室的工作，并经常督促落实。八是欢迎本局干部职工、社会各界对市物价局班子及全局物价工作人员的监督。党组书记袁云波在当年的《述廉报告》中说："无论在哪个岗位，我都能带头廉洁自律，严格教育身边的人，自觉维护领导班子的整体形象，努力履行'一岗双责'。在使用每一项权力时，都坚持民主用权、公开用权、按程序用权，自觉接受组织监督、群众监督，决不滥用权力。在处理亲情、友情中，尽量避免利用工作之便优亲厚友。"

2005年，中共中央《建立健全教育、制度、监督并重的惩治和预防腐败体系实施纲要》（以下简称《实施纲要》）下发后，市物价局组织全体党员，特别是党员干部学习、宣传、贯彻《实施纲要》。6月10日制定学习贯彻《实施纲要》的方案，成立贯彻落实《实施纲要》领导小组。组织党员干部到石门广福桥煤矿体验生活；组织全体党员干部到市纪委警示教育基地武陵监狱听服刑人员现身说法，从中吸取教训，增强拒腐能力。请有关领导就学习《实施纲要》并结合全市反腐倡廉形势作辅导报告。6次组织干部职工观看电教录像、电视，从正反两面的典型中受教育。在进行反腐倡廉教育时，强调以领导干部为重点，以树立马克思主义的世界观、人生观、价值观和正确的权力观、地位观、利益观为根本，以艰苦奋斗、廉洁奉公为主题，做到立党为公，执政为民。健全行之有效的党风廉政建设等各项规章制度，做到用制度规范从政行为，按制度办事、用制度管人，实现反腐倡廉工作制度化、法制化。

2006年，贯彻全市反腐败工作会议精神，建立健全教育、制度、监督并重的工作机制，通过落实党风廉政建设责任制、加强党风廉政教育、强化监督、实施规范化管理、开展专项纠风等活动，发挥纪检监察的保障作用，推进物价工作。继2005年制度建设年之后，2006年又实施制度完善年，先后对议事规则、机关内部管理、廉政建设、行政执法、价格审批、信访接待、机关院落管理等方面的几十项制度进行修订完善。对财务、接待、机关后勤管理体制及对公务用车管理办法进行改革，全局经费支出明显降低，减少了利益分配不均、开支不尽合理的现象。开展治理“红色名片”（婚丧喜庆大操大办）工作，全局工作人员，包括离退休干部在内均向局党组签订了责任状，全年无借机赈酒敛财现象。开展治理商业贿赂工作，对价格执法情况进行明察暗访，对新办公大楼基建工程进行认真清查。发现前几年有3件越权审批等问题，由局监察室牵头对近年审批的价费文件及审计提出问题的整改情况进行认真清理，督促将原存在的问题全面整改到位，8月份经省物价局检查，没有发现违纪违规问题，得到省局的充分肯定。

2007年，根据市直机关工委的统一部署，全面开展“廉政文化进机关”活动。年初，制定《市物价局开展“廉政文化进机关”活动方案》，被市直工委评为优秀方案。局党组加强对活动的组织领导，分工局党组副书记、副局长龚椰林和纪检组长赵怡德牵头抓，有关班子成员配合抓，局监察（政工）室负责具体事务。党员干部参加中央纪委举办的“加强作风建设，促进廉洁从政知识测试活动”，均取得优异成绩。组织党员干部观看中央纪委制作的《学习胡锦涛重要讲话，大力倡导新风正气》辅导光盘和案例剖析电教片，6月19日起，开展《中共中央纪委关于严格禁止利用职务上的便利谋取不正当利益的若干规定》的学习。6月下旬，组织党员到物价局点村青草岗村走访、慰问贫困农民，两次为困难群众开展捐助活动。9月下旬，举行以反腐倡廉为主题的演讲比赛。“廉政文化进机关活动”延续不断，每年赋予新的内容与内涵。

2008年，从三个方面抓党风廉政教育：思想道德教育、廉政条规教育和岗位廉政及警示教育。通过加强内部监督促进廉洁从政、依法行政，落实领导干部廉洁从政的若干规定，落实机关各项规章制度。加强对价格执法行为的监督，重点监督管理科室按程序审批价格，制止越权定价，杜绝定人情价、批人情费。监督检查部门严格办案程序，把好案件审理关、复议关，杜绝办人情案、关系案、利益案，规范价格调节基金征收减免程序，落实价格行政执法回访调查制度。从6个方面推行行政责任制、加强效能监察：⑴依法规范单位职能职责和权限。⑵按照精减、效能的原则，科学合理实行定岗定责定人。⑶建立健全效能建设制度。⑷建立科学、严谨、操作性强、符合物价工作实际的绩效评估和考评体系。⑸制定《常德市物价局行政过错责任追究办法》，落实过错责任追究制度。⑹建立和完善重大问题集体决策、专家咨询、民主评议、社会公示、社会听证，将单位职责、职权、办事依据、办事程序、办事纪律、办事结果、监督举报电话等定期向社会公开，主动征求社会各方面的意见和建议，最大限度地增强行政工作的透明度。

2009 年，组织党员及干部职工学习胡锦涛总书记在中央纪委十七届三次全会上的讲话。5 月中旬，按照市委反腐败协调小组 4 月 24 日的通知，将领导班子的学习情况向市纪委干部室汇报，得到市纪委领导的充分肯定。8－9 月，迎接市纪委党风廉政建设巡视工作。11 月 20 日袁云波向市纪委党风廉政建设巡视组作 2007－2009 年的述廉报告：按照《市纪委关于加强对县处级党政正职监督的办法（试行）》的要求，做到了：⑴在重大事项决策上坚持民主集中制，遇事坚持多商量、多通气、多讨论、多研究。由于严格遵守民主议事规则，坚持权力在阳光下运行，促进了班子团结统一，各项工作顺利开展。⑵严格执行经费预决算制度和收支两条线管理，规范财务审批程序和权限，严格执行会审会签制度。⑶在重要人事任免上，严格执行《党政领导干部选拔任用工作条例》，全面实行民主推荐、民主测评、竞争上岗，公开选拔任用干部。袁云波在述廉报告中对自己执行领导干部廉洁自律的各项规定作了阐述：在工作和生活中，严格遵守党风廉政建设和廉洁自律的各项规定，基本上做到了带头遵章守纪，要求别人做到的，首先自己做到；要求别人不做的，首先自己不做。带头勤俭节约，按章办事，带头将个人参与的公务接待费开支和公车使用情况向干部职工定期公布，既让干部职工明明白白，也还自己清清白白。巡视组成员对市物价局的党风廉政建设工作和袁云波的述廉报告给予肯定。

2010 年，将《党章》《党的基层组织条例》《党员权利保障条例》《党内监督条例》《纪律处分条例》以及《党员领导干部廉洁从政若干准则》等作为全局党员干部政治理论学习的重要内容。党风廉政建设坚持“谁主管，谁负责”的原则，实行“一岗双责”。按照市纪委、市监察局的要求，开展反腐倡廉制度执行情况专项检查活动。根据文件精神和要求，从 4 个方面开展自清自查：⑴新增投资项目财政性资金管理使用情况。2010 年没有新增投资项目。⑵制止公款出国（境）旅游情况。2008－2010 年，有 2 人次经批准出国（境）。⑶公务用车配备管理情况。⑷禁止领导干部违反规定插手工程项目建设情况。自清自查活动得到市纪委、市监察局的认可与肯定。编印了《规范权力运行制度汇编》，按照“一项权力建立一项制度”的原则，分行政审批、行政执法、行政管理和行政监督四个方面，建立制度 100 余项。实现了物价部门权力配置科学化、行政裁量标准化、行权（行使权力，下同）程序规范化、行权过程便捷化、行权操作公开化、权力运行网络化，确保规范、有效、廉洁行使权力。全局干部职工人人签订《依法行政廉洁从政承诺书》。

2011－2012 年，贯彻执行国家发改委印发的《价格行政执法人员廉洁自律规定》，按照“一岗双责”的要求，制订《常德市物价局党风廉政责任制》，打造阳光物价，推进公正执法，建设法治机关。加强干部队伍从政道德教育，强化服务意识、责任意识和廉洁意识。将从政道德建设和满意机关建设的要求贯穿于物价工作之中。局长讲廉政党课，组织观看廉政警示专题片，组织到武陵监狱接受警示教育。定期通报单位财务运行情况，加强内部监督，规范“三公”支出。探索权力风险防范管理模式，围绕价费审批、行政执法、财务开支、干部选拔任用等开展风险排查。中共十八次全国代表大会以后，党中央、习近平总书记对反腐工作提出了更新更高的要求。市物价局坚持警钟长鸣，从不懈怠，始终把反腐倡廉工作作为党风建设和干部思想作风建设的重中之重。

二、培　训

1990 年，采取岗前短训、岗中带训、离岗专训等形式，支持干部学政治、学业务、学行政诉讼法等，有 50% 的人员参加短训。当年，新增函授毕业生 18 名，有 56 人获毕业证书。9 月，国家物价局在四川省眉山市召开中国物价函授学院工作总结表彰大会，常德函授工作站被评为全国物价函授教育先进工作站，获授先进奖牌，余本松获全国物价函授教育工作先进个人称号。常德市（地区）累计入学人数 435 名，有 38 人获经济系列大专文凭，60 人获物价专业证书。1991 年，举办一期物价业务培训班，25 人参加价格业务扫尾考试，颁发物价专业合格证书 40 份。1994 年，采取送出去请进来的办法，举办培训班 2 期，选送 4 人次参加上级举办的“二五”普法知识的学习与考试。1996 – 2000 年的“三五”普法、2001 – 2005 年的“四五”普法等均认真组织学习、参加考试取得优异成绩。1995 – 1997 年，学习社会主义市场经济理论，学习财政、税收、金融等法规政策及物价专业知识。1998 年，举办《价格法》学习讲座和参加各类价格、收费管理业务知识培训班。有 1 人获全国注册拍卖师资格，2 人获全国房地产注册评估师资格。

2000 年 9 月 15 日，出台《市物价局干部职工自学经费报销及奖励办法》，对自学并取得成绩者给予奖励。2002 年，参加法律、法规和业务知识培训的有 130 人次。2004 年 3 月 30 日，市物价局党组研究通过《在职人员自学经费报销及奖励办法》。7 月 13 日下午 – 15 日，举办全市物价检查人员岗位学法培训班。7 月 16 日上午 9 – 12 点以市为单位集中设点，由省物价检查所组织对价格行政执法人员进行全省统一考试，并对考试合格者换发由国家发改委颁发的“价格监督检查证”。2005 年 4 月 18 日，印发《常德市物价局业务技能考核办法》（以下简称《办法》），明确对个人的业务技能考核分本职工作、业务培训、理论测试、奖励加分 4 个方面。《办法》包括计分方法、奖励规定和组织领导。业务技能考核成绩作为年终考核评比的重要内容，是评先、评优的重要依据。2006 年 8 月 2 日，出台《常德市物价局创学工作奖励办法》（常价办〔2006〕80 号），就干部职工及子女创学工作作出奖励规定。当年举办两次业务知识讲座。全局组织业务知识测试，人平得分 95 分。有 16 人次参加省局组织的业务培训学习。2008 年，配合纪念《价格法》颁布 10 周年，上业务辅导课 5 次，20 多人次外出学习考察。用以会代训的办法举办全市物价系统价格、收费、成本、认证等业务培训。指导基层积极争创全省“先进县级价格机构”。全局65人有34人参加学历升级学习，28人拿到升级后的文凭，6人在读；15人参加物价工作资格证书考试，10人拿到证书，15人在学。2009年以后，每年开展政策、法律法规自学、专家辅导和法制及业务培训。从2003年到2012年，每年均派员分别参加省物价局的业务培训及市委组织部、市委党校的学习培训。一般每年2－3人，2006年，局长袁云波参加省委党校学习。2011年，有8人参加科学发展观的学习培训。

第二篇《

价格管理与价格改革

第二篇　价格管理与价格改革

第一章　商品价格管理

第一节　农产品价格管理

一、粮食价格

（一）稻谷价格

1989 年 8 月 5 日，市粮食局、市物价局向各区县市粮食局、物价局下达《关于安排早中稻议购指导价的通知》（常粮联字〔1989〕130 号），确定全市早中稻议购指导价为每 50 公斤籼稻（中等）37.5 元，7 月 29 日。接省粮食局通知，省政府同意常德市可按 38 元执行。糯谷和粳稻的议购价，由各县市按比质比价原则自行制定。要求各区县市粮食局、物价局迅速将早中稻议购指导价落实到乡、镇。明确与外省、外地区毗邻的乡、镇收购点议购价可与外省、外地区衔接，执行衔接价格，当集市价格下落较大时，议购指导价也适当下降。

1991 年，常德市按省粮食局、省物价局 5 月 27 日调整粮食销售价格中有关具体问题的补充通知，每 50 公斤中等晚籼稻定购价格加价 1.40 元，即由 22.10 元调高到 23.50 元，其中统购价由 16.37 元调高到 17.77 元。7 月 22 日，市物价局按照省粮食局、省物价局关于专项储备粮收购价格的通知规定每 50 公斤早、晚籼稻（中等）价格为 35.15 元。

1992 年 4 月 1 日起每 50 公斤中等质量标准品稻谷的定购价格调整如下：粳稻由 25.80 元提高到 30.80 元，其中统购价由 19.11 元提高到 22.81 元；早、中籼稻 22.10 元提高到 24.50 元，其中统购价由 16.37 元提高到 18.15 元；晚籼稻 23.50 元提高到 27.50 元，其中统购价由 17.77 元提高到 20.37 元；糯稻 27.20 元提高到 32 元，其中统购价由 20.15 元提高到 23.70 元。优质稻定购价（省定品种）早稻优质稻 33 元、晚稻优质稻 35 元。定购价格提高后，其收购等级差价仍按原规定不变。

1994 年，国务院决定粮食仍实行合同定购，从 6 月 10 日起调整粮食购销价格。属于一价区的常德市每 50 公斤收购价格早籼稻 44 元（另加价外补贴 2 元），晚籼稻 52 元；顶抵定购任务的其他粮食品种收购实行全省一价，每 50 公斤中籼稻 50 元、粳稻 54 元、优质早稻 55 元。定购任务以外的粮食价格随行就市。9 月 20 日起，对晚籼稻实行价外补贴，即在原定价基础上，每 50 公斤晚籼稻补贴 2 元，优质晚稻收购价格不分价区每 50 公斤 70 元。

1996 年，国务院决定从新粮上市时起较大幅度的提高粮食定购价格。湖南省取消价区，执行全省一价。提价后每 50 公斤定购价格为早籼稻 65 元、中籼稻 68 元、晚籼稻 72 元、优质晚稻 78 元。顶抵定购任务的优质早稻每 50 公斤定购价格为 75 元。粮食定购价格提高后，取消价外补贴。

1997 年定购粮的收购价格执行去年的定购价格不变，定购以外的议购粮由国有粮食部门按保护价敞开收购。湖南省稻谷议购保护价为每 50 公斤中等早籼稻 56 元、中籼稻 62 元、晚籼稻 66 元。

1999 年 8 月 26 日，市物价局、市粮食局发出《关于明确 1999 年中晚稻收购价格的通知》（常价价字〔1999〕123 号），明确市粮食局直属粮食购销企业 1999 年中、晚稻收购价格从中、晚稻上市时起，执行定购价、保护价“两价合一”的综合收购价格。每 50 公斤中等中、晚籼稻综合收购价格分别为 53 元、58 元。收购质量等级分上、中、下三个等级，等级价差为 2 元。11 月 16 日，市物价局、市粮食局向各区县市物价局、粮食局、市直农场和市粮食局直属单位发出《关于核定各区、县（市）晚稻收购价格的通知》。明确晚籼稻每 50 公斤综合收购价格为：桃源县、汉寿县 54 元，武陵区、鼎城区 55 元，澧县、临澧县、石门县、津市市 56 元，安乡县 58 元。

2001 年，中等质量标准的中籼稻收购价格为每 50 公斤 52 元，中等质量标准的晚籼稻收购价格为每 50 公斤为 54 元，

2005 年，早籼稻最低收购价格为每 50 公斤 70 元。

2009 年，从新粮上市起较大幅度提高稻谷最低收购价水平。每 50 公斤早籼稻、中晚籼稻、粳稻最低收购价格分别提高到 90 元、92 元、95 元，比 2008 年均提高 13 元。

2010 年，从新粮上市起适当提高主产区稻谷最低收购价。每 50 公斤早籼稻、中晚籼稻最低收购价格分别提高到 93 元、97 元，比 2009 年分别提高 3 元，5 元。

2011 年，适当提高主产区 2011 年生产的稻谷最低收购价。每 50 公斤早籼稻、中晚籼稻最低收购价格分别提高到 102 元、107 元，比 2010 年分别提高 9 元，10 元。

2012 年，从新粮上市起适当提高主产区 2012 年生产的稻谷最低收购价格。每 50 公斤早籼稻、中晚籼稻最低收购价格分别提高到 120 元、125 元，比 2011 年分别提高 18 元。

（二）大米、面粉及其制品价格

1991 年 4 月 29 日，市物价局常价价字〔1991〕37 号批复市粮油公司平价粮食制品价格：

表 2－1－1 **市管粮食制品价格** 金额单位：元

品 名	规 格	收票	现行零售价	调后零售价
鸡蛋面条	500 克/包	500 克	0.64	0.78
鸡蛋面条	250 克/包	250 克	0.32	0.41
豆汁面条	500 克/包	500 克	0.46	0.61
味精面条	500 克/包	500 克	0.48	0.62
碱水面条	500 克/包	500 克	0.45	0.57
精粉面条	塑袋包装	500 克	0.40	0.65
银丝龙须面条	盒装 1000 克	1000 克	1.25	1.54
粘米粉	袋装 500 克	500 克		0.58
元米粉	650 克	500 克	0.30	0. 45
手工鲜面条	600 克	500 克	0.56	0.68
手工馄饨皮	500 克	500 克	0.75	0.85
营养粉			0.89	0.94
五香粉			0.74	0.79

1991 年 5 月 1 日起，提高粮食销售价格，两种粮食中等质量标准品全省平均统销价每 500 克提高 1 角 1 分 3 厘。各品种调整后的价格如下表：

表 2－1－2 **1991 年常德市粮食统销价格** 单位：元/50 公斤

品名	原价	调后价	品名	原价	调后价
标二早籼米	14.20	25.00	强力面粉	30.00	50.00
标一早籼米	15.10	27.00	标准粉面条	27.00	39.00
特制早籼米	16.00	30.00	特二粉面条	31.00	46.00
标二晚籼米	14.20	27.00	特一粉面条	36.00	53.00
标一晚籼米	15.10	29.00	强力粉面条	47.00	67.00
标二粳米	15.10	29.00	特制糯米	19.40	37.00
标一粳米	16.00	31.00	标准面粉	17.00	28.00
特制粳米	16.90	34.00	特二面粉	20.00	33.00
标二糯米	17.60	32.00	特一面粉	23.00	38.00
标一糯米	18.50	34.00			

为使城镇大多数居民的实际生活水平不因粮食提价受到大的影响，按照省政府通知精神，市政府决定按照国家、企业、个人共同负担原则，给城镇居民适当补贴。国家机关、事业单位每个职工基本工资提高 6 元，企业单位职工各等级标准工资提高 6 元。离休、退休人员，每人每月补贴 6 元。定期发放生活费的优抚救济对象，每人每月补贴 6 元。国家供应统销价口粮的中、小学民办教师，每人每月补贴 4 元。普通高等学校、中等专业学校和纳入国家计划的技工学校在校学生，每人每月补贴 4 元。

1992 年 4 月 1 日起适当提高粮食定购价格。粮食收购价格调整后，销售价格同时作相应的调整，具体价格如下表：

表 2－1－3　　1992 年常德市粮食统销价格　　单位：元/50 公斤

品种	原价	调后价	品种	原价	调后价
标二早（中）籼米	25.00	36.00	优质早米	55.00	69.00
标一早（中）籼米	27.00	39.00	优质晚米	55.00	73.00
特制早（中）籼米	30.00	43.00	标准面粉	28.00	40.00
标二晚籼米	27.00	40.00	标二面粉	33.00	47.00
标一晚籼米	29.00	43.00	特一面粉	38.00	54.00
特制晚籼米	32.00	47.00	强力面粉	50.00	71.00
标二粳米	29.00	45.00	标准粉面条	39.00	52.00
标一粳米	31.00	48.00	特二粉面条	46.00	61.00
特制粳米	34.00	53.00	特一粉面条	53.00	70.00
标二糯米	32.00	47.00	强力粉面条	67.00	88.00
标一糯米	34.00	50.00	特二粉蛋白面条	56.00	70.00
特制糯米	37.00	54.00	特一粉蛋白面条	63 00	79.00

10 月 13 日，市经济体制改革委员会、市财政局、市物价局、市粮食局转发省经济体制改革委、财政厅、物价局、粮食局《关于粮食价格和经营放开有关问题的通知》，从 1992 年 11 月 1 日起全省城乡全面放开粮油销售价格，取消城镇居民定量粮油平价供应和农村粮食统一定销平价供应，价格随行就市。各种粮（油）票、粮券、指标划拨证、居民粮证结存的粮油指标不再流通。同时给职工发放粮食价格补贴，每个职工每月 3 元。从 1993 年 1 月 1 日起，取消国家粮油定购任务和对农民“三挂钩”物资平价供应，价格随行就市。放开经营，国营粮食企业参与市场竞争，其他部门所属企业及私营企业，到工商部门办理变更经营范围登记后，可经营粮油零售业务。粮油价格放开后，政府主要通过吞吐粮食调控市场。当粮价波动过大时，政府可制定收购保护价或销售限价，由同级财政支付价差。

1993 年 12 月 10 日，市物价局发出《关于对城区市场粮食销售实行最高限价的通知》，销售限价每 500 克早籼米 0.70 元、晚籼米 0.80 元。

1994 年 7 月 5 日，市物价局、市粮食局发出《关于下达城区面粉价格的通知》。核定市面制品公司生产的面粉每 500 克出厂价格为：标准面粉 0.78 元、特二级面粉 0.87 元、特一级面粉 0.97 元、强力面粉 1.06 元。对城区各面粉经营单位（个人）销售市面制品公司生产的面粉，统一规定每 500 克最高零售价格为：标准面粉 0.84 元、特二级面粉 0.94 元、特一级面粉 1.04 元、强力面粉 1.14 元。明确从市外购进的面粉，一律按实际进货价格（含运杂费）加不超过 8% 批零差率制定零售价格，并报市物价局和市粮食局备案。9 月 20 日，市物价局发出《关于切实加强当前市场物价管理的通知》，对大米销售价格作出规定：

表 2－1－4　　国家定购价收购和平抑市场供应的粮食价格　　单位：元/500 克

品名		零售价格
平抑市场供应价格	标二早籼米	0.65
	标一早籼米	0.70
	标二晚籼米	0.80
	标一晚籼米	0.84
定购价收购供应的粮食价格	标二早籼米	0.82
	标一早籼米	0.87
	标二中籼米	0.86
	标一中籼米	0.91
	标二晚籼米	0.92
	标一晚籼米	0.97

表 2－1－5　　市城区市场销售限价品种和价格　　单位：元/500 克

品名	零售价格	出厂（批发）价格
标一早籼米	1.00	
标一中籼米	1.10	
标一晚籼米	1.20	
标准面粉	0.84	0.78
特二面粉	0.94	0.87
特一面粉	1.04	0.97
强力面粉	1.14	1.06

11 月 15 日，市物价局对市面制品公司、市粮油供应公司作出《关于调整面粉厂销价格的批复》，对市面制品公司生产的面粉价格进行调整，调整后的价格为最高限价，自 1994 年 11 月 15 日起执行。

表 2－1－6　　面粉厂销价格　　单位：元/500 克

品名	厂批价格	零售价格
标准粉	0.97	1.05
特二粉	1.08	1.16
特一粉	1.20	1.30
强力粉	1.32	1.42

1996 年 1 月 29 日，市粮食局、市物价局发出《关于下达春节市场面粉价格的通知》，决定抛售 1800 吨专储小麦。面粉出粉率定为 60%。市面粉公司专储小麦加工的特一级面粉每吨批发价规定为 2480 元，市城区零售价为每 500 克 1.35 元。7 月 15 日，市物价局、

粮食局发出《关于下达定购粮食销售价格的通知》（常价价字〔1996〕80号）。以定购粮为粮源的城镇居民基本口粮、水淹区移民口粮、农村贫困地区人口口粮和救灾粮等政策性粮食销售价格，市城区（含武陵镇、德山开发区）每500克标一早籼米最高零售价格为1.25元，鼎城区、汉寿县、桃源县、安乡县、澧县、临澧县、津市市每500克标一早籼米最高零售价格为1.22元，石门县每500克标一早籼米最高零售价格为1.25元。标一中、晚籼米最高零售价格每500克分别比标一早籼米高0.05元和0.10元。大米销售按国家质量标准划分为标二、标一、特制米3个等级，等级差价统一规定为每500克0.05元。

1998年6月17日，市政府办公室批转市物价局《关于制定粮食顺价销售价格报告的通知》（常政办发〔1998〕28号），确定实施顺价销售的主体是国有粮食收储企业及其所属尚未独立核算的粮食加工企业。其他国有粮食加工、批发、零售企业实行自主经营、独立核算、自负盈亏。顺价销售的粮食品种是顺价销售主体出售的原粮和成品粮。粮食零售市场继续放开搞活。按照保本微利的原则和省定的作价办法，考虑其他地州市的价格水平，制定各区县市粮食顺价销售的挂牌批发价格。其他等级的粮食批发价格，由企业按规定的等级差价确定。

表2-1-7　　**1998年常德市粮食顺价销售批发价格**　　单位：元/50公斤

县别	标一早籼米	标一中籼米	标一晚籼米
武陵区德山开发区	110		120
鼎城区	107		123
汉寿县	107		116
桃源县	107	116	123
安乡县	107		116
临澧县	108		118
石门县	110		120
津市市	111		122
澧　县	107		116

1999-2012年粮食价格政策没有大的变动。大米销售价格，1999年在1998年实行顺价销售的基础上各区县市有涨有跌，幅度在20%左右，至2008年基本稳定下来。2012年，价格有所上涨，较2008年上涨约50%。

表2-1-8　　**常德市部分县大米销售价格**　　单位：元/500克

（1989-2012年）

年份＼价格＼市场	安乡	桃源	石门
1989年	0.142	0.138	0.138
1990年	0.145	0.138	0.138

续表

年份＼价格＼市场	安乡	桃源	石门
1991 年	0.27	0.27	0.138
1992 年	0.40	0.40	0.40
1993 年	0.91	0.40	0.52
1994 年	0.94	0.92	0.82
1995 年	0.99	0.92	0.85
1996 年	1.17	1.28	1.30
1997 年	1.05	1.28	1.14
1998 年	1.05	1.23	1.10
1999 年	1.05	1.23	1.00
2000 年	0.92	1.12	0.80
2001 年	0.91	1.30	0.80
2002 年	0.91	1.30	0.80
2003 年	0.92	1.30	0.80
2004 年	1.04	1.58	1.30
2005 年	1.14	1.58	1.20
2006 年	1.27	1.58	1.20
2007 年	1.42	1.60	1.30
2008 年	1.61	1.60	1.43
2009 年	1.64	1.80	1.50
2010 年	2.23	2.20	1.70
2011 年	2.35	2.38	2.50
2012 年	2.32	2.58	2.20

二、油料油脂价格

食油价格 1996 年以前由国家管理。1988 年，合同定购的茶油（籽）收购价格由“倒四六”比例价格提高到超购加价水平，并另给价外补贴。菜子油定购价格由“倒四六”调整为“倒二八”比例，并适当安排地区差价。随着改革开放的深入和市场供求矛盾的缓解，国务院决定从 1996 年起放开食油购销价格，实行市场调节。

（一）油菜籽及菜油价格

1990 年 4 月 1 日起，油菜籽每 50 公斤比例收购价由 53 元调为 70.4 元。毛菜油每 50 公斤比例收购价由 158.4 元调为 207.4 元，精菜油每 50 公斤比例收购价由 193.5 元调为 253.3 元。以上均为中等标准品价格，其他等级价格按现行等级差价执行。收购价格调整后，按统销价供应的城乡居民口油，仍按统销价不变。

1991 年，5 月 1 日起提高食油销售价格，毛菜油每 500 克由 0.77 元调整为 2.08 元，精菜油每 500 克由 0.9 元调整为 2.54 元。

1992 年，油菜籽每 50 公斤收购价 65 元，菜油每 50 公斤收购价 198.5 元。

1993 年，油菜籽每 50 公斤收购价 75 元，菜油每 50 公斤收购价 227 元。每 500 克菜油销售价维持在 2.6－2.8 元之间。

1994 年 7 月 20 日，市物价局、市粮食局公布《市城区（含武陵镇、德山）菜油市场销售价格》，每 500 克出厂（批发）价格为二级 4 元、一级 4.3 元，每 500 克零售价格为二级 4.3 元、一级 4.6 元。

1995 年，菜籽中准收购价格由每 50 公斤 110 元提高到 120 元，毛菜油中准收购价格由 330 元提高到 360 元，上下浮动幅度为 10%。规定地产地销的二级精菜油中准出厂（批发）价每 500 克 4.20 元，一级精菜油 4.50 元。外地调入菜籽油批发中准价，在产地出厂价基础上每 500 克加 0.25 元地区差价核定。具体批发价格由当地物价局会同粮食局根据菜籽收购价格水平和市场食油供求情况，在上下浮动不超过 10% 的幅度内核定。菜籽油零售价格继续实行差率控制，批零差率为顺加 8%。

油料、油脂价格完全放开、实行市场调节价后，价格上涨幅度较大。2006 年年底，较 1996 年上涨 30% 左右，其后逐年上涨，2012 年，较 2006 年上涨 50% 左右。以下是常德市部分县油菜籽及菜油 1989－2012 年收购、销售价格表：

表 2－1－9　　**常德市部分县油菜籽收购、菜油销售价格**

单位：元/50 公斤 .500 克

市场 价格	安乡		桃源		石门	
年份	油菜籽	菜油	油菜籽	菜油	油菜籽	菜油
1989	60	1.45	53	1.77	59	1.96
1990	65	1.65	70	2.60	70	1.91
1991	73	1.80	68	2.54	68	2.08
1992	78	1.96	68	2.50	68	2.50
1993	89	2.20	66	2.20	81	2.30
1994	105	2.50	110	3.70	110	3.80
1995	110	2.80	112	3.80	120	4.16
1996	120	3.00	118	4.00	118	4.35
1997	125	3.00	120	4.20	120	4.23
1998	130	3.50	120	5.20	120	4.00
1999	130	3.50	120	5.10	120	4.10

续表

价格＼市场	安乡		桃源		石门	
年份	油菜籽	菜油	油菜籽	菜油	油菜籽	菜油
2000	140	4.00	100	4.00	110	4.06
2001	145	4.00	90	4.30	100	3.20
2002	150	4.00	110	4.90	110	2.60
2003	158	5.00	160	6.40	160	3.40
2004	160	5.10	170	6.50	170	3.60
2005	170	5.20	180	7.00	180	3.30
2006	185	5.50	170	6.60	170	3.10
2007	192	5.50	180	6.90	170	4.50
2008	205	6.00	230	8.40	250	7.50
2009	240	7.00	200	7.50	200	5.50
2010	220	7.00	220	8.10	220	6.00
2011	225	8.00	230	8.30	240	6.00
2012	230	10.00	250	9.00	260	6.00

（二）茶籽及茶油价格

1990年3月10日，茶籽每50公斤比例收购价由40元调为49.8元；茶油每50公斤比例收购价由188.7元调为235元。以上为中等标准品价格，其等级价格按现行等级差价执行。

1991年5月1日起茶油销售价格每500克由0.88元调整为2.65元。9月28日，省粮食局、省物价局下达《关于定购茶油（籽）实行价外补助的通知》，从当年茶油新油上市（11月1日）起，取消定购茶油的粮食补助指标，改按每收购50公斤定购茶油价外补助30元的办法使茶油购销价格持平。每收购50公斤中等茶籽相应在定购价格之外补助6.2元，其等级差价仍按现行规定不变。

1996年起茶籽、茶油价格完全放开，实行市场调节。以下是桃源县、石门县油茶籽及茶油1989－2012年收购、销售价格表：

表2－1－10　　**常德市部分县茶籽收购茶油销售价格**

年份＼价格＼市场	茶籽收购（元/50公斤）	茶油销售（元/500克）	
	桃源	桃源	石门
1989	68	2.50	2.54
1990	68	2.50	2.54
1991	108	2.65	2.65

续表

市场 价格 年份	茶籽收购（元/50公斤）	茶油销售（元/500克）	
	桃源	桃源	石门
1992	135	3.50	3.50
1993	135	5.00	3.80
1994	135	5.00	8.00
1995	135	5.00	8.86
1996	270	10.00	8.67
1997	270	10.00	8.46
1998	270	10.00	9.00
1999	270	10.00	9.00
2000	270	10.00	10.00
2001	540	20.00	10.00
2002	540	20.00	17.00
2003	540	20.00	18.00
2004	540	20.00	20.00
2005	540	20.00	20.00
2006	540	20.00	20.00
2007	675	25.00	22.00
2008	675	25.00	24.00
2009	675	25.00	25.00
2010	760	25.00	25.00
2011	760	28.00	28.00
2012	850	32.00	30.00

三、经济作物价格

本章记述棉花、茶叶、烟叶、蔬菜以及近些年发展起来的柑橘、葡萄的价格情况。

（一）蔬菜价格

自1987年全省蔬菜工作会议以来，常德市落实省政府湘政发〔1987〕38号文件精神，到1991年年底，多层次的蔬菜生产基地已具雏形，多渠道格局正在形成，市场供应比较充足、价格基本合理。根据省政府湘政发〔1992〕3号《关于切实做好“八五”期间蔬菜产销工作的通知》精神，常德市的蔬菜工作继续坚持计划经济与市场调节相结合的原则，实行“放、管、建”相结合的方针。“放”主要是放开蔬菜市场，放开价格，除节日、淡季、灾期少数主要品种外，其余均予放开，实行市场调节。“管”是管住面积，完善和发展一、二线蔬菜生产基地，搞好合理布局。一线基地是城市供应基地，要管住面积；二线基地是淡季、节日、灾期蔬菜供应的重要补充。“建”是加强蔬菜基地基本建设，按照“谁受益，谁负责”的原则，筹集资金，提高地力，稳产高产。蔬菜工作继续实行行政首长负责制，继续推行目标管理。各级政府主要领导经常过问蔬菜，研究和参与组织协调等具体工作。

2010年年初，常德市蔬菜价格居高不下。有些蔬菜价格农村比县城高、县城比市级城市高、市级城市又比省会城市高、省会城市甚至比北京等大城市高，详情见下表：

表2－1－11　　**2010年常德市部分蔬菜价格与其他城市对比情况**

单位：元/公斤

城市 品种	5月26日城市批发价格					6月1日城市零售价格		
	北京新发地	上海曹安	重庆盘溪	长沙马王堆	常德甘露寺	常德	益阳	张家界
黄瓜	1.7	2.3	2	1.5	1.9	3.6	3	4
西红柿	2.7	3.5	3	3	3.1	5	6	5
白菜	0.35	1.2	1.2	1	1.5	2.4	2.4	3
土豆	2.8	3	2.6	2.4	2.8	3	5	4
芹菜	0.9	3.5	1	1.5	1.8	3	3	3.6
青椒	2.1	6.5	3.6	2.8	2.9	5	5	6

表2－1－12　　**常德市市、县集贸市场蔬菜价格对比情况**

2010年6月10日　　单位：元/公斤

市场名称 品种	市朝阳路市场	桃源桃花市场	津市和平市场
伏　子	2.6	3.0	2.8
仔南瓜	3.0	3.6	3.0
丝　瓜	5.0	6.0	6.0
青　椒	6.0	6.4	4.0
白　菜	2.0	2 4	2.0
萝　卜	1.6	2.0	2.0
土　豆	2.6	3.0	3.0
茄　子	4.0	5.0	6.0
洋　葱	3.0	3.6	3.0
葫芦瓜	2.6	3.0	2.8

其原因主要是种植面积减少，城市人口增加。2008年，武陵区蔬菜播种面积14333.33公顷，而2009年，减少到只有12000公顷，减少了16.3%。导致外地菜所占份额逐年加大，2007年全年蔬菜交易量中本地菜占55%；而到了2008年、2009年，本地菜

与外地菜交易量比例为4：6。2010年5月，外地菜的比重占到了65%。外地菜属于反季节菜，价格相应就高一些，外地菜的份额加大，拉升了蔬菜的混合均价，导致蔬菜混合均价呈逐年上升趋势，从下表的对比中可以证实：

表2－1－13　　**常德市部分年份蔬菜种植、交易、价格及人口对比情况**

单位：万公斤、公顷、万元、万人

项目	年度	2007年	同比（%）	2008年	同比（%）	2009年	同比（%）	2010年1－5月	同比（%）	2010年5月	同比（%）
甘露寺蔬菜交易情况	总量	16669.59	13.5	17702.71	6.2	20346.27	14.9	7695.6	6.9	1850.85	2.1
	本地	8754.75	11.0	8274.10	－5.5	9522.61	15.0	3267.0	0.9	649.20	－4.7
	外地	7914.84	15.9	9428.61	19.1	10823.66	14.8	4428.6	11.9	1201.65	6.3
	混合均价	78.0	16.4	85.0	9.0	105.0	23.5	125.0	－3.8	142.0	9.2
全市蔬菜播种情况	面积	99266.67	－8.4	101613.33	2.4	95266.67	－6.2				
	产量	357000	22.2	346600	－2.9	449900	29.8				
	产值	296000	0.3	308000	4.1	390000	26.6				
武陵区蔬菜播种情况	面积	13333.33	23.5	14333.33	7.5	12000	－16.3				
	产量	60000	84.6	64000	6.7	57000	10.9				
	产值	48000	73.9	49000	2.1	41000	－16.3				
全市人口情况	总人口	612.0	0.7	614.2	0.4	616.7	0.4				
	城镇人口	144.0	1.3	143.3	－0.5	145.2	1.4				
	市城区人口	64.8	4.2	68.0	4.9	70.5	3.7				

2011年10月11日，市委书记卿渐伟（后左二）到市物价局召开市场物价情况调研座谈会

市物价局、市蔬菜办对常德市蔬菜产供情况进行专题调查并向省政府建议“编制好蔬菜生产发展规划，保面积、保产量、保品种。大力扶持蔬菜生产，加大资金投入，扶持基地，补贴菜农，并尽可能实行价费优惠，以减少生产成本，提高菜农种菜的积极性。”常德市建设和改造一批产地批发市场。支持以甘露寺为龙头的蔬菜批发市场改扩建，改善和优化质量检测、冷藏保鲜、加工处理。建立和完善信息网络平台，充分发挥“菜篮子”产品产销信息公共服务平台作用，加强采集点、信息通道、

网络中心相关基础设施建设，定期收集发布“菜篮子”产品生产、供求、质量、价格等信息。建立“菜篮子”产品市场监测预警体系，增强信息处理技术手段，壮大分析预警队伍，使“菜篮子”工程更趋完善，蔬菜价格保持基本稳定。

2012 年 1 月 12 日，省政府“菜篮子”工程市长负责制考核小组对常德市“菜篮子”工程市长负责制进行考核。考核小组通过现场查看蔬菜生产基地、蔬菜批发市场、听取汇报、查阅资料后，对常德市从 5 个方面给予高度评价：(1) 市委、市政府领导高度重视。(2) 蔬菜生产基地亮点多。(3) 蔬菜质量监管严。(4) 市场供应保障有力。(5) 考评资料完备。认为常德市的“菜篮子”工程是一项比较优秀的工程。

表 2－1－14　　**常德市蔬菜主要品种 2004－2012 年市场零售价格**

单位：元/公斤

品种 / 价格 / 年份	大白菜	黄瓜	萝卜	茄子	土豆	青椒	豆角	冬瓜	红椒	莲藕
2004	1.60	2.40	1.40	2.20	2.00	2.40	4.00	1.20	2.00	2.00
2005	1.10	3.00	1.40	3.00	2.00	3.00	5.80	1.20	4.40	3.00
2006	1.40	3.20	1.30	4.00	2.80	3.60	5.60	1.20	4.40	2.80
2007	1.20	4.00	1.20	4.00	2.60	5.00	6.00	2.40	7.00	3.60
2008	1.90	4.40	1.90	4.60	2.60	5.40	7.00	1.20	7.60	2.60
2009	1.80	4.60	1.80	6.00	2.40	4.40	7.00	1.60	7.00	3.60
2010	1.60	3.60	1.40	5.60	3.00	3.80	6.20	1.60	7.60	4.00
2011	1.70	6.70	1.80	6.50	2.60	6.60	7.70	1.70	7.30	4.70
2012	1.60	5.00	1.80	5.60	3.00	3.40	7.30	2.40	5.70	4.40

表 2－1－15　　**武陵区蔬菜主要品种历年市场零售价格**　　单位：元/公斤

品种 / 价格 / 年份	大白菜	黄瓜	萝卜	茄子	土豆	青椒	豆角	冬瓜	红椒	莲藕
1989	0.20	0.52	0.40	0.48	0.40	0.60	0.48	0.20	0.80	0.60
1990	0.28	0.62	0.44	0.60	0.50	0.70	0.60	0.26	0.82	0.80
1991	0.30	0.70	0.50	0.68	0.66	0.86	0.80	0.30	0.90	0.86
1992	0.40	0.80	0.60	0.80	0.74	0.98	0.96	0.46	1.10	0.88
1993	0.44	0.94	0.68	0.90	0.88	1.10	1.14	0.42	1.22	0.92
1994	0.56	0.90	0.70	1.10	1.00	1.22	1.24	0.44	1.40	1.10
1995	0.60	1.10	0.76	1.20	1.14	1.36	1.60	0.48	1.64	1.46

续表

年份＼价格＼品种	大白菜	黄瓜	萝卜	茄子	土豆	青椒	豆角	冬瓜	红椒	莲藕
1996	0.80	1.16	0.70	1.38	1.26	1.40	1.78	0.50	1.80	1.68
1997	0.90	1.30	0.85	1.48	1.30	1.50	2.00	0.50	2.10	2.00
1998	1.10	1.60	1.00	1.84	1.58	1.98	2.80	0.70	2.80	3.00
1999	1.00	1.50	0.80	1.78	1.46	1.80	2.60	0.54	2.48	2.40
2000	1.10	2.18	0.75	2.14	1.56	1.98	2.76	0.52	2.90	2.80
2001	1.20	2.20	0.80	2.10	1.68	2.00	2.80	0.58	3.20	3.00
2002	1.22	2.36	0.74	2.24	1.70	2.00	2.94	0.58	3.84	3.38
2003	1.28	2.54	0.92	2.46	1.82	2.26	3.96	0.84	4.14	3.52
2004	1.46	2.84	1.02	2.92	1.98	2.64	4.90	1.02	4.56	3.64
2005	1.72	3.02	1.24	3.36	2.08	2.98	6.06	1.28	4.92	3.86
2006	1.28	2.92	1.06	3.60	2.46	2.96	6.14	2.08	6.06	3.94
2007	1.52	3.24	1.20	4.08	2.60	4.04	6.68	1.80	6.58	4.44
2008	1.48	4.10	1.48	4.80	2.92	4.56	8.20	2.50	7.02	5.16
2009	1.96	4.28	2.26	6.66	2.82	4.78	8.20	2.08	9.90	5.92
2010	2.14	4.42	1.94	5.92	5.82	4.28	8.28	2.26	6.86	5.16
2011	1.32	3.88	1.60	4.06	3.24	4.66	7.78	1.96	6.90	5.46
2012	2.10	5.22	2.78	5.88	3.42	5.28	9.38	2.98	9.30	5.76

（二）棉花价格

1991 年度棉花收购、供应价格按 1990 年度国家下达的价格执行。

表 2－1－16　**1991 年度棉花收购价格**　单位：元/50 公斤

长度＼品级	一级	二级	三级	四级	五级	六级	七级	等外一	等外二
三十三毫米	390	372	354	336					
三十一毫米	372	354	336	318					
二十九毫米	354	336	318	300					
二十七毫米	336	318	300	282	252				
二十五毫米	321	303	285	267	237				
二十三毫米	306	288	270	252	222	186	150	120	72

说明：1. 本表为皮辊棉价格表，级内锯齿棉每 50 公斤不分等级另加衣亏补贴 10.80 元（等外棉不加）。

2. 等外一差价率为标准级的 40%，等外二差价率为等外一的 60%。

3. 籽棉收购价 = 同级皮棉收购价 × 籽棉衣分率 + 棉籽收购价 ×（1 - 衣分率 - 籽棉加工损耗 1%）- 籽棉加工费。棉籽收购价由各产地物价，供销社部门自行安排。

表 2 - 1 - 17　　**1991 年度棉花产地县仓库交货供应价格**　　单位：元/50 公斤

长度 \ 品级	一级	二级	三级	四级	五级	六级	七级	等外一	等外二
三十三毫米	421. 20	401. 76	382. 32	362. 88					
三十一毫米	401. 76	382. 32	362. 88	343. 44					
二十九毫米	382. 32	362. 88	343. 44	324. 00					
二十七毫米	362. 88	343. 44	324. 00	304. 56	272. 16				
二十五毫米	346. 68	327. 24	307. 80	288. 36	255. 96				
二十三毫米	330. 48	311. 04	291. 60	272. 16	239. 76	200. 08	162. 00	129. 60	77. 76

说明：1. 本表为皮辊棉供应价格，锯齿棉（1 - 7 级）供应价格每 50 公斤另加衣分亏损补贴 10. 80 元。

2. 1 - 4 级棉花供应价格每 50 公斤另加技术改进费 0. 30 元。

3. 产地二级站仓库交货供应价格标准级“327”每 50 公斤 329 元，其他等级供应价格按定的等级差价率计算。

1993 年，从新棉上市起提高棉花收购价格。标准级皮辊棉（三级 27 毫米，下同）每 50 公斤收购价格由 300 元调整为 330 元。锯齿棉收购价格在同等级皮辊棉收购价格的基础上加衣分亏损补贴，补贴标准由每 50 公斤 10. 8 元调整为 12 元，等外棉不加衣分亏损补贴。其他等级收购价格如下表：

表 2 - 1 - 18　　**1993 年湖南省皮辊棉收购价格**　　单位：元/50 公斤

长度 \ 价格 \ 品级	一级	二级	三级	四级	五级	六级	七级	等外一	等外二
三十三毫米	429. 00	409. 20	389. 40	369. 60					
三十一毫米	409. 20	389. 40	369. 60	349. 80					
二十九毫米	389. 40	369. 60	349. 80	330. 00					
二十七毫米	369. 60	349. 80	330. 00	310. 20	277. 20				
二十五毫米	353. 10	333. 30	313. 50	293. 70	260. 70				
二十三毫米	336. 60	316. 80	297. 00	277. 20	244. 20	204. 60	165. 00	132. 00	79. 20

说明：1. 本表价格含国家财政加价补贴。

2. 籽棉收购价 = 同级皮辊棉收购价 × 籽棉衣分率 + 棉籽收购价 ×（1 - 衣分率 - 籽棉加工损耗 1%）- 籽棉加工费。籽棉加工费全省统一按每 50 公斤 2. 80 元执行。棉籽收购价由各县（市）物价、供销部门安排。

3. 等外棉等级差价：等外一为标准级的 40%，等外二为等外一的 60%。

棉花收购价格调整后，相应调整了供应价格。标准级每 50 公斤产地县仓库 364. 18 元，产区二级站仓库 369. 8 元。级内锯齿棉不分等级每 50 公斤另加 12 元衣分亏损补贴。

在上述供应价格之外，还收取每50公斤皮辊棉加收技术改进费0.5元、调出县外的每50公斤加收奖励金2元、调出省外的每50公斤加收30元调拨奖励金。从1994年2月1日起加收超期储存利息和保管费，利息按月利率8.4‰及实际发生天数计算，保管费按50公斤每月1.4元及实际发生天数计算（购货方已预付了货款的不收此项费用）。标准级以外其他等级皮辊棉供应价格按规定的等级差价率计算，以三级27毫米为100%计算，其等级差价率如下表：

表2－1－19　　1993年皮辊棉等级差价率

品级 / 差价率% / 长度	一级	二级	三级	四级	五级	六级	七级	等外一	等外二
33毫米	130	124	118	112					
31毫米	124	118	112	106					
29毫米	118	112	106	100					
27毫米	112	106	100	94	84				
25毫米	107	101	95	89	79				
23毫米	102	96	90	84	74	62	50	40	24

说明：1. 五级棉花长度超过27毫米，按27毫米计价。
2. 六级以下棉花，均按23毫米计价。

1994年，从9月1日新棉上市起，调整棉花收购价格及等级差价率。标准级皮辊棉（三级27毫米）每50公斤收购价格由330元调整为405元，非标准级皮辊棉价格按调整后的差价率计标。锯齿棉（不含等外棉）衣分亏损补贴每50公斤由12元调整为15元。适当调整棉花的等级差价率。以三级27毫米为标准级，二级由增6%改为增5%，一级由递增6%改为递增4%，六级由递减12%改为递减13%，其他等级级差率和长度差价率不变，取消33毫米长度。调整后的棉花收购价格和等级差价率如下表：

表2－1－20　　1994年湖南省皮辊棉等级差率及收购价格

品级 / 差价率% / 长度		一级	二级	三级	四级	五级	六级	七级	等外一	等外二
31	差率 价格	121 490.05	117 473.85	112 453.6	106 429.3					
29	差率 价格	115 465.75	111 449.55	106 429.3	100 405					
27	差率 价格	109 441.45	105 425.25	100 405	94 380.7	84 340.2				

续表

长度 \ 差价率% \ 品级		一级	二级	三级	四级	五级	六级	七级	等外一	等外二
25	差率 价格	104 421.2	100 405	95 384.75	89 360.45	79 319.95				
23	差率 价格	99 400.95	95 384.75	90 364.5	84 340.2	74 299.7	61 247.05	49 198.45	40 162	32 129.6

说明：1. 本表为皮辊棉价格表。级内锯齿棉衣亏补贴不分等级，每 50 公斤加 15 元（等外棉不加）。

2. 等外一差价率为标准级的 40%，等外二差价率为等外一的 80%。

3. 籽棉收购价 = 同级皮棉收购价 × 籽棉衣分率 + 棉籽收购价 × （1 – 衣分率 – 籽棉加工损耗 1%） – 籽棉加工费。籽棉加工费全省仍统一按每 50 公斤 2.8 元执行。棉籽收购价格由各县（市）物价、供销部门安排。

10 月 21 日，标准级皮辊棉每 50 公斤收购价由 405 元调整为 500 元，其他等级收购价格按规定的等级差价率计标。锯齿棉衣分亏损补贴每 50 公斤由 15 元调整为 20 元，等外锯齿棉不加衣分亏损补贴。对原由中央财政负担的每 50 公斤棉花奖售物资平议差价款 14 元和加价款 30.62 元（合计 44.62 元）中的 44 元用于棉花收购奖励，由棉花收购部门在收购棉花时，连同收购款一并付给农民（不含等外棉），其余 0.62 元交农业部门作为良种棉研究费使用。棉花收购价格提高后，对供应价格作出相应调整。产地县仓库标准级皮辊棉每 50 公斤供应价格为 607.76 元（含增值税，下同），产区二级站仓库每 50 公斤为 613.44 元。其他等级供应价格按规定的等级差率计算。等内锯齿棉不分等级每 50 公斤另加 20.38 元衣分亏损补贴。此外，每 50 公斤棉花可加收技术改进费 0.2 元，省内跨地区调拨的棉花每 50 公斤可加收调拨奖励金 2 元，调省外棉花每 50 公斤加收调拨奖励金 30 元。12 月 6 日，省物价局同意常德市棉麻蚕茧总公司在安乡等 7 县区所设棉花供应仓库（名单见下表）执行二级站棉花供应价格。其相关条件如有改变，执行二级站供应价格的资格相应取消。除上述规定仓库外，其他仓库和地方必须按省物价局〔1994〕湘价消字第 278 号文件规定执行。

表 2 – 1 – 21　　**常德市棉麻蚕茧总公司在区县所设仓库分布情况**　　单位：平方米

县　别	仓库面积（平方米）	仓　库　地　点
安　乡	2000	书垸洲棉麻仓库第一栋仓库 刮家州棉麻仓库第五、六两栋仓库
澧　县	1172.5	津市轧花厂第五栋仓库 乔家河轧花厂第五栋仓库
鼎　城	500	蒿子港轧花厂第二栋仓库
汉　寿	579.2	坡头轧花厂第十栋仓库

续表

县　别	仓库面积（平方米）	仓　库　地　点
桃　源	993.14	陬市轧花厂第八栋仓库
临　澧	1200	合口轧花厂第五栋仓库
石　门	1502	易市轧花厂第四、八两栋仓库
合　计	7946.84	

1995年9月1日起，标准级皮辊棉每50公斤收购价格由544元（含价外奖励44元）提高到700元。其他等级收购价格按新调整的等级差价率计标。等内锯齿棉不分等级，每50公斤另加衣分亏损补贴28元。同时，适当调整棉花等级差价率，即四级以上等级差价率的级差一律调为4%，四级以下等级差价率的级差一律调为10%，25毫米以上长度差价率的级差一律调为4%。调整后的棉花收购价格和等级差价率如下表：

表2－1－22　　1995年湖南省皮辊棉等级差率及收购价格

长度(毫米) \ 品级		一级	二级	三级	四级	五级	六级	七级	等外一	等外二
31	差率(%)	116	112	108	104					
	价格(元/50公斤)	812	784	756	728					
29	差率(%)	112	108	104	100					
	价格(元/50公斤)	784	756	728	700					
27	差率(%)	108	104	100	96	86				
	价格(元/50公斤)	756	728	700	672	602				
25	差率(%)	104	100	96	92	82				
	价格(元/50公斤)	728	700	672	644	574				
23	差率(%)	99	95	91	87	77	67	57	47	37
	价格(元/50公斤)	693	665	637	609	539	469	399	329	259

说明：皮辊棉标准级为三级27毫米，收购价格为每50公斤700元。

棉花收购价格调整后，供应价格相应提高。产地县仓库标准级皮辊棉供应价格每50公斤855元（含增值税及附加，下同），产区二级站仓库每50公斤861元，其他等级价格按新调整的等级差价率计算。等内锯齿棉不分等级每50公斤另加28.53元衣分亏损补贴，等外锯齿棉不加衣分亏损补贴。此外，每50公斤棉花加收技术改进费1.14元，省内跨地区调拨的，每50公斤加收调拨奖励金2.28元，调省外棉花每50公斤加收调拨奖励金34.29元。

1996年，将供应价格由政府定价改为政府指导价，国家规定标准级中准价及浮动幅度，具体成交价格由供需双方根据市场情况在规定的浮动幅度内协商确定。标准级皮辊棉供应中准价按上年规定不变，价外费用保留每50公斤技术改进费1.14元，停止执行省内跨地区调拨加收的2.28元及调省外加收的34.29元奖励金。

1997 年，棉花供应价格浮动幅度，由上年的 4% 扩大为 6%，具体成交价格由供需双方商定。

1998 年，4 月 20 日起，适当降低棉花收购价格，并由政府定价改为政府指导价，棉花供应价格放开，实行市场调节。标准级皮辊棉收购价格每 50 公斤由 700 元调整为 650 元，允许在此基础上上下浮动 5%，具体价格由棉花收购企业根据市场情况在规定的浮动幅度内确定。适当缩小高等级棉等级、长度差价率。四级以上和 27 毫米以上棉花等级、长度差价率由 4% 调整为 2%，其他等级、长度差价率仍维持原规定不变。等外棉收购价格由棉花收购企业自行确定。锯齿棉衣分亏损补贴为相应皮辊棉收购价格的 4%。

表 2-1-23　**1998 年湖南省皮辊棉各等级、长度差价率和收购指导价格**

长度(毫米)	品级	一级	二级	三级	四级	五级	六级	七级
31	差价率	108	106	104	102			
	价格(元/50 公斤)	702	689	676	663			
29	差价率(%)	106	104	102	100			
	价格(元/50 公斤)	689	676	663	650			
27	差价率(%)	104	102	100	98	88		
	价格(元/50 公斤)	676	663	650	637	572		
25	差价率(%)	100	98	96	94	84		
	价格(元/50 公斤)	650	637	624	611	546		
23	差价率(%)	95	93	91	89	79	69	59
	价格(元/50 公斤)	618	605	592	579	514	449	384

说明：1. 皮辊棉标准级为三级 27 毫米，收购中准价格为每 50 公斤 650 元
2. 收购过程中可以中准价为基础，上下浮动 5%。

根据《国务院关于深化棉花流通体制改革的决定》，从 1999 年 9 月 1 日新的棉花年度开始，放开棉花价格，国家计委会同有关部门根据市场供求情况，发布棉花收购指导性价格，具体收购价格由棉花经营企业与棉农双方协商确定。随后发布的收购指导性价格为每 50 公斤 500 元。供应价格由供需双方议定。是年，每 50 公斤棉花的实际收购价格为 400 元，比指导性价格低 20%。

2000 年，每 50 公斤棉花平均收购价格为 550 元，比上年实际价格提高 37.5%，比指导性价格提高 10%。

2001 年，受国际市场棉价下跌、国内棉产量增加的影响，棉花价格下降，每 50 公斤棉花平均收购价格为 480 元，比上年下降 12.7%。

2002 年，棉花价格继续下降，每 50 公斤平均收购价格为 470 元，比上年下降 2.1%。

2003 年，棉花实际价格有所上升，每 50 公斤平均收购价格为 500 元，比上年提高 6.4%。

2004－2008年，常德市的棉花主产区澧县、安乡等市场收购价格平均每50公斤在700元左右。

2009年市场价格继续上涨，每50公斤收购价格超过1000元。

2010－2012年，棉花收购价格每50公斤达到1300元、1400元。

以下是常德市部分区县1989－2012年棉花收购价格表：

表2－1－24 **常德市部分县棉花收购价格** 单位：元/50公斤

市场 价格 年份	安乡	澧县	桃源
1989	246		236
1990	264		300
1991	268		380
1992	269		385
1993	284		330
1994	321		405
1995	600		400
1996	700		395
1997	675		700
1998	675		650
1999	618	580	570
2000	520	550	550
2001	469	500	500
2002	489	595	590
2003	705	700	920
2004	605	730	620
2005	635	770	500
2006	632	870	450
2007	607	980	775
2008	577	770	600
2009	648	1050	810
2010	1102	1680	1500
2011	1177	1300	1025
2012	900	1400	1000

说明：此表收购价格均为当年的平均价格。

（三）茶叶价格

1989年6月27日，市物价局发出《关于下达1989年茶叶指导价格的通知》，明确1989年茶叶收购指导价格在保持1988年实际价格总水平不再提高的前提下，实行最高收购限价和最低收购保护价，具体价格由各地或各茶厂在此幅度内安排。各茶场原采取的各种补价措施（包括价外补贴、生产扶持费等）一律取消。茶叶调拨价格及有关问题仍按省外经委、省供销社、省物价局湘经贸计字〔1987〕第091号文件规定执行，精制茶出厂价格以加权平均的毛茶实际进价为基础，按照打紧费用，保持合理利润（内销茶不超过5%，外销茶不超过8%）的原则，由产购双方议定，并按隶属关系报主管部门和物价部门备案。茶叶收购价格调整后，各收购单位要坚持对样评茶、按质论价。茶场在销售时不准将毛茶作为成品茶销售，任何单位和个人不准抬价争购货源，对不执行国家标准，变相提价、变相压价的由物价检查部门按违反物价纪律处理。要求各地切实加强对茶叶销售价格的管理，经营部门严格执行规定的作价办法。成品茶作价办法为：成品茶产地批发价在出厂价基础上加5%的进批差率制定；销地批发价按产地批发价，根据产地距销地路程远近加0.5%—1%的运输损耗，再加上实际运杂费制定，零售价按批发价加15%的批零差率制定。下表为最高收购限价和最低收购保护价标准：

表2-1-25　　1989年常德市红、绿毛茶收购指导价格　　单位：元/50公斤

品名 价格 等级	湖红毛茶		湘红毛茶		烘、炒青毛茶	
	最高限价	最低保护价	最高限价	最低保护价	最高限价	最低保护价
一级一等	401	294	481	373	460	296
一级二等	370	274	445	348	426	276
二级三等	345	260	409	325	393	260
二级四等	320	244	371	300	361	242
三级五等	295	228	338	276	324	222
三级六等	270	212	302	252	287	202
四级七等	240	206	274	244	253	194
四级八等	209	186	238	219	216	174
五级九等	178	163	209	196	188	155
五级十等	148	132	186	171	158	127
六级十一等	127	113	162	149	140	113
六级十二等	111	99	140	129	125	101
粗茶一等	82	82	83	77	104	84
粗茶二等	73	65	67	61	82	66
拣片	56	35	50	35	63	35

表 2－1－26　　**1989 年常德市红碎茶收购指导价格**　　单位：元/50 公斤

第四套样			第四套样		
品名	最高限价	最低保护价	品名	最高限价	最低保护价
碎茶一号上档	307	265	片茶中档	195	167
碎茶一号中档	278	240	片茶下档	154	133
碎茶一号下档	240	208	末茶上档	266	229
碎茶二号上档	320	276	末茶中档	224	192
碎茶二号中档	282	243	末茶下档	176	153
碎茶二号下档	231	226	碎茶协商茶	166	144
碎茶三号上档	266	228	片茶协商茶	102	89
碎茶三号下档	224	194	末茶协商茶	115	99
片茶上档	218	188			

1990 年 4 月 16 日，市物价局转发省物价局《关于 1990 年茶叶收购价格的通知》，明确茶叶调拨作价、精制茶和成品茶作价办法，仍按常价价字〔1989〕53 号文件规定执行。具体收购价格如下表：

表 2－1－27　　**1990 年常德市红碎茶收购指导价格**　　单位：元/50 公斤

第二套样	价格	第三套样	价格	第四套样	价格	C、T、C	价格
叶茶一号	433	碎茶一号上档	340	碎茶一号上档	320	碎茶一号上档	325
叶茶二号	383	碎茶一号中档	282	碎茶一号中档	275	碎茶一号中档	280
碎茶一号	433	碎茶一号下档	256	碎茶一号下档	230	碎茶一号下档	235
碎茶二号	400＊	碎茶二号上档	350＊	碎茶二号上档	330＊	碎茶二号上档	340
碎茶三号	372	碎茶二号中档	319	碎茶二号中档	286	碎茶二号中档	290
碎茶四号	367	碎茶二号中下档	298	碎茶二号下档	253	碎茶二号下档	250
碎茶五号	394	碎茶二号下档	240	碎茶三号上档	265	末茶一号上档	235
		碎茶三号上档	261				
碎茶六号	339	碎茶三号中档	252	碎茶三号下档	220	末茶一号中档	200
片茶一号	356	碎茶三号下档	183	片茶上档	225	末茶一号下档	150
片茶二号	339	片茶上档	256	片茶中档	192	末茶二号上档	290
末茶一号	372	片茶中档	214	片茶下档	154	末茶二号中档	240
		片茶下档	151	末茶上档	270	末茶二号下档	195
		末茶上档	293	末茶中档	215		
		末茶中档	240	末茶下档	170		
		末茶下档	178				

说明："＊"为标准级价格。

表 2－1－28　　**1990 年常德市红、绿毛茶收购指导价格**　　单位：元/50 公斤

品名 价格 等级	湖红毛茶	湘炒、烘青毛茶	湘红毛茶	古丈绿毛茶
一级一等	363	348	478	504
一级二等	333	321	442	462
二级三等	304	291	406	422
二级四等	276	267	370	382
三级五等	248	242	337	342
三级六等	220	216	302	304
四级七等	192	192	274	266
四级八等	168＊	168＊	238＊	230＊
五级九等	143	144	208	208
五级十等	118	120	185	166
六级十一等	104	105	162	138
六级十二等	93	96	140	118

说明：石门、澧县、临澧执行湘红毛茶价格；"＊"为标准级价格。

1995 年 12 月 1 日起，边销茶原料收购价格在 1989 年规定价格的基础上提高 20%。其中三级 9 等黑毛茶由每 50 公斤 94 元提高到 113 元，二级 5 等老青茶由 75 元提高到 90 元，二级 5 等改制老青茶由 77 元提高至 92 元，其他各等级边销茶原料收购价格见下表。同时，将边销茶调拨（出厂）价格每 50 公斤特制茯砖由 189 元调整为 215 元，普通茯砖由 172 元调整为 200 元，黑砖茶由 182 元调整为 210 元，花砖茶由 189 元调整为 217 元。

表 2－1－29　　**1995 年湖南省边销茶原料收购价格**　　单位：元/50 公斤

品名 价格 等级	黑毛茶		老青茶		改制老青茶	
	现行价	调后价	现行价	调后价	现行价	调后价
一级一等	174	209	103	124	103	124
一级二等	159	191	95	114	96	115
一级三等	143	172	87	104	88	106
二级四等	130	156	82	98	83	100
二级五等	120	144	75	90	77	92
二级六等	111	133	70	84	72	86
三级七等	104	125	65	78	65	78

续表

品名/价格/等级	黑毛茶		老青茶		改制老青茶	
	现行价	调后价	现行价	调后价	现行价	调后价
三级八等	99	119	62	74	62	74
三级九等	94	113	60	72	60	72
三级十等	88	106				
三级十一等	85	102				
四级十二等	78	94				
四级十三等	73	88				
四级十四等	69	83				
四级十五等	65	78				
四级十六等	62	74				

1997年，调整后的边销茶原料收购价格如下表：

表2－1－30　**1997年湖南省边销茶原料收购价格**　单位：元/50公斤

品名/价格/等级	黑毛茶		老青茶		改制老青茶	
	原价	调后价	原价	调后价	原价	调后价
一级一等	209	261	124	155	124	155
一级二等	191	239	114	143	115	144
一级三等	172	215	104	130	106	133
二级四等	156	195	98	123	100	125
二级五等	144	180	90	113	92	115
二级六等	133	166	84	105	86	108
三级七等	125	156	78	98	78	98
三级八等	119	149	74	93	74	93
三级九等	113	141	72	90	72	90
三级十等	106	133				
三级十一等	102	128				
四级十二等	94	118				
四级十三等	88	110				
四级十四等	83	104				
四级十五等	78	98				
四级十六等	74	93				

石门县绿毛茶收购价格每50公斤1989－1990年168元，1991年140元，2003年70元，2004年61元，2005年69元，2006年76元，2007年441元，2008年330元，2009年285元，2010年326元，2011年298元，2012年365元。

（四）柑橘价格

1993年，产地每500克蜜橘零售价0.5元左右。

1997年，柑橘丰收，价格回落，每50公斤蜜橘平均收购价为30元。其后几年，随着市场情况的变化，柑橘价格变动频繁。蜜橘收购价每50公斤1999年28元、2000年45元、2001年42元。

下面是石门县、安乡县、桃源县部分年份柑橘购销价格：

表2－1－31　**常德市部分县柑橘购销价格**

年份＼价格＼市场	收购价（元/50公斤）		销售价（元/500克）	
	安乡县	石门县	安乡县	桃源县
1989	45	48	0.48	0.72
1990	60	52	0.67	0.80
1991	55	42	0.58	1.00
1992	55	65	0.65	0.95
1993	40	48	0.38	0.95
1994	50	60	0.50	0.80
1995	50		0.45	0.80
1996	50		0.52	0.70
1997	50		0.33	0.60
1998	45		0.31	0.55
1999	50		0.31	0.50
2000	55		0.58	0.45
2001	40		0.30	0.50
2002	50	57	0.50	0.45
2003	50	35	0.50	0.45
2004	50	49	0.50	0.50
2005	50	52	0.50	0.55
2006	50	48	0.50	0.45
2007	40	56	0.45	0.50
2008	30	45	0.23	0.40
2009	30	45	0.23	0.40

续表

年份 \ 价格 \ 市场	收购价（元/50公斤）		销售价（元/500克）	
	安乡县	石门县	安乡县	桃源县
2010	50	63	0.60	0.50
2011	80	92	0.90	0.90
2012	40	67	0.50	0.70

（五）葡萄价格

下面是澧县1989－2012年葡萄购销价格：

表2－1－32　**澧县葡萄购销价格**

年份 \ 价格	收购价（元/50公斤）	销售价（元/500克）
1989	640	8.00
1990	640	8.00
1991	640	8.00
1992	640	8.00
1993	480	6.00
1994	480	6.00
1995	400	5.00
1996	400	5.00
1997	400	5.00
1998	400	5.00
1999	240	3.00
2000	240	3.00
2001	240	3.00
2002	240	3.00
2003	240	3.00
2004	240	3.00
2005	240	3.00
2006	240	3.00
2007	240	3.00
2008	240	3.00
2009	240	3.00
2010	250	3.50
2011	250	3.50
2012	350	5.00

（六）烟叶价格

1990 年自新烟叶上市起，标准级（中黄四级）烤烟收购价格每 50 公斤由 90 元调整为 105 元。各等级价格如下表：

表 2－1－33　　1990 年烤烟收购价格　　单位：元/50 公斤

等级＼价格	现行价格	调后价格	调后等级差价率%
上等	226.60	226.60	215.81
中一	280.00	280.00	267.00
中二	215.00	215.00	205.00
上一	205.00	205.00	195.00
中等	117.45	134.14	127.75
中三	142.00	160.00	152.00
中四	90.00	105.00	100
上二	126.00	145.00	138.00
上三	80.00	95.00	90.00
青一	60.00	60.00	57.00
下等	54.65	60.70	57.81
中五	60.00	65.00	62.00
中四	50.00	60.00	57.00
青二	25.00	25.00	24.00
低等	22.59	24.96	23.77
中六	35.00	38.00	36.00

1992 年，将 40 级烤烟中部柠檬黄三级（C3L）收购价由每 50 公斤 160 元调整为 170 元，其他等级收购价格不变。省内调拨价由每 50 公斤 288.47 元调整为 306.77 元，复烤烟由 319.17 元调整为 337.90 元，其他等级价格不变。烤烟 40 级标准试行收购价格 如下表：

表 2－1－34　　1992 年烤烟 40 级标准试行收购价格　　单位：元/50 公斤

等级	价格	等级	价格
C1L	240	X1L	165
C2L	200	X2L	135
C3L	170	X3L	105
C1F	280	X4L	70
C2F	250	X1F	180
C3F	220	X2F	150
B1L	195	X3F	120
B2L	150	X4F	80

续表

等级	价格	等级	价格
B3L	110	CX1K	100
B4L	70	CX2K	60
B1F	260	B1K	105
B2F	210	B2K	80
B3F	170	B3K	50
B4F	130	X2V	120
B1R	200	C3V	160
B2R	160	B2V	140
B3R	120	B3V	110
H1F	225	GY1	60
H2F	175	GY2	30
S1	115		
S2	75		

1993 年各类烟叶的收购价格和扶植费标准如下表：

表 2－1－35　　**1993 年湖南省 40 级制烤烟收购价格和扶植费标准**　单位：元/50 公斤

项目 价格 等级	收购	等级	扶植费
中一	280	0. 065	120
中二	215	1. 90	120
中三	160	24. 40	95
中四	105	17. 03	60
中五	65	8. 74	20
中六	38	5. 30	/
上一	205	1. 735	90
上二	145	15. 14	55
上三	95	13. 9	20
上四	60	6. 22	/
上五	25	1. 84	/
青一	60	0. 55	10
青二	25	0. 63	/
青三	12	0. 73	/
末级	8	1. 82	/

1994年新烟上市起，适当提高上等烟叶的收购价格，降低中、下等烟叶的收购价格，同时将生产扶植费改为价外补贴，并降低补贴标准。各类烟叶收购价格和价外补贴标准调整情况如下表：

表2-1-36 **1994年湖南省烤烟收购价格和价外补贴标准** 单位：元/50公斤

等级	收购价	补贴标准	合计	等级	收购价	补贴标准	合计
C1F	340	70	410	B2R	130		130
C2F	285	70	355	B3R	90		90
C3F	225	80	305	H2F	170	30	200
C1L	300	70	370	X2V	110		110
C2L	240	80	320	C3V	170	35	205
B1F	280	60	340	B2V	130		130
B2F	220	60	280	B3V	100		100
B1L	200	60	260	S1	100		100
B1R	180	40	220	B4L	60		60
H1F	230	60	290	X3L	95		95
X1F	200	75	275	X4L	60		60
C3L	180	70	250	X4F	70		70
X2F	160	60	220	S2	60		60
X3F	120	40	160	CX1K	80		80
X1L	165	60	225	CX2K	50		50
X2L	130	40	170	B1K	85		95
B3F	150	30	180	B2K	60		60
B4F	100		100	GY1	50		50
B2L	130	30	160	B3K	40		40
B3L	90		90	GY2	20		20

1995年，适当提高烤烟收购价格（平均提高幅度为25.33%），对白肋烟、香料烟的价外补贴标准也进行适当调整。各类烤烟收购价格和价外补贴标准见下表：

表2-1-37 **1995年烤烟收购价格及价外补贴标准** 单位：元/50公斤

等级	收购价	价外补贴	合计	等级	收购价	价外补贴	合计	等级	收购价	价外补贴	合计
C1F	440	100	540	X1L	225	115	340	B4L	60	30	90
C2F	375	95	470	X2L	160	110	270	X3L	100	70	170
C3F	295	110	405	B3F	170	100	270	X4L	60	20	80

续表

等级	收购价	价外补贴	合计	等级	收购价	价外补贴	合计	等级	收购价	价外补贴	合计
C1L	410	90	500	B4F	115	75	190	X4F	75	25	100
C2L	340	100	440	B2L	165	105	270	S2	60	40	100
B1F	360	100	460	B3L	110	80	190	CX1K	80	50	130
B2F	270	100	370	B2R	140	70	210	CX2K	50		50
B1L	230	110	340	B3R	95	45	140	B1K	90	10	100
B1R	210	70	280	H2F	230	70	300	B2K	60		60
H1F	290	100	390	X2V	110	70	180	GY1	50		50
X1F	255	125	380	C3V	180	100	280	B3K	40		40
C3L	250	110	360	B2V	130	40	170	GY2	20		20
X2F	180	130	310	B3V	100		100				
X3F	140	100	240	S1	100	120	220				

说明：按1995年收购价计算，均价为190元，平均补贴90元（收购价加价外补贴为280.00元）。本表价格执行范围为不免征税费的地区。

表2－1－38　　**1995年烤烟收购价格及价外补贴标准**　　单位：元/50公斤

等级	收购价	价外补贴	合计	等级	收购价	价外补贴	合计	等级	收购价	价外补贴	合计
C1F	440	120	560	X1L	225	135	360	B4L	60	40	100
C2F	375	115	490	X2L	160	130	290	X3L	100	100	200
C3F	295	135	430	B3F	170	120	290	X4L	60	40	100
C1L	410	110	520	B4F	115	85	200	X4F	75	55	130
C2L	340	120	460	B2L	165	115	280	S2	60	60	120
B1F	360	110	470	B3L	110	90	200	CX1K	80	70	150
B2F	270	130	400	B2R	140	90	230	CX2K	50		50
B1L	230	140	370	B3R	95	35	130	B1K	90	30	120
B1R	210	90	300	H2F	230	90	320	B2K	60		60
H1F	290	110	400	X2V	110	90	200	GY1	50		50
X1F	255	145	400	C3V	180	120	300	B3K	40		40
C3L	250	135	385	B2V	130	70	200	GY2	20		20
X2F	180	160	340	B3V	100		100				
X3F	140	120	260	S1	100	120	220				

说明：按1995年收购价计算，均价为190元，平均补贴110元（收购价加价外补贴为300.00元）。本表价格执行范围为免征税费的地区。

1998 年各类烟叶收购价格和价外补贴新的标准如下表：

表 2－1－39　**1998 年湖南省烤烟小等级收购价格及价外补贴标准**　单位：元/50 公斤

等级	国家定价	价外补贴	兑现价格	生产投入	合计
C1F	440	340	780	50	830
C2F	375	335	710	50	760
C3F	295	335	630	50	680
C1L	410	320	730	50	780
C2L	340	310	650	50	700
B1F	360	270	630	50	680
B2F	270	270	540	50	590
B1L	230	290	520	50	570
B1R	210	240	450	50	500
H1F	290	260	550	50	600
X1F	255	305	560	50	610
C3L	250	280	530	50	580
X2F	180	300	480	50	530
X3F	140	250	390	50	440
X1L	225	285	510	50	560
X2L	160	280	440	50	490
B3F	170	250	420	50	470
B4F	115	195	310	50	360
B2L	165	245	410	50	460
B3L	110	180	290	50	340
B2R	140	160	300	50	350
B3R	95	105	200	50	250
H2F	230	220	450	50	500
X2V	110	220	330	50	380
C3V	180	270	450	50	500
B2V	130	190	320	50	370
B3V	100	120	220	50	270
S1	100	150	250	50	300
B4L	60	90	150	50	200
X3L	100	190	290	50	340

续表

等级	国家定价	价外补贴	兑现价格	生产投入	合计
X4L	60	110	170	50	220
X4F	75	115	190	50	240
S2	60	90	150	50	200
CX1K	80	70	150	50	200
CX2K	50	50	100		100
B1K	90	110	200		200
B2K	60	60	120		120
GY1	50	50	100		100
B3K	40	30	70		70
GY2	20	40	60		60

1999 年将下部橘黄二级（X2F 级）烤烟定为烤烟的中准级。国家确定全国分为五个价区，常德市执行第三价区收购价格，每 50 公斤 380 元。同时取消各种形式的价外补贴。

2001 年，常德市烤烟收购价格及生产投入标准如下表：

表 2-1-40　**2001 年常德市烤烟收购价格**　单位：元/50 公斤

等级	三价区	等级	三价区
上等		B3L	160
C1F	820	B2R	435
C2F	720	B3R	255
C3F	620	H2F	458
C1L	750	X2V	288
C2L	650	C3V	450
B1F	635	B2V	350
B2F	525	B3V	250
B1L	508	S1	210
B1R	525	下等	
H1F	548	B4L	100
X1F	495	X3L	230
中等		X4L	110
C3L	530	X4F	120
X2F	380	S2	150
C4F	455	CX1K	145

续表

等级	三价区	等级	三价区
C4L	420	CX2K	80
X3F	280	B1K	120
X1L	470	B2K	60
X2L	360	GY1	55
B3F	310	低等	
B4F	180	B3K	33
B2L	320	GY2	20

表 2-1-41　**常德市 2001 年烤烟生产投入标准**　单位：元/公斤

等级	三价区	等级	三价区
上等		中等	
C1F	80	C3L	60
C2F	80	X2F	60
C3F	80	C4F	60
C1L	80	C4L	60
C2L	80	X1L	60
B1F	80	X2L	60
B2F	80	B2L	60
B1L	80	B2R	60
B1R	80	B3R	60
H1F	80	H2F	60
X1F	80	X2V	60
		C3V	60
		S1	60

2002 年，国家发展计划委员会、国家烟草专卖局决定拉开烤烟等级差价，适当提高部分上中等烤烟的收购价格，降低部分中下等烟收购价格，适当提高各价区中准级（X2F）烤烟的收购价格。常德市所在三价区由每 50 公斤 380 元调整为 400 元。收购价格及生产投入标准如下表：

表 2－1－42　　2002 年烤烟收购价格　　单位：元/50 公斤

等级	三价区	等级	三价区
上等		B3L	150
C1F	820	B2R	435
C2F	720	B3R	255
C3F	620	H2F	458
C1L	750	X2V	288
C2L	650	C3V	450
B1F	635	B2V	350
B2F	525	B3V	250
B1L	530	S1	210
B1R	525	下等	
H1F	548	B4L	60
X1F	515	X3L	160
中等		X4L	70
C3L	530	X4F	80
X2F	400	S2	100
C4F	455	CX1K	70
C4L	420	CX2K	40
X3F	300	B1K	60
X1L	470	B2K	30
X2L	370	GY1	25
B3F	280	低等	
B4F	140	B3K	15
B2L	320	GY2	10

表 2－1－43　　2002 年烤烟生产投入标准　　单位：元/50 公斤

等级	三价区	等级	三价区
上等		中等	
C1F	95	C3L	80
C2F	95	X2F	60
C3F	95	C4F	80
C1L	95	C4L	80

续表

等级	三价区	等级	三价区
C2L	95	X3F	60
B1F	95	X1L	80
B2F	95	X2L	60
B1L	95	B3F	60
B1R	95	B2L	60
H1F	95	B2R	60
X1F	95	H2F	80
		C3V	60

2004 年烤烟收购价格总水平由上年平均每 50 公斤 433 元提高到 477 元。常德市执行第三价区的价格，中准级（X2F）烤烟的收购价格由每 50 公斤 400 元提高到 480 元。

2005 年，烤烟县市公司交接价格如下表：

表 2－1－44　**2005 年度常德市烤烟县市公司交接价格**　单位：元/50 公斤

（不含增值税）

等级	初烤烟	等级	初烤烟
上等		B3L	627
C1F	1570	B2R	860
C2F	1448	B3R	600
C3F	1288	H2F	891
C1L	1458	X2V	631
C2L	1338	C3V	931
B1F	1288	B2V	719
B2F	1098	B3V	565
B1L	1128	S1	479
B1R	1028	下等	
H1F	1071	B4L	307
X1F	1180	X3L	570
中等		X4L	364
C3L	1160	X4F	410
X2F	1000	S2	240
C4F	1068	CX1K	392
C4L	1000	CX2K	287

续表

等级	初烤烟	等级	初烤烟
X3F	845	B1K	364
X1L	1116	B2K	225
X2L	954	GY1	187
B3F	860	低等	
B4F	612	B3K	165
B2L	876	GY2	127

2007 年适当提高烤烟收购价格。各等级烤烟收购价格每 50 公斤提高 20 元。

2008 年，国家对烤烟价区进行调整，湖南全省属第二价区。第二价区收购价格由每 50 公斤 520 元提高到 625 元。

2009 年，烤烟收购价格平均提高 10%。中准级烤烟（X2F）每 50 公斤收购价格二价区为 730 元。

2011 年，烤烟收购价格平均提高 12%。中准级烤烟（X2F）每 50 公斤收购价格二价区为 790 元。

2012 年，烤烟收购价格平均提高 20%。中准级烤烟（X2F）每 50 公斤收购价格二价区为 910 元。常德市（二价区）各等级烤烟收购价格见下表：

表 2-1-45　**常德市 2012 年烤烟收购价格**　单位：元/50 公斤

等级	价格	等级	价格
上等		B3L	620
C1F	1560	B2R	700
C2F	1380	B3R	500
C3F	1200	H2F	850
C1L	1445	X2V	600
C2L	1300	C3V	900
B1F	1270	B2V	700
B2F	1090	B3V	500
B1L	1020	S1	500
B1R	900	下等	
H1F	1050	B4L	420
X1F	1100	X3L	640
中等		X4L	460
C3L	1120	X4F	530

续表

等级	价格	等级	价格
X2F	910	S2	300
C4F	1020	CX1K	370
C4L	940	CX2K	280
X3F	720	B1K	350
X1L	1000	B2K	270
X2L	820	GY1	220
B3F	910	低等	
B4F	730	B3K	190
B2L	820	GY2	180

以下是常德市烟叶主产区桃源、石门两县烟叶收购价格：

表 2-1-46　**常德市部分县烟叶收购价格**　单位：元/50 公斤

市场 / 价格 / 年份	桃　源	石　门
1989		90
1990		105
1991		130
1992		154
1993		167
1994		151
1995	310	250
1996	530	441
1997	580	464
1998	480	333
1999	380	319
2000	380	301
2001	400	324
2002	400	393
2003	430	445
2004	480	454
2005	480	527

续表

年份 \ 价格 \ 市场	桃　源	石　门
2006	480	533
2007	500	562
2008	625	752
2009	730	742
2010	730	725
2011	790	988
2012	910	1097

四、林产品价格

林产品价格除国营林场由国家计划分配的少量木材实行国家定价外，其他产品价格均在20世纪80年代后期和90年代初期陆续放开。

（一）木材价格

1989年1月10日，市林业局、市物价局发出《关于统一征收木材“两金”计费标准销售价格的通知》（常林森〔1989〕01号），计征标准为20%，计征销售价格如下：

表2－1－47　**1989年常德市木材计征标准价格**　单位：元/立方米

材　种	规　格	计征价格
杉原条	8－12厘米	400
	14－18厘米	600
	20厘米以上	800

1990年8月14日，市物价局、市林业局发出《关于调整木材“两金”计征基价的通知》（常价价字〔1990〕92号），木材“两金”计征基价如下表：

表2－1－48　**1990年常德市木材“两金”计征基价**　单位：元/立方米

材　种	规　格	计征基价
杉原条	8－12厘米	160
	14－18厘米	260
	20厘米以上	360

1992年5月13日，常德市按照省物价局、省林业厅通知精神提高国营林场统配木材出厂（场）价格，具体价格如下表：

表 2-1-49　**1992 年常德市统配木材出厂（场）价格**　单位：元/立方米

材　种	规　格	价　格
杉原条	8-12 厘米	285
	14-16 厘米	334
	18-20 厘米	400
	22-24 厘米	467
	26 厘米以上	533

说明：以上均为一等品价格

1994 年 10 月 6 日。常德市执行省物价局、省林业厅下达的木材收购最低保护价。具体见下表：

表 2-1-50　**常德市木材收购最低保护价基准价格**（标准品）　单位：元/立方米

树材种	标准规格等级	计量单位	收购最低保护基准价格（元）	备　注
杉原条	8-10 厘米、14 厘米、一等	立方米	208	其他规格等级价格按附表二的规格等级差价率计算；柏木（包括原条、原木）按杉木价格计算；二类松普枕按一类价的 90% 计算；杉小条木（2-5 米、4-7 级）按 1-3 级价格 70% 的计算；杂木树种差率见附表三
杉原木	2-3.8 厘米、14 厘米、一等	立方米	248	
松原条	8-10 厘米、14 厘米、一等	立方米	148	
松原木	2-3.8 厘米、20-24 厘米、一等	立方米	188	
三类杂原木	2-3.8 厘米、20-24 厘米、一等	立方米	135	
松普枕	Ⅰ类	立方米	350	
松岔枕	混合	立方米	395	
枫普枕	Ⅰ类	立方米	250	
枫岔枕	混合	立方米	280	
杉板枋	1.8 厘米以上、自然宽厚	立方米	408	
松板枋	2-2.5 厘米、自然宽厚	立方米	258	
三类杂板枋	2-2.5 厘米、自然宽厚	立方米	205	
杉小条木	6-8 厘米、1-3 级	立方米	120	

表 2-1-51　**常德市木材收购保护价格规格等级差价率**

长度（米） 径级（厘米）	杉、松原条规格差价率					杉原木规格差价率			
	5-7	8-10	11-13	14 米以上	等级差价率（%）	1.8 米以下	2-3.8 米	4 米以上	等级差价率（%）
8-10	63	70	74	77	一等：100	56	80	88	一等：100

续表

长度（米） 径级（厘米）	杉、松原条规格差价率					杉原木规格差价率			
	5－7	8－10	11－13	14米以上	等级差价率（%）	1.8米以下	2－3.8米	4米以上	等级差价率（%）
12	72	80	84	88	二等：95	63	90	99	二等：95
14	90	100	105	110	等外：80	70	100	110	三等：85
16	104	115	121	127		81	115	127	等外：80
18	117	130	137	143		91	130	143	
20厘米以上	131	145	152	160		102	145	160	

表2－1－52　　**常德市松杂原木规格差价及等级差价率**

长度（米）		1.8米以上	2－3.8米	4米以上	等级差价率（%）
径级（厘米）	8－12	56	70	77	一等：100
	14－18	68	85	94	二等：90
	20－24	80	100	110	三等：80
	26－28	92	115	127	等外：70
	30－34	104	130	143	
	36厘米以上	116	145	160	

表2－1－53　　**常德市部分县杉原条购销价格**　　单位：元/立方米

市场 价格 年份	安乡县		桃源县		石门县	
	收购	销售	收购	销售	收购	销售
1989	640	700	600	800	250	400
1990	690	750	450	550	250	400
1991	690	750	450	550	250	450
1992	700	770	450	550	250	500
1993	670	770	600	750	350	600
1994	680	780	600	750	400	650
1995	690	790	600	750	450	700
1996	710	790	600	750	450	700

续上表

年份＼价格＼市场	安乡县		桃源县		石门县	
	收购	销售	收购	销售	收购	销售
1997	690	780	340	420	250	400
1998	720	800	340	420	250	400
1999	740	810	550	800	450	650
2000	780	830	550	800	500	700
2001	780	830	550	800	550	800
2002	750	850	550	800	600	900
2003	800	890	550	800	600	900
2004	800	900	550	800	650	900
2005	830	920	550	800	700	950
2006	850	930	550	800	750	1000
2007	880	950	700	900	800	1050
2008	890	980	800	1000	850	1100
2009	900	1000	800	1000	900	1150
2010	920	1020	850	1100	900	1150
2011	930	1030	950	1200	1000	1250
2012	950	1050	1000	1200	1100	1300

说明：等级：一等；规格：长 8－10 米，Φ14 厘米。

（二）楠竹价格

1991 年，常德市平均每百根楠竹的收购价格为 232 元，比上年涨 50% 以上。

1992 年，收购价格继续上涨，每百根为 300 元。

1993 年，收购价格上涨至每百根 350 元。

1994 年，价格大幅度上涨，每百根收购价格达到 700 元，比上年涨了一倍。

1995 年，贯彻《湖南省林业条例》，从 1 月 1 日起，对楠竹收购实行最低保护价格。规定每百根检尺径 7 厘米的楠竹价格为 345 元、11 厘米的为 390 元、12 厘米以上的为 435 元。同时制定下发了楠竹、篙竹规格差价率，具体见下表：

表 2－1－54　　**1995 年楠竹、篙竹规格差价率**

<table>
<tr><td rowspan="2">楠竹</td><td>检尺径（厘米）</td><td>7</td><td>8</td><td>9</td><td>10</td><td>11</td><td>12 厘米以上</td><td colspan="2">楠篙竹等级差率（%）</td></tr>
<tr><td>差率（%）</td><td>70</td><td>85</td><td>100</td><td>115</td><td>130</td><td>145</td><td>等内（100）</td><td>等外 70</td></tr>
<tr><td rowspan="2">篙竹</td><td>检尺径（厘米）</td><td>4</td><td>5</td><td>6</td><td></td><td></td><td></td><td></td><td></td></tr>
<tr><td>差率（%）</td><td>70</td><td>85</td><td>100</td><td></td><td></td><td></td><td></td><td></td></tr>
</table>

楠竹价格连续 5 年上涨，刺激农民大种楠竹，随之产量大增。

1996 年，受供求关系的影响，楠竹价格有所回落。

1997 年，由于楠竹供大于求，价格继续回落。1998 年、1999 年开始回升，至 2000 年，每百根收购价格为 650 元，销售价格为每根 8 元。

2003 年，价格继续上涨，每百根收购价格达到 800 元，销售价格每根突破 10 元。

2004－2012 年，楠竹价格稳中有升、小幅上涨。每百根收购价格突破 1000 元，销售价格每根 12 元。

以下是安乡、桃源两县楠竹购、销价格表：

表 2－1－55　　**常德市安乡县、桃源县楠竹购销价格**

年份＼价格＼市场	安乡县		桃源县	
	收购价（元/百根）	销售价（元/根）	收购价（元/百根）	销售价（元/根）
1989	250	5.50	380	5.00
1990	320	6.20	380	5.00
1991	350	6.50	400	6.00
1992	400	7.00	400	6.00
1993	430	7.30	420	6.40
1994	450	7.50	430	6.50
1995	500	8.00	450	7.00
1996	530	8.30	580	7.20
1997	550	8.50	600	7.20
1998	580	8.80	600	7.20
1999	600	9.00	620	7.50
2000	630	9.30	620	7.50
2001	620	9.20	650	7.80
2002	650	9.50	650	7.80

续表

年份＼价格＼市场	安乡县		桃源县	
	收购价（元/百根）	销售价（元/根）	收购价（元/百根）	销售价（元/根）
2003	680	9.80	680	8.00
2004	700	10.00	800	10.00
2005	720	10.20	850	12.00
2006	750	10.50	980	12.50
2007	770	10.70	1000	13.00
2008	800	11.00	1200	15.00
2009	830	11.30	1400	16.00
2010	850	11.50	1500	18.00
2011	880	11.80	1600	20.00
2012	900	12.00	1800	22.00

五、畜禽、水产品价格

（一）家畜价格

1. 生猪及猪肉价格

1989 年 10 月 18 日，市物价局下发《关于进一步加强猪肉价格管理的通知》。对猪肉市场价格实行差率控制，规定生猪从收购（调进）到猪肉销售的毛白差率控制在 45% -50% 以内，地产地销的一般为 45%，产不足销的不准突破 50%；批发倒扣率、代缴营业税的为 5% -6%，不代缴营业税的为 8% -9%；调拨差率从收购到调拨的综合差率控制在 6% -7%。当生猪收购价格过低时，要求各地及时发布最低收购保护价，最低保护价不得低于每 50 公斤 180 元。

1990 年 1 月 12 日，市物价局、市商业局明确春节期间带皮鲜猪肉敞开供应的每公斤价格 6.00 元，凭票供应的 5.40 元；去皮肉敞开供应的每公斤价格 6.40 元，凭票供应的 5.80 元。12 月 30 日，市物价局发出《关于调整猪肉经营毛白差率和明确见白分成比率的通知》（常价价字〔1990〕127 号）。明确毛白差率市城区无皮肉不超过 60%、带皮肉不超过 55%，各县市城关镇市场不超过 50%，乡镇市场不超过 45%；见白分成比率购销双方按销售收入分成的比例为 14∶86，经营者不得超过 14%，86% 应为生产者所得。市城区从收购宰杀到批发的毛白差率为 50%、批发到零售的差率为 15%。

1994 年 8 月 12 日，市物价局发布《关于稳定城区市场粮油及猪肉价格的公告》：对国有肉食部门供应市场的猪肉每 500 克价格规定为冻肉批发价 4 元、零售价 4.5 元，鲜肉零售价 5.5 元。

1995 年对猪肉继续实行毛白差率控制，省辖市不超过 60%，县城不超过 50%。市、县物价部门根据当地生猪平均收购价格和上述毛白差率制定猪肉最高销售限价，将猪肉价格控制在每 500 克 6 元左右。

1998 年 3 月 16 日，市物价局发出《关于调低市城区猪肉销售限价的通知》。每 500 克批发价由 6.4 元调低为 5.9 元、零售价由 7 元调低为 6.5 元。

其后几年，猪肉市场价格稳中有降，2002 年每 500 克在 5 元左右。

2003 年上半年，因受“非典”影响，猪源减少，猪肉价格持续上涨，下半年涨到每 500 克 6－6.5 元。对此，市物价局贯彻落实市政府 3 个方面的调控措施。一是发展规模养殖，改良生猪品种，提高养猪户的科技水平；二是运用价格杠杆调节各方利益，特别是控制中间商利润大这一环节；三是适时适当对城镇低保对象和农村“五保户”给予物价补贴。

2004 年 7 月初，生猪收购价从上年每 50 公斤 280 元涨至 380 元，7 月中旬又涨至 480 元。猪肉批发价涨到了每 500 克 6.6－6.8 元。

2008 年上半年，生猪收购价涨到每 50 公斤 750－800 元。猪肉市场零售价相应涨至每 500 克 10－12 元。

2009 年生猪、猪肉价格均有下跌。

2010 年 4 月，常德市生猪及猪肉价格持续下跌，已连续 4 周跌破盈亏平衡点（猪粮比价 6：1）。良种猪、土杂猪收购价分别为每 50 公斤 520 元，每 50 公斤 480 元。鲜猪肉零售价格为每 500 克 9 元。

2011 年 6 月，市物价局对生猪及猪肉市场价格进行实地调查。自 2 月份以来市场价格一直在较高价位运行，上涨快、幅度大。生猪市场每 50 公斤收购价为：土杂猪 940 元、良种猪 980 元。屠宰场猪肉批发价每 500 克 12.5 元，鲜猪肉零售价每 500 克 14－15 元。

2012 年，鲜猪肉市场零售价格稳中有降，每 500 克 12 元左右。

下面是 1989－2012 年常德市部分县市生猪收购、猪肉销售价格表：

表 2－1－56　**常德市部分县市生猪收购、猪肉销售价格**

年份＼价格＼市场	安乡县		桃源县		石门县		津市市	
	收购价（元/50 公斤）	销售价（元/500 克）	收购价（元/50 公斤）	销售价（元/500 克）	收购价（元/50 公斤）	销售价（元/500 克）	收购价（元/50 公斤）	销售价（元/500 克）
1989	185	2.40	55	2.60	180	2.70	180	3.00
1990	190	2.40	55	2.60	180	2.70	180	3.00
1991	200	2.80	80	2.60	180	2.70	200	3.20
1992	230	3.00	80	3.00	167	2.80	200	3.20
1993	240	3.20	110	3.00	190	3.00	230	3.80

续表

年份	安乡县 收购价（元/50公斤）	安乡县 销售价（元/500克）	桃源县 收购价（元/50公斤）	桃源县 销售价（元/500克）	石门县 收购价（元/50公斤）	石门县 销售价（元/500克）	津市市 收购价（元/50公斤）	津市市 销售价（元/500克）
1994	300	4.50	110	4.00	230	4.00	450	7.00
1995	330	5.00	180	4.50	380	5.50	380	6.00
1996	430	6.00	180	4.50	389	6.50	320	5.00
1997	550	6.50	220	5.00	416	6.50	320	5.00
1998	550	7.00	250	5.00	270	5.00	320	5.00
1999	500	6.70	320	5.00	320	5.00	320	5.00
2000	400	6.00	330	5.50	320	5.00	320	5.00
2001	400	6.00	350	5.50	350	5.50	320	5.00
2002	600	9.00	350	5.80	350	5.50	320	5.00
2003	950	13.00	400	5.80	350	5.00	400	6.50
2004	800	11.50	420	6.00	450	7.00	400	6.50
2005	530	8.30	430	6.00	450	7.00	400	6.50
2006	580	8.00	550	7.00	420	6.00	500	8.00
2007	600	9.50	800	7.80	720	10.00	720	12.00
2008	650	9.50	860	12.00	700	11.50	720	12.00
2009	560	9.60	550	8.00	535	7.00	700	10.00
2010	550	9.80	700	13.00	650	8.50	720	12.50
2011	930	13.80	850	11.00	1050	16.00	750	13.50
2012	800	12.50	750	12.00	745	12.00	720	12.00

说明：生猪品种为土杂猪。

2. 牛、羊及牛、羊肉价格

1989年以来，常德市牛、羊的收购价格及牛、羊肉的销售价格一直是市场调节、随行就市、有涨有跌，但总的趋势是上涨。2012年与1989年比，牛、羊的收购价格上涨了5－6倍，牛、羊肉的销售价格上涨10倍左右。

1990年，牛、羊的收购价格每50公斤150元—200元之间。

2000年，牛、羊收购价格每50公斤涨到400元—600元，上涨了167%－200%。

2008年，牛、羊的收购价格每50公斤800元左右，年底，羊的收购价突破1000元。

2010年，牛、羊的收购价格每50公斤分别是850元、1300元。其后两年基本稳定下来。

1990年，牛、羊肉的销售价格每500克2元—3元。

2000 年，牛、羊肉的销售价格涨到 1990 年价格的 3 倍左右。

2008 年，牛、羊肉的销售价格在 2000 年价格的基础上上涨 80% －100%。

2010 年，牛、羊肉的销售价格每 500 克是 20 元左右。

2012 年，牛、羊肉的销售价均达到每 500 克 30 元。

以下是 1989－2012 年常德市部分县牛、羊收购及牛、羊肉销售价格表：

表 2－1－57

常德市部分县牛收购、牛肉销售价格

市场/价格/年份	安乡县		桃源县		石门县	
	牛收购价（元/50 公斤）	牛肉销售价（元/500 克）	牛收购价（元/50 公斤）	牛肉销售价（元/500 克）	牛收购价（元/50 公斤）	牛肉销售价（元/500 克）
1989	190	5.50	102	2.80	102	2.80
1990	200	5.50	108	3.20	108	3.20
1991	220	6.44	119	3.50	119	3.50
1992	250	6.90	130	3.80	119	3.50
1993	260	7.36	136	4.00	120	3.50
1994	350	10.35	143	4.20	160	4.50
1995	400	11.50	153	4.50	160	4.50
1996	500	13.80	164	4.80	160	4.50
1997	600	16.10	170	5.00	170	5.00
1998	650	17.00	180	5.30	170	5.00
1999	650	17.00	187	5.50	165	4.50
2000	600	16.00	197	5.80	150	4.00
2001	600	16.00	204	6.00	150	4.10
2002	600	17.00	238	7.00	225	6.00
2003	600	17.00	272	8.00	225	6.00
2004	650	17.50	340	10.00	225	6.50
2005	700	18.00	374	11.00	360	8.00
2006	700	18.00	442	13.00	450	12.00
2007	700	19.00	450	15.00	425	11.00
2008	700	19.00	578	17.00	645	14.00
2009	750	21.00	612	19.00	830	17.00
2010	850	25.00	782	23.00	785	18.50
2011	850	28.00	918	27.00	918	20.00
2012	950	31.00	1122	33.00	1028	25.00

表 2－1－58　**常德市部分县羊收购、羊肉销售价格**

年份＼价格＼市场	安乡县		桃源县		石门县	
	羊收购价（元/50 公斤）	羊肉销售价（元/500 克）	羊收购价（元/50 公斤）	羊肉销售价（元/500 克）	羊收购价（元/50 公斤）	羊肉销售价（元/500 克）
1989	120	2.20	100	2.00	160	2.50
1990	150	3.50	120	2.20	160	2.50
1991	155	3.50	150	2.50	160	2.50
1992	180	3.50	150	2.50	160	2.50
1993	188	4.00	180	3.00	200	3.00
1994	230	4.00	200	3.50	200	3.50
1995	300	6.00	300	5.00	350	4.80
1996	340	6.00	350	6.00	400	5.50
1997	340	8.00	400	6.00	450	6.00
1998	340	8.00	400	6.50	450	6.00
1999	350	9.00	450	7.00	450	6.00
2000	400	9.00	450	7.00	500	6.50
2001	410	10.00	450	7.50	450	7.50
2002	420	10.00	500	7.80	450	7.50
2003	420	10.00	550	9.00	450	7.50
2004	500	13.00	550	9.00	450	7.50
2005	560	18.00	600	10.00	480	7.80
2006	700	18.00	600	11.00	480	7.80
2007	800	20.00	650	12.00	480	7.80
2008	1000	22.00	700	13.00	480	7.80
2009	1200	25.00	800	15.00	790	15.57
2010	1300	25.00	900	17.00	810	18.15
2011	1300	25.00	1200	20.00	1000	21.00
2012	1300	26.00	1600	26.00	1380	27.15

（二）家禽价格

1985 年，禽、蛋价格放开，实行市场调节，价格逐年上涨。1989 年市场价格已涨到放开前的 2－3 倍。2000 年市场价格比 1989 年又翻了两番。2010 年比 2000 年又上涨了 3 倍左右。

其后几年逐渐稳定下来，没有大的涨落。

1. 鸡及其鲜鸡蛋价格

以下为常德市部分县1989－2012年母鸡和鲜鸡蛋的购销价格：

表2－1－59　　**常德市部分县市母鸡购销价格**

市场 价格 年份	安乡县		桃源县		石门县		津市市
	收购价（元/50公斤）	销售价（元/500克）	收购价（元/50公斤）	销售价（元/500克）	收购价（元/50公斤）	销售价（元/500克）	销售价（元/500克）
1989	100	1.20	300	3.25	280	3.00	3.00
1990	100	1.20	300	3.25	280	3.00	3.00
1991	160	2.00	300	3.25	280	3.17	3.50
1992	160	2.00	300	3.25	290	3.17	3.50
1993	200	2.20	300	4.25	300	3.30	3.80
1994	200	2.20	400	4.25	400	4.34	3.80
1995	400	4.20	500	5.25	600	6.69	6.00
1996	300	3.50	500	5.25	650	7.42	6.00
1997	350	3.80	500	5.25	600	6.97	6.00
1998	350	4.00	550	6.00	620	7.00	6.00
1999	380	4.00	550	6.00	620	7.00	6.50
2000	400	4.50	550	6.00	500	6.00	6.50
2001	400	4.50	600	6.50	500	6.00	6.50
2002	450	5.00	700	7.50	530	6.50	8.00
2003	500	6.00	700	7.50	590	6.50	8.00
2004	700	8.00	700	7.50	750	8.00	10.00
2005	900	10.00	800	8.50	1030	11.00	12.00
2006	950	11.00	800	8.50	1050	11.00	13.00
2007	1400	15.00	850	9.00	1280	14.00	14.00
2008	1600	18.00	850	9.60	1320	14.00	17.50
2009	1800	20.00	900	9.60	1120	12.00	18.00
2010	2000	25.00	1050	11.00	1400	15.00	24.00
2011	2000	25.00	1400	15.00	1400	15.00	24.00
2012	2000	25.00	1800	19.00	1300	14.00	25.00

表 2－1－60　　**常德市部分县市鲜鸡蛋购销价格**

市场 / 价格 / 年份	安乡县		桃源县		石门县		津市市
	收购价（元/50 公斤）	销售价（元/500 克）	收购价（元/50 公斤）	销售价（元/500 克）	收购价（元/50 公斤）	销售价（元/500 克）	销售价（元/500 克）
1989	100	1.10	80	0.90	230	2.59	3.00
1990	110	1.20	80	0.90	230	2.59	3.00
1991	120	1.30	100	1.10	230	2.45	3.50
1992	140	1.60	150	1.60	250	2.70	3.50
1993	160	1.80	190	2.00	350	3.73	3.50
1994	180	2.20	200	2.10	350	3.80	3.50
1995	200	2.40	200	2.20	400	4.24	3.00
1996	220	2.60	210	2.20	430	4.80	3.50
1997	150	1.70	300	3.30	400	4.15	3.50
1998	170	1.90	300	3.30	380	4.00	4.00
1999	180	2.00	330	3.50	330	3.50	4.00
2000	200	2.30	340	3.60	330	3.50	4.00
2001	210	2.40	400	4.10	330	3.50	4.00
2002	240	2.60	400	4.10	330	3.50	4.00
2003	270	2.90	400	4.10	320	3.50	5.00
2004	280	3.00	400	4.15	320	3.50	5.00
2005	300	3.30	400	4.25	450	5.00	5.00
2006	330	3.50	425	4.50	420	4.50	5.00
2007	350	4.00	425	4.50	680	7.50	5.00
2008	370	4.20	425	4.50	550	6.00	6.00
2009	410	4.60	450	4.80	750	8.00	7.50
2010	410	4.60	600	7.00	580	6.50	7.50
2011	500	5.50	800	8.50	700	8.00	7.50
2012	450	5.00	1200	12.50	700	8.00	7.50

2. 谷鸭及其鲜鸭蛋价格

1989－2012 年常德市部分县市谷鸭及鸭蛋购销价格如下表：

表 2－1－61　　**常德市部分县市谷鸭购销价格**

市场 价格 年份	安乡县		桃源县		津市市
	收购价 （元/50 公斤）	销售价 （元/500 克）	收购价 （元/50 公斤）	销售价 （元/500 克）	销售价 （元/500 克）
1989	50	0.60	60	0.90	3.00
1990	50	0.60	60	0.90	3.00
1991	60	0.80	70	1.00	3.20
1992	60	0.80	70	1.10	3.50
1993	80	1.00	80	1.30	3.50
1994	80	1.00	80	1.40	3.50
1995	80	1.00	95	1.50	3.20
1996	150	1.80	100	1.70	3.20
1997	150	1.80	100	1.70	3.20
1998	160	1.80	120	1.90	3.00
1999	250	2.80	120	2.00	3.50
2000	280	3.00	140	2.20	3.50
2001	250	3.00	140	2.30	4.00
2002	300	3.50	160	3.10	4.00
2003	370	4.00	180	3.00	4.00
2004	500	5.20	200	3.50	5.00
2005	500	6.00	220	4.00	4.50
2006	500	6.00	250	4.50	4.50
2007	500	6.00	320	5.00	4.50
2008	700	8.00	450	6.20	6.50
2009	700	8.00	500	6.80	8.00
2010	800	10.00	550	6.80	8.00
2011	800	10.00	600	7.00	10.00
2012	800	10.00	700	8.00	10.00

表 2－1－62　　**常德市部分县市鲜鸭蛋购销价格**

市场/价格/年份	安乡县		桃源县		津市市
	收购价（元/50 公斤）	销售价（元/500 克）	收购价（元/50 公斤）	销售价（元/500 克）	销售价（元/500 克）
1989	42	0.46	80	1.00	3.00
1990	45	0.50	80	1.00	3.00
1991	50	0.54	120	1.50	3.00
1992	60	0.67	120	1.50	3.00
1993	70	0.75	150	2.00	3.50
1994	75	0.92	150	2.00	3.50
1995	80	1.00	160	2.00	3.50
1996	90	1.10	200	2.50	3.50
1997	120	1.42	200	2.50	3.50
1998	140	1.59	200	2.50	3.50
1999	150	1.68	300	3.50	3.80
2000	170	1.93	300	3.50	3.80
2001	180	2.00	300	3.50	4.00
2002	190	2.18	300	3.50	4.00
2003	210	2.40	300	3.50	4.00
2004	230	2.52	300	4.00	4.00
2005	250	2.77	350	4.00	4.00
2006	280	2.94	350	4.00	5.00
2007	310	3.36	350	4.00	6.50
2008	320	3.50	410	4.50	6.00
2009	370	4.00	400	4.50	6.50
2010	370	4.00	400	4.50	6.50
2011	410	4.50	450	5.00	7.00
2012	390	4.20	450	5.00	7.00

（三）水产品价格

1. 鲜鱼（草鱼）价格

1989 年，比放开时上涨了 20% 左右。2000 年之后，价格逐渐稳定。2010－2012 年，价格上涨幅度在 20% 左右。常德市部分县草鱼历年购销价格如下表：

表 2－1－63　**常德市部分县草鱼购销价格**

市场/价格/年份	安乡县		桃源县		石门县
	收购价（元/50 公斤）	销售价（元/500 克）	收购价（元/50 公斤）	销售价（元/500 克）	销售价（元/500 克）
1989	240	2.80	70	0.80	2.80
1990	245	2.90	80	0.90	2.80
1991	290	3.40	100	1.20	3.11
1992	300	3.50	140	1.50	3.50
1993	300	3.50	170	1.80	3.50
1994	340	3.90	210	2.20	3.60
1995	350	3.90	270	2.80	3.86
1996	350	4.00	270	2.80	3.93
1997	350	4.00	280	2.90	3.76
1998	380	4.30	290	3.10	4.16
1999	390	4.80	330	3.50	4.03
2000	400	4.90	350	3.70	4.00
2001	420	5.10	370	3.80	3.10
2002	420	5.10	370	3.90	3.36
2003	425	5.20	380	3.90	2.90
2004	430	4.90	380	3.90	4.00
2005	440	5.00	390	4.00	3.80
2006	450	6.00	370	4.00	3.50
2007	450	6.00	350	4.00	4.00
2008	455	6.20	400	4.50	6.00
2009	450	6.10	425	5.00	6.00
2010	455	6.15	400	5.50	5.50
2011	465	6.20	450	5.00	6.00
2012	465	6.40	500	6.00	6.00

2. 珍珠价格

1989－2012 年汉寿县珍珠购销价格如下表：

表 2－1－64　　常德市汉寿县珍珠购销价格　　单位：元/500 克

年份＼价格	收　购	销　售
1989	1800	2000
1990	1800	2000
1991	1600	1800
1992	1100	1200
1993	900	1000
1994	700	800
1995	500	600
1996	280	300
1997	230	250
1998	190	200
1999	900	1000
2000	450	500
2001	280	300
2002	180	200
2003	600	700
2004	180	200
2005	180	200
2006	140	150
2007	90	100
2008	50	60
2009	220	240
2010	140	150
2011	90	100
2012	110	120

说明：珍珠规格为 1－3 年蚌、统珠。

第二节　农业生产资料价格管理

一、化肥价格

（一）尿素价格

1989年4月7日，市物价局发出《关于认真贯彻省政府〈关于坚决稳定化肥价格的通知〉的通知》（常价价字〔1989〕35号）。明确尿素（含氮量为46%）每吨销售价格为粮、棉挂钩和蔬菜生产专项尿素仍按原规定550元不变，省分配的奖售肥、专项肥、进口肥以及省收购的3个大氮肥厂的超产肥不参加县定的综合销售价，统一执行700元。

1990年2月起尿素零售价粮棉菜挂钩的每吨550元、其他专项的每吨700元。

1992年2月，粮、棉、菜挂钩尿素，全省统一销售价格仍按每吨550元执行；专项尿素全省统一销售价仍按每吨800元执行。

1994年3月28日，市物价局批复市农资公司每吨尿素零售价1380元、对县调拨价1310元、对基层调拨价1330元。

1995年4月24日，市物价局就省分配集资尿素价格发出通知（常价价字〔1995〕47号），明确与农民见面价每吨不超过1500元，石门县经省特批为1542元。

1996年3月12日，市物价局通知，规定统配国产尿素每吨统一调拨价1495元，零售价控制在每吨1720元以内。

2004年，对尿素流通环节实行差率控制，批发环节最高不得超过2%，零售环节不得超过5%，尿素零售价格不得超过每吨1700元。

2006年4月3日，市物价局、市财政局、市经委发出《关于做好2006年化肥生产供应和价格调控工作的通知》，规定尿素零售价格不得超过每吨1950元，边远山区不得超过2000元。

2008年2月21日，根据省政府办公厅《转发省物价局关于进一步规范农资价格市场意见的通知》精神，明确尿素、钾肥批发环节进销差率为1.5%，零售环节进零差率为4.5%。销售终端实行最高零售限价管理。最高零售限价每吨不超过2050元，个别边远山区每吨不超过2100元。

2009年1月25日起，尿素价格放开，市场零售价格每吨：2009年2000元、2010年1800元、2011年2300元、2012年2350元。

（二）氯化钾价格（俗称钾肥）

1990年钾肥销售价格每吨460元。1992年钾肥销售价格由每吨460元调整为660元。

1995年对全省钾肥实行统一综合调拨价格，零售价格每吨控制在1300元以内。

2008年2月21日，规定钾肥批发环节进销差率为1.5%，零售环节进零差率为

4.5%。销售价格按实际进价顺加差率制定。

（三）碳酸氢铵价格（简称碳铵）

1989年4月7日，市物价局发出《关于认真贯彻省政府〈关于坚决稳定化肥价格的通知〉的通知》（常价价字〔1989〕35号），明确碳铵（编织袋、一级品）出厂价格每吨最高不超过310元，调剂出县的不超过330元；对农民的销售价格为产大于销和产销平衡的县每吨最高不超过350元，纯销区不超过400元。产不足销的县，县产和县外组织的可以分别作价，也可以综合作价。但综合作价要按县产350元与外地组织400元实际比例确定价格。塑料袋包装每吨出厂与销售价均减去10元。

1992年，碳铵出厂价格仍按每吨310元不变。是年8月，小化肥（碳铵、磷肥、氯化铵、硫酸铵、硝酸铵）价格定价权下放到生产和经营企业。出厂价格由生产企业根据生产成本和市场供求情况自主定价；销售价格由经营企业按照正常费用和合理经营差率确定。碳铵的产、销定价权下放后，物价部门可对当地碳铵生产和经营企业采取控制利润水平，规定经营差率、制定最低保护价和最高限价等临时性措施。

1995年4月21日，市物价局发出《关于调整市产碳铵出厂价格的通知》（常价价字〔1995〕45号），明确安乡县、鼎城区、桃源县每吨出厂中准价为490元，汉寿县、澧县、临澧县每吨出厂中准价为480元，实际每吨出厂价可上下浮动20元。

1997年3月14日，市物价局规定全市碳铵中准出厂价为每吨500元，中准零售价为每吨600元，上下浮动每吨不超过20元。各区县市物价局根据本地市场情况和销售淡旺季节，在市定中准价格和浮动幅度内安排具体出厂和零售价格，报市物价局备案。

2005年9月30日，市物价局将全市碳铵每吨出厂中准价调整为445元，允许企业根据市场情况上浮不超过6%，下浮不限。每吨零售价格调整为产地、销地都不超过520元。

2007年4月9日，市物价局将碳铵出厂中准价格调整为每吨465元，零售价格调整为每吨不超过530元。、

2008年3月28日，市物价局规定小化肥流通环节的销售价格按实际进价顺加经营差率制定（进销差率1.5%，进零差率4.5%）。碳铵零售价格、产区县每吨不超过620元，非产区县市每吨不超过630元。

2008年6月6日，市物价局将碳铵出厂中准价格调整为每吨598元。明确销售价格由经营单位按规定的作价办法和经营差率6%确定。市场实际零售价格一般在每吨640元以内。

2009年，市场销售价格一般在每吨620－640元之间。

2010年，碳铵市场销售价格有所下降，一般在每吨600元到620元之间。

2011年，市场销售价格一般每吨660元，有时有的县每吨突破700元。

2012年，销售价达到每吨780元。

（四）磷肥价格

1990 年 4 月 10 日，市物价局明确市产钙镁磷肥出厂价在原省定价格的基础上上浮不超过 10%，即三级品每吨 229 元，四级品每吨 215 元（均含包装费），下浮不限。

1995 年 4 月 18 日，市物价局明确石门磷肥厂生产的钙镁磷肥出厂价格，旺季中准出厂价格每吨 330 元（带编织袋包装），可上浮 30 元，下浮不限。

2005 年 6 月 14 日，市物价局调整碳铵、普通过磷酸钙政府指导价格，将普通过磷酸钙每吨出厂中准价调整为 360 元，允许生产企业根据市场情况上浮不超过 6%，下浮不限。零售价格调整为每吨不超过 440 元。

2008 年 3 月 28 日，市物价局下达市产磷肥（普通过磷酸钙、钙镁磷）出厂中准价格每吨 525 元，生产企业可根据市场情况按上浮不超过 6% 确定具体价格，下浮不限。零售价格全市统一为每吨不超过 620 元。

表 2－1－65　**1989 年—2012 年石门产过磷酸钙厂销价格**　单位：元/吨

价格 年份	出厂价	销售价
1989	190	217
1990	190	237
1991	195	238
1992	230	276
1993	241	260
1994	250	270
1995	319	380
1996	286	341
1997	294	350
1998	361	430
1999	310	350
2000	310	350
2001	336	380
2002	318	360
2003	318	360
2004	372	420
2005	360	440
2006	370	440
2007	370	440
2008	504	600
2009	426	460

续表

价格 年份	出厂价	销售价
2010	463	500
2011	648	700
2012	510	550

二、农药价格

1990 年，50% 甲胺磷每吨出厂价 12000 元，每公斤零售价 15.8 元；25% 杀虫双每吨出厂价 4500 元，每公斤零售价 4.8 元；40% 稻瘟净每吨出厂价 3600 元，每公斤零售价 3.8 元。

1991 年 3 月 8 日，市物价局下达两种农药的最高限价，具体如下表：

表 2-1-66　　**常德市杀虫霜、乐果最高零售限价**　　单位：元/公斤

品种 价格 县市	杀虫霜乳剂	乐果乳剂
安乡县	4.18	13.21
汉寿、临澧县	4.15	13.14
桃源县	4.16	13.16
津市市、澧县	4.17	13.19
石门县	4.23	13.26
鼎城区	4.13	13.12
武陵区	4.10	13.10

说明：1. 出厂价杀虫霜每吨 3500 元、乐果 11200 元，以上价格均为 1 公斤装。0.5 公斤装出厂价每吨加价 300 元，零售限价每公斤加价 0.34 元。

2. 表列最高零售限价已含 1% 的经营风险基金。

1994 年 3 月 28 日，市物价局审核批复市农资总公司 8 种农药销售价格，具体如下表：

表 2-1-67　　**常德市农药调销价格**

品种	零售价（元/公斤）	对县调拨价（元/吨）	对基调拨价（元/吨）
甲胺磷	15.20	13530	14140
敌敌畏	15.60	13880	14510
氧化乐果	16.30	14510	15160
乐果	13.30	11860	12390

续表

品种	零售价（元/公斤）	对县调拨价（元/吨）	对基调拨价（元/吨）
敌百虫	9.90	8810	9200
三氯杀螨醇	9.60	8580	8960
呋喃丹	4.80	4240	4430
杀虫双	3.90	3500	3650

是年11月7日，市物价局下达2种农药中准出厂价的通知（常价价字〔1994〕118号），1公斤装乐果每吨中准出厂价为10500元，1公斤装杀虫双每吨中准出厂价为3200元。0.5公斤装每吨加价300元。实际出厂价可上下浮动15%。

2000年，80%敌敌畏乳剂每吨销售价16140元，50%甲胺磷每吨销售价13860元，40%乐果每吨销售价15280元，90%敌百虫每吨销售价12725元。

2001－2012年，由于价格完全放开，实行市场调节，价格主管部门无价格记录。

三、农用地膜价格

1989年2月20日，市物价局下达农用薄膜统一销售价格，每吨零售价格为地膜8250元、农膜7670元、微膜9090元。经营企业自组的一律执行统一零售价格。

1990年1月19日，市物价局规定市农资总公司对各区县市公司的调拨价格为每吨农膜6318元、地膜6734元、微膜7677元。

1994年，取消计划内外两种价格，实行国家指导价格。对农膜销售实行差率控制，从出厂到终端销售的综合差率为10%，具体销售价格由当地物价部门按实际出厂价（省外调入按进价）加运杂费和综合差率制定。3月28日，市物价局对市农资总公司申报的农膜销售价格作出批复，核定每公斤销售价格为农膜7.80元、地膜8.20元、微膜9.00元。11月19日，市物价局对市农资总公司下达调整农膜价格的批复：农膜每吨零售价调整为9500元，对县公司每吨调拨价调整为8850元，对基层供销社每吨调拨价调整为9050元；地膜每吨零售价调整为9850元，对县公司每吨调拨价调整为9160元，对基层供销社每吨调拨价调整为9360元；微膜每吨零售价调整为10500元，对县公司每吨调拨价调整为9770元，对基层供销社每吨调拨价调整为9980元。

1996年12月4日，每吨出厂价为：农膜9850元、地膜9950元、微膜10050元。

1998－2002年农膜市场货源充裕，价格基本稳定，出厂价格每吨最高8850元，最低7400元。零售价格每吨最高10200元，最低9300元。

2004年，全市农膜销售价格每吨最高10000元，最低8500元。

2005－2012年，价格完全放开，实行市场调节。

四、农业灌溉用水价格

1998－2000年，当国家粮价每百斤高于50元时，以货币结算水费，标准是每公顷165元；当粮价每百斤低于50元时，以稻谷结算水费，标准是每公顷165公斤稻谷，水费高时每公顷165元，低时90元。

2004年8月3日，市物价局对鼎城区杜水大型灌区灌溉水价作出的批复，同意新组建的杜水大型灌区农业供水价格按农业灌溉受益面积每公顷195元的标准执行。要求必须按照谁受益、谁出钱的原则，严禁向受益外的农民强行摊派水费。

2008年，根据市政府《关于印发〈常德市水利工程水价核定及水费计收使用管理办法〉的通知》和市委办公室、市政府办公室《关于转发市农民负担监督管理领导小组〈关于切实做好2008年度农民负担监督管理工作的意见〉的通知》精神，8月18日，市物价局、市财政局、市农民负担监督管理办公室、市水利局发出《关于核定县市区水管单位农业灌溉水费标准的通知》，核定各区县市水管单位农业灌溉水费标准。要求各地各水管单位严格执行农业灌溉用水价格政策，做好价格公示，坚持按灌溉受益区与受益面积征收水费，不得向非受益区农民收取灌溉水费。明确享受了洞庭湖区农民负担综合改革财政转移支付资金补贴的安乡县、西湖管理区、汉寿县沅南和西湖两垸等地的水管单位不再向农民收取农业灌溉水费。以下是有关区县农业灌溉水费标准：

表2－1－68　**桃源县水管单位农业灌溉水费标准**　单位：元/公顷·年

水管单位	水费标准	水管单位	水费标准
黄石水库（大型）	240	田河水库（中型）	240
西溪水库（中型）	240	两河口水库（中型）	240
三家湾水库（中型）	240	戈尔谭水库（中型）	240
九龙水库（中型）	240	青山湾〔小(二)〕等小型水库	120
三里溪水库（中型）	240		

表2－1－69　**武陵区水管单位农业灌溉水费标准**　单位：元/公顷·年

水管单位	水费标准
护城丹洲垸水管会	225

表2－1－70　**鼎城区水管单位农业灌溉水费标准**　单位：元/公顷·年

水管单位	水费标准	水管单位	水费标准
杜水灌区管理处（中型）	210	许家桥许家冲水库〔小(一)型〕	195
金陵水库管理所（中型）	210	石板滩茶叶水库〔小(一)型〕	195

续表

水管单位	水费标准	水管单位	水费标准
沧山水库管理所（中型）	210	长岭岗落子山水库〔小(二)型〕	195
五里溪水库管理所（中型）	210	大龙站平安水库〔小(二)型〕	195
长岭岗古堤溶水库（小(一)型）	195	许家桥丁家坝水库〔小(二)型〕	195
大龙站国丰水库（小(一)型）	195	谢家铺玉峰水库〔小(二)型〕	195

注：未列的其他小(一)型、小(二)型水库，比照表中同类型水库水费标准执行。

表 2-1-71　**柳叶湖旅游度假区水管单位农业灌溉水费标准**　单位：元/公顷·年

水管单位	水费标准
红旗水库管理所（中型）	210

表 2-1-72　**澧县水管单位农业灌溉水费标准**　单位：元/公顷·年

水管单位	县、乡两级合计水费标准
澧阳平原灌区管理处	232.5
山门大青水库管理处	
澧水灌区管理处	
乡级水费	

表 2-1-73　**石门县水管单位农业灌溉水费标准**　单位：元/公顷·年

水管单位	水费标准	水管单位	水费标准
蒙泉水库管理所（中型）	240	南溪水库管理所（中型）	202.5
专垭水库管理所（中型）	240	双红水库管理所（中型）	240
首桥水库管理所（中型）	240	里山河水库管理所（中型）	240
东泉水库管理所（中型）	240	小(一)型、小(二)型水库及骨干塘坝	180

说明：以上是中型、小(一)型、小(二)型水库及骨干塘坝自流灌溉水费标准，对自流水不能直接到田里需农户再用水轮泵提水灌溉的，其水费标准按自流灌溉水费标准减半执行。

表 2-1-74　**临澧县水管单位农业灌溉水费标准**　单位：元/公顷·年

水管单位	水费标准	水管单位	水费标准
青山水轮泵管理局	285	浮山水库管理所（中型）	232.5

续表

水管单位	水费标准	水管单位	水费标准
官亭水库管理所（中型）	232.5	沃沙水库〔小㈠型〕	225
高桥水库管理所（中型）	232.5	向阳水库〔小㈠型〕	225
同欢水库管理所（中型）	232.5	竹龙水库〔小㈡型〕	225
群英水库管理所（中型）	232.5	大冶水库〔小㈡型〕	225

说明：未列的其他小㈠型、小㈡型水库，比照表中同类型水库水费标准执行。

表2-1-75　**汉寿县山丘区水管单位农业灌溉水费标准**　单位：元/公顷·年

水管单位	水费标准	水管单位	水费标准
聂家桥水管站	225	军山铺水管站	225
毛家滩水管站	225	蒋家嘴水管站	225
朱家铺水管站	225	百禄桥水管站	225
丰家铺水管站	225	江东市水库灌区（中型）	225
东岳庙水管站	225	清水坝水库灌区（中型）	225
岩嘴水管站	225	颜家庙水库灌区（中型）	225
株木山水管站	225	龙潭水库灌区〔小㈠型〕	150
太子庙水管站	225	柳溪水库灌区〔小㈠型〕	225
工业园水管站	225	自家冲水库灌区〔小㈠型〕	225
三和水管站	210	洪富水库灌区〔小㈠型〕	150
崔家桥水管站	210	桃源洲水库灌区〔小㈡型〕	150
毓德铺水管站	225	大堰塘水库灌区〔小㈡型〕	150
龙潭桥水管站	225	十八档水库灌区〔小㈡型〕	150
月明潭水管站	225	未港湾水库灌区〔小㈡型〕	150

说明：享受了洞庭湖区农民负担综合改革财政转移支付资金补贴的沅南、西湖两垸水管单位，不再收取农业灌溉水费。

2009-2012年，农业用水价格没有变动。

第三节　工业品价格管理

一、能源产品价格

（一）电力价格

1. 省电网电价

1989年5月31日，市经委、市物价局、市三电办发出《关于调整自组燃料发电收购电价的通知》，从1989年1月1日起对常德电厂由每千瓦时0.186元调整为0.225元；石门磷肥厂电站由每千瓦时0.18元调整为0.21元；石门火电厂由每千瓦时0.195元调整为0.24元。

1991年，从1月1日起，取消议价电，将各年的煤运加价和议价电量全部纳入统一加价范围，在国家规定的分类电价的基础上实行统一加价，除城乡居民生活照明和农业生产用电不予加价外，其他行业用电一律在1976年国家颁发的《电、热价格目录》规定的分类电价基础上，实行统一加价额度。县以上（含县）碳铵、磷肥、农用氯化铵生产定额内的电量每千瓦时加价0.057元，其他用电每千瓦时加价0.074元。当年，省政府公布全省29个贫困县（市、区）实行贫困县农业排灌电价，常德市石门县名列其中。

1992年1月1日起，常德市执行湖南省统一销售电价如下表：

表2－1－76　　**常德市省电网1992年销售电价**

<table>
<tr><th colspan="5">用电分类</th><th>国家统一分类电价</th><th>加价标准</th><th>省统一销售电价</th><th>备注</th></tr>
<tr><td colspan="3" rowspan="2">照明电价（元/千瓦时）</td><td colspan="2">不满1千伏</td><td>0.200</td><td>0.0951</td><td>0.2951</td><td rowspan="19">1. 属于免予加价范围的用电，仍按国家统一分类电价执行。
2. 农用碳铵、磷肥、氯化铵的生产用电，按省统一销售电价每千瓦时优惠1.8分。
3. 本表价格不含电力建设资金。</td></tr>
<tr><td colspan="2">1千伏及以上</td><td>0.195</td><td>0.0951</td><td>0.2901</td></tr>
<tr><td colspan="3" rowspan="3">非工业、普通工业电价（元/千瓦时）</td><td colspan="2">不满1千伏</td><td>0.085</td><td>0.0951</td><td>0.1801</td></tr>
<tr><td colspan="2">1千伏至10千伏</td><td>0.083</td><td>0.0951</td><td>0.1781</td></tr>
<tr><td colspan="2">35千伏及以上</td><td>0.080</td><td>0.0951</td><td>0.1751</td></tr>
<tr><td rowspan="10">大工业电价</td><td rowspan="2">基本电价</td><td colspan="3">变压器容量（元/千伏安/月）</td><td>4.00</td><td></td><td>4.00</td></tr>
<tr><td colspan="3">最大需量（元/千瓦/月）</td><td>6.00</td><td></td><td>6.00</td></tr>
<tr><td rowspan="8">电度电价（元/千瓦时）</td><td colspan="3">1千伏至10千伏</td><td>0.058</td><td>0.0951</td><td>0.1531</td></tr>
<tr><td colspan="3">35千伏及以上</td><td>0.055</td><td>0.0951</td><td>0.1501</td></tr>
<tr><td rowspan="4">其中</td><td rowspan="2">电石</td><td>1千伏至10千伏</td><td>0.038</td><td>0.0951</td><td>0.1331</td></tr>
<tr><td>35千伏及以上</td><td>0.035</td><td>0.0951</td><td>0.1301</td></tr>
<tr><td rowspan="2">电炉铁合金、电解烧碱、合成氨、电炉钙镁磷肥、电炉黄磷</td><td>1千伏至10千伏</td><td>0.048</td><td>0.0951</td><td>0.1431</td></tr>
<tr><td>35千伏及以上</td><td>0.045</td><td>0.0951</td><td>0.1401</td></tr>
<tr><td rowspan="5">农业生产电价</td><td colspan="2" rowspan="3">直供电价元/千瓦时</td><td colspan="2">不满1千伏</td><td>0.060</td><td>0.0231</td><td>0.0831</td></tr>
<tr><td colspan="2">1千伏至10千伏</td><td>0.058</td><td>0.0231</td><td>0.0831</td></tr>
<tr><td colspan="2">35千伏及以上</td><td>0.055</td><td>0.0231</td><td>0.0781</td></tr>
<tr><td colspan="2" rowspan="2">趸售电价元/千瓦时</td><td colspan="2">1千伏至10千伏</td><td>0.035</td><td>0.0231</td><td>0.0581</td></tr>
<tr><td colspan="2">35千伏及以上</td><td>0.030</td><td>0.0231</td><td>0.0531</td></tr>
</table>

1993 年 1 月 1 日起常德市省电网电价按下表价格执行：

表 2 - 1 - 77　　**1993 年常德市省电网电价**

电价类别	电度电价（元/千瓦时）			基本电价	
	不满 1 千伏	1 - 10 千伏	35 千伏及以上	最大需要量（元/千瓦）	变压器容量（元/千伏安）
居民生活电价	0.250	0.245			
非居民照明电价	0.356	0.347			
非工业、普通工业电价	0.269	0. 263	0.253		
大工业电价		0.191	0.181	15.00	10.00
其中；电炉铁合金，电解烧碱，合成氨，电炉钙镁磷肥。电炉黄磷		0.181	0.171	15.00	10.00
电石		0.171	0.161	15.00	10.00
农业生产电价	0.147	0.139	0.129		
贫困县农业排灌电价	0.110	0.108	0.105		

1994 年 7 月 5 日，调整津市热电等电厂上网电价如下表，从 1994 年 1 月 1 日起执行。

表 2 - 1 - 78　　**1994 年小火电上网电价**　　单位：元/千瓦时

企业名称	上网电价
津市热电厂	0.305
石门县火电厂	0.315
常德电厂	0.295

1996 年 9 月 26 日，市物价局、市计划委员会、常德电业局发出《关于开征我市电力建设改造资金的通知》。从 1997 年 1 月 1 日起开征全市电力建设改造资金。电力建设改造资金征收标准为每千瓦时 0.01 元。征收范围为境内除国有煤矿水大矿井、农业排灌、农户生活照明用电、防洪抢险用电和水毁堤垸修复用电外的其他所有用电户。

1997 年 5 月 1 日起，调整常德市省电网销售电价，具体价格如下表：

表 2－1－79　　**1997 年常德市省电网销售电价**

电价类别	电度电价（元/千瓦时）				基本电价	
	不满 1 千伏	1－10 千伏	35－110 千伏	110 千伏及以上	最大需要量（元/千瓦）	变压器容量（元/千伏安）
居民生活电价	0.450	0.445				
非居民照明电价	0.663	0.653	0.653			
非工业、普通工业电价	0.496	0.487	0.477			
大工业电价		0.376	0.384	0.354	18.000	12.000
其中：电炉铁合金、电解烧碱、合成氨、电炉钙镁磷肥、电炉黄磷		0.366	0.354	0.344	18.000	12.000
电石		0.356	0.344	0.334	18.000	12.000
农业生产电价	0.339	0.331	0.321			
贫困县农业排灌电价	0.256	0.254	0.251			

2000 年 3 月 10 日，调整省常德市电网销售电价，具体见下表：

表 2－1－80　　**常德市省电网**（未开征城市公用事业附加费地区）**销售电价**

单位：元/千瓦时

用电分类	电度电价（元/千瓦时）					基本电价	
	不满 1 千伏	1－10 千伏	35－110 千伏	110 千伏	220 千伏及以上	最大需要量（元/千瓦）	变压器容量（元/千伏安）
一、居民生活用电	0.483	0.478					
二、非居民照明电价	0.740	0.730					
三、商业电价	0.960	0.950					
四、非工业、普通工业电价	0.546	0.536	0.526				
其中：中、小化肥电价	0.388	0.379	0.369				
五、大工业电价		0.428	0.413	0.403	0.398	24.000	16.000
其中：电炉铁合金、电解烧碱、合成氨、电炉钙镁磷肥、电炉黄磷		0.418	0.403	0.393	0.388	24.000	16.000

续表

用电分类	电度电价（元/千瓦时）					基本电价	
	不满1千伏	1-10千伏	35-110千伏	110千伏	220千伏及以上	最大需要量（元/千瓦）	变压器容量（元/千伏安）
电石		0.408	0.393	0.383	0.378	24.000	16.000
中、小化肥		0.268	0.256	0.246		24.000	16.000
六、农业生产用电	0.390	0.380	0.370				
七、贫困县农业排灌用电	0.256	0.254	0.251				

表2-1-81　　**常德市省电网（已开征城市公用事业附加费地区）销售电价**

单位：元/千瓦时

用电分类	电度电价（元/千瓦时）					基本电价	
	不满1千伏	1-10千伏	35-110千伏	110千伏	220千伏及以上	最大需要量（元/千瓦）	变压器容量（元/千伏安）
一、居民生活用电	0.503	0.498					
二、非居民照明电价	0.760	0.750					
三、商业电价	0.980	0.970					
四、非工业、普通工业电价	0.553	0.543	0.533				
其中：中、小化肥电价	0.395	0.386	0.376				
五、大工业电价		0.435	0.420	0.410	0.405	24.000	16.000
其中：电炉铁合金、电解烧碱、合成氨、电炉钙镁磷肥、电炉黄磷		0.425	0.410	0.400	0.395	24.000	16.000
电石		0.415	0.400	0.390	0.385	24.000	16.000
中、小化肥		0.275	0.263	0.253		24.000	16.000
六、农业生产用电	0.390	0.380	0.370				
七、贫困县农业排灌用电	0.256	0.254	0.251				

2003年，常德市城乡居民生活用电同价自3月20日起、其他类别用电自2003年2月10日起执行下表所列电价：

表2-1-82 **常德市省电网**（未开征城市公用事业附加费地区）**销售电价** 单位：元/千瓦时

用电分类	电度电价		
	不满1千伏	1-10千伏	35-110千伏
一、居民生活用电	0.548	0.543	
二、非居民照明电价	0.746	0.736	
三、商业电价	0.966	0.956	
四、非工业、普通工业电价	0.552	0.542	0.532
其中：中、小化肥电价	0.394	0.385	0.375
五、大工业电价		0.434	0.419
其中：电炉铁合金、电解烧碱、合成氨、电炉钙镁磷肥、电炉黄磷	0.424	0.409	
电石		0.414	0.399
中、小化肥		0.274	0.262
六、农业生产用电	0.396	0.386	0.376
七、贫困县农业排灌用电	0.261	0.259	0.256

表2-1-83 **常德市省电网**（已开征城市公用事业附加费地区）**销售电价**

单位：元/千瓦时

用电分类	电度电价（元/千瓦时）					基本电价	
	不满1千伏	1-10千伏	35-110千伏	110千伏	220千伏及以上	最大需要量（元/月·千瓦）	变压器容量（元/月·千伏安）
一、居民生活用电	0.548	0.543					
二、非居民照明电价	0.766	0.756					
三、商业电价	0.986	0.976					
四、非工业、普通工业电价	0.559	0.549	0.539				
其中：中、小化肥电价	0.401	0.392	0.382				
五、大工业电价		0.441	0.426	0.416	0.411	24.000	16.000
其中：电炉铁合金、电解烧碱、合成氨、电炉钙镁磷肥、电炉黄磷		0.431	0.416	0.406	0.401	24.000	16.000

续表

用电分类	电度电价（元/千瓦时）					基本电价	
	不满1千伏	1－10千伏	35－110千伏	110千伏	220千伏及以上	最大需要量（元/月·千瓦）	变压器容量（元/月·千伏安）
电石		0.421	0.406	0.396	0.391	24.000	16.000
中、小化肥		0.281	0.269	0.259		24.000	16.000
六、农业生产用电	0.396	0.386	0.376				
七、贫困县农业排灌用电	0.261	0.259	0.256				

2004年7月1日起，常德市调整后的销售电价如下表：

表2－1－84　　**2004年7月1日起常德市省电网销售电价**

用电分类	电度电价（元/千瓦时）					基本电价	
	1千伏以下	1－10千伏	35－不满110千伏	110千伏	220千伏及以上	最大需要量（元/千瓦）	变压器容量（元/千伏安）
一、居民生活用电	0.548	0.543					
二、非居民照明用电	0.800	0.780					
三、商业电价	0.954	0.944					
四、非工业、普通工业用电	0.605	0.588	0.573	0.558			
其中：中、小化肥电价	0.381	0.372	0.362				
五、大工业用电		0.480	0.460	0.435	0.419	30	20
其中：中、小化肥电价		0.261	0.249	0.239		24	16
六、农业生产用电	0.396	0.386	0.376	0.361			
其中：农业排灌用电	0.376	0.366	0.356	0.341			
七、贫困县农业排灌用电	0.261	0.259	0.256				

2006年6月30日，根据省物价局《关于省电网电价调整有关问题的通知》精神，常德市调整销售电价如下表：

表 2－1－85　　　　**常德市省电网销售电价**　　　　单位：元/千瓦时

用电类别	电度电价					基金及附加				电度电价及基金附加合计					基本电价	
	不满1千伏	1－10千伏	35千伏	110千伏	220千伏	农网还贷	公用事业附加	库区移民后扶	可再生能源附加	不满1千伏	1－10千伏	35千伏	110千伏	220千伏	需量	容量
大工业用电		0.5242	0.4992	0.4742	0.4532	0.020	0.007	0.0088	0.001		0.561	0.536	0.511	0.490	30	20
采用离子膜法工艺的氯碱生产用电		0.5052	0.4802	0.4552	0.4342	0.020	0.007	0.0088	0.001		0.542	0.517	0.492	0.471	30	20
3万吨及以上氯碱、4万吨及以上铁合金生产用电		0.4842	0.4592	0.4342	0.4132	0.020	0.007	0.0088	0.001		0.521	0.496	0.471	0.450	30	20
采用离子膜法工艺的氯碱生产用电		0.4652	0.4402	0.4152	0.3942	0.020	0.007	0.0088	0.001		0.502	0.477	0.452	0.431	30	20
地方的国有重点煤炭企业、核工业铀扩堆化工厂生产用电		0.5242	0.4992	0.4742		0.003	0.007	0.0088	0.001		0.544	0.519	0.494		30	20
80年以后投产中小化肥企业生产用电		0.2832	0.2682	0.2532			0.007	0.0088	0.001		0.300	0.285	0.270		30	20
80年以前投产中小化肥企业生产用电		0.2732	0.2582	0.2432			0.007	0.0088	0.001		0.290	0.275	0.260		30	20
非工业、普通工业生产用电	0.6492	0.6292	0.6092	0.5892		0.020	0.007	0.0088	0.001	0.686	0.666	0.646	0.626			
其中：中小化肥企业生产用电	0.4032	0.3932	0.3732				0.007	0.0088	0.001	0.420	0.410	0.390				
商业用电	0.9802	0.9602	0.9602	0.9602		0.020	0.020	0.0088	0.001	1.030	1.010					
非居民生活用电	0.8202	08002	0.7902	0.7902		0.020	0.020	0.0088	0.001	0.870	0.850	0.840				

续表

用电类别	电度电价					基金及附加				电度电价及基金附加合计					基本电价	
	不满1千伏	1－10千伏	35千伏	110千伏	220千伏	农网还贷	公用事业附加	库区移民后扶	可再生能源附加	不满1千伏	1－10千伏	35千伏	110千伏	220千伏	需量	容量
居民生活用电	0.5382	0.5232	0.5132	0.5132		0.020	0.020	0.0088	0.001	0.588	0.573	0.563				
供电所居民生活用电	0.4382	0.4232	0.4132			0.020		0.0088	0.001	0.468	0.453	0.443				
农业生产用电	0.4120	0.3920	0.3720	0.3520		0.020				0.432	0.412	0.392	0.372			
农业排灌用电	0.4120	0.3920	0.3720	0.3520						0.412	0.392	0.372	0.352			
(4－9月)农业排灌用电	0.3670	0.3470	0.3270	0.3070						0.367	0.247	0.327	0.307			
贫困县排灌用电	0.2950	0.2850	0.2750							0.295	0.285	0.275				
(4－9月)贫困县排灌	0.2660	0.2560	0.2460							0.266	0.256	0.246				

2009年7月6日，市物价局发出《关于临时降低餐饮、住宿业商业用电价格的通知》（常价价〔2009〕74号），明确临时降低餐饮、住宿业商业用电用水价格有关问题。餐饮、住宿业用电降价范围是全市受电变压器容量在50千伏安及以上的餐饮、住宿业用户（不含KTV、酒吧、茶楼等娱乐服务业用电）；降价标准是按照商业与普通工业用电价差缩小50%的原则，在商业目录电价基础上每千瓦时降低0.13元；降价资金处理为降价标准中的每千瓦时0.08元降价资金由电力企业承担，在与餐饮、住宿业用户结算电费时直接降低。每千瓦时0.05元降价资金由市、县财政分别承担，其中市城区按餐饮、住宿业税收级次分别由市财政和武陵区财政给予补贴，其他区县市由当地财政给予补贴。市、县财政承担的每千瓦时0.05元降价资金由市、县财政补贴给餐饮、住宿业用户。

是年11月24日，澧县生物质发电厂上网电价得到省物价局批复。核定该发电厂上网电价为每千瓦时0.634元，由省2005年核定的脱硫燃煤机组标杆上网电价每千瓦时0.384元加可再生能源电价补贴每千瓦时0.25元组成。该项目接网工程由该公司投资建设，接网工程费用根据该项目上网电量按每千瓦时0.01元的标准给予补贴。上网电价自该项目正式并网发电之日起执行。可再生能源电价补贴享受年限按照国家发展改革委员会的有关规定执行。

2009年12月1日起常德市调整后的销售电价如下表：

表 2－1－86　　**常德市省电网**（已开征城市公用事业附加费地区）**销售电价**

单位：元/千瓦时

用电分类	电度电价（元/千瓦时）					基本电价	
	不满1千伏	1－10千伏	35－110千伏	110千伏	220千伏及以上	最大需要量（元/月·千瓦）	变压器容量（元/月·千伏安）
一、居民生活用电	0.588	0.573	0.563				
二、非居民照明电价	0.949	0.925	0.909				
三、商业电价	1.030	1.010					
四、非工业、普通工业电价	0.782	0.757	0.732	0.707			
其中：中、小化肥电价	0.449	0.439	0.419				
五、大工业用电		0.639	0.610	0.582	0.558	30	20
其中：中、小化肥生产用电	0.329	0.314	0.299		30	20	
六、农业生产用电	0.459	0.439	0.419	0.399			
其中：贫困县农业排灌用电	0.322	0.312	0.302				

2011 年 6 月 1 日起，常德市按省物价局“适当提高省电网销售电价及安排农村用电到户限价”的精神，执行新的用电价格如下表：

表 2－1－87　　**常德市省电网**（已开征城市公用事业附加费地区）**销售电价**

单位：元/千瓦时

用电分类	电度电价（元/千瓦时）					基本电价	
	不满1千伏	1－10千伏	35－110千伏以下	110千伏	220千伏及以上	最大需要量（元/月·千瓦）	变压器容量（元/月·千伏安）
一、居民生活用电	0.588	0.573	0.563				
二、非居民生活照明用电	0.9767	0.9527	0.9367				
三、商业用电	1.030	1.010					
四、非工业、普通工业用电	0.8097	0.7847	0.7597	0.7347			
其中：中小化肥生产用电	0.4767	0.4667	0.4467				

续表

用电分类	电度电价（元/千瓦时）					基本电价	
	不满1千伏	1－10千伏	35－110千伏以下	110千伏	220千伏及以上	最大需要量（元/月·千瓦）	变压器容量（元/月·千伏安）
五、大工业用电		0.6667	0.6377	0.6097	0.5857	30	20
其中：中小化肥生产用电		0.3567	0.3417	0.3267		30	20
六、农业生产用电	0.4867	0.4667	0.4467	0.4267			
其中：贫困县农业排灌用电	0.3497	0.3397	0.3297				

从2012年7月1日（8月抄见电量）起，常德市居民生活用电实行阶梯电价。具体作法是：居民阶梯电价试行范围为由供电企业（含地方供电企业）实行“一户一表”抄表结算到户的城乡居民用电户。阶梯电价分为三档：第一档，不分季节每户每月180千瓦时及以内的用电量；第二档，用电量为3、4、5、9、10、11月春秋季，超过180－350千瓦时，第三档电量为350千瓦时以上；1、2、6、7、8、12月冬夏季，二档电量为超过180千瓦时－450千瓦时，三档电量为450千瓦时以上。因供电企业抄表周期与日历月不一致，当月抄表电量实际为上一个月周期的用电量，因此，按抄表月份的季节划分为：春秋季为4、5、6、10、11、12月，冬夏季为1、2、3、7、8、9月的抄见电量。分档电价：第一档电量以内，基准电价按价格主管部门批复的居民生活用电价格标准执行，不作调整（其中省电网居民用户基准电价为0.588元/千瓦时）；第二档电量区间，在基准电价的基础上，每千瓦时加价0.05元；第三档电量，在基准电价的基础上，每千瓦时加价0.30元。对城乡“低保户”和农村“五保户”家庭每户每月免费10千瓦时。供电企业以县级及以上民政部门提供的城乡低保户和农村五保户数据（包括用户清单和有效时间）为依据进行减免；免费用电量纳入第一档分档电量。对尚未由供电企业实行“一户一表”直接抄表到户的城乡居民合表用户、执行居民电价的非居民用户（如养老院、敬老院等社会福利机构、学校、农村饮水安全工程等）暂不执行居民阶梯电价，其用电价格每千瓦时提高0.016元。

从2011年12月1日起常德市执行下表所列电价：

表2－1－88　**常德市省电网**（已开征城市公用事业附加费地区）**销售电价**

单位：元/千瓦时

用电分类	电度电价（元/千瓦时）					基本电价	
	不满1千伏	1－10千伏	35－110千伏	110千伏	220千伏及以上	最大需要量（元/月·千瓦）	变压器容量（元/月·千伏安）
一、居民生活用电	0.5880	0.5730	0.5630				

续表

用电分类	电度电价（元/千瓦时）					基本电价	
	不满1千伏	1－10千伏	35－110千伏	110千伏	220千伏及以上	最大需要量（元/月·千瓦）	变压器容量（元/月·千伏安）
二、一般工商业及其他用电	0.9060	0.8860	0.8660	0.8460			
其中：中、小化肥生产用电	0.5387	0.5287	0.5087				
三、大工业用电		0.7097	0.6807	0.6527	0.6287	30	20
其中：中、小化肥生产用电		0.4187	0.4037	0.3887		30	20
六、农业生产用电	0.5487	0.5287	0.5087	0.4887			
其中：贫困县农业排灌用电	0.4117	0.4017	0.3917				

2. 地方电网电价

1993年8月30日，市物价局下达《桃源小水电网统一售电价格的通知》，明确以下售电价格：

表2－1－89　　**1993年桃源小水电网统一售电价格（含价外加价）**

电价类别	统一电价（元/千瓦时）		备　注
	不满1千伏	1－10千伏	
居民生活用电	0.273	0.268	（1）农用小化肥生产用电在表列价格基础上优待3分。 （2）非居民照明（经营性照明）电价执行范围，为省物价局、电力局〔1992〕湘价重字51号文件规定关于加价范围以外的所有执行照明电价的用电
非居民照明（经营性照明）电价	0.699	0.690	
非工业、普通工业电价	0.312	0.306	
农业生产电价	0.17	0.162	

1994年6月3日，市物价局调整桃源小水电上网电价和小水电网统一销售电价格。自1994年4月1日起，上网电价竹园、黄石水电站每千瓦时丰水期由0.07元调整为0.10元，枯水期由0.12元调整为0.15元；西溪、戈尔潭和夷望溪水电站每千瓦时丰水期由0.07元调整为0.09元，枯水期由0.12元调整为0.14元。

表2－1－90　　1994年桃源小水电网统一售电价格

电价类别	电度电价（元/千瓦时）		备注
	不满1千伏	1－10千伏	
居民生活用电	0.250	0.245	(1) 非居民照明（经营性照明）电价执行范围为省物价局、电力局〔1992〕湘价重字51号文件规定关于加价范围以外的所有执行照明电价的用电。(2) 本电价表不含地方电力发展基金，地方电力发展基金，按规定在价外征收
非居民照明（经营性照明）电价	0.403	0.393	
非工业、普通工业电价	0.325	0.318	
农业生产电价	0.193	0.185	

1995年4月21日，市物价局下达1995年桃源县小水电网售电价格：

表2－1－91　　1995年桃源县小水电网售电价格

电价类别	电度电价（元/千瓦时）		备注
	不满1千伏	1－10千伏	
居民生活用电	0.250	0.245	防汛时的排灌用电价格按农业生产电价每千瓦时低0.0255元执行
非居民照明（经营性照明）电价	0.4585	0.4485	
非工业、普通工业电价	0.3805	0.3735	
农业生产电价	0.2485	0.2405	

是年，5月29日，市物价局对桃源县小水电地方电网上网价格作出调整，自当年5月1日起执行。

表2－1－92　　1995年桃源县地方电网小水电站上网电价

电站名称	上网电价（元/千瓦时）	
	丰水期	枯水期
西溪、戈尔潭、夷望溪电站	0.10	0.15
鸦雀潭、热市温泉、两河口底涵电站	0.09	0.14
七玲坪、新林电站	0.11	0.16
黄石电站	0.118	0.168
竹园电站	0.112	0.162
其他电站	0.08	0.13

2000 年 3 月 21 日，市物价局核定桃源县小水电公司电力销售价格如下表，从 2000 年 4 月 1 日抄见电量起执行：

表 2－1－93　**桃源县小水电公司电力销售价格**　单位：元/千瓦时

用电分类	电度电价（元/千瓦时）					基本电价	
	不满 1 千伏	1－10 千伏	35－110 千伏	110 千伏	220 千伏及以上	最大需要量（元/月·千瓦）	变压器容量（元/月·千伏安）
城（镇）居民生活电价	0.483	0.478					
非居民照明电价	0 740	0.730					
非工业、普通工业电价	0.553	0.543	0.533				
大工业电价		0.435	0.420	0.410	0.405	24.000	16.000
其中：电炉铁合金		0.425	0.410	0.400	0.395	24.000	16.000
电石		0.415	0.400	0.390	0.385	24.000	16.000
农业生产用电	0.390	0.380	0.370				

说明：1. 农业排灌［防汛期间（4－9 月）］每千瓦时优待 0.045 元。

2. 农村居民生活用电，在城（镇）居民生活用电价格基础上每度优惠 0.10 元。

从 2002 年，市物价局调整桃源县小水电公司电力销售价格。适当降低县小水电公司与乡（镇）水电站“非居民照明”用电结算价格。降低后的“非居民照明”用电结算价格为每千瓦时 0.478 元；县小水电公司对学校直供的用电价格暂按与乡（镇）水电站“非居民照明”用电的结算价格执行，即每千瓦时 0.478 元。

2004 年 4 月 20 日，市物价局对桃源县大洋溪流域电站开发有限责任公司梯级电站上网电价作出批复，核定上网电价为丰水期每千瓦时 0.16 元，枯水期每千瓦时 0.27 元。从 2004 年 1 月 1 日起执行。10 月 13 日，市物价局下达《关于适当疏导桃源县地方电网电价矛盾有关问题的批复》，从 2004 年 7 月 1 日起理顺电网经营企业销售电价。对地方电网经营企业直供户的电力销售价格，比照省电网电力销售价格（含税，下同）平均每千瓦时提高 0.018 元。其中农业、小化肥生产用电、居民生活用电价格不提高，建立和完善地方电网峰谷分时电价及丰枯季节电价实施办法，在销售侧继续实行峰谷分时电价，发电侧暂缓实施，在发电侧和销售侧试行丰枯季节电价。规范农村用电价格，桃源县电力有限责任公司供给农村供电所的电量价格：居民生活用电，不满 1 千伏的每千瓦时 0.428 元，1－10 千伏的每千瓦时 0.423 元。其他用电价格按省物价局湘价重〔2004〕90 号文件规定的目录电价执行。农村供电所供电的农村各类电价：居民生活用电中网改完成并抄表到户的每千瓦时不得超过 0.65 元，未完成网改但抄表到户的每千瓦时不得超过 0.85 元，具体价格由县物价局按照省物价局湘价重〔2003〕84号文件的规定分地域类别核定到村并报市物价局备案。暂未抄表到户由供电所供给变压器台区的居民生活用电价格每千瓦时不得超过0.46元。非居民照明用电每千瓦时统一为0.85元，其中学校、医院、政府机关及社会福利事业单位的用电按国家规定的目录电价执行。非普工业（含农副加工）用电每千瓦时统一为0.80元。农业生产用电每千瓦时统一为0.58元。农业生产用电中的种植业、养殖业用电统一按农业生产电价执行。4－9月农业排灌用电价格在目录电价基础上每千瓦时降低0.045元。

表2－1－94　**桃源县地方电网销售电价**

电价类别	电度电价（元/千瓦时）				基本电价	
	不满1千伏	1－10千伏	35－110千伏	110千伏	最大需要量（元/月·千瓦）	变压器容量（元/月·千伏安）
一、城镇居民生活用电	0.548	0.543				
二、非居民照明用电	0.800	0.780				
三、商业用电	0.954	0.944				
四、非工业、普通工业用电	0.605	0.588	0.573	0.558		
其中：中小化肥用电	0.381	0.372	0.362			
五、大工业用电		0.480	0.460	0.435	30	20
其中：中小化肥用电		0.261	0.249	0.239	24	16
电炉铁合金、电解烧碱		0.470	0.450	0.425	30	20
电石		0.460	0.440	0.415	30	20
六、农业生产用电	0.396	0.386	0.376	0.361		
其中：农业排灌用电	0.376	0.366	0.356	0.341		
4－9月份防汛期间农业排灌用电	0.331	0.321	0.311	0.296		

桃源县地方电网峰谷分时电价及丰枯季节电价实施办法：

峰谷分时电价：（1）时段划分。每天分为4个时段（平段7：00－8：00、11：00－15：00、22：00－23：00；尖峰19：00－22：00；高峰8：00－11：00、15：00－19：00；低谷23：00－次日7：00）（2）执行范围。大工业用户实行峰谷分时电价。发电环节的上、下网电量、非、普工业用电、居民生活用电、非居民照明、商业、农业生产用电暂不实行峰谷分时电价。（3）浮动幅度。大工业用电价格，尖峰时段上浮90%，高峰时段上浮35%，低谷时段下浮60%。但下浮后低谷时段电度电价（不含农网还贷基金和城市公用事业附加）平水期每千瓦时低于0.165元的按每千瓦时0.165元计收，丰水期每千瓦时低于0.135元的按每千瓦时0.135元计收，枯水期每千瓦时低于0.205元的按每千瓦时0.205元计收。（4）为鼓励用户削峰填谷，对低谷时段出现的最大需量值减半计算，并与其他时段出现的最大需量值进行比较，按最大需量较高值计收基本电费。丰枯季节电价：（1）丰枯季节划分。全年按发电来水和用电需求情况分为平水、丰水、枯水期3个季节。上网环节平水期为3月、8月、9月、10月，丰水期为4月、5月、6月、7月，枯水期为11月至次年2月，销售环节与国网同步。（2）执行范围。发电环节：发电企业的上网电量和下网电量全部实行丰枯季节电价。用电环节：大工业用户和非、普工业用户全部实行丰枯季节电价。居民生活、非居民照明、商业、农业生产用电暂不实行丰枯季节电价。（3）电价标准。发电环节：发电企业的上网电量、平水期按规定价格执行，丰水期每千瓦时降低0.03元，枯水期每千瓦时提高0.04元。用电环节：大工业用户和非、普工业用电量，平水期按规定价格执行，丰水期每千瓦时降低0.04元，枯水期每千瓦时提高0.04元。电站下网电量，平水期按规定价格执行，丰水期每千瓦时降低0.03元，枯水期每千瓦时提高0.03元。

2005年5月1日起，市物价局调整桃源县地方电网电力销售价格，适当调高地方电网经营企业直供户的销售电价。比照省电网销售电价平均每千瓦时提高0.024元。其中农业、中小化肥生产用电、居民生活用电价格暂不调整；对电解铝、铁合金、电石、烧碱、水泥、钢铁等6个高耗能行业实行的差别电价和对销售电价实行的丰枯季节、峰谷分时电价政策仍按常价价字〔2004〕119号规定执行；电价调整后，电站购地方电网电量的结算价格仍由县物价局依据成本情况核定，报市物价局备案。地方电网供给农村供电所和农村供电所供电的农村各类电价仍按原规定标准执行。

表2-1-95　　**桃源县地方电网销售电价**

电价类别	电度电价（元/千瓦时）				基本电价	
	不满1千伏	1-10千伏	35-110千伏	110千伏	最大需要量（元/月·千瓦）	变压器容量（元/月·千伏安）
一、城镇居民生活用电	0.548	0.543				
二、非居民照明用电	0.839	0.819				
三、商业用电	0.993	0.983				
四、非工业、普通工业用电	0.644	0.627	0.612	0.597		
其中：中小化肥用电	0.381	0.372	0.362			
五、大工业用电		0.519	0.499	0.474	30	20
其中：中小化肥用电		0.261	0.249	0.239	24	16

续表

电价类别	电度电价（元/千瓦时）				基本电价	
	不满1千伏	1－10千伏	35－110千伏	110千伏	最大需要量（元/月·千瓦）	变压器容量（元/月·千伏安）
电炉铁合金、电解烧碱		0.509	0.489	0.464	30	20
电石		0.499	0.479	0.454	30	20
六、农业生产用电	0.396	0.386	0.376	0.361		
其中：农业排灌用电	0.376	0.366	0.356	0.341		
4－9月份防汛期间农业排灌用电	0.331	0.321	0.311	0.296		

2006年9月12日，市物价局同意桃源县地方电网电力销售价格比照省电网电力销售价格平均每千瓦时提高0.0326元，调整后的各类用电价格与国家规定的目录电价标准相同（具体价格见下表）。对中小学校教学用电（含学校食堂、澡堂用电）价格统一执行居民生活用电价格。居民生活电价调整自2006年7月30日抄见电量起执行，其他电价调整自2006年7月25日抄见电量起执行。

表2－1－96　　**桃源县地方电网销售电价**

用电分类	电度电价（元/千瓦时）				基本电价	
	不满1千伏	1－10千伏	35－110千伏	110千伏	最大需要量（元/月·千瓦）	变压器容量（元/月·千伏安）
一、城镇居民生活用电	0.588	0.573	0.563			
二、非居民照明用电	0.87	0.85	0.84			
三、商业用电	1.030	1.010				
四、非工业、普通工业用电	0.686	0.666	0.646	0.626		
其中：中小化肥用电	0.420	0.410	0.390			
五、大工业用电		0.561	0.536	0.511	30	20
其中：中小化肥用电		0.300	0.285	0.270	30	20
六、农业生产用电	0.432	0.412				
其中：农业排灌用电	0.412	0.392	0.372	0.352		
七、4－9月份防汛期间农业排灌用电	0.367	0.347	0.327	0.307		

2008 年 11 月 28 日，市物价局调整桃源县地方小水电上网电价、地方电网售电价、制定地方电网峰谷分时电价和丰枯季节电价实施办法，自 2008 年 7 月 1 日抄见电量起执行。

表 2－1－97　　**桃源县地方电网小水电上网电价**

序号	电站名称	装机容量（千瓦）	平水期上网电价（元/千瓦时）
1	竹园电站	16000	0.195
2	黄石坝后电站	6000	0.20
3	黄石渠道电站	650	0.20
4	新林电站	1950	0.18
5	戈尔潭电站	600	0.18
6	九溪电站	750	0.18
7	小河口电站	250	0.18
8	马金洞电站	1200	0.29
9	红卫电站	375	0.18
10	黄甲铺电站	600	0.18
11	重阳电站	750	0.18
12	浯栗林坝电站	410	0.18
13	枫栗林坝电站	375	0.18
14	杨家溪电站	500	0.18
15	七里坪电站	250	0.18
16	两河口电站	50	0.18
17	桃花溪电站	700	0.18
18	毛坪电站	570	0.18
19	三里溪电站	175	0.18
20	鸦鹊潭电站	235	0.18
21	黑炭沟电站	25	0.18
22	双河坝电站	660	0.18
23	成功坪电站	400	0.18
24	东溪电站	520	0.25
25	酉溪电站	640	0.18
26	苍湾电站	600	0.25
27	鑫鑫电站	600	0.23
28	青年电站	320	0.18
29	万家河电站	475	0.23

续表

序号	电站名称	装机容量（千瓦）	平水期上网电价（元/千瓦时）
30	鲜花电站	75	0.25
31	马运河电站	75	0.15
32	丁家坪电站	50	0.18
33	纸厂电站	75	0.18
34	郭岩洲电站	75	0.18
35	毛公坝电站	125	0.18
36	边家河电站	125	0.18
37	钟家铺电站	475	0.18
38	桃源县大洋溪流域电站开发有限责任公司梯级电站（双溪、桃溪、中洲三级）	1220	0.27
共计		39570	

表 2－1－98　**桃源县地方电网销售电价**

用电分类	电度电价（元/千瓦时）				基本电价	
	不满1千伏	1－10千伏	35－110千伏	110千伏	最大需要量（元/月·千瓦）	变压器容量（元/月·千伏安）
一、城镇居民生活用电	0.588	0.573	0.563			
二、非居民照明用电	0.920	0.896	0.880			
三、商业用电	1.030	1.010	1.010			
四、非工业、普通工业用电	0.753	0.728	0.703	0.678		
其中：中小化肥用电	0.420	0.410	0.390			
五、大工业用电		0.610	0.581	0.553	30	20
其中：中小化肥用电		0.300	0.285	0.270	30	20
六、农业生产用电	0.432	0.412	0.392	0.372		
其中：农业排灌用电	0.412	0.392	0.372	0.352		
4－9月份防汛期间农业排灌用电	0.367	0.347	0.327	0.307		

桃源县地方电网峰谷分时电价及丰枯季节电价实施办法：峰谷分时电价：（1）时段划分。每天分为4个时段：平段7：00－8：00、11：00－15：00、22：00－23：00；尖峰

19：00－22：00；高峰8：00－11：00、15：00－19：00；低谷23：00－次日7：00。（2）执行范围。大工业用户实行峰谷分时电价。发电环节的上下网电量、非普工业用电、居民生活用电、非居民生活用电、商业用电、农业生产用电暂不实行峰谷分时电价。（3）上浮幅度。大工业用电价格，尖峰时段上浮80%，高峰时段上浮34%，低谷时段下浮55%，但下浮后低谷时段电度电价（不含农网还贷基金和城市公用事业附加）平水期每千瓦时低于0.165元的按0.165元计收，丰水期每千瓦时低于0.135元的按0.135元计收，枯水期每千瓦时低于0.205元的按0.205元计收。（4）为鼓励用户削峰填谷，对低谷时段出现的最大需量值减半计算，并与其他时段出现的最大需量值进行比较，按最大需量较高值计收基本电费。丰枯季节电价：（1）丰枯季节划分。全年按发电来水和用电需求情况分为平水、丰水、枯水期3个季节。上网环节平水期为3月、8月、9月、10月，丰水期为4月、5月、6月、7月，枯水期为11月至次年2月。销售环节平水期为3月、7月、8月、9月，丰水期为4月、5月、6月、10月，枯水期为11月至次年2月。（2）执行范围。发电环节：发电企业的上网电量和下网电量。用电环节：大工业用电电量、非普工业用电电量，其他各类用电暂不实行丰枯季节电价。（3）电价标准。发电环节：发电企业的上网电量平水期按规定价格执行，丰水期每千瓦时降低0.03元，枯水期每千瓦时提高0.04元。用电环节：大工业用户和非、普工业用电量平水期按规定价格执行，丰水期每千瓦时降低0.04元，枯水期每千瓦时提高0.04元。电站下网电量平水期按规定价格执行，丰水期每千瓦时降低0.03元，枯水期每千瓦时提高0.03元。

计算步骤及方法：（1）在电费计算时，先计算丰枯季节电价再计算峰谷分时电价。（2）农网还贷基金、城市公用事业附加、水库移民后期扶持资金、可再生能源电价附加不执行峰谷分时电价，不参与力率调整。（3）对执行不同电价的电量，应分表计量，确实难以分表计量的，按已核定的各类用电比例进行换算，其中居民生活用电、非居民生活用电、商业用电，从尖峰电量中扣除30%，平段电量中扣除60%，低谷电量中扣除10%。其他不属于实行峰谷分时电价范围的电量从平段电量中扣除，如平段电量不足以抵扣，按各类别实际用电比例扣减。转供电中各类电量的确定，也照此办理。

其他规定：（1）丰枯季节电价的季节变换以固定抄表周期的抄见电量为准。（2）峰谷分时电价政策调整后，电网经营企业应及时调整用户计量装置和计费系统。在未调整之前，仍按原时段、原浮动幅度、新电价标准计费。调整后，按本规定计费。

2009年6月24日，市物价局下达《关于桃源县大洑溪流域会人溪水电站上地方电网电力价格的批复》，核定桃源县大洑溪流域会人溪水电站（装机容量2万千瓦）上网电价为每千瓦时0.30元，并按规定实行丰枯季节电价，自该电站发电上网后的抄见电量起执行。12月28日，市物价局下达《关于对桃源县地方电网观音寺方雄电站（原杨家溪电站）上网电价的批复》（常价价〔2009〕130号），自该电站新机组发电上网后的抄见电量起执行。按照原杨家溪电站装机500千瓦和现方雄电站新增装机800千瓦加权平均确定上网电价办法，核定桃源县观音寺方雄电站新、老机组发电量上地方电网综合上网电价为每千瓦时0.23元，并实行丰枯季节电价。

2010年12月7日，市物价局调整桃源县竹园发电有限责任公司上网电价。比照省电网此次上网电价调整水平，将竹园电站平水期上网电价调整为每千瓦时0.215元，并实行丰枯季节电价；为支持地方水电企业发展，适当拉开地方电网不同装机容量电站上网电价差价，将竹园电站上网电价在每千瓦时0.215元基础上再提高0.03元；为促进节能减排，适当提高竹园电站停止对自供区高能耗企业供电后新增上网电量的电价水平，其新增上网电量的上网电价在上述价格基础上每千瓦时提高0.03元；调整后的每千瓦时0.215元上网电价自2009年11月20日抄见电量起执行，每千瓦时0.245元上网电价自发文之日抄见电量起执行。停止对自供区高能耗企业供电后新增上网电量的上网电价每千瓦时提高0.03元自停供后抄见电量起执行。

2011年4月13日，市物价局批复桃源县物价局调整桃源县地方电网小水电上网电价。比照省电网水电上网电价调整水平，将桃源县地方电网原由国家投资的水电站上网电价每千瓦时提高0.02元，将投资新建的水电站上网电价每千瓦时提高0.01元，调整后的各水电站上网电价见下表：

表2-1-99　　**桃源县地方电网小水电上网电价调整**

序号	电站名称	装机容量（千瓦）	调后上网电价（元/千瓦）
1	黄石水库电站	6000	0.225
2	新林电站	1950	0.20
3	戈尔潭电站	1480（600+880）	0.20
4	九溪电站	750	0.20
5	小河口电站	250	0.20
6	红卫电站	375	0.20
7	黄甲铺电站	600	0.20
8	永联水电站	750	0.20
9	浯溪河电站	415	0.20
10	枫栗坝水能泵站	375	0.20
11	七里坪电站	250	0.20
12	两河口电站	500	0.20
13	桃花溪电站	110	0.20
14	毛坪电站	700	0.20
15	三里溪电站	570	0.20
16	鸦鹊潭电站	150	0.20

续表

序号	电站名称	装机容量（千瓦）	调后上网电价（元/千瓦）
17	黑潭沟电站	160	0.20
18	成功坪电站	910	0.20
19	西溪电站（含尾水电站）	880	0.20
20	青年电站	250	0.20
21	良海水力发电站	260	0.20
22	边家河电站	75	0.20
23	钟家铺电站	475	0.20
24	鲜花电站	500	0.26
25	鑫鑫电站	600	0.24
26	东溪电站	400	0.26
27	牯牛山电站	500	0.26
28	万家河电站	475	0.24
29	方雄电站	1300	0.24
30	马金洞电站	1200	0.30
31	桃源县大洋溪流域电站开发有限责任公司梯级电站（双溪、桃溪、中洲三级）	1220	0.28

是年6月27日，市物价局调整桃源县地方电网电力销售价格，自2011年6月1日起执行。将桃源县地方电网农村农业生产用电价格由每千瓦时0.607元调整为0.6347元。农村非工业、普通工业用电（含农副加工用电）价格由每千瓦时0.937元调整为0.9647元。农村非居民照明用电（含农村经营性用电）价格由每千瓦时1.049元调整为1.0767元（其中对乡镇非营利性医院和政府机关以及社会福利事业单位的用电按省电网销售目录电价执行）。农村居民生活用电价格不作调整。地方电网已完成网改的农村居民生活用电价格仍为每千瓦时0.588元，未完成网改的居民生活用电价格仍为每千瓦时0.70元。对城乡中小学校教学用电（含学校食堂、澡堂用电）按居民生活用电价格执行。桃源县地方电网经营企业对直供用户的电力销售价格按省电网调整后的销售目录电价执行，具体如下表：

表 2－1－100　　**桃源县地方电网销售电价**

用电分类	电度电价（元/千瓦时）					基本电价	
	不满1千伏	1－10千伏	35－110千伏	110千伏	220千伏及以上	最大需要量（元/月·千瓦）	变压器容量（元/月·千伏安）
一、城镇居民生活用电	0.588	0.573	0.563				
二、非居民照明用电	0.9767	0.9527	0.9367				
三、商业用电	1.03	1.01					
四、非工业、普通工业用电	0.8097	0.7847	0.7597	0.7347			
其中：中小化肥用电	0.4767	0.4667	0.4467				
五、大工业用电		0.6667	0.6377	0.6097	0.5857	30	20
其中：中小化肥用电		0.3567	0.3417	0.3267		30	20
六、农业生产用电	0.4867	0.4667	0.4467	0.4267			
其中：农业排灌用电	0.4667	0.4467	0.4267	0.4067			
4－9月份防汛期间农业排灌用电	0.4217	0.4017	0.3817	0.3617			

2012年1月13日，市物价局调整桃源县地方电网电力销售价格。对桃源地方电网经营企业对直供用户的电力销售价格按照省调整后的省电网销售目录电价执行（各类用电具体销售价格见下表）。适当调整除居民生活用电价格以外的其他农村用电价格：（1）农村居民生活用电价格。地方电网已网改的农村居民生活用电价格仍为每千瓦时0.588元，未完成网改的农村居民生活用电价格仍为每千瓦时0.70元。对城乡中小学教学用电（含学校食堂、澡堂用电）按居民生活用电价格执行。（2）农村农业生产用电价格。桃源地方电网农村农业生产用电价格由每千瓦时0.6347元调整为0.668元。（3）农村一般工商业及其它用电价格。将桃源县地方电网农村非居民照明和非普工业用电价格合并为农村一般工商业及其它用电价格，合并后的农村一般工商业及其他用电价格为每千瓦时1.046元。对乡镇非营利性医院和政府机关以及社会福利事业单位用电按省电网一般工商业及其他用电目录电价执行。电价调整自2011年12月1日起执行。

表 2－1－101　　**桃源县地方电网销售电价**

用电分类	电度电价（元/千瓦时）					基本电价	
	不满1千伏	1－10千伏	35－110千伏	110千伏	220千伏及以上	最大需要量（元/月·千瓦）	变压器容量（元/月·千伏安）
一、居民生活用电	0.5880	0.5730	0.5630				
二、一般工商业及其他用电	0.9060	0.8860	0.8660	0.8460			
三、大工业用电		0.7097	0.6807	0.6527	0.6287	30	20
四、农业生产用电	0.5487	0.5287	0.5087	0.4887			
其中：农业排灌用电	0.5287	0.5087	0.4887	0.4687			
4－9月份农业排灌用电	0.4837	0.4637	0.4437	0.4237			

自2012年3月1日起将桃源县地方电网国家投资建设的黄石等水电站上网电价每千瓦时提高0.03元、竹园电站每千瓦时提高0.02元、将投资新建的会人溪等水电站上网价每千瓦时提高0.015元（调整后的各水电站上网电价如下表）；对电站自供区供以企业用电为主的下网电价按省电网分类趸售电价中的一般工商业及其他用电价格执行，即每千瓦时下网电价为0.659元；对电站自供区供以居民生活用电为主的下网电价仍按每千瓦时0.47元执行。

表 2－1－102　　**桃源县地方电网小水电上网电价**

序号	电站名称	装机容量（千瓦）	上网电价（元/千瓦时）
1	黄石水库电站	6000	0.255
2	竹园电站	16000	0.265
3	新林电站	1950	0.23
4	戈尔潭电站	1480（600＋880）	0.23
5	九溪电站	750	0.23
6	小河口电站	250	0.23
7	红卫电站	375	0.23
8	黄甲铺电站	600	0.23
9	永联水电站	750	0.23
10	浯溪河电站	415	0.23
11	枫栗坝水能泵站	375	0.23
12	七里坪电站	250	0.23

续表

序号	电站名称	装机容量（千瓦）	上网电价（元/千瓦时）
13	两河口电站	500	0.23
14	桃花溪电站	110	0.23
15	毛坪电站	700	0.23
16	三里溪电站	570	0.23
17	鸦鹊潭电站	150	0.23
18	黑潭沟电站	160	0.23
19	成功坪电站	910	0.23
20	西溪电站（含尾水电站）	880	0.23
21	青年电站	250	0.23
22	良海水力发电站	260	0.23
23	边家河电站	75	0.23
24	钟家铺电站	475	0.23
25	鲜花电站	500	0.275
26	鑫鑫电站	600	0.255
27	东溪电站	400	0.275
28	牯牛山电站	500	0.275
29	万家河电站	475	0.255
30	前山桥电站	125	0.255
31	方雄电站	1300	0.255
32	马金洞电站	1200	0.315
33	会人溪电站	20000	0.331
34	桃源县大洋溪流域电站开发有限责任公司梯级电站（双溪、桃溪、中洲三级）	1220	0.295

是年12月28日，市物价局调整桃源县地方电网小水电上网电价。调整后的各水电站上网电价如下表：

表 2－1－103　**桃源县地方电网小水电上网电价**

序号	电站名称	装机容量（千瓦）	上网电价（元/千瓦时）
1	黄石水库电站		0.285
2	竹园电站		0.285
3	戈尔潭电站		0.25
4	九溪电站		0.25
5	小河口电站		0.25
6	红卫电站		0.25
7	黄甲铺电站		0.25
8	永联水电站		0.25
9	浯溪河电站		0.25
10	枫栗坝水能泵站		0.25
11	七里坪电站		0.25
12	两河口电站		0.25
13	桃花溪电站		0.25
14	毛坪电站		0.25
15	三里溪电站		0.25
16	鸦鹊潭电站		0.25
17	黑潭沟电站		0.25
18	成功坪电站		0.25
19	西溪电站（含尾水电站）		0.25
20	青年电站		0.25
21	良海水力发电站		0.25
22	边家河电站		0.25
23	钟家铺电站		0.25
24	新林电站		0.28
25	鲜花电站		0.295
26	鑫鑫电站		0.275
27	东溪电站		0.295
28	牯牛山电站		0.295
29	万家河电站		0.275
30	前山桥电站		0.275
31	方雄电站		0.275

续表

序号	电站名称	装机容量（千瓦）	上网电价（元/千瓦时）
32	马金洞电站		0.335
33	两河口（底涵电站）		0.295
34	流水洲电站		0.346
35	会人溪电站		0.351
36	桃源县大洋溪流域电站开发有限责任公司梯级电站（双溪、桃溪、中洲三级）	1220	0.315

3. 农村电价

1991年9月22日，市物价局就贯彻落实市人民政府常政发〔1991〕11号《批转市物价局、常德电业局、市水利水电局关于整顿农村电价的报告的通知》精神作出规定，明确市管农村电价作价办法和各项费用标准，具体到乡到村的价格由各区县市制定和管理；农村电价计算公式是农村用电价格 = 国家公类电价 + 省市加价 + 乡镇站管理费 + 村电工工资 + 低压线维护费 / 1 – 铜铁损率 – 低压线损率；国家分类电价和省市加价以上级物价部门规定的价格为准；乡镇电管站管理费的收取标准，各县可根据全县各乡镇用电量的大小分档次核定，年用电量在300万千瓦时以上的每千瓦时要低于0.01元，用电量已达到200万千瓦时以上的每千瓦时0.01元，用电量70万千瓦时及以下的最高不超过0.03元；村电工工资收取标准按实用国家电量每千瓦时0.015 – 0.025元计算。个别乡年用电量低于30万千瓦时的每千瓦时最高不得超过0.04元；低压线路维护费按实用国家电量每千瓦时0.02元计算。铜铁损率和低压线损率（包括用户表损）应按实计算，但最高不得分别超过10%和16%。

1994年1月1日起，除国家直接供电执行统一目录电价的用户外，农村的经营性照明用电不再实行加价。国家电力建设资金、省重点电力工程建设资金、三峡工程建设资金分别按国家和省政府规定的范围收取，收取标准每千瓦时分别为0.02元、0.01元、0.003元；农村生活照明电价每千瓦时已完成技术整改任务的为0.45元，只整改低压线路或改造高能耗变压器的为0.50元，没有进行技术整改的原则上为0.55元，个别确有困难的最高不得超过0.65元；农副产品加工电价每千瓦时不得超过0.55 – 0.60元；农业生产电价每千瓦时不得超过0.28元，其中农业排灌电价不得超过每千瓦时0.22元（石门县农业排灌电价不得超过每千瓦时0.19元）。

1996年6月25日，市物价局、常德电业局，市水利水电局联合下达以乡限定农村分类电价限价标准：农村生活照明电价每千瓦时线损及铜铁损按20%计算的不得超过0.61元，线损及铜铁损按25%计算的每千瓦时不得超过0.64元，线损及铜铁损按30%计算的每千瓦时不得超过0.67元。农村加工电价每千瓦时不得超过0.80元。农业生产电价每千瓦时不得超过0.54－0.56元（其中农业排灌用电不得超过0.45元）。

1998年12月，市物价局、常德电业局先后发文批复区县市农村用电限价：

表2－1－104　**常德市农村用电价格**　单位：元/千瓦时

县别	居民照明	非居民照明	农业生产	动力用电
澧县	0.75	1.1	0.72	0.88
安乡县	0.75		0.71	0.88
汉寿县	0.75	0.8	0.66	0.82
津市市	0.8	1.1	0.74	0.9
石门县	0.85	1.1	0.8	0.95
鼎城区	0.75	0.85	0.74	0.88
武陵区	0.7	1.1	0.71	0.85

1999年2月、3月，市物价局、常德电业局先后发文批复部分县及农场农电限价：

常德市部分县、农场农电价格

表2－1－105　单位：元/千瓦时

县别	居民照明	非居民照明	农业生产	动力用电
桃源县	0.74			0.9
临澧县	0.75		0.65	0.85
西洞庭农场	0.8	1.05	0.85	0.85
西湖农场	0.8	0.85	0.65	0.74

2000年6月1日起，对桃源县大电网供往农村的各类用电限价进行调整。农村各类用电限价调整为农村居民照明用电每千瓦时，一类价区（深水港、车湖垸、青林、盘塘、架桥、桃花源、郑家驿乡及漳江镇以下农村）0.79元，二类价区（马宗岭、寺坪、木圹垸、枫树、沙坪、芦花、凌津滩，剪市、明月山、尧天坪、黄壤坪乡、镇及陬市镇以下农村包括移民区）0.84元，非普工业每千瓦时0.90元。（2）调整的上述各类用电限价为农电站或供电所抄表到户、收费到户、管理到户的价格。

2000年4月、6月、9月、12月，市物价局、常德电业局先后发文批复各区县市及农场农电限价：

表2－1－106　**常德市区县市、农场农电价格**　单位：元/千瓦时

县别	居民照明	非居民照明	农业生产	动力用电
武陵区	0.7	1.1	0.74	0.88
鼎城区	0.75		0.74	0.88
石门县	0.83	1.1	0.8	0.95

续表

县别	居民照明	非居民照明	农业生产	动力用电
汉寿县	0.8			0.75
安乡县	0.74	1.03	0.71	0.88
临澧县	0.8		0.67	0.87
桃源县	0.79			0.9
澧县	0.68		0.62	0.78
津市市	0.78		0.72	0.89
西湖管理区	0.75	0.9	0.75	0.69
西洞庭管理区	0.75	1	0.7	
东山峰农场	0.55			0.8
贺家山原种场	0.75	0.95	0.47	0.62

2003 年 5 月 6 日，市物价局、常德电业局对桃源县农村用电价格作出批复：明确网改完成的居民生活用电执行城乡用电同价标准每千瓦时 0.548 元；网改未完成的居民生活用电暂执行调价前基价每千瓦时 0.65 元。网改已完成的非普工业（农副加工）用电每千瓦时 0.76 元，网改未完成的非普工业（农副加工）用电每千瓦时 0.83 元；农业生产用电全县统一为每千瓦时 0.66 元；农村非居民照明用电（含经营性用电）每千瓦时全县统一为 0.85 元，其中义务教育阶段的学校、乡镇非营利性医院和政府机关及社会福利事业单位的用电按国家规定的目录电价每千瓦时 0.766 元执行。设立专用变压器的单位用电按国家的目录电价执行。居民生活用电价格自 2003 年 3 月 20 日抄见电量起执行，其他用电价格从 2003 年 5 月 1 日抄见电量起执行。5 月 24 日，市物价局下达《关于核定桃源县地方电网农村用电价格的批复》：规定网改完成的村各类用电必须抄表到户，按表计电量收费，取消原收取的表损电费，其到户用电价格为农村居民生活用电每千瓦时 0.65 元，非居民照明用电每千瓦时 0.85 元，其中学校、医院、政府机关及社会福利事业单位的用电按国家规定的目录电价每千瓦时 0.766 元执行，非普工业（含农副加工）用电每千瓦时 0.80 元；农业生产用电每千瓦时 0.66 元；未网改村的农村用电价格：县电力有限责任公司与乡（镇）水电管理站按变压器台区电量的结算价格为城镇居民生活用电每千瓦时 0.478 元、农村居民生活用电每千瓦时 0.378 元、非居民照明用电每千瓦时 0.73 元、其他用电价格按省物价局湘价重〔2003〕46 号文件规定的目录电价执行。乡镇水电管理站抄表到户的价格为居民生活用电每千瓦时最高不超过 0.85 元、非居民照明用电每千瓦时 0.85 元；非普工业（含农副加工）用电每千瓦时 0.88 元；农业生产用电每千瓦时 0.70 元。该批复从 2003 年 5 月 20 日抄见电量起执行。

是年 5 月、7 月，市物价局、常德电业局先后发文批复各区县市及农场农电限价：

表2－1－107　**常德市区县市、农场农电价格**　单位：元/千瓦时

县别	居民照明	非居民照明	农业生产	非普工业
武陵区	0.548		0.61	0.76
鼎城区	0.548	0.85	0.66	0.81
安乡县	0.548	0.85	0.69	0.83
汉寿县	0.548	0.85	0.61	0.76
石门县	0.548	0.9	0.69	0.81
桃源县	0.548	0.85	0.66	0.76
临澧县	0.548	0.85	0.61	0.76
澧　县	0.548	0.85	0.63	0.76
津市市	0.548	0.85	0.64	0.76
西湖管理区	0.548	0.9	0.6	0.7
西洞庭管理区	0.548	0.95	0.68	0.75

说明：西湖、西洞庭管理区农排用电按贫困县优待电价0.26元/千瓦时。

2004年6月8日，市物价局、常德电业局发出通知，将全书农业生产用电限价统一调整为每千瓦时0.58元。

2006年8月3日，市物价局、常德电业局对常德市农村各类用电限价作出调整，明确网改已完成的农村居民生活用电价格一律按城乡同价标准每千瓦时0.588元执行，尚未进行户表改造的农村居民生活用电价按0.588元/千瓦时加随电费收取的户表改造资金0.062元即每千瓦时0.65元执行，农村非普工业（农副加工）用电全市统一为每千瓦时0.80元；农业生产用电全市统一为0.58元/千瓦时；农村非居民生活用电（含农村经营性用电）全市统一为0.95元/千瓦时；农村中小学教学用电（含学校食堂、澡堂用电）执行每千瓦时0.588元的居民生活用电价格；乡镇非营利性医院和政府机关及社会福利事业单位的用电按国家规定的非居民生活用电目录电价执行；设立专用变压器的单位用电按国家规定的目录电价执行；限价调整自当年7月30日抄见电量起执行。

从2008年7月1日起，市物价局将全市农村非普工业用电（含农副加工用电）价格由每千瓦时0.80元调整为0.86元，非居民生活用电（含农村经营性用电）价格由每千瓦时0.95元调整为1.00元。明确乡镇非营利性医院和政府机关以及社会福利事业单位的用电按国家规定的省电网非居民生活用电目录电价执行，设立专用变压器的单位用电执行国家规定的省电网目录电价。全市农村居民生活用电价格仍为每千瓦时0.588元，农业生产用电价格仍为每千瓦时0.58元。享受贫困县农业灌溉电价政策的西湖管理区的农业生产电价为每千瓦时0.35元。农村中小学校教学用电（含学校食堂、澡堂用电）统一执行农村居民生活用电价格。

2009年11月20日起，市物价局将全市省电网及省电网代管供电区域内的农村农业生产用电价格由每千瓦时0.58元调整为0.607元（享受贫困县农业排灌电价政策的西湖管理区的农村农业生产用电价格由每千瓦时0.35元调整为0.377元），农村非工业、普通工业用电（含农副加工用电）价格由每千瓦时0.86元调整为0.887元，农村非居民生活用电（含农村经营性用电）价格由每千瓦时1元调整为1.029元。

2011年6月17日，市物价局将全市农村农业生产用电价格由每千瓦时0.607元调整为0.6347元（享受贫困县农业排灌电价政策的西湖管理区的农村农业生产用电价格由每千瓦时0.377元调整为0.4047元），农村非工业、普通工业用电（含农副加工用电）价格由每千瓦时0.887元调整为0.9147元，农村非居民照明用电（含农村经营性用电）价格由每千瓦时1.029元调整为1.0567元。12月1日起，全市农村农业生产用电价格由每千瓦时0.6347元调整为0.668元，贫困地区农业排灌用电价格为每千瓦时0.50元；将农村非居民照明和非普工业用电价格合并为农村一般工商业及其他用电价格，全市农村一般工商业及其他用电价格为每千瓦时1.04元。至2012年底常德市农村用电价格未作调整。

（二）石油成品油价格

1991年，常德市各区县市成品油销售价格见下表：

表2－1－108 **常德市县以上市场成品油标准品批发价格** 单位：元/吨

市场	70号汽油		灯油煤油		0号柴油（非农用）		0号柴油（农用）
	平价	高价	平价	高价	平价	高价	
常德市城区	840	1110	720	935	670	985	520
安乡	840	1205	725	1040	670	1070	520
汉寿	840	1175	725	1020	670	1045	520
澧县	840	1205	725	1035	670	1070	520
临澧	840	1185	725	1035	680	1055	530
桃源	840	1175	725	1020	680	1045	530
石门	840	1210	740	1060	680	1075	530
津市	840	1210	725	985	670	1075	520
常德	840	1160	720	995	670	1030	520

1993年6月14日，调整计内成品油价格。详见以下3表：

表2－1－109 **常德市高价成品油调销价格** 单位：元/吨

市场	70#汽油		90#汽油		灯用煤油		0#柴油	
	调拨价	批发价	调拨价	批发价	调拨价	批发价	调拨价	批发价
常德市	1670	1720	1765	1820	1540	1580	1520	1565
岩码头	1670	1885	1765	1995	1540	1745	1520	1725

续表

市场	70#汽油		90#汽油		灯用煤油		0#柴油	
	调拨价	批发价	调拨价	批发价	调拨价	批发价	调拨价	批发价
津市	1670	1870	1765	1975	1540	1725	1520	1705
安乡		1955		2060		1810		1790
石门		1955		2060		1810		1790
汉寿		1885		1995		1745		1725
桃源		1885		1995		1745		1725
澧县		1870		1975		1725		1705
鼎城		1870		1975		1725		1705
临澧		1910		2015		1770		1745

表 2－1－110　**常德市平价农用柴油标准品批发价格**　单位：元/吨

县　市	0#柴油	
	调拨价	批发价
常德市	669	690
岩码头	669	690
津　市	669	690
安　乡		690
汉　寿		690
澧　县		690
鼎　城		690
临　澧		700
桃　源		700
石　门		700

1994 年 9 月 20 日，对全市成品油销售价格进行修订。修订后的区县市城关镇以上市场成品油标准品销售价格如下表，非标准品销售价按规定的品质比率计算：

表 2－1－111　　常德市各区县市城关镇以上市场成品油标准品批发零售价格

市场	70#汽油			0#柴油			灯用煤油		备注
	批发价 元/吨	零售价		批发价 元/吨	零售价		批发价 元/吨	零售价 元/吨	
		元/吨	元/升		元/吨	元/升			
常德市城区	2640	2780	2.04	2230	2350	2.01	2270	2450	非标准品价格按规定的品质比率计算
常德销售部	2640	2780	2.04	2230	2350	2.01	2270	2450	
津市	2660	2800	2.06	2250	2370	2.02	2290	2470	
岩码头	2640	2780	2.04	2230	2350	2.01	2270	2450	
安乡	2680	2820	2.07	2280	2400	2.05	2320	2500	
汉寿	2660	2800	2.06	2250	2370	2.02	2290	2470	
澧县	2670	2810	2.07	2260	2380	2.03	2300	2480	
临澧	2670	2810	2.07	2260	2380	2.03	2300	2480	
桃源	2660	2800	2.06	2250	2370	2.02	2290	2470	
石门	2670	2810	2.07	2260	2380	2.03	2300	2480	

1996 年 10 月 18 日，调整柴油销售价格，调整后常德市县以上市场价格见下表：

表 2－1－112　　常德市县以上市场柴油销售价格　　单位：元/吨

市　场	0 号柴油	
	批发价	零售价
常德市城区	2360	2480
常德销售部	2360	2480
津　市	2380	2500
岩码头	2360	2480
安　乡	2410	2530
汉　寿	2380	2500
澧　县	2390	2510
临　澧	2390	2510
桃　源	2380	2500
石　门	2390	2510

1997 年 1 月 22 日，调整市县成品油价格：

表 2－1－113　**常德市县以上市场成品油标准品销售价格**

市场	70 号汽油			0 号柴油			灯用煤油		
	批发价	零售价		批发价	零售价		批发价	零售价	
	元/吨	元/吨	元/升	元/吨	元/吨	元/升	元/吨	元/吨	元/公斤
常德市城区	2695	2835	2.08	2585	2720	2.32	2370	2550	2.55
常德销售部	2695	2835	2.08	2600	2735	2.34	2370	2550	2.55
津　市	2715	2855	2.10	2620	2755	2.35	2390	2570	2.57
安　乡	2735	2875	2.11	2650	2785	2.38	2420	2600	2.60
汉　寿	2715	2855	2.10	2620	2755	2.35	2390	2570	2.57
澧　县	2725	2865	2.11	2630	2765	2.36	2400	2580	2.58
临　澧	2725	2865	2.11	2630	2765	2.36	2400	2580	2.58
桃　源	2715	2855	2.10	2620	2755	2.35	2390	2570	2.57
石　门	2725	2865	2.11	2630	2765	2.36	2400	2580	2.58

8 月 31 日，调整灯用煤油价格。详情见下表：

表 2－1－114　**常德市县以上市场灯用煤油销售价格**　单位：元/吨

市场	批发价	零售价
常德市城区	2560	2740
常德市销售部	2560	2740
津　市	2580	2760
安　乡	2610	2790
汉　寿	2580	2760
澧　县	2590	2770
临　澧	2590	2770
桃　源	2580	2760
石　门	2590	2770

1999 年，全省成品油价格分为 4 个价区，常德市为第三价区。11 月 5 日，调整部分成品油价格，对汽、柴油实行国家指导价格管理，并将汽油标准品由 90 号含铅汽油调整为 90 号无铅汽油，调整后的价格见下表：

表 2－1－115　　常德市成品油销售价格

品　　名	执行批发价（元/吨）	执行零售价（元/升）
90 号无铅汽油	2902	2.30
93 号无铅汽油	3105	2.48
97 号无铅汽油	3279	2.63
0 号柴油	2500	2.27

2000 年 12 月 20 日，常德市调整汽、柴油销售价格。90 号无铅汽油（汽油标准品）零售中准价由每吨 3750 元调整为 3730 元，上浮 5% 后每吨零售价由 3938 元调整为 3917 元，调后每升零售价 2.92 元，添加清净剂后 2.99 元；0 号柴油（柴油标准品）零售中准价由每吨 3860 元调整为 3560 元，上浮 5% 后每吨零售价由 4053 元调整为 3738 元，调后每升零售价 3.19 元。

2001 年 2 月 5 日，调整汽、柴油销售价格。调整后，常德市执行价格如下表：

表 2－1－116　　2001 年 2 月 5 日起常德市汽、柴油销售价格　　单位：元/吨

单位	90#无铅汽油(汽油标准品)						0#柴油(柴油标准品)				
	零售中准价		上浮 5% 后零售价			添加清净剂后价格（元/升）	零售中准价		上浮 5% 后零售价		
	现行价	调后价	现行价	调后价（元/吨）	调后价（元/升）		现行价	调后价	现行价	调后价（元/吨）	调后价（元/升）
常德	3600	3435	3780	3607	2.69	2.76	3225	3035	3386	3187	2.72

说明：汽柴油零售价格按调整后的零售中准价格上浮 5% 执行。

10 月 16 日，常德市调整后的汽、柴油销售价格：

表 2－1－117　　2001 年 10 月 17 日起常德市汽、柴油销售价格　　单位：元/吨

单位	90#无铅汽油(汽油标准品)						0#柴油(柴油标准品)					
	零售中准价		上浮 5% 后零售价			添加清净剂后价格（元/升）	零售中准价		上浮 5% 后零售价			添加清净剂后价格（元/升）
	现行价	调后价	现行价	调后价（元/吨）	调后价（元/升）		现行价	调后价	现行价	调后价（元/吨）	调后价（元/升）	
常德	3095	3345	3250	3613	2.69	2.76	3030	3050	3182	3294	2.82	2.89

说明：以上价格从 10 月 17 日零时起执行。

2003 年 12 月 6 日，调整汽、柴油销售价格，常德市执行湖南省第三价区的价格，批发价格按执行零售价格扣减批零差率（含运杂费）5.5% 制定。

表 2－1－118　　第三价区成品油品质比率及销售价格

		品名型号	品质比率	零售价（元/吨）			批发价（元/吨）			零售价（元/升）			添加清净剂后价格（元/升）		
				中准价	最低价	最高价	中准价	最低价	最高价	中准价	最低价	最高价	中准价	最低价	最高价
三价区	常德邵阳娄底衡阳	汽油90#	100	3775	3473	4077	3567	3282	3853	2.81	2.59	3.04	2.88	2.66	3.11
		汽油93#	106	4002	3681	4322	3781	3479	4084	3.00	2.76	3.24	3.07	2.83	3.31
		汽油97#	112	4228	3890	4566	3995	3676	4315	3.19	2.94	3.45	3.26	3.01	3.52
		柴油0#	100	3370	3100	3640	3185	2930	3439	2.88	2.65	3.11	2.95	2.72	3.18

2006 年 3 月 25 日，调整汽、柴油价格。改现行价区制为全省一价，具体价格如下表。供用油大户（每次提货在 4 吨以上）汽油按批发价格执行，柴油每吨下浮 100 元。

表 2－1－119　　成品油销售价格

品名型号	品质比率	基准价	零售价（元/吨）			批发价（元/吨）			零售价（含添加剂，元/升）		
			中准价	最低价	最高价	中准价	最低价	最高价	中准价	最低价	最高价
汽油 90#	100	5175	5247	4829	5664	5012	4613	5411	3.98	3.67	4.29
汽油 93#	106	5486	5557	5115	6000	5308	4886	5731	4.24	3.91	4.57
汽油 97#	112	5796	5868	5400	6335	5605	5158	6051	4.50	4.15	4.85
柴油 0#	100	4510	4578	4214	4943	4373	4025	4721	3.98	3.67	4.29
柴油－10#	106	4781	4849	4463	5235	4632	4263	5001	4.21	3.88	4.54

说明：此表价格含价格调节基金每升 0.02 元。

2009 年，先后 8 次调整成品油价格。部分价格见下表：

表 2－1－120　　1 月 15 日零时起成品油销售价格

品名型号	品质比率	零售最高价（元/吨）	零售最高价（元/升）	对零售企业批发最高价（元/吨）	对民营批发企业供应最高价（元/吨）
汽油 90#	100	6287	4.68	5987	5887
汽油 93#	106	6662	5.00	6362	6262
汽油 97#	112	7038	5.31	6738	6638

续表

品名型号	品质比率	零售最高价（元/吨）	零售最高价（元/升）	对零售企业批发最高价（元/吨）	对民营批发企业供应最高价（元/吨）
柴油 +5#	98	5560	4.75	5260	5160
柴油 0#	100	5673	4.85	5373	5273
柴油 -10#	106	6012	5.14	5712	5612

表 2-1-121　　3 月 25 日零时起成品油销售价格

品名型号	品质比率	零售最高价（元/吨）	零售最高价（元/升）	对零售企业批发最高价（元/吨）	对民营批发企业供应最高价（元/吨）
汽油 90#	100	6577	4. 90	6277	6177
汽油 93#	106	6970	5. 23	6670	6570
汽油 97#	112	7363	5. 56	7063	6963
柴油 +5#	98	5737	4. 90	5437	5337
柴油 0#	100	5853	5. 00	5553	5453
柴油 -10#	106	6203	5. 30	5903	5803

表 2-1-122　　6 月 1 日零时起成品油销售价格

品名型号	品质比率	零售最高价（元/吨）	零售最高价（元/升）	对零售企业批发最高价（元/吨）	对民营批发企业供应最高价（元/吨）
汽油 90#	100	6977	5.20	6677	6577
汽油 93#	106	7394	5.55	7094	6994
汽油 97#	112	7811	5.89	7511	7411
柴油 +5#	98	6129	5.24	5829	5729
柴油 0#	100	6253	5.34	5953	5853
柴油 -10#	106	6627	5.66	6327	6227

表 2-1-123　　7 月 29 日零时起成品油销售价格

品名型号	品质比率	零售最高价（元/吨）	零售最高价（元/升）	对零售企业批发最高价（元/吨）	对民营批发企业供应最高价（元/吨）
汽油 90#	100	7357	5.48	7057	6957
汽油 93#	106	7796	5.85	7496	7396
汽油 97#	112	8236	6.22	7936	7836

续表

品名型号	品质比率	零售最高价（元/吨）	零售最高价（元/升）	对零售企业批发最高价（元/吨）	对民营批发企业供应最高价（元/吨）
柴油 +5#	98	6501	5.56	6201	6101
柴油 0#	100	6633	5.67	6333	6233
柴油 -10#	106	7030	6.01	6730	6630

表 2-1-124　　**9 月 30 日零时起成品油销售价格**

品名型号	品质比率	零售最高价（元/吨）	零售最高价（元/升）	对零售企业批发最高价（元/吨）	对民营批发企业供应最高价（元/吨）
汽油 90#	100	7467	5.56	7167	7067
汽油 93#	106	7913	5.94	7613	7513
汽油 97#	112	8359	6.31	8059	7959
柴油 +5#	98	6609	5.65	6309	6209
柴油 0#	100	6743	5.76	6443	6343
柴油 -10#	106	7147	6.11	6847	6747

表 2-1-125　　**11 月 10 日零时起成品油销售价格**

品名型号	品质比率	零售最高价（元/吨）	零售最高价（元/升）	对零售企业批发最高价（元/吨）	对民营批发企业供应最高价（元/吨）
汽油 90#	100	7947	5.92	7647	7547
汽油 93#	106	8422	6.32	8122	8022
汽油 97#	112	8897	6.71	8597	8497
柴油 +5#	98	7079	6.05	6779	6679
柴油 0#	100	7223	6.17	6923	6823
柴油 -10#	106	7655	6.54	7355	7255

2010 年，4 次调整成品油价格。调整的销售价格分别见下表：

表 2-1-126　　**4 月 14 日零时起成品油销售价格**

品名型号	品质比率	零售最高价（元/吨）	零售最高价（元/升）	对零售企业批发最高价（元/吨）	对民营批发企业供应最高价（元/吨）
汽油 90#	100	8267	6.16	7967	7867
汽油 93#	106	8761	6.57	8461	8361

续表

品名型号	品质比率	零售最高价（元/吨）	零售最高价（元/升）	对零售企业批发最高价（元/吨）	对民营批发企业供应最高价（元/吨）
汽油97#	112	9255	6.99	8955	8855
柴油+5#	98	7393	6.32	7093	6993
柴油0#	100	7543	6.45	7243	7143
柴油-10#	106	7995	6.83	7695	7595

表2-1-127　　**6月1日零时起成品油销售价格**

品名型号	品质比率	零售最高价（元/吨）	零售最高价（元/升）	对零售企业批发最高价（元/吨）	对民营批发企业供应最高价（元/吨）
汽油90#	100	8037	5.99	7737	7637
汽油93#	106	8517	6.39	8217	8117
汽油97#	112	8998	6.79	8698	8598
柴油+5#	98	7177	6.13	6877	6777
柴油0#	100	7323	6.26	7023	6923
柴油-10#	106	7761	6.63	7461	7361

表2-1-128　　**10月26日零时起成品油销售价格**

品名型号	品质比率	零售最高价（元/吨）	零售最高价（元/升）	对零售企业批发最高价（元/吨）	对民营批发企业供应最高价（元/吨）
汽油90#	100	8267	6.16	7967	7867
汽油93#	106	8761	6.57	8461	8361
汽油97#	112	9255	6.99	8955	8855
柴油+5#	98	7393	6.32	7093	6993
柴油0#	100	7543	6.45	7243	7143
柴油-10#	106	7995	6.83	7695	7595

表2-1-129　　**12月22日零时起成品油销售价格**

品名型号	品质比率	零售最高价（元/吨）	零售最高价（元/升）	对零售企业批发最高价（元/吨）	对民营批发企业供应最高价（元/吨）
汽油90#	100	8577	6.39	8277	8177
汽油93#	106	9090	6.82	8790	8690

续表

品名型号	品质比率	零售最高价（元/吨）	零售最高价（元/升）	对零售企业批发最高价（元/吨）	对民营批发企业供应最高价（元/吨）
汽油 97#	112	9603	7.25	9303	9203
柴油 +5#	98	7687	6.57	7387	7287
柴油 0#	100	7843	6.70	7543	7443
柴油 -10#	106	8313	7.10	8013	7913

2011 年，常德市 3 次调整成品油价格。调整后价格见下表：

表 2-1-130　　**2 月 20 日零时起成品油销售价格**

品名型号	品质比率	零售最高价（元/吨）	零售最高价（元/升）	对零售企业批发最高价（元/吨）	对民营批发企业供应最高价（元/吨）
汽油 90#	100	8927	6.65	8627	8527
汽油 93#	106	9461	7.10	9161	9061
汽油 97#	112	9995	7.54	9659	9595
柴油 +5#	98	8030	6.86	7730	7630
柴油 0#	100	8193	7.00	7893	7793
柴油 -10#	106	8684	7.42	8384	8284

表 2-1-131　　**4 月 7 日零时起成品油销售价格**

品名型号	品质比率	零售最高价（元/吨）	零售最高价（元/升）	对零售企业批发最高价（元/吨）	对民营批发企业供应最高价（元/吨）
汽油 90#	100	9427	7.02	9127	9027
汽油 93#	106	9991	7.49	9691	9591
汽油 97#	112	10555	7.97	10255	10155
柴油 +5#	98	8422	7.20	8122	8022
柴油 0#	100	8593	7.34	8293	8193
柴油 -10#	106	9108	7.78	8808	8708

表 2-1-132　　**10 月 9 日零时起成品油销售价格表**

品名型号	品质比率	零售最高价（元/吨）	零售最高价（元/升）	对零售企业批发最高价（元/吨）	对民营批发企业供应最高价（元/吨）
汽油 90#	100	9127	6.80	8827	8727

续表

品名型号	品质比率	零售最高价（元/吨）	零售最高价（元/升）	对零售企业批发最高价（元/吨）	对民营批发企业供应最高价（元/吨）
汽油 93#	106	9673	7.26	9373	9273
汽油 97#	112	10219	7.71	9919	9819
柴油 +5#	98	8128	6.95	7828	7728
柴油 0#	100	8293	7.09	7993	7893
柴油 -10#	106	8790	7.51	8490	8390

2012 年，8 次调整成品油价格，部分价格见下表：

表 2-1-133　　**2 月 8 日零时起成品油销售价格**

品名型号	品质比率	零售最高价（元/吨）	零售最高价（元/升）	对零售企业批发最高价（元/吨）	对民营批发企业供应最高价（元/吨）
汽油 90#	100	9427	7.02	9127	9027
汽油 93#	106	9991	7.49	9691	9591
汽油 97#	112	10555	7.97	10255	10155
柴油 +5#	98	8422	7.20	8122	8022
柴油 0#	100	8593	7.34	8293	8193
柴油 -10#	106	9108	7.78	8808	8708

表 2-1-134　　**6 月 9 日零时起成品油销售价格**

品名型号	品质比率	零售最高价（元/吨）	零售最高价（元/升）	对零售企业批发最高价（元/吨）	对民营批发企业供应最高价（元/吨）
汽油 90#	100	9167	6.83	8867	8767
汽油 93#	106	9715	7.29	9415	9315
汽油 97#	112	10263	7.75	9963	9863
柴油 +5#	98	8206	7.01	7906	7806
柴油 0#	100	8373	7.16	8073	7973
柴油 -10#	106	8874	7.58	8574	8474

表 2－1－135　　**9 月 11 日零时起成品油销售价格**

品名型号	品质比率	零售最高价（元/吨）	零售最高价（元/升）	对零售企业批发最高价（元/吨）	对民营批发企业供应最高价（元/吨）
汽油 90#	100	9687	7.22	9387	9287
汽油 93#	106	10266	7.70	9966	9866
汽油 97#	112	10846	8.19	10546	10446
柴油 +5#	98	8706	7.44	8406	8306
柴油 0#	100	8883	7.59	8583	8483
柴油 －10#	106	9415	8.05	9115	9015

表 2－1－136　　**11 月 16 日零时起成品油销售价格**

品名型号	品质比率	零售最高价（元/吨）	零售最高价（元/升）	对零售企业批发最高价（元/吨）	对民营批发企业供应最高价（元/吨）
汽油 90#	100	9377	6.99	9077	8977
汽油 93#	106	9938	7.46	9638	9538
汽油 97#	112	10499	7.92	10199	10099
柴油 +5#	98	8412	7.19	8112	8012
柴油 0#	100	8583	7.34	8283	8183
柴油 －10#	106	9097	7.78	8797	8697

（三）煤炭价格

在计划经济时期，国家对煤炭供应和价格实行计划内和计划外“双轨制”。实行社会主义市场经济后，逐步取消煤炭供应和价格“双轨制”，敞开供应、放开价格。

1990 年 12 月 14 日，市物价局发出《关于提高市场民用煤销售价格的通知》，自 1991 年 1 月 1 日起，武陵区市场民用煤的零售价格原煤由每吨 75 元提高到 95 元、藕煤由 80 元提高到 100 元，对五保户按 42 元供应。其他区县市参照上述价格，由当地政府决定，报市物价局备案。市煤炭公司对西湖、西洞庭、贺家山农场的计内生活用原煤供应价格由每吨 61.5 元提高到 85 元。经营亏损按原规定补贴。12 月 20 日，市物价局、市冶煤局对市直煤矿 1991 年上调煤炭实行综合作价，具体见下表：

表 2－1－137　　**1991 年市直煤矿调省价格及调市综合价格**

煤矿	井名	调省		调市		备注
		数量（万吨）	价格（元/吨）	数量（万吨）	综合价（元/吨）	
青峰煤矿	三号井			1.3	41.50	
	一、四井	1	62.90	14.55	68.74	
广福桥煤矿	三号井	1	54.40	5.6	55.40	
羊耳山煤矿	亘山井	0.5	76.50	3.25	83	
	新胜井	1	51.00	1.65	51.90	
赤峰煤矿	原煤	1.5	64.60	8.25	70.56	
	块煤			0.4	100.25	
	土焦			0.3	187.70	数量包括在原煤内，1 吨土焦折原煤 2 吨
合计		5		35		

1991 年 12 月 19 日，市物价局、市冶煤局对市直煤矿 1992 年上调煤炭实行综合作价：

表 2－1－138　　**1992 年市直煤矿调省价格及调市综合价格**

煤矿	井名	调省		调市		备注
		数量（万吨）	价格（元/吨）	数量（万吨）	综合价（元/吨）	
青峰煤矿	三号井			1.3	48.8	1. 土焦数量包括在原煤内，1 吨土焦折原煤 2 吨。2. 不包括价外征收的煤炭建设开发基金维简费、公路煤坪维护费，以及煤矿上车力资
	一、四井	1	66.6	15.05	69.5	
广福桥煤矿	三号井	1.2	54.4	5.95	55.7	
羊耳山煤矿	亘山井	0.3	81	2.85	84.3	
	新胜井	1	51	1.65	52.2	
赤峰煤矿	原煤	1.5	68.4	7.8	71.8	
	块煤			0.4	103	
	土焦			0.3	190	
合计		5		35		

是年 12 月 21 日，市物价局、市冶煤局对临澧县铁湾煤矿下达《关于核定铁湾煤矿原煤出厂价格的通知》（常价价字〔1991〕102 号）。按照煤炭按质论价、分等定价的原则和铁湾井煤质情况确定原煤为 17 级混煤，出厂价每吨 37 元，质量标准为商品煤灰分 28.01%－30%、水分 4.01%－5%、硫分 3.01%－5%；块煤为 14 级块煤，出厂价每吨 51 元，灰分 22.01%－24%、水分 2.01%－3%、硫分 3.01%－5%，块煤陷下率小于 12%。自销市场价原煤和块煤加价最高不超过上述出厂价的 130%。基建投资上调煤的价

格，按市直煤矿同质煤的当年调省价格执行。核定该矿 1992 年基建投资上调煤的上调价为每吨 66.6 元。调县的指令性计划煤炭的价格，由县物价局和县经委根据上级有关规定确定。上述市场价、上调价均不包括现行政策规定的价外征收的煤炭建设开发基金 6 元、用户交的维简费 2 元、公路煤坪维护费 1 元以及煤矿上车力费。

1992 年 11 月，市冶煤局、市物价局发出《关于放开市产煤炭厂、销价格的通知》，从 1993 年 1 月 1 日起，放开市产煤炭厂、销价格。同时，调整煤炭专项基金征收标准和征收办法。市、县、乡镇煤炭厂、销价格由企业按照市场行情自主定价。市、县、乡镇煤矿每销售 1 吨煤炭提取煤炭专项基金 15 元，各煤矿并入价内征收。新增的专项基金专项安排用于地质勘探，多种经营以及煤矿建设。现行征收的 1 元公路煤坪维护费继续在价外征收。煤炭专项基金不作销售收入，免征各项税收和能源交通基金，预算调节基金。

（四）管道燃气价格

1. 市城区管道燃气价格

1998 年 4 月 7 日，市物价局核定市沅江南岸武陵镇及德山开发区管道燃气入户初装费标准：居民住户每户 2800 元；工业用户和公共福利用户按设计日用气量每立方米 6000 元；营业性用户按设计日用气量每立方米 9000 元。

1999 年 9 月 18 日，市物价局对市管道燃气发展有限公司作出《关于核定管道燃气价格的批复》，核定该公司江北城区管道燃气最高价格为居民生活、公共福利用气每立方米 3.30 元；营业性用气每立方米 4.20 元。此价格为最高限价，下浮不限。

2001 年 10 月 31 日，市物价局下发《关于核定管道燃气有关服务价格的批复》（常价价字〔2001〕141 号）。自 2001 年 11 月 1 日起，管道燃气灶具改装、增加燃气表安装等服务价格如下表：

表 2－1－139　　**灶具改装、增加燃气表安装等服务价格明细**　　单位：元

服务项目	规格	计量单位	服务价格	备　　注
用户移地址或户内增加燃气点		元/个	399	含气表、气表联箱、气表箱、含 DN15 球阀 1 个，DN15 燃气阀 1 个、钢套管 1 个
管道及安装费	DH15	元/米	30.60	指用户移地址和户内增加燃气点时需要的管道及安装费用。初次入户收取初装费的不得加收此费用
	DH20	元/米	31.30	
	DH25	元/米	37.20	
户内改管拆装费		元/米	60.30	
燃气表拆装费		元/次	81	不含燃气表价格，如更换燃气表，其气表另按实收取
燃气具维修		元/次	20	4 小时以内。超过 4 小日每小时按 10 元收取，材料配件费按实计收
墙体打孔		个	20	指独立施工

续表

服务项目	规格	计量单位	服务价格	备　　注
安装家用锅炉燃气管网补偿费		台	1000	
灶具改装费		台	20	
热水器改装费		台	50	
管道燃气用户过户更名费		次	10	

2003 年 8 月 28 日，市物价局调整市城区管道燃气开户安装费标准：居民用户每户 2580 元、工业用户按设计日用气量每立方米 200 元、公共福利用户每立方米 500 元、经营性用户每立方米 800 元。

2006 年 9 月，市物价局组织对常德华油燃气有限公司（简称华油燃气）管输天然气定价成本进行监审，召开市城区制定管输天然气销售价格听证会，提出市城区管输天然气销售价格制定意见，经市政府同意，报省物价局审批。11 月 16 日，省物价局对常德市物价局下达《关于常德市城区管输天然气销售价格的批复》，自 11 月 20 日起执行。市城区管输天然气到户平均销售价格（含税）为每立方米 2.53 元。根据各类用户用气量构成比例，确定每立方米到户销售价格分别为居民生活用气 2.53 元、非经营性用气 2.63 元、经营性用气 2.76 元。工业用户实行按用气量分档累计计价的办法，即日用气量 5 万立方米及以下的每立方米 2.38 元，日用气量 5 万立方米以上的每立方米 2.27 元。用气价格中含每立方米 0.03 元价格调节基金。2006 年 11 月 15 日，市物价局下达《关于市城区管输天然气庭院管网设施建设费收取标准的批复》（常价价〔2006〕116 号），明确市城区居民用户庭院管网设施建设费每户 2410 元，其中主干管网建设费 600 元、庭院管网设施建设费 1053 元、计量表具及安装费 550 元，勘察设计、检测、调试费 207 元。户内设施主要包括安装 8 米以内进户镀锌管（从立管分支点算起），2 个用气点，一块燃气计量表（含基表和 IC 卡控制器及材料）。对工业用户、公共福利用户（指机关、学校、工厂、部队、幼儿园、医院、福利院等单位的公共食堂、制备热水炉等集体生活用气户）、经营性用户（指商店、餐饮、娱乐场所、购物中心等商业用户）按设计日用气量收取城市主干管网建设费用，具体标准为工业用户每立方米 200 元、公共福利用户每立方米 280 元、经营性用户每立方米 380 元。

2008 年 6 月 30 日起，贯彻省物价局《关于规范我省非居民用户管道燃气庭院管网设施建设费的通知》，将非居民用户管道燃气庭院管网设施建设费中的主干管网设施建设费按日最高用气量规范为工业用户每立方米 200 元、非营业性用户（主要指各级政府、部队、医院、学校、幼儿园等公益事业单位用户）每立方米 260 元、营业性用户（主要指酒店、宾馆等商业用户）每立方米 340 元；明确非居民用户管道燃气庭院管网设施建设费中的入户工程管网设施建设费标准由管道燃气用户与管道燃气经营企业按国家有关工程定额标准协商确定，报省物价局备案。

2009 年 10 月 27 日，市物价局向常德中石油昆仑燃气有限公司转发湖南省物价局关于常德等市居民用户燃气庭院管网和室内管网安装费的批复（常价价〔2009〕114 号），自 2009 年 11 月 1 日起，将市城区居民燃气庭院管网和室内管道安装费标准调整为每户 1800 元。

2010 年 6 月 30 日，市物价局将市城区（含德山和江南城区）车用天然气销售价格调整为每立方米 3.95 元。7 月，市物价局开展调查测算，提出调价方案，经市政府同意、报省物价局批准，从 8 月 1 日起将市城区工业用气、经营性用气、非经营性用气三类合并为非居民用气一类，核定非居民用气销售价格为每立方米 3.27 元（含 0.03 元的价格调节基金）。8 月，市物价局就市城区居民生活用天然气销售价格调整开展成本监审，召开调价听证会，提出调价方案，经市政府同意、省物价局批准，从 9 月 1 日起，将常德市城区居民生活用天然气销售价格调整为每立方米 2.80 元（含 0.03 元的价格调节基金）。对民政部门发证的城市低保户，由城市燃气企业每户每月免收 4 立方米天然气价款。

2012 年 12 月 14 日，市物价局向常德中石油昆仑燃气有限公司下达《关于明确市城区居民燃气管道与户内设施维修服务收费标准的通知》，核定市城区居民燃气管道与户内设施维修服务收费标准如下：

表 2－1－140　**常德市城区居民燃气管道与户内设施维修服务收费标准**

项　目	单　位	收费标准	工 作 内 容
燃气表具拆装	元/次	25	超保修期后的居民用户燃气表具维修及表具封、启等项目
户内管道及阀门改装、移位	元/小时·人	25 每次另收交通费 10 元	拆除旧管、更换新管、阀门拆移、移表、试压、查漏、通气等

说明：

1. 本表所述维修服务收费标准均不含维修材料费用，维修所耗材料费另行按实收取。

2. 居民用户表具维修是指用户燃气表具分解、维修、更换服务；表具封、启表是指拆除或安装表具、封堵。

3. 维修收费是指超过保修期后的收费标准（表具保修期为 5 年，除表具外其他户内管道设施为 1 年）。

4. 户内管道及阀门改装、移位作业人员以 2 人为一组，作业时间从入户作业起计算；不足 1 小时按 1 小时计算，超过 1 小时的，以半小时为限，不足半小时不加计工时，超过半小时按加 1 小时计算。

燃气管道与户内设施维修均不含维修材料费用，维护材料费用另行按实收取。维修材料价格实行备案制，燃气经营企业应定期（每年一次）将维修材料价格报市物价局备案。

2. 区县市管道燃气价格

2005 年 12 月 8 日，市物价局对桃源县发展改革物价局下达桃源县城区管道燃气到户销售价格。桃源县城区管道纯液化石油气到户销售价格为：居民生活用气 10.5 元/立方米、工业用户用气每立方米 14.5 元、非营业性用气每立方米 13.5 元、营业性用气每立方米 16 元。

2008 年 12 月 26 日，市物价局发出《关于常德华油燃气有限公司天然气加气站等供气价格的通知》从 2009 年 1 月 1 日起，华油燃气加气母站供县市压缩天然气结算价格按照省物价局审批价格每立方米 2.59 元逐步执行到位，此次确定结算价格为每立方米 2.45 元（含 0.03 元价格调节基金）；华油燃气在长常管输线上开口供汉寿县管输天然气的结算价格为每立方米 1.91 元（含 0.03 元价格调节基金）；通过德山门站供鼎城区管输天然气的结算价格为每立方米 1.93 元（含 0.03 元价格调节基金）；华油燃气通过管输对市城区加气标准站的供应价格为每立方米 2.30 元（含 0.03 元价格调节基金）；全市压缩天然气的运输价格为每立方米每公里 0.0059 元；市城区车用天然气最终零售价格为每立方米 3.48 元（含 0.03 元价格调节基金），县市车用天然气最终零售价格由当地物价部门按市城区最终零售价格加市城区至县市的压缩天然气运输费用确定。

2009 年 11 月 11 日，市物价局发出《关于区县市居民用户燃气庭院管网和室内管道安装费有关问题的通知》（常价价〔2009〕117 号），确定汉寿县、桃源县、安乡县、津市市、石门县、澧县、临澧县居民用户燃气庭院管网和室内管道安装费标准为每户不超过 1860 元，各县市价格主管部门视本地情况于 2009 年 11 月 20 日前在市定限价内确定具体标准，报市物价局备案；制定江南城区（鼎城区武陵镇）居民用户燃气庭院管网和室内管道安装费标准为每户 1800 元。

2010 年 11 月，市物价局对区县市物价局下达批复，自 11 月 10 日起调整鼎城区、汉寿县、临澧县、石门县、澧县、安乡县、津市市城区管道天然气销售价格：

表 2－1－141 **区县市天然气销售价格** 单位：元/立方米

单位	居民生活用气	非居民用气
鼎城区	2.86	3.28
汉寿县	2.93	3.38
临澧县	3.91	4.29
石门县	3.92	4.3
澧　县		4
安乡县	3.9	4.28
津市市	4.02	4.25

另注：对城市低保户，每户每月免收 4 立方米气款。

（五）民用液化气价格

1999 年 7 月 28 日，市物价局调整市城区石油液化气销售价格。从 7 月 30 日起，每瓶（12 公斤）送货上门的零售价格为 41 元，在液化气站直接供气的，不论批发、零售一律每瓶 38 元。

2002 年 9 月 15 日起，市物价局对石油液化气销售价格实行淡旺两季价格管理，确定每年 3 月 1 日至 7 月 31 日为销售淡季，8 月 1 日至次年 2 月 28 日为销售旺季。每瓶（12 公斤）送货到户最高销售价格淡季为 43 元、旺季为 48 元。在液化气站直接销售的，不论批发、零售，最高销售价为淡季 40 元，旺季 45 元。

2004 年 8 月 17 日，市物价局发出《关于控制市城区石油液化气销售价格过度上涨的通知》，将综合管理费率由不超过 15% 调低为不超过 10%；核定市城区石油液化气每瓶（12 公斤）销售价格为 60 元，送气力资 3 元。

2005 年 8 月 18 日，市物价局将市城区各液化气站及其门店销售的液化气价格调整为每瓶（12 公斤）最高不超过 65 元，送货力资费（不限楼层）每瓶 3 元。

2007 年 8 月 10 日，市物价局明确市城区瓶装液化石油气液化气站及其门店的销售价格每瓶（12 公斤）最高不超过 72 元，送货力资费（不限楼层）每瓶 3 元。

2008 年，市物价局 6 次下文调整市城区瓶装液化气销售价格，具体如下表：

表 2－1－142　**市城区瓶装液化气销售价格调整表**　单位：元/瓶（12 公斤）

调价时间	调价文件	门店销售价格	送气力资	到户销售价格
6 月 20 日	常价价〔2008〕59 号	93	3	96
7 月 21 日	常价价〔2008〕73 号	90	3	93
8 月 22 日	常价价〔2008〕102 号	82	3	85
9 月 22 日	常价价〔2008〕119 号	87	3	90
10 月 21 日	常价价〔2008〕122 号	77	3	80
11 月 21 日	常价价〔2008〕135 号	65	3	68

2009 年，市物价局 8 次下文调整市城区瓶装液化气销售价格，具体如下表：

表 2－1－143　　市城区瓶装液化气销售价格调整表　　单位：元/瓶（12 公斤）

调价时间	调价文件	门店销售价格	送气力资	到户销售价格
1 月 21 日	常价价〔2009〕12 号	62	3	65
2 月 21 日	常价价〔2009〕21 号	58	3	61
4 月 21 日	常价价〔2009〕52 号	55	3	58
8 月 21 日	常价价〔2009〕98 号	60	3	63
9 月 12 日	常价价〔2009〕107 号	67	3	70
10 月 15 日	常价价〔2009〕113 号	72	3	75
11 月 14 日	常价价〔2009〕118 号	77	3	80
12 月 13 日	常价价〔2009〕124 号	86	3	89

2010 年，市物价局 10 次下文调整市城区瓶装液化气销售价格，具体如下表：

表 2－1－144　　市城区瓶装液化气销售价格调整表　　单位：元/瓶（12 公斤）

调价时间	调价文件	门店销售价格	送气力资	到户销售价格
3 月 15 日	常价价〔2010〕20 号	77	3	80
4 月 15 日	常价价〔2010〕31 号	83	3	86
5 月 15 日	常价价〔2010〕39 号	86	3	89
6 月 15 日	常价价〔2010〕48 号	83	3	86
7 月 15 日	常价价〔2010〕57 号	78	3	81
8 月 15 日	常价价〔2010〕70 号	74	3	77
9 月 15 日	常价价〔2010〕78 号	79	3	82

续表

调价时间	调价文件	门店销售价格	送气力资	到户销售价格
10 月 15 日	常价价〔2010〕85 号	81	3	84
11 月 15 日	常价价〔2010〕87 号	87	3	90
12 月 15 日	常价价〔2010〕91 号	91	3	94

2011 年，市物价局 10 次下文调整市城区瓶装液化气销售价格，具体如下表：

表 2－1－145　　市城区瓶装液化气销售价格调整表　　单位：元/瓶（12 公斤）

调价时间	调价文件	门店销售价格	送气力资	到户销售价格
3 月 15 日	常价函〔2011〕8 号	87	3	90
4 月 15 日	常价函〔2011〕13 号	95	3	98
5 月 15 日	常价函〔2011〕22 号	101	3	104
6 月 15 日	常价函〔2011〕27 号	96	3	99
7 月 15 日	常价函〔2011〕33 号	88	3	91
8 月 1 日	常价函〔2011〕38 号	95	3	98
9 月 1 日	常价函〔2011〕49 号	91	4	95
9 月 28 日	常价函〔2011〕62 号	98	4	102
11 月 1 日	常价函〔2011〕66 号	95	4	99
12 月 1 日	常价函〔2011〕71 号	93	4	97

2012 年，市物价局 11 次下文调整市城区瓶装液化气销售价格，具体如下表：

表 2-1-146　**市城区瓶装液化气销售价格调整表**　单位：元/瓶（12 公斤）

调价时间	调价文件	门店销售价格	送气力资	到户销售价格
2 月 22 日	常价许〔2012〕8 号	96	4	100
3 月 10 日	常价许〔2012〕11 号	105	4	109
5 月 5 日	常价函〔2012〕6 号	102	4	106
5 月 23 日	常价函〔2012〕8 号	97	4	101
6 月 8 日	常价函〔2012〕10 号	93	4	97
7 月 5 日	常价函〔2012〕15 号	87	4	91
7 月 21 日	常价函〔2012〕21 号	92	4	96
8 月 24 日	常价函〔2012〕27 号	98	4	102
10 月 12 日	常价函〔2012〕44 号	101	4	105
11 月 14 日	常价函〔2012〕51 号	105	4	109
12 月 24 日	常价函〔2012〕56 号	102	4	106

二、轻工产品价格

（一）卷烟价格

1991 年，国家物价局、国家烟草专卖局决定放开卷烟零售价格。之后，省物价局、省烟草专卖局发出通知，从 1992 年 3 月 1 日起放开卷烟零售价格，卷烟批发价格由省、地市实行指导管理。批发经营企业按照规定的中准批发价格在上下不超过 15% 的幅度内制定挂牌批发价格。下表为常德产卷烟各牌号（规格）批发中准价格：

表 2-1-147　**1992 年常德产卷烟批发价格**　单位：元/条

生产企业	牌号	等级	烟型	烟支规格	包装规格	中准价
常德卷烟厂	南岳	甲	烤烟型	咀 25（64+20）毫米	软包装	20
常德卷烟厂	桃花源	甲	烤烟型	咀 25（64+20）毫米	软包装	18.18

续表

生产企业	牌号	等级	烟型	烟支规格	包装规格	中准价
常德卷烟厂	金芙蓉	甲	烤烟型	咀25（64+20）毫米	软包装	20
常德卷烟厂	金芙蓉	甲	烤烟型	咀25（64+20）毫米	翻盖硬盒	22
常德卷烟厂	君健	甲	新混合型	咀25（64+20）毫米	软包装	9.09
常德卷烟厂	洞庭	乙	烤烟型	咀25（64+20）毫米	软包装	8
常德卷烟厂	洞庭	乙	烤烟型	咀25（66+15）毫米	精装	6.18
常德卷烟厂	洞庭	乙	烤烟型	27×70毫米	精装	5.09
常德卷烟厂	银象	乙	外香型	咀25（64+20）毫米	精装	6.55
常德卷烟厂	银象	乙	外香型	咀25（66+15）毫米	精装	6.18

1993年8月24日，市物价局审批常德卷烟厂"南岳"等5个牌号的试销价格，详情见下表：

表2－1－148　**常德卷烟厂5个牌号卷烟试销价格**　金额单位：元

牌号	等级	烟型	烟支规格	包装规格	产地价格		
					出厂价（箱）	批发价（条）	零售价（包）
南岳	甲一	烤烟型	咀25（64+20）毫米	翻盖硬盒，条包玻璃纸	5398	22.73	2.50
桃花源	甲一	烤烟型	咀25（64+20）毫米	翻盖硬盒，条包玻璃纸	4966	20.91	2.30
君　健	甲	疗效性	咀25（64+20）毫米	翻盖硬盒，条包玻璃纸	2807	11.82	1.30
吕　仙	甲	烤烟型	咀25（64+20）毫米	全包装	2158	9.09	1.00
京　九	甲	烤烟型	咀25（64+20）毫米	全包装	3778	15.91	1.75

表2－1－149　**常德卷烟厂主要产品历年出厂价格**　单位：元/箱（5万支）

年份	芙蓉王(硬)	芙蓉王(蓝)	芙蓉(软红)	芙蓉(黄)	简常德	嘴君健
1989						
1990						
1991						
1992						
1993						
1994	32000		4150		900	2158.88
1995	45000		4400		1050	2300
1996	45000		4625（1996.7.1）		1450（1996.6.1）	2500（1996.7.1）
1997	45000		4500（1997.4.1）			2500

续表

年份	芙蓉王(硬)	芙蓉王(蓝)	芙蓉(软红)	芙蓉(黄)	简常德	嘴君健
1998	4000 (1998.8.1)		4500			2500
1999	45000 (1999.10.18)		4500			2475
2000	45000	54500	4000 (2000.1.1)	2475		2200 (2000.1.1)
2001	45000	55000 (2001.6.1)	3900 (2001.4. 1)	3625 (2001.4.1)		2200
2002	45000	55000	3900	3625		2200
2003	45000	55000	3900	3625		2500 (2003.10.1)
2004	43000 (2004.1.1)	55000	3900	3625		
2005	40950 (2005.1.1)	55000	3900	3625		
2006	40950	55000	3915 (2006.7.1)	3915 (2006.7.1)		
2007	40950	55000	3915	3915		
2008	40450 (2008.1.1)	55000	3915	3915		
2009	36565 (2009.5.1)	47850 (2009.5.1)	3915			
2010	36565	47850	3915			
2011	36565	47850				
2012	37595 (2012.3.1)	50025 (2012.3.1)				

说明：价格为含税价格，（＊）为调价时间。

表 2-1-150　　**湖南省烟草公司常德分公司卷烟主要品种历年零售价格**

单位：元/条

年份	芙蓉王(硬)	芙蓉王(蓝)	芙蓉(软红)	芙蓉(黄)	84嘴银象	简常德	嘴君健
1989			20	25	8	3.5	10
1990			20	25	8	3.5	10
1991			20	25	8	3.5	10
1992			20	25	8	3.5	10

续表

年份	芙蓉王(硬)	芙蓉王(蓝)	芙蓉(软红)	芙蓉(黄)	84嘴银象	简常德	嘴君健
1993			20	25	8	3 5	10
1994			20	25	8	3 5	10
1995	220		20	25	8		10
1996	220		20	25	8		10
1997	220	330	20	25	8		10
1998	220	330	20	25	8		10
1999	220	330	20	25	8		10
2000	220	330	20	25	8		10
2001	220	330	20	25	8		10
2002	220	330	20	25			10
2003	230	330	20	25			10
2004	230	330	20	25			10
2005	230	330	20	25			10
2006	230	330	20	25			
2007	240	330	20	25			
2008	240	330	20	25			
2009	240	330	20	25			
2010	240	330	20	25			
2011	240	330	20	25			
2012	240	330	25	25			

此后至2012年，卷烟价格放开，实行市场调节。

（二）白酒价格

1. 德山酒价格

1990年11月7日，核定135毫升异型小瓶（54°±1）优质德山大曲酒每件（135毫升×4）出厂价格为6.39元（其中净酒价4.07元，内外包装2.32元）、批发价7.16元、零售价8.00元。

1991年3月2日，“德山大曲”新包装酒价格如下表：

表2-1-151　　**新包装“德山大曲”价格**　　单位：元/盒（瓶）

牌号包装规格	单位	出厂价			产地批发价	产地零售价	附注
		净酒	内外包装	合计			
德山大曲38°真空镀铝复合膜礼品盒530毫升软包装	盒	2.95	3.90	6.85	7.68	8.60	
优质德山大曲58°真空镀铝复合膜礼品盒530毫升软包装	盒	4.07	3.90	7.97	8.93	10.00	

是年8月1日，市物价局批复常德酿酒工业集团公司“德山三曲”、“德山酒”厂、销价格如下：50%德山三曲1×500毫升×12装异形玻瓶包装出厂价1.55元/瓶（其中净酒价格0.71元，内外包装0.84元）、批发价1.74元/瓶、零售价1.95元/瓶；45%德山酒1×500毫升×12装异玻瓶包装出厂价1.40元/瓶（其中净酒价格0.64元，内外包装0.76元）、批发价1.57元/瓶、零售价1.76元/瓶。

是年11月11日，核定新包装“德山大曲”“德山曲酒”价格，具体价格如下表：

表2-1-152　**新包装德山大曲、德山曲酒价格**　单位：元/盒（瓶）

产品名称	包装规格	酒度	单位	出厂价	其中		产地批发价	产地零售价	包　装
					净酒	包装			
德山大曲	1×500毫升×12	58%（V/V）	盒	6.86	4.07	2.79	7.68	8.60	精明异玻瓶扭断盖带礼品盒
德山大曲	1×500毫升12	58%（V/V）	瓶	5.50	4.07	1.43	6.16	6.90	精明异玻瓶扭断盖
德山大曲	1×500毫升×12	54%（V/V）	盒	6.86	4.07	2.79	7.68	8.60	精明异玻瓶扭断盖带礼品盒
德山大曲	1×500毫升×12	54%（V/V）	瓶	5.50	4.07	1.43	6.16	6.90	精明异玻瓶扭断盖
德山大曲	1×500毫升×12	38%（V/V）	盒	5.74	2.95	2.79	6.43	7.20	精明异玻瓶扭断盖带礼品盒
德山大曲	1×500毫升×12	38%（V/V）	瓶	4.38	2.95	1.43	4.91	5.50	精明异玻瓶扭断盖
德山曲酒	1×500毫升×12	52%（V/V）	盒	5.66	3.03	2.63	6.34	7.10	精明异玻瓶扭断盖带礼品盒
德山曲酒	1×500毫升×12	52%（V/V）	瓶	4.46	3.03	1.43	5.00	5.60	精明异玻瓶扭断盖

1992年2月22日，核定新包装德山大曲酒厂、销价格如下表：

表2-1-153　**新包装德山大曲酒厂、销价格**　单位：元/瓶

规格及包装	单位	出厂价			批发价	零售价	说明
		净酒	内外包装	合计			
375毫升×2精料异玻璃38°礼品盒德山大曲酒	盒	4.43	3.46	7.89	8.84	9.90	每箱6盒12瓶
375毫升×2精料异玻璃54°礼品盒德山大曲酒	盒	6.10	3.46	9.56	10.71	12.00	

以下是湖南德山酒业集团公司提供的2007-2012年该公司部分产品的厂、销价格：

表 2－1－154　　湖南德山酒业有限公司主要产品（代表品）近年厂销价格

单位：元/件

品种/价格/年份	38度新六代 1*6*500毫升		52度五年窖 1*6*500毫升		52度新御品德山 1*6*500毫升		52度德行天下 1*6*500毫升		52度优质玻瓶 1*12*500毫升		52度60年代御品 1*6*500毫升		52度70年代御品 1*6*500毫升	
	出厂	销售	出厂	销售	出厂	销售	出厂	销售	出厂	销售	出厂	销售	出厂	销售
2007	145	145	72	72	1728	1728	1308	1308	83					
2008	145	145	72	72	1728	1728	1308	1308	83					
2009	145	145	88	88	1728	1728	1308	1308	83	83	3468	3468	2268	2268
2010	145	145	88	88	1728	1728	1308	1308	80	80	3468	3468	2268	2268
2011	145	145	88	88	1788	1788	1308	1308	84	84	3588	3588	2388	2388
2012	145	145	88	88	1788	1788	1308	1308	84	84	3588	3588	2388	2388

2. 武陵酒价格

1991 年 3 月 2 日，市物价局下达"武陵"新包装酒价格，具体价格如下表：

表 2－1－155　　武陵酒新包装酒价格　　单位：元/瓶（盒）

牌号包装规格	单位	出厂价			产地批发价	产地零售价	附注
		净酒	内外包装	合计			
武陵酒 54°乳白异形玻瓶 500 克装	瓶	13.05	1.95	15.00	16.80	18.80	
武陵酒 54°乳白异形玻瓶 500 克装礼品盒	瓶	13.05	3.29	16.34	18.30	20.50	
武陵酒古币陶瓶 125 克装带礼品盒	瓶	3.26	3.92	7.18	8.04	9.00	

是年 11 月 11 日，核定新包装"武陵酒"价格如下表：

表 2－1－156　　新包装武陵酒价格　　单位：元/瓶（盒）

产品名称	包装规格	酒度	单位	出厂价	其中		产地批发价	产地零售价	包　装
					净酒	包装			
武陵酒	1×250 毫升×12	53%（V/V）	盒	9.41	6.53	2.88	10.54	11.80	乳白玻瓶扭断盖带礼品盒
武陵酒	1×250 毫升×12	53%（V/V）	瓶	8.21	6.53	1.68	9.20	10.30	乳白玻瓶扭断盖

1992 年 3 月 17 日，市物价局批复常德酿酒工业集团公司武陵礼品酒、武陵醇酒价格：武陵礼品酒（4×125 毫升×10 装异玻瓶、带礼品盒包装）出厂价 14.41 元/盒（其中净酒价 9.04 元，内外包装 5.37 元）、调拨价 15.42 元/盒，批发价 16.14 元/盒，零售价 18.08 元/盒。40%（V/V）武陵醇酒（2×500 毫升×6 装异玻瓶，带礼品盒包装）出厂价 7.57

元/盒（其中净酒价 4.26 元，内外包装 3.31 元）、调拨价 8.10 元/盒、批发价 8.48 元/盒、零售价 9.50 元/盒。4 月 17 日，市物价局批复市酿酒工业集团公司武陵酒上浮销售价格。详情见下表：

表 2-1-157　　武陵酒省内浮动价格明细　　单位：元/盒（瓶）

产品名称	规格	酒度	单位	原价格				上浮 35% 之后价格				包装
				出厂价	调拨价	批发价	零售价	出厂价	调拨价	批发价	零售价	
武陵酒	1×500 毫升×12	53%（V/V）	盒	16.34	17.48	18.30	20.50	22.06	23.60	24.71	27.68	乳白瓶带礼品盒
武陵酒	1×250 毫升×12	53%（V/V）	盒	9.41	10.07	10.54	11.80	12.70	13.59	14.23	15.93	乳白瓶带礼品盒
武陵酒	1×500 毫升×20	53%（V/V）	盒	25.67	27.47	28.75	32.20	34.65	37.08	38.81	43.47	裤币镀铜瓷瓶带礼品盒
武陵酒	1×250 毫升×20	53%（V/V）	盒	15.38	16.46	17.23	19.30	20.76	22.22	23.26	26.06	裤币镀铜瓷瓶带礼品盒
武陵酒	1×175 毫升×20	53%（V/V）	盒	13.39	14.33	15.00	16.00	18.08	19.35	20.25	22.60	乳白三角瓶带礼品盒
武陵酒	1×125 毫升×20	53%（V/V）	盒	7.18	7.60	8.04	9.00	9.69	10.37	10.35	12.15	古币瓷瓶带礼品盒
武陵酒	1×500 毫升×12	53%（V/V）	瓶	15.00	16.05	16.30	18.80	20.25	21.67	22.68	25.38	乳白瓶

表 2-1-158　　武陵酒外省浮动价格明细　　单位：元/盒（瓶）

产品名称	规格	酒度	单位	原价格				上浮 35% 之后价格				包装
				出厂价	调拨价	批发价	零售价	出厂价	调拨价	批发价	零售价	
武陵酒	1×500 毫升×12	53%（V/V）	盒	16.34	17.48	18.30	20.50	19.61	20.90	21.96	24.60	乳白瓶带礼品盒
武陵酒	1×250 毫升×12	53%（V/V）	盒	9.41	10.07	10.54	11.80	11.29	12.00	12.65	14.16	乳白瓶带礼品盒
武陵酒	1×500 毫升×20	53%（V/V）	盒	25.67	27.47	28.75	32.20	30.80	32.96	34.50	38.64	裤币镀铜瓷瓶带礼品盒
武陵酒	1×250 毫升×20	53%（V/V）	盒	15.38	16.46	17.23	19.30	10.46	19.75	20.58	23.16	裤币镀铜瓷瓶带礼品盒

续表

产品名称	规格	酒度	单位	原价格				上浮35%之后价格				包装
				出厂价	调拨价	批发价	零售价	出厂价	调拨价	批发价	零售价	
武陵酒	1×175毫升×20	53%（V/V）	盒	13.39	14.33	15.00	16.00	16.07	17.20	18.00	20.16	乳白三角瓶带礼品盒
武陵酒	1×125毫升×20	53%（V/V）	盒	7.18	7.60	8.04	9.00	8.62	9.22	9.65	10.80	古币瓷瓶带礼品盒
武陵酒	1×500毫升×12	53%（V/V）	瓶	15.00	16.05	16.30	18.80	18.00	19.26	20.16	22.56	乳白瓶

以下是武陵酒有限公司部分产品部分年份的出厂、销售价格情况：

表2-1-159 **湖南武陵酒有限公司主要产品（代表品）历年厂销价格**

单位：元/瓶

品种/价格/年份	武陵酒（裸瓶）		武陵酒（礼盒）		武陵2000		武陵王		王牌武陵		五星武陵		洞庭春色		备注
	出厂	销售	出厂	销售	出厂	销售	出厂	销售	出厂	销售	出厂	销售	出厂	销售	
1989	11	18													礼盒成品酒
1990	11	18													礼盒成品酒
1991			18	26											礼盒成品酒
1992			18	26											礼盒成品酒
1993			18	26											礼盒成品酒
1994			18	26											礼盒成品酒
1995							208	258							礼盒成品酒
1996							208	258							礼盒成品酒
1997							208	258							礼盒成品酒
1998					78	108			98	108					礼盒成品酒
1999									98	108					礼盒成品酒
2000											118	148			礼盒成品酒
2001													108	138	礼盒成品酒
2002													168	168	礼盒成品酒
2003													168	168	礼盒成品酒
2004													168	168	礼盒成品酒
2005													168	168	礼盒成品酒
2006													168	168	礼盒成品酒

续表

品种 价格 年份	武陵酒（裸瓶）		武陵酒（礼盒）		武陵2000		武陵王		王牌武陵		五星武陵		洞庭春色		备　注
	出厂	销售	出厂	销售	出厂	销售	出厂	销售	出厂	销售	出厂	销售	出厂	销售	
2007													168	168	礼盒成品酒
2008													168	168	礼盒成品酒
2009													198	198	礼盒成品酒
2010													198	198	礼盒成品酒
2011													198	198	礼盒成品酒
2012													198	198	礼盒成品酒

（三）食盐价格

1989年11月23日，常德市调整后的食盐价格如下表：

表2－1－160　**常德市食盐价格**　单位：元

价　　区		批发价（吨）	零售价（500克）
一价区	津市	432	0.26
	澧县	432	0.26
	临澧	432	0.26
	安乡	432	0.26
二价区	常德市城区	448	0.27
	汉寿	448	0.27
	石门	448	0.27
	桃源	448	0.27

1993年4月5日起，常德市调整食盐价格：

表2－1－161　**常德市各价区各包装规格食盐零售价格**　金额单位：元

包装规格 零售价格	散盐	小塑袋包装盐		
价区	500克	500克（袋）	1000克（袋）	1×10×500克（纸箱）
一价区	0.41	0.49	0.92	6.40
二价区	0.42	0.50	0.94	6.50

说明：一价区：津市、澧县、临澧

二价区：常德市城区、汉寿、石门、桃源、安乡

1995年10月6日，明确加碘防伪新包装食盐统一每袋（500克）批发价为0.48元，零售价为0.60元，不分价区，实行全省一价。

1996年1月，省物价局对食盐价格作出适当调整，取消食盐价区，改按城市市场和农

村市场分别定价。加碘防伪新包装食盐每袋（500 克）零售价：县城及以上城市和批发企业所在地市场统一为 0.60 元、农村市场统一为 0.62 元。加碘散装盐，每 500 克县城及以上城市 0.47 元、农村 0.49 元。4 月 16 日，市物价局核定湘澧盐矿营养盐价格，营养盐每吨厂批发价格为：铁强化营养盐 2200 元、锌强化营养盐 2100 元、低钠复合保健盐 2800 元；每 500 克零售价为：铁强化营养盐 1.35 元、锌强化营养盐 1.30 元、低钠复合保健盐 1.70 元。

1999 年 1 月 1 日起，采用新包装袋的加碘盐每 500 克零售价 0.80 元、批发价 0.665 元。随后，新包装加碘盐每 500 克零售价由 0.80 元调整为 1.00 元。

2001 年 11 月 12 日，核定多品种盐试销价格：

表 2－1－162　　**部分多品种盐试销价格**　　单位：元/瓶

品名规格＼价格	零售价	批发价	出厂价
85 克瓶装椒盐	5.00	4.00	3.00
85 克瓶装蒜盐	4.50	3.50	2.50
500 克瓶装洗涤、沐浴盐	5.00	4.00	3.00
250 克瓶装低钠、钙、硒、锌强化营养盐	4.00	3.00	2.00

说明：全部使用防伪标识。出厂价即为各分公司调拨价。

2008 年 7 月 1 日起，营养盐和纸塑小包装盐销售价格见下表：

表 2－1－163　　**营养盐和纸塑小包盐销售价格**　　单位：元

品　名	规格	出厂价	批发价	零售价
海晶食盐	400 克	0.91	1.35	1.5
自然食盐	400 克	0.73	1.17	1.3
泡菜盐	400 克	0.91	1.35	1.5
雪花食盐	250 克	0.625	0.9	1.00
钙、铁、锌、硒、低钠盐	400 克	1.18	1.62	1.8
小规格纸塑包装盐	400 克			1.10
	350 克			1.00

2011 年 9 月 5 日起，绿色食盐零售价格如下：

表 2－1－164　　**绿色食盐零售价格**

品名	包装规格（克/袋）	零售价格（元/袋）
绿色加碘精制盐	500	2.00
绿色加碘精制盐	350	1.50
绿色海藻碘低钠盐	400	2.50

续表

品名	包装规格（克/袋）	零售价格（元/袋）
绿色海藻碘系列钙盐、锌盐、硒盐、铁盐	400	2.20
绿色海藻碘盐	400	2.00

2012 年 9 月 1 日起，多品种食盐零售价格如下表：

表 2－1－165　**多品种食盐零售价格**

产品名称		包　装	规　格	零售价格（元）
自然晶盐		枕形袋	320 克	1.5
			400 克	2.0
		立式袋	320 克	2.0
			400 克	2.5
海藻盐系列	海藻碘盐	枕形袋	320 克	2.0
			400 克	2.5
		立式袋	320 克	2.5
			400 克	3.0
	海藻碘低钠盐	立式袋	320 克	3.0
			400 克	3.5
		塑料瓶	320 克	4.0
			400 克	4.5
绿色盐系列	绿色自然晶盐	枕形袋	320 克	2.0
			400 克	2.5
		立式袋	320 克	2.5
			400 克	3.0
	绿色低钠盐	立式袋	320 克	2.5
			400 克	3.0
		塑料瓶	320 克	3.5
			400 克	4.0
	绿色海藻碘盐	立式袋	320 克	2.5
			400 克	3.0
		塑料瓶	320 克	3.5
			400 克	4.0
	绿色海藻碘低钠盐	立式袋	320 克	3.5
			400 克	4.0

续表

产品名称		包　装	规　格	零售价格（元）
绿色盐系列	绿色海藻碘低钠盐	塑料瓶	320 克	4.5
			400 克	5.0
	绿色加碘精制盐	枕形袋	400 克	2.0
普通低钠盐		枕形袋	400 克	2.5

（四）药品价格

1991 年 7 月 23 日，市物价局转发省医药局、省物价局《有升有降地调整部分药品价格的通知》，详细情况见下表：

表 2－1－166　　**1991 年部分药品调价明细**　　金额单位：元

品　名	规　格	单位	出厂价		批发价		零售价		备　注
			现价	调后价	现价	调后价	现价	调后价	
氨苄青霉素	原料药	公斤	850	850					
氨苄青霉素针	0.5 克	瓶	0.80	0.70	0.96	0.84	1.10	0.96	
新诺明	原料药	公斤	135	125					
新诺明片	0.5 克×100 片	瓶	8.77	7.88	10.50	9.30	12	10.70	
复方新诺明片	100 片	瓶	10.30	8.74	12.20	10.40	14	12	
庆大霉素	原料药	10 亿	1300	1100					
庆大霉素针	8 万单位 10×2 毫升易折	合	2.46	2.17	2.96	2.61	3.40	3.00	
庆大霉素针	4 万单位 10×2 毫升易折	合	1.73	1.52	2.09	1.83	2.40	2.10	
硫甲丙硼酸	原料药	公斤	8000	4500					此品种系地方管理价
硫甲丙硼酸片	25 毫克×100 片	瓶	18	15	21.70	17.90	25	20.60	表列价格为建议价
安乃静	原料药 口服	公斤	36	41					
安乃静	原料药 注射	公斤	28	43					
氯霉素糖衣片	0.25 克×100 片	瓶	6.28	7.52	7.48	8.96	8.60	10.30	
红霉素	原料药	10 亿	520	600					
红霉素肠溶糖片	12.5 万单位×10	瓶	8.40	9.28	10	11.05	11.50	12.70	
红霉素肠溶糖片	25 万单位×100 片	瓶	16.80	18.25	20	21.75	23	25	

续表

品名	规格	单位	出厂价		批发价		零售价		备注
			现价	调后价	现价	调后价	现价	调后价	
异胭肼	原料药	公斤	60	65					
异烟肼片	0.1克×100毫升	瓶	1.05	1.10	1.28	1.31	1.45	1.50	
维生素E	原料药	公斤	145	190					
皂素	中间体	公斤	120	180					
工业磺胺	中间体SN	公斤	17	22					

1993年3月18日，市物价局下发《关于进一步加强药品价格管理的通知》，药品批零差率为化学药品15%、中成药16%；医疗卫生单位采购的药品，其实际零售价格与按进价加规定批零差率计算的零售价之间差价部分的40%作为价格调节基金，60%留给医疗卫生单位作为发展基金使用，自制药品亦照此执行。

1995年10月16日，市物价局核定市中心血站血液价格，全血价格为血站采血价50元/100毫升、血站供血价95元/100毫升；医院销售价104.50元/100毫升；特殊血型加收40元/100毫升，成分血价格见下表：

表2-1-167　**常德市成分血价格**　单位：元

项目	单位	血站供应价	医院收费价	备注
血浆	100毫升	90.00	99.00	
少浆血	100毫升	75.00	82.50	
压积红细胞	一个单位	115.00	126.00	
三洗红细胞	一个单位	125.00	137.50	
血小板	一个单位	100.00	110.00	
白细胞	一个单位	100.00	110.00	

1996年2月，有升有降调整青霉素系列药品价格，具体见下表：

表2-1-168　**1996年常德市青霉素等药品价格调整明细**　金额单位：元

序号	品名	规格	单位	无税出厂价		无税批发价		含税零售价	
				现行价	调整价	现行价	调整价	现行价	调整价
1	青霉素钾盐	原料药	10亿	162	201	—	—	—	—
	青霉素钾针	80万单位	支	0.32	0.38	0.38	0.46	0.51	0.62
	青霉素纳盐	原料药	十亿	197	253	—	—	—	—
2	头孢4号胶囊	0.125克×10	板	4.10	3.25	4.92	3.76	6.60	5.06
3	头孢6号胶囊	0.25克×24	盒	23.50	21.79	27.95	25.98	47.9	35.2

续表

序号	品名	规格	单位	无税出厂价		无税批发价		含税零售价	
				现行价	调整价	现行价	调整价	现行价	调整价
4	羟氨苄胶囊	0.125 克×10	板	9.74	5.98	11.71	7.12	15.7	9.60
5	止血敏针	0.5 克×2 毫升	盒	1.49	2.26	1.79	2.75	2.40	3.70
	止血敏针	0.25x10X2 毫升	盒	1.25	1.83	1.50	2.23	2.00	3.00
6	6－氨基己酸针	2g5×10 毫升	盒	1.80	2.56	2.19	3.12	2.95	4.20
	6－氨基己酸粉	原料药	公斤	37.00	47.00	—	—	—	—
7	氨茶硷针	0.5 克 10×2 毫升	盒	1.69	2.01	2.04	2.45	2.75	3.30
	氨茶硷针	0.25 克×10×2 毫升	盒	1.24	1.83	1.49	2.23	2.00	3.00
	氨茶硷片	0.1 克×1000 片	瓶	12.50	14.30	17.10	19.30	23.00	26.00
	氨茶硷片	0.1 克×100 片	瓶	1.42	1.60	1.71	1.93	2.30	2.60
	氨茶硷粉	原料药	公斤	51.30	65.00	—	—	—	—
8	硫酸链霉素针	100 万单位	瓶	0.41	0.453	0.51	0.55	0.68	0.73
9	止血敏粉	原料药	公斤	68.40	95.00	—	—	—	—
10	甲硫达嗪片	50 毫克×100 片	瓶	55.56	34.55	66.90	41.63	90.00	56.00
	甲硫达嗪片	20 毫克×100 片	瓶	29.92	18.51	36.07	22.30	48.50	30.00

1997 年 2 月 25 日，市物价局对湖南洞庭药业股份有限公司（简称洞庭药业）生产的舒必利、氯氮平片剂价格作出批复：从 3 月 1 日起，100 毫克 100 片装舒必利片每瓶出厂、批发、零售价格分别由原来的 10.95 元、13.20 元、15.20 元调整为 11.21 元、15.58 元、17.90 元；25 毫克 100 片装氯氮平片每瓶出厂、批发、零售价格分别由原来的 3.32 元、4.00 元、4.60 元调整为 4.05 元、4.78 元、5.50 元。调整后的价格均为含税价。10 月 31 日，对洞庭药业《关于制定盐酸马普替林、盐酸阿米替林片价格的请示》作出批复。从 11 月 1 日起 25 毫克 48 片装盐酸马普替林片出厂、批发、零售价格每盒分别为 35.04 元、41. 70 元、48.00 元；25 毫克 100 片装盐酸阿米替林片出厂、批发、零售价格每瓶分别为 16.70 元、19.87 元、22.85 元。上述价格均为含税价。

1998 年 4 月 7 日，市物价局、市卫生局对自制药物制剂价格管理作出规定：市直属医院生产的自制药物制剂的价格由市物价局会同市卫生局管理，各医院不得自行制定和调整；各医院的自制药物制剂必须经药品检验机构检验合格，并取得制剂注册登记号方可生产和执行公布价格；经审定后公布的自制药物制剂价格，各医疗单位必须严格执行。各级卫生、物价管理部门要加强对自制药物制剂和价格的监督检查；医疗单位自制药物制剂必须坚持自用的原则，个别品种确因特殊情况需在医院间调剂使用的，其供应价格可由供需双方协商确定，但最终销售价格不得突破审定的零售价格。此次审定的自制药物制剂价格见下表：

表 2－1－169 **常德市第一人民医院自制药物制剂价格** 单位：元

序号	药品名称	规格	单位	零售价	序号	药品名称	规格	单位	零售价
1	10% 葡萄糖注射液	500 毫升	瓶	4.20	31	硫代硫酸钠溶液	200 毫升	瓶	3.70
2	5% 葡萄糖注射液	500 毫升	瓶	4.00	32	人工肾透析 A 液	2.5 万毫升	桶	180
3	5% 葡萄糖注射液	250 毫升	瓶	3.35	33	S. B. I 酊	100 毫升	瓶	3.90
4	50% 葡萄精注射液	300 毫升	瓶	5.90	34	2% 碘酊	30 毫升	瓶	2.10
5	5% 葡萄糖氯化钠注射液	500 毫升	瓶	4.00	35	复方甘油洗剂	100 毫升	瓶	5.00
6	20% 复方甘露醇注射液	250 毫升	瓶	8.50	36	50% 硫酸镁溶液	500 毫升	瓶	5.00
7	1% 盐酸普鲁卡因注射液	250 毫升	瓶	4.90	37	新洁尔灭溶液	500 毫升	瓶	4.50
8	2% 盐酸普普卡因注射液	100 毫升	瓶	4.00	38	炉芨烧伤油	500 克	瓶	35.00
9	盐酸丁卡因液	5 毫升	支	1.55	39	超声切面显像耦合剂	500 克	瓶	12.00
10	氯化钠注射液	500 毫升	瓶	3.70	40	醋酸氯已定溶液	1 万毫升	瓶	34.00
11	碳酸氢钠注射液	250 毫升	袋	3.30	41	氯胺－T 溶液	500 毫升	瓶	4.22
12	甲硝唑葡萄糖注射液	250 毫升	袋	3.00	42	含醋炉甘石洗剂	100 毫升	瓶	3.30
13	生理氯化钠溶液	500 毫升	瓶	3.20	43	复方硫洗剂	200 毫升	瓶	5.50
14	颠茄合剂	100 毫升	瓶	2.50	44	口服补液盐（O、R、S）	27.5 毫升	包	1.52
15	胃酶合剂	100 毫升	瓶	3.40	45	复方磺胺嘧啶银粉	11.8 毫升	包	13.50
16	33% 硫酸镁溶液	100 毫升	瓶	1.40	46	甘露醇粉	50 克	包	7.10
17	氯化钾溶液	100 毫升	瓶	2.46	47	痱子粉	100 克	包	3.80
18	水合氯醛溶液	100 毫升	瓶	4.70	48	骨蜡	2.0 克	块	1.50
19	盐酸异丙嗪糖浆	60 毫升	瓶	2.00	49	阿昔洛伟乳膏	25 克	盒	12.30
20	氯化铵溶液	100 毫升	瓶	2.55	50	乙烯雌酚乳膏	25 克	盒	5.88
21	复方碘溶液	30 毫升	瓶	5.00	51	痤疮乳膏	25 克	盒	3.66
22	稀盐酸合剂	100 毫升	瓶	1.50	52	鱼石脂软膏	25 克	盒	2.30
23	呋喃西林溶液	500 毫升	瓶	4.40	53	复方氢醌乳膏	25 克	盒	5.00
24	复方硼砂溶液	200 毫升	瓶	3.20	54	锌土糊	25 克	盒	2.66
25	水杨酸酊	100 毫升	瓶	3.90	55	硫软膏	25 克	盒	2.70
26	痱子洗剂	200 毫升	瓶	5.40	56	鞣酸软膏	25 克	盒	4.00
27	1.5% 甲醛溶液	5 万毫升	瓶	231.00	57	醋酸地塞米松软膏	25 克	盒	3.10
28	樟脑酯	1 万毫升	瓶	163.00	58	维甲酸软膏	25 克	盒	4.20
29	碘甘油	30 毫升	瓶	5.50	59	硅油乳膏	25 克	盒	5.30
30	止痒擦剂	100 毫升	瓶	6.40	60	克霉唑软膏	25 克	盒	2.80
61	营养乳膏	25 克	盒	6.00	81	硝酸银滴眼液	10 毫升	支	1.40
62	复方苯甲酸软膏	25 克	盒	2.35	82	硫酸阿托品滴眼液	10 毫升	支	1.70

续表

序号	药品名称	规格	单位	零售价	序号	药品名称	规格	单位	零售价
63	氯脲嘧啶软膏	25克	盒	7.66	83	硝酸毛果芸香碱滴眼液	10毫升	支	8.80
64	皮炎平软乳膏	25克	盒	3.58	84	氯霉素滴眼液	10毫升	支	0.90
65	氧氟沙星滴耳液	10毫升	支	8.00	85	盐酸苯福林滴眼液	10毫升	支	3.30
66	新霉素氢化可的松滴耳液	10毫升	支	1.20	86	水杨酸毒扁豆碱滴眼液	10毫升	支	1.70
67	碳酸氢钠滴耳液	10毫升	支	1.20	87	硫酸链霉素滴眼液	10毫升	支	1.20
68	酚甘油滴耳液	10毫升	支	1.80	88	氢溴酸后马托品滴眼液	10毫升	支	2.00
69	硼酸甘油滴耳液	10毫升	支	1.70	89	化瘀灵口服液	10毫升×10支盒	17.70	
70	复方麝得草酚滴耳液	10毫升	支	0.72	90	参梅口服液	10毫升×10支盒	15.10	
71	呋、麻、可滴鼻液	10毫升	支	1.30	91	健脑安神口服液	10毫升×10支	盒	16.00
72	冰油滴鼻液	10毫升	支	0.63	92	抗炎口服液	10毫升×10支	盒	16.20
73	复方薄荷脑滴鼻液	10毫升	支	1.20	93	皮疾灵口服液	10毫升×10支	盒	18.60
74	复方呋喃西林滴鼻液	10毫升	支	1.10	94	清热口服液	10毫升×10支	盒	20.00
75	硫酸锌滴眼液	10毫升	支	1.20	95	妇炎洗液	100毫升	瓶	6.80
76	弱蛋白银滴眼液	10毫升	支	10.00	96	氧氟沙星片	0.1克/片×20#	瓶	31.60
77	1%盐酸丁卡因滴眼液	10毫升	支	1.5	97	强的松片	5毫克/片×100#	瓶	5.00
78	硫酸庆大霉素滴眼液	10毫升	支	0.88	98	甲硝唑片	0.2克/片×21#	瓶	1.50
79	盐酸乙基吗啡滴眼液	10毫升	支	2.20	99	维生素C片	0.1克/片×100#	瓶	2.40
80	氧氟沙星滴眼液	10毫升	支	11.50	100	吡嗪酰胺片	0.25克/片×100#	瓶	28.00

1999年1月28日，市物价局、市医药管理局对洞庭药业申报的“阿普唑仑”等药品厂、销备案价格作出批复，核定0.4毫克48片装双铝板阿普唑仑片出厂价每盒3.03元、批发价3.60元、零售价4.14元；1毫克48片装双铝板艾司唑仑（舒乐安定）片出厂价每

盒2.18元、批发价2.59元、零售价2.98元。2月11日，市物价局、市医药管理局对湖南金健药业有限责任公司（简称金健药业）申报的“长生露”厂销备案价格作出批复：核定长生露每盒规格10毫升×8支装出厂价75元、批发价91.5元、零售价105元；每盒规格10毫升×8支×2装出厂价213元、批发价259元、零售价298元。9月28日，对湖南华安制药有限公司申报的“复方赖氨酸冲剂”厂销价格作出批复：核定复方赖氨酸冲剂20克×10袋每盒含税出厂价4.04元、批发价4.90元、零售价5.60元。10月18日，对市二中医院申报的增味化瘀通络胶囊的成本和零售价作出批复：增味化瘀通络胶囊0.15克×100粒每瓶制剂成本为34.94元，零售价格37.00元。

2000年1月24日，市物价局对湖南常德长寿堂制药厂申报的“益肾灵颗粒”（无糖型）厂销备案价格作出批复：益肾灵（无糖型）冲剂，规格8克×6袋装每盒出厂价29.26元、批发价35.70元、零售价41.05元。

是年6月8日，市物价局对市第一人民医院自制药物制剂价格作出调整。具体品种价格见下表：

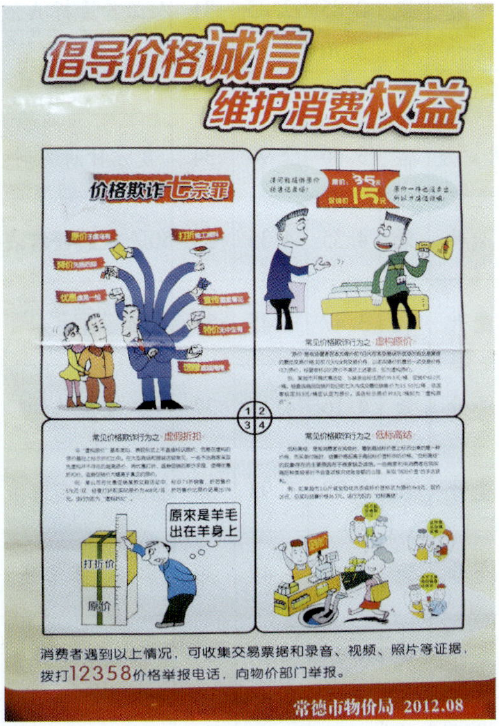

2012年8月，“倡导价格诚信，维护消费权益”宣传画册

表 2－1－170　　**常德市第一人民医院自制药物制剂价格**　　金额单位：元

序号	药品名称	规格	单位	零售价		序号	药品名称	规格	单位	零售价	
				现行	调整					现行	调整
				3.20	3.20	22	稀盐酸合剂	100毫升	瓶	1.50	1.30
2	5%葡萄糖注射液	250毫升	瓶	2.85	2.85	23	呋喃西林溶液	500毫升	瓶	4.40	3.80
3	50%葡萄糖注射液	300毫升	瓶	5.90	5.15	24	水杨酸酊	100毫升	瓶	3.90	3.90
4	葡萄糖氯化钠注射液	500毫升	瓶	3.10	3.10	25	痱子洗剂	200毫升	瓶	5.40	4.70
5	复方甘露醇注射液	250毫升	瓶	8.50	8.00	26	1.5%甲醛溶液	5万毫升	桶	231.00	200.00
6	1%盐酸普鲁卡因注射液	250毫升	瓶	4.90	4.25	27	樟脑醑	1万毫升	瓶	163.00	140.0
7	2%盐酸普鲁卡因注射液	100毫升	瓶	4.00	3.50	28	碘甘油	30毫升	瓶	5.50	4.80
8	盐酸丁卡因注射液	5毫升	支	1.55	1.40	29	止痒擦剂	100毫升	瓶	6.40	5.60
9	0.9%氯化钠注射液	500毫升	瓶	2.95	2.95	30	硫代硫酸钠溶液	200毫升	瓶	3.70	3.20
10	生理氯化钠溶液	500毫升	瓶	2.85	2.85	31	人工肾透析A液	2.5万毫升	瓶	180.00	180.00
11	复方氯化钠注射液	500毫升	瓶	3.70	3.10	32	S.B.I酊	60毫升	瓶	3.90	3.55
12	10%氯化钾注射液	10毫升×5支	盒	3.69	2.10	33	2%碘酊	30毫升	瓶	2.10	1.80
13	10%0氯化钠注射液	10毫升×5支	盒	3.66	2.90	34	复方甘油洗剂	100毫升	瓶	5.00	4.35
14	10%葡萄糖（PVC软包装）	500毫升	袋	4.35	4.35	35	50%硫酸镁溶液	100毫升	瓶	5.00	4.35
15	5%葡萄糖（PVC软包装）	250毫升	袋	3.47	3.45	36	0.1%新洁尔灭溶液	500毫升	瓶	4.50	3.90
16	葡萄糖氧化钠注射液（PVC软包装）	500毫升	袋	4.16	4.15	37	炉芨烧伤油	250克	瓶	35.00	30.40
17	0.9%氯化钠注射液（PVC软包装）	500毫升	袋	3.97	3.95	38	醋酸氯已定溶液	1万毫升	瓶	34.00	34.00
18	碳酸氢钠注射液（PVC软包装）	250毫升	袋	3.48	3.45	39	氯胺－T溶液	500毫升	瓶	4.22	3. 70
19	0.9%氯化钠注射液（PVC软包装）	100毫升	袋	3.73	3.70	40	含酚炉甘石洗剂	100毫升	瓶	3.30	3.30
20	0.5%甲硝唑注射液（PVC软包装）	100毫升	袋	3.80	3.80	41	复方硫洗剂	200毫升	瓶	5.50	4.80
21	复方氯化钠注射液（PVC软包装）	500毫升	袋	4.00	4.00	42	复方磺胺嘧啶银粉	100克	包	13.50	13.50

续表

序号	药品名称	规格	单位	零售价		序号	药品名称	规格	单位	零售价	
				现行	调整					现行	调整
43	复方替硝唑洗液	100毫升	瓶	7.40	7.40	69	甘露醇粉	50克	包	7.10	6.00
44	5%新洁尔灭溶液	100毫升	瓶	4.23	4.20	70	痱子扮	100克	包	3.80	3.00
45	颠茄合剂	100毫升	瓶	2.50	2.50	71	骨蜡	2克	块	2.00	1.75
46	胃酶合剂	100毫升	瓶	3.40	3.40	72	阿昔洛伟乳膏	25克	盒	12.30	10.70
47	33%硫酸镁溶液	100毫升	瓶	1.40	1.40	73	乙烯雌酚乳膏	25克	盒	5.88	5.00
48	氯化钾溶液	100毫升	瓶	2.46	2.45	74	鱼石脂软膏	25克	盒	2.30	2.00
49	水合氯醛溶液	100毫升	瓶	4.70	4.10	75	复方氢醌乳膏	25克	盒	5.00	4.40
50	氯化铵溶液	100毫升	瓶	2.55	2.20	76	锌土糊	25克	盒	2.66	2.30
51	复方碘溶液	30毫升	瓶	5.00	4.35	77	鞣酸软膏	25克	盒	4.00	3.50
52	醋酸地基米松软膏	25克	盒	3.10	3.10	78	祛斑丰乳口服液	10毫升×10支	盒	32.00	32.00
53	维甲酸软膏	25克	盒	4.20	3.60	79	止泻敷液	10毫升×10支	盒	13.20	13.20
54	硅油乳膏	25克	盒	5.30	4.60	80	洁阴栓剂	10毫升×10支	盒	21.00	21.00
55	克霉唑软膏	25克	盒	2.80	2.80	81	氧氟沙星片	0.1×20s	瓶	10.00	10.00
56	营养乳膏	25克	盒	6.00	5.20	82	强的松片	5毫克×100#	瓶	5.00	5.00
57	复方苯甲酸软膏	25克	盒	2.35	2.35	83	甲硝唑片	0.1×21#	瓶	1.50	1.50
58	氟尿嘧啶软膏	25克	盒	7.66	6.60	84	VC片	0.1×100#	瓶	2.40	2.40
59	皮炎平乳膏	25克	盒	3.60	3.60	85	吡嗪酰胺片	0.25×100#	瓶	24.20	24.20
60	达克罗宁合剂	25毫升	支	2.15	2.15	86	肌苷片	0.2×100#	瓶	8.00	8.00
61	氧氟沙星滴耳液	10毫升	支	8.00	7.00	87	复方新诺明片	0.48×12s	袋	1.50	1.50
62	新霉素氢化可的松滴耳液	10毫升	支	1.20	1.20	88	盐酸异丙嗪糖浆	60毫升	瓶	2.00	2.70
63	碳酸氢钠滴耳液	10毫升	支	1.20	1.00	89	复方硼砂溶液	200毫升	瓶	3.20	3.30
64	酚甘油滴耳液	10毫升	支	1.80	1.60	90	超声切面显像耦合剂	500克	瓶	12.00	15.00
65	硼酸甘油滴耳液	10毫升	支	1.70	1.50	91	口服补液盐	27.5克	包	1.52	2.00
66	复方麝香草酚滴耳液	10毫升	支	0.72	0.60	92	痤疮乳膏	25克	盒	3.66	4.00
67	复方薄荷脑滴鼻剂	10毫升	支	1.05	1.05	93	硫黄软膏	25克	盒	2.70	3.00
68	硫酸锌滴眼液	10毫升	支	1.20	1.00	94	呋麻可滴鼻液	10毫升	支	1.30	2.00

续表

序号	药品名称	规格	单位	零售价		序号	药品名称	规格	单位	零售价	
				现行	调整					现行	调整
95	弱旦白银滴眼液	10毫升	支	10.00	8.70	108	冰油滴鼻液	10毫升	支	0.65	1.00
96	1%盐酸丁卡因滴眼液	10毫升	支	1.50	1.30	109	复方呋喃西林滴鼻液	10毫升	支	1.10	1.70
97	硫酸庆大霉素滴眼液	10毫升	支	0.88	0.80	110	盐酸新福林滴眼液	10毫升	支	33.00	40.00
98	盐酸乙基吗啡滴眼液	10毫升	支	2.20	1.90	111	化瘀灵口服液	10毫升×10支	盒	17.70	18.00
99	氧氟沙星滴眼液	10毫升	支	11.50	10.00	112	参梅口服液	10毫升×10支	盒	15.10	15.50
100	硝酸银滴眼液	10毫升	支	1.40	1.20	113	皮疾灵口服液	10毫升×10支	盒	18.60	21.50
101	硫酸阿托品滴眼液	10毫升	支	1.70	1.50	114	平热消毒口服液	10毫升×10支	盒	20.00	21.00
102	硝酸毛果芸香碱滴眼液	10毫升	支	8.80	7.60	备注：101－114因原材料上涨提价。					
103	氯霉素滴眼液	10毫升	支	0.90	0.90						
104	硫酸链霉素滴眼液	10毫升	支	1.20	1.20						
105	健脑安神口服液	10毫升×10支	盒	16.00	16.00						
106	抗炎口服液	10毫升×10支	盒	16.20	16.20						
107	乙肝康口服液	10毫升×10支	盒	20.00	20.00						

是年6月15日，市物价局对湖南常德武陵制药厂申报的“虎杖烧伤油”厂销备案价格作出批复：虎杖烧伤油100毫升塑料瓶装每瓶出厂价26.79元、批发价32.70元、零售价37.60元；50毫升塑料瓶装每瓶出厂价16.78元、批发价20.50元、零售价23.50元。

是年9月1日，对金健药业申报的葡萄糖注射液等产品备案价格作出批复，品种规格及价格见下表：

表2－1－171　**湖南金健药业有限责任公司自制药物制剂价格**　金额单位：元

序号	品名	规格	出厂价	批发价	零售价
1	5%葡萄糖注射液	500毫升	2.40	2.88	3.30
2	10%葡萄糖注射液	500毫升	2.50	3.00	3.45
3	5%葡萄糖注射液	250毫升	2.18	2.61	3.00

续表

序号	品名	规格	出厂价	批发价	零售价
4	10%葡萄糖注射液	250毫升	2.25	2.70	3.10
5	10%葡萄糖注射液	100毫升	1.96	2.35	2.70
6	5%、0.9%葡萄糖氯化钠注射液	250毫升	2.18	2.61	3.00
7	5%、0.9%葡萄糖氯化钠注射液	500毫升	2.40	2.88	3.30
8	5%、0.9%葡萄糖氯化钠注射液	100毫升	1.92	2.30	2.65
9	0.9%氯化钠注射液	100毫升	1.85	2.22	2.55
10	0.9%氯化钠注射液	500毫升	2.28	2.74	3.15
11	0.9%氯化钠注射液	250毫升	2.07	2.48	2.85

2001年10月9日，市物价局对市药品集中（招标）采购服务中心提供的定价资料进行审核，制定2001年第4季度全市集中（招标）采购的政府定价药品零售限价：

表2-1-172 常德市药品集中采购服务中心政府定价药品零售限价 金额单位：元

品名	规格	单位	产地	GMP	理论批发价	政府定价	核定零售价	备注
克拉霉素片（又名阿瑞）	0.125克×12#	盒	岳阳康神	否	42.61	49.00	45.0	
氨苄青霉素胶囊（又名安必仙）	0.25克×24	盒	珠海联邦	是	23.30	26.79	24.4	
羟氨苄青霉素注（克敌）	1克	瓶	海南海灵	是	12.17	14.00	12.6	
布洛芬片	0.2克×100	瓶		否	3.57	4.11	3.6	
参麦注	5×10毫升	盒	石家庄神威	否	98.26	113.00	98.7	
	3×10毫升	盒	泸州医学院	否	62.61	72.00	64.9	
刺五加注	5×20毫升精制	盒	黑龙江完达山	否	69.56	79.99	71.2	
	5×20毫升	盒	黑龙江完达山	否	24.96	28.70	24.5	
	250毫升	瓶	黑龙江完达山	否	50.97	58.62	53.1	
	5×20毫升	盒	乌苏里江	否	14.78	17.00	14.9	
达美康片	80毫克×60	盒	湖南	否	54.26	62.40	57.0	
	80毫克×60	盒	天津华津	否	86.00	98.90	92.70	
	80毫克×20	盒	天津华津	否	29.57	34.01	29.2	
胆舒胶囊	0.32克×30#	盒	四川济生	否	30.78	35.40	32.2	
盐酸大观霉素注（又名淋必治）	2克	盒	比利时	否	56.87	65.40	60.0	
	200万单位	盒	山东鲁抗	是	37.83	43.50	40.1	
洛赛克胶囊	20毫克×7	盒	阿斯特拉	是	108.70	125.01	112.6	
	10毫克*7	盒	阿斯特拉	是	56.43	64.89	58.5	
	20毫克×14	盒	湖南康普	否	79.13	91.00	76.6	

续表

品　名	规　格	单位	产　地	GMP	理论批发价	政府定价	核定零售价	备注
机采人血白蛋白注	10 克 20% 50 毫升	瓶	武汉生物	是	286.96	330.00	300.2	
	10g 20% 50 毫升	瓶	衡阳南岳	是	286.96	330.00	300.2	
	10 克 20% 50 毫升	瓶	成都署阳	是	286.96	330.00	300.2	
银杏叶片（舒血宁）	40 毫克 ×24	盒	扬子江药业	否	24.96	28.70	26.1	
	40 毫克（9.6 毫克）×24	盒	广西柳州	否	17.22	19.80	18.0	
舒筋活血片	0.3 克 ×100	盒	怀化正好	否	22.26	25.60	23.1	

2002 年 3 月 27 日，市物价局下发 2002 年第二季度常德市药品集中采购政府定价药品零售限价：

表 2－1－173　　**常德市药品集中采购服务中心政府定价药品零售限价**　　金额单位：元

品　名	规　格	单位	产　地	GMP	理论批发价	政府定价	核定零售价
头孢噻肟钠注	1 克	支	上海新亚		21.25	25.00	21.97
头孢克略胶囊	0.25 ×6	盒		是	29.07	34.20	29.20
罗红霉素分散片（严迪）	75 毫克 ×12	盒	哈尔滨六厂		11.65	13.70	12.07
布洛芬混悬剂（托恩）	60 毫升：1.2 克	瓶	珠海金沙		12.75	15.00	13.37
尼美舒利片	0.1 克 ×10	盒	广州白云山		22.09	25.99	21.70
七叶皂甙钠注	5 毫克	支	武汉爱民	是	11.04	12.99	11.30
	5 毫克	支	烟台绿叶	是	15.64	18.40	16.10
	10 毫克	支	烟台绿叶	是	25.07	29.50	26.00
吲达帕胺片	2.5 毫克 ×10 ×3	盒		是	17.68	20.80	18.40
硝普钠注	50 毫克 ×5	盒	北京双鹤	是	76.50	90.00	79.26
雷尼替丁口服液（新雷尼）	150 毫克 10 ×10 毫升	盒	上海东方		22.09	25.99	23.00
胰岛素注	400u 10 毫升	支		是	13.77	16.20	14.10
细胞色素 C 注	15 毫克 10 ×2 毫升	盒			23.46	27.60	23.70
	15 毫克 10 ×2 毫升	盒		是	25.84	30.40	26.00
	15 毫克 10 冻干	盒		是	27.45	32.30	27.70
人血白蛋白注	10 克	瓶	广东血所	是	280.50	330.00	242.70
	10 克	瓶	衡阳南岳	是	280.50	330.00	267.50
	10 克	瓶	江西博雅	是	280.50	330.00	283.50
小牛胸腺肽注	冻干 10 毫克 ×10	盒	湘潭二厂		185.47	218.20	189.80
	5 毫克 10 ×2 毫升	盒	湖南朗力夫		45.73	53.80	46.80
亚甲兰注	20 毫克 5 ×2 毫升	盒			45.47	53.50	46.80
纳洛酮注（苏诺）	0.4 毫克 5 ×1 毫升	盒		是	86.70	102.01	90.40
复方丹参注（香丹）	5 ×10 毫升	盒	河南龟山		30.60	36.00	30.50
消渴丸	0.25 克 ×120 粒（20 克）	盒	广州一厂		12.87	15.15	14.30

续表

品　名	规　格	单位	产　地	GMP	理论批发价	政府定价	核定零售价
小柴胡冲剂	10克×6精制	盒	南昌桑海		13.09	15.40	13.06
小健中颗粒	15克×6	盒	长沙泰宝		24.14	28.40	25.30
心可舒片	24片×2板	盒	山东潍坊		13.17	15.50	13.60
血竭胶囊	0.3克×24雨林牌	盒	西双版纳		23.97	28.20	23.90
血塞通片	25毫克×20	盒	湖南湘雅		22.78	26.80	22.40
四磨汤口服液	浓缩型10毫升×8	盒	湖南汉森		16.58	19.50	16.20
急支糖浆	100毫升	瓶	四川涪陵		6.12	7.20	6.50

是年4月9日，市物价局核定市一医院申报的自制药物制剂价格，具体见下表：

表2-1-174　**常德市第一人民医院自制药品价格**　金额单位：元

序号	药品名称	规格	单位	零售价
1	5%葡萄糖注射液	250毫升铝塑复合盖	瓶	3.05
2	10%葡萄糖注射液	500毫升铝塑复合盖	瓶	3.40
3	5%葡萄糖氯化钠注射液	500毫升铝塑复台盖	瓶	3.30
4	0.9%氯化钠注射液	500毫升铝塑复合盖	瓶	3.15
5	复方氯化钠注射液	500毫升铝塑复合盖	瓶	3.70
6	生理氯化钠注射液	500毫升铝塑复合盖	瓶	3.10
7	1%地卡因注射液	5毫升	支	1.97
8	胃酶合剂	100毫升	瓶	5.90
9	颠茄合剂	100毫升	瓶	3.87
10	盐酸异丙嗪糖浆	60毫升	瓶	3.35
11	复方硼砂溶液	200毫升	瓶	4.92
12	含酚炉甘石洗剂	100毫升	瓶	6.11
13	复方氢酯乳膏	25克	盒	6.40
14	痤疮乳膏	25克	盒	4.72
15	皮炎平乳膏	25克	盒	6.30
16	复方呋喃西林滴鼻剂	10毫升	支	3.50
17	呋、麻、可滴鼻液	10毫升	支	3.50

续表

序号	药品名称	规格	单位	零售价
18	冰油滴鼻剂	10 毫升	支	3.50
19	33%硫酸镁溶液	100 毫升	瓶	3.90
20	氯化钾溶液	100 毫升	瓶	3.60
21	复方磺胺嘧啶银粉	100 克	盒	19.00
22	皮疾灵口服液	10 毫升-10 支	盘	24.65
23	平热清毒口服液	10 毫升-10 支	盒	26.15
24	硫酸阿托品滴眼液	10 毫升	支	2.20
25	硝酸毛果芸硷滴眼液	10 毫升	支	9.04
26	口服补液盐	27.5 克	盒	2.20
27	妇炎洗剂	100 毫升	盒	19.65

2003 年，全市降低招标药品价格 512 种，平均降价幅度 20% 左右，减轻患者负担 2000 万元。

2004 年 10 月 1 日起，取消药品集中采购服务费和降低药品招标代理服务费标准，药品招标代理服务费率由 0.1% -0.6% 统一向下调整 15%，具体费率见下表：

表 2-1-175　**药品招标代理服务费收取标准**

单个企业单个品种的中标合同金额	招标代理服务费费率
100 万元以下	0.51%
100 万元-500 万元	0.34%
500 万元-1000 万元	0.255%
1000 万元-5000 万元	0.17%
5000 万元以上	0.085%

2007 年 11 月 15 日，落实国家发改委确定的第一批城市社区和农村基本用药定点生产的处方药品最高零售价格。具体品种规格及价格见下表：

表 2－1－176　**第一批城市社区和农村基本用药定点生产的处方药品最高零售价格**

金额单位：元

品名	规格	单位	剂型	最高零售价格	备注	品　名	规格
1	青霉素钠	注射剂	80 万单位（粉针）	瓶	0.80	华北制药股份有限公司/西南药业股份有限公司	★
1	青霉素钠	注射剂	100 万单位（粉针）	瓶	0.95		
1	青霉素钠	注射剂	160 万单位（粉针）	瓶	1.4		
1	青霉素钠	注射剂	400 万单位（粉针）	瓶	2.7		
9	阿莫西林	胶囊	250 毫克＊20 粒	盒	3.7	华北制药集团制剂有限公司	★
9	阿莫西林	胶囊	125 毫克＊20 粒	盒	2.2		
9	阿莫西林	胶囊	125 毫克＊50 粒	盒	5.3		
9	阿莫西林	胶囊	250 毫克＊24 粒	盒	4.4		
9	阿莫西林	胶囊	250 毫克＊50 粒	盒	8.9	华北制药集团制剂有限公司	
9	阿莫西林	胶囊	500 毫克＊10 粒	盒	3.2		
22	头孢唑林	注射剂	500 毫克（粉针）	瓶	1.7	★	
22	头孢唑林	注射剂	1 克（粉针）	瓶	2.9		
22	头孢唑林	注射剂	2 克（粉针）	瓶	5.0		
326	二甲双胍	片剂	250 毫克＊24 片	盒	4.1		
326	二甲双胍	片剂	250 毫克＊24 片	盒	4.1	常州制药厂有限公司/北京双鹤药业股份有限公司	★
326	二甲双胍	片剂	250 毫克＊30 片	盒（瓶）	5.1		
326	二甲双胍	片剂	250 毫克＊48 片	盒（瓶）	8.0		
326	二甲双胍	片剂	250 毫克＊100 片	瓶	16.2		
607	阿托品	注射剂	0.5 毫克：1 毫升＊10 支	盒	3.5	北京双鹤药业股份有限公司/常州制药厂有限公司	★
564	氨茶碱	片剂	100 毫克＊100 片	盒（瓶）	6.0	北京双鹤药业股份有限公司/成都第一制药有限公司	★
564	氨茶碱	片剂	200 毫克＊100 片	盒（瓶）	10.2		
731	复方利血平（复方降压片）	片剂	100 片	盒（瓶）	8.5	常州制药厂有限公司	★
731	复方利血平（复方降压片）	片剂	200 片	盒（瓶）	16.6		
185	复方丹参片	片剂	100 片（薄膜衣片）	瓶	6.60	山东方健制药有限公司	★

续表

品名	规 格	单位	剂型	最高零售价格	备 注	品　名	规格
282	大活络丸	蜜丸	3.5克*6丸	盒	14.90	大连美罗中药厂有限公司	★
502	七厘散	散剂	1.5克*6袋	盒	19.20	山东方健制药有限公司	★
502	七厘散	散剂	3克*6袋	盒	36.60	大连美罗中药厂有限公司	★

说明：表中备注栏标注“★”的为代表品。

2008年7月，市物价局按国家发改委办公厅关于第一批城市社区和农村基本用药定点生产的非处方药品最高零售价格的指导意见，公布常德市在本地执行的定点生产非处方药品最高零售价格：

表2－1－177

第一批城市社区和农村基本用药定点生产的非处方药品最高零售价格

金额单位：元

序号	定价目录序号	药品通用名称	剂型	规格	零售单位	最高零售价格	定点生产企业	备注
1	6	克霉唑	栓剂	150毫克*10枚	盒（瓶）	4.7	成都第一制药有限公司	*
2	16	阿司匹林	肠溶片	25毫克*100片	盒（瓶）	2.4	青海制药厂有限公司	*
3	16	阿司匹林	肠溶片	300毫克*100片	盒（瓶）	4.7	青海制药厂有限公司/成都第一制药有限公司	*
4	21	对乙酰氨基酚	片剂	500毫克*100片	盒（瓶）	4.6	常州制药厂有限公司/西南药业股份有限公司/青海制药厂有限公司	*
5	134	复方氢氧化铝	片剂	氢氧化铝0.245克/三硅酸镁0.105克/颠茄流浸膏0.0026毫升*100片	盒（瓶）	2.2	成都第一制药有限公司/青海制药厂有限公司	*
6	30	清热解毒口服液	口服液	10毫升	支	0.82	大连美罗中药厂有限公司	*
7	110	人参健脾丸	蜜丸	6克	丸	0.39	天津中新药业集团股份有限公司/达仁堂制药厂/山东方健制药有限公司/美罗中药厂有限公司	*
8	256	八珍益母丸	蜜丸	9克	丸	0.31	天津中新药业集团股份有限公司达仁堂制药厂	*

说明：表中备注栏标注“*”的为代表品。

2010年1月，武陵区和安乡县作为全省第一批试点县，从31日起开始实施基本药物制度。两区县32家（武陵区12家，安乡县20家）基层医疗卫生机构仅1月31日前库存的1651153个剂型规格的药品，按进价销售（零差率）就为患者减轻用药负担272.45万元。

2010年4月26日，市物价局对常德市一医院自制药品价格作出批复，具体价格如下表：同时要求医院自制药品零售价格低于外购的同类药品零售价格，则按自制药品零售价格执行；自制药品零售价格高于外购的同类药品零售价格，则按外购的同类药品零售价格执行。

表2-1-178　**常德市第一人民医院自制药品零售价格**　金额单位：元

序号	药品名称	剂型	规格	单位	零售价格
1	蓝根连翘口服液	口服液	10毫升×10支	盒	24.74
2	蓝根连翘口服液	口服液	500毫升	瓶	71.52
3	皮疾灵口服液	口服液	10毫升×10支	盒	41.48
4	平热清毒口服液	口服液	10毫升×10支	盒	41.86
5	颠茄合剂	合剂	100毫升：5克	瓶	5.43
6	胃蛋白酶合剂	合剂	100毫升：2克	瓶	13.17
7	盐酸异丙嗪糖浆	糖浆剂	60毫升：0.12克	瓶	4.88
8	10%氯化钾溶液	溶液剂	100毫升：10克	瓶	5.1
9	水合氯醛溶液	溶液剂	100毫升：10克	瓶	7.64
10	33%硫酸镁溶液	溶液剂	33%100毫升	瓶	5.39
11	硫酸阿托品滴眼液	滴眼液	10毫升：0.1克	支	3.22
12	硝酸毛果芸香碱滴眼液	滴眼液	10毫升：0.1克	支	15.01
13	呋麻可滴鼻液	滴鼻液	10毫升	支	4.61
14	冰油滴鼻液	滴鼻剂	10毫升：0.01克	支	4.21
15	复方麝香草酚滴耳液	滴耳剂	10毫升	支	1.44
16	新霉素氢化可的松滴耳液	滴耳剂	10毫升	支	3.13
17	呋喃西林滴鼻液	滴鼻剂	10毫升：0.02克	支	4.06
18	水杨酸酊	酊剂	100毫升：5克	瓶	7.52
19	癣酊（SBI酊）	酊剂	60rnl	瓶	7.34
20	硫软膏	软膏剂	25克：2.5克	盒	5.07
21	硅油乳膏	乳膏剂	25克：5克	盒	6.92
22	营养乳膏	软膏剂	25克	盒	6.70
23	醋酸地塞米松软膏	软膏剂	25克：0.0125克	盒	4.77
24	乙烯雌酚乳膏	软膏剂	25克：0.025克	盒	6.69
25	氢醌乳膏	软膏剂	25克：0.5克	盒	7.86
26	5%阿昔洛韦乳膏	软膏剂	25克：1.25克	盒	15.05

续表

序号	药品名称	剂型	规格	单位	零售价格
27	复方苯甲酸软膏	软膏剂	25 克	盒	12.19
28	鞣酸软膏	软膏剂	25 克：5 克	盒	7.55
29	复方磺胺嘧啶银粉	散剂	100 克	袋	35.71
30	含酚炉甘石洗剂	洗剂	100 毫升	瓶	8.78
31	复方硼砂溶液	溶液剂	200 毫升	瓶	6.78
32	复方甲硝唑乳膏	乳膏剂	25 克	盒	6.37
33	克霉唑软膏	软膏剂	25 克：1 克	盒	4.57

是年 12 月 6 日，市卫生局、市发改委、市财政局、市人社局、市物价局、市食品药品监管局发出通知，对汉寿县、石门县、津市市、鼎城区 4 个县市区的基层医疗卫生机构实施基本药物制度，有条件的县市区也可将未实行一体化管理的社区卫生服务站（村卫生室）纳入基本药物制度实施范围。

2011 年 6 月 20 日前，市第三批县（澧县、临澧县、桃源县）基层医疗卫生机构开始实施基本药物制度，至此，全市 9 个县市区基层医疗卫生机构全部实施基本药物制度。

（五）纺织品价格

1989 年年初，外地纺织印染原材料价格大幅度上涨，直接影响常德市场纺织品的生产加工和销售。如，桃源纺织印染厂同一品种规格的坯布，从外地议价购进的价格比省规定的出厂价高很多，平议差价率达到 60% 以上，具体见下表：

表 2－1－179　**1989 年 2 月桃源纺织印染厂主要购进坯布品种平议差价**

单位：元/百米

项目 坯布规格品种	坯布平议差价额			坯布平议差价率（%）
	省定出厂价	购进价	平议差价	
T65/C35 13#/13# （378×283.5×96.5）涤细	152.50	245.00	92.50	60.66
T65/C35 13×2/25 （327×252×96.5）涤平	207.00	309.80	102.80	49.66
19.5#/16# （283.5×271.5×96.5）细布	127.20	183.00	55.80	43.87
28#/28# （236×228×91.5）中平	122.60	178.00	55.40	45.10
28#/28# （236×236×123）中平	167.90	285.00	117.10	69.74

1990 年 2 月 12 日，调整纱、线代表品出厂价，具体价格见下表：

表 2－1－180　　常德市部分筒子棉纱、线代表品出厂价格　　单位：元/吨

纱　支	起线6	12	18	21	23	30	32	36	40	42
纯棉普梳单纱										
国家定价	7952	8051	8720	9000	9111	10836	10971	11288	11790	11912
省定出厂价	8111	8212	8894	9180	9293	11053	11190	11514	12026	12150
纱　支	6/2	12/2	18/2	21/2	23/2	30/2	32/2	35/2	40/2	42/2
纯棉普梳股线										
国家定价	8213	8530	9257	9600	9716	11580	11723	12008	12629	12766
省定出厂价	8377	8701	9452	9792	9910	11012	11957	12330	12882	13021
纱　支	30	40	42	45	50					
涤棉（T65/C35）精梳纱										
国家定价	15454	16145	16284	16500	17414					
省定出厂价	15763	16468	16610	16830	17762					

是年 11 月 3 日，市物价局、市商业局、市纺织局调整棉纺织品价格，同时就有关事项予以明确印发《常德地产棉纺织品牌价本》（以下简称《牌价本》），凡是《牌价本》上规定了牌价的，均按规定执行；凡是《牌价本》上没有规定牌价的地产管价纺织品，由生产企业按规定计价办法计算出厂价格，按隶属关系报主管部门审核（县以下乡镇企业等小纺织厂必须报区县市经委或纺织工业公司审核），再报同级物价部门审批。流通领域（含工厂自销）具体作价办法一律按《牌价本》上规定的“纺织品商业作价办法”执行，商业销地二级站对销地二级站内部调拨扣率仍按 4% 执行。此次调价后部分棉纺织品代表品产地价格如下表：

表 2－1－181　　部分棉纺织品代表品产地价格

单位：元/百米 零售价格：元/米

产品名称	规格		出厂价	批发价	零售价
	公　制	英　制			
普通市布	27.8×27.8，236×228.5，91.4	21×21，60×58×36”	220.1	250.11	2.85
凡拉明兰布	25.3×27.8，254×248，91.5	26×21，64.5×63×36”	283.2	321.82	3.67
浅花布（细布）	19.4×16.2，283.5×271.5，96.5	30×36，72×69×69”	323.5	367.61	4.19
浅花布（普通市布）	27.8×27.8，236×228.5，91.4	21×21，60×58×36”	309.1	351.25	4.00
精元直贡（半线直贡）	13.9×2/27.8，354.5×240，86.4	42/2×21，90×61×34”	360.4	409.55	4.67
浅涤细布	13.1×13.1，393.5×362.99	45×45，100×92×39”	398.5	452.84	5.16
漂白涤细布	13.1×13.1，433×299，119.4	45×45，110×76×47”	448	509.09	5.80
浅涤纱府绸	13.1×13.1，523.5×283.5，95.3	45×45，133×72×37.5”	402.2	457.05	5.21
深色涤卡（脂）	13.1×2/28，531.5×275.5，96.5	45/2×21，135×70×38”	719.9	818.07	9.83

说明：上述产品价格包括2%的地区差价。

表 2－1－182　　部分筒子棉纱、线代表品产地出厂价格　　单位：元/吨

项目	英制（支）	（起线6）	(12)	(18)	(21)	(23)	(30)	(32)	(36)	(40)	(42)
纯棉普梳单纱											
国家定价		10211	10338	11187	11428	11569	13531	13702	14104	14742	14896
省定出厂价		10415	10545	11411	11657	11800	13802	13976	14386	15037	15194
	公制（号）	97.2×2	48.6×2	32.4×2	27.8×2	25.4×2	19.4×2	18.2×2	16.2×2	14.6×2	13.9×2
	英制（支）	(6/2)	12/2	18/2	21/2	23/2	30/2	32/2	36/2	40/2	42/2
纯棉普梳股线											
国家定价		10657	11060	11996	12305	12451	14590	14772	15235	15921	16095
省定出厂价		10870	11281	12236	12551	12700	14882	15067	15540	16239	16417
	公制（号）	19.6	14.7	14	13.1	11.8					
	英制（支）	(30)	(40)	(42)	(45)	(50)					
涤棉精梳纱											
国家定价		15785	16492	16633	16854	17708					
省定出厂价		16101	16822	16966	17191	18144					

说明：1. 省定出厂价包括经国家物价局、纺织工业部批准在国家统一定价的基础上加地区差2%，未包括包装费。

2. 调出省外时，必须执行国家规定的价格，不得加地区差价。

1994 年 7 月，纺织品原料棉纱价格比上年上涨 8% 以上。具体价格见下表：

表 2－1－183　　1994 年 7 月棉纱出厂价格　　单位：元/吨

品名	规格	价格
气流纺筒子纱	TSOE	19000
气流纺筒子纱	10SOE	19000
气流纺筒子纱	12SOE	20000
气流纺筒子纱	16SOE	20000
纯棉筒子纱	21S	24000
纯棉筒子纱	32S	22500
普梳涤棉筒子纱	45S	25000
精梳涤棉筒子纱	45S	23500

表 2-1-184　　**1994 年 7 月棉纱市场价格**　　单位：元/吨

棉纱名称	规　格	价　格
全棉 OE 纱	7S（83.3tex）	18500-20000
全棉 OE 纱	10S（58tex）	19000-20000
全棉 OE 纱	-10S（-58tex）	15000-18000
T/C 混纺纱	-10S（-58tex）	18500-20500
全棉纱	10S（58.3tex）	20000-21000
全棉 OE 纱	12S（48.6tex）	20000-21000
全棉纱	16S（36.4tex）	21000-23000
全棉纱	21S（27.8tex）	22000-24000
全棉纱	32S（18tex）	26000-27000
全棉精梳纱	32S（18tex）	30000-31000
T/C 混纺纱	32S（18tex）	23000-24000
T/C 精梳纱	32S（18tex）	25000-26000
T/C 混纺纱	45S（13tex）	22000-25000
T/C 混纺纱	21S（27.8tex）	21000-23000
全棉纱	40S（14.5tex）	28000-29000

1997 年 16 支全棉纱市场成交价每吨 15800-17000 元，比 1995 年下降 38%。涤纶短纤维，锦纶短纤维等化纤价格亦有不同程度的下降。1997 年纺织品市场价格如下表：

表 2-1-185　　**1997 年常德市纺织品市场价格**　　单位：元/米

品种	门幅（厘米）	价格	品种	门幅（厘米）	价格
人棉绉	114	6.00-6.80	平纹呢	114	9.00-12.00
金丝绒	114	6.50-7.50	单面呢	114	12.00-13.00
灯芯绒	114	11.50-14.60	仿全毛	114	13.00-15.00
平绒	114	13.00-14.00	毛格呢	145	15.00-16.00
利亚绒	114	11.00-12.00	毛条呢	148	15.00-25.80
牛津纺	114	9.00-11.00	一枝棉	150	20.50-21.50
的确良	114	3.50-4.10	三得利	150	14.50-15.50
米兰麻	114	13.50-15.50	法波子	150	29.00-30.00
时装麻	114	14.00-16.50	凹凸麻	150	19.00-20.00
丝光麻	114	14.00-15.00	条子呢	150	25.00-26.00
格子麻	114	13.00-14.00	驼丝棉	150	17.00-18.00

续表

品种	门幅（厘米）	价格	品种	门幅（厘米）	价格
华达呢	114	14.00－16.00	涤棉被套	170	4.80－6.00
华美呢	114	14.00－15.00	全棉被套布	170	10.00－12.00

2001年，部分纺织品价格如下表：

表2－1－186 **2001年常德市纺织品批发价格** 单位：元/米

品种	门幅（厘米）	价格
华纺呢	150	25.00－26.00
时装绒	150	18.00－19.00
仿毛呢	150	27.00－27.50
条纹呢	150	24.00－25.00
提花绒	150	20.00－21.00
素色灯芯绒	90	9.50－12.50
印花灯芯绒	90	12.00－14.00
胜兴隆衬衫布	114	12.00－15.00
木浆色织衬衫布	114	18.00－20.00
CVC衬衫布	114	15.00－19.00
纯棉衬衫布	114	20.00－24.00
色织衬衫布	114	14.00－16.00
直贡布	150	4.00－5.50
纯棉帆布	150	12.00－14.00

以下是湖南云锦集团股份有限公司和桃源杰新纺织印染有限公司部分产品近10年出厂、销售价格：

表2－1－187 **湖南云锦集团股份有限公司部分年份主要产品厂销价格** 单位：元/吨·米

品种/价格/年份	纱（元/吨）		布（元/米）	
	出厂（成本）	销售（含税）	出厂（成本）	销售、（含税）
2003	14044.17	17846.22	2.95	3.75
2004	17199.79	20761.19	3.39	4.10
2005	15210.70	19254.82	3.77	4.77
2006	16835.65	21477.75	4.02	5.13
2007	15576.59	21009.90	3.72	5.01
2008	15145.14	20914.81	3.73	5.09

续表

年份＼价格＼品种	纱（元/吨）		布（元/米）	
	出厂（成本）	销售（含税）	出厂（成本）	销售、（含税）
2009	13931.13	19600.68	3.43	5.14
2010	20334.27	26348.62	4.29	6.21
2011	26463.44	36384.06	6.48	8.06
2012	21136.65	29835.89	4.89	6.24

表 2－1－188　　**桃源杰新纺织印染有限公司部分年份主要产品厂销价格**　　单位：元/米

年份＼价格＼品种	细 C30×30 68×68 50		单卡 C21×21 108×58 47		粗斜纹 C7×7 68×38 63		细帆 C21/2×10 72×40 63		涤府 T/C65/35 133×72 63		斜纹 C32/32 130×70 63		拉绒布 C24/13 42×44 50	
	出厂	销售	出厂	销售	出厂	销售	出厂	销售	出厂	销售	出厂	销售	出厂	销售
2002	7.20	7.40	7.80	8.10	14.30	14.70	13.20	13.50	7.80	8.15	9.85	10.05	5.45	6.10
2003	7.20	7.50	7.80	8.10	14.40	14.70	13.30	13.60	7.80	8.30	9.80	10.15	6.10	6.60
2004	7.30	7.52	7.75	8.25	14.40	14.70	14.10	14.40	8.10	8.50	9.75	10.20	6.05	6.45
2005	7.30	7.40	7.80	8.30	14.80	15.20	14.60	15.00	8.20	8.70	8.90	10.40	5.85	6.24
2006	7.50	7.80	7.80	8.35	13.90	14.40	15.20	15.40	8.70	9.10	9.25	9.75	5.85	6.15
2007	7.45	7.80	8.20	8.52	14.00	14.30	14.70	15.10	8.40	8.70	9.45	9.95	6.20	6.44
2008	7.60	7.80	8.20	8.50	15.50	15.95	15.50	15.80	8.75	9.15	9.70	10.25	6.50	6.95
2009	7.60	7.95	8.70	9.10	16.20	16.76	16.10	16.40	8.35	8.70	10.85	11.40	6.55	6.90
2010	7.60	7.90	9.00	9.50	17.20	17.50	16.00	16.45	9.10	9.40	11.20	11.68	7.10	7.40
2011	7.90	8.10	10.90	11.10	19.00	19.20	17.00	17.20	9.35	9.55	12.90	13.10	6.70	6.90
2012	7.05	7.25	8.70	8.90	16.70	16.95	14.70	14.90	8.10	8.30	10.80	11.00	7.90	8.10

三、机械产品价格

（一）纺织机械价格

常德纺织机械有限公司（以下简称常纺机）是纺织工业部设于常德市的专门生产纺织机械的大型企业。2005 年湖南省科学技术厅认定常纺机为湖南省重点高新技术企业。2011 年，常纺机的新产品销售率达到 60% 以上。9 月 22－29 日，第 16 届欧洲纺机展在西班牙巴塞罗那举行，常纺机 E2528 型经编机参展，引来西方多国关注、询价、签订意向合同，引起该企业新老产品畅销，价格上扬。

以下是常纺机 1999－2012 年主要产品出厂价、销售价格表：

表 2－1－189　　常纺机主要产品厂销价格　　单位：万元/台

品种/价格/年份	E2291A 型双针床经编机		KS2B 型特里科高速经编机		E2281＝170（E7）型经编机		KSA 型经编机		FA251E－500 型精梳机	
	出厂	销售	出厂	销售	出厂	销售	出厂	销售	出厂	销售
1999									8.6	16
2000									8.6	10
2001							25	38.4	8.6	10
2002							23.2	32.8	8.5	11
2003	45.5	55.5			37	71	30	35.5	9.5	11
2004	46.5	55	27.3	36.5	35.7	72	27.2	41	9.5	11
2005	50	52	33.15	40	37	66	22.05	39	11.4	10
2006	33	54	23.5	38	35.7	60	24	38.5	11.4	10
2007	44.5	52	27.8	38	35.7	60	33	38	11.4	10
2008	56	53	35.2	43	35.7	60	35	41		
2009	67.9	53	31.2	39	35.7	58	34.3	38.5		
2010	50.25	57	29.46	42						
2011	88.8	60	29.6	44						

（二）烟草机械价格

常德烟草机械有限责任公司（以下简称常烟机）是常德市乃至湖南省生产烟草机械的重要企业。2001 年，常烟机产品的国内市场占有率达到 80% 以上。2011 年 5 月 11 日，常烟机在装配车间现场举行“超高速卷接包机组研制”ZJ116 样机装配启动仪式。12 月 14 日，ZJ116 型卷接机组上海样机顺利通过中烟机械集团公司组织的内部验收。2012 年，老产品质量技术提高。新产品全新上市。

以下是常烟机 1996－2012 年主要产品出厂、销售价格表：

表 2－1－190　　常烟机主要产品厂销价格　　单位：万元/台

品种/价格/年份	ZJ17（PRO－TOS70）高速卷接机组		ZJ112 型卷接机组		ZJ116 型卷接机组		YF12－YB17（COMFLEX－1）YF13（S90）型烟支储存输送系统		YJ35A 型装盘机		ZL26A 成型机	
	出厂	销售	出厂	销售	出厂	销售	出厂	销售	出厂	销售	出厂	销售
1996	850	850										
1997	850	850					270	270	55	55		
1998	850	850					270	270	55	55		

续表

品种 价格 年份	ZJ17（PRO－TOS70）高速卷接机组		ZJ112型卷接机组		ZJ116型卷接机组		YF12－YB17（COMFLEX－1）YF13（S90）型烟支储存输送系统		YJ35A型装盘机		ZL26A成型机	
	出厂	销售	出厂	销售	出厂	销售	出厂	销售	出厂	销售	出厂	销售
1999	850	850					270	270	55	55		
2000	850	850					270	270	55	55		
2001	850	850					270	270	55	55		
2002	850	850					270	270	55	55		
2003	850	850					270	270	55	55		
2004	850	850					270	270	55	55		
2005	850	850					270	270	55	55		
2006	850	850	1450	1450			270	270	55	55		
2007	850	850	1450	1450			270	270	55	55	495	495
2008	850	850	1450	1450			270	270	55	55	495	495
2009	850	850	1450	1450			270	270	55	55	495	495
2010	850	850	1450	1450			270	270	55	55	495	495
2011	850	850	1450	1450			270	270	55	55	495	495
2012	935	935	1450	1450	3600	3600	270	270	55	55	495	495

（三）农业机械价格

常发农机公司是常德市生产农业机械的主要企业。下面是1997－2012年常德市常发农机公司主要产品出厂、销售价格表：

表2－1－191　**常德市常发农机公司主要产品厂销价格表**　单位：元/台

品种 价格 年份	湖南－12D拖拉机		湖南－124D拖拉机		常发151手扶拖拉机		金驰JC－189机耕船		军工－23型水田耕整机		常发水稻播秧机		资江－4c－1.0A水稻联合收割机	
	出厂	销售	出厂	销售	出厂	销售	出厂	销售	出厂	销售	出厂	销售	出厂	销售
1997	10500	11000							1800	2180				
1998	10800	11300							1800	2180				
1999	10900	11400							1900	2200				
2000	11300	11800							1850	2180				
2001	11400	11900			7100	7600			1900	2200				
2002	11500	12000			7150	7650			2000	2300				

续表

品种 价格 年份	湖南－12D拖拉机		湖南－124D拖拉机		常发151手扶拖拉机		金驰JC－189机耕船		军工－23型水田耕整机		常发水稻播秧机		资江－4c－1.0A水稻联合收割机	
	出厂	销售	出厂	销售	出厂	销售	出厂	销售	出厂	销售	出厂	销售	出厂	销售
2003	11600	12100			7180	7680			2100	2400				
2004	12650	13180			7180	7680			2200	2500				
2005	12750	13280	18800	19300	7250	7750			2350	2550				
2006	14850	15380	18900	19480	7280	7780	9800	10300	2400	2680				
2007	15850	16380	21500	22000	7280	7780	10800	11300	2450	2750			26800	27800
2008	16880	17380	21800	22300	7380	7880	11300	11880	2450	2750			28800	29500
2009	17950	18480	21800	22300	7380	7880	12000	12580	2450	2750	11000	11500	29800	31500
2010	18900	19480	22000	22500	7400	7980	12000	12580	2500	2800	10800	11300	31800	32600
2011	19700	20380	22000	22580	7400	7980	12500	13000	2500	2800	10800	11300	31800	32600
2012	19800	20480	22500	23000	7450	7950	12500	13000	2500	2800	10800	11300	32800	33500

四、建材产品价格

（一）钢材价格

1989年5月5日，市政府批转市物资局《常德市钢材市场管理暂行办法》，明确国家有最高限价的计外钢材，按限价执行，不得突破，下浮不限；国家有规定差率的，按规定差率执行。

1990年，常德市用进口原材料生产的钢坯、钢材的价格如下表：

表2－1－192　**计划外钢坯、钢材代理出厂价格**　单位：元/吨

品　名	代表品规格	出厂价格	备　　注
方钢坯	51－75毫米	1350	1. 其他规格的价格按计内价格的差价加减 2. 优质产品或达推荐标准产品不再加减 3. 其他企业用湘潭、涟钢代理价的钢坯生产的同一品种．亦执行表列价格；生产表列以外的品种价格，另行报批
薄板坯	B1－7 6－20×100－800毫米	1630	
矽钢坯	D22	1935	
低碳盘条	B1－3F 6－6.5毫米	1890	
普碳圆钢	B1－4F 10－12毫米	1750	
螺纹钢	20MnSi 19－24毫米	1910	
普碳角钢	B1－4F 30×3毫米	1750	
普碳槽钢	B1－4F 8－11号	1700	
普碳扁钢	B1－4F 3×50毫米	1650	
轻轨	普碳11－15kg/m	1890	
碳结圆钢	08－70 19－24毫米	1850	
碳结盘条	08－70 6－6.5毫米	2010	

以下是常德市场2007－2011年部分月份的钢材销售价格表：

表2－1－193　**2007年常德市钢材销售价格**　单位：元/吨

品种/价格/月份	12Φ 螺纹钢	6.5 线材
3	3730	3400
6	3810	3780
9	3930	3980
10	4380	4190
12	4700	4400

表2－1－194　**2008年常德市钢材销售价格**　单位：元/吨

品种/价格/月份	12Φ 螺纹钢	6.5 线材
2	5060	4790
3	5060	4790
6	5800	5650
9	5450	5200
12	5000	4700

表2－1－195　**2009年常德市钢材销售价格**　单位：元/吨

品种/价格/月份	12Φ 螺纹钢	6.5 线材
1	4600	4300
3	4600	4300
6	4800	4500
9	4700	4400
12	4500	4200

表 2－1－196

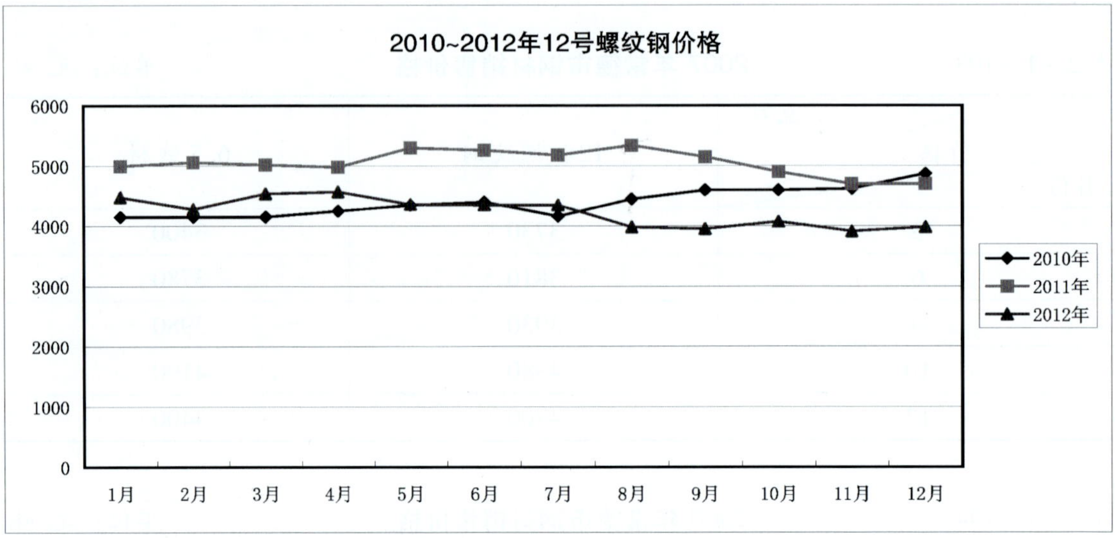

表 2－1－197

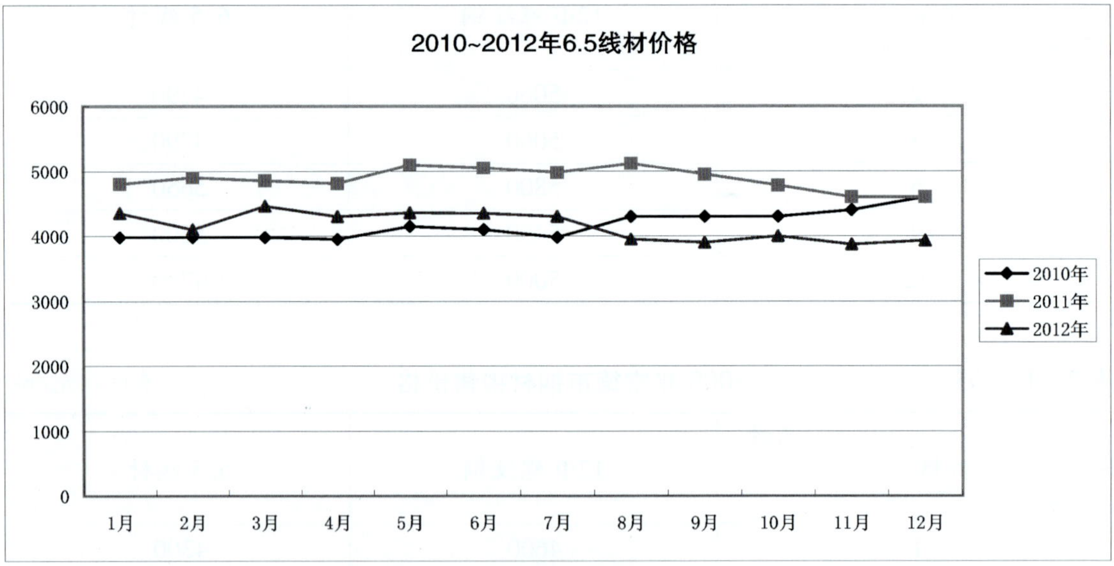

表 2－1－198　　2011 年 1 月常德市城区钢材市场成交价格

产地	品种	规格	计量单位	成交价格
涟钢	螺纹钢	12，Q235	元/吨	5000
涟钢	螺纹钢	22，Q235	元/吨	4800
湘钢	线材	普线 6．5，Q235	元/吨	4850
武钢	热轧中厚板	6，Q235	元/吨	5010
武钢	热轧中厚板	10，Q235	元/吨	4960

续表

产地	品种	规格	计量单位	成交价格
武钢	热轧中厚板	20，Q235	元/吨	4900
武钢	热轧薄板	1，Q235A	元/吨	5080
涟钢	热轧薄板	2，Q235A	元/吨	5050
涟钢	热轧薄板	3，Q235A	元/吨	5030
涟钢	热轧薄板	4，Q235A	元/吨	4930
唐山	槽钢	10，Q235	元/吨	4920
唐山	角钢	50×50×4，定尺，Q235	元/吨	4850
唐山	角钢	75×75×6，定尺，Q235	元/吨	4830

2012 年 7 月下旬，常德市城区钢材市场价格下跌较快，12 毫米螺纹钢每吨 4010 元，与上周相比下降 7.82%。到年底，钢材市场价格一直处于稳中有降的趋势，详情见下表：

表 2－1－199　**2012 年常德市各月钢材销售价格**　单位：元/吨

品种/价格/月份	12Φ 螺纹钢	6.5 线材
1	4480	4350
2	4280	4100
3	4540	4460
4	4570	4300
5	4360	4360
6	4350	4350
7	4350	4300
8	3980	3950
9	3950	3900
10	4070	4000
11	3910	3870
12	3980	3930

（二）水泥价格

1989 年 3 月 29 日，市物价局核定石门磷肥厂水泥出厂价格，该厂新投产的 425 号普通硅酸盐水泥佳木斯机扎袋包装每吨出厂价格 165 元、普通纸袋包装每吨出厂价 160 元。矿渣硅酸盐水泥和火山灰硅酸盐水泥出厂价格每吨减 5 元；325 标号的在 425 标号出厂价格基础上每吨减 5 元。

1991 年 6 月 20 日，市物价局核定石门水泥厂水泥价格。该厂各规格散装水泥每吨出厂价格分别为：525#中热硅酸盐水泥 185 元、525#硅酸盐水泥 150 元、525#普通硅酸盐水泥 135 元、425#普通硅酸盐水泥 120 元。以上均为工厂交货价格，包装费按规定另加。7 月 1 日，市物价局明确由区县市管理的水泥厂由当地物价、建材主管部门参照省调拨水泥出厂价格确定，并报市物价局、市建材局备案。油井水泥出厂价格如下表：

表 2 - 1 - 200　　**油井水泥出厂价格**　　单位：元/吨

级别	类　型	老标准价	新标准价
A	普通型	190	190
B	中抗硫		190
	高抗硫		195
C	普通型		190
	中抗硫		195
	高抗硫		200
D	中抗硫		210
	高抗硫		215
E	中抗硫		210
	高抗硫		225
F	中抗硫		230
	高抗硫		235
G	中抗硫	210	210
	高抗硫	225	225
H	中抗硫		205
	高抗硫		210
J			250

以下是 1989 - 2012 年石门县水泥销售价格表：

表 2 - 1 - 201　　**1989—2012 年石门县水泥销售价格表**　　单位：元/吨

品种 / 价格 / 年份	425#硅酸盐水泥	325#硅酸盐水泥
1989	160	155
1990	160	155
1991	160	155
1992	160	155
1993	240	220

续表

品种/价格/年份	425#硅酸盐水泥	325#硅酸盐水泥
1994	230	210
1995	240	220
1996	250	230
1997	245	230
1998	250	230
1999	250	230
2000	260	240
2001	270	250
2002	275	250
2003	275	240
2004	265	235
2005	255	240
2006	360	345
2007	360	340
2008	350	330
2009	360	340
2010	355	330
2011	360	340
2012	350	340

说明：本表价格系平均销售价格。在实际销售中，根据市场行情及批量大小，可适当优惠每吨20元左右。

下表为2009－2012年石门特种水泥有限公司水泥销售价格：

表2－1－202　　**湖南石门特种水泥有限公司水泥销售价格表**　　单位：元/吨

品种/价格/年份	P. C32. 5	P. O42. 5
2009	223. 5	259
2010	225	287. 5
2011	336. 5	376. 5
2012	285	358

说明：1. 两个规格的产品均为普通硅酸盐水泥。2. 表内价格系平均销售价格。

以下是2009－2012年临澧冀东水泥有限公司水泥销售价格表：

表2－1－203　**临澧冀东水泥有限公司水泥销售价格表**　单位：元/吨

品种 价格 年份	P. C32. 5	P. O42. 5
2009	201	234
2010	232	261
2011	324	355
2012	270	306

说明：1. 两个规格的产品均为普通硅酸盐水泥；

2. 本表价格系平均销售价格。在实际销售中，根据市场行情及批量大小给予适当优惠。

第二章　服务价格管理

第一节　公用事业价格

一、邮政资费

1991年4月12日开始收取投递电报特殊服务费。具体规定为：城镇居民用户不在规定时间内领取电报，作第二次投递时，可收取重复投递服务费每份0.8元。投送给单位的电报，如需分送到以下二层或基层的，可收取延伸投递服务费每份0.3元；分送到3楼以上（含3楼），收取高层楼房投递服务费每份0.4元。农村电报专送费，5公里以内的每份每次收费1.5元；5公里以外每增加1公里加收0.2元，但每份最高收费不得超过2.5元。

1994年5月23日，市物价局下达部分邮政业务出售品最高限价。从6月1日起对部分邮政业务出售品规定最高销售价格如下表：

表2-2-1　　常德市邮电局邮政业务出售品最高销售价格

品名及规格标准	单位	最高售价	品名及规格标准	单位	最高售价
一、标准信封			电报汇款单	元/张	0.02
双胶纸普2号信封	元/个	0.10	长话挂号单	元/张	0.02
双胶纸国际5号信封	元/个	0.10	电报去报纸	元/张	0.05
牛皮纸5号信封	元/个	0.10	三、瓦楞纸板包装箱		
牛皮纸大型7号信封	元/个	0.15	1号包装箱	元/个	5.25
牛皮纸大型9号信封	元/个	0.25	2号包装箱	元/个	4.00
双胶纸快件信封	元/个	0.10	3号包装箱	元/个	3.00
牛皮纸线装保价信封	元/个	0.10	4号包装箱	元/个	2.50
牛皮纸线装特挂信封	元/个	0.10	5号包装箱	元/个	1.80
特快专递信封	元/个	1.60	6号包装箱	元/个	1.60
回音卡（含邮资0.20元）	元/卡	0.50	7号包装箱	元/个	1.30
二、单式			8号包装箱	元/个	1.10
特快专递详情（四联）单	元/套	1.60	四、其他服务费		
国内包裹详情（三联）单	元/套	0.10	1. 商业信函制作费（不含信封、不含邮资）	元/件	0.10
普通汇款单	元/个	0.05	2. 代查邮码费（机查）	元/次	0.10
特快汇款单	元/个	0.10	3. 代填业务单式费	元/张	0.10

1995 年，公布邮政礼仪专递业务收费标准，自 10 月 1 日起执行。传输费，不论同城或异地统一为传输一次收费 12 元。服务费，同城礼仪专递业务每件 12 元，节假日、定时服务每件 30 元。省内不同城礼仪专递业务每件 50 元，节假日、定时服务每件 100 元。

1998 年 7 月 15 日起，对乡镇邮政延伸服务实行收费。代收寄给据邮件（包括挂号邮件，特快专递邮件、包裹、邮政汇款等）每件 0.50 元，代用户领取包裹每件 1 元，代用户缴纳电话费每户每月 1 元，投递到户平常函件每件 0.20 元，给据邮件每件 0.50 元，报刊、杂志按所订报刊费的 5% 收取，电报每份 1 元。

1999 年 3 月 1 日起，调整城区邮政资费。国内平信在城市城区和行政县内通信，首重资费 20 克提高到 0.60 元；发往城市城区外及行政县外信函的首重资费提高到本埠 0.60 元，外埠 0.80 元。国内明信片每片 0.60 元。国内印刷品首重 100 克本埠 0.30 元，外埠 0.60 元。回音卡每件 0.60 元，挂号费每件 2 元，回执每件 3 元。邮政汇费每汇 1 元收费 1 分，每笔汇款最低汇费 2 元，最高 50 元。

2004 年 2 月 12 日，制定部分邮政用品用具零售最高限价。具体零售最高限价为：邮政信封，1－4 号胶版纸或牛皮纸信封每个 0.20 元，5－8 号胶版纸或牛皮纸信封每个 0.30 元，9 号牛皮纸信封每个 0.50 元；特快专递，封套每个 1.5 元，详情单每套 1.3 元；包裹包装箱，1－2 号每个 10 元，3－4 号每个 8 元，5－6 号每个 5 元，7－8 号每个 4 元，9－10 号每个 3 元，11－12 号每个 2 元。各邮政企业可根据上述零售最高限价与有关经营单位协商确定中间环节价格，并允许结合当地经营成本和市场竞争情况下浮零售价格。

2008 年 1 月 25 日，市物价局核定市邮政局邮政信报箱试行价格，市邮政局在信报箱工作推广初期，指定常德市银信不锈钢制作部制作的不锈钢邮政信报箱单箱销售价格为 120 元。

2010 年 12 月 19 日，公布邮政延伸服务收费标准，详情见下表：

表 2－2－2　　**邮政延伸服务项目及收费标准**

收费项目			计费单位	基准价	备　注
延伸投递服务费	1. 农村邮件专送费	(1)报刊专送费	元/月·份	按每月份报刊总定价的10%	1、直接送到用户； 2、对有传达（收发）室接收邮件的单位、个人免收
		(2)给据邮件	元/件	0.50	
		(3)平　信	元/件	0.20	
	2. 深度投递费	(1)直接投递到二楼以上无电梯用户每增加一层	元/月·户	个人：2.00 单位：10.00	个人用户最高不超过8元/月户，单位用户最高不超过30元/月户
		(2)直接投递到宾馆或写字楼等大厦内指定房间	元/月·户	20.00	不能与2（1）项累加收费。
	3. 送包裹上门服务费		元/件	10.00	不分重量。接受深度投递服务的用户免收
代理代办服务费	1. 11185订送票费		元/张	20.00	最高限价
	2. 交通规费（含年审、年检），水、电、气缴费，交通违章罚款等代办缴费服务的受理手续费		次	5.00	接受委托申请，提供咨询服务、资料录入整理、账目核对、补打单据、补退款、代收费以及为客户提供售后服务等，不另收取工本费，应客户要求上门办理收寄服务的可另收取5元/次
	3. 交通规费（含年审、年检），水、电、气缴费，交通违章罚款等代办缴费服务的资料送达服务费		封	同城：10.00	不另收取详情单封套等费用、受理部门将委托代办的交款单证等材料通过特快专递发送到办证机构所在地
				异地：20.00	
	4. 交通规费（含年审、年检）水电、气缴费，交通违章罚款等代办缴费服务的凭证反馈服务费		封	同城：10.00 异地：20.00	不另收取详情单、封套等费用
邮政信箱服务费	邮政专用信箱使用费		元/年/个	360.00	
	邮政租用信箱使用费		元/年/个	120.00	
包裹逾期保管费	5000克以下		元/件天	1.00	逾期天数从通知单送达用户第六天起计算，将委托办理的相关凭证，核销证明等材料通过特快专递送达委托人。
	5001克－10000克		元/件天	2.00	
	10001克以上		元/件天	3.00	

二、电信资费

1990年6月22日，改革农村电话计费办法，具体资费标准见下表：

表2－2－3　　**农村电话资费标准**　　单位：元

资费项目			计费单位	基本价目							
				人工电话				自动电话			
				100门以内		100门及以上		300门以内		300门及以上	
				甲种	乙种	甲种	乙种	甲种	乙种	甲种	乙种
基本月租费		普通电话	部	5	8	8	12	8	13	10	16
		电话副机	部	2	3	3	4	3	4	4	5
		同线电话	部	5	7	6	8	－	－	－	－
		合用电话	户	6		7		8		10	
		用户中继线	路	24		36		39		48	
		普通专线	路	24							
		线路月租费	公里	6							
		加装传真机使用费	部	130（特定用户减半收费）							
	电话附件	听筒	付	2							
		分铃插扑扳闸	付	1							
交换区内通话费		微机计费用户	3分钟/次	0.05							
		使用公用话机	3分钟/次	0.10							
交换区间通话费		普通电话（叫号）	分钟	20公里及以内0.20元，20公里以上0.30元							
		叫人、传呼费	张	按1分钟普通电话分级价目计收							
		挂号手续费	张	0.10							
		销号费	张	按1分钟普通电话分级价目计收							
农话建设费			张	按通话费的20%计收							
会议电话费		通话费	分钟	按普通电话分级价目的70%计收							
		予告费	10个字	按1分钟普通电话分级价目计收							
		销号费	路	按1分钟普通电话分级价目计收							
	汇接费	县至区乡（镇）	路	5							
		交换区内	路	0.50							
长话过线费		农村挂发	分钟	按普通电话分级价目计收							
		城市挂发	分钟	0.20							
电报过线费			每个字	0.03							
电报传真费			页	0.50							
文件、图表传真费			16K/页	4							

续表

<table>
<tr><th colspan="3" rowspan="4">资费项目</th><th rowspan="4">计费单位</th><th colspan="8">基本价目</th></tr>
<tr><th colspan="4">人工电话</th><th colspan="4">自动电话</th></tr>
<tr><th colspan="2">100 门以内</th><th colspan="2">100 门及以上</th><th colspan="2">300 门以内</th><th colspan="2">300 门及以上</th></tr>
<tr><th>甲种</th><th>乙种</th><th>甲种</th><th>乙种</th><th>甲种</th><th>乙种</th><th>甲种</th><th>乙种</th></tr>
<tr><td rowspan="2">区间电路租费</td><td colspan="2">长期租用</td><td>路/月</td><td colspan="8">按 4500 分钟普通电话分级价目计收</td></tr>
<tr><td colspan="2">临时租用</td><td>路/日</td><td colspan="8">按 200 分钟普通电话分级价目计收</td></tr>
<tr><td rowspan="2">租用专线</td><td colspan="2">水线</td><td>对百米/月</td><td colspan="8">10</td></tr>
<tr><td colspan="2">飞线</td><td>对百米/月</td><td colspan="8">20</td></tr>
<tr><td rowspan="2">租杆挂线</td><td colspan="2">普通电杆</td><td>对杆/月</td><td colspan="8">0. 20</td></tr>
<tr><td colspan="2">飞线电杆</td><td>对杆/月</td><td colspan="8">5</td></tr>
<tr><td colspan="3">租用电话机</td><td>部/月</td><td colspan="8">1</td></tr>
<tr><td rowspan="2">代维线路工费</td><td colspan="2">甲种用户</td><td>公里/月</td><td colspan="8">1. 50</td></tr>
<tr><td colspan="2">乙种用户</td><td>公里/月</td><td colspan="8">2. 50</td></tr>
<tr><td rowspan="4">代维设备工费</td><td colspan="2">交换机</td><td>每 20 门/月</td><td colspan="8">7</td></tr>
<tr><td colspan="2">载波机</td><td>路端/月</td><td colspan="8">120</td></tr>
<tr><td rowspan="2">电话机</td><td>甲种用户</td><td>部/月</td><td colspan="8">1</td></tr>
<tr><td>乙种用户</td><td>部/月</td><td colspan="8">2</td></tr>
<tr><td rowspan="5">装移机手续费</td><td colspan="2">普通电话</td><td>部/次</td><td colspan="8">8</td></tr>
<tr><td colspan="2">电话副机</td><td>部/次</td><td colspan="8">8</td></tr>
<tr><td colspan="2">同线电话</td><td>部/次</td><td colspan="8">8</td></tr>
<tr><td colspan="2">普通专线</td><td>对/次</td><td colspan="8">8</td></tr>
<tr><td colspan="2">电话附件</td><td>户/次</td><td colspan="8">4</td></tr>
<tr><td rowspan="2">装移机工费</td><td colspan="2">技工工费</td><td>工日</td><td colspan="8">按市话线路工程基本价目</td></tr>
<tr><td colspan="2">施工管理费</td><td>工日</td><td colspan="8">按市话线路工程基本价目</td></tr>
<tr><td rowspan="2">空闲杆线费</td><td colspan="2">线条</td><td>对百米</td><td colspan="8">50</td></tr>
<tr><td colspan="2">电杆</td><td>杆/对线位</td><td colspan="8">5</td></tr>
<tr><td colspan="3">电话改制费</td><td>部/次</td><td colspan="8">1000 – 3000</td></tr>
<tr><td colspan="3">改名手续费</td><td>户/次</td><td colspan="8">3. 00</td></tr>
<tr><td colspan="3">过户费</td><td>户/次</td><td colspan="8">50. 00</td></tr>
<tr><td colspan="3">账号（含记账回挂）管理费</td><td>户/月</td><td colspan="8">2. 00</td></tr>
<tr><td colspan="3">新建、更改账号费</td><td>户/次</td><td colspan="8">10. 00</td></tr>
<tr><td colspan="3">分抄话费记录单劳务费</td><td>张</td><td colspan="8">0. 03</td></tr>
<tr><td colspan="3">业务查询费</td><td>次</td><td colspan="8">1. 00</td></tr>
<tr><td rowspan="2">会议电话录放音费</td><td colspan="2">自备机带</td><td>小时</td><td colspan="8">3. 00</td></tr>
<tr><td colspan="2">局备机带</td><td>小时</td><td colspan="8">5. 00</td></tr>
<tr><td colspan="3">用户传真占用农话电路费</td><td>分钟/受传户</td><td colspan="8">按农话区间普通电话分级价目</td></tr>
</table>

注：常德市石门县农村电话实行优惠政策。

1990 年 10 月 1 日起，改变市内电话资费管理办法，对市内电话的部分收费项目和收费标准进行调整，具体情况如下表：

表 2-2-4　**市内电话部分资费标准**　单位：元

项目 月租费 种类	调整后资费	项目 月租费 种类	调整后资费
基本月租费 ①一万门及以上			
甲种	9.6	中继线	63
乙种	15	④二十万门及以上	
中继线	45	甲种	15.6
②五万门及以上		乙种	24
甲种	11.6	中继线	72
乙种	18	⑤四十万门及以上	
中继线	54	甲种	17.6
③十万门及以上		乙种	27
甲种	13.6	中继线	81
乙种	21	市话通话费（每次）	0.1

是年 11 月 3 日，市物价局下达批复，确定无线电寻呼 BB 机开户费每号 40 元（一次性收费），编码费每号 200 元（一次性收费），转户费每台 30 元，服务费每号每月 25 元。

1994 年 6 月 7 日，市物价局、市邮电局明确有关邮政资费及建设费标准。电报、长话（含国际、港澳台报话）建设费按业务收入的 40% 收取；市话建设费按市话收入的 20% 收取；使用国际及港澳台电信业务用户交纳外汇券的，邮电部门应予收取，并按原计费办法执行；农话建设费按农话业务收入的 40% 收取；财政预算拨款的党政机关，事业单位征收邮电建设费实行优惠，公众寻呼业务收费标准，按省物价局、省邮电管理局〔1994〕湘价重字第 126 号《关于制定公众寻呼业务收费标准的通知》规定执行。

1996 年 8 月 12 日，明确无线寻呼业务收费如下表：

表 2-2-5　**无线寻呼业务收费标准**

项目	计费单位	收费标准（元）	备注
呼计次数	每呼一次	0.36	主叫付费
呼机开户费	每号	100	含受理、编号等
带机入网费	每号	180	含开户、验机费
转户费	每号每次	30	
特殊号选号费	每号	100	普通号不收费
寻呼机售价	每台	按进价加 12%	
维修手续费	每号每次	10	材料费按实计收

无线寻呼业务收费均不得加收邮电建设费。

是年 11 月 27 日，常德市按省物价局、省邮电局《关于改革邮电价格的通知（特急)》(〔1996〕湘价重字第 312 号）精神，调整市话、农话、国内长话通话费：

表 2 - 2 - 6　　**常德市市话、农话、国内长话通话费**

<table>
<tr><th>项　目</th><th>计费单位</th><th>资费</th><th>建设费</th><th>合计</th><th>备　注</th></tr>
<tr><td>市话通话费</td><td>元/次</td><td>0.15</td><td>0.05</td><td>0.20</td><td rowspan="6">①国内长话通话费（不含本地网营业区间通话费）夜间和法定节假日实行减半优惠；
②由财政预算全额拨款的党政机关、事业单位的长话建设费减半收取</td></tr>
<tr><td>农话通话费
区内
区间</td><td>
元/次
元/分钟</td><td>
0.15
0.50</td><td>
0.05
0.20</td><td>
0.20
0.70</td></tr>
<tr><td>本地网营业区间通话费</td><td>元/分钟</td><td>0.50</td><td>0.20</td><td>0.70</td></tr>
<tr><td>省内长话通话费</td><td>元/分钟</td><td>0.60</td><td>0.24</td><td>0.84</td></tr>
<tr><td>省际长话通话费
800 公里及以内
800 公里以上</td><td>
元/分钟
元/分钟</td><td>
0.80
1.00</td><td>
0.32
0.40</td><td>
1.12
1.40</td></tr>
</table>

注：已建成本地网的地区长途电话计费点原则上以本地网地区政府所在地为准，对个别由两个地市组成的本地网，其长途电话计费点应以本地网地名政府所在地为准；未建成本地网的地区长途电话计费点按原规定不变。长途电话的计费距离按两计费点之间空间直线距离量定。

1997 年 6 月 19 日，内地（广东省除外）至香港、澳门、台湾通话费由每分钟 11.60 元调整为 8.10 元。

1998 年 11 月 4 日，市物价局批复市电信局移动电话特种号码选号费，规定吉祥号尾数 1 个 8 的 300 元、尾数 2 个 8 的 500 元、尾数 3 个 8 的 800 元、尾数 4 个 8 的 2000 元、尾数 5 个 8 的 4000 元；连号后 3 位连号 200 元、后 4 位连号 300 元、后 5 位连号 800 元；顺号后 4 位顺号 200 元、后 5 位顺号 300 元、后 6 位顺号 800 元。

1999 年 2 月 28 日，市物价局核定固定电话初装费和移动电话入网费。固定电话初装费市话装机费按每台初装费不超过 1000 元、工料费 350 元，合计不超过 1350 元标准收取；农话装机费按每台初装费不超过 800 元、工料费 350 元，合计不超过 1150 元标准收取。以上费用均不含电话单机。移动电话入网费按市本级每台不超过 1500 元标准收取，县（市）每台不超过 1200 元标准收取，其中“常德通”按 500 元标准收取。以上收费均含无线管理费。是年 9 月 3 日，调整部分移动电话资费。全市移动电话“数字机”入网费每部统一调整为 565 元（含 200 元 SIM 卡成本费及 65 元无管费）。尾数带“4”的号码在此基础上再优惠 200 元，即每部 365 元。移动电话“常德通”入网费每部全市统一调整为 165 元（含编程写码费 100 元及无管费 65 元）。正常使用的模拟机用户免费办理原号转“常德通”。“常德通”本地网内通话费调整为每分钟 0.24 元，每部基本月租费调整为 30 元。并对其话费（不含长途话费、信息费和寻呼费）实行 200 元封顶，不足 200 元照实收取。1997 年以前（含 1997 年）入网的“模拟机”换“数字机”，只收每部 265 元的成本费，换“常德通”免收入网费。凡“模拟机”需要过户的一律免收过户费。是年 12 月 21 日，调整联通公司移动电话资费。移动电话资费下浮 20%。其中月租费每月 40 元，本业务区通话费每分钟 0.32 元，漫游通话费仍为每分钟 0.60 元。

2000 年 7 月 1 日起，对电话初装费标准作适当调整：城市每门不超过 500 元，农村每门不超过 400 元。装机工料费仍按原标准执行。

三、网络收费

1996 年 4 月 24 日，市物价局核定有线电视网络改造费，1996 年度向用户每户每月按 4 元收取。执行范围只限于市城区（含德山）。1997 年、1998 年继续执行此标准。

2000 年 11 月 18 日，市物价局核定 IP 拨号上网资费标准。明确计费方法为：IP 拨号上网业务的所有费用（含网络使用费、通信费）均采取主叫电话计费方式。并通过用户自行选定的上网电话收取。注册 IP 用户拨号上网资费标准和非注册 IP 用户拨号上网收费标准〔即 CHINANET（163）主叫计费业务〕统一为一个标准。同一部电话同时采取了注册 IP 用户拨号上网和非注册 IP 用户拨号上网两种方式，上网费用按资费标准和优惠标准对两种方式分别计费后再累加。ISDN 用户拨号上网时，网络使用费、通信费均按信道收取。资费标准为：注册 IP 用户开户费每户 10 元，非注册 IP 用户免收开户费。IP 用户拨号上网的月使用时长以秒为单位累加。163 拨号上网的网络使用费以小时计算，按每小时 2 元的标准收取，月累加不足一小时的部分免收网络使用费；169 拨号上网的网络使用费以分钟计算，按每分钟 0.03 元收费（即每小时 1.80 元）；IP 用户拨号上网的通信费按每 3 分钟 0.11 元（即每小时 2.20 元）收取，月累加不足 3 分钟的部分免收通信费。月使用时长在 25 小时至 50 小时之间部分的网络使用费、通信费免费。月使用时长在 50 小时至 150 小时之间部分的网络使用费、通信费减半收取。

2001 年 5 月 15 日，市物价局下达互联网上网业务资费标准，拨号上网业务资费标准为：普通用户使用“163”拨号上网，通信费按每分钟 0.02 元收取，网络使用费按每小时 3 元收取。法定节假日、休息日全天、非节假日 23：00 至次日 8：00 期间网络使用费减半收取；普通用户使用窄带 ISDN 上网，通信费收取标准为每 B 通道与普通“163”拨号上网相同，网络使用费标准为不论占用 1 个还是 2 个 B 通道，均与普通“163”拨号上网网络使用费标准相同；普通用户使用“169”拨号上网，通信费按 0.02 元/分钟收取，网络使用费按 1.8 元/元小时收取；对个人拨号上网（含 163/169 和窄带 ISDN）用户月使用费（含网络使用费和通信费）实行优惠，即用户月使用时长在 150 小时以内（含 150 小时）且月使用费超过 135 元的按 135 元封顶，低于 135 元的按实收取。月使用时长超过 150 小时以上部分，其网络使用费、通信费按规定资费标准收取；对经营性拨号网吧（含 163 拨号专线和窄带 ISDN）上网用户月使用费采取包月制，其月使用费按每线每月 1800 元包干，对实行包月制计费的用户，月使用费可在上述标准的基础上下浮20%。宽带上网业务资费标准：普通用户使用宽带上网，其入网费标准为每户500元，月使用费采取包月制和计量制两种计费方式：包月制计费方式的月使用费标准为每户每月80元包干。计量制计费方式即流量计费方式，其基本月租费为每户每月15元（送20M字节的流量），网络使用费标准为0.4元MB。对采取计量制计费方式的用户实行优惠，即月使用量在800M流量以内（含800M流量）的，其网络使用费每户每月120元封项（不含基本月租费），每月低于120元的照实收取，超过800M以上的部分按每M0.4元收取，不封顶。同时，对常德信息港上的Realplay，网上炒股使用流量分别按5%、15%折算到上述资费中收取网络使用费。对采用计量制收费方式的零流量用户，免收当月月租费，可收取当月保号费每端口2元；经营性网吧用户使用宽带上网，其入网费标准为每端口7500元（10M）；其月使用费（含月租费和网络使用费）根据网吧规模大小收取，即电脑数量在10台（含10台）以下的网吧月使用费为1000元，电脑数量在11至20台（含20台）之间的月使用费为1800元，电脑数量在21至30台（含30台）之间的月使用费为2400元，电脑数量在31至50台（含50台）之间的月使用费为5000元，电脑数量在50台以上的月使用费为6000元。上述网吧用户月使用费可视情下浮，但不得超过20%；单位用户接入宽带网，其月使用费标准为3000元，公司应为其提供100M端口接入和10M最大使用带宽。如最大使用带宽每增加1M，月使用费则另加收1000元。上述标准自2001年5月21日起实行。

四、有线电视收费

1991年5月8日，市物价局核定常德有线电视台有偿服务收费标准，具体见下表：

表2-2-7　**常德有线电视收费标准**

用户类别	一次性建设费标准	每月视听维修费	安装、维修范围（电视机除外）	备　注
家庭个人（包括宾馆、招待所、旅社客房）	每个用户盒200元	每个用户盒4.5元/每月	有线电视台负责室内外安装、维修	同一住户，增设一个用户盒，增收器材，安装费50元，每月增收视听维修费2.5元
企事业单位	每个用户盒200元	每个用户盒100元/月	有线电视台负责室内外安装、维修	原单位无闭路电视系统，用户盒安装在公共场所
文化游艺场所、录像厅	每个用户盒200元	每个用户盒200元/每月	有线电视台负责室内外安装、维修	

续表

用户类别	一次性建设费标准	每月视听维修费	安装、维修范围（电视机除外）	备　注
转接信号单位	每个用户盒联网费 120 元	每个用户盒 4.0/月	有线电视线路安装到机房、有线电视台不负责单位内部安装、改造、维修	原单位有闭路电视系统，单位有专人负责，并按标准整顿、改造、维修
并网单位	每个用户盒联网费＋改造费＝160 元	每个用户盒 4.5 元/月	有线电视台负责单位内部整顿、改造维修	原单位有闭路电视系统

1994 年 8 月 9 日，市物价局将有线电视一次性建设费由每户原定 200 元调整为 240 元。

1995 年 4 月 6 日，市物价局将有线电视一次性建设费由每户 240 元调整为 280 元，收视维修费每户每盒每月调整为 7 元。从 6 月 14 日开始，有线电视安装开通费全市统一每户 280 元。闭路电视网络或共用天线并网只接讯号的每户 160 元，同一用户增装用户盒的每盒 70 元，拆迁重装每户 110 元。线路延长费间距超过 20 米每户 20 元，超过支干线覆盖范围 100 米的按实际增耗的材料费计收。收视维修费调整为每户每月 8 元。

2000 年 7 月 13 日，市物价局核定电视图文频道点歌收费标准：即点（自动拔打）每首歌每次 7 元（含信息费 1 元）；预点（人工拔打、含制作费）每首歌每次 31 元（含信息费 1 元）。

2002 年 9 月 18 日，市物价局对市有线电视安装开通费标准进行调整：每户第一个用户盒明线安装 300 元，暗线安装 480 元；同一用户要求增装用户盒，线路长度不超过 10 米（含 10 米）的可按每个用户盒加收 120 元工料费，线路长度超过 10 米的可按超过部分每米 3 元加收线料费；对已自行安装符合有线电视技术标准线路系统的成栋房屋，按每户 120 元收取开通费；对于城郊接合部的新建房屋或特殊用户的线路安装收费，由有线电视服务机构和用户协商并签订协议，可根据实际成本在上述标准上适当加收。凡符合条件调整收视费标准的区县市，对五保户和领取最低生活保障金的特困户的收视费按每户每月 11 元的标准执行。

2005 年 5 月 20 日，市物价局调整有线电视安装开通费标准，将每户第一个用户盒明线安装开通费由 300 元调整为 260 元，暗线安装开通费由 480 元调整为 400 元。对五保户和领取最低生活保障金的特困户按调整后标准的 80% 收取安装开通费。

2006 年 4 月 18 日，规定对农村有线模拟电视基本收视维护费，如符合经改造后的城域网有线模拟电视各项条件的按不超过城域网标准每月 16.5 元的收费标准，不符合城域网有线模拟电视各项条件的按不超过每月 11 元的标准由各区县市价格主管部门按规定程序核定并报市物价局备案。

2007年1月8日，市物价局核定数字电视基本型机顶盒销售价格，深圳"同洲"（CDVBC5800型）牌机顶盒、广东"风华"（DVB - CFH02型）牌机顶盒每台售价为445元。智能卡按照每张50元代售。此规定自2007年1月10日起执行，有效期一年。

2008年8月18日，市物价局就数字电视基本型机顶盒销售价格明确如下：深圳"同洲"（CDVBC5800型）、广东"风华"（CDVB - CFH02型）、四川"九州"（DVB - 2028型）三种基本型单向机顶盒销售价格为每台398元。核定深圳"同洲"（ANYSIGHT108型）、广东"风华"（DVB - CFH22型）、湖南"奋发"（DVBC2660型）三种基本交互型机顶盒销售价格为每台435元。智能卡销售价格为每张50元。

2009年12月28日市物价局、市广播电视局《关于加强有线电视收费管理的通知》（常价服〔2009〕132号）就有线电视线路设施安装费的收取问题作出规定：对未安装有线电视线路设施的旧房以及2010年1月1日前有线网络公司安装施工单位与房产开发公司或业主签订安装协议的申请开户按每户明线300元、暗线480元（包括两个端口，增加一个端口另加100元）的标准收取。2009年12月31日后有线网络公司安装施工单位与房产开发公司或业主签订安装协议的新房，每户两个端口及以下的由网络传输单位按每平方米建筑面积6.8元的标准收取；超过两个端口的每增加一个端口加收100元。新建的商业经营性用房、办公用房及以户为单位的私人住宅的安装费，由网络传输单位根据房屋的建筑面积、安装的端口数量及安装的工料成本与开发建设单位或业主协商确定。

2010年1月1日，市物价局规定有线电视收视维护费第一台电视机按每月24元的标准收取。

是年10月12日，市物价局发出《关于进一步落实城镇低保户价费优惠政策的通知》（常价服〔2010〕84号），有线电视收视维护费数字电视第一台电视机按每月16.5元的标准收取。若其家庭当年医疗负担超过5000元或有其他天灾人祸，特殊困难，免收当年每一台电视机的基本收视费。

五、城市供水价格

（一）自来水价格

1. 市城区自来水价格

1988年8月1日起，将居民、机关、团体、学校、部队等单位的生活用水每立方米售价由0.12元调为0.15元。

1992年6月1日起，工业用水（含商业服务业）价格由每立方米0.25元调到0.35元；居民生活用水价格由每立方米0.15元调到0.2元。

1994年12月12日，市物价局核定新开辟经营性行业用水价格为每立方米0.80元。自来水价内每立方米含0.02元的价格调节基金。各种水价（不含价格调节基金）外均按规定征收10%的城市公用事业附加费。

1998 年 12 月 25 日，市物价局核定自来水各类到户价格：生活用水每立方米 0.72 元、生产用水每立方米 0.83 元、经营性用水中的商业用水每立方米 1.37 元、餐饮业用水每立方米 1.92 元、文化娱乐业用水每立方米 2.47 元，价外不得再征收其他任何费用。原价外征收的价格调节基金，生活、生产用水每立方米 0.02 元、经营性用水每立方米 0.12 元一律改为价内征收。本通知从 1999 年 1 月 1 日以后抄见水量起执行。

1999 年 11 月 30 日，市物价局对市城区自来水价格进行改革和调整：供水价格分类由三类五种调整为五类五种，即根据使用性质分为居民生活用水、行政事业用水、工业用水、经营服务用水、特种用水（具体分类见下表）。调整后的各类用水价格为居民生活用水和行政事业用水每立方米 0.82 元、工业用水每立方米 0.90 元、经营服务用水每立方米 1.56 元、特种用水每立方米 3.16 元。调整后的各类水价中分别含有 0.02 元（居民生活、行政事业、工业用水）和 0.04 元（经营服务、特种用水）的价格调节基金。上述供水价格从 1999 年 12 月 1 日抄表开始实行。

2002 年 5 月 17 日，市物价局将市城区每立方米供水价格调整为居民生活用水 0.98 元、行政事业用水 0.98 元、工业用水 1.08 元、经营服务用水 1.88 元、特种行业用水 3.80 元。对城市居民中由民政部门发给最低生活费的特困户，由市供水公司每月每户免收 4 立方米水费。

2004 年 9 月 20 日，市物价局、市建设局发出《关于城市供水入户管网配套建设费及有关服务性收费问题的批复》，具体见下表：

表 2－2－8　　常德市新增供水入户管网安装补偿费标准

水表规格（毫米）	DN15	DN20	DN25	DN40	DN50	DN80	DN100	DN150
收费标准（元）	550	950	1600	3100	6200	18400	37000	55500

表 2－2－9　　常德市停、复水服务费标准

水表规格（毫米）	DN15	DN20	DN25	DN40	DN50－80	DN100 以上
收费标准（元/次）	40	50	70	150	250	500

表 2－2－10　　常德市供水用户转、销户服务费标准　　单位：元/次

收费项目 \ 收费标准 \ 水表口径	DN15	DN20	DN25	DN40	DN50	DN80	DN100	DN150	DN200
转户服务费	20	30	50	100	120	150	200	300	500
销户服务费	20	30	50						

表 2-2-11　　常德市给水工程查勘、设计费标准　　金额单位：元

水表口径＼收费标准＼项目	Ⅰ类				Ⅱ类				Ⅲ类				备注
	查勘	设计	资料	合计	查勘	设计	资料	合计	查勘	设计	资料	合计	
DN15	50	70	30	150	30	50	20	100	30	50	20	100	Ⅰ类：单位立户表 Ⅱ类：居民立户表 Ⅲ类：改接表、移位表、扩容表
DN20	100	150	50	300	50	70	30	150	50	70	30	150	
DN25	200	200	50	450	70	100	30	200	50	100	30	180	
DN40	300	250	100	650	100	120	40	260	60	120	40	220	
DN50	300	400	150	850	120	180	50	350	70	160	50	280	
DN80	400	600	250	1250					100	200	80	380	
DN100	400	800	300	1500					150	250	100	500	
DN150	500	950	350	1800					200	300	150	650	
DN200	800	1350	350	2500					300	400	200	900	

2005 年 11 月 8 日，市物价局将市城区每立方米供水价格调整为居民生活用水 1.23 元、行政事业用水 1.23 元、工业用水 1.35 元、经营服务用水 2.21 元、特种行业用水 4.92 元。价外开征城市污水处理费（江北城区每立方米 0.40 元、德山开发区每立方米 0.20 元）和水资源费每立方米 0.02 元，随供水价格一并征收。

2009 年 6 月 29 日，市物价局调整市城区自来水价格。市城区自来水平均价格由每立方米 1.40 元调整到 1.57 元（不包括污水处理费和水资源费），调整后的各类用水价格为：居民生活用水每立方米 1.40 元、行政事业性用水每立方米 1.40 元、工业用水每立方米 1.65 元、经营服务用水每立方米 2.66 元、特种用水每立方米 5.84 元。水资源费、污水处理费按规定附加在自来水价格外，随自来水价格一并征收。继续由市供水公司对由民政部门发给最低生活保障费的城镇居民特困户每户每月免收 4 立方米水费。

2010 年 5 月 7 日，市物价局发出《关于市城区星级饭店（宾馆）用水执行工业用水价格类别的通知》。从 7 月 1 日起市城区（包括江北城区和德山开发区）星级饭店（宾馆）用水与一般工业企业用水同价，按每立方米 1.65 元的标准执行，星级饭店（宾馆）名单由市旅游局确定后送市物价局逐年明确，2010 年度市城区星级饭店（宾馆）名单如下表：

表 2-2-12　　2010 年度执行工业用水价格类别的星级饭店（宾馆）名单

序号	饭店名称	星级	联系电话	地址
1	共和酒店	五星	7138888	常德市柳叶大道东段
2	常德华天大酒店	四星	7258888	常德市武陵大道南段
3	常德国际大酒店	四星	7778888	常德市武陵大道北段

续表

序号	饭店名称	星级	联系电话	地址
4	金悦国际大酒店	四星	2911111	常德市沅安东路滨江豪庭
5	芙蓉大酒店	四星	7299388	常德市洞庭大道西段
6	八百里大酒店	三星	7715888	常德市武陵大道北段
7	德华宾馆	三星	7766888	常德市洞庭大道
8	芷园宾馆	三星	7955888	常德币芷园路 92 号
9	凯悦大酒店	三星	7788888	常德市武陵大道北段 19 号
10	鹏程大酒店	三星	7158888	常德市武陵大道南段
11	新天地大酒店	三星	7214888	常德市金钻广场
12	汤臣万豪酒店	三星	7699999	常德市武陵大道
13	雅康大酒店	三星	7195888	常德市洞庭大道西段
14	九重天大酒店	三星	7779999	常德市人民西路 69 号
15	华云宾馆	二星	7957758	常德市人民中路
16	长城宾馆	二星	7705999	常德市朗州北路 101 号
17	金沙大酒店	二星	7760888	常德市武陵大道北段 72 号
18	美景宾馆	二星	2562888	常德市武陵大道中段
19	新华宾馆	二星	2566888	常德市武陵大道 178 号
20	常德宾馆	二星	2999099	常德市下南门步行街口
21	佳和大酒店	二星	2566666	常德市洞庭大道西段 2 号
22	玉玺大酒店	二星	2980088	常德市汽车总站对面
23	金友商务酒店	二星	7177888	常德市朗州鸡鹅巷
24	天合宾馆	二星	7198999	常德市沿河大道
25	紫云天商务酒店	二星	7838888	常德市武陵大道中段
26	玉龙景酒店	二星	7228577	常德市洞庭大道 410 号
27	龙港宾馆	二星	7278666	常德市龙港巷

2. 区县市自来水价格

1995 年 6 月 29 日，市物价局、市水利水电局发出《关于加强乡镇供水价格管理的通知》，明确供水价格性质和管价权限。供水价格属国家定价，市物价局制定乡镇供水价格管理原则，规定最高和最低控制额度。区县市物价部门制定乡镇供水价格的具体标准，报市物价局备案。乡镇供水每立方米价格控制额度为生活用水 0.50 - 0.90 元、生产用水 0.60 - 1.00 元、经营性用水（含基建用水）0.80 - 1.20 元。各区县市物价部门可根据不同的供水形式和上述控制额度确定不同的价格。各种水价不能分表计量的，应按低的一种水价核定。乡镇建有排水设施的，可按用水量的 80% 每立方米征收 0.05 元的排水设施使用费。

1997 年 7 月、11 月、12 月，市物价局先后下文调整 4 县市自来水价格。临澧县城，每立方米生活用水0.80元、生产用水1.00元、经营性用水1.10元；桃源县城每立方米生活用水0.75元、生产用水0.85元、经营性用水1.00元；石门县城每立方米生活用水0.80元、生产用水0.90元、经营性用水1.05元；津市市每立方米生活用水0.68元、生产用水0.75元、经营性用水0.90元、市政公共用水和生产用水0.60元。

1998年12月28日，市物价局核定各区县市自来水到户价格如下表：

表2－2－13　　**常德市各区县市自来水到户价格**　　单位：元/立方米

单位	生活用水	生产用水	经营用水		公用事业用水及源水	价内交纳调节基金标准
			商业、餐饮业用水	文化、娱乐等特种行业用水		
鼎城区	1.00	1.10	1.43	1.65		0.02
汉寿县	1.10	1.15	1.41	2.24		0.04
安乡县	1.15	1.35	1.50	2.00		0.02
津市市	0.87	0.95	1.11		0.78	0.02
桃源县	1.05	1.16	1.32			0.02
澧　县	0.88	1.03	1.18			0.02
石门县	1.07	1.17	1.32			0.02
临澧县	1.00	1.27	1.38			0.02

备注：1、此表中到户水价以外不得再收其他费用。

2、价格调节基金由自来水公司按在价内规定标准向政府价格调节基金办交纳。

2000年1月、5月，2001年5月，2002年8月，市物价局先后调整各区县市自来水价格：

表2－2－14　　**常德市各区县市自来水价格**　　单位：元/立方米

单位	居民生活用水	行政事业用水	工业用水	经营服务用水	特种行业用水
汉寿县	1.28	1.28	1.40	2.27	4.84
安乡县	1.38	1.38	1.51	2.34	5.20
桃源县	1.25	1.25	1.38	2.25	5.00
临澧县	1.30	1.30	1.43	2.34	5.20
鼎城区	1.28	1.28	1.41	2.00	3.00
石门县	1.25	1.25	1.38	2.25	5.00
澧　县	1.08	1.08	1.19	1.94	4.32
津市市	1.12	1.12	1.23	2.02	4.48

2002年9月，2003年3月、4月，市物价局下达3个镇的供水价格：石门县壶瓶山镇居民生活用水每立方米1.00元、经营服务等其他用水每立方米1.10元；西湖管理区西湖

镇居民生活、行政事业用水每立方米1.55元、工业用水每立方米1.70元、经营用水每立方米2.60元、特种用水每立方米4.80元；西洞庭管理区祝丰镇居民生活、行政事业用水每立方米1.15元、工业用水每立方米1.26元、经营服务及特种用水每立方米2.070元。

2003年6月，2004年4月、6月，2005年8月、9月、11月，2006年6月、9月，市物价局先后调整各区县自来水价格如下表：

表2-2-15

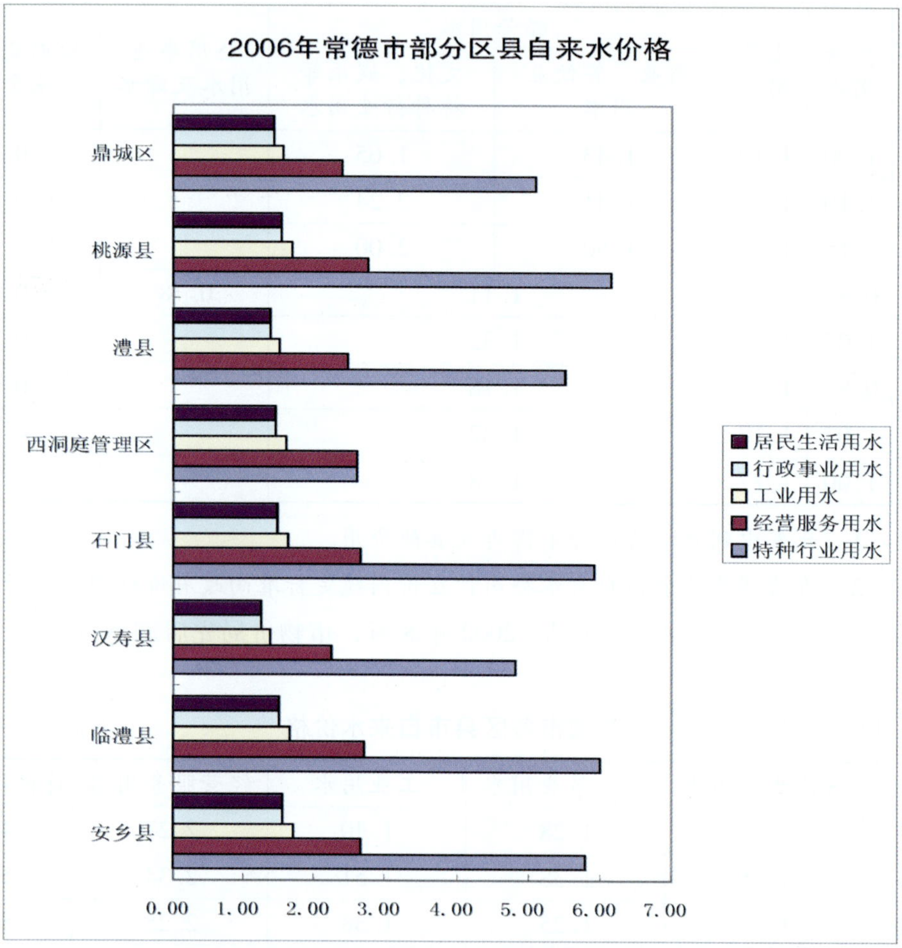

2009年1月16日，市物价局调整汉寿县城区供水价格，居民生活用水和行政事业用水每立方米1.53元、工业用水每立方米1.60元经营服务用水每立方米2.61元、特种行业用水每立方米5.82元。市物价局2010年11月8日调整石门县城区自来水价格，居民生活用水每立方米1.68元、非居民生活用水每立方米2.66元、特种用水每立方米7.00元。

2012年7月3日，市物价局调整西洞庭城区供水价格。按照“补偿成本、合理收益、自我发展、逐步到位、节约用水、公平负担”的原则，结合价格听证会和区管委会意见，西洞庭城区自来水平均每立方米价格从1.49元提高到1.85元（含水资源费0.02元），并将价格分类简化为三类，即居民生活用水、非居民生活用水和特种用水。调整后的各类自来水每立方米价格（均含水资源费）为居民生活用水1.65元、非居民生活用水（指简化分类前的行政事业用水、工业用水、经营服务性用水）2.48元（其中工业用水价格分两步调整到位：第一步由1.60元调整为1.98元，第二步从2014年起由1.98元调整为2.48元）、特种用水6.60元。西洞庭城区自来水价格调整后，对城区居民中由民政部门发放最低生活费的低保户、五保户家庭，继续由区供水企业每月每户免收4立方米水费。

（二）水资源费

1994年4月15日，贯彻省物价局、省财政厅通知，从5个方面收取水资源费：（1）工业用水：消耗水按每立方米0.055－0.09元缴纳，贯流水、循环水按每立方米0.03－0.05元缴纳。水力加工用水：消耗水按每立方米0.05－0.08元，循环水按每立方米0.03－0.04元缴纳。（2）自来水：生活用水按每立方米0.04－0.08元缴纳，公共场所用水按每立方米0.02－0.04元缴纳。（3）水力发电：不结合用水，按电站售电电价的12%缴纳；梯级用水，按电站售电电价的24%缴纳。（4）农业用水：自流供水按方收费的每百立方米2－2.5公斤稻谷，按亩收费的每亩1－2公斤稻谷；基本水费加按方收费的每亩1－2公斤稻谷，或每百立方米1.2－2.5公斤稻谷。人工从水库、渠道提水的按自流供水标准的50%缴纳；电力提灌基本水费，按每亩6－9公斤稻谷缴纳；电力提排基本水费，按每亩3－6公斤稻谷缴纳；水轮泵按每亩8－12公斤稻谷缴纳。（5）其他用水：水库水面养殖按年总产值的3%－5%缴纳；供水养殖按每立方米0.03元缴纳；排灌水闸供水按受益面积缴纳，具体收费标准由各地市物价局制定。

2003年8月1日起，水资源费的收费标准，按取水水源和用途分别核定，具体收费标准见下表：

表2－2－16　　**湖南省水资源费收费标准**　　单位：元

水　源	取水用途	计费单位	收费标准
地表水	1．工业取水	每立方米	0.03
	2．生活取水	每立方米	0.025
	3．城市公共供水取水	每立方米	0.02
	4．水力发电取水	每千瓦小时	0.001
	5．火力发电循环冷却取水	每千瓦小时	0.001
地下水	1．城市规划区内取水	每立方米	
	（1）城市公共供水取水	每立方米	0.05
	（2）其他取水	每立方米	0.30
	2．非城市规划区取水	每立方米	0.05

注：1．城市是指县城所在地以上的城镇；

2．超过水行政主管部门核定取水量的部分按本表标准的1.5倍计收；没有取水许可证取水的，按本表标准3倍计收；

3. 保证矿井等地下工程施工和生产安全取水并综合利用的按地下水收费标准的50%计征。

（三）污水处理费

从2003年4月1日起（5月1日抄表水量），对常德市江北城区各用水户按自来水实际用量和自备水实际用量的100%开征污水处理费，其征收标准为每立方米0.20元。

从2004年7月1日（8月1日抄表水量）起，市江北城区污水处理费标准提高到每立方米0.40元；德山开发区各用水户按自来水实际用水量和自备水实际用水量开征污水处理费，标准为每立方米0.40，因德山开发区污水处理厂尚在规划中等情况，实际征收标准按每立方米0.2元执行。

2008年10月22日，提高常德市城区（含江北城区、德山区）污水处理费征收标准：江北城区由每立方米供水量平均0.40元提高到0.80元，德山开发区在污水处理设施建成运行前先提高到每立方米0.60元，待污水处理设施建成后按0.80元执行。对城镇居民中由民政部门发给最低生活费的特困户每户每月免收4立方米的污水处理费。

2008年7月—2010年7月，市物价局陆续下达各区县市开征污水处理费的批复，具体如下表：

表2－2－17　　各区县市开征污水处理费时间及标准　　单位：元/立方米

区县市	核定文号	征收标准	开征时间
武陵区		与市城区同步执行	
临澧县	常价服〔2008〕78	0.6	2008.8.1
桃源县	常价服〔2008〕84	0.8	2008.9.1
石门县	常价服〔2008〕85	0.4	2008.9.1
澧　县	常价服〔2008〕121	0.5	2008.10.1
安乡县	常价服〔2008〕77	0.6	2008.8.1
鼎城区	常价服〔2009〕1	0.5	2009.2.1
汉寿县	常价服〔2009〕10	0.5	2009.2.1
津市市	常价服〔2010〕58	0.8	2010.8.1
西洞庭管理区	常价服〔2010〕21	0.4	2010.5.1

2012年7月1日起自备水污水处理费征收标准与同一城镇公共供水的污水处理费执行同一标准。2012年10月30日，市住房和城乡建设局、市物价局、市环境保护局规定，凡修建了污水处理厂的区县市等单位均按实际用水每立方米0.80元的标准收取污水处理费。

六、医疗服务价格

1991年1月12日，市卫生局、市物价局下达《对市血吸虫病防治院新开检测项目收费标准的批复》，心血管功能全自动测试每人次 50 元；胃电图每人次 15 元；快速醇检测每人次 5 元。

1993 年 3 月 10 日，市物价局对市第一人民医院的部分医疗项目收费标准予以重新明确，具体见下表：

表 2－2－18　　**常德市第一人民医院部分医疗项目及收费标准**

序号	项　目	单位	标准	备注	序号	项　目	单位	标准	备注
1	家庭病床	元/床日	2.5		28	广角眼底造影	元/次	25	眼科
2	尿布(小儿)	元/天	0.5		29	手术显微镜	元/次	30	妇科
3	术前备皮	元/次	1		30	手术显微镜	元/次	15	骨科(断指趾再植)
4	会阴切开缝合	元/次	7		31	手术显微镜	元/次	50	
5	前列腺按摩	元/次	0.3		32	农转非健康鉴定	元/次	10	
6	烧伤病人普通翻身床	元/天	1		33	中药袋工率费	元/个	0.05	
7	“电动”	元/天	2		34	急救室床经费	元/天	3	
8	血液病无菌室	元/天	35		35	保留灌肠	元/次	0.5	
9	血液病无菌预备室	元/天	10		36	剖腹产接生费	元/人	10	手术费外另收
10	专家业余大型手术劳务费	元/次	60	患者申请，副主任医师以上人员业余时间主刀、主治医师主刀降低20元收费(13)自带电器装备的可按实耗电量收取电费	37	老干病房卫生费	元/人天	0.2	
11	专家业余中型手术劳务费	元/次	50		38	脑外伤理发	元/次	10	
12	专家业余小型手术劳务费	元/次	40		39	眼科术后换药	元/次	0.5	
13	老干病房床位费	元/床日	12		40	骨科术前消毒包扎	元/次	3	小型手术
14	人工心肺机	元/次	100		41	骨科术前消毒包扎	元/次	5	中型手术
15	前列腺电疗	元/次	10		42	骨科术前消毒包扎	元/次	8	大型手术
16	充气式心肺复苏仪	元/次	10		43	中药离子导入	元/次	5	
17	色吉特伦	元/次	6		44	转院病人护送	元/天	15	医生
18	幽门弯曲试验	元/次	25		45	转院病人护送	元/天	10	护士
19	T管引流	元/天	0.5		46	一次性使用注射针头	元/个	0.15	
20	腹腔引流	元/天	0.5		47	袖珍胎音仪	元/次	4	
21	洗气管套管	元/天	5		48	纽帮呼吸机	元/小时	10	
22	桡动脉压测量	元/次	1		49	介入性超声检查和治疗	元/次	70	
23	颈外静脉插管	元/次	1		50	全能麻醉机	元/次	100	公费
24	整形拆形	元/次	5		51	全能麻醉机	元/次	50	私费
25	椎管化疗	元/次	6		52	胆囊治疗仪治疗	元/次	6.8	
26	烧伤隔离病房	元/天	10		53	紫外线照射自血回输治疗	元/次	100	
27	心脑治疗仪治疗	元/次	6						

1994 年 3 月 8 日，市物价局对市第一人民医院新增医疗项目收费标准进行批复，明确项目及收费标准如下表：

表 2-2-19　　新增医疗项目收费标准表　　单位：元

序号	项目	单位	标准	备注
1	美迪克台式保健治疗	次	10	
2	无创血流动力学监护	小时	10	
3	无创血流动力学检测	次	50	
4	全标免疫检查	次	50	均为使用 BNA 扩增仪检验项目
5	肺炎支原体检查	次	100	
6	鼻咽癌诊断	次	100	
7	2-地中海贫血检查	次	100	
8	甲型血友病诊断	次	100	
9	单纯疱疹病毒检查	次	80	
10	乙型肝炎病毒检查	次	100	
11	人巨细胞病毒检查	次	80	
12	淋球菌检查	次	100	
13	结核杆菌检查	次	100	

1995 年 12 月 29 日，市物价局常价费字〔1995〕144 号明确部分医疗服务项目及收费标准：挂号费，未实行分级管理医院的普通挂号费统一为每人次 0.50 元。已实行分级的：三甲 1.20 元，三乙、二甲 1.00 元，三丙、二乙、一甲 0.90 元，二丙、一乙 0.80 元，一丙 0.60 元。主任医师 3.00 元，副主任医师 2.50 元，主治医师 1.50 元；注射费每人次标准统一为：皮试 0.50 元、皮下注射 0.40 元、静脉注射（含抽血）0.80 元、静脉输液 1.20 元；检验费每人次标准统一为：血常规 1.20 元、尿常规 1.00 元、大便常规 2.00 元；一般透视每人次收费标准统一为 3.00 元、心脏透视（含钡剂）每人次收费标准统一为 4.00 元，煎药费每副次收费标准统一为 0.40 元。

1997 年 9 月 26 日，市物价局核定“120”急救中心按以下标准收取医疗急救出诊费（含出车费）：市城区每次 20.00 元；德山经济开发区和鼎城区武陵镇每次 30 元。10 月 29 日，市物价局作出《关于核定家庭医疗保健服务收费标准的批复》，核定服务对象入网费标准为：每户 280 元（1 至 3 口之家为一户，3 口以上家庭每增加一人，加收入网费 100 元），出车费标准 3 公里以内 5 元，3-10 公里 10 元。免收出诊费、挂号费、治疗费。

1998 年 11 月 1 日，市物价局批复常德卫校附属医院新技术治疗项目收费标准，其项目及标准为：（1）男子 NPT 检测每人次 110 元。（2）阳痿综合治疗（真空、磁疗、穴位）每人次 70 元。（3）阳痿阴茎注射（含药）每人次 70 元。（4）前列腺治疗仪综合治疗（含药）每人次 40 元。（5）前列腺药物灌注疗法治疗（含药）每人次 130 元。（6）准分子激光治疗近视眼（包括检查、治疗、用药）每只眼 1600 元，治疗 600 度以上每只眼加收 100 元，治疗散光 50 度以上每只眼加收 100 元。

1999 年 10 月 20 日，市物价局、市财政局、市卫生局核定市第一人民医院新医疗项目收费标准如下表，自即日起执行。

表 2－2－20　**市第一人民医院新医疗项目收费标准**

序号	项目名称	计费单位	收费标准	备注
1	凝聚胺交叉配血试验	元/次	20.00	
2	凝胶过滤糖化血红蛋白	元/次	46.00	糖尿病检测项目
3	淋球菌培养＋药敏电脑检索快速鉴定	元/次	80.00	对病原体检测
4	部分凝血活酶生成试验	元/次	18.00	凝血机制检查
5	普通细菌培养＋药敏电脑检索快速鉴定	元/次	80.00	对病原体检测
6	结核杆菌培养＋药敏电脑检索快速鉴定	元/次	80.00	对病原体检测
7	厌氧菌培养＋药敏电脑检索快速鉴定	元/次	80.00	对病原体检测
8	L 型细菌培养＋药敏电脑检索快速鉴定	元/次	80.00	对病原体检测
9	婴儿高压氧舱（单舱）治疗	元/次	55.00	每次 3 小时
10	舌流雾化器治疗	元/次	10.00	治疗呼吸道疾病，每次 30－40 分钟
11	Bipap 呼吸机治疗	元/次	25.00	治理缺氧性疾病，每次 2 小时
12	细胞图像病理分理	元/次	140.00	
13	DNA 检查及分析	元/次	140.00	
14	细胞凋亡分析	元/次	140.00	
15	AgNOR 分析	元/次	140.00	
16	骨髓像分析	元/次	140.00	
17	肾小球病变分析	元/次	140.00	
18	细胞图文报告	元/次	50.00	
19	病理图像分析报告	元/次	75.00	
20	特约褥疮护理	元/日	5.00	每日给危重病人用红花酒精按摩 3－4 次
21	24 小时出入水量监测	元/日	4.00	

是年 12 月 21 日，市物价局、市财政局、市卫生局核定市第一人民医院新医疗项目收费标准如下表，自即日起执行。

表 2－2－21　**市第一人民医院新增医疗项目收费标准**

序号	项目	计费单位	收费标准	备注
1	小 C 臂数字减影机下经颈部动脉穿刺脑血管造影	元/人·次	500.00	材料费另收
2	小 C 臂数字减影机下各种选择性血管造影及治疗	元/人·次	500.00	材料费另收

续表

序号	项目	计费单位	收费标准	备注
3	小C臂数字减影机下心内永久性起博器安装			
(1)	设备使用费	元/人·次	1500.00	
(2)	安装手术费	元/人·次	800.00	起搏器购置费另收
4	小C臂数字减影机下射频消融术			
(1)	设备使用费	元/人·次	1500.00	
(2)	手术费	元/人·次	800.00	材料费另收
5	小C臂数字减影机下冠状动脉造影术			
(1)	设备使用费	元/人·次	1500.00	
(2)	手术费	元/人·次	300.00	材料费另收
6	小C臂数字减影机下ERCP（逆行胰胆管造影）	元/人·次	300.00	材料费另收
7	小C臂数字减影机下支气管造影	元/人·次	300.00	材料费另收
8	小C臂数字减影机下二尖瓣球囊扩张术			
(1)	设备使用费	元/人·次	1500.00	
(2)	手术费	元/人·次	800.00	材料费另收
9	正位腰椎（侧位腰椎）+股骨近端DPX型骨密度测定仪扫描	元/人·次	200.00	每增加一个部位、加收50元

2001年3月28日，市物价局对市第一人民医院新建住院楼病床收费暂行标准下达批复，具体项目及标准见下表：

表2-2-22　**市第一人民医院新建住院楼病床收费暂行标准**　单位：元/日、床

项目		收费标准	配备设施
普通病房	双人间	35元	除按普通正规病床配备的设施外，另配有卫生间、淋浴、壁柜，中央空调、中心供氧、中央吸引、传呼系统、输液天轨、全新不锈钢摇床、18英寸以上彩电、电话、24小时供应热水等设施设备
特殊病房	套间	70元	除以上所有设施设备外，另配有沙发、抽水马桶、21英寸以上彩电，套间为一间卧室、一间会客室
	双人间	38元	

2002年3月27日，市物价局核定市第一人民医院部分病床收费标准如下表：

表 2－2－23 **市第一人民院大楼东端病床临时收费标准** 单位：元/日、床

<table>
<tr><th>项 目</th><th>收费标准</th><th>新增设施设备</th><th>备 注</th></tr>
<tr><td rowspan="2">2 人间</td><td>22.00</td><td rowspan="8">除按普通正规病床配备的设施外，另配有卫生间、淋浴、壁柜、中央空调、中心供氧、负压吸引、传呼系统、输液天轨、18 英寸以上彩电、电话、24 小时供应热水及设施设备</td><td></td></tr>
<tr><td>25.00</td><td>病床为多功能床</td></tr>
<tr><td>3 人间</td><td>20.00</td><td></td></tr>
<tr><td rowspan="2">6 人问</td><td>15.00</td><td rowspan="2">无卫生间及淋浴设备、多功能床</td></tr>
<tr><td>15.00</td></tr>
<tr><td>5 人间</td><td rowspan="2">12.00</td><td></td></tr>
<tr><td>8 人间</td><td>无卫生间及淋浴设备</td></tr>
</table>

2006 年 12 月 1 日，市卫生局、市物价局、市民政局发出《关于认真贯彻落实城市低保对象医疗价费优惠政策的通知》，明确医疗卫生单位对低保对象免挂号费、免门诊注射费、免住院床位费；门诊诊查费减半收取。卫生防疫单位对低保对象进行免费防疫。

2007 年 9 月 19 日，市物价局、市卫生局转发《省物价局、省卫生厅关于切实做好城市社区卫生服务机构医疗服务价格管理的通知》，医疗服务项目及标准见下表：

表 2－2－24 **城市社区基本医疗服务项目及价格** 单位：元

项目名称	项目内涵	除外内容	计价单位	价格	说 明
挂号费	含为患者提供候诊就诊设施条件、病历档案袋诊断书、收费清单	初诊建病历、病历手册	次	0.50	注射、换药、针灸、理疗、推拿、血透、放射治疗按疗程收取一次挂号费。初诊建病历及病历手册收费合计每份最高不超过 0.5 元
普通门诊诊查费	指医护人员提供（技术劳务）的诊疗服务				注射、换药、针灸、理疗、推拿、血透、放射治疗按疗程收取一次诊查费。简易门诊不收诊查费
一般医师			次	1.50	
主治医师			次	2.50	
副主任医师			次	5.50	
主任医师			次	7.50	
门急诊留观诊查费	含诊查、护理等		日	6.00	
氧气吸入	氧气创面治疗参照执行	一次性鼻导管、鼻塞、面罩等			
低流量吸氧			小时	2.00	

续表

项目名称	项目内涵	除外内容	计价单位	价格	说明
注射	含一次性输液器、过滤器、采血器、注射器等特殊性消耗材料，含用药指导与观察、药物的配置	药物、血液和血制品			
肌肉注射	皮下、皮内注射分别参照执行		次	2.00	
静脉注射		真空采血管	次	3.00	静脉采血每次2元
静脉输液	包括输液床椅费、护理费。输血、留置静脉针分别参照执行		组	3.00	连续输液第二组起每组只收1元。小儿静脉输液每次加收1元
小儿头皮静脉输液			组	6.00	连续输液第二组起每组只收2元
中换药	含敷料、换药包。拆线参照执行		次	10.00	创面在30－15平方厘米之间
小换药	含敷料、换药包。拆线参照执行		次	6.00	创面在15平方厘米以下
蒸气雾化吸入		药物	次	3.00	
婴幼儿健康体检			次	3.00	
儿童龋齿预防保健	含4岁至学龄前儿童按齿科常规检查		次	4.00	
家庭巡诊	含了解服务对象健康状况、指导疾病治疗和康复、进行健康咨询		次	3.00	
围产保健访视	含出生至满月访视、对围产期保健进行指导(如母乳喂养、产后保健等)		次	5.00	
传染病访视	含指导家庭预防和疾病治疗、康复		次	6.00	
家庭病床建床费	吉建立病历和病人全面检查		次	4.00	一次性收费
家庭病床巡诊费	含定期查房和病情记录		次	6.00	
副高及以上职称出诊			次	10.00	
中级及以下职称出诊			次	6.00	

续表

项目名称	项目内涵	除外内容	计价单位	价格	说　明
健康咨询	指个体健康咨询		次	免费	
疾病健康教育	指群体健康教育，并事先公开讲授内容		次	免费	
尿常规（手工法）			套	3.00	
粪便常规（手工法）			套	3.00	
宫内节育器放置术	取出术参照执行		次	40.00	双子宫上环加收50%
普通针刺	体针、快速针、磁针、金针、姜针、药针分别参照执行	一次性银针	5个穴位	8.00	
灸法	艾条灸、艾炷灸、艾箱灸、天灸等分别参照执行		次	16.00	
拔罐疗法	火罐、电火罐、闪罐、着罐、电罐、磁疗罐、真空拔罐等分别参照执行		3罐	8.00	
刮痧治疗			每个部位	10.00	
人工煎药			副	1.50	

2010年3月1日，市物价局对市第一人民医院特殊病房床位价格作出批复。特殊病房床位价格和床位分布见下表：

表2-2-25　**特殊病房床位价格标准**　单位：元/床·日

项目类别	收费标准	病　房　设　施
套间	90	除按普通病房规定设备的设施外，另配有会客室、卫生间、中央空调，中心管道吸氧、中央吸引、传呼系统、输液天轨、不锈钢摇床，21英寸以上彩电、皮沙发、抽水马桶、电话、淋浴装置、壁柜、供应热水等设施设备
单人间	60	除按普通病房规定设备的设施外，另配有卫生间、中央空调、中央吸引 中心管道吸氧、传呼系统、输液天轨、不锈钢摇床、彩电、沙发、电话、壁柜、淋浴装置、供应热水等
双人间	30	除按普通病房规定设备的设施外，另配有卫生间、中央空调、中心管道吸氧，中心抽吸、输液天轨、不锈钢摇床、彩电、壁柜，淋浴装置、供应热水、电话、传呼系统等
三人间	20	除按普通病房规定设备的设施外，另配有卫生间、中央空调、中心管道吸氧、中心抽吸、输液天轨、不锈钢摇床、彩电、壁柜、淋浴装置，供应热水、电话、传呼系统等

表 2 -2 -26　　　　市一医院床位分布一览表

病室	病房标准 / 床数	普通床位					特殊床位				合计
		2人间	3人间	4人间	监护病床	层流病床	单人间	2人间	3人间	套间	
1	耳鼻喉科			24				2	15		41
2	眼科		3	24					15		42
3	骨二科		3	30				2	12		47
4	骨一科		3	37					12		52
5	肾移植			12	6			2	9		29
6	肾内科	2		24				2	9		37
7	呼吸内科		3	30				2	12		47
8	心内科		3	24	8				15		50
9	神经内科			42	14				30		86
10											
11	烧伤科	2	3	27	2				12		46
12	神经外科	22			9			54			85
13											
14	妇科	18						22			40
15	产科		6				4	20			30
16	泌尿外科	10		4				30			44
17	胸外科	12			6			26			44
18	老干科	8		4				28		1	41
19	普外 1 科	8		4				32			44
20	普外 2 科	8		4				32			44
21	儿科	2		45				10			57
22											
23	中医科	2	3	20				6			31
24	消化内科			44			1	6	9		60
25											
26	内分泌科	2		45			2	4	9		62
27											
28	新生儿科					57					57
29	感染科			47					31		78
30	肿瘤科		45						30		75
31	ICU					12					12
32	急诊留观	4	18	7	12	2					43

续表

病室 \ 床数 \ 病房标准		普通床位					特殊床位				合计
		2人间	3人间	4人间	监护病床	层流病床	单人间	2人间	3人间	套间	
33	急诊儿科			20							20
34	手足口			15							15
合计		100	90	533	57	71	7	280	220	1	1359

2011年11月14日，市物价局对市第一中医院特殊病房床位价格作出批复：同意该院设立特殊病房套间2间2个床位、单间3间3个床位、二人间43间86个床位、三人间131间393个床位。核定特殊病房每床日价格为：套间90元、单人间60元、二人间30元、三人间20元。

2012年7月31日，市物价局、市卫生局发出《关于按病种收费试点医药费用标准及有关问题的通知》，确定试点医院为全市执行二类医疗服务价格及以上的公立医院共30家，名单如下：一类医院有常德市第一人民医院、常德市第一中医医院。二类医院有常德市第二人民医院、常德市妇幼保健院、常德市职业技术学院附属第一医院、常德市职业技术学院附属第二医院、常德市第五人民医院、常德市精神病医院、常德市肿瘤医院、常德市第四人民医院、常德市第六人民医院、常德市第二中医医院、鼎城区妇幼保健院、常德市老年病医院、临澧县人民医院、临澧县中医院、石门县人民医院、石门县中医院、澧县人民医院、澧县中医院、澧县澧洲医院、澧县第三人民医院、津市市人民医院、桃源县人民医院、桃源县中医院、桃源县妇幼保健院、安乡县人民医院、安乡县中医院、汉寿县人民医院、汉寿县中医院。明确试点病种为结节性甲状腺肿、急性单纯性阑尾炎、自然临产阴道分娩、子宫平滑肌瘤、老年性白内障。单病种医药费用标准如下表：

表2－2－27　**试点医院单病种医药费用标准**

序号	病种名称	治疗方式	单病种收费标准（元/人）		说明
			一类医院收费标准	二类医院收费标准	
1	结节性甲状腺肿	行甲状腺（部分、次全、全）切除术	5400	4300	
2	急性单纯性阑尾炎	行阑尾切除术	4000	3300	
3	自然临产阴道分娩	顺产接生	1700	1400	
4	子宫平滑肌瘤	行经腹子宫全/次全切除术	5500	4800	
5	老年性白内障（单眼）	行超声乳化白内障摘除术＋人工晶体植入术	3500	2900	

本通知单病种医药费用标准为试行标准，自2012年8月1日起试行一年。市物价局和市卫生局下达常价价〔2012〕51号补充通知，将自然临产阴道分娩医药费用标准调整为一类医院每人次2300元、二类医院每人次1700元。

是年10月16日，市物价局重新明确常德市第一人民医院特殊病房床位价格：套间1间1个床位、单人间7间7个床位、二人间163间326个床位、三人间72间216个床位。每床每日价格为：套间90元、单人间60元、二人间30元、三人间20元。

七、房产价格

（一）商品房价格

1989年12月25日，市建委、市物价局发出通告，对市城区（不含武陵镇）房屋买卖、租赁实行最高限价。详情见下表：

表2-2-28　　常德市市城区住宅房屋买卖最高限价

单位：元/平方米（建筑面积）

类别＼单价＼价区	一价区	二价区	三价区	四价区
砖混	450	430	400	370
砖木	400	370	340	310
木	330	300	260	200
简易	200	160	120	80

表2-2-29　　市城区房房价区划分

价　区	地　　段　　范　　围
一价区	沅水大桥以西、沅江大堤以北、汽车北站以东、武陵北路至建民织布厂、青年北路至交警队、鼎城路至骅街口
二价区	北站至三岔路口、沅江大桥以东至部粮机、建民织布厂至滨湖路、交警支队至水表厂、刘家坪、姑家园、滨湖小区、光荣路、骅街口、朝阳路
三价区	三岔路以西、落路口、德山新马路、乾明路、部粮机以东、岩桥、甘露寺、南站、慧家坪
四价区	德山街、苏家渡

1993年7月、8月、9月，审批德山101号商品住宅每平方米建筑面积基准价格为588元；皂果小区商品房每平方米建筑面积基准价格为808元；西园小区每平方米建筑面积基准销售价格为708元，可上下浮动5%。

1994年1月、4月、12月，市物价局审批德海花园连幢式别墅每平方米890元，独幢式别墅每平方米 1090 元；湘北第一村每平方米 803 元；潇湘楼每平方米 1002 元。

1995 年 8 月 16 日，市物价局批复沅安路商住楼销售价格为：向社会出售的商品房每平方米基准价格 1200 元，允许上下浮动，用于拆迁户的安置房，面积相等的，最高销售限价每平方米 650 元，允许适当下浮。

1997 年 2 月、3 月、6 月、8 月，市物价局核定紫桥小区商品房每平方米基准销售价格为 1050 元；丹阳楼花园小区每平方米 950 元；金城花园 10 号楼每平方米 910 元；甘露寺小区每平方米 880 元。

1998 年，从 9 月 20 日起至年底前对经济适用房（安居工程）和普通商品住宅实行降价销售。凡经过物价部门审批制定了价格的，按审批价格下浮 10－20% 销售；未经物价部门审批价格的按今年 7 月底以前的实际成交价格下浮 10－20% 销售，同时向当地物价部门补报价格。降价损失原则上由开发企业自行消化和后续开发住宅建设的优惠政策弥补。

2002 年 1 月、3 月、4 月、6 月，市物价局核定朝阳路荣昌综合楼销售基准价每平方米 900 元；实通花园每平方米 914 元；三间路东方小区每平方米 780 元；武陵大道中段利民花园每平方米 1210 元；人民西路西城苑小区每平方米 965 元。

2003 年 1 月、2 月、3 月、4 月、5 月，市物价局核定南坪路农机大市场（上下共 3 层）门面销售基准价每平方米 1896 元；体育东路阳光花城小区每平方米 1076 元；紫桥竹园、桃园住宅每平方米 950 元；金钻广场 B1、B2、C1、C2 每平方米 7040 元。

2006 年 1 月、3 月、6 月，市物价局核定恒福花苑住宅销售基准价每平方米 1100 元；柳叶湖东方美景住宅每平方米 1450 元；代家岗金凤川紫住宅每平方米 1408 元；柳叶湖祥得龙花苑小区龙吟水榭住宅每平方米 2398 元，会所（框架）每平方米 1800 元。

2008 年 1 月、4 月、8 月、12 月，市物价局核定沙港路金沅丽景小区基准销售价每平方米 1816 元；皂果中路康桥蓝湾每平方米 2700 元；二轻路金盛玫瑰苑每平方米 2200 元；柳叶湖七里桥水岸春天住宅每平方米 2100 元。

（二）经济适用房价格

1995 年 8 月 8 日，市物价局下达华达建设开发总公司安居住宅价格，审定紫桥小区 10246.31 平方米安居住宅综合成本总额为 707.85608 万元，每平方米综合成本价格 690.84 元。其中 4135 平方米（48 套）按每平方米 650 元优惠出售，余下的 6111.31 平方米，由公司自行销售，其基准价格为每平方米 780 元，允许上下浮动。

1997 年 7 月 11 日，市物价局下达武陵开发公司三间小区第一期第二批安居住宅价格，明确 16#、18#、20#、21#、22#、23#、24#、26#、28#共 9 栋中的安居住宅（300 套 19180 平方米）每平方米销售价格为 718 元，实际销售价格不准上下浮动。

1998 年 11 月 9 日，市物价局发布常德市城区 1998 房改年度经济适用住房（安居工程）最高限价。市城区 1998 房改年度经济适用住房（安居工程）每平方米最高限价为 780 元，执行到 1999 年 6 月 30 日止。

2000年12月13日，市物价局核定“霞山江南园”2幢共68套经济适用住宅（建筑面积6450平方米）平均基准销售价格为每平方米660元，其楼层差价由公司根据整幢商住楼楼层差价率代数和为零的原则自行确定并报市物价局备案，实际销售价格允许上下浮动不超过5%。

2001年3月8日，市物价局核定金盛小区第一期经济适用住宅基准销售价格，该期7幢218套、18133平方米建筑面积的经济适用住宅平均基准销售价格为每平方米740元，其楼层差价率由公司根据整幢住宅楼楼层差价率代数和为零的原则自行确定并报市物价局备案，实际销售价格允许上下浮动不超过5%。

2003年6月19日，市物价局核定“云锦苑小区”第一期共10幢114套13183平方米经济适用住宅平均基准销售价格为每平方米583元，其楼层差价率按市房改房楼层差价率执行，实际销售价格可上下浮动5%。

2006年11月23日，市物价局核定德园经济适用住房小区共12幢446套35749平方米经济适用住宅平均基准销售价格为每平方米955元。

2011年6月13日，市物价局核定利民小区共2幢、104套7947.55平方米经济适用住房销售价格为每平方米1600元。

（三）公房租金

1989年12月25日，市建委、市物价局发布《关于房屋买卖和租赁实行最高限价的通告》，从1990年1月1日起对市城区（不含武陵镇）房屋租赁实行最高限价。具体价格及价区如下表：

表2－2－30　　**房屋租赁最高限价**　　单位：元/平方米·月

价区 / 单价 / 类别	一价区	二价区	三价区	四价区
非住宅	20	15	10	5
住宅	2.50	2.00	1.50	1.00

说明：非住宅按建筑面积，住宅按使用面积。

1993年6月8日，市政府《关于印发〈常德市城区公有住房优惠出售办法〉和〈常德市城区提高公有住房租金标准的规定〉的通知》（常政发〔1993〕7号），公布市城区公房租金标准及优惠政策。

1994年9月4日，市物价局下达拆迁安置房屋租金标准为居住6个月内每月每平方米0.40元，超期居住每月每平方米1－6个月0.50元，6个月以上的每月每平方米0.60元。

2004年10月20日，市物价局、市房地产管理局对市城区廉租住房租金标准进行调整，自11月1日起执行。租金标准见下表：

表2-2-31 **常德市城区廉租住房基本月租金标准** 单位：元/平方米

住房结构	住房类别	月租金标准	备注
混合	成套住宅	1.35	
	非成套住宅	1.20	
砖木	成套住宅	1.10	
	非成套住宅	1.00	
简易	木板房、土砖房	0.80	

表2-2-32 **常德市城区廉租住房租金地段差价** 单位：元/平方米

地段类别	范围	地段差价	备注
一类	江北城区	0	
二类	武陵镇、德山开发区	-0.10	武陵镇指市房地产经营公司进行产业管理的国有直管公房

表2-2-33 **常德市城区廉租住房租金新、旧程度差价** 单位：元/平方米

房屋建造年代	新旧程度差价	备注
1990年以后建成的	0	
1970年至1990年建成的	-0.10	
60年代建成的	-0.20	
50年代建成的	-0.30	
50年代以前建成的	-0.40	

表2-2-34 **常德市城区廉租住房租金楼层差价** 单位：元/平方米

层数 / 差价 / 层次	1	2	3	4	5	6	7
1	0	0	0	0	0	0	0
2			+0.10	+0.10	+0.10	+0.10	+0.10
3				+0.10	+0.10	+0.10	+0.10
4					+0.10	+0.10	+0.10

续表

层次＼差价＼层数	1	2	3	4	5	6	7
5						0	0
6							-0.10
7							
顶层	0	0	-0.10	-0.10	-0.15	-0.15	-0.20

是年11月30日，市物价局、市房地产管理局调整常德市城区国有直管住房租金标准，从2005年1月1日起，市城区国有直管住房基本月租金混合成套住房每平方米使用面积由1.30元调整为2.20元；继续实行新房新租和超标准加租；新建住房租金标准按同期住房租金标准加收50%，超过规定面积标准（户使用面积39平方米）以上部分按同期成本租金计租（成本租金每平方米使用面积为4.45元）。不同结构、类别和不同地段、不同年代及不同楼层的基本月租金和差价标准分别见以下四表。国有直管住房租金标准调整后，对离休职工家庭、民政部门认定的社会救济户、优抚户继续按照有关规定实行租金减免政策。

表2-2-35　**常德市城区国有直管住房基本月租金标准**　单位：元/平方米

住房结构	住房类别	月租金标准	备　注
混　合	成套住宅	2.20	
	非成套住宅	1.80	
砖　木	成套住宅	2.00	
	非成套住宅	1.50	
简　易	木板房、土砖房	1.30	

表2-2-36　**常德市城区国有直管住房租金地段差价**　单位：元/平方米

地段类别	范　围	地段差价	备　注
一类	江北城区	0	
二类	武陵镇、德山开发区	-0.10	武陵镇指市房地产经营公司进行产业管理的国有直管公房

表 2－2－37 **常德市城区国有直管住房租金新、旧程度差价** 单位：元/平方米

房屋建造年代	新旧程度差价	备注
1990 年以后建成的	0	
1970 年至 1990 年建成的	－0.20	
60 年代建成的	－0.30	
50 年代建成的	－0.40	
50 年代以前建成的	－0.50	

表 2－2－38 **常德市城区国有直管住房租金楼层差价** 单位：元/平方米

层数 / 差价 / 层次	1	2	3	4	5	6	7
1	0	0	0	0	0	0	0
2			+0.10	+0.10	+0.10	+0.10	+0.10
3				+0.10	+0.10	+0.10	+0.10
4					+0.10	+0.10	+0.10
5						0	0
6							－0.10
7							
顶层	0	0	－0.10	－0.10	－0.15	－0.15	－0.20

2006－2012 年市城区公有住宅租金仍实行政府指导价管理，价格水平没有大的变动。

（四）房屋重置价格

1999 年 1 月 20 日，市物价局、市房地产管理局公布自 2 月 1 日起常德市城区房屋重置价格。房屋重置价格是指在 1998 年的建筑技术、工艺水平、建筑材料价格、人工和运输费用条件下，重新建造同类结构、式样、质量的全新房屋基准价。住宅层高以 2.8 米、非住宅层高以 3.3 米为基准测算。重置价格中均含供电、通信、有线电视线路预埋工程费。房屋重置价格见下表，武陵镇、德山开发区的房屋重置价格按“常德市城区房屋重置价格表”中基准价格的 90% 确定。

表 2－2－39　**常德市城区房屋重置价格**　单位：元/平方米

结构等级		主要结构特征	房屋类别	重置价元/平方米
钢混结构		桩基础，承重部分全部为钢筋混凝土框架结构，现浇楼板、地面铺面砖和水磨石、外墙水刷石、内墙“888”仿瓷涂料、铝合金门窗、水、电、卫生设施配套齐全，其中住宅为单元式结构、分户阳台、入户防盗门	住宅	800
			非住宅	1050
混合结构	一级	砖墙和钢筋混凝土承重结构，现浇和预制楼板、铝合金门窗或带纱木制门窗，内墙“888”仿瓷涂料、外墙水刷石、水磨石地面、水、电、卫生设施配套，其中住宅为单元结构，客厅为水磨石地面，分户阳台	住宅	640
			非住宅	800
	二级	砖墙和部分钢筋混凝土承重结构，预制楼板、木制门窗、内墙“106”涂料，水刷石外墙、水泥地面、水、电、卫生设施配套，其中住宅为单元式结构、分户阳台	住宅	610
			非住宅	700
	三级	大部分砖墙和部分钢筋混凝土承重结构，预制楼板，钢窗或木门窗，外墙搓沙灰或清水墙、内墙“106”涂料或石灰水有水、电、卫生设施，其中住宅为非单元结构，有厨房及共用卫生间，无阳台	住宅	560
			非住宅	600
砖木结构	一级	材料中等，标准较高的砖木结构，24 以上砖墙，木屋架木门窗，搓沙灰或清水墙外墙，内墙“106”涂料或石灰水，水泥地面，水、电进户	住宅	520
			非住宅	580
	二级	材料中等，标准一般的砖木结构，大部分 24 砖墙、术屋架、木门窗、粗沙灰外墙、内墙“106”涂料或石灰砂浆、水泥地面，水、电进户	住宅	460
			非住宅	500
木结构住宅				400

说明：1. 工业厂房可参考此表标准，并根据实际情况具体评估。

2. 有桩基层的房屋其重置价格加 10%。

3. 七层以上的钢筋混凝土结构的高层房屋根据实际情况另行评估。

4. 重置价内未含土地价格及“三通一平”费用和房屋架空层造价。

2002 年 10 月 15 日，市物价局、市房地产管理局公布常德市城区房屋重置价格，并明确在计算房屋现时重置价格时，应考虑该房屋的新旧程度，楼层差价和装饰装修等调整项目等因素。房屋现时重置价格 = ［综合费用单价 + 建安费用单价 × 房屋新旧程度标准 ×（1 ± 楼层差价率）］ × 总建筑面积 ± 房屋调整项目金额。武陵镇、德山开发区的房屋重置价格按下表所列重置价格的80%确定。自2002年11月15日起执行。

表2-2-40　　**常德市城区房屋重置价格**　　单位：元/平方米

<table>
<tr><th colspan="2">结构等级</th><th>主要结构特征</th><th>房屋类别</th><th>建安费单价</th><th>综合费单价</th><th>重置价</th></tr>
<tr><td colspan="2" rowspan="2">钢混结构</td><td rowspan="2">桩基础，承重部分全部为钢筋混凝土框架结构，现浇楼板，水泥地面，外墙水刷石，内墙“888”仿瓷涂料，铝合金窗，水、电、卫生设施配套齐全。其中住宅为单元式结构，分户阳台，入户防盗门</td><td>住宅</td><td>680</td><td>120</td><td>800</td></tr>
<tr><td>非住宅</td><td>780</td><td>160</td><td>940</td></tr>
<tr><td rowspan="6">混合结构</td><td rowspan="2">一级</td><td rowspan="2">砖墙和钢筋混凝土承重结构，现浇楼板，木制门，铝合金窗或带纱木制窗，内墙“888”仿瓷涂料，外墙水刷石，水泥地面，水、电、卫生设施配套。其中住宅为单元结构，分户阳台</td><td>住宅</td><td>530</td><td>110</td><td>640</td></tr>
<tr><td>非住宅</td><td>660</td><td>140</td><td>800</td></tr>
<tr><td rowspan="2">二级</td><td rowspan="2">砖墙和部分钢筋混凝土承重结构，预制楼板，木制门窗，内墙“106”涂料，水刷石外墙，水泥地面，水、电、卫生设施配套。其中住宅单元式结构，分户阳台</td><td>住宅</td><td>500</td><td>110</td><td>610</td></tr>
<tr><td>非住宅</td><td>570</td><td>130</td><td>700</td></tr>
<tr><td rowspan="2">三级</td><td rowspan="2">大部分砖墙和部分钢筋混凝土承重结构，预制楼板，钢窗或木门窗，外墙抹粗砂或清水墙，内墙“106”涂料或石灰砂浆，有水、电、卫生设施。其中住宅为非单元式结构，有厨房及共用卫生间，无阳台</td><td>住宅</td><td>450</td><td>110</td><td>560</td></tr>
<tr><td>非住宅</td><td>480</td><td>120</td><td>600</td></tr>
<tr><td rowspan="4">砖木结构</td><td rowspan="2">一级</td><td rowspan="2">材料中等，标准较高的砖木结构，24以上砖墙，木屋架，木门窗，粗沙灰或清水外墙，内墙“106”涂料或石灰砂浆，水泥地面，水电进户</td><td>住宅</td><td>420</td><td>100</td><td>520</td></tr>
<tr><td>非住宅</td><td>460</td><td>120</td><td>580</td></tr>
<tr><td rowspan="2">二级</td><td rowspan="2">材料中等，标准一般的砖木结构，大部分24砖墙，木屋架，木门窗，粗沙灰外墙，内墙“106”涂料或石灰砂浆，水泥地面，水、电进户</td><td>住宅</td><td>380</td><td>80</td><td>460</td></tr>
<tr><td>非住宅</td><td>400</td><td>100</td><td>500</td></tr>
<tr><td colspan="4">木结构住宅</td><td>330</td><td>70</td><td>400</td></tr>
</table>

说明：1. 本重置价格混合、钢混结构住宅层高以2.8-3米，非住宅层高以3.3米-3.5米，楼层均以6层为基础测算，实际层高每增减0.1米，混合结构住宅、非住宅每平方米增减5元，钢混结构住宅、非住宅每平方米增减8元。

2. 工业厂房可参考此表标准，并根据实际情况具体评估。

3. 有桩基础（系指钢筋混凝土桩基）的房屋其建安费单价加8%。
4. 七层以上（不含七层）的钢筋混凝土结构的高层房屋根据实际情况另行评估。
5. 重置价内未含土地价格。

2004年12月31日，市物价局、市房地产管理局公布常德市城区房屋重置价格，从2005年1月1日起执行。具体见下表：

表2-2-41　**常德市城区房屋重置价格**　单位：元/平方米

结构等级		主要结构特征	房屋类别	建安费单价	综合费单价	重置价
钢混结构		桩基础，承重部分全部为钢筋混凝土框架结构，现浇楼板，水泥地面，外墙水刷石，内墙“888”仿瓷涂料，铝合金窗，水、电、卫生设施配套齐全。其中住宅为单元式结构，分户阳台，入户防盗门	住宅	735	120	855
			非住宅	842	160	1002
混合结构	一级	砖墙和钢筋混凝土承重结构，现浇楼板，木制门，铝合金窗或带纱木制窗，内墙“888”仿瓷涂料，外墙水刷石，水泥地面，水、电、卫生设施配套。其中住宅为单元结构，分户阳台	住宅	572	110	682
			非住宅	713	140	853
	二级	砖墙和部分钢筋混凝土承重结构，预制楼板，木制门窗，内墙“106”涂料，水刷石外墙，水泥地面，水、电、卫生设施配套。其中住宅为单元式结构，分户阳台	住宅	540	110	650
			非住宅	616	130	746
	三级	大部分砖墙和部分钢筋混凝土承重结构，预制楼板，钢窗或木门窗，外墙抹粗砂或清水墙，内墙“106”涂料或石灰砂浆，有水、电、卫生设施。其中住宅为非单元式结构，有厨房及共用卫生间，无阳台	住宅	486	110	596
			非住宅	518	120	638
砖木结构	一级	材料中等，标准较高的砖木结构，24以上砖墙，木屋架，木门窗，粗沙灰或清水外墙，内墙“106”涂料或石灰砂浆，水泥地面，水、电进户	住宅	441	100	541
			非住宅	483	120	603
	二级	材料中等，标准一般的砖木结构，大部分24砖墙，木屋架，木门窗，粗沙灰外墙，内墙“106”涂料或石灰砂浆，水泥地面，水、电进户	住宅	400	80	480
			非住宅	420	100	520
木结构住宅				347	70	417

说明：1. 本重置价格混合、钢混结构住宅层高以 2.8－3 米，非住宅层高以 3.3 米－3.5 米，楼层均以 6 层为基础测算，实际层高每增减 0.1 米，混合结构住宅、非住宅每平方米增减 5 元，钢混结构住宅、非住宅每平方米增减 8 元。

2. 工业厂房可参考此表标准，并根据实际情况具体评估。

3. 有桩基础（系指钢筋混凝士桩基）的房屋其建安费单价加 8%。

4. 七层以上（不含七层）的钢筋混凝士结构的高层房屋根据实际情况另行评估。

5. 重置价内未含土地价格。

（五）房地产中介服务费

1995 年，常德市土地价格评估收费标准见下表：

表 2－2－42　**宗地地价评估收费标准**

序号	土地价格总额（万元）	收费标准（‰）
1	100 以下（含 100）	4
2	101－200 部分	3
3	201－1000 部分	2
4	1001－2000 部分	1.5
5	2001－5000 部分	0.8
6	5001－10000 部分	0.4
7	10000 以上部分	0.1

表 2－2－43　**基准地价评估收费标准**

序号	城镇面积（平方公里）	收费标准（万元）
1	5 以下（含 5）	4－8
2	5－20（含 20）	8－12
3	20－50（含 50）	12－20
4	50 以上	20－40

1996 年 2 月 1 日起常德市房地产中介服务收费项目标准及计算方法分别见下表：

表 2－2－44　**房地产中介服务收费项目标准**

项目名称	收费标准	备注
一、房地产咨询 1. 口头咨询 2. 书面咨询	按照咨询服务时间结合咨询人员专业技术等级双方协商确定	高级职称最高不超过 180 元/小时；中级职称最高不超过 100 元/小时；初级助理不超过 50 元/小时；一般工作人员及初级员级最高不超过 30 元/小时

续表

项目名称	收　费　标　准	备　　注
	普通咨询报告每份 200 元 -500 元；如技术难度大、情况复杂，可适当提高标准，但最高不超过咨询标的额的 0.3%	
二、房地产价格评估收费	按国家计委、建设部计价格〔1995〕971 号执行	经与处财政厅商定：原省物价局、财政厅〔1994〕湘价房字第 320 号文同时停止执行
三、土地价格评估收费	按省物价局、国土局〔1995〕湘价房字第 12 号执行	
四、房地产经纪 1. 房屋租赁代理 2. 换房介绍 3. 房屋买卖代理	按半月至一个月成交租金额一次性计收。按次计收 20 元、双方各交 10 元按成交价格总额的 0.5% -1.5% 计收。独家代理的，双方可协商适当提高收费标准但最高不得超过成交价格的 2%	成交月租金额特别大的，由双方协商

表 2 -2 -45　　　　以房产为主的房地产价格评估收费标准计算标准

档次	房地产价格总额（万元）	累进计费率（‰）
1	100 以下（含 100）	5
2	100 以上至 1000	2.5
3	1001 以上至 2000	1.5
4	2001 以上至 5000	0.8
5	5001 以上至 8000	0.4
6	8001 以上至 10000	0.2
7	10000 以上	0.1

2002 年 9 月 1 日起，住房以外的房产交易手续费按以下标准计收：房屋转让手续费（不含产权转移、变更登记发证费），按实际成交价格的一定比例计收。收费标准为新建商品房 0.5%，由转让方承担；存量房 1.3%，由转让和受让双万各承担 50%。房屋租赁手续费，按租赁面积一次性分档收取，由出租人承担。收费标准为 200 平方米及以下的每宗 100 元，201 -500 平方米的每宗 200 元，501 -1000 平方米的每宗 300 元，1001 平方米以上的每宗 400 元。上述标准，不得累价计收。房产抵押（典当）手续费（不含他项权利登记费），按抵押（典当）额的一定比例累进计费，向申请抵押者收取。收费标准为 2 千万

元及以下2‰，2000万元以上至5000万元（含5000万元）的为0.8‰，5000万元以上至1亿元（含1亿元）的0.3‰，1亿元以上的0.1‰。对企业在“三改”过程中发生房地产权属转移的，免收房地产交易手续费。

2006年6月15日，市物价局确定市房地产交易中心收取住房交易手续费标准，从7月1日起，住房转让手续费标准为新建商品住宅每平方米3元、经济适用住房控制面积以内的每平方米1.50元、存量住房每平方米6元，其中房改房每平方米1.50元。新建商品住宅、经济适用住房的转让手续费由转让方承担；存量住房（含房改房）转让手续费由转受双方各承担50%。

2009年，规范房产交易手续费。房屋转让手续费（不含产权转让登记费）：住房转让手续费标准为新建商品住宅每平方米3元、经济适用住房控制面积以内的每平方米1.50元、存量住房每平方米6元，其中首次交易的房改房每平方米1.50元。新建商品住宅、经济适用住房的转让手续费由转让方承担；存量住房转让手续费由转受双方各承担50%；非住房的房屋转让手续费按实际成交价格的一定比例计收，收费标准为新建商品房0.5%，由转让方承担；存量房1.3%，由转受双方各承担50%。房产抵押（典当）手续费（不含他权利登记费）：住房抵押（典当）手续费，按抵押（典当）额的3‰计费，向申请抵押者收取；非住房的房产抵押（典当）手续费按抵押（典当）额的一定比例累进计费，向申请抵押者收取，收费标准为：2000万元及以下2‰、2000万元以上至5000万元的0.8‰、5000万元以上至1亿元的0.3‰、1亿元以上的0.1‰。

八、物业服务收费

1994年11月28日，市物价局、市建委核定紫桥小区物业管理收费项目和标准，从1995年1月1日起执行：

表2－2－46　　紫桥桥小区物业管理、维修有偿服务收费项目和标准

收费项目	计费单位	收费标准	收费对象	备注
1. 房屋公共部位、公用设施维护保养费	按房屋建筑面积每平方米每年	1.5元	各居民户	用于房屋公共部位（含屋面、楼梯间、公用走道、外墙等）和公用设施（含公用水、电、消防、卫生等设施器材）的维修保养
2. 绿化管理费	每户、每月	1元	各居民户	用于小区内树木、花草的培植管理及绿化管理人员工资开支
3. 代收代交水电费服务费	每户、每月	0.8元	各居民户	用于代收、代交水电费工作人员工资及有关费用开支
4. 小区清洁卫生费	每户、每月	1.5元	各居民户	用于清扫人员工资和清扫工具的开支

续表

收费项目	计费单位	收费标准	收费对象	备　注
5. 经营性门面清洁卫生费	按门面宽度每米、每月	3元	各经营业主	门面宽度不足3米按3米收费，每超过1米（不足1米算1米）加收3元
6. 住户室内下水道疏通		双方协商	委托者	有偿服务

说明：1. 此标准为常价房字（1994）第124号附件，从1995年1月1日起执行；

2. 第1项收费每年年初一次性交清。

1998年7月28日，市物价局核定“西郊花园”物业管理综合服务费每户每月收费标准为：公寓住宅每户建筑面积80平方米及以下7元、每户81平方米及以上10元，别墅住宅每户占地面积250平方米及以下15元、每户251平方米至280平方米16元、每户281平方米及以上17元；营业性用房每间20平方米及以下12元、每间21平方米及以上14元；小区内公寓住宅楼房屋公共部位（含楼顶、楼梯间、公共走道、外墙、雨水管等）维修费按房屋建筑面积每年每平方米1.50元标准向小区内住户和业主收取。

2000年4月，常德市执行全省城市住宅区物业管理水、电收费的有关规定：到户水费：物业管理单位抄用户分表收费时，可根据住宅区不同性质的用水，分别按政府价格主管部门制定的城市供水价格的分类水价，加最高不超过8%的损耗，加二次供水加压分摊电费计算结算价格向用户收取水费；小区内公用设施专项用电电费分摊：电梯运行电费，由享用该电梯的业主共同负担。具体收费可按楼层、按户分摊，也可以按住户的住房建筑面积分摊。

2001年3月22日，市物价局下达芷兰小区物业服务收费标准：

表2-2-47　**芷兰小区物业管理收费项目及标准**

序号	收费项目	单位	收费标准		服务内容
1	房屋公共部位及公用设施维修费	平方米·年	1.50元		专项用于房顶、楼梯、公用走廊、道路、公用水电设施等的管理与维修，须专账管理
2	物业管理综合服务费	平方米·月	住宅	0.30元	1. 负责小区内安全保卫工作，实行全封闭式管理，维护小区内业主的财产安全；2. 小区内公共绿化管理与培植；3. 小区内公共卫生区、楼梯间清扫、垃圾清运及公共下水道养护；4. 代收代缴水费
			商业等经营用房	1元	
			幼儿园	0.20元	
3	外来务工人员卫生、管理费	人·月	5元		负责服务对象的保安、垃圾清运及管理工作
4	特约服务费		双方协商		由业主指定服务内容

注：业主在办理产权证时，按售房款比例交纳了住宅共用部位设施设备维修基金的不再收取房屋公共部位及公用设施维修费。

2002 年 10 月 1 日，公布常德市城市物业管理公共性服务等级考核标准及指导价格。城市住宅物业管理公共性服务实行百分制等级考核。考核测评总分 90 分以上的为一级，80 - 89 分为二级，70 - 79 分为三级，60 - 69 分为四级，总分达不到 60 分的为等外级。办公楼、写字楼、商铺物业管理公共性服务等级考核标准分为五级；指导价格：普通多层住宅（6 层及以下）每月每平方米一级 1.50 元、二级 0.80 元、三级 0.50 元、四级 0.30 元、五级 0.20 元。普通高层住宅（6 层以上，装有电梯并正常运行的）每月每平方米一级 2.00 元、二级 1.50 元、三级 1.00 元、四级 0.70 元、五级 0.50 元。经济适用房、房改房的收费标准可按住宅相应等级的 70% 收取。办公楼、写字楼、商铺每月每平方米一级 5 元、二级 3 元、三级 2 元、四级 1.5 元、五级 1 元。价格主管部门可结合本地实际，在上述指导价格基础上，按上下浮动不超过 30% 的幅度确定当地各等级的指导价格。

2005 年 1 月 16 日，市物价局、市房地产管理局公布市城区物业管理服务收费及其他有关收费指导价格标准、市城区住宅小区车辆停放服务收费指导价格标准。市城区物业管理企业物业服务费用采用包干制的物业服务收费及其他有关收费指导价格标准、市城区住宅小区车辆停放服务收费指导价格标准分别见下表。各物业管理企业和业主委员会应在本通知公布的物业服务收费指导价格标准基础上，根据小区规模、设备设施、服务质量、物业新旧程度等因素，上下浮动 20% 的幅度内确定实际执行标准并在物业服务合同中约定。住宅区内设有固定停车场、停车棚或经业主大会及有关部门同意划定的固定停车位，并有专人看管的，方可收取车辆停放服务费。各物业管理公司和业主委员会应根据本通知公布的车辆停放服务收费指导价格标准，按下浮不超过 20% 的幅度内在物业服务合同中约定具体收费标准，并约定管理规定及车辆停放服务费收入资金使用范围等。本标准自 2005 年 3 月 1 日起执行。

表 2 - 2 - 48　**常德市住宅小区公共性物业服务收费及其他有关收费指导价格标准**

单位：元

项目＼收费标准＼等级	一级	二级	三级	四级	其他	备注
多层住宅	1	0.7	0.5	0.3	0.2	
多层住宅带电梯	1.4	1.1	0.8	0.6		
高层住宅	1.8	1.4	1.1	0.8		
办公使用的住宅	加 80%					
商业使用的住宅	加 120%					
二次供电加价	8%					
二次供水加价	8% 另加二次供水加压电费					

续表

收费标准/等级/项目	一级	二级	三级	四级	其他	备注
装修管理服务费	带电梯房屋每平方米建筑面积每天 0.02 元，不带电梯房屋每平方米建筑面积每天 0.01 元					
装修垃圾清运费	按垃圾量计费，最高不超过每平方米建筑面积 2 元，具体收费标准由双方协商确定					
装修工人出入证工本费	出入证每证收取工本费 5 元					

表 2-2-49　　**常德市城区住宅小区车辆停放服务收费指导价格标准**　　单位：元

收费标准/类别/项目	小车		摩托、三轮车		自行车	
	月	日	月	日	月	日
室内固定停车场	120	5	25	1	12	0.5
室外固定停车棚	90	5	20	1	9	0.5
室外固定停车位	60	5	15	1	6	0.3

说明：1. 上述标准为物业管理企业在物业管理区域内经业主委员会同意后向使用停车场的业主收取的停车服务费，外来车辆停放服务费可参照上述标准并由业主委员会和物业管理企业协商确定，在委托合同中明确。

2. 住宅小区内停车场必须有专人看管，并公布收费标准，否则不能收费。

3. 住宅小区内室外停车位应经业主大会同意并与有关部门联系画线归位，分类停放。

4. 物业管理企业必须与业主委员会签订有关合同并制订相应的管理措施，对临时停放的车辆，也要在醒目位置公布管理规定，明确责任。

5. 住宅小区停车场车辆停放服务费收入主要用于弥补物业服务费用不足和管理人员工资等。

2010 年 9 月 1 日起，市城区住宅小区公共性物业服务收费、车辆停放服务收费、装修管理服务收费指导价格标准分别见下表。非规划区的停车场占用费价格标准为大车每月 100 元、小车每月 50 元，摩托车、三轮车一般不收场地占用费。市城区住宅物业服务指导价格标准在具体执行时可上下浮动 20%。层高 2.2 米以下的杂屋未改变用途的不收物业服务费。由业主购买（使用）的车库（位），收取了停车服务费的，不再收取物业服务费，封闭式车库只按同类型住宅收费标准的 50% 收取物业服务费，不再收取停车服务费。已办理交付手续但未使用的物业，物业服务费按照 90% 交纳。二次供电由电力企业抄总表，物业服务企业抄分表的，专用变压器供电的加收 6% 的耗损，公用变压器供电的加收 4% 的损耗；二次供水由供水企业抄总表，物业服务企业抄分表的加收 8% 的损耗，并按用水量据实平均分摊加压电费；直供水由供水企业抄总表，物业服务企业抄分表的加收8%的损耗。物业服务费采用酬金制的，及别墅小区、办公写字楼、工业、商业等物业服务收费，均实行市场调节价管理，由业主和物业服务企业在物业服务合同中约定收费项目、收费标准和收费方式。

表2-2-50　**常德市住宅小区公共性物业服务收费指导价格标准**　单位：元/平方米

项目＼收费标准＼等级	一级	二级	三级	四级	五级	备　注
1. 综合管理服务	0.08	0.11	0.15	0.23	0.3	1. 按建筑面积计算的月标准； 2. 各类标准均在省定基准价基础上下浮了25%； 3. 共用部位、共用设备设施日常运行、保养，维修服务是在省定基准价基础上综合测算的标准，省只公布一、二、三级基准价，四、五级均按最高的三级标准执行
2. 公共区域清洁卫生服务	0.08	0.11	0.15	0.19	0.23	
3. 公共区域秩序维护服务	0.08	0.14	0.2	0.3	0.38	
4. 共用部位、公共设备设施日常运行保养，维修服务	0.17	0.29	0.33	0.33	0.33	
以上四项之和	0.41	0.65	0.83	1.05	1.24	
5. 电梯运行费	0.4					收费范围按省文件规定执行
6. 绿化费	0.9	1.5	2.25	3.38	4.88	按绿化面积计算的年标准，具体执行时可按建筑面积分摊到月。
7. 水景动力、保险费用及其他	按实分摊					

表2-2-51　**常德市住宅小区车辆停放服务收费指导价格标准**　单位：元/月

项目＼收费标准＼类别	小车	大车	摩托车（含电动摩托车）、三轮车	备　注
室内固定停车场	60	120	20	
室外固定停车棚	40	80	15	
室外固定停车位	20	40	10	

表 2－2－52　　常德市住宅小区装修管理相关服务收费项目及指导价格标准

收费项目	收费标准	备　注
1. 装修服务费	带电梯房屋每平方米建筑面积每天 0.02 元，不带电梯房屋每平方米建筑面积每天 0.01 元	
2. 装修垃圾清运费	每平方来建筑面积 2 元	拆除墙体产生的建筑垃圾委托物业服务企业清运的，由双方协商确定清运费用
3. 出入证件工本费	每证 5 元，为保证出入证按时收回可按装修管理服务协议收取适量押金	出入证押金在退证时如数返还
4. 装修押金	可区分高层、多层按装修管理服务协议收取适量押金	可向业主和装饰装修队各收 50%。在装饰装修工程完成后退回

九、殡葬服务收费

2000 年 12 月 11 日，市物价局、市财政局对市殡葬事业管理处下达殡葬服务收费（价格）的批复，收费项目及标准见下表：

表 2－2－53　　常德市殡葬服务收费项目及标准表

序号	收费项目	计费单位	收费标准（元）	备　注
1	尸体整理			
	穿、脱衣、洗身	具/项	40	单项计费，非正常尸体每项加收 20 元
	尸体包扎	具	80	不含材料费，非正常尸体加倍收费
	一般整容	具	80	特殊整容，价格面议
	外出整容	具	100	特殊整容，价格面议
2	抬尸费			
	远距离抬尸	具	面议	
	尸体上、下车	具	60	单项 30 元，腐变尸体价格面议
	上楼抬尸	具/层	15	从二楼计费，每层加收 15 元，夜间加收 50%
3	无名尸体包扎、收殓上、下车	具	200	
4	骨灰防护剂	盒	50	

续表

序号	收费项目	计费单位	收费标准（元）	备　注
5	殡仪馆内乐队服务费	场	30	含供应茶、水
6	灵棚出租	个·天	100	
7	冷藏棺出租	台/时	8	不含电费
8	木棺盒租用	付/天	20	
9	出租放像设备	天	80	
10	出租盆景	次·钵	5	
11	高档花卉出租	次·钵	10	
12	出租灵车用黑白纱	次/个	10	
13	出租蜡烛灯	场	5	
14	出租哀乐磁带	次/盒	5	
15	火化	具	200	1. 遗体带纸棺火化的每具加收50元 2. 夜间火化每具加班费50元 3. 发电火化，每具加收20元
16	消毒	具/次	20	
17	火葬场告别厅租用	次	50	限三小时内，超出时间每小时加收6元
18	殡仪厅、室租用			
	殡仪馆大厅	间/次	100	限四小时内，超出时间每小时加收20元
	殡仪馆小厅	间/次	80	限四小时内，超出时间每小时加收6元
	殡仪馆休息室	间/次	30	限四小时内，超出时间每小时加收4元
19	冷冻、存尸			
	冷冻尸体	具/时	8	含电费
	太平间存尸	具/时	4	
20	骨灰寄存			
	中小型骨灰盒	个/年	30	五年以上每年加收50元
	大型骨灰盒	个/年	50	五年以上每年加收60元
21	接运尸体			
	城区内（含德山、武陵镇）	具	150	1. 夜间（晚上6点至次日早上6点）接运尸体，另加收30%； 2. 延误，车到接尸点1小时以上每小时加收10元

续表

序号	收费项目	计费单位	收费标准（元）	备　注
	城区外		面议	
22	骨灰盒出售			
	中低档骨灰盒	个		按进价300元以内（含300元）加30%的运杂费（含损耗及保管费）组成
	高档骨灰盒	个	面议	限购进价格300元以上
23	公墓墓穴价格			
	普墓	座	800	
	丙级墓：			
	单穴	座	2100	
	双穴	座	2400	
	乙级墓：			
	单穴	座	3200	
	双穴	座	3500	
	甲级墓：			
	单穴	座	5500	东、西区
	双穴	座	6500	东、西区
	特级墓：			
	普通单穴	座	7000	
	普通双穴	座	8000	
	异型墓	座	面议	限特墓，西甲墓区域（7000元以上）
	遗体棺葬墓	座	面议	1. 特墓和少数民族土葬区域 2. 限少数民族、海外华侨、外籍人士和非火化区人士
24	重填碑文：			
	乙级墓以下级别	块	15	限70字以下，超过70字每块加收5元
	甲级墓和特级墓	块	20	限70字以下，超过70字每块加收5元
	墓穴证工本费：			
	乙级墓以下（含乙墓）	套/墓	10	
	甲级墓以上（含甲墓）	套/墓	20	
25	刻字：			
	刻墓志铭	字	3	

续表

序号	收费项目	计费单位	收费标准（元）	备　注
	刻碑文字	字	2	指超过50个以上大字
	刻碑文字	字	1	指超过50个以上小字
	烧瓷像：			
	单像	张	70	4寸（含嵌上碑）
	双像	张	90	4寸（含嵌上碑）

2002年1月31日，市物价局核定部分殡葬服务收费项目及标准如下表：

表2－2－54　**部分殡葬服务收费项目价格**

收费项目	计费单位	收费标准（元）	备　注
殡仪馆四厅	间、时	18	厅内备有5匹空调和3匹空调各一台，单开5匹空调每小时加收8元，单开3匹空调每小时加收6元。免费提供休闲桌2张，休闲椅8把，同时免费提供笔墨纸张、电蜡烛、电香、香炉、开水等
殡仪馆五厅	间、时	18	厅内备有5匹空调和3匹空调各一台，单开5匹空调每小时加收8元，单开3匹空调每小时加收6元。免费提供休闲桌2张，休闲椅8把，同时免费提供笔墨纸张、电蜡烛、电香、香炉、开水等
殡仪馆六厅	间、时	18	厅内备有5匹空调和3匹空调各一台，单开5匹空调每小时加收8元，单开3匹空调每小时加收6元。免费提供休闲桌2张，休闲椅8把，同时免费提供笔墨纸张、电蜡烛、电香、香炉、开水等
休息室	间、时	8	备有3匹空调一台，开空调每小时加收6元。免费提供桌椅、开水
花盆鲜花围	具、次	150	花篮1个。纯鲜花围放遗体四周，按丧户要求摆放，收费价格面议
壁葬墙	穴位	1280	在均价基础上可上浮15%，下浮不限

2004年6月24日，市物价局明确殡葬服务价格依据服务项目的重要程度和竞争条件，分别实行政府定价、政府指导价和市场调节价。殡葬服务经营者必须实行明码标价，公布服务项目、服务内容、服务规范、收费标准和价格投诉举报电话“12358”，自觉接受丧葬用户和社会的监督。9月7日，市物价局核定千年木质骨灰盒价格。“龙兴华夏”“凤翔富贵”品牌最高每个不超过660元，“福寿双全”“万古流芳”“西洋卷草”品牌最高每个不超过550元。12月1日，市物价局核定殡葬基本服务价格，具体见下表：

表 2－2－55　　常德市殡葬服务政府定价项目价格　　单位：元

<table>
<tr><th>价格类别</th><th colspan="3">项目名称</th><th>计价单位</th><th>服务价格</th><th>备　注</th></tr>
<tr><td rowspan="13">政府定价项目</td><td rowspan="2">火化</td><td colspan="2">1. 高档捡灰炉</td><td>具</td><td>900</td><td rowspan="2">1. 骨柴、标本火化费 260 元/具，新生儿、引产儿火化费 200 元/具
2. 火化遗体含骨灰整理和装灰服务</td></tr>
<tr><td colspan="2">2. 平板炉火化</td><td>具</td><td>410</td></tr>
<tr><td rowspan="8">遗体接运</td><td rowspan="5">遗体运输（含消毒费）</td><td>1. 普通殡葬车（车价 10 万元以内）</td><td>具/趟</td><td>200</td><td></td></tr>
<tr><td>2. 中档殡葬车（车价在 10 万元至 20 万元）</td><td>具/趟</td><td>300</td><td rowspan="3">范围为城区内，包括武陵区、鼎城区武陵镇、德山、柳叶湖开发区。城区外面议</td></tr>
<tr><td>3. 高档殡葬车（车价在 20 万元至 30 万元）</td><td>具/趟</td><td>450</td></tr>
<tr><td>4. 豪华殡葬车（车价在 30 万元以上）</td><td>具/趟</td><td>面议</td></tr>
<tr><td>5. 延误费</td><td></td><td></td><td>等候 30 分钟后，每超过 30 分钟加收 20 元，不足 30 分钟按 30 分钟计算。空驶费按应收费用的 40%收取</td></tr>
<tr><td rowspan="3">遗体抬运</td><td>1. 远距离抬运遗体</td><td>具</td><td>面议</td><td>抬尸距离在 100 米（含 100 米）以上</td></tr>
<tr><td>2. 遗体上、下车</td><td>具</td><td>80</td><td>上、下车单项 40 元，经公安部门鉴定，腐变遗体加收 50%</td></tr>
<tr><td>3. 上楼抬运遗体</td><td>具</td><td>10</td><td>从三层起每上一层加收 10 元，一、二楼和有电梯的不收此费</td></tr>
<tr><td colspan="3">骨灰寄存</td><td>盒/年</td><td>100</td><td>自主选位加收选位费 50 元</td></tr>
</table>

2005 年 2 月 4 日，市物价局核定殡葬部分服务项目收费标准如下表：

表 2－2－56　　常德市殡葬服务政府指导价项目收费标准

服务项目	计费单位	收费标准	服务内容说明
一、遗体整理			
1. 穿衣、脱衣、洗身	元/具、项	40	按单项收费，非正常遗体每项加收 20 元
2. 遗体包扎	元/具	80	不含材料费，非正常遗体加倍收费
3. 一般整容	元/具	80	有特殊要求的整容服务，价格面议
4. 外出整容	元/具	150	车费由丧主负责

续表

服务项目	计费单位	收费标准	服务内容说明
5. 验尸服务	元/具	100	指为公安部门检验非正常死亡遗体提供验尸场地和服务人员
二、殡仪厅室租用			
1. 殡仪馆一厅	元/间、时	25	
2. 殡仪馆二、三、七、八厅	元/间、时	10	单开5匹空调每小时加收8元,单开3匹空调每小时加收6元。免费提供休闲桌2张,休闲椅8把及笔墨纸张、电蜡烛、电香、香炉等
3. 殡仪馆四、五、六厅	元/间、时	18	
4. 殡仪馆一、二、三、四、五、七厅的休息室	元/间、时	8	各备有3匹空调一台,开空调每台每小时加收6元。免费提供桌椅、开水
5. 火葬场殡仪大厅	元/间、次	600	每次限4小时,超出4小时,每小时加收40元。厅堂内提供:告别台、音响、凳椅、冷藏棺等设施。冷藏棺制冷电费另收
6. 火葬场殡仪中厅	元/间、次	400	每次限4小时,超出4小时,每小时加收30元。厅堂内提供:告别台、音响、凳椅、冷藏棺等设施。冷藏棺制冷电费另收
7. 火化车间告别厅	元/间、次	50	厅内提供:告别台、花卉、盆景
8. 火葬场休息室	元/间、时	8	各有3匹空调一台,开空调每小时加收6元。免费提供桌椅、开水
三、万金公墓墓穴价格			
1. 普墓	元/座	1200	砖混结构,大理石墓碑
2. 丙级墓			砖混结构墓围,花岗岩墓碑
①单穴	元/座	2500	
②双穴	元/座	3000	
3. 乙级墓			砖混结构墓围,花岗岩墓碑
①单穴	元/座	3300	
②双穴	元/座	3800	
4. 甲级墓	元/座		花岗岩墓围、墓碑
①单穴	元/座	6500	
②双穴	元/座	7000	
5. 特级墓			花岗岩墓围、墓碑
①普通单穴	元/座	8000	
②普通双穴	元/座	9000	
6. 东兴苑			花岗岩墓(含墓碑)
东兴1区	元/座	7800	

续表

服务项目	计费单位	收费标准	服务内容说明
东兴2区	元/座	4800	
7. 壁葬墙	元/格	1280	
8. 遗体棺葬墓	元/座	另行由物价部门核定	限少数民族(指回族、维吾尔族)、海外华侨、外籍人士和非火化区人士
9. 异型墓	元/座	另行由物价部门核定	指普特以上墓型或根据丧户意愿设计、制作、安装的墓
四、墓穴证工本费	元/墓(套)	20	
五、填写碑文			
1. 乙级墓以下	元/块	25	限80字以内,80字以上每块加收5元
2. 乙级墓以上	元/块	30	限80字以内,80字以上每块加收5元
六、墓地维护费			
1. 单墓	元/年	40	全年一次性收取,且一次性交满10年优惠10%
2. 双墓	元/年	60	
七、墓碑刻字			
1. 刻墓志铭	元/字	3	
2. 刻碑文大字	元/字	5	
3. 刻碑文小字	元/字	1	
八、制瓷像			
1. 单像	元/张	80	4寸黑白像(含贴上碑)
2. 双像	元/张	100	4寸黑白像(含贴上碑)
3. 彩色瓷像	元/张		
①4寸规格像	元/张	120	含贴上碑
②5寸规格像	元/张	150	含贴上碑
③6寸规格像	元/张	180	含贴上碑
九、丧葬用品出售出租及其他			
1. 冷葬棺出租	元/台·时	6	不含电费
2. 解剖床租用	元/具·次	100	含清洗、消毒等
3. 出租灵车用黑白纱	元/次·个	10	
4. 骨灰暂存	元/盒·天	5	
5. 寄存骨灰祭拜	元/盒·次	10	提供祭拜台
6. 骨灰代葬	元/盒·次	30	深埋骨灰井,不保留骨灰
7. 骨灰防腐剂	元/盒	50	

续表

服务项目	计费单位	收费标准	服务内容说明
8. 骨灰容器	元/个	另行由物价部门核定	根据不同品质,规格及其构成成本具体核定

2012 年 10 月 16 日，市物价局核定市殡葬服务中心白鹤山殡仪馆部分殡葬服务收费标准，制定普贤厅、普惠厅等 7 个殡仪厅的租用服务价格、空调使用价格及电子鞭炮、花圈出租服务价格的最高限价标准。殡葬基本服务及其他政府指导价项目暂不作调整，继续按常价费〔2004〕137 号、常价费〔2005〕5 号规定的标准和有关规定执行。电子挽联纳入殡仪厅租用服务范围，不得另行收费、“拣灰炉预订”不予立项收费。有关服务项目及标准如下表：

表 2－2－57　**白鹤山殡仪馆部分殡葬服务项目收费标准**

价格类别	序号	服务项目		计费单位	收费标准		备　注
政府指导价项目	一	殡仪厅租用	1、白鹤山殡仪普贤厅	元/具时	100		厅堂内提供告别台、音响、凳椅等设施，包括电子挽联。冷藏棺制冷另收费
			2、白鹤山殡仪普惠厅	元/具时	35		
			3、白鹤山殡仪普济厅	元/具时	35		
			4、白鹤山殡仪慈云厅	元/具时	20		
			5、白鹤山殡仪迎祥厅	元/具时	20		
			6、白鹤山殡仪广德厅	元/具时	20		
			7、白鹤山殡仪弘福厅	元/具时	20		
	二	殡仪厅空调使用费	8、白鹤山殡仪大厅中央空调使用	元/小时	夏天	40	大厅指白鹤山殡仪馆普贤厅
					冬天	50	
			9、白鹤山殡仪中厅中央空调使用	元/小时	夏天	15	中厅指白鹤山殡仪馆普惠厅、普照济厅
					冬天	20	
			10、白鹤山殡仪小厅中央空调使用	元、小时	夏天	10	小厅指白鹤山殡仪馆慈云厅、迎祥厅、广德厅、弘福厅
					冬天	15	
	三	电子鞭炮及花圈出租	11、电子鞭炮	元/次·串		5	
			12、花圈出租	个		18	不锈钢架落地式绢花花圈，包括书写花圈两边条幅
						15	壁挂式纺真绢花花圈，包括书写花圈两边条幅

十、中介服务收费

（一）公证收费

2001年6月8日，按照省物价局、省司法厅《湖南省公证服务收费管理办法》和《湖南省公证服务收费标准》，明确公证业务的收费项目及标准为，证明收养关系：生父母共同送养的每件收费300－500元、生父母单方送养的每件收费500－800元、其他监护人送养的每件收费700－1000元；证明财产继承、赠予和遗赠的按受益额的2%收取，最低收取200元；证明出生、生存、死亡、身份、经历、学历、国籍、婚姻状况、亲属关系、未受（受过）刑事处分等每件收费50－80元；证明法人和其他组织的资格、资信每件收费300－500元；证人、证言及书证保全每件收费100－200元；对物的保全不动产每件收费500－1000元；其他物证保全每件收费200－400元；办理遗嘱公证每件200－400元；保管遗嘱每件100元；确认遗嘱效力每件300－500元；清点遗产每件300－400元。

2010年10月25日，贯彻省物价局、省司法厅重新印发的《湖南省公证服务收费管理办法》，常德市的公证服务收费标准为，证明合同、协议，不涉及财产关系的每件300元，涉及财产关系的按标的额的比例分段累计收取，标的额5万元及以下部分每件400元、5万－10万元部分0.6%、10万－50万元部分0.5%、50万－100万元部分0.4%、100万－500万元部分0.2%、500万－1000万元部分0.1%、1000万－5000万元部分0.05%、5000万－1亿元部分0.02%、1亿元以上部分0.01%，如申请对该合同、协议赋予强制执行效力，另按债务总额的比例分段累计收取，40万元及以下部分每件400元、40万－1000万元部分为0.1%、1000万－1亿元部分为0.03%、1亿元以上部分为0.01%，出具执行证书每件1000元；证明收养关系每件1000元；证明财产继承、赠予和遗赠按受益额的比例分段累计收取，受益额500万元及以下部分2%（低于200元的按200元收取），500万－1000万元部分为1.5%、1000万－5000万元部分1.0%、5000万元以上部分为0.5%。涉及房地产的，申请人不能提供充分依据证明现行受益额的，受益额参照当地房产、国土部门制定的基准房价、基准地价确定。申请人有异议的可委托评估确定；办理遗嘱公证，每件800元；证明出生、生存、死亡、身份、经历、学历、国籍、婚姻状况、亲属关系、未受（受过）刑事处分等每件100元；证明成绩单、技术职称、资格证、曾用名、健康状况、疾病（诊断）证明、居住地、指纹、证件遗失、个人经济收入纳税、文本相符，以及查无档案记载等每件100元；证明签名、印章属实，法人每件500元，自然人每件100－300元；证明资格、资信、房屋产权每件500元；证明监护权每件300元；证明知识产权的享有、转让和使用许可文书每件500元；证明法人或其他组织授权委托书、公司章程、会议决议或其他法律文书每件500元，证明自然人授权委托书，每件300元；证明自然人承诺书、具结书、担保书、声明书、保证书、解除收养、认领亲子、亲子鉴定书等每件200元；一般的证据保全每件500－1000元，复杂的证据保全可与当事人协商在上述收费标准基础上适当提高收费标准；证明对财产的清点、清算、评估每次1000元，证明法人或其他经济组织的加倍收取。复杂的财产清点、清算、评估，可与当事人协商在上述收费标准基础上适当提高收费标准；制作票据拒绝证书每件收费400元；涉台公证文书验证每件200元；代拟一般文书、每件100元；代拟合同、协议每件200元；修改法律文书每件100元；解答法律咨询，不涉及财产关系每件50元，涉及财产关系每件100元；公证调解，调解民事纠纷每件200元，调解经济纠纷每件500－800元；公证事项调查核实（差旅费由当事人另付），本地每项200－400元，外地（省内外）每项400－1000元；公证档案查阅每次30元；翻译、打印：翻译每千字符80元，不足千字按千字收费。小语种视翻译难度适当提高标准，但最高不超过每千字符150元。外文打印、校对，每页10元；公证书副本每本20元；公证加快（3个工作日内）每件50元。特别复杂的公证（如证明继承、协议、证据保全等）可与当事人协商在上述收费标准的基础上适当提高收费标准，但最高不超过100元。

（二）代理收费

1992年6月8日，市物价局、市劳动局下发《关于统一劳务输出收费标准的通知》，对劳务输出收费标准予以统一。具体标准如下表：

表2－2－58　　**劳务输出收费标准**　　单位：元/人

收费项目	标准	备　　注
报名费	5	
推荐费	5	乡镇劳务站收取
出省务工证	10	湘劳社字〔1991〕380号
求职费	5	按湘劳社〔1990〕313号文件向用工单位收取
电子信息费	10	
管理费	20	按年度收取
农村劳动力和城镇待业人员	70	
停薪留职的企业富余职工	90	
停薪留职专业技术人员	120	含退休人员

是年12月20日，市物价局核定常德市拍卖行公物拍卖手续费标准为：每次拍卖成交额在10万元以下为12%；每次拍卖成交额在10万—50万元（不含50万元）为10%；每次拍卖成交额在50万—100万元的为7%；每次拍卖成交额在100万元以上的为5%。手续费总额不足底价1%的按1%收取。非公物拍卖手续费标准可参照本标准上下浮动不超过5%。

1998年3月20日，市物价局发出《关于核定旧机动车交易市场收费项目和标准的通知》，对有关事项予以明确：旧汽车属国家管理的生产资料，旧汽车交易应进入旧机动车交易所场内成交，严禁场外交易，旧车交易时应进行技术鉴定和价格评估，车主凭交易凭证办理过户手续。市旧机动车交易所由市物贸中心和市工商生资分局负责建管，市公安交警支队进行技术鉴定，市价格事务所负责价格评估。市旧机动车交易所按成交额2%收取交易管理费，市物贸中心、市工商生资分局、市公安交警支队3家协商分成，市价格事务所按1%收取价格评估费，不得收取其他任何费用。交易管理费和价格评估费均列入服务性收费管理。

2002年8月29日，根据《湖南省律师服务收费管理实施办法》的规定和《湖南省律师服务收费标准》，明确常德市律师收费标准：解答法律咨询不涉及财产关系的每件50－100元，涉及财产关系的每件100－300元；代写诉讼文书每件50－200元；制作法律事务文书每件200－2000元；办理刑事案件侦查阶段每件500－2000元、起诉阶段每件1000－3000元、一审案件每件2000－8000元、二审案件每件2000－8000元。担任刑事自诉案件的原告或公诉案件被害人的代理人每件1000－5000元；代理民事、行政案件不涉及财产关系的民事、行政案件每件500－5000元，涉及财产关系的民事、行政案件依照争议标的在规定的比例幅度内分段累计收费，争议标的收费标准为1万元以下每件500－1000元、1万－10万元（含10万元）的每件4%－5%、10万－50万元（含50万元）的每件3%－4%、50万－100万元（含100万元）的2%－3%、100万－500万元（含500万元）的1%－2%、500万元以上的0.5%－1%；代理仲裁案件按照民事、行政案件的标准收费。担任常年法律顾问专项法律顾问、办理其他非诉讼法律事务的收费标准由委托人与律师事务所协商确定。计时收费的每小时50－100元。

2005年4月18日，公布仲裁服务收费标准，具体见下表：

表2－2－59 **仲裁委员会仲裁案件受理费标准**

争议金额（人民币）	仲裁案件受理费（人民币）
1000元及以下的部分	40－100元
1000元以上至5万元的部分	4%－5%
5万元以上至10万元的部分	3%－4%
10万元以上至20万元的部分	2%－3%
20万元以上至50万元的部分	1%－2%
50万元以上至100万元的部分	0.5%－1%
100万元以上至1000万元的部分	0.25%－0.5%
1000万元以上的部分	不超过0.1%

说明：以上标准按累加计算。

是年11月25日，常德市执行的涉案物价格鉴证费收费标准是：涉案物价格鉴证（包括补充鉴证和复核裁定）按超额累进比例收费，鉴证值1万元以下的按鉴证值的3%收费，鉴证值1万－10万元的按鉴证值的1.5%收费、鉴证值10万－100万元的按鉴证值的0.8%收费，鉴证值100万－500万元的按鉴证值的0.5%收费，鉴证值500万－1000万元的按鉴证值的0.3%收费，鉴证值1000万－5000万元的按鉴证值的0.2%收费，鉴证值

5000 万－1 亿元的按鉴证值的 0.1% 收费，鉴证值 1 亿元以上的按鉴证值的 0.05% 收费。但最低收费额不低于 100 元；因委托人的原因，终止价格鉴证的，按上述收费标准的 50% 收取鉴证费用。

2008 年 3 月 12 日起，常德市人才市场中介服务收费标准见下表：

表 2－2－60　　**常德市人才市场收费项目和收费标准**

序号	收费项目		收费标准	收费对象	执收机构	备　注
一、人事代理服务				委托者	各级政府人事部门所属的人才交流服务机构	
(一)	综合服务		20 元/人·月			服务内容包括下述单项服务的全部内容，以及以协议形式明确的其他人才服务。委托方可选择按此项或下述单项服务并交费。收取了综合服务费的，不得再收取单项服务费
(二)	单项服务					
1	档案托管服务	人事	10 元/人·月			包括管理档案、整理、接转人事档案，保留原有身份，工龄连续计算、调整档案工资，出具以档案材料为依据的证明等服务内容
		学生	3 元/人·月（毕业两年内不得收取）			
2	代办社会保险（养老、医疗、工伤、失业、生育保险）及住房公积金		4 元/人·月·项			包括到各级社保、医保、公积金中心等有关部门办理手续
3	代办职称、技术等级评定和报考		40 元/人次			根据职称类别到相关部门办理手续
4	代办退休手续		50 元/人次			
5	聘用合同鉴证		10 元/人次			提供鉴证相关材料
6	代办转正、定级		50 元/人次			
7	户籍托管和计划生育管理		10 元/人·月			以人才中心名义在所属地派出所设立集体户口户头，对委托者的户口及衍生的计划生育等相关事宜进行管理
8	代办出国政审		40 元/人次			
二、人才推荐录聘服务		初级人才 中级人才 高级人才	150 元/人 300 元/人 600 元/人			为委托者推荐单位。未录聘的不得收费。政府、部门委托的招聘，不得向被录取者收取此费
三、人才引进服务			500－800 元/人			为委托者推荐人才，并为引进的人才接转户籍和人事关系。未引进成功的，不得收取此费

续表

序号	收费项目	收费标准	收费对象	执收机构	备　注
	四、人才业绩档案制作管理	50元/人次		依法成立的人才交流服务机构	根据委托者提供的资质原件，到原单位调查落实其相关业绩状况制作电子档案，并对电子档案进行管理以及根据需求出具证明材料
	五、人才择业登记	5元/人次		省人才交流中心	下岗人员免费。登记服务含造册、信息储存和推荐等内容
	六、培训服务	另行报批		依法成立的人才交流服务机构	依据有关规定报当地同级物价部门核准收费标准

2008年5月，常德市人力资源市场中介服务收费标准见下表：

表2－2－61　　常德市人力资源市场收费项目和收费标准

序号	收费项目		收费标准	收费对象	执收机构	备　注
一	劳动保障事务代理服务			委托者	各级政府劳动保障部门所属的职业介绍服务机构	
㈠	综合服务		20元/人·月			服务内容包括下述单项服务的全部内容，以及以协议形式明确的其他劳动保障事务代理服务。委托方可选择按此项或下述单项服务并交费。收取了综合服务费的，不得再收取单项服务费
㈡	单项服务					
1	档案托管服务	人事	10元/人·月			包括管理档案、整理、接转人事档案，保留原有身份，工龄连续计算、调整档案工资，出具以档案材料为依据的证明等服务内容
		学生	3元/人·月（毕业两年内不得收取）			
2	代办社会保险（养老、医疗、工伤、失业、生育保险）		4元/人·月·项			包括到各级社保、医保等有关部门办理手续
3	代办职称、技术等级评定和报考		40元/人次			根据职称类别到相关部门办理手续
4	代办退休手续		50元/人次			
5	户籍托管和计划生育管理		10元/人·月			以职介中心名义在所属地派出所设立集体户口户头，对委托者的户口及衍生的计划生育等相关事宜进行管理
6	代办出国政审		40元/人次			

序号	收费项目	收费标准	收费对象	执收机构	备　注
二	职业介绍服务		申请求职者	依法设立的职业介绍机构	
	（1）求职登记费（含表格费）	5元/人次			持“再就业优惠证”的免收
	（2）介绍、推荐服务费（含录用费）				未录用者不得收费
	一般工种	80元/人次			
	技术工种	100元/人次			
	一般职员	150元/人次			
	中级管理员	300元/人次			
	高级管理员	400元/人次			
	（3）委托招工、招聘服务费（含考务费）	50元/人次	委托单位		按实际招收人数计算，不得向招聘人收取
三	境外人员就业管理服务费（含建档翻译、政策咨询、现场勘测等费用）	40－100元/人·月	委托单位	省劳动和社会保障厅委托的经办机构	国外就业人员可按对等原则办理
四	介绍赴境外民间劳务服务费（一次性）	800元/人次	委托者	依法设立的境外职业介绍机构	

2011年12月30日，根据《湖南省资产评估收费管理实施办法》规定，公布资产评估服务收费指导价标准。计件收费：100万元及以下收10‰、100万元以上－500万元收7‰、500万元以上－1000万元收5‰、1000万元以上－5000万元收1.5‰、5000万元以上－1亿元收1‰、1亿元以上－10亿元收0.15‰、10亿元以上收0.1‰；计时收费每小时为注册资产评估师（法定代表人）每小时500元、注册资产评估师（部门经理）300元、注册资产评估师200元。收费标准上下浮动幅度不得超过20%。

（三）信息技术服务收费

1991年5月24日，市物价局核定对外经济有偿服务收费项目及标准：代拟项目建议书按引进金额的0.3%收取；代理合同与章程按引进金额的0.3%收取；代理可行性研究报告按引进金额的1%收取；介绍投资对象和“三来一补”客户按投资金额或成交金额的3%收取；“三来一补”的商务代理按工缴费的5%收取。

1992年8月13日，市物价局、市科委印发技术市场管理收费项目和标准，制定市技术市场管理收费项目和标准如下：

表 2－2－62　　常德市技术市场管理收费项目和标准

收费项目	计算单位	收费标准（元）	备注
机构认定、公告费	元/单位	65.00	
机构年检、公告费	元/单位	100.00	
个人技贸年检费	元/人	50.00	
合同认定登记费：	合同成交额		
1 万元以下	合同成交额	5.00	
1 万元－10 万元	合同成交额	10.00	
10 万元以上	合同成交额	15.00	
技术中介服务费	合同成交额	2%－5%	双方各 50%
合同工本费	元/套	0.70	老式
合同工本费	元/套	1.00	新式
技贸许可证正本	元/套	15.00	铝合金框
技贸许可证副本	元/本	2.00	
个人技贸许可登记	元/人	20.00	含工本费

是年 12 月 11 日，市物价局对市项目咨询代办公司下发《关于核定项目咨询代办费的批复》。核定项目咨询代办费收取标准如下：凡委托编写项目建议书和可行性研究报告的，按项目投资额的 1‰－2‰标准收费；凡委托组织对项目可行性研究报告进行评估审查的，按项目投资额 1‰的标准收费；凡委托代办审查报批手续的，一次性收取代办费 500－1000 元，代办市外有关手续的直接费用另行按实收取。代办工作不得与行政职能挂钩。如省物价局有新的规定，则按新规定执行。

2001 年 12 月 6 日，市物价局发出《关于建设工程招标代理、咨询服务收费标准的批复》，明确建设工程全过程招标代理、咨询服务中收取的服务费标准为中标额的 0.8%，其中向委托方收 0.4%，向中标方收 0.4%。此标准为最高收费标准，具体标准由双方协商确定。

2006 年 6 月 15 日，市物价局明确农机技术有偿服务收费项目和标准。农机机车检测每台次 50 元。检测项目包括最高空转转速、发动机怠速、标准转速、发动机最大有效功率、燃油消耗率、供油提前角、气缸压力、喷油泵压力、出油阀密封性、配气相位（气门间隙）、喷油器喷油压力、机油泵压力。农机驾驶员及操作手培训费（含报名费和结业证书费），小型拖拉机驾驶员培训每人每期 600 元，每期培训时间不少于 2 个月；大中型拖拉机、联合收割机及小四轮驾驶员培训每人每期 800 元，每期培训时间不少于 2 个月；内燃机手培训每人每期60元，每期不少于30课时；耕整机手培训每人每期30元，每期不少于15课时。农机作业服务收费及农机技术配套服务相关项目收费标准由双方协商确定。

至2012年，大部分收费已经放开，实行市场调节。

（四）其他收费

2001年11月23日，市物价局对市社会福利院核定托养老人收费项目及试行标准如下：托养老人入院费、生活费：每人每月200元。护理费每人每月自理老人120元、介助老人180元、介护老人200元、全瘫老人400元。杂费（含住宿、水电、文体等其他费用）每人每月80元。一次性集资办院费，对自愿入院托养老人一年以上者一次性收取集资办院费每人1800元，超过3个月不满一年者收取每人100元，不足3个月不予收取。院医务室对外门诊收取的就诊费（含医药费、治疗费等）标准按湘价费字〔1992〕219号文件执行。对被托养者年医药费用在120元以内的由院方负担，超过部分及住院、手术治疗等费用由托养人自理。

2004年3月29日，市物价局对市社会福利院核定该院向自愿入院托养的人员收取托养服务费标准为：自理老人托养服务费（含住宿、护理、水电、文体等费用）每人每月300元。对自愿入院托养的介助、介护老人除收取上述托养服务费外，可根据不同情况每人每月加收不超过150元的护理费，全瘫老人每人每月可加收300元的护理费。医药费托养人员年医药费在120元以内的由院方负担，超过部分及住院、手术治疗等费用由托养人员自理。福利院应和自愿入院托养人员签订托养协议，提供协议规定的托养服务，自觉履行协议规定的义务，严格执行规定的收费标准，不得只收费不服务或少服务。

2007年3月26日，市物价局核定常德市社会福利院托养服务费标准。市社会福利院向自愿入院托养的人员收取托养服务费的标准：自理老人入住普通托养楼的托养服务费（含住宿、护理、水电、文体等费用）每人每月300元。自理老人要求入住别墅式公寓托养楼的托养服务费（含住宿、护理、水电、文体等费用）每人每月500元。对自愿入院托养的介助、介护老人除收取上述托养费外，可根据不同情况每人每月加收不超过150元的护理费，全瘫老人每人每月可加收300元的护理费。托养人员年医药费在120元以内的由院方负担，超过部分及住院、手术治疗等费用由托养人员自理。福利院应和自愿入院托养人员签订托养协议，提供协议规定的托养服务，自觉履行协议规定的义务，严格执行规定的收费标准，不得只收费不服务或少服务。应加强托养服务管理。对别墅式公寓楼，除提供普通托养楼的服务以外，应在每一楼层配备一名专职服务人员，共用大厅内配置相应的文体活动设施及器材，每套房间内应配置电视、桌、椅、炊具等基本生活设施。应在别墅式公寓楼内配备医务室和医护人员，为托养人提供必要和及时的医疗服务。

至2012年，没有出台新的收费项目，也未调整收费标准。

十一、市场管理收费

1991年8月8日，市物价局对市蔬菜公司作出批复，明确甘露寺蔬菜果品批发交易市场的经营管理费从8月20日起的收取办法及标准：卖方各种载菜的车辆、担子每次进场时，向其分别收取0.50元、0.20元的经营管理费；在批发市场过磅的一次收取0.20元的过磅费；外地的蔬菜果品等进入市场成交后，按其销售额收取2%的手续费；批发市场为买方代开购货发票的，可按成交金额向其收取1%的手续费。

1996年12月23日，市物价局核定甘露寺批发大市场蔬菜经营管理交易费标准：外地长途贩运进入市场批发的蔬菜，按成交额向卖方收取3%、买方收取2%市场管理交易费；本地菜农进入市场出售的蔬菜，不论运输工具、数量多少，一律按每批次1元向卖方收取市场管理交易费。自1997年1月1日起执行。

2005年10月26日，市物价局发出《关于规范市场服务中心收费有关问题的通知》，要求各区县市发展改革物价局切实规范好本地市场服务中心的收费行为，认真做好市场服务中心的收费管理工作，督促市场服务中心做好有关收费项目、收费标准的申报、审批以及服务价格登记、价费公示等工作，监督市场服务中心按规定提供摊位或场地、设施及治安（纠纷调解）、消防、卫生等项服务，严肃查处价格违法行为。委托各区县市发展改革物价局根据当地各市场具体情况分别制定并报市物价局备案。各区县市发展改革物价局制定各市场的市场设施租赁服务费时，应根据各市场的成本审核结果，综合考虑该市场的地理位置、设施设备、市场以及周边相同地段的租赁价格、市场服务中心提供的服务等各项因素决定。根据全市具体情况，各市场服务中心对进入市场交易但不租用市场摊位设施的临时经营户，在提供场地、治安（纠纷调解）、消防、卫生等项服务后，可按交易额1%的标准收取交易手续费。因各地市场服务中心一般在年底前和经营户签订全年的租赁合同，各地价格管理部门应在年底前抓好各市场的成本审核及价格审批工作。

2010年5月24日，市物价局发出《关于市水果大市场服务收费问题的复函》。明确常德市宏利市场服务有限公司经营的市水果大市场有关租赁、交易服务费不属于政府定价、政府指导价范围，属于市场调节价范围。有关租赁、交易服务收费项目、收费标准由该公司根据市场行情与服务对象平等协商确定，并签订服务协议，同时在醒目位置公示收费标准。并明确市物价局原《关于水果大市场市场设施租赁服务费标准的批复》（常价服〔2003〕125号）已经到期失效。

2012年，市场管理收费放开，实行市场调节。

十二、环境卫生服务收费

1990年6月30日，市物价局、市建设委员会、市财政局颁发《常德市环卫有偿服务收费暂行办法》，自1990年7月1日起执行，收费项目和标准见下表：

表 2－2－63　　**常德市环境卫生有偿服务收费标准**　　单位：元

编号	项　目	计量单位	收费标准	说　明
1	居民住户清扫费	户/月	0.50	
2	工农贸市场的经营户摊位清扫费	摊位/月	1.00－4.00	
3	污染道路清扫冲洗费	千米	14.00	水费另计，按实计收，及时自冲自扫彻底的，不收费
4	垃圾车代运垃圾	吨	13.50	将垃圾倾倒市环卫处中转站或垃圾箱，由市环卫处代运
5	人力清运粪便	吨	14.60	粪池清渣每担加收 1.00 元，粪池疏浚协商议价
6	机械清运粪便	吨	11.90	
7	水冲式厕所保修费	次/人	0.05	含便纸
8	垃圾堆放处理费	吨	1.00	自行将垃圾运到市环卫处指定地点堆放处理

1994 年 6 月 27 日，市物价局、市财政局、市建委调整市城区环卫收费标准，从 7 月 1 日起，各项目按下表所列标准收费：

表 2－2－64　　**常德市环卫有偿服务收费项目和标准**

项目名称	计费单位	收费标准（元）	收费性质	使用票据种类	资金管理形式和使用范围	备　注
一、垃圾处理费：						含街道清扫保洁费，均由单位（经营者）每一年或每半年交纳
1. 单位职工、外地在常单位人员	每人·月	0.60	事业性收费	事业性收费票据	预外专储、用于环卫开支	包括单位正式职工、合同工、临时工，外地在常的建安、装饰等工程队及外地驻常办事处，经营机构等临时单位所有在常人员
2. 营业性室内垃圾处理						
⑴住宿床位	每床·月	0.60				包括市内所有宾馆、旅社、饭店、招待所（含内部）的经营床位
⑵餐饮桌席	每桌·月	10.00				包括市内所有国营、集体、个体经营的各类就餐、饮食业经营桌席
⑶文化娱乐场所	每家·月	50－300				夜总会、歌（舞）厅、卡拉 OK 厅等大型场所 200－300 元/月，放（录）相、电子游戏、理（美）发、按摩美容等场所 50－100 元/月

续表

项目名称	计费单位	收费标准（元）	收费性质	使用票据种类	资金管理形式和使用范围	备　注
3. 装修（璜）标牌，玻璃、家具制作业	每家·月	20－50				凡在城区从事此类行业者，均按此标准，视规模大小，由业主交纳
二、垃圾滑运费：						按垃圾清运量计收，由委托单位、个人每一年或每半年年交纳
1、垃圾代运费：	每吨·公里	1.50				城区中心距肖伍铺垃圾处理场21公里，距太阳村垃圾处理场22公里，均按20公里计算，德山距益阳村垃圾处理场10公里。凡将垃圾倾倒在环卫处的垃圾箱、筒、中转站的均须交纳此费
2、垃圾人力中转费：	每吨	10.00				凡委托环卫部门由垃圾产生堆放点，人力运至垃圾中转站，不论距离远近，按实计收
三、粪便清运费：						由委托单位（人）交纳，不论距离远近，按实计收
1. 汽车等车辆抽运	每吨	25.00				4吨以下小型机动车辆抽运每吨加收5元
2. 人力清运	每50公斤	8.00				
3. 化粪池疏浚、清渣	每次·个	200.00				包括疏通堵塞物、清理粪渣、清洗留泥井等工作
四、地面清扫保洁费：						
1. 营运车辆污染街道						凡停靠专用广场、道路和停靠在各类停车场（站）的社会营运车辆均按标准收费，此项收费只限由环卫部门收取
大客车、货车	每台·月	30.00				
中巴、手拖、农用车等中型车	每台·月	20.00				
“的士”出租车	每台·月	10.00				

续表

项目名称	计费单位	收费标准（元）	收费性质	使用票据种类	资金管理形式和使用范围	备 注
2. 各类市场、临街门面、摊位地面清扫保洁	每门面·月	8－10.0	事业性收费	事业性收费票据	预外专储、用于环卫开支	各类市场凡委托环卫部门清扫的，由环卫部门向市场管理部门收取。由市场管理部门组织清扫的，由该部门收取。各市场所产生的垃圾、废弃物凡由环卫部门代运的均由该市场管理部门交纳垃圾代运费 临街门面、摊点含各类修理、制作加工、商品经营、水果、冷饮食品等业
	每摊/月	4－8.0				
3. 建筑施工污染	每平方米	0.50				按建筑面积计收，由产权单位一次性交纳
4. 修剪树木污染街道	每株/次	0.4－0.8				由修剪单位交纳，按树木大小、污染面积区别计算
5. 交通隔离桩保洁	桩/月	0.80				包括隔离栏杆保洁，由产权单位交纳
6. 小街、巷居民住区清扫保洁	每户/月	1.50				凡不是环卫部门负责清扫保洁的小街、巷，其清扫保洁由所在居委会（办事处）组织的，该居委会在取得环卫部门证明后，到物价部门办理收费许可证，使用规定的收据，向其卫生清扫区居民户收取此费
7. 公厕清扫保洁	大小便人次	0.10（不含手纸）			用于公厕卫生及管理人员工资	此项收费只限于有专人负责清扫保洁，经物价部门批准的公厕，并必须悬挂统一制作的“公厕收费标价牌”方可收费。对收费公厕附近宿舍无卫生间户的居民不得按此标准收费

说明：1. 此表中为有偿服务收费标准，凡违反市容市貌、环境卫生有关规定的按有关规定处罚。

2. 收费单位必须严格执行收费项目和标准，亮证收费。收费对象必须积极主动按规定交纳规定的服务费。

1995年12月6日，市物价局、市财政局下发通知，明确城市建筑垃圾、工程余土调剂处理收费项目和收费标准。具体收费项目和标准是：（1）建筑垃圾、工程余土调剂处理费。凡须经市城区（含德山区）道路、广场纳入或纳出、自运或委托代运的建设单位和个人，须向市渣土管理办公室提出调剂处理申请，由市渣土办进行现场勘测审核批准后，颁发渣土清运处理许可证，缴纳建筑垃圾工程余土调剂处理费，标准为每吨0.50元（含渣土清运处理许可证工本费）。在城区内两地间相互纳出纳入的由双方各负担50%。（2）凡从事建筑垃圾、工程余土运输的车辆必须向市渣土办提出申请，并接受对其车辆防撒漏设施的检审，经检审合格发给渣土准运证，并交纳渣土运输车辆检审费和证书工本费，其标准为4吨以上的车辆为每月每台30元，4吨以下的车辆为每月每台20元。（3）建筑垃圾、工程余土运输撒漏污染道路，清扫保洁费。凡不能及时自行冲洗或清扫均应及时委托环卫部门代为冲洗清扫并交纳保洁费，其标准为按污染面积每平方米1元。该通知从1996年1月1日起执行。

1998年6月5日，市物价局、市财政局重新审定常德市环境卫生有偿服务收费项目和标准，其收费项目和标准如下表：

表2－2－65　　常德市环卫有偿服务收费项目和标准

收费项目		计费单位	收费标准（元）	备　注
垃圾处理费				用于垃圾场征地补偿和垃圾场的消毒填埋、处理以及街道清扫保洁等经费开支。每半年一次或一年一次性交纳，凡在上半年一次性交纳的只收10个月
单位人员垃圾处理费		每人、月	0.6	包括城区党政机关、企事业单位、外地驻常机构及在常务工、经商单位的正式职工、合同工、临时工
生产、营业性垃圾处理费		每立方米	1.5	指各类生产经营、市场、商场等单位所产生的垃圾不论自运或委托环卫处代运到垃圾处理场的，均按垃圾量计收，凡按量收费的不再收取3－7项收费
旅馆业垃圾处理费		每床、月	0.6	按宾馆、旅社、酒（饭）店、招待所的经营床位
餐饮业垃圾处理费		每桌、月	10	按酒（饭）店、餐饮等经营的桌席
文化娱乐业垃圾处理费	大型	每家、月	200－300	指夜总会、歌舞厅、卡拉OK厅等
	小型	每家、月	50－100	指影（剧）院、放映厅、电游室、茶馆、擂茶馆等
美容（发）、健身业垃圾处理费		每家、月	100－150	包括美容美发、按摩、桑拿、洗脚、室内游泳等
制作加工、装修、修理业垃圾处理费		每家、月	50－100	凡在城区从事此类行业的集体、个体经营者，视规模大小确定具体收费标准。由业主交纳
建筑垃圾渣土处理费		每平方米	1.5	凡经城市道路运输的建筑垃圾渣土均需交纳处理费
垃圾清运费				用于运输车辆设备购置、维护保养、折旧费、燃料费、人员工资等运输成本开支
垃圾代运费		每吨、公里	1.5	凡将垃圾倾倒在环卫专用设施的均须交纳代运费。单位将垃圾自运到垃圾场地免交此费。城区中心距肖伍铺垃圾场21公里，距太阳村垃圾场22公里，市城区均按20公里计算，德山距益阳村垃圾场10公里、按10公里计算。按运量每半年一次或一年一次性收取

续表

收费项目	计费单位	收费标准（元）	备　注
垃圾中转费	每吨	10	凡委托环卫处由垃圾产生堆放点运至垃圾中转不论距离远近，按量计收，单位自行中转免收此费
粪便清运费			由委托单位（人）交纳，不论距离远近，按实计收
机动车辆抽运	每吨	25	4吨以下小型机动车辆抽运每吨加收5元
人力清运	每50公斤	8	
化粪池疏浚、清渣	每次、个	200	包括疏通堵塞物、清理粪渣、清理留泥井等
道路清扫保洁费			用于城区道路、广场等公共场所清扫保洁经费开支
车辆污染			包括市城区车辆和外地来市城区从事客货运输车辆
大型车辆	每台、月	30	指30座以上客车、4吨（含）以上货车
中型车辆	每台、月	20	指29座（含）以下客车、2.5吨（含）以上货车及手扶拖拉机、农用车
小型车辆	每台、月	10	包括各种轿车、吉普车、面包车、微型车、的士头及2吨以下客货车
临街单位、店铺门前			均按临街实际宽度计费，每年一次性收取
临街非店铺房屋及围墙等	临街宽度每米、月	2.5	由产权单位交纳
临街店铺	临街宽度每米、月	3.5	凡临街从事修理业的店铺临街宽度每米每月为5元。此项收费由店铺经营业主交纳
临街摊位	每个、月	5-10	凡临街从事修理、经营饮食、水果的摊位每月为10元
砂、卵（石）、灰、浆、建筑垃圾渣土撒漏污染道路清扫保洁费			各类车辆凡在运输途中造成撒漏污染街道未立即清扫干净的，除按有关规定处罚外，必须按下列标准交纳清扫保洁费，由市环卫处进行清扫
砂、卵（石）、灰、建筑垃圾渣土撒漏	撒漏长度每米	0.8	包括黄沙、河沙、卵石、石灰、煤灰（渣）、建筑渣土、工程余土等运输途中的撒漏，按撒漏长度计收
浆撒漏	撒漏长度每米	1.5	指石灰浆、涂料、泥浆等运输途中撒漏造成的污染必须人工用水洗刷，方能清除的，按撒漏长度计收
单位委托院内清扫保洁	每平方米·月	0.5	由委托单位与环卫处签订协议、清扫面积按单位道路、操场、空地、绿地的面积计算、凡委托清扫保洁的不再收取垃圾中转费，但必须交纳垃圾代运费

续表

收费项目	计费单位	收费标准（元）	备　注
建筑施工污染保洁费	每平方米·月	1	按施工场地围栏面积计收，由施工单位每年一次性交纳
修剪树木、绿地污染街道	每平方米·次	0.5	修剪单位自行清扫的免收此费，凡修剪单位不及时自行清扫的按污染面积计收
交通隔离桩、栏保洁费	桩每根·月 栏每米·月	1 2	产权单位自行清扫保洁免交此费，凡由环卫处清扫保洁的，由产权单位按此标准交费
小街、小巷居民住户清扫保洁费	每户·月	2.5	凡由居委会负责清扫保洁的，居委会必须在取得环卫处证明后到物价部门办理“收费许可证”才能向辖区居民住户收取此费。居委会、办事处均不得向辖区的单位或个人收取此费以外的其他收费项目
公厕清扫保洁费	每人次	供纸0.3 不供纸0.2	此项收费只限于有专人负责清扫保洁，经物价部门批准的公厕并悬挂由物价部门统一制发的《公厕收费标价牌》方可收费。对收费公厕附近宿舍无卫生间的居民实行月票，每人每月不得超过1元

市场清扫保洁费

各类市场内摊位、店铺清扫保洁费	由各市场管理部门根据该市场规模、清扫面积和所需费用，向市物价局申报每个摊位、店铺的具体收费标准。由市物价局核实审批。用于市场清扫保洁开支
各类市场垃圾处理费和垃圾代运费	由各市场管理部门按市场垃圾量向环卫处缴纳处理费或代运费。市场管理部门应核定市场内各摊位、店铺年垃圾产生量，按照垃圾处理费和垃圾代运费标准向各摊位、店铺收取
填方工程劳务费	根据填方量和难易程度按有关定额标准由双方协商议定，报市物价局备案
资料图纸技术服务费	由市环卫处报市物价局审批。另行发文公布
环卫机械设备出售出租价格	由市环卫处报市物价局审批。另行发文公布

说明：1. 此表《常德市环卫有偿服务收费项目和标准》，从1998年7月1日起执行。

2. 凡违反市容市貌、环境卫生、垃圾管理等有关规定的处罚，不适应本收费标准，应按有关处罚规定执行。

3. 根据“谁交费、谁受益、谁收费、谁服务”的原则，凡受益环卫服务的单位或个人，必须按规定交纳有关收费；环卫部门在收取服务费后，要切实履行环卫职能，不得只收费、不服务。

2004年7月10日，市物价局对常德亿利达医疗废物处置有限公司作出《关于医疗垃圾处理费试行标准的批复》，明确该公司医疗垃圾处理收费标准为：对有床位的医疗机构，按医疗机构实际占用床位数每床每天2.50元收取；对无固定床位的医疗机构，按医疗机构实际产生的医疗垃圾量每公斤3.00元收取。本批复收费标准试行至当年12月31日止，试行期间，省物价局如有新规定，则按省规定执行。

2009年3月12日，市物价局对常德市安邦医疗废物处置有限公司作出《关于明确医疗废物集中处置收费标准的批复》，核定该公司医疗废物处置收费标准：有固定病床的医疗机构按出院者实际占用床位数每床每日2元计收。无固定病床的医疗机构和其他产生医疗废物的单位，按月定额收取，收费标准如下表：

表2-2-66　**常德市无固定病床医疗机构医疗废物收费标准**　单位：元/月

日医疗废物产生量（公斤）	月收费标准（元/月）
30以上	1000
20-30（含30）	800
10-20（含20）	600
5-10（含10）	400
2-5（含5）	200
2以下	100

以上医疗废物处置费的服务内容包括全市（含乡村）医疗废物的包装、定点收集、转运工具、消毒和规范无害化处置等费用。医疗废物处置费由处置单位向医疗机构和其他产生医疗废物的单位收取。医疗机构不得向病患者收取此费。

十三、停车收费

1989年9月15日，市交通局、市物价局、市税务局下达《常德市辖区内停车收费标准》（常交字〔1989〕106号），自当年11月1日起执行。具体收费标准如下表：

表2-2-67　**常德市辖区内停车收费标准**　单位：元/辆

<table>
<tr><th rowspan="3">车　型</th><th colspan="3">按天收费</th><th colspan="3">按月收赞</th><th rowspan="3">备　注</th></tr>
<tr><th rowspan="2">金额</th><th colspan="2">其　中</th><th rowspan="2">金额</th><th colspan="2">其　中</th></tr>
<tr><th>白天</th><th>夜晚</th><th>只停白天</th><th>只停夜晚</th></tr>
<tr><td>小客车</td><td>3.00</td><td>2.00</td><td>1.00</td><td>75.00</td><td>50.00</td><td>25.00</td><td>含中巴、三轮摩托</td></tr>
<tr><td>大客车</td><td>5.00</td><td>3.00</td><td>2.00</td><td>120.00</td><td>80.00</td><td>40.00</td><td>通道车在大客车基础上加收30%</td></tr>
<tr><td>大货（空）</td><td>4.00</td><td>1.00</td><td>3.00</td><td>100.00</td><td></td><td></td><td>4吨以上含4吨</td></tr>
<tr><td>大货（载）</td><td>5.00</td><td>1.50</td><td>3.50</td><td>130.00</td><td></td><td></td><td></td></tr>
<tr><td>大拖货（空）</td><td>5.00</td><td>1.50</td><td>3.50</td><td>120.00</td><td></td><td></td><td></td></tr>
<tr><td>大拖货（载）</td><td>6.00</td><td>2.00</td><td>4.00</td><td>160.00</td><td></td><td></td><td></td></tr>
<tr><td>小货（空）</td><td>2.00</td><td>0.50</td><td>1.50</td><td>50.00</td><td></td><td></td><td>4吨以下含小四轮、手扶、大中拖拉机、双排座</td></tr>
</table>

续表

车型	按天收费			按月收赞			备注
	金额	其中		金额	其中		
		白天	夜晚		只停白天	只停夜晚	
小货（载）	3.00	1.00	2.00	80.00			
小汽车	1.50						含吉普车、小卧车

说明：客、货车停场负责保管并负责赔偿责任。

1994年1月24日，市物价局核定龙港停车场、城东停车场车辆停靠收费标准为：按月收费的，凡进入停车场停靠的车辆，大客车每辆每月280元、中巴车每辆每月200元。按日收费的，凡进入停车场停车的，大客车每车次3元、中巴车每车次2元。

1996年8月15日，市物价局、市地税局对旅馆业停车收费管理作出如下规定：停车收费列入经营性收费管理，实行最高限价控制。标准为：需在宾馆、招待所、旅社停放过夜的小车（指小轿车、吉普车、摩托车、2.5吨以下货车、19座以下客车）5元，大车10元，不得超过上述限额。载货货车货物保管费由双方协商。白天临时停车、就餐停车不得收费；停车收费必须使用地税部门统一印制的定额票据。经营者应凭据收费，不得自制收据，更不得无据收费；经营单位应在停车收费处公布停车收费办法，自觉接受旅客和物价、地税部门的监督。

1997年6月19日，市物价局核定丹阳路停车场停车服务费标准为：31座及以上客车每辆每月400元，30座及以下客车每辆每月300元。对个别营运里程长、往返次数少的营运客车由市交通运输管理处在不高于上述标准的前提下，灵活掌握。

2001年6月4日，市物价局就市城区范围内车辆停放服务费标准有关事项作出如下批复：停放地点。停车点仅限市城区范围内，不含武陵镇和德山开发区；收费标准。核定每辆每次停放服务收费标准为人力三轮车和摩托车1元、自行车0.30元；本批复核定的停车收费属服务价格，根据“湖南省服务价格管理条例”规定，市城市管理监察支队须到市物价局办理“服务价格登记证”。9月28日，市物价局下达常德华天大酒店停车场收费标准，明确该停车场的收费标准为：2.5吨及以下货车、19座及以下的各类客车（包括小轿车、吉普车、旅行车）每车次5.00元。2.5吨以上（不含2.5吨）各类货车、20座以上客车每车次10.00元。摩托车每车次2.00元。收费对象为过夜登记停放车辆的车主。白天不准收费。要求停车场须在醒目位置设置公示牌，公布收费标准和举报电话。收费人员必须佩戴收费标志，热情服务，搞好保卫。10月12日，市物价局下达常德市房地产经营公司停车场收费标准。该停车场收费标准为：2.5吨及以下货车、19座及以下的各类客车（包括小轿车、吉普车、旅行车）每车次5.00元；2.5吨以上（不含2.5吨）各类货车、20座以上客车每车次10.00元；摩托车每车次1.00元。收费对象为所有临时性和过夜停车的车辆（前来办理正常公事的车辆除外）。

2002 年 6 月 18 日，市物价局下达《关于常德市滨湖公园停车场收费标准的批复》，明确该停车场收费标准为：2.5 吨以上（不含 2.5 吨）各类货车、20 座以上客车每车次 5.00 元；2.5 吨以下货车、19 座及以下的各类客车（包括小轿车、吉普车、旅行车）每车次 3.00 元；摩托车每车次 1.00 元。收费对象为停放该地车辆的车主，对即停即走的车辆（停车时间不超过 15 分钟）不准收费。

2005 年 10 月 20 日，市物价局明确常德市临江公园车辆停放收费标准：2 吨以下（含 2 吨）各类货车及 7 座以下（含 7 座）的各类小客车（包括小轿车、吉普车、旅行车）每车次 3 元；摩托车（包括电动摩托车）每车次 1 元；自行车按照实际成本，比照市内其他停车场标准自主确定。对即停即走的车辆（停车时间不超过 15 分钟）不准收费。公园东大门为市民夜间文化活动休闲场所，每日 18 点至 22 点不得允许停车并收费。

2010 年 7 月 27 日市物价局核定常德市屈原公园车辆停放收费标准为：2 吨以下（含 2 吨）或 20 座以下（含 20 座）的各种机动车每车次 5 元；摩托车（包括电动摩托车）每车次 1 元。收费对象为停放该地车辆的车主，对即停即走的车辆（停车时间不超过 15 分钟）不得收费。12 月 29 日，市物价局明确常德市第一人民医院院内机动车停放服务收费标准及有关事项。收费对象为在该院院内机动车辆的停放者。收费标准为小车每次 5 元、大车每次 10 元、摩托车（包括电动摩托车）每次 1 元、超大型车每次 15 元。以上价格允许上下浮动 20%，每次按 12 小时计算。

2011 年 4 月 7 日，市物价局核定市城区道路公共停车泊位收费标准及有关事项。对市江北城区洞庭大道以南区域（其中武陵大道延伸至海关路口路段）的道路公共停车泊位实施收费管理：其中区域一为沅安路（含沅安路）以北、建设路（含建设路）以南、红旗路（含红旗路）以西、朝阳路（含朝阳路）以东的所有主次干道、支路。区域二为洞庭大道（含洞庭大道）以南，建设路（不含建设路）以北，青年路（含青年路）以西，皂果路（含皂果路）以东的 7 条主干道（包括育才路、洞庭大道、皂果路、朝阳路、武陵大道、朗州路、青年路的部分路段），武陵大道停车收费管理路段延伸至海关路口以南路段。收费标准为区域一为小车每小时 5 元；区域二为小车第 1、2 小时内每小时 3 元，从第 3 小时起每小时 4 元，大车按小车的 2 倍收费〔小车是指载重 2 吨以下（含 2 吨）或载客 20 座以下（含 20 座）的各种机动车；大车是指载重 2 吨以上或载客 20 座以上的各种机动车〕。收费计量、时段及减免等按以下规定办理：收费以 1 小时为计量单位，不足 1 小时的按 1 小时计算；收费时间段为每日早晨 7 时 30 分至晚上 10 时，共 14.5 小时，夜间和无人值守期间停放的车辆免予收费。

2012 年 3 月 31 日，市物价局就市诗墙公园配套停车场机动车停放服务收费有关事项明确如下：诗墙公园配套停车场实施机动车停放服务收费的时间为每天上午 8 时至晚上 24 时，共 16 小时。计费方式及收费标准：旅游专用车辆实行按次计费，具体标准为每车次 8 元；大车、小车、摩托车（含电动摩托车，下同）区分不同时段实行计时收费，具体标准为每天8时至19时，每台大车每小时10元、小车每小时4元、摩托车每小时1元；每天19时至24时，每车每小时大车20元、小车6元、摩托车2元。下列情形均免收机动车停放服务费：非营业时段停放的车辆；停放时间不足30分钟的车辆；执行任务的军警车辆和消防车、救护车、救灾抢险车、邮递车、市政设施维护车、殡葬车；残疾人专用机动车；为党委、政府重大接待活动服务停放的车辆以及为上级部门来公园检查、视察工作服务停放的车辆。机动车停放服务收费的其他有关政策规定按《湖南省机动车停放服务收费管理实施办法》执行。7月3日，市物价局发出《关于常德火车站内广场泊位停车服务收费的批复》，其收费标准及有关事项明确如下：收费对象为在常德火车站内广场泊位停放机动车的停放者；收费方式及标准为小车按时计费，每车2小时内5元、12小时以内10元，24小时内20元，24小时以上40元；大车（指载重2吨以上或载客20座以上的各种机动车）按小车标准的2倍计收；摩托车、电瓶车每次2元（每12小时为一次）。以上价格为最高限价，允许下浮，不准上浮。

十四、旅游景点门票价格

1996年3月26日，常德市物价局对桃花源风景区重新明确老景区门票价格和核定新景区门票价格：桃花山景区每票10元、桃源山景区每票10元、秦人村景区每票15元；新增景点天宁碑院每票4元、渊明园每票3元；有组织的中小学生旅游活动价格减半。自1996年3月28日起执行。

1997年3月24日，市物价局调整桃花源风景名胜区门票标准。将桃花山门票调整为14元，核定导游图工本费每本2元。一次性购桃花山、桃源山、桃仙岭联票的，票价为25元。接待学生集体组团活动价格实行减半。自1997年3月28日起执行。

1998年2月28日，市物价局核定桃花源风景名胜区各景区从3月5日开始的门票价格：桃花山景区每票20元、桃源山景区每票20元、桃仙岭（即渊明园）景区每票3元、秦人村景区每票15元。一次性购桃花山、桃源山、桃仙岭三景区联票（即一票三景区通用）的每票35元。同时取消桃源山景区中的天宁碑院门票收费。对学校组织的中小学生旅游活动价格实行减半。

1999年，桃花源风景名胜区门票价格及相关收费属省物价局直接管理，市、县物价部门协助做好价格或收费的各项管理工作。景区门票价格暂保持现行两种管理形式，待“秦人村”景区投资产权收回后再合并统一调整。11月11日，省物价局下达桃花源风景名胜区门票价格，确定价格为分景区门票和联票两种形式：分景区门票价格共4个景点，即桃花山景区每人张20元、桃源山景区每人张20元、桃仙岭景区每人张3元、秦人村景区每人张15元。联票价格为“桃花山”“桃源山”“桃仙岭”三景区实行联票价格，每人张35元，三景区通用。上述两种门票由游客自愿选择。分景区门票当日有效，联票可延长到购买门票的次日上午12点有效。中、小学校组织学生游览参观的集体票可实行半价优惠。

法律、法规规定优惠的其他游客门票价格应予优惠。以往有关规定与本规定相悖的，一律以本规定为准。

2000年3月22日，省物价局同意桃花源风景名胜区实行一票制，从4月1日起桃花源风景名胜区内的“桃源山、桃仙岭、秦人村、桃花山”4个景点门票价格实行一票制，一票制门票价格为每张50元（其中包括价格调节基金1元）。景区内的停车收费、旅馆、娱乐、保健、餐饮等价格，按照价格管理权限报当地物价部门审批后执行。桃花源风景区实行一票制后，原核定的各景点门票，联票价格同时终止。

2004年9月20日，市物价局同意花岩溪国家森林公园自10月1日开始门票价格每张20元，中、小学校组织学生游览的集体门票实行半票优惠，对老年人、残疾人及旅游团队也应按规定实行优惠。

2005年3月1日，调整桃花源风景名胜区“一票制”门票价格。门票价格由每人张50元调整为旺季75元、淡季（每年11月至次年2月）65元。门票价格内包含价格调节基金1元、宣传促销费2元。桃花源景区门票价格对下列人员实行优惠：身高1.2米（不含1.2米）以下儿童以及残疾人、僧人、烈士家属、70岁以上老人凭有效证件免费。学生、现役军人凭有效证件半票，持有民政部门颁发的“城市居民最低生活保障金领取证”的人员半票，旅行社组团按每次参观人数规模优惠10%－15%，年末结算优惠幅度最高不突破20%。9月28日，公布常德市由市价格主管部门审批门票价格的游览参观点（景区）名单：柳叶湖旅游度假区、河洑国家森林公园、太阳山森林公园、常德市博物馆、常德诗墙公园、常德市滨湖公园、常德市临江公园、夹山国家森林公园、壶瓶山自然保护区、花岩溪国家森林公园。明确上述旅游参观点（景区）在固定场所或固定线路上经营的自然景观、人文景观（包含宗教活动场所）、人造景观收取的门票和为游览景区内的景观配套服务的讲解费、载人工具（包括索道、电车、电梯、汽车、游船）票价均由市价格主管部门审批。

2006年5月23日，市物价局明确夹山国家森林公园、壶瓶山生态游门票价格和壶瓶山漂流价格：夹山国家森林公园每人次40元，壶瓶山生态游每人次80元，壶瓶山漂流每人次120元（漂流里程8公里，即从羊毛洞至木杉溪，待新码头建成后漂流里程为11公里，即从柳叶潭至木杉溪）。上述票价内包含国家规定的保险费以及每人次1元的价格调节基金。应实行优惠的按照国家有关规定执行。

2009年，常德市对密切关系居民日常生活的城市公园、纪念馆、博物馆和展览馆等游览参观点实行免费开放。

2010年10月1日起，柳叶湖渔樵村景区门票中准价为每人次45元，上下浮动幅度最高不超过20%；核定柳叶湖环湖游项目（包括以画舫、木船、快艇三种方式载客自游柳叶湖码头至狐仙岛、司马楼至柳叶湖码头一圈）中准价格为每人次60元，上下浮动幅度最高不超过20%；核定夜游柳叶湖项目中准价为每人次60元，上下浮动幅度最高不超过

20%。每3个小时为一场，超时的可根据租船时间顺延（不足一小时的按一小时计收）。包船价格按低于单人次价格之和与游客协商确定。以上游览参观点门票价格中含每人次1元价格调节基金。景区交通运载工具价格如下：

表2-2-68 **柳叶湖景区交通运输工具收费标准**

项目	价格	备　注
游船（画舫）	往返50元/人次，单程25元/人次	42个座位，从柳叶湖码头至渔樵村景点
游船（木船）	往返50元/人次，单程25元/人次	4个座位或6个座位，从柳叶湖码头至渔樵村景点
游船（快艇）	往返100元/人次，单程50元/人次	5个座位，从柳叶湖码头至渔樵村景点
游览观光电瓶车	10元/人次	在渔樵村景区内运行

渔樵村景区门票实行一票制，旅客持门票可游览参观景区内全部开放景点，景区内厕所不得另行收费，出售门票时不得强制搭售保险费。景区门票价格对下列人员实行优惠：对身高不足1.2米的儿童实行免门票开放；对学生、现役军人、年满70岁及以上的老年人、残疾人、低保户等凭有效证件优惠50%；旅行社组团按参观人数规模优惠10%－15%，年终结算最高不突破20%。

2012年4月25日，市物价局核定清水湖旅游门票中准价为每人次45元，上下浮动幅度最高不超过10%。明确只暂对旅行社组团游客收取门票（对零星散客暂不收取门票），游览参观景区内的以下景点：游客中心（听取介绍清水湖旅游区的概况、观看清水湖风景名胜片）；拓展训练中心（参观近代农耕文化展示、体验镭战岛部分游乐项目限30分钟）；天鹅湖（观看天鹅表演）；植物园（参观板栗林、柚子林、四季花海）；清水坝观景台（欣赏中国亲情第一湖“清水湖”的妙景）；高尔夫科教园（参观高尔夫科普馆；9洞高尔夫球场，免费在高尔夫练习场打20个高尔夫球）；渔人码头（欣赏专场民间歌舞、从事水上游乐活动限30分钟）。出售门票时不得强制搭售保险费。景区门票价格对下列人员实行减免优惠：身高不足1.2米的儿童免收门票；学生、现役军人、老年人、残疾人、低保户等凭有效证件优惠50%，旅行社组团按参观人数规模优惠10%－15%，年终结算优惠最高不突破20%。该价格自2012年7月1日起执行，试行一年。

第二节　交通运输价格

一、道路运输价格

（一）客运价格

1. 长途、短途、站务价格及收费

1992 年 6 月 1 日，根据省物价局、省交通厅关于公路客运站务服务收费政策规定，明确综合站务服务收费按售票（含行李票）金额扣除客运附加费、保险费和行包装卸搬运费后的比例向车主收取；单项服务按固定金额收取。从 7 月 1 日起执行的站务费项目及标准，见下表：

表 2 -2 -69　　　　**公路客运站务服务收费标准**

	站务服务项目	车站分类	收费标准%		说明
			普通车	宽座全空调	
综合站务服务	1. 接发车、安排班次，提供司乘人员休息，提供洗车、修车场地、负责售票旅客候车、行包托运、费用结算、安全保卫等	长沙汽车东站	8%	4%	
		地（州）市车站	7%	3.5%	包括长沙南站、西站
		县（市）车站	6%	3%	
	2. 提供进站、售票、签证、行包托运及引客上车等	区乡镇车站	5%	2.5%	
单项站务服务	1. 提供白天停车，旅客候车场地	停车场（点）	每车次 31 座以下 2 元 31 座以上 3 元		
	2. 停车过夜、场地卫生、安全保卫等	各车站（场）	每车每夜 31 座以下 2 元 31 座以上 3 元		
	3. 洗车服务	各车站（场）	每车次 31 座以下 2 元 31 座以上 3 元		

1993 年 2 月，公路客运附加费征收标准由每人公里 0.01 元提高到 0.02 元。城市运营的中巴车和的士等出租车辆一律在规定的票价基础上加收客运附加费，由原规定的 0.10 元提高到 0.20 元。3 月 1 日，明确常德市城区（包括南站、德山片）中巴车白天实行 0.80 元一票制，夜间（晚 6 点至次日早 5 点）营运实行 1.00 元一票制，均含过桥费；交通站点建设费（起程费）标准 100 公里及以内每人 0.10 元、101 至 200 公里每人 0.20 元、201 至 300 公里每人 0.30 元，以此类推；油料差价同时取消。调整后，公路客运起码票价为 0.60 元（含 0.10 元的站点建设费）。

1994 年 4 月，客运附加费用在各级营运线路、各种车型的旅客票价基础上，每人公里加收油料补贴费 0.015 元，客运人身保险费 0.001 元，客运附加费 0.02 元。省政府批准收费的桥梁、渡口、道路，可在全程票价的基础上，每通过收费站一次，每人票加收车辆通行费，其收费标准为桥梁、道路 0.20 元，渡口 0.30 元。1998 年 10 月，将公路客运附加费征收标准由 0.02 元调为 0.03 元，公路旅客运价亦相应上调 0.01 元。11 月，符合交通部 1997 年颁布的《营运客车类型划分及等级评定》行业标准的客运车辆分为大型、中型、小型，等级定位高三、高二、高一，运价标准每人公里分别定为 0.34 元、0.29 元、0.25 元。

1997 年 11 月 30 日，根据《湖南省汽车客运站收费规则实施细则》规定，公布汽车客运站站务费项目及标准，自 1998 年 1 月 1 日起实施。

表 2－2－70　　**湖南省汽车客运站收费标准车辆站务收费**

项目			收费标准		服务内容	备注
客运代理费	一甲		10%		客运站为承运人代办客源组织，售票、检票、发车、运费结算等	
	一乙		9%			
	二甲		8%			
	二乙		7%			
	三甲		6%			
	三乙、四级、简易站		5%			
客车发班费			不超过 6%		客运站只为承运人提供发车场地	具体标准由地市物价、交通主管部门核定并报省备案
行包运输代理费			10%		客运站代承运人受理行包运输业务	按行包运费收入计收
车辆	清洗费		30 座以上	8 元/辆次	根据承运人的要求，提供车辆外部清洗	
			30 座以下	6 元/辆次		
	清洁费		30 座以上	6 元/辆次	根据承运人的要求，提供车辆内清洁服务	
			30 座以下	4 元/辆次		
车辆保温费			5 元/辆次		提供保温服务	
车辆安全服务费			5 元/辆次		根据承运人的要求，为进站车辆提供安全检查和紧固机件等服务	车辆如需修理，按实际开支费用计收车辆修理费
停车费	一、二级站	当日（0：00－24：00）	30 座以上	10 元/辆次	客运站受车主委托，停放看管车辆	应班车停 24 小时除外
			30 座以下	5 元/辆次		
		当日存放次日提车	30 座以上	15 元/辆次		
			30 座以下	10 元/辆次		
		存放二天以上	30 座以上	20 元/辆·天		
			30 座以下	15 元/辆·天		
	三级及以下站按上述标准的 60% 计收					
发班费	1. 误班责任方需按已售票额的 10% 支付，未售票的按 50 元/次支付					1. 承运人未按约定时间提供车辆，客运站未按约定时间提供发车车位及服务，超过一小时不足二小时的视为延误发班，超过二小时视为脱班 2. 承运方脱班，站方另派车顶班的，承运方还要按 75% 的实载率和 50% 的回程空驶费支付给站方顶班费
	2. 经营高速公路客运班线的按已售票额的 15% 支付，未售票的按 100 元/元次支付					
脱班费	1. 按已售票额的 20% 支付，未售票的按 100 元/次支付					
	2. 经营高速公路客运班线的，按已售票额的 20% 支付，未售票的按 200 元/次支付					

表 2-2-71　　**旅客站务收费**

<table>
<tr><th colspan="3">项　目</th><th>收费标准</th><th>服务内容</th><th>备注</th></tr>
<tr><td rowspan="2">补票手续费</td><td colspan="2">主动补票者</td><td>0.5 元/票</td><td rowspan="2">客运站向旅客提供补票、退票、送票</td><td rowspan="2">补票和加倍收费收入归客运站</td></tr>
<tr><td colspan="2">车站查出无票或持无效客票乘车者</td><td>除办理上述补票手续外，还应按票面金额的 100% 加倍收费</td></tr>
<tr><td rowspan="4">退票费</td><td rowspan="2">班车</td><td>开车 2 小时前</td><td>按票面金额的 10% 计收，不足 0.5 元按 0.5 元计算</td><td rowspan="2"></td><td rowspan="2">由于客运站或承运人的责任造成旅客退票或取消包车的，不收退票费或取消包车费</td></tr>
<tr><td>开车前 2 小时以内</td><td>按票面金额的 20% 计收，不足 1 元按 1 元计算</td></tr>
<tr><td rowspan="2">包车</td><td>开车 24 小时前</td><td>按包车运费的 10% 计收，不足 50 元按 50 元计算</td><td rowspan="2"></td><td rowspan="2"></td></tr>
<tr><td>开车前 24 小时以内</td><td>按包车运费的 30% 计收，不足 200 元按 200 元计算</td></tr>
<tr><td rowspan="3">送票服务费</td><td colspan="2">5 公里以内</td><td>3 元/票</td><td rowspan="2">客运站按照旅客要求提供送票服务</td><td rowspan="2"></td></tr>
<tr><td colspan="2">超过 5 公里</td><td>按每票不超过 5 元的标准计收</td></tr>
<tr><td colspan="2">行包变更手续费</td><td>2 元/票次</td><td>旅客在行包起运前，要求取消或变更托运地点</td><td rowspan="8"></td></tr>
<tr><td rowspan="4">行包</td><td colspan="2" rowspan="2">装卸费</td><td>每件每装或卸一次，按 1 元计收</td><td>单件行包重量 30 千克或 0.12 立方米以内</td></tr>
<tr><td>按每档加成 50% 计收</td><td>单件行包重量超过 30 千克或 0.12 立方米的，行包装卸费以 30 千克或 0.12 立方米为一档</td></tr>
<tr><td colspan="2" rowspan="2">搬运费</td><td>按每件每次 3 元计收</td><td>30 千克或 0.12 立方米以内的</td></tr>
<tr><td>接每档加成 50% 计收</td><td>超过 30 千克或 0.12 立方米的，行包搬运费以 30 千克或 0.12 立方米为一档</td></tr>
<tr><td rowspan="3">行包保管费</td><td colspan="2">三天以内免收</td><td></td><td rowspan="3">行包到达站从行包提取通知发出或公告发布当日起计算</td></tr>
<tr><td colspan="2">从第四天起至第六天</td><td>按 2 元/件天计收</td></tr>
<tr><td colspan="2">从第七天起</td><td>按 4 元/件天计收</td></tr>
<tr><td colspan="3">小件物品寄存</td><td>按每件 2 元计收</td><td></td><td>不足 1 天按 1 天计收</td></tr>
</table>

续表

<table>
<tr><th colspan="3">项　　目</th><th>收 费 标 准</th><th>服 务 内 容</th><th>备　注</th></tr>
<tr><td rowspan="5">站务费</td><td rowspan="3">提供微机售票</td><td>营运里程</td><td rowspan="2">按每人次1元计收</td><td rowspan="5">客运站具备站级标准规定的设施、设备，为旅客提供候车、休息、治安保卫、安全检查、信息等基本客运服务</td><td rowspan="5">只提供停车场地服务的客运站、停车场以及车辆在途中售票时，不得收取站务费</td></tr>
<tr><td>100公里以上</td></tr>
<tr><td>100公里以下</td><td>按每人次0.5元计收</td></tr>
<tr><td rowspan="2">未提供微机售票</td><td>100公里以上</td><td>按每人次0.5元计收</td></tr>
<tr><td>100公里以下</td><td>按每人次0.3元计收</td></tr>
<tr><td colspan="3">候车室空调服务费</td><td></td><td>贷款或合资修建的旅客空调候车室，可向自愿进入候车室候车的旅客，收取空调服务费</td><td>空调服务费由各地（市）物价、交通行政主管部门审核，报省物价、交通行政主管部门审批</td></tr>
</table>

2000年7月13日，市物价局下达丹阳路社会客运站收费标准。该客运站客运车辆收费项目及标准为：发班费，不论30座以上及以下，每月每辆350元向承运人收取；代理费，按客运运费的8%向承运人收取；清洁费，每月每辆30座以上6元、30座以下4元向承运人收取；微机费，营运里程在100公里以上每人次1元，营运里程在100公里以下每人次0.50元向旅客计收。

2001年3月16日，市物价局、市交通局重新核定公路客运价格。将原七类车型并为空调座位车、无空调座位车、普通卧铺车和高级大型客车（含空调卧铺车）四类。高级大型客车按照交通部行业标准（JT/T325－1997）规定，结合常德市运行的客车，车型规定凯斯鲍尔、沃尔沃、大北方三种。上述四种车型每人公里中准运价分别规定为空调座位车0.16元、无空调座位车0.10元、普通卧铺车0.135元、高级大型客车0.257元（运价费率均含2%和新增0.001元的旅客意外伤害保险费，空调车均含5%的空调费）。客运附加费和过路、过桥、过渡费严格按省规定执行。客运附加费每人公里为0.02元，过路、过桥、过渡费每站每人次0.30元，高速公路每站每人次0.60元。起止里程，原则上以交通出版社印制的2000年全国公路营运里程图为准，近年来变化了的，以实际里程为准。运价浮动幅度白班车按车型在中准价的基础上上浮20%，夜班车上浮40%。凡运距在800公里以上日夜兼行的超长班线，其上浮幅度统一规定为30%，全程票价尾数保留到角，角以下四舍五入。

2004年12月13日，调整部分公路客运价格，具体见下表：

表 2-2-72　　2005 年常德市部分汽车客运价格　　单位：元

起止点	距离	票价	车型	起止点	距离	票价	车型
常北-石门	99	22	小型中级	桃源-津市	127	23.5	小型中级
常北-津市	93	20.5	小型中级	常南-青峰	107	16.5	中型普通
常北-东山峰	223	31.5	中型普通	常南-太平	185	29	中型普通
常北-临澧	51	11.5	小型中级	常南-阳平	92	14	中型普通
常北-烽火	62	13.5	小型中级	常南-蒙泉	86	13.5	中级普通
火车站-雷公庙	28	5	小型普通	常南-如东	125	21	小型普通
常北-珠日	47	10	小型中级	常南-盐井	123	21.5	小型普通
常北-澧县	81	22	小型高级	常南-边山河	134	22.5	小型普通
常北-澧县	81	18	小型中级	常南-梦溪	114	20	小型普通
常北-甘溪	128	18.5	中型普通	常南-码头铺	115	19.5	小型普通
火车站-大桥	35	5	中型普通	常南-金罗	105	18	小型普通
德山-赤峰	157	33.5	中型中级	常南-方石坪	121	26.5	小型中级
德山-羊耳山	153	33	中型中级	常南-双龙	121	21	小型普通
常南-珠日	54	12	中型中级	常南-蔡家坡	121	21	小型普通
常南-石门	101	18	小型普通	津市-火车站	88	19.5	小型中级
常南-临澧	58	13.5	小型中级	常北-磺厂	142	30.5	小型中级
常南-樟树	126	27	小型中级				

2008 年 6 月，市物价局、市交通局发出通知，对 100 公里以内（含 100 公里）线路客运燃油附加费实行分段加收，即 50 公里以内（含 50 公里）由每人票 1.00 元增加到 1.50 元，51 公里至 100 公里由每人票 1.00 元增加到 2.00 元，对 100 公里以上线路公路客运燃油附加费一律在现行每人票标准上增加 1.00 元，各分段里程每人票加收标准为：101 公里至 200 公里由 1.50 元增加到 2.50 元，201 公里至 300 公里由 2.00 元增加到 3.00 元，301 公里至 400 公里由 2.50 元增加到 3.50 元，401 公里至 500 公里由 3.00 元增加到 4.00 元，501 公里以上依此类推。农村道路客运，一律不得增加燃油附加费标准。

2009 年 6 月 17 日，市物价局、市交通局发出《关于做好公布全市跨省、市、县线路客运票价有关工作的通知》（常价价〔2009〕66 号），对执行时间、运价标准、公路客运燃油附加费、新增客运线路和车辆等级变更的客运票价等作出了明确规定。同时明确道路客运价格属于政府指导价，允许客运经营企业在政府价格和交通行政主管部门审定公布的客运票价内实行折扣票价，但不允许上浮票价。10 月 13 日，执行新的道路旅客运输儿童票及优待票规定的通知，明确成人及身高超过 1.5 米的儿童乘车购买全票；身高 1.2 米以下、不单独占用座位的儿童乘车免票；身高 1.2-1.5 米的儿童乘车购买儿童票，伤残军人、因公致残的人民警察乘车分别凭“中华人民共和国残疾军人证”“中华人民共和国伤残人民警察证”购买优待票。儿童票和优待票按照具体执行票价的 50% 计算，购买儿童票和优待票的旅客享受全票旅客待遇。

2011 年 5 月，市物价局、市交通运输局对客运代理费以外的发班费、行包运输、车辆清洗、车辆安检、车辆停放、无票乘车、送票、小件物品寄存、装卸行包等项收费项目和标准作出明确规定。7 月 25 日，市物价局重新核定常德汽车南站至永州公路客运票价，对常南至永州高级座位车客运票价核定为 161.92 元（具体见票价梯形表）。

表 2－2－73　　　　常德南站—永州客运价格

	常德南	衡阳	祁东	祁阳
衡阳	353 115.94			
祁东	400 131.38	47 15.44		
祁阳	446 146.48	93 30.54	46 15.10	
永州	493 161.92	140 45.98	93 30.54	47 15.44

车辆 类型 等级：大型高二级座位车
运 价 标 准：0.29元/人·千米
高速公路通行费：18.95元/人票（全程）
普 通 公 路 费：0.60元/人票（全程）

价格举报电话：12358

运管部门监督电话：0736-7718295
车牌号码：湘J03693

注：承运人向旅客代收的每站每人次 0.6 元的普通公路车辆通行费未计入梯形表票价，在票价外另收。

2、公交汽车票价

1989 年 11 月 29 日，市物价局、市交通局核定市城区各线路汽车客运票价：市城区 3 条营运线路，起站票价 0.10 元，实行分段计价，全程票价 0.20 元至 0.50 元。

1990 年 7 月 13 日，市物价局、市建委调整市内公共汽车票价。各线路票价安排：三岔路至红旗路线：现行全程票价 0.20 元不动，由 0.10 元起价、分段计价改为 0.20 元起价，实行一票制。文化宫至老码头线：全程票价 0.40 元调整为 0.50 元，0.20 元起价，0.10 元进制，分段相加。汽车北站至鼎城区公安局线：全程票价由 0.35 元调整为 0.40 元，0.20 元起价，0.10 元进制，分段相加。郊区 5 条线路全程票价不动，起价由 0.10 元改为 0.20 元，0.10 元进制，分段相加。票价调整后，职工上下班符合享受交通补贴的，增支部分由所在单位负担。

1991 年 5 月 7 日，市物价局发出《关于市区至德山夜班专线车票价的批复》，明确在零点以后发车的，全程票价实行 0.80 元一票制，自 1991 年 5 月 7 日起执行。12 月 16 日，市物价局发出《关于核定公共汽车票价的批复》，明确 2 路中巴车实行 0.50 元一票制；10 路为文化宫至常纺机，全程票价 0.70 元；11 路为下南门至华南光学仪器厂的专线车沿途不停靠，全程票价 0.60 元。

1992 年 6 月 29 日，市物价局、市建委对公共汽车票价加收议价油料差价款作出规定，明确在现行公共汽车票价基础上，每人公里加收议价油料差价款 0.006 元（包括旅客人身保险 0.001 元）。

1993 年 2 月 25 日，调整公共汽车票价：市内各线路票价，由现行的 0.30 元起价调为 0.40 元。1 路线实行 0.40 元 1 票制，6、7、8、9、10、11 路线全程票价上调 0.20 元。

1996 年 5 月 22 日，市物价局核定 1 路无人售票车票价为 1 元一票制。

1997 年 12 月 6 日，市物价局下达《关于市城区新辟线路公共汽车票价的通知》（常价房字〔1997〕164 号），核定 5 路、13 路每人次全程票价为 1.50 元、起价 1 元。15 路、20 路全程票价和起价均为 1 元。

1999 年 1 月 18 日，经调查审核公交经营成本、召开价格听证会、报市政府同意，核定公共汽车票价如下表。要求落实 1.1 米以下儿童、盲人及其他享受免费乘车人员免费乘车的优惠政策。

表 2－2－74　**常德市公共交通总公司 17 条一票制线路票价**

线路	车型	起止点	全程里程	全程票价	售票方式
1 路	大公共汽车	银线宾馆至有线电厂	7.2 公里	1 元	无人售票
2 路	小公共汽车	五强溪基地至下南门	6.5 公里	1 元	有人售票
6 路	大公共汽车	北站至老码头	16 公里	1 元	无人售票
7 路	大公共汽车	长庚路至鼎城区进修学校	13.5 公里	1 元	无人售票
8 路	小公共汽车	甘露寺大市场至桥南	6 公里	1 元	有人售票
13 路	大公共汽车	政华天桥至万金障农场	8.5 公里	1 元	有人售票
14 路	小公共汽车	下南门至紫桥	3 公里	1 元	有人售票
15 路	小公共汽车	丹阳路停车场至甘露寺大市场	7.5 公里	1 元	有人售票
16 路	大公共汽车	丹阳路停车场至鼎城一中	7 公里	1 元	无人售票
17 路	大公共汽车	北站政华天桥至火车站	5 公里	1 元	无人售票
18 路	小公共汽车	下南门至罗湾	6.6 公里	1 元	有人售票
19 路	大公共汽车	三岔路至火车站	5.5 公里	1 元	无人售票
20 路	大公共汽车	桥南商贸城至火车站	10 公里	1 元	有人售票
21 路	大公共汽车	商贸城至鼎城电大	4.5 公里	1 元	无人售票
22 路	大公共汽车	市二医院至化工厂	5 公里	1 元	无人售票
23 路	大公共汽车	七一机械厂至纺机	6.2 公里	1 元	无人售票
24 路	大公共汽车	市二医院至苏家渡	6 公里	1 元	无人售票
备注	上述线路空调车辆在营运中使用空调时实行 2 元一票制				

表 2－2－75　**常德市公共交通总公司 7 条分段计价线路票价**

线路	车型	起止点	全程里程	全程票价	售票方式
3 路	大公共汽车	下南门至陬市	18.1 公里	2 元	有人售票
4 路	小公共汽车	临江路停车场至蔡家岗	22.25 公里	2 元 5 角	有人售票
5 路	小公共汽车	甘露寺至南坪乡政府	10 公里	1 元 5 角	有人售票

续表

线路	车型	起止点	全程里程	全程票价	售票方式
9 路	大公共汽车	长庚路至省柴	21.05 公里	2 元	有人售票
10 路	大公共汽车	文化宫至纺机	16.55 公里	1 元 5 角	有人售票
11 路	大公共汽车	下南门至华南厂	14.5 公里	1 元 5 角	有人售票
12 路	小公共汽车	大西门码头至德山街	17.55 公里	2 元	有人售票

2004 年 4 月 30 日，市物价局明确从 5 月 1 日起至 9 月 30 日止，共 17 条线路（即 1、3、6、8、10、13、14、16、18、19、21、25、26、28、31、48、51 路）公交营运车辆在 30℃以上开放空调时，按每人次票价 1.50 元执行；不开放空调的仍按现行每人次 1 元的票价执行。其他单位的营运车辆也可参照执行。

2012 年 11 月 13 日，市物价局核定市城区快速公交客运票价。按照“消费者利益优先、票价低于成本、财政予以必要补偿”的原则，经定价成本监审、举行价格听证，报市政府同意，快速公交客运票价按照“一城一交、同城同价”的原则，每人次 1 元，夏季开放冷气空调每人次加收 0.50 元，自快速公交开通之日起执行。乘客在市城区快速公交范围内同向换乘任一快速公交线路不再另行加钱购票。对享受乘坐公交车优待政策的群体，其票价减免按国家、省、市有关规定执行。市城区普通公交客运票价维持现行标准不变。即：主城区（含武陵镇）范围内的普通公交线路客运票价为每人次 1 元，夏季开放冷气空调时，每人次加收 0.50 元，出主城区外营运的普通公交线路客运票价为每人次 1.50 元。

3. 出租汽车票价

1989 年 6 月 15 日，市物价局对市城区运管所作出《关于制定市内出租客车票价的批复》，明确 5 座至 25 座各类出租客车市内运行票价最高控制标准：起步（含武陵区内）票价为每人 0.50 元；由武陵区驶过沅水大桥至南站范围的票价为每人 0.60 元；城区驶至王家铺一段的票价为每人 0.80 元，城区驶往德山老码头的票价为每人 1.00 元，均含客运附加费和保险费。对超重行李及包裹，按短途运价计费。

1994 年 9 月 14 日，市物价局核定出租汽车管理费标准。核定的具体标准见下表：

表 2－2－76　**出租车管理费收取标准**

车型	每车每月收费标准	备　注
小型轿车	45 元	包括超豪华型、豪华型、普及型及微型轿车
微型面包车	40 元	
吉普车	30 元	
小客车	50 元	包括 6－19 座的面包车、各型小客车

1996 年 10 月 8 日，市物价局、市交通局整顿出租车客运价格。出租车基价里程由原来的 3 公里降为 2 公里，并对出租车起租基价作相应调整，普及型（夏利、奥拓类型）为 5 元，豪华型（捷达、桑塔纳）以上档次轿车为 6 元，面的为 4 元。运行价：普及型每公

里为1.5元，豪华型每公里为1.7元。超豪华型轿车、面的车、三轮摩托车、人力三轮车的运行价不变。

1998年5月15日，随计价器的调校，陆续下浮市城区出租汽车客运价格，从6月16日起市城区所有出租汽车全部执行下浮价格：普通型（夏利、奥拓类型）出租车基价由2公里起价5元下浮为4元，运行价每公里由1.50元下浮为1.20元，夜间（21：00至次日5：00）在白天价格基础上加价20%。豪华型（捷达、桑塔纳及以上档次车）出租车与普通型出租汽车同价。

2000年9月1日起适当调高市城区（含德山、武陵区和武陵镇）出租汽车客运价格。运行价由每公里1.20元调高为1.60元，起程价维持现行价格不动，夜间起止时间仍为21时至翌日5时，夜间加价幅度在白天的基础上加收20%。出租汽车单程载客免收空驶费里程为15公里（含15公里），超过15公里的部分，在运行价基础上加收50%的回程空驶费。在出租汽车未启动时，免费等候时间规定为15分钟，超过15分钟的，即计收运行价，启动后，在车辆运行中免费等候时间规定为5分钟，超过5分钟后，就计收运行价。从9月1日起调整或更换出租汽车计价器芯片。在调校计价器更换芯片期间，新老客运价格同时有效。9月15日零时起城区出租汽车全面执行新的客运价格。

2006年6月1日零时起，市城区范围内取得合法经营资质的出租车承运人，可在运价之外对搭载出租汽车的乘客每车次收取燃油附加费0.50元。实行出租汽车燃油附加费与成品油价格联动机制。当成品油价格上涨或回落时，出租车燃油附加费标准相应调高或降低，调整的具体标准按省规定办法执行。市城区出租汽车燃油附加费的开征及其标准调整报市人民政府决定。

2011年1月18日，调整常德市城区出租汽车客运价格：白班价格，（1）起步价由2公里4元调整为2公里4.5元，同时，将价外收取的0.50元燃油附加费并入起步价实行计价器打表计费，即调整后包括燃油附加费在内的起步价为2公里5元。（2）运行价将满2公里后的续程运行价由每公里跳表计费1.6元调整为每0.5公里跳表计费1元，即满起步2公里跳表计费1元后每满0.5公里跳表计费1元。（3）低速行驶费，将时速在12公里及以下低速行驶（包括途中自然停车等候和乘客要求停车等候）的计费时间和计费标准由累计满5分钟计费1.60元调整为累计满3分钟计费1元。（4）空驶费，将单程载客免收空驶费的里程基数由15公里调整为10公里，单程载客10公里以上并从10公里开始，在0.5公里1元运行价基础上加收50%回程空驶费，对乘客乘同一辆出租汽车返回的，不收取回程空驶费。（5）晚班价格，晚班21：00以前执行白班价格标准，21：00至次日5：00在白班价格基础上上浮20%。

2012年春节期间适当上浮市城区出租汽车客运起步价，上浮时间从2012年1月22日（农历腊月二十九）零时起到2012年1月24日（农历正月初二）24时止。从2012年1月25日（农历正月初三）零时起停止执行上浮价格，恢复原价。上浮价格在每车次起步价基础上上浮 3 元，即上浮后每车次起步价为：白天 8 元，晚间 9 元。出租车运行价格不实行上浮，仍按原规定执行。

（二）货运价格

1990 年 3 月 20 日，调整汽车货运价格杂费标准：

表 2－2－77　　**湖南省汽车货运价格**

<table>
<tr><th colspan="2" rowspan="2">费别 费率 计算单位</th><th colspan="2" rowspan="2">费　别</th><th rowspan="2">计算单位</th><th colspan="2">费　率</th><th rowspan="2">备注</th></tr>
<tr><th>一、二级路线</th><th>其他路线</th></tr>
<tr><td rowspan="6">长途运输</td><td rowspan="4">整车</td><td colspan="2">普通货物</td><td>每吨公里</td><td>0.28 元</td><td>0.35 元</td><td></td></tr>
<tr><td colspan="2">特种货物</td><td>每吨公里</td><td colspan="2">0.35 元</td><td>不分路级</td></tr>
<tr><td colspan="2">1－1.5 吨货车</td><td>每吨公里</td><td colspan="2">0.45 元</td><td>不分货类</td></tr>
<tr><td colspan="2">2－2.5 吨货车</td><td>每吨公里</td><td colspan="2">0.42 元</td><td>不分路级</td></tr>
<tr><td rowspan="2">零担</td><td colspan="2">普通零担</td><td>每吨公里</td><td>省内 0.35 元</td><td>省际 0.38 元</td><td>不分路级</td></tr>
<tr><td colspan="2">特种零担</td><td>每吨公里</td><td>省内 0.40 元</td><td>省际 0.50 元</td><td>不分路级</td></tr>
<tr><td colspan="2" rowspan="2">短途整车每吨次附加费</td><td>1－5 公里</td><td>6－10 公里</td><td>11－15 公里</td><td>16－20 公里</td><td>21－25 公里</td><td rowspan="2"></td></tr>
<tr><td>1.5 元</td><td>1.20 元</td><td>0.9 元</td><td>0.6 元</td><td>0.3 元</td></tr>
</table>

表 2－2－78　　**汽车货物运输杂费标准**　　单位：元

<table>
<tr><th colspan="2">费　别</th><th>计算单位</th><th>费率</th><th>说　明</th></tr>
<tr><td colspan="2">调车费、空驶回空费</td><td>每吨公里</td><td></td><td>往返空驶里程，以车型标记吨位，按基本运价的 50% 计算</td></tr>
<tr><td colspan="2">延误、滞费</td><td>每吨每小时</td><td></td><td>运输车辆按计时运价的 25% 计算，吊车每吨每小时按 6 元计收</td></tr>
<tr><td colspan="2" rowspan="2">吊车作业费</td><td>每吨（货物实重）</td><td>3.5</td><td>件重在 4 吨以下（不含 4 吨）</td></tr>
<tr><td>每吨（货物实重）</td><td>6.0</td><td>件重在 4 吨以上（含 4 吨）</td></tr>
<tr><td colspan="2" rowspan="2">铲车作业费</td><td>每车每吨每小时</td><td>20</td><td rowspan="2">铲车作业费按货物重量计收，因客观原因影响正常作业，按每车吨每小时计收</td></tr>
<tr><td>每吨（次）</td><td>0.5</td></tr>
<tr><td rowspan="2">保管费</td><td>整车</td><td>每吨每日</td><td>1</td><td>免费保管一天，从第二天开始核收，不足一日按一日</td></tr>
<tr><td>零担</td><td>3－5 日每 10 公斤</td><td>0.2</td><td>免费保管二天，从第三天开始核收，第六天起加倍核收</td></tr>
<tr><td>变更手续费</td><td>整车</td><td>每票</td><td>1.3</td><td>对已托运的货物要求变更到达站，变更收货单位或取消货物托运手续时</td></tr>
<tr><td>变更手续费</td><td>零车</td><td>每票</td><td>0.7</td><td></td></tr>
<tr><td colspan="2">零担标签标志费</td><td>每个</td><td>0.05</td><td>包括标志工本费和系扎手续</td></tr>
</table>

1991 年 5 月 29 日，市物价局、市交通局明确汽车货运站务收费标准：仓储理货费每 50 千克 0.30 元；中转换装包干费普通货物每 50 千克 0.70 元、特种货物每 50 千克 0.90 元；新增零担货物过磅费每 50 千克 0.05 元；组货劳务费零担车运输 3%、整车运输 5%；提供货源信息服务按全程运费的 1% 提取。

1992 年，交通部、国家物价局发出通知，提高公路汽车省际零担货物运输和国际集装箱运输价格。随后，省物价局、省交通厅联合发出通知，决定湖南省零担货物运输价格执行全国统一运价，即普通货物每吨公里 0.46 元，特种货物每吨公里 0.60 元。

1996 年，明确军运、抢险救灾以及化肥、煤炭、磷矿石、食盐、粮食等重点物资普通车运价继续由省物价局与省交通厅管理。其他货物运输实行市场调节价，由承托双方协商议定。煤炭、磷矿石、食盐、粮食等重点物资普通整车运输中准价每吨公里调整为 0.50 元，浮动幅度最高不超过 50%。军运、抢险救灾、化肥整车运输按上述中准价格标准执行，只许下浮不得上浮。25 公里及以内的短途整车运输吨次附加费统一按 2 元计收。省际间零担运价按国家统一规定执行。

1997－2012 年价格放开，实行市场调节。

二、水运价格

（一）客运价格

2000 年 4 月 14 日，市物价局对常德市轮渡公司作出关于调整沅江横渡票价的批复。将下南门至南站、德山老码头至德山街横渡票价由每人次 0.50 元调整为 1.00 元。5 月 10 日起执行。

（二）货运价格

1990 年 3 月 14 日，按省物价局、省交通厅对水运价格调整规定：停泊基价国营船舶由现行每吨 2.08 元调整为 2.50 元，县市船舶由现行每吨 2.86 元调整为 3.40 元。航行价格国营船舶一级河流一级货物不分上下水，每吨公里由现行 0.03 元调整为 0.035 元，县市船舶一级河流一级货物，每吨公里上水由 0.0435 元调整为 0.045 元，下水由 0.036 元调整为 0.04 元。国营船舶航行价格由递进递增的作价办法改为航行在 50 公里以内（含 50 公里）的短途运输，按照规定的运价加价 15%，51—80 公里加价 6%，国营船舶航行在二级以上（含二级）河流航行价格标准按县市船舶规定执行。货物等级分类和等级运价级差率国营船舶和县市船舶的货物运价等级，实行统一按现行国营船舶的货物运价等级执行，等级运价级差率统一调整见下表。跨越不同等级河流的货物运输，其运费实行分段相加；凡由省内运往外省的货物，按本省规定运价计算全程运费。城陵矶以下长江干线按一级河流运价计算。进入外省内河和长江干线荆江段按二级河流运价计算。凡由外省运进省内货物，按起运点物价部门规定运价计算；沅江至临资口河段，由于水急、弯多，航道窄等特殊情况，改按二级河流计算运费；运价计算公式：每吨运费＝（航行价格×航行里程＋停泊基价）×货物运价级差率。计价里程按现行规定不变，全程运费以角为单位，角以下四舍五入；经承托双方协商，需专程调空船承运的货物和单程回空的货物，按船舶载重吨位和实际空驶里程，按一级河流，一级货物的运费，收取30%的空驶费。船舶租费和拖带木（竹）排的运价按《水运货物运价规则》规定的费率加45%计算。船舶延期费按船舶租费计算。

表2－2－79　**市县水运货物航行价率**　单位：元/吨公里

	河级	价率		河级	价率		河级	价率	
		上水	下水		上水	下水		上水	下水
航行价率	1	0.045	0.040	10	0.195	0.135	19	0.600	0.450
	2	0.056	0.043	11	0.210	0.150	20	0.750	0.525
	3	0.075	0.061	12	0.225	0.165	21	0.750	0.600
	4	0.100	0.080	13	0.255	0.180	22	0.900	0.675
	5	0.120	0.090	14	0.285	0.210	23	0.900	0.750
	6	0.135	0.095	15	0.330	0.240	24	1.050	0.975
	7	0.150	0.100	16	0.360	0.270	25	1.350	1.050
	8	0.165	0.105	17	0.420	0.300			
	9	0.180	0.120	18	0.450	0.375			

1993年2月20日，省物价局、省财政厅、省交通厅对经由湖南省境内的长江干线地方港口码头和省内内河港口码头吞吐货物的港务费进行调整。明确地方港口码头为：地方交通部门（含装卸、航运企业、船厂）负责管理建设的码头；非交通系统的企业、事业单位投资建设专供本单位生产、科研物资装卸或船舶停靠的码头。将湖南省境内长江干线各地方港口码头的货物港务费由每吨0.50元调整为0.80元；省内内河各港口码头货物港务费由每吨0.30元调整为0.60元。

2011年11月30日，省物价局、省财政厅对船舶通行费收费标准及相关问题明确如下：交通运输部门航道管理机构向通过交通运输部门采取贷款等融资方式建设（改造）的航道、船闸等水路交通设施的运输船舶收取船舶通行费的标准为：重载船舶按总吨位征收，每吨次1.00元；空载船舶按总吨征收，每吨次0.60元。上述收费标准为试行标准，从2012年1月1日起试行两年。

（三）渡口收费

1991年10月29日，市物价局、市交通局下发《部分县乡公路渡口收取车辆过渡费的通知》，具体收费标准见下表：

表 2－2－80　　　　　　　　　　　**常德市县乡公路渡口收费标准**

县别	渡口名称	所在水域	所在线路	机动渡或人力渡	征收标准	说明
汉寿	坡头	洞庭湖	砂河口汉寿线	机动渡	每吨次 1.50 元	
澧县	刘家河	澧水	澧县灵泉线	机动渡	每吨次 1.50 元	
澧县	毛家岔	松滋河西支	津市安乡线	机动渡	每吨次 1.50 元	
安乡	夹夹	松滋河中支	津市安乡线	机动渡	每吨次 1.50 元	
安乡	马坡湖	松滋河东支	黄山头焦圻线	机动渡	每吨次 1.00 元	
安乡	大杨树	虎渡河	红卫闸禁金度线	机动渡	每吨次 1.00 元	
安乡	官当	藕池河西支	红卫闸禁金度线	机动渡	每吨次 1.00 元	
桃源	孔家河	沅水	陬市五保山线	机动渡	每吨次 1.50 元	
桃源	兴隆街	沅水	三元谭黄甲埔线	机动渡	每吨次 1.00 元	
石门	所街	渫水	乡政府驻地	人力渡	不收费	

1992 年 7 月 1 日起，调整公路渡口车辆过渡费征收标准，省管公路渡口过渡费按下表所列标准执行：

表 2－2－81　　　　　　　　　　　**各类渡口过渡费征收标准**

车辆分类	征收标准（元/台次）		
	乙类渡口	甲类渡口	岳阳北门渡口
摩托车、机动三轮车、牛马板车、手扶拖拉机	2	3	4
大中型拖拉机、2.5 吨及以下货车、19 座及以下的各类小车（小轿车、吉普车、旅行车）	4	6	8
2.5 吨以上（不含 2.5 吨）至 5 吨的各类货车，20 座至 49 座的客车	8	12	16
5 吨以上（不含 5 吨）至 8 吨的货车，50 座以上的客车	12	18	20
8 吨以上（不含 8 吨）至 16 吨的各类车辆	20	24	30
16 吨以上（不含 16 吨）的各类车辆	28	30	40

说明：省政府同意收费的五个县乡公路渡口，收费标准按乙类渡口标准执行。

1994 年 8 月 1 日，市物价局下达增开夜渡车辆过渡费征收标准，具体见下表：

表 2 –2 –82　　增开夜渡车辆过渡费征收标准

车辆分类	征收标准（元/台次）	
	甲类渡口	乙类渡口
摩托车、机动三轮车、牛马板车、手扶拖拉机	9	6
大中型拖拉机、2.5 吨及以下货车、19 座及以下的各类小车（小轿车、吉普车、旅行车）	18	12
2.5 吨以上（不含 2.5 吨）至 5 吨的各类货车、20 座至 49 座的客车	36	24
5 吨以上（不含 5 吨）至 8 吨的货车、50 座以上的客车	54	36
8 吨以上（不含 8 吨）至 16 吨的各类车辆	72	60
16 吨以上（不含 16 吨）的各类车辆	90	84

2004 年 12 月 8 日，调整安乡县马坡湖等 5 个渡口车辆过渡费标准，具体标准见下表：

表 2 –2 –83　　安乡县马坡湖、夹夹、张九台、大杨树、官当渡口收费标准

车　　型	收费标准（元/台次）		备注
	日　渡	夜　渡	
两轮摩托车、板车、边三轮摩托车	3	6	
手扶拖拉机、三轮货车	5	10	
大中型拖拉机、2.5 吨及以下货车、19 座及以上各类小车	10	20	
2.5 吨以上（不含 2.5 吨）至 5 吨的各类货车，20 座至 49 座的客车	16	32	
5 吨以上（不含 5 吨）至 8 吨的货车，50 座以上的客车	20	40	
8 吨以上（不含 8 吨）至 16 吨的各粪车辆	30	60	
16 吨（不含 16 吨）以上特种车辆	120	240	专船专渡

说明：1. 收费车辆吨位、座位数，按交通规费核定的计算。

2. 夜渡起讫时间为当日 22 点至次日 6 点。

2010 年 11 月 19 日，调整汉寿县坡头渡口车辆过渡收费标准：

表 2-2-84　　常德市汉寿县坡头渡口车辆过渡收费标准　　单位：元/台次

车　型	收费标准（元/台次）
两轮摩托车、板车、边三轮摩托车	3
手扶拖拉机、三轮货车	7
3-5吨（含5吨）各类货车、20-49座各类客车	25
5-8吨（含8吨）各类货车、50座以上客车	35
8-16吨（含16吨）各类货车	45
16吨以上特种车辆（专船专渡）	150

说明：1. 收费车辆吨位、座位按交通规费核定的执行；

2. 该渡口过渡费标准为白天收费标准，夜间停渡。

至2012年，该项目收费标准未作调整。

三、过路过桥收费

1992年8月14日，省物价局下发《关于缩小机动车辆通过贷款、集资修建的公路、桥梁免征通行费范围的通知》（〔1992〕湘价重字第199号），凡经省政府批准收费还贷的公路、桥梁，除执行紧急任务的消防车、医院救护车、公安部门的警车、囚车，军车（经营性车辆除外）仍实行免征以外，其他机动车辆一律按规定标准收取车辆通行费，各地不得擅自新开免征口子。

1993年1月16日，提高张公庙大桥车辆通行费收费标准，新的收费标准从1993年1月20日起执行，暂定到1998年12月31日止：

表 2-2-85　　张公庙大桥车辆通行费收费标准　　单位：元/台次

车辆分类	收费标准
摩托车、机动三轮车、手扶拖拉机、简易机动车	1
大中型拖拉机、2.5吨及以下货车、19座及以下的各类小车（包括小轿车、吉普车、旅行车）	5
2.5吨以上（不含2.5吨）至5吨的各类货车，20座至49座的客车	10
5吨以上（不含5吨）至8吨的货车，50座及以上的客车	15
8吨以上（不含8吨）至16吨的各类车辆	20
16吨以上（不含16吨）的各类车辆	30

1997年8月21日，市物价局核定常德沅水大桥双向收费月票价格。从1997年8月18

日起常德沅水大桥实行双向收费，各种车辆过桥月票价格应按市物价局常价价字〔1994〕12 号文件核定的标准提高 100%，考虑到车属单位（个人）的实际困难，决定只提高 60%，各种车辆月票价格如下表：

表 2－2－86　　**常德沅水大桥机动车双向收费月票价格**

<table>
<tr><th>类别</th><th colspan="2">车 辆 分 类</th><th>月票价格（元/月）</th></tr>
<tr><td>A1</td><td colspan="2">摩托车（二轮、三轮）</td><td>40</td></tr>
<tr><td>A2</td><td colspan="2">手拖、正三轮摩托车、简易机动车</td><td>120</td></tr>
<tr><td>B1</td><td colspan="2">大中型拖拉机、2.5 吨以下货车</td><td>240</td></tr>
<tr><td>B2</td><td colspan="2">非经营性 19 座以下的单位小车（含小轿车、吉普车、旅行车）</td><td>180</td></tr>
<tr><td>B3</td><td colspan="2">免征养路费的车辆</td><td>130</td></tr>
<tr><td>B4</td><td rowspan="2">经营性 19 座及以下各类小车</td><td>北站至南站、德山、谢家铺、汉寿</td><td>180</td></tr>
<tr><td>B6</td><td>常德至益阳、长沙、安乡、石门、澧县、津市</td><td>240</td></tr>
<tr><td>B5</td><td colspan="2">地区经营性无定点线路的出租车（含家用轿车、吉普车）</td><td>320</td></tr>
<tr><td>C1</td><td rowspan="2">经营性 20 座至 49 座客车</td><td>北站至南站、德山</td><td>580</td></tr>
<tr><td>C2</td><td>常德至益阳、长沙</td><td>450</td></tr>
<tr><td>C3</td><td colspan="2">2.5 吨（不含 2.5 吨）至 5 吨货车、企事业单位接送职工兼营客车</td><td>450</td></tr>
<tr><td>E1</td><td colspan="2">5 吨（不含 5 吨）至 8 吨货车、50 座及以上客车</td><td>610</td></tr>
<tr><td>E2</td><td colspan="2">8 吨（不含 8 吨）至 16 吨货车</td><td>920</td></tr>
<tr><td>E3</td><td colspan="2">企事业单位接送职工不兼营 20 座至 40 座客车</td><td>240</td></tr>
<tr><td>E4</td><td colspan="2">企事业单位接送职工不兼营 50 座及以上客车</td><td>360</td></tr>
</table>

1998 年 1 月 1 日起对营运中巴车收费标准给予优惠，核定月票标准在原单向收费基础上提高 60%，即每辆每月 480 元。

2000 年 11 月 7 日，市政府发布《常德市人民政府关于设立 207 国道德山收费站征收过往机动车通行费的通告》（常政通告〔2000〕10 号）。自当年 11 月 11 日起，在常德沅水公路二桥南岸桥头地段设立 207 国道德山收费站，征收过往机动车辆通行费，同时调整常德沅水大桥收费站车辆通行费征收标准：（1）征费对象是除按国家有关规定设有固定装置的消防车、警军、囚车、救护车、军车及省人民政府特批车辆以外的各类机动车辆。（2）收费标准是常德沅水大轿收费站与 207 国道德山收费站按同一标准征收。载重车辆按车辆核定载重吨位计征，非载重车特种车辆按核定自重吨位计征，每车次收费标准为：摩托车、机动三轮车、手扶拖拉机、简易机动车 2 元；大中型拖拉机、2.5 吨及以下货车、19 座及以下的各类客车（包括小轿车、吉普车、旅行车）7 元；2.5 吨以上（不含 2.5

吨）至5吨的各类货车，20座—49座的客车15元；5吨以上（不含5吨）至8吨的货车，50座及以上客车20元；8吨以上（不含8吨）至16吨的各类车辆28元；16吨以上（不含16吨）的各类车辆40元。12月13日，市物价局发出《关于调整沅水一、二桥车辆过桥月票标准的通知》（常价价字〔2000〕186号），从2001年1月1日起调整沅水一、二桥机动车辆过桥月票标准如下：

表2－2－87　　常德沅水一、二桥过桥机动车辆月票标准　　单位：元

类别	车辆分类		月票价格		上调幅度
A	摩托车、机动三轮车、手扶拖拉机、简易机动车		40	60	50%
B1	大、中型拖拉机、2.5吨以下货车		240	340	41%
B2	19座（含19座）以下非经营小车（包括小轿车、吉普车、旅行车）	私户车	320	370	15%
		公户车	180	370	105%
B3	19座以下经营性小客车	中巴车	450	490	8%
		出租车	320	350	9%
B4	2.5吨以上（不含2.5吨）至5吨各类货车、20座至40座客车		450	630	40%
B5	5吨以上（不含5吨）至8吨的货车、50座以上的客车		610	850	39%
B6	8吨以上（不含8吨）至16吨的各类车辆		790	1100	39%

2001年6月27日，实行长常高速公路全程“一卡通”各站间车辆通行费票价标准，将长益、益常原分段收费方式改为“一卡通”。对跨段通行的车辆，按照票价分段相加的办法计收车辆通行费。具体收费标准见下表：

表2－2－88　　长常高速公路收费标准　　单位：元

行驶区间	里程（公里）	收费标准(元)					
		2吨以下(含2吨)的各类货车及12座以下(含12座)的小客车	2吨以上至5吨(不含5吨)的各类货车及13座至19座的客车	5吨以上至11吨的各类货车及20座至49座的客车	11吨以上(不含11吨)至18吨的各类货车及50座以上(含50座)的客车	18吨以上(不含18吨)至25吨的各类货车	25吨以上(不含25吨)的各类货车
迎风桥↔军山铺	10	5	5	10	15	15	20
迎风桥↔太子庙	32	15	20	30	40	50	60
迎风桥↔谢家铺	49	20	35	50	65	80	95
迎风桥↔德　山	62	25	45	60	80	100	120

续表

行驶区间	里程（公里）	收费标准(元)					
		2吨以下(含2吨)的各类货车及12座以下(含12座)的小客车	2吨以上至5吨(不含5吨)的各类货车及13座至19座的客车	5吨以上至11吨的各类货车及20座至49座的客车	11吨以上(不含11吨)至18吨的各类货车及50座以上(含50座)的客车	18吨以上(不含18吨)至25吨的各类货车	25吨以上(不含25吨)的各类货车
军山铺↔太子庙	23	10	15	25	30	35	45
军山铺↔谢家铺	40	15	30	40	50	65	75
军山铺↔德　山	53	20	35	55	70	85	100
太子庙↔谢家铺	16	5	10	15	20	25	30
太子庙↔德　山	30	10	20	30	40	50	55
谢家铺↔德　山	13	5	10	15	15	20	25

2002年4月26日，省物价局、省财政厅、省交通厅同意调整常德沅水一、二桥收费标准。从2002年5月10日起常德沅水一、二桥车辆通行费收费标准如下表：

表2-2-89　**常德沅水一、二桥收费站收费标准**　单位：元/车次

车辆分类	收费标准
摩托车，机动三轮车，手扶拖拉机，简易机动车	2
大中型拖拉机，2.5吨及以下的货车，19座及以下的客车（包括小轿车、吉普车、旅行车）	10
2.5吨以上（不含2.5吨）至5吨的货车，20座至49座的客车	18
5吨以上（不含5吨）至8吨的货车，50座及以上的客车	20
8吨以上（不含8吨）至16吨的各类车辆	28
16吨以上（不含16吨）的各类车辆	40

2003年8月1日起，常德市境内的普通公路收费站（石门狮子脑〈一站两点〉、S306柳叶湖〈原周家店〉、桃源沅水桥、汉寿五里桥、G207澧县张公庙、安乡大鲸港、窑坡〈津市大桥〉、G207临澧矮架山、G319桃源桃花源、安乡石龟山），执行下表收费标准：

表2-2-90　**常德市普通公路收费站调整后的收费标准**　单位：元/车次

车辆分类	收费标准
摩托车、机动三轮车、手扶拖拉机、简易机动车	2
大、中型拖拉机、2.5吨及以下的货车、19座及以下的客车（包括小轿车、吉普车、旅行车）	10

续表

车辆分类	收费标准
2.5 吨以上（不含 2.5 吨）至 5 吨的货车、20 座至 49 座的客车	15
5 吨以上（不含 5 吨）至 8 吨的货车、50 座及以上的客车	20
8 吨以上（不含 8 吨）至 16 吨的各类车辆	25
16 吨以上（不含 16 吨）的各类车辆	35

2009 年 5 月 1 日零时起，撤销 C207 常德雷公塔收费站、常德张公庙收费站、常德桃花源收费站、常德崔家桥收费站、常德樟木桥收费站、常德桃源陬市收费站、常德新洲收费站、常德石龟山大桥收费站、常德石门狮子脑收费站（一站两点）、常德柳叶湖收费站、常德汉寿五里桥收费站、常德临澧矮架山收费站、常德沅水二桥 207 国道绕城通行费 13 个政府还贷二级公路收费站。同时，明确停止公路客运线路所涉及撤销收费站客运票价中向旅客收取的每站每人次 0.60 元通行费。

第三节　餐饮、住宿价格

一、餐饮业收费

1991 年 6 月 22 日，市物价局、市商业局下发《关于修订全市饮食价格管理办法的通知》（常价价字〔1991〕56 号），对店堂实行分等级、综合毛利率和分类毛利率管理。凡在常德市辖区内的国营、集体、个体宾馆、招待所、旅店的餐厅和餐馆（包括涉外宾馆对国内旅客部分），都必须执行规定的下表作价办法和标准：

表 2-2-91　　常德市饮食分店级类别毛利率标准　　单位：%

品类＼毛利率＼店级	一级	二级	三级	普通馆	备　注
综合	45	38	36	32	
面点	45	40	35	30	
会议餐、旅客餐	35	32	30	28	
宴席点菜	55	45	40	35	
名菜名点	55	50	45	40	具体品种由当地物价局确定

说明：1. 表中毛利率为最高控制水平。

2. 面点包括米粉、面、油酥货、甜品。名菜名点包括制作较难的工艺产品。

3. 饮食经营单位经营的酒类销售作价，一律按当地批发价加规定的批零差率12%制定零售价格。

4. 一级店承包的高级宴席，每桌次可另收取服务费15元（其中酌酒费5元）。

常德市饮食业分等级饭馆标准。一级店：（1）场所宽敞，设备完善。有普通餐厅、雅座和宴会厅。墙壁贴面，桌铺台布，餐巾纸、烟灰缸、牙签、鲜花齐全，配有钢架和木制沙发椅，空调。（2）烹饪水平高。有一级厨师，三级以上厨师超过全店操作人员的1/5。能烹制本菜系具有特色风味的各式大菜，能制作高级点心。经营品种每天对外供应40种以上。专业风味店有本菜系的名菜、名点。（3）服务水平高。实行全服务到桌，四级以上服务员超过全店服务人数的1/5，熟悉各种菜点的原料配量和风味特色。能编排菜单，会摆各种筵宴台面、熟悉上菜配酒调料规则和各种使用办法。反映顾客意见，帮助厨师改变烹饪方法，增加花色品种、适应顾客需要。（4）卫生条件好，店厅整洁、清雅、室内无烟尘、桌椅无油腻、地面无污秽。二级店：（1）场所舒适，有普通餐厅和雅座。桌椅配套。摆设整齐。桌面有台布，餐巾纸、牙签。备有电风扇。（2）烹饪水平较高。有二级厨师掌勺，能烹饪各式传统大菜，制作点心，每天经营品种达30种以上。专业店要有本莱系的名菜、名点。（3）服务水平较高。实行全服务到桌，服务员能编排菜单，熟悉上菜配酒调料规则，反映顾客意见，帮助厨师改进烹饪方法。（4）卫生条件较好，店堂整洁、无烟尘。地面干净。三级店：（1）场所和设备。店堂烹饪制作和吃饮分开，能配备统一规格标准的餐桌、座椅、杯、筷、勺、碟、餐巾纸齐全。（2）烹饪水平。有三级或相当三级以上的厨师，能烹制一般热菜、凉菜、包点和经济小吃。（3）服务水平。服务到桌，服务员熟悉本店经营品种风味和原料配量、价格。（4）卫生条件，店堂清洁无尘。凡三级以下为普通馆标准。

1993年11月2日，公布餐饮指导性价格，具体如下表：

表2－2－92　**湖南省1994年度旅游餐费、车费、接团费指导性价格**　单位：元/人

团队人数	餐费			车　费	接团费
	早	中	晚		
10人	12	25	25	30	28
6－9人	12	30	30	48	38
2－5人	12	40	40	110	70
1人	12	55	55	220	90

1996年3月19日，市物价局下发《关于开展饮食业等级评定和制止饮食业牟取暴利的通知》（常价价字〔1996〕30号），核定饮食经营毛利率于下表：

表 2－2－93　　**常德市饮食经营最高综合和单份毛利率规定**　　单位：%

名称＼等级	特一级	特二级	一级	二级	三级	四级	五级
综合毛利率	60	55	50	46	42	38	35
单份毛利率	65	60	55	51	47	43	40

是年 12 月 23 日，市物价局公布市城区第一批餐饮业等级名单。特一级：华都大酒店餐饮部。特二级：玉楼东酒家、星宇大酒店餐饮部、万琦大酒店、宏达宾馆餐饮部、麟源大酒楼、金海大厦餐饮部。一级：芷园宾馆餐饮部、银河大酒店餐饮部、德晖美食府、华星宾馆酒楼、华云宾馆餐厅、君蓓宾馆餐厅、新潮流远洋大酒店、金月亮酒店、银豪美食俱乐部、雄风酒楼、凯丽大酒店、海城大酒店、富丽皇大酒店、维东水上大世界、金芙蓉宾馆餐厅、金威龙大酒店、富绅大酒店、金晖快餐美食城、醉仙宫、常德电业局电力餐厅、日月潭大酒店、锦江大酒店、金达夜总会餐厅、华颐酒店、21 世纪大酒店、天然居酒店、宏源大酒店、颐麟宫酒店、荃友大酒店、清真第一春、民航宾馆餐厅、香格里拉酒家。三级：紫金桥酒店、西宫大酒楼、峰林装饰公司美食城、德仁聚酒楼、聚友大酒店、大时代野味火锅城、东山大酒店、华天酒店、电建酒家、常价酒店、深德酒店、大哥大酒店、海王天酒店、海鸥大酒店、小小酒店、芙蓉餐馆、湘江酒店、德丰楼酒店、皮件酒家、金鹏酒家、安旗酒家、天香大酒店、龙城酒楼、舒乐酒家、金都酒家、宏曦餐馆、金凤酒家、丽水酒店、波天酒楼、金都大酒店（洞庭大道中段）、万祥餐馆、常检酒店、和平酒店、青峰招待所餐厅、朗州饭庄、草堂饭庄、随圆酒店、老八酒家、朗生酒店、红梅酒家、凯撒酒店、金都大酒店（朗州东路）、重庆大酒店、怡园大酒店、卧龙酒家、学府酒店、金盛酒店、德航药膳保健大酒店。四级：黎明酒楼、鸿发酒楼、小王酒家、北站酒家、黄金酒家、金果酒店、金芙蓉酒楼。

1998 年 2 月 25 日，市物价局对华都大酒店核定餐饮包厢收费标准。该酒店 14 间餐饮包厢每间每次收费标准分别为：华美、华中厅 120 元；华东、华南、华西、华北、华后厅 150 元；华丽、华发、华安厅 180 元；华达、华王厅 200 元；西餐厅 300 元；华都厅 330 元。

2000 年 6 月 9 日，市物价局对芙蓉大酒店作出核定餐饮包厢收费标准。该酒店 13 间餐饮包厢每间每次最高收费标准分别为：芙蓉王、芙蓉后 180 元；新禧居、万福堂 150 元；雪梅亭、金菊圃、墨竹亭、丰禄房、长寿斋 100 元；鲜瓜院、百蔬园、蜜果庄、幽阑台 60 元。9 月 5 日，市物价局公布市城区部分宾馆（酒店）餐饮收费标准，具体见下表：

表 2－2－94　　常德市宾馆（酒店）餐饮收费标准明细

单位	餐饮等级	最高综合毛利率（%）	最高单份毛利率（%）	酒水最高购销差率（%）		包厢费（元）	包厢服务费率（%）
				进价在6元以内	进价高于6元		
芙蓉大酒店	特一	55	60	100	60	按核定标准执行	10
洞庭明珠大酒店	特一	55	60	100	60	100	10
华都大酒店	特一	55	60	100	60	按核定标准执行	10
金海大厦	特二	50	55	85	54	按核定标准执行	8
星宇大酒店	特二	50	55	85	54	100	8
芷园宾馆	特二	50	55	85	54	100	8
凯利大酒店	一级	45	50	70	48	80	5
八百里大酒店	一级	45	50	70	48	80	5
宏大宾馆	一级	45	50	70	48	80	5
华云宾馆	特二	50	55	85	54	100	8
银河大酒店	一级	45	50	70	48	80	5
体育培训中心宾馆	一级	45	50	70	48	80	5
君蓓宾馆	一级	45	50	70	48	80	5
华星宾馆	一级	45	50	70	48	80	5
金海湾大酒店	一级	45	50	70	48	80	5
金芙蓉宾馆	一级	45	50	70	48	80	5
高管所银线宾馆	一级	45	50	70	48	80	5
青峰综贸招待所	三级	37	42	40	37	50	/

备注：1. 其他未列入此表的酒店、宾馆原已评定等级的，按我局常价价字〔1999〕133号文件执行；未评定等级的视同无级店标准执行。无级店最高综合毛利率25%，最高单份毛利率30%，酒水购销差率17%。

2. 所有宾馆（酒店）餐饮的大堂散座不得收取服务费。

二、旅社、宾馆收费

1989年7月27日，市物价局核定电业大楼客房每床每日价格：套间40元、单人间25元、2人间15元、3人间12元，收费标准为最高控制标准，不得突破，可适当下浮。

1990年8月25日，市物价局核定和重新明确桃林等宾馆、招待所住宿收费标准。要求在武汉经济协作区和湖南省辖八市常德商品交易会接待期间，宾馆、招待所收费保持稳定。核定的每床每日收费标准从1990年9月1日起执行。桃林宾馆：一、三栋一人间10

元、二人间7元、三人间6元。二栋一人间17元、二人间12元、三人间6元。四栋套间由宾馆制定具体价格，双人间18元，改装双人间25元。五栋三套间，由宾馆制定具体价格，单人间50元，双人间25元，三人间17元。芷园宾馆：单人间30元、双人间18元、三人间12元，套间由宾馆制定具体价格。一、二栋双人间10元。三栋单人间15元、双人间10元、三人间5元。五栋三人间5元。德晖宾馆：套间由宾馆制定具体价格，二人套间40元、二人间35元、三人间25元。常德宾馆：主楼单人间30元、双人间20元、三人间15元，套间由宾馆制定具体价格。中档单人间15元、双人间10元、三人间7元。低档单人间8.5元、双人间6元、三人间5元、四人间4元。军分区招待所：东楼单人间15元、二人间12元、三人间6元、五人间4元。西楼套间由招待所制定具体价格，一人间20元、二人间15元。老干局招待所：套间30元、单人间16元、双人间10元、三人间7元、普通三人间5元。电影公司招待所：二、三人间6元。农业局招待所：双人间5元、三人间3.5元。

1991年3月30日，市物价局核定市接待处第三栋客房收费标准：单人间每床每日18元、双人间每床每日12元。调整芷园主楼收费标准：单人间每床每日35元，双人间每床每日20元，三人间每床每日15元。9月6日，市物价局重新明确德晖宾馆部分客房最高收费控制标准：标准间每日80元、三人间90元、四人间120元、单人间80元。

1992年11月25日，市物价局下发《关于市管宾馆、招待所实行指导性价格管理的通知》（常价费字〔1992〕63号），对部分宾馆、招待所收费实行指导性价格管理，核定各宾馆、招待所的住宿收费基价。可根据客源、设备和淡旺季节等情况，在所列基价基础上上浮25%，下浮不限。流动人口增容费，仍按市政府常政发〔1992〕4号文件规定在价外按10%的标准征收。

表2－2－95　　宾馆、招待所客房收费基价标准

单位名称	房间类型	计算单位	收费标准	备　注
桃林宾馆	一号楼			
	单人间	元/床·日	10	公用卫生间、黑白电视机
	二人间	元/床·日	7	公用卫生间、黑白电视机
	三人间	元/床·日	6	公用卫生间、黑白电视机
	二号楼			
	单人间	元/床·日	17	彩电、卫生间
	二人间	元/床·日	12	彩电、卫生间
	三号楼			
	套间	元/床·日	30	彩电、卫生间
	单人间	元/床·日	20	彩电、卫生间
	双人间	元/床·日	14	彩电、卫生间
	四号楼			

续表

单位名称	房间类型	计算单位	收费标准	备　注
桃林宾馆	豪华套间	元/床·日	自定	彩电、空调、地毯、卫生间、电话、冰柜、一次性用品
	双人间	元/床·日	35	彩电、空调、地毯、卫生间、电话、冰柜、一次性用品
	五号楼			
	豪华三套间	元/床·日	自定	中央空调、彩电、地毯、卫生间、电话、一次性用品
	豪华套间	元/床·日	自定	中央空调、彩电、地毯、卫生间、电话、一次性用品
	单人间	元/床·日	50	中央空调、彩电、地毯、卫生间、电话、一次性用品
	双人间	元/床·日	25	中央空调、彩电、地毯、卫生间、电话、一次性用品
	三人间	元/床·日	17	中央空调、彩电、地毯、卫生间、电话、一次性用品
芷园宾馆	芷园楼			
	三套间	元/床·日	自定	中央空调、卫生间、彩电、电话、地毯、一次用品（牙膏、牙刷等）
	二套间	元/床·日	自定	中央空调、卫生间、彩电、电话、地毯、一次用品（牙膏、牙刷等）
	单人间	元/床·日	37	中央空调、卫生间、彩电、电话、地毯、一次用品（牙膏、牙刷等）
	双人间	元/床·日	22	中央空调、卫生间、彩电、电话、地毯、一次用品（牙膏、牙刷等）
	三人间	元/床·日	17	中央空调、卫生间、彩电、电话、地毯、一次用品（牙膏、牙刷等）
	一、二、三栋			
	单人间	元/床·日	22	卫生间、彩电、电话、暖气、配备有一次性用品
	双人间	元/床·日	12	卫生间、彩电、电话、暖气、配备有一次性用品
	五栋			
	三人间	元/床·日	5	公用卫生间、黑白机、配备有一次性用品

续表

单位名称	房间类型	计算单位	收费标准	备　注
常德宾馆	高档房			
	单人间	元/床·日	40	空调、彩电、卫生间、地毯、电话、一次性用品
	双人间	元/床·日	30	空调、彩电、卫生间、地毯、电话、一次性用品
	三人间	元/床·日	20	空调、彩电、卫生间、地毯、电话、一次性用品
	套间	元/床·日	自定	空调、彩电、卫生间、地毯、电话、一次性用品
	中档房			
	单人间	元/床·日	15	黑白机、公用卫生间、暖气
	双人间	元/床·日	10	黑白机、公用卫生间、暖气
	三人间	元/床·日	7	黑白机、公用卫生间、暖气
	低档房			
	单人间	元/床·日	8．5	黑白机、公用卫生间
	二人间	元/床·日	6	黑白机、公用卫生间
	三人间	元/床·日	5	黑白机、公用卫生间

1994 年 2 月 2 日，市物价局核定芷园等 4 家宾馆招待所收费标准。核定的住宿标准为基价，可根据具体情况在基价基础上向上浮动最高不超过 35%，下浮不限。每缺或减少设备或服务内容一项，降低基价 5% 收费。以下为基价标准表：

表 2－2－96　　**宾馆客房收费标准**

单位名称	类别	计算单位	收费标准	设施	备注
芷园楼	套间		宾馆制定		
	单人间	元/床·日	80	彩电、空调、卫生间	
	双人间	元/床·日	90	彩电、空调、卫生间	
	三人间	元/床·日	105	彩电、空调、卫生间	

表 2－2－97　　　　招待所住宿收费标准

单位名称	类别	计算单位	收费标准	设施	备注
市烟草专卖局招待所	单人间	元/床·日	35	空调、暖气、彩电、地毯、卫生间	冬季：12 月－次年 2 月 夏季：6 月－9 月 非冬夏季标准：30
	双人间	元/床·日	25	空调、暖气、彩电、地毯、卫生间	非冬夏季标准：20
	三人间	元/床·日	15	空调、暖气、彩电、公用卫生间	非冬夏季标准：11
	四人间	元/床·日	12	空调、暖气、彩电、地毯、卫生间	非冬夏季标准：8
市石化服务公司招待所	单人间	元/床·日	40	空调、暖气、彩电、卫生间	
	双人间	元/床·日	22	空调、暖气、彩电、卫生间	
	三人间	元/床·日	18	空调、暖气、彩电、卫生间	
	普通三人间	元/床·日	9	暖气、吊扇、彩电、公用卫生间	
	普通四人间	元/床·日	3	暖气、吊扇、彩电、公用卫生间	
市自来水公司招待所	高档双人间	元/床·日	30	空调、彩电、地毯、卫生间	
	高档三人间	元/床·日	25	空调、彩电、地毯、卫生间	
	中档三人间	元/床·日	15	彩电、地毯、公用卫生间	

2000 年 8 月 31 日，市物价局核定柳叶湖宾馆客房价格和会议室收费标准如下：客房价格。标准单人间每间每日 180 元、普通标准二人间每间每日 280 元、豪华标准间每间每日 308 元、复式楼房价由宾馆自定并报市物价局备案。会议室（厅）租用价格（每次为半天，不足半天按半天计算）。贵宾会议室（120 平方米）每次 400 元、大会议室（300 平方米）每次 600 元。

2002 年 3 月 22 日，市物价局核定改造后的芷园楼客房价格等级为特二级甲等，具体标准为：标准双人间每间每日 285 元、三人间每间每日 220 元；标准单间每间每日 260 元，标准套间价格由宾馆视市场情况合理确定并报市物价局备案。

第三章 行政事业性收费管理

第一节 教育收费管理

一、义务教育收费

义务教育收费是指小学与初中9年义务教育阶段的收费。

1990年，常德市小学收费标准为，农村初小杂费征收每生每期3.50元、杂费代收每生每期2.50元；县城初小杂费征收每生每期4元、杂费代收每生每期3.50元；城市初小杂费征收每生每期5元、杂费代收每生每期3.50元。农村高小杂费征收每生每期4元、杂费代收每生每期6.50元；县城高小杂费征收每生每期5元、杂费代收每生每期6.50元；城市高小杂费征收每生每期6元、杂费代收每生每期6.50元。市城区小学收费标准具体见下表：

表2-3-1　　1990年春季常德市城区小学收费标准　　单位：元/生·期

学校类	年级	合计	杂费征收部分	书籍费	练习本	杂费代收部分					学费
						文体费	水费	电费	实验费	讲义费	
初小	一	16	5	5.5	2	1	1		1	0.5	
	二	14.9	5	4.4	2	1	1		1	0.5	
	三	14.5	5	4	2	1	1		1	0.5	
	四	14.5	5	4	2	1	1		1	0.5	
高小	五	19.2	6	4.5	2.2	1.5	1.5	1	1.5	1	
	六	19.3	6	4.6	2.2	1.5	1.5	1	1.5	1	

是年8月27日，市物价局、市教委明确市属中学收费标准，具体见下表：

表2-3-2　　1990年秋季市属中学收费标准　　单位：元/生·期

学校类	年级	合计	杂费征收部分	书籍费	练习本	班费	杂费代收部分					学费	专业实习费
							文体费	水费	电费	实验费	讲义费		
初中	一	54	8	25	6	1	3	3	3	3	2		
	二	54	8	25	6	1	3	3	3	3	2		
	三	54	8	25	6	1	3	3	3	3	2		

1991年，市物价局、市教育局调整常德市中小学秋季收费标准，具体见下表：

表 2－3－3　　**1991 年秋季全市中小学收费标准**　　单位：元/生·期

类别		征收费		学校包干使用代收费			
		杂费	学费	文体卫生费	水电（灯油）费	图书费	实验（电教）仪器费
初小	农村	6		3	2	2	3
	城市、县城	9		3	2	2	3
高小	农村	6		3	4	2	3
	城市、县城	9		4	5	2	3
初中	农村	8		4	8	3	6
	城市、县城	12		5	8	3	6

是年 8 月 21 日，市物价局、市教委公布 1991 年秋季市属中学收费标准，具体见下表：

表 2－3－4　　**1991 年秋季市属中学收费标准**　　单位：元/生·期

学校类	年级	合计	杂费征收部分	书籍费	练习本	讲义费	档案费	班费	一次性杂费代收部分				学费
									文体费	水电费	图书费	电教仪器实验费	
初中	一	72	12	25	6	3	2	2	5	8	3	6	
	二	70	12	25	6	3		2	5	8	3	6	
	三	70	12	25	6	3		2	5	8	3	6	

1993 年 8 月 20 日，市物价局、市教委明确市直中学收费标准，具体见下表：

表 2－3－5　　**1993 年秋季市属中学收费标准**　　单位：元/生·期

学校类	年级	杂费征收部分	书籍费	练习本	讲义费	档案费	一次性杂费代收部分				学费	
							文体费	水电费	图书费	电教仪器实验费		
初中	一	20	30	6	3	2	8	14	4	8		95
	二	20	30	6	3		8	14	4	8		93
	三	20	30	6	3		8	14	4	8		93

1994 年 7 月 2 日，市教委、市物价局明确市直中学初中学生收费标准，具体见下表：

表 2-3-6　　**1994 年秋季市属中学收费标准**　　单位：元/生·期

学校类	年级	杂费征收部分	书籍费	练习本	讲义费	班费	档案费	一次性杂费代收部分					学费	合计
								文体卫生费	水电费	图书费	电教仪器实验费	音像教材费		
初中	一	25	50	6	3	4	2	8	20	4	8	5		135
	二	25	50	6	3	4		8	20	4	8	5		133
	三	25	50	6	3	4		8	20	4	8	5		133

市教委、市物价局还规定学校原则上不接受借读学生，如学生有特殊情况需转校借读时，应适当交纳借读费，初中每生每期 80 元，小学每生每期 40 元。学生家长有一方是本城区户口的可减半交纳。

1996 年 8 月 8 日，市物价局、市教委下达 1996 年秋季市直中学收费标准，具体见下表：

表 2-3-7　　**1996 年秋季市属中学收费标准**　　单位：元/生·期

学校类	年级	学费	征收杂费	代收费	合计
初中	一年级		70	130	200
	二年级		70	130	200
	三年级		70	130	200

1997 年 8 月 8 日，市物价局、市财政局、市教委下发《关于加强中小学收费管理的通知》，明确中小学教育收费由省统一管理，严格按〔1997〕湘价费字第 184 号和 185 号文件及湘价传电〔1997〕第 47 号特急明传电报规定执行，义务教育阶段的借读费由各地物价部门会同财政、教育部门根据本地实际在省定最高限额内（即小学 100 元、初中 150 元）制定标准报市备案。义务教育收费标准具体见下表：

表 2-3-8　　**湖南省 1997 年秋季义务教育收费标准**　　单位：元/生·期

学历 \ 标准 \ 地区		贫困地区（含 35 个贫困县的城关镇）			一般地区			地（州）市县（市、区）所在地城区（含县、市城关镇）		
		杂费	代收费	合计	杂费	代收费	合计	杂费	代收费	合计
小学	一年级	50	56	106	70	58	128	90	66	156
	二年级	50	57	107	70	59	129	90	69	159
	三年级	50	74	124	70	76	146	90	89	179
	四年级	50	79	129	70	81	161	90	94	184
	五年级	50	79	129	70	81	151	90	83	173
	六年级	50	76	126	70	78	148	90	80	170

续表

学历＼标准＼地区		贫困地区（含35个贫困县的城关镇）			一般地区			地（州）市县（市、区）所在地城区（含县、市城关镇）		
		杂费	代收费	合计	杂费	代收费	合计	杂费	代收费	合计
初中	一年级	70	121	191	90	123	213	110	125	235
	二年级	70	143	213	90	145	235	110	147	257
	三年级	70	186	266	90	188	278	110	190	300

说明：贫困地区和地州市所在地（含县城关镇）以外的为一般地区。

1999年1月28日，市物价局、市财政局、市教委发出通知，常德市执行省调整后的收费标准，详情见下表：

表2－3－9　**湖南省1999年春季义务教育收费标准**　单位：元/生·期

学历＼标准＼地区		贫困地区			一般地区			地（州）市县（市、区）所在地城区和县（市）城关镇		
		杂费	代收费	合计	杂费	代收费	合计	杂费	代收费	合计
小学	一年级	50	39	89	70	39	109	90	46	136
	二年级	50	37	87	70	37	107	90	49	139
	三年级	50	46	96	70	46	116	90	56	146
	四年级	50	54	104	70	54	124	90	66	156
	五年级	50	56	106	70	56	126	90	66	156
	六年级	50	51	101	70	51	121	90	60	150
初中	一年级	70	75	145	90	75	165	110	77	187
	二年级	70	62	132	90	62	152	110	62	172
	三年级	70	46	116	90	46	136	110	48	158

说明：1. 除贫困地区和地州市所在地以外的为一般地区。

2. 借读费，每学期最高限额为：小学100元，初中150元，各地州市可根据实际在此限额内制定具体收费标准。

是年7月26日，市物价局、市财政局、市教委下发1999年秋季义务教育收费项目及标准。常德市统一按农村和城区收取杂费与代收费，具体标准见下表：

表 2－3－10　　**1999 年常德市城区秋季义务教育收费标准**　　单位：元/生·期

学历＼标准＼地区		杂费	代收费用													借读费
			课本	音像教材	乡土教材	其他	作业本	班费	寄宿费	搭餐费	单车寄存费	影票费	计算机维护费	计算机书籍费	外语书籍费	
小学	一年级	90	按文件规定据实收取	6	–	4	16	5	80	每500克大米加工费0.30元	15	10	40	10	20	100
	二年级	90		6	–	4	16	5	80		15	10	40	10	20	100
	三年级	90		6	–	4	18	5	80		15	10	40	10	20	100
	四年级	90		6	–	4	18	5	80		15	10	40	10	20	100
	五年级	90		6	–	4	18	5	80		15	10	40	10	20	100
	六年级	90		6	–	4	18	5	80		15	10	40	10	20	100
初中	一年级	110	同上	7	4	6	20	5	80	同上	15	10	40	10		150
	二年级	110		7	–	5	20	5	80		15	10	40	10		150
	三年级	110		7	–	5	20	5	80		15	10	40	10		150

说明：本表中“其他”是指：小学科技活动费 1 元，预防保健费 1 元，帮困保学费 2 元;初中科技活动费 2 元，预防保健费 1 元，帮困保学费 2 元，初一学生校徽及档案费 1 元。

表 2－3－11　　**1999 年常德市农村秋季义务教育收费标准**　　单位：元/生·期

学历＼标准＼项目		杂费	代收费用										借读费
			课本	音像教材	乡土教材	其他	作业本	班费	寄宿费	搭餐费	单车寄存费	影票费	
小学	一年级	70	按文件规定据实收取	4	–	4	16	5	50	每500克大米加工费0.30元	15	10	100
	二年级	70		4	–	4	16	5	50		15	10	100
	三年级	70		4	–	4	18	5	50		15	10	100
	四年级	70		4	–	4	18	5	50		15	10	100
	五年级	70		4	–	4	18	5	50		15	10	100
	六年级	70		4	–	4	18	5	50		15	10	100
初中	一年级	90	同上	5	4	6	20	5	60	同上	15	10	150
	二年级	90		5	–	5	20	5	60		15	10	150
	三年级	90		5	–	5	20	5	60		15	10	150

说明：本表中“其他”是指：小学科技活动费 1 元，预防保健费 1 元，帮困保学费 2 元；初中科技活动费 2 元，预防保健费 1 元，帮困保学费 2 元，初一学生校徽及档案费 1 元。

2000年7月24日，市物价局、市财政局、市教委下发常德市2000年秋季中小学教育收费有关问题的通知，明确代收费分为省定项目与市定项目，借读费小学100元、初中150元，由教育部和省厅挂牌认定的现代教育技术试验学校，可按小学每生每期150元、初中200元收取。具体见下表：

表2-3-12　　2000年常德市秋季义务教育收费项目及标准　　单位：元/每生每期

项目 标准 年级		杂费		代收费用												
				省定项目及标准部分					省定项目、市定标准部分							
		农村	城区	课本	音像教材		乡土教材	其他	作业本费	班费	寄宿费	搭餐费	单车保管费	影票费	计算机课书籍维护费（城区）	外语课书籍费（城区）
					农村	城区										
小学	一年级	70	90	按实收取	4	6	－	4	10	5	80	每500克大米0.3元	－	同级物价部门审批	40（含课本10元）	10
	二年级	70	90		4	6	－	4					－			
	三年级	70	90		4	6	－	4					－			
	四年级	70	90		4	6	－	4					－			
	五年级	70	90		4	6	－	4					－			
	六年级	70	90		4	6	－	4					－			
初中	一年级	90	110	按实收取	5	7	4	6	15	5	80	同上	城区15元 农村10元	同上	40（含课本10元）	
	二年级	90	110		5	7	－	5								
	三年级	90	110		5	7	－	5								

说明：本表中的“其他”是指：小学科技活动费1元、预防保健费1元、帮困保学费2元；初中科技活动费2元、预防保健费1元、帮困保学费2元：初一学生还包括校徽及档案费1元。

2004年，义务教育阶段学校开始试行“一费制”收费办法，8月20日，常价费〔2004〕89号文公布2004年秋季常德市义务教育阶段学生缴费明白卡。

表 2-3-13

2004 年秋季常德市义务教育阶段学生缴费明白卡

学校　　　　　　　　姓名　　　　　　　　年级　　　　　　　　班级

缴费总额：　　　　　　　　家长签字：　　　　　　　　单位：元/生·期

学期	年级	总计				其中								
		非课改地区		课改地区		杂费		课本费				作业本费	其他费	
								普通课本		实验课本				
		农村	城镇	农村	城镇	农村	城镇	农村	城镇	农村	城镇		农村	城镇
小学	一年一期			132	158	70	90			35	39	10	17	19
	二年一期	123	150	130	157	70	90	28	33	35	40	10	15	17
	三年一期	149	175	167	195	70	90	29	33	47	53	10	40	42
	四年一期	154	181			70	90	35	40			10	40	42
	五年一期	159	185			70	90	39	43			10	40	42
	六年一期	160	187			70	90	39	43			10	41	43
初中	一年一期			267	294	90	110			118	123	15	44	46
	二年一期	237	269	253	284	90	110	91	100	107	116	15	41	43
	三年一期	240	262	228	266	90	110	93	93	81	97	15	42	44

注："其他"是指：班费每生每期 4 元；科技活动费小学 1 元、初中 2 元；帮困保学费每生每期 4 元；预防体检费每生每期农村 3 元、城镇 4 元；影票费每生每期农村 3 元、城镇 4 元；小学三年级以上（含三年级）学生信息技术教育费每生每期 25 元，经省以上教育行政部门认定的现代技术实验学校和经批准由社会资金投资有电脑教室的学校信息技术教育费增加 15 元，相应提高"一费制"标准；小学一年级学生守则、学生证每生 2 元，初中一年级校徽、学生守则和学生证每生 3 元，小学六年级和初中三年级毕业证每生1 元。

2005 年 8 月 18 日，市物价局、市财政局、市教育局下发《关于完善义务教育"一费制"收费有关问题的通知》（常价费〔2005〕64 号）。从是年起，一费制收费分春秋两季，按课改地区与非课改地区、农村与城镇（城市和县城关镇规划区范围内）分年级分别核定，其标准由杂费、课本费、作业本费 3 项组成，详情见下表：

表 2－3－14 常德市 2005 年秋季义务教育阶段“一费制”标准 单位：元/生·期

学期	年级	总计				其中							
		非课改地区		课改地区		杂费		课本费					作业本费
								普通课本		实验课本		音像教材	
		农村	城镇	农村	城镇	农村	城镇	农村	城镇	农村	城镇		
小学	一年一期			121	150	80	101			26	34	5	10
	二年一期			121	149	78	99			28	35	5	10
	三年一期	130	155	136	165	78	99	37	41	43	51	5	10
	四年一期	137	162	133	162	78	99	44	48	40	48	5	10
	五年一期	176	205			103	124	58	66			5	10
	六年一期	175	204			103	124	57	65			5	10
初中	一年一期			286	316	127	148			138	147	6	15
	二年一期			281	325	124	145			136	159	6	15
	三年一期	234	255	239	269	124	145	89	89	94	103	6	15

说明：1. 经省以上教育行政部门认定的现代技术实验学校和经批准由社会投资电脑教室的学校并设了信息技术课程的年级，可在上述标准基础上增加 15 元；

2. 因条件限制不能提供“一费制”范围内规定项目的，应向学生退还相应的费用。

2006 年，取消电影票费项目。常德市在全省创新实施“三个率先”：率先实行电子化收费、率先对自愿项目教辅资料实行限范围、限额度的“双限”政策、率先对农村学校学生包餐实行最高限额。

2007 年，常德市全面实施农村义务教育保障机制改革。2 月 12 日，市物价局、市财政局、市教育局下发《关于 2007 年春季义务教育收费有关问题的通知》，免除义务教育阶段学生杂费，具体范围为：除市直、武陵区的城区、德山开发区城区以外的所有义务教育阶段学校。收费明细见下表：

表 2-3-15

2007 年常德市春季农村义务教育经费保障机制改革学校收费标准

单位：元/生·期

	年级	"一费制"标准		其中									寄宿费(最高限额)		伙食费
				课本费			作业本费								
		黑白版	彩色版	书籍课本费		音像教材费(录音磁带)	课堂作业本	课程基础训练	寒暑假作业本	中考指导丛书	同步教学实践训练	小计	政府投资为主	社会投资为主	
				黑白	彩色										
小学	一年级	50	58	23	31	7	5	8	3		4	20	80	150	早餐，每人不超过1.8元；中、晚餐每人不超过 2.5元；学生食堂综合毛利率不超过25%
	二年级	51	58	24	31	7	5	8	3		4	20	80	150	
	三年级	75	84	42	51	7	7	12	3		4	26	80	150	
	四年级	74	83	45	54	7	7	12	3			22	80	150	
	五年级	85	94	56	65	7	7	12	3			22	80	150	
	六年级	84	94	55	65	7	7	15				22	80	150	
初中	一年级	154	167	103	116	13	10	23	5			38	80	150	
	二年级	155	171	98	114	13	10	25	5	4		44	80	150	
	三年级	129	142	68	81		10	33.5		17.5		61	80	150	

说明：1. 除表列收费项目外，不得向学生收取其他任何费用。

2. 寄宿费应在表中最高限额内按市物价局具体核定标准执行。

表 2-3-16

2007 年常德市春季义务教育非经费保障机制改革学校收费标准

单位：元/生·期

	年级	"一费制"标准	其中									寄宿费(最高限额)	借读费	其他代收费和服务性收费最高限额	伙食费
			杂费	课本费			作业本费								
				彩版课本费	音像教材费(录音磁带)	课堂作业本	课程基础训练	寒暑假作业本	中考指导丛书	同步教学实践训练	小计				
小学	一年级	157	99	31	7	5	8	3		4	20	200	150	20	早餐，每人不超过1.8元；中、晚餐每人不超过 2.5元；学生食堂综合毛利率不超过25%
	二年级	157	99	31	7	5	8	3		4	20	200	150	20	
	三年级	183	99	51	7	7	12	3		4	26	200	150	30	
	四年级	182	99	54	7	7	12	3			22	200	150	30	
	五年级	218	124	65	7	7	12	3			22	200	150	30	
	六年级	219	125	65	7	7	15				22	200	150	30	

续表

	年级	"一费制"标准	其中										寄宿费（最高限额）	借读费	其他代收费和服务性收费最高限额	伙食费
			杂费	课本费			作业本费									
				彩版课本费	音像教材费（录音磁带）	课堂作业本	课程基础训练	寒暑假作业本	中考指导丛书	同步教学实践训练	小计					
初中	一年级	312	145	116	13	10	23	5			38	200	200	50	
	二年级	316	145	114	13	10	25	5	4		44	200	200	50	
	三年级	288	146	81		10	33.5		17.5		61	200	200	50	

说明：1. 个别学校确因特殊情况，需要新增收费项目和突破规定住宿费标准的，必须报省物价、财政、教育主管部门批准。

2. 寄宿费应在表中最高限额内按市物价局具体核定标准执行。

是年2月26日，市物价局、市财政局、市非税收入征收管理局共同下发2007年春季在区县市城镇学校推行电子信息化收费的通知，规定学校电子信息化收费在各区县市政府所在城镇范围实施，包括县直中小学，农村乡镇不纳入实施范围。凡市物价、财政、教育部门在春季学校收费文件中规定的收费项目必须进入学校电子信息化收费执收系统，由相关银行批扣或学生刷卡执收。实行电子信息化收费后，相关学校不得再出现现金缴费情况。

是年8月17日，对秋季收费按省有关精神作了调整，具体见下表：

表2－3－17　2007年秋季常德市义务教育经费保障机制改革学校收费标准

单位：元/生·期

	年级	"一费制"标准		其中								寄宿费	伙食费
		农村（黑白版）	城镇（彩色版）	课本费			作业本费						
				书籍课本费		音像教材费（录音磁带）	课堂作业本	课程基础训练	寒暑假作业本	同步教学实践训练	小计		
				黑白	彩色								
小学	一年级	51	57	24	30	7	5	8	3	4	20	在省定限额内按市物价局核定的具体标准执行	早餐，每人不超过2元；中、晚餐每人不超过3元
	二年级	52	58	25	31	7	5	8	3	4	20		
	三年级	77	85	43	51	7	7	13	3	4	27		
	四年级	77	84	47	54	7	7	13	3		23		
	五年级	99	106	68	75	7	7	14	3		24		
	六年级	99	109	65	75	7	7	17	3		27		
初中	一年级	193	210	138	155	13	10	27	5		42		
	二年级	194	215	135	156	13	10	31	5		46		
	三年级	170	194	99	123	20	10	36	5		51		

说明：1. 除表列收费项目外，不得向学生收取其他任何费用。

2. 寄宿费应在表中最高限额内按市物价局具体核定标准执行。

表 2－3－18　**2007 年秋季常德市义务教育非经费保障机制改革学校收费标准**

单位：元/生·期

	年级	“一费制”标准	其中								寄宿费（最高限额）	借读费	其他代收费和服务性收费最高限额	伙食费
			杂费	课本费		作业本费								
				彩版课本费	音像教材费（录音磁带）	课堂作业本	课程基础训练	寒暑假作业本	同步教学实践训练	小计				
小学	一年级	158	101	30	7	5	8	3	4	20	在省定限额内按市物价局核定的具体标准执行。	150	25	早餐，每人不超过 2 元；中、晚餐每人不超过 3 元
	二年级	157	99	31	7	5	8	3	4	20		150	25	
	三年级	184	99	51	7	7	13	3	4	27		150	35	
	四年级	183	99	54	7	7	13	3		23		150	35	
	五年级	230	124	75	7	7	14	3		24		150	35	
	六年级	233	124	75	7	7	17	3		27		150	35	
初中	一年级	358	148	155	13	10	27	5		42		200	55	
	二年级	360	145	156	13	10	31	5		46		200	55	
	三年级	339	145	123	20	10	36	5		51		200	55	

说明：1. 经省以上教育行政部门认定的现代技术实验学校和经批准由社会资金投资建设电脑教室合理回报合同期未满的学校，小学五年级以上的学生可在“一费制”标准基础上增加信息技术教育费 15 元。

2. 经省以上教育行政部门认定的现代技术实验学校，借读费每生每期可加收 50 元。

2008 年 2 月 20 日，春季学期起，在继续免除农村义务教育阶段学生杂费的基础上，取消原向农村义务教育阶段学生收取的课本费、作业本费和搭餐费项目；取消原向城市义务教育阶段学生收取的杂费，包括原包含在杂费范围内的基本杂费、信息技术教育费、科技活动费、帮困保学费、预防体检费和学生守则及证徽费等项目；取消原向城市义务教育阶段学生收取的限额收费项目；取消原向跨县（市、区）就读学生收取的借读费项目。取消上述收费后，农村义务教育阶段学校除按规定向自愿住校和自愿在校就餐学生收取住宿费、伙食费外，不得再向学生收取其他费用；城市义务教育阶段学校除按规定向学生收取课本费和作业本费，向自愿住校、自愿在校就餐和自愿购买校服学生收取住宿费、伙食费和校服费外，不得再向学生收取其他费用。原执行公办学校收费标准的行业、部门、单位办学校及受政府委托承担义务教育责任且执行公办学校收费标准的民办学校，凡享受政府杂费和公用经费补助政策的学生，其收费标准按本规定执行。

是年 8 月 17 日，公布城市义务教育课本、作业本收费标准：

表 2－3－19　　2008 年秋季常德市城市义务教育阶段课本费和作业本费标准

单位：元/生·期

构成标准年级		课本费			作业本费					合计
		彩版	音像教材费	小计	课堂作业本	课程基础训练	寒暑假作业本	同步教学实践训练	小计	
小学	一年级	30	7	37	5	8	3	4	20	57
	二年级	31	7	38	5	8	3	4	20	58
	三年级	51	7	58	7	13	3	4	27	85
	四年级	54	7	61	7	13	3		23	84
	五年级	75	7	82	7	14	3		24	106
	六年级	75	7	82	7	17	3		27	109
初中	一年级	155	13	168	10	27	5		42	210
	二年级	156	13	169	10	31	5		46	215
	三年级	123	20	143	10	36	5		51	194

2009 年，规定对住校学生除收伙食费外，一律不收其他费用。城市义务教育收费未作调整。8 月 27 日，公布城市秋季义务教育阶段课本费和作业本费收费标准如下表：

表 2－3－20　　2009 年秋季常德市城市义务教育阶段课本费和作业本费标准

单位：元/生·期

	年级	课本费			作业本费					合计
		彩版教材费	音像教材费	小计	课堂作业本	课程基础训练	寒暑假作业本	同步教学实践训练	小计	
小学	一年级	28	7	35	5	8	3	4	20	55
	二年级	28	7	35	5	8	3	4	20	55
	三年级	47	7	54	7	13	3	4	27	81
	四年级	49	7	56	7	13	3		23	79
	五年级	64	7	71	7	14	3		24	95
	六年级	71	7	78	7	17	3		27	105
初中	一年级	139	13	147	10	27	5		42	189
	二年级	119	13	126	10	31	5		46	172
	三年级	104	20	119	10	36	5		51	170

说明：课本费是根据常德市选用的版别按照省物价局湘价〔2009〕13 号文件下达的彩版价格计算出来的。

此后至 2012 年，常德市城市义务教育阶段课本费与作业本费项目未予变动，其标准只作一些小的调整：2010－2011 年春秋季小学与初中的彩版教材费用有增有减，幅度不大，如 2010 年秋季初中二年级彩版教材费为 115 元，2011 年春季小学五年级彩版教材费为65元。

二、普通高中收费

1990年，常德市普通高中收费标准为：农村高中，杂费征收7元、杂费代收18.50元、学费20元；县城高中，杂费征收8元、杂费代收18.50元、学费20元；城区高中，杂费征收10元、杂费代收18.50元、学费20元。城区高中与相当高中的职业中学收费标准见下表：

表2-3-21　　1990年春季常德市城区中学收费标准　　单位：元/生·期

学校类	年级	合计	杂费征收部分	书籍费	练习本	杂费代收部分					学费
						文体费	水费	电费	实验费	讲义费	
高中	一	57.7	10	5	4.2	3	3	3.5	4	5	20
	二	56.7	10	4	4.2	3	3	3.5	4	5	20
	三	56.7	10	4	4.2	3	3	3.5	4	5	20
职中	一	59.7	10	7	4.2	3	3	3.5	4	5	20
	二	60.7	10	8	4.2	3	3	3.5	4	5	20
	三	57.7	10	5	4.2	3	3	3.5	4	5	20

是年8月27日，市物价局、市教委明确市属中学高中（含职中）秋季收费标准如下表：

表2-3-22　　1990年秋季常德市市属中学收费标准　　单位：元/生·期

学校类	年级	合计	杂费征收部分	书籍费	练习本	班费	杂费代收部分					学费	专业实习费
							文体费	水费	电费	实验费	讲义费		
高中	一	87	10	25	7	1.5	4	4	5.5	5	5	20	
	二	87	10	25	7	1.5	4	4	5.5	5	5	20	
	三	87	10	25	6.5	2	4	4	5.5	5	5	20	
职中	一	147	10	25	7	1.5	4	4	5.5	5	5	20	60
	二	147	10	25	7	1.5	4	4	5.5	5	5	20	60
	三	147	10	25	6.5	2	4	4	5.5	5	5	20	60

说明：1. 上表中的书籍费指教科书，包括劳动教材、乡土教材、基础训练；
2. 文体费、水费、电费、实验费一次代收，包干使用，不再像学生办理多退少补结算手续。

1991年8月12日，市物价局、市教委公布市属中学收费标准：

表 2-3-23　　1991 年秋季常德市市属中学收费标准　　单位：元/生·期

学校类	年级		合计	杂费征收部分	书籍费	练习本	讲义费	档案费	班费	一次性杂费代收部分				学费
										文体费	水电费	图书费	电教仪器实验费	
高中	一	重点	137	15	25	7	5	3	3	6	12	3	8	50
		一般	127	15	25	7	5	3	3	6	12	3	8	40
	二	重点	134	15	25	7	5		3	6	12	3	8	50
		一般	124	15	25	7	5		3	6	12	3	8	40
	三	重点	134	15	25	7	5		3	6	12	3	8	50
		一般	124	15	25	7	5		3	6	12	3	8	40
职中	一		147	20	30	7	5	3	3	6	12	3	8	50
	二		144	20	30	7	5		3	6	12	3	8	50
	三		144	20	30	7	5		3	6	12	3	8	50

说明：1. 上表中的书籍费指教科书，包括劳动教材、乡土教材、基础训练；

2. 文体费、水费、电费、实验费一次代收，包干使用，不再向学生办理多退少补结算手续。

1993 年 8 月 20 日，市物价局、市教委明确市直中学高中阶段秋季收费标准：

表 2-3-24　　1993 年秋季常德市市属中学秋季收费标准　　单位：元/生·期

学校类	年级		征收杂费	书籍费	练习本	讲义费	档案费	一次性杂费代收部分				学费	合计
								文体费	水电费	图书费	电教仪器实验费		
高中	一	重点	30	30	7	5	3	10	18	4	10	200	317
		一般	30	30	7	5	3	10	18	4	10	150	267
	二	重点	30	30	7	5		10	18	4	10	200	314
		一般	30	30	7	5		10	18	4	10	150	264
	三	重点	30	30	7	5		10	18	4	10	200	314
		一般	30	30	7	5		10	18	4	10	150	264
职中	一		30	30	7	5	3	10	18	4	10	150	267
	二		30	30	7	5		10	18	4	10	150	264
	三		30	30	7	5		10	18	4	10	150	264

1994 年市直高中阶段秋季收费标准见下表：

表 2－3－25　　**1994 年秋季市属中学收费标准**　　单位：元/生·期

学校类	年级		征收杂费	书籍费	练习本	讲义费	班费	档案费	一次性杂费代收部分					学费	合计
									文体费	水电费	图书费	电教仪器实验费	音像教材费		
高中	一	重点	35	50	7	5	5	3	10	25	4	10	5	200	359
		一般	35	50	7	5	5	3	10	25	4	10	5	150	309
	二	重点	35	50	7	5	5		10	25	4	10	5	200	356
		一般	35	50	7	5	5		10	25	4	10	5	150	306
	三	重点	35	50	7	5	5		10	25	4	10	5	200	356
		一般	35	50	7	5	5		10	25	4	10	5	150	306
职中	一		35	50	7	5	5	3	10	25	4	10	5	150	309
	二		35	50	7	5	5		10	25	4	10	5	150	306
	三		35	50	7	5	5		10	25	4	10	5	150	306

1996 年 8 月 8 日，市物价局、市教委对市直中学高中阶段秋季收费作出最低限度调整。详情见下表：

表 2－3－26　　**1996 年秋季市属中学收费标准**　　单位：元/生·期

学校类	年级		学费	征收杂费	代收费	合计
高中	一年级	一中	450	89	150	689
		六中	280	89	150	519
		二、七中	230	89	150	469
	二年级	一中	450	89	150	689
		六中	280	89	150	519
		一、七中	230	89	150	469
	三年级	一中	450	89	150	689
		六中	280	89	150	519
		二、七中	230	89	150	469
职中	一年级		230	89	150	469
	二年级		230	89	150	469
	三年级		230	89	150	469

1997 年 8 月 8 日，市物价局、市财政局、市教委明确重点高中学费标准为：一般地区省属重点每生每期 450 元、市属重点每生每期 410 元、县属重点每生每期 380 元；贫困地区省属重点每生每期 300 元、市属重点每生每期 280 元、县属重点每生每期 270 元。计划外生收费标准：省属重点高中每人 7000 元，市属重点高中每人 6000 元以下，县属重点高中每人 5000 元以下。

1999 年秋季，对高中阶段教育收费实行改革。学费按省重点高中、一般高中二类制定标准，即省重点高中每生每期 1000 元，一般高中每生每期 800 元；代收费项目仅限于由学校统一购买的学生书籍课本费和作业本费，在开学时可按每人每期 100 元的标准预收，期末按省教委文件发布的用书目录、省物价局核定的书目价格和同级物价部门核定的作业本价格据实结算，多退少补；其他服务收费，凡有条件提供食宿、单车保管服务和组织观看爱国主义教育影片的学校，可对接受服务的学生收取住宿费每人每期 100 元、单车保管费每人每期 15 元、电影票费每人每期 10 元、大米加工费按每 500 克 0.3 元、班费每人每期 5 元；设立“学校建设费”收费项目，普通高中招生分计内生、计内收费生和自费生 3 个部分。计内生、计内收费生分别按招生计划数的 50% 确定。在完成招生计划的前提下，根据学生家长的要求，学校可以招收一部分自费生。自费生招收人数控制在招生计划数的 20% 以内。计内收费生和自费生除交纳正常的学费和代收费及其他服务收费外，还须一次性交纳“学校建设费”（老生除外），其标准为：计内收费生，省重点高中 8000 元，一般高中 3000 - 5000 元；自费生，省重点高中 10000 - 15000 元，一般高中 4000 - 8000 元。市级职业高中收费在省物价局、省财政厅、省教委〔1997〕湘价费字第 164 号文件规定的标准上每生每期增收学费 200 元。

2004 年 8 月 20 日，市物价局、市财政局、市教育局下发《关于我市 2004 年秋季高中教育收费有关问题的通知》（常价费〔2004〕88 号），其学费未作调整，代收费按学生受益情况分为应缴部分和自愿部分，应缴部分由必订课本费、音像教材费和作业本费组成：

表 2 - 3 - 27　　**2004 年常德市秋季普通高中收费项目及标准**　　单位：元/生·期

<table>
<tr><th rowspan="3">项目
标准
年级</th><th colspan="3">学费</th><th colspan="8">代收费用</th><th colspan="3">择校费</th></tr>
<tr><th rowspan="2">农村</th><th rowspan="2">城区</th><th rowspan="2">省重点</th><th rowspan="2">必订课本</th><th rowspan="2">音像教材</th><th rowspan="2">作业本</th><th rowspan="2">寄宿费</th><th rowspan="2">信息技术教育费</th><th rowspan="2">班费</th><th colspan="2">影票费</th><th rowspan="2">选定课本费</th><th rowspan="2">省重点</th><th rowspan="2">市重点</th></tr>
<tr><th>农村</th><th>城区</th></tr>
<tr><td>一年级</td><td>550</td><td>800</td><td>1000</td><td rowspan="3">按当年实际征订版本和省物价局核定价格计收</td><td>10</td><td>15</td><td rowspan="3">普通宿舍每生每期 100 元，原已审批公寓宿舍每生每期 200 元。新建、改建公寓宿舍报市物价局、教育部门另行核定。</td><td rowspan="3">现代教育技术实验学校和经批准设立“电脑教室”的学校每生每期 50 元，其他学校每生每期 35 元。</td><td>5</td><td>4</td><td>5</td><td rowspan="3">按当年实际征订书目和省物价局核定价格计收</td><td>8000</td><td>6000</td></tr>
<tr><td>二年级</td><td>550</td><td>800</td><td>1000</td><td>10</td><td>15</td><td>5</td><td>4</td><td>5</td><td></td><td></td></tr>
<tr><td>三年级</td><td>550</td><td>800</td><td>1000</td><td>10</td><td>15</td><td>5</td><td>4</td><td>5</td><td></td><td></td></tr>
</table>

2005 年 8 月 15 日，市物价局下发常德市 2005 年秋季普通高中学生缴费明白卡：

表 2-3-28　　常德市 2005 年秋季普通高中学生缴费明白卡（应缴部分）

单位：元/生·期

项目	文件依据	收费标准	应缴金额	备　注
学费	常价费〔2005〕63 号	省示范高中 1000 城区和市示范高中 800 其他高中 550		
必定课本费		一年级 157 元， 二年级文科 158 元，理科 134 元， 三年级文科 98 元，理科 97 元		
音像教材费		10		
作业本费		15		
小　计			家长签字	

表 2-3-29　　常德市 2005 年秋季普通高中学生缴费明白卡（自愿部分）

项目	文件依据	收费标准（元）	应缴金额（元）	家长意见 同意√ 不同意×	备　注
寄宿费	常价费〔2005〕63 号	100			新建宿台和公寓式宿舍按物价部门核定标准执行
信息技术教育费		35			省定现代教育技术实验学校 50 元/生·期
班费		5			
选定课本费		一年级 40 元，二年级文科 67 元，理科 57 元，三年级文科 34 元，理科 35 元			
影票费		5			
择校费		省示范高中 8000 市示范高中 6000			
教师奖励基金	湘价消〔2005〕117 号	由学校按学生实际选订版本价格计收			
基础训练					
《高中生》杂志		24			
《湘音湘韵》		980			
高中数理化用表		12			
毒品及艾滋病预防教育专题资料（高中版）		5.10			学生已有的不得要求其重复购买
合　计		家长签字			

2006 年，取消城区高中择校费。

2007 年 8 月 17 日，将择校费收费标准调整为省级示范高中每生每期不超过 1300 元，市级示范学校每生每期不超过 1000 元。

2008 年 8 月 17 日，市物价局以常价费〔2008〕94 号文，将公办普通高中和职业高中代收费合为 3 项：

表 2－3－30　　**2008 年常德市秋季公办普通高中和职业高中代收费标准**

单位：元/生·期

<table>
<tr><th>年级</th><th>书籍课本费
（每生每期）</th><th>信息技术教育费
（每生每期）</th><th>作业本费
（每生每期）</th><th>备　　注</th></tr>
<tr><td>高一</td><td>350 元</td><td>35 元</td><td>15 元</td><td rowspan="3">班费由班委会收取、管理、使用，不纳入学校的收费范围</td></tr>
<tr><td>高二</td><td>350 元</td><td>35 元</td><td>15 元</td></tr>
<tr><td>高三</td><td>200 元</td><td></td><td>15 元</td></tr>
</table>

说明：1. 经省以上教育行政部门认定的现代教育技术实验学校信息技术教育费每生每期可加收 15 元；

2. 书籍课本费和作业本费期末进行据实结算，多退少补。

2009 年 2 月 26 日，市物价局与市财政局、市教育局以常价费〔2009〕26 号文公布 2009 年春季公办普通高中和职业高中学费和代收费构成。具体标准见下表：

表 2－3－31　　**2009 年常德市春季公办普通高中和职业高中学费和代收费构成**

单位：元/生·期

<table>
<tr><th colspan="3" rowspan="3">项目
标准
专业</th><th rowspan="3">学费</th><th colspan="6">代　收　费</th></tr>
<tr><th colspan="3">书籍课本费</th><th colspan="3">作业本费</th></tr>
<tr><th>高一</th><th>高二</th><th>高三</th><th>高一</th><th>高二</th><th>高三</th></tr>
<tr><td rowspan="4">普通高中</td><td colspan="2">1. 省级示范性高中</td><td>1000</td><td rowspan="3">350</td><td rowspan="3">350</td><td rowspan="3">200</td><td rowspan="3">15</td><td rowspan="3">15</td><td rowspan="3">15</td></tr>
<tr><td colspan="2">2. 城区高中及市级示范性高中</td><td>800</td></tr>
<tr><td colspan="2">3. 农村高中</td><td>550</td></tr>
<tr><td colspan="2">文科、农、林、师范类</td><td>800</td><td rowspan="7">350</td><td rowspan="7">350</td><td rowspan="7">200</td><td rowspan="7">15</td><td rowspan="7">15</td><td rowspan="7">15</td></tr>
<tr><td rowspan="6">职业高中</td><td colspan="2">体育、卫生、服装、旅游、美容类</td><td>1000</td></tr>
<tr><td colspan="2">烹饪类</td><td>1200</td></tr>
<tr><td rowspan="2">艺术类</td><td>表演专业</td><td>1400</td></tr>
<tr><td>其他专业</td><td>1000</td></tr>
<tr><td colspan="2">医药类</td><td>1200</td></tr>
<tr><td colspan="2">其他类</td><td>1000</td></tr>
</table>

说明：书籍课本费和作业本费期末据实结算，多退少补。

该项目与标准至 2012 年未作调整。

三、职业技术教育收费

1998年，市物价局分别对4所民办技术职业学校进行收费项目及标准作出批复。常德工艺美术学校学杂费每生每期2300元、寄宿费每生每年300元、课本书籍费按实价代收，电脑绘画与设计培训费每生每期300元由学生自愿；常德国贸学校学杂费每生每期560元、住宿费每生每期220元、书籍课本费按实价代收；常德市朗州科技学校学杂费每生每期1150元（其中学费650元，杂费500元，杂费包括书籍课本费、水电住宿实习等费用）；常德市电子技术学校学杂费每人每年1700元、住宿费每人每年160元、课本资料费按实价代收。

1999年，市物价局分别对4所民办职业技术学校的收费项目及标准作出批复。常德正华涉外专修学校，中专班学杂费每生每年1200元、住宿费每生每年400元、书籍课本费按实价代收。大专班学杂费每生每年2100元、住宿费每生每年400元、书籍课本费按实价代收；常德信息技术学校，学杂费每生每年1700元、住宿费每生每年300元、课本作业本费按实价代收；常德中山外语电脑学校，99级中专新生学杂费每生每期1000元、住宿费每生每期150元、考试报名费每人20元、书籍课本费按实价代收。99级大专班新生学杂费每生每期1400元、住宿费每生每期150元、考试报名费每人20元、书籍课本费按实价代收。97、98级考生中专班学杂费每生每期950元、住宿费每生每期135元、书籍课本费按实价代收。97、98级老生大专班学杂费每生每期1200元、住宿费每生每期135元、书籍课本费按实价代收；常德交通旅游学校，学杂费理科每生每年1800元，文科每生每年1600元，住宿费每生每年400元。书籍课本费按实价代收。

2002年，市物价局分别批复3所民办职业技术学校的收费项目及标准。常德职业技术学校，学费每生每期600元、住宿费每生每期180元、实习材料费每生每期100元；常德育才会计（实验）学校，学杂费每生每期900元、住宿费仍按常价费函字〔1999〕28号文件标准收取；湖南常德经济管理学校，中专新生学杂费每生每期900元、住宿费每生每期150元、书籍课本费及作业本费每生每期100元预收，期末多退少补。大专新生学杂费每生每期1150元、住宿费每生每期150元、书籍课本费每生每期100元预收，期末多退少补。

2004年，市物价局分别批复4所民办职业技术学校的收费项目及标准。常德市育才会计（实验）学校，中专班学杂费每生每期1000元、住宿费每生每期150元、书籍资料费按实代收；常德职业技术学校，每人每期1450元（含办学经费、学杂费、住宿费、代收费等各种费用）；湖南同德职业学校，中专每生每年2760元，五年制大专每生每年3260元，三年制大专每生每年4260元，二年制大专每生每年4960元（五、三、二年制收费均包括学杂费、代收费与住宿费）；常德交通旅游学校，学杂费每生每年1920元、住宿费每生每年400元、书籍课本费按实收取。

2006年，市物价局分别对3家民办职业学校收费项目及标准作出批复。湖南同德职业学院，学杂费三年制大专每生每期1900元，二年制大专每生每期2300元，五年制大专每生每期1900元。代收费各年制每生每期200元，住宿费每生每期300元；常德长采理工职业学校，学费每生每期2500元、住宿费每生每期200元、书籍课本费按实收取；常德模具数控技术学校，学费每生每期2500元、住宿费每生每期200元、书籍课本费按实收取。

2008年，市物价局分别批复4所民办职业技术学校的收费项目及标准。湖南同德职业学院，三年制大专每生每年学费4400元、代收费400元、住宿费600元。二年制大专每生每年学费4700元、代收费400元、住宿费600元。五年制大专每生每年学费3450元、代收费400元、住宿费200元；常德鸿志中等职业技术学校，中专班学费每生每期200元，代收费每生每期200元、住宿费每生每期200元、大专班学费每生每期2200元、代收费每生每期200元、住宿费每生每期200；常德朗州科技学校中专班学费每生每期2000元、代收费每生每期100元、住宿费每生每期200元。大专班学费每生每期2200元、代收费每生每期100、住宿费每生每期200元；常德东方职业技术学校，每生每期2500元（含学费、住宿费、代收费、材料费等）。

2009年，市物价局分别批复2所职业技术学校收费项目及标准。常德长采理工职业学校，学费每生每期2400元（含实习材料及实习费）、住宿费每生每期300元、书籍课本费按实代收；常德东方职业技术学校，学费每生每期3980元（含学费、课本费、考证费、实习费）、住宿费每生每期300元。

2010年，市物价局分别对2所民办职业学校的收费项目与标准作出批复。常德环球旅游职业技术学校，学费每生每期1800元、住宿费每生每期300元，书籍课本费按实收取；湖南同德职业学校，学费三年制大专每生每年4900元，二年制大专每生每年5100元，五年制大专每生每年3400元。代收费各年制一律每年400元，住宿费三年制和二年制每年600元，五年制每年200元。

2011年，市物价局分别对2所民办职业技术学校收费项目与标准作出批复。常德环球旅游职业技术学校，学费每生每期1900元、住宿费每生每期300元、代收费按实收取；湖南同德职业技术学院，学费三年制大专每生每年5700元，五年制大专每生每年3400元，代收费各年制每生每年400元，住宿费二年制与三年制每生每年800元，五年制每生每年200元。

2012年9月4日，市物价局对汉寿职业中等专业学校联合办学专业收费标准作出批复。核定旅游服务与酒店管理专业学费每生每期1200元，财会专业学费每生每期1200元，模具设计与制造专业学费每生每期2000元，汽车运用与维修专业学费每生每期2000元，农村电气技术专业学费每生每期1200元，计算机应用技术专业学费每生每期1200元。

四、学前教育收费

1994 年 7 月 6 日，市物价局批复常德市第一幼儿园收费标准为：伙食费白托每生每月 45 元、全托每生每月 60 元；保育费（含医疗费杂费）白托每生每月 10 元、全托每生每月 20 元；管理费（原托收范围的一律不收）每生每月 20 元。教育费每生每月 10 元。

1996 年 8 月 30 日，市物价局下发《关于规范市城区幼儿园收费的通知》（常价费〔1996〕108 号），明确幼儿园收费属国家管理项目，市直机关幼儿园列入事业性收费管理，单位内部与个体社会办幼儿园列入服务性收费管理。市城区每生每期统一收费标准为：伙食费两餐一点 55 元、三餐一点 70 元；托幼费（含保育费、教育费、医疗费、杂费、管理费）：白托 45 元、全托 65 元。市直机关幼儿园托收范围内的托收费按标准降低 20 元。

2000 年 5 月 30 日、11 月 24 日，市物价局批复常德市一中幼儿园与常德市紫兰中英文艺术幼儿园批复收费项目与收费标准为，常德市一中幼儿园托育费，日托每生每月 60 元、全托每生每月 100 元，伙食费全托三餐一点每生每月 120 元、日托二餐一点每生每月 80 元，特长培训费每生每期 100 元（家长自愿）；常德市紫兰中英文艺术幼儿园托幼费婴儿班全托每生每月 180 元、日托每生每月 120 元，幼儿班全托每生每月 150 元、日托每生每月 100 元。学前班寄宿班学杂费每生每期 500 元、走读学生每生每期 400 元。伙食费早餐每生每月 25 元、午餐每生每月 40 元，晚餐每生每月 40 元、点心每生每月 20 元，特长培训每生每月 40 元。

2007 年 7 月 17 日，市物价局下发《关于加强幼儿园收费管理，规范幼儿园收费行为的通知》，明确常德市公办幼儿园保育教育费标准按照省规定实行指导性管理，各地公办幼儿园在执收过程中，可结合本地情况适当上下浮动，并报当地主管部门备案后执行。民办幼儿园保育教育费标准实行市场调节价，按照生均培养成本加合理回报，由幼儿园自行确定，报当地价格主管部门备案后向社会公示。是年幼儿园收费价格见下表：

表 2－3－32　　**常德市幼儿园（托儿所）保育教育费收费指导性标准**

单位：元/生·月

幼儿园	日托	全托	托儿所（日托）
省示范园	250	在日托收费标准基础上增加不超过 80 元	在日托幼儿园标准基础上加收不超过 20 元
市示范园	150		
标准园	100		

2008 年 9 月 8 日，市物价局批复中国民主建国会常德市委会托办的常德市新蕾幼儿园收费标准，按其区级示范等级核准为日托费每生每期 200 元。

2009 年，常德市一中幼儿园评为市级示范幼儿园。3 月 12 日，市物价局发函同意该园保育教育费收费标准为每生每月 200 元。

2010 年 2 月 9 日，市物价局发函同意常德师范学校附属小学幼儿园保育费由每生每月 160 元调整为 180 元，伙食费由每生每月 160 元调整为 180 元。7 月 14 日，市物价局发函同意省示范公办常德市第一幼儿园保育教育费每生每月 400 元，伙食费每生每月 150 元，乘坐校车每生每月另收 80 元。9 月 8 日，市物价局发函同意常德市一中幼儿园保育教育费由每生每月 100 元调整为 120 元。

2011 年 7 月 12 日，市物价局批复省示范公办常德市第一幼儿园保育教育费每生每月 400 元，伙食费每生每月 150 元，乘坐校车每生每月 100 元。8 月 22 日，市物价局批复公办常德师范学校附属小学幼儿园保育教育费每生每月 250 元，伙食费每生每月 150 元。12 月 15 日，市物价局明确幼儿园收费项目全市统一为保育教育费和伙食费。公办幼儿园保育教育费实行政府指导价管理。民办幼儿园保育教育费实行市场调节价。公办幼儿园按隶属关系由当地物价部门会同教育、财政部门在全省指导价格标准内审批具体价格。民办幼儿园在实施收费或印发招生简章、发布招生信息 15 日前，其保育教育费标准须在当地物价部门备案后执行。

五、民办教育收费

1998 年 8 月 26 日，市物价局明确芷兰实验学校省定收费项目与标准为，对自愿报名入校就读的学生每人收取一次性办学经费 6000 元；义务教育阶段杂费代收费按省定标准、非义务阶段高中学费每生每期 2180 元；生活用品、伙食费与住宿费，小学每生每期 2280 元、初中每生每期 2450 元、高中每生每期 2600 元。1999 年 9 月 1 日，市物价局明确芷兰实验学校对自愿就读并入住的学生收取一次性办学经费 10000 元；义务教育阶段小学学杂费每生每期 500 元、初中学杂费每生每期 1000 元、高中学费每生每期 1000 元；伙食费小学每生每期 1155 元、初中每生每期 1210 元、高中每生每期 1500 元；校服费，小学、初中每生每期 200 元、高中每生每期 220 元；生活服务费小学每生每期 305 元，初、高中每生每期 150 元；高中书籍课本费每生每期 100 元。

2002 年 8 月 2 日，市物价局明确芷兰实验学校省定收费项目与标准如下表：

表 2－3－33

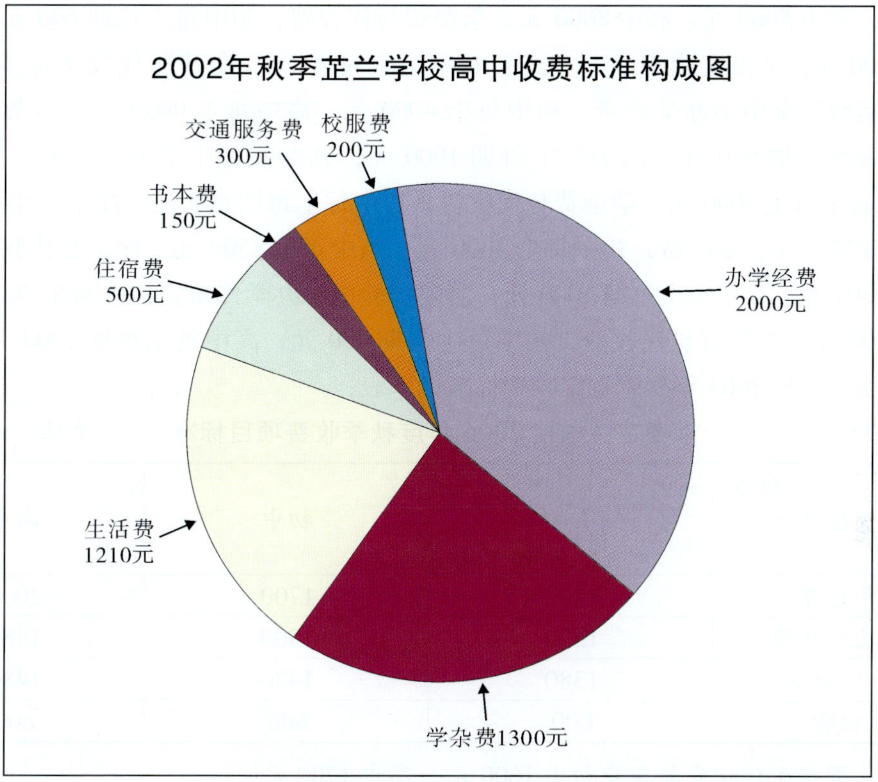

2003 年 7 月 30 日，市物价局分别对文昌、景新、澧斓、九澧、龙池、芷兰实验学校明确省定收费标准。文昌实验中学办学经费，初中每生 8000 元、高中每生 9000 元；景新实验中学办学经费，初中每生 7000 元、高中每生 8500 元；澧斓实验中学办学经费，初中每生 6000 元、高中每生 8000 元；九澧实验中学办学经费，初中每生 6000 元、高中每生 8000 元；龙池实验中学办学经费，初中每生 6000 元、高中每生 8000 元。上述学校学杂费、代收费按省物价局、省财政厅、省教育厅 2003 年度中小学收费文件规定执行。常德芷兰实验学校收费见下表：

表 2－3－34　**2003 年度常德芷兰学校秋季入学收费标准**　单位：元/生·期

级别 收费标准 收费项目	小学	初中	高中
办学经费			2000
代收费、学杂费	2000	3000	1300

说明：小学、初中收费项目含办学经费。

2004 年 8 月 23 日，市物价局分别对长怡、景新、文昌、澧斓、九澧、龙池、潺陵实验中学明确省定收费项目与标准。长怡实验中学办学经费，初中每生 6000 元、高中每生

9200 元。学杂费与代收费，初中每生每期 800 元、高中每生每期 1200 元；景新实验中学办学经费，初中 5000 元、高中 8000 元。学杂费与代收费，初中每生每期 600 元、高中每生每期 1200 元；文昌实验中学办学经费初中每生 6000 元，杂费与代收费每生每期 600 元；澧澜实验完全中学办学经费，初中每生 4000 元、高中每生 9000 元。学杂费与代收费，初中每生每期 600 元、高中每生每期 1000 元；九澧实验中学办学经费，初中每生 5000 元、高中每生 9000 元。学杂费与代收费，初中每生每期 600 元、高中每生每期 1000 元；龙池实验中学办学经费，初中每生 4000 元、高中每生 8500 元。学杂费代收费，初中每生每期 600 元、高中每生每期 1000 元；潺陵实验中学办学经费，初中每生 4000 元，高中每生 8000 元，学杂费与代收费，初中每生每期 600 元，高中每生每期 1000 元。同日，明确芷兰实验学校 2004 年秋季省定收费标准如下表：

表 2－3－35　**常德芷兰学校 2004 年度秋季收费项目标准**　单位：元/生·期

收费项目 \ 收费标准 \ 级别	小学	初中	高中
办学经费	1500	1700	2000
杂费及代收费	1500	1500	1480
生活伙食费	1380	1430	1480
住宿费	600	600	600

说明：寄宿生代收费与杂费初中 1600 元，高中 1700 元。

2005 年 8 月，市物价局先后对长怡、文昌、潺陵、景新、龙池、九澧、澧澜、芷兰等实验学校明确省定收费项目与标准：长怡实验中学，初中办学经费每生 6000 元，杂费及代收费每生每期 800 元。高中办学经费每生 9000 元，学费及代收费每生每期 1300 元；文昌实验中学，初中办学经费每生 6000 元，杂费及代收费每生每期 700 元。高中办学经费每生 9000 元，学费及代收费每生每期 1300 元；潺陵实验中学，初中办学经费每生 4000 元，杂费及代收费每生每期 600 元。高中办学经费每生 6500 元，学费及代收费每生每期 1300 元；景新实验中学，初中办学经费每生 5000 元，杂费及代收费每生每期 700 元。高中办学经费每生 8000 元，学费及代收费每生每期 1300 元；龙池实验中学，初中办学经费每生 4000 元，杂费及代收费每生每期 700 元。高中办学经费每生 7000 元，学费及代收费每生每期 1300 元；九澧实验中学，初中办学经费每生 5000 元，杂费及代收费每生每期 700 元。高中办学经费每生 9000 元，学费及代收费每生每期 1200 元；澧澜实验完全中学，初中新生办学经费 6000 元，高中新生办学经费 8000 元。初、高中学费、杂费、代收费、住宿费按当年公办学校收费标准有效文件执行。芷兰实验学校收费项目及标准见下表：

表 2－3－36

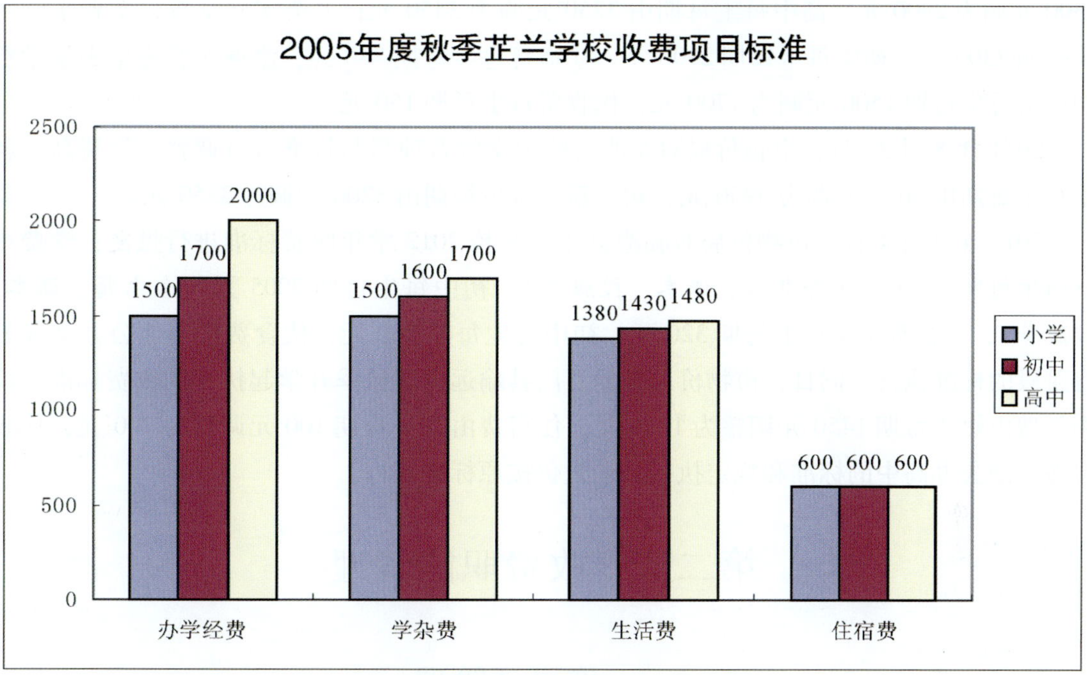

说明：走读生杂费代收费初中 1500 元，高中 1480 元。

2006 年 8 月 9－25 日，市物价局分别对九澧、澧陵、澧斓、芷兰实验学校核定收费项目及标准：九澧实验中学，高中学费 2500 元，代收费按常德市公办普通高中标准收取；澧陵实验中学，高中学费 2200 元，代收费按常德市公办普通高中标准收取；澧斓实验中学，学杂费初中每生每期 1400 元，高中每生每期 2250 元。代收费初中每生每期 150 元，高中每生每期 200 元；常德芷兰实验学校小学，学杂费每生每期 3200 元。寄宿生住宿费每生每期 600 元，寄宿生生活费每生每期 1380 元。走读生生活费每生每期 780 元。初中学杂费每生每期 3300 元。寄宿生住宿费每生每期 600 元，寄宿生生活费每生每期 14430 元。高中学杂费每生每期 3700 元，寄宿生住宿费每生每期 600 元，寄宿生生活费每生每期 1480 元。

2007 年 7 月 19 日，市物价局批复龙池实验中学秋季新生收费项目与标准：学费与代收费初中每生每期 2500 元，高中每生每期 3250 元。住宿费初、高中每生每期 400 元。

2008 年 8 月 14 日、9 月 2 日，市物价局分别对澧斓与芷兰实验学校收费标准进行调整。澧斓实验中学，初中学杂费每生每期由 1400 元调为 1500 元，其他项目和高中收费项目与标准仍维持 2007 年的标准；芷兰实验学校收费项目与标准调整如下，学杂费每生每期小学由 3200 元调为 3300 元，初中 3300 元调为 3400 元，高中 3700 元调为 3800 元，住宿费与伙食费仍执行 2007 年的标准。

2009 年 6 月 10 日、9 月 3 日，市物价局分别对汉寿龙池实验中学、九澧实验学校、澧斓实验完全中学收费项目与标准作出调整批复：龙池实验学校，学费初中每生每期由2500元调为2800元，高中每生每期由3250元调为3450元；九澧实验学校，学费小学每生每期2300元、初中每生每期2900元，住宿费每生每期380元；澧斓实验完全中学学费初中由每生每期1500元调为1700元，代收费每生每期150元。

2011年8月31日，市物价局对龙池实验中学收费项目与标准进行调整。学费高一新生每生每期由3670元调为3950元，初一新生每生每期由3200元调为3350元。

2012年9月4日，市物价局对临澧县丁玲学校2012学年收费标准进行批复：学费小学每生每期1770元（含书籍、课本、校服等）、初中每生每期2005元（含书籍、课本、校服等），住宿费小学每生每期320元、初中每生每期260元，伙食费按当地公办义务教育阶段的标准执行。同日，市物价局批复石门县瑜远中学秋季开学起执行的收费标准，高中学费由每生每期1450元调整为1850元，住宿费由每生每期100元调整为200元，代收费按当地公办高中的标准和规定执行。老生仍按原标准执行。

第二节　收费职能管理

一、许可证管理

物价部门对行政事业性收费的监管，主要是对具有收费职能的单位核发“收费许可证”，每年定期对持有“收费许可证”的单位进行检审，重点检审收费单位是否严格执行“收费许可证”所列收费项目和收费标准，是否落实国家、省、市已取消的收费项目与已降低的收费标准。是否使用规定的票据，对检审发现的违规收费问题，依法予以查处。

1989年12月，实行收费许可证制度，对504个单位核发“收费许可证”。

1990年6月21日，市物价局转发国家物价局、财政部《关于证照收费管理的通知》，要求市直各主管部门和各区县市印发证照，均需先报市物价局、市财政局，由物价和财政部门共同审核后统一报省局审批。所有证照收费都不得附加任何形式的管理费，只能按规定如实收取工本费，财政部门已核拨经费的不能再收费，过去与此规定不符的，一律废止。

1992年4月13日，市物价局、市财政局对1987年以来各行政事业单位领取的“行政事业性收费许可证”全部换发新证。从5月18日起，对市直行政事业单位1991年度行政事业性收费情况进行3个月的年检年审工作。给市直行政事业单位发放收费许可证260个，临时收费许可证10个，注销和自动停止收费许可证11个。应接受年审许可证259个，实际年审228个，审查收费项目1320个，审查市直单位行政事业性收费总额1.61亿元。年审中发现有明显物价违纪问题的单位17个，违纪总金额14.96万元。主要违纪问题是：自立项目收费、提高标准收费、不经审批随意收费、使用不规范的收据收费。

1994 年检审市直单位 324 个，涉及收费项目 1104 个、收费总额 3.24 亿元，其中专项收费 1.69 亿元。通过年检，注销收费许可证 121 个，取消收费项目 42 个。

1995 年 3 月 28 日开始，对 1994 年度行政事业性收费进行年检年审，检审率 95%，降低 17 个不合理收费标准，注销收费许可证 23 个。

1996 年，年审 192 个单位，依法取消 15 个收费项目，注销 12 个收费许可证，减轻群众负担 260 多万元。将年审中发现的 18 个价格违法问题予以立案查处。暂缓出台 79 个收费项目和标准，为城乡居民和企业减负 500 多万元。

1997 年 3 月 10 日起，开展对全市 1996 年度行政事业性收费年检年审。全市共检审收费许可证 3771 个，检审率 97.8%。其中市直 242 个，检审率 100%。共审验收费总额 9.71 亿元，注销收费许可证 93 个，取消收费项目 81 项，其中市直取消收费项目 23 项。共查出违价金额 447.8 万元，收缴财政 117 万元，限期清退 185 万元，处以罚款 5 万元。

1998 年，对市直 277 个收费单位的收费许可证进行年检年审，检审率 99%，注销许可证 5 个，检审金额 3.50 亿元。

1999 年，共审查市直行政事业性收费单位 180 家，检审面 99%，吊销许可证 15 个，注销或调整收费项目及标准 75 个。

2000 年 3 月 3 日起，开展 1999 年度行政事业性收费年检年审工作。市直应检行政事业单位 194 个，检审面 100%。同时，按照国家计委等部委“收费许可证管理办法”和省统一部署，在全市开展换发收费许可证工作，配齐计算机办公设备，实行收费许可证计算机管理。到年底共换发行政事业性收费许可证 141 个，注销收费许可证 40 个。

2001 年 4 月 30 日，完成对市直 173 个单位 2000 年度行政事业性收费检审工作。取消收费项目 94 个，注销“收费许可证”2 个。

2003 年 2 月 20 日，转发省物价局《关于 2003 年行政事业性收费许可证年检和换证工作有关问题的通知》，市物价局要求各区县市建立、完善收费单位档案和收费单位台账，“行政事业性收费许可证”填写要统一按省物价局编制的软件程序和市物价局编制的编号方法打印，严禁手工填写。3 月 4 日，市物价局下发《关于 2002 年度行政事业性收费年检和换发收费许可证的通知》，5 月 31 日完成对市直 182 个行政事业性收费单位年度检审和换证工作。按照国家《收费管理条例》和新的收费文件，注销 7 家失去资格的“收费许可证”，对 30 项收费项目的执收单位进行变更和调整，将 4 个部门的 16 项行政事业性收费转为服务性收费，取消收费项目 36 个。

2004 年 2 月 19 日开始，审查落实中央和省、市取消的行政事业性收费项目、降低收费标准或调整收费范围政策执行的情况。到 5 月 15 日，采取查收费文件依据、查财务账簿数据、查收费发票、查收费对象及范围、法人收费资质是否继续有效等，在市政务中心完成市直及中央、省驻常德市 192 家单位的 2003 年度“行政事业性收费许可证”的检审工作。共审查收费金额 3.42 亿元，其中行政性收费 1.29 亿元、事业性收费 2.13 亿元。

注销失效“收费许可证”6个，吊销2家未按时参加年检的“行政事业性收费许可证”；落实国家、省取消的收费项目28个，降低收费标准5个，减轻企业和群众负担近200万元。根据省政府文件规定将一个行政事业性收费项目转为服务性收费。

2005年3月2日－5月30日，分批次对市直170家行政事业单位的收费情况进行检审。落实省物价局、省财政厅取消162项收费的规定，注销收费资质失效的“收费许可证”17个，对30个行政事业单位“收费许可证”的收费项目及标准进行调整和变更，依法吊销一家省直管单位的“收费许可证”。全年共征缴行政事业性收费管理费120多万元。

2006年3月20日－5月30日，完成对市直164个单位和部门行政事业性收费的审查工作，共审查收费项目1500多个，金额5.49亿元，其中行政性收费1.38亿元，事业性收费4.11亿元。共注销不符合收费资质和收费项目以及无合法收费依据的市建设局、市盐务局、市城市道路绿化办等15个单位的“收费许可证”。给139个部门和单位重新换发“收费许可证”。取消收费项目12个，降低了计量检定收费和畜禽检疫收费两大类收费标准。

2007年4月5日－5月30日，完成2006年度全市“行政事业收费许可证”的年检年审工作。2006年，全市行政事业性收费总额82540.5万元，占当年财政收入的19.23%。全市行政事业性收费项目共227项，其中，行政性收费101项，收费金额18365.5万元。事业性收费126项，收费金额64176万元。按收费对象划分，涉企收费75项，收费金额30875万元。按收费类别划分，行政管理类收费13983万元，资源补偿收费26990万元，鉴定类收费3260万元，考试类收费1365万元，培训类收费270万元。全市共核发收费许可证2845个，其中正本1200个、副本1645个。新核发收费许可证940个，其中正本300个、副本640个。注销收费许可证700个，其中正本数260个、副本440个。应检1365个收费单位，实检1356个，年审率99.3%。通过年检年审，对21个收费项目进行了调整变更，其中，涉及交通部门3个、法院1个、统计1个、教育4个、质量技术监督8个、港航4个。取消收费项目5个，降低收费标准1个，增加人防部门收费项目1个，增加港航部门收费标准3个。查出违规收费项目5个，涉及金额573.5万元，移交价格检查部门处理。建议整改单位69个。取消杂费、影票费2项收费。调整课本费、作业本费、伙食费、寄宿费4项收费，减轻了学生及家长的负担。

2008年3月24日－5月27日，完成全市“行政事业性收费许可证”年检年审工作。对涉及药监、卫生，交通、教育、司法、公安、劳动仲裁等系统收费项目进行了变更或注销，其中，涉及交通部门3个、法院1个、教育4个、司法1个、药监2个、港航4个。查处违规收费项目5个，涉及金额573.5万元。建议整改单位12个。

2009年5月30日，完成全市行政事业性收费许可证的年检年审工作。全市物价部门共发放“行政事业性收费许可证”1592个，审核收费项目225项，收费金额12.8亿元。其中市本级发放许可证135个，审核收费项目136项，收费金额5.62亿元。

2010年，全市共核发收费许可证正本613个，副本758。注销收费许可证正本9个，副本9个。应检491个收费单位，实检488个，年审率99%。

2011年5月30日完成对市直机关、事业单位、社会团体和中央、省驻常121个收费单位的行政事业性收费年度检审工作。检审收费金额4.5亿元，吊销、注销收费许可证7个，变更收费项目19项，取消收费项目24个，降低收费标准4项，为群众减轻负担2000多万元。

2012年，市物价局对2011年市直单位行政事业性收费进行年检年审，应检单位109个，实检单位108个，检审收费金额4.8亿元。按政策注销收费项目10个，变更收费项目25个。

二、资格证管理

2000年，市政府办公室发出《关于推行行政事业性收费“两证一卡”制度的通知》（常政办发〔2000〕18号），在全市推行行政事业性“收费许可证”“收费员资格证”和“企业税外费登记卡”收费管理制度。要求具有行政事业性收费和政府性基金征集职能的单位，必须在物价部门办理“收费许可证”，使用财政部门统一印制的收款收据。任何单位不得在行政事业性“收费许可证”之外收取任何费用。实施收费行为的人员，必须取得由物价、财政部门颁发的“收费员资格证”。收费人员调离收费岗位时，由所在单位将其持有的“收费员资格证”上交颁证机关予以注销。本市辖区内的国有、集体、三资、私营企业及个体工商户都必须到物价部门领取“企业税外费登记卡”，持卡人必须是单位财务负责人或法人代表。收费人员须出示“收费员资格证”与所在单位的“收费许可证”，并主动填写“企业税外费登记卡”，才能实施收费。有关人员实施收费时，必须开具财政部门统一印制的收款收据，并将所收资金及时上缴财政专户。物价、财政部门每年对收费单位的“两证一卡”和收费票据进行一次年检年审。使用无效“收费许可证”的，或不使用规定票据收费和所收资金未上缴财政专户的，分别按《湖南省行政事业性收费管理条例》和《湖南省预算外资金管理条例》的有关规定处罚。不填卡收费的，其费款由财政部门在拨补经费中加倍抵扣。对不执行本通知精神的乱收费行为除进行经济处罚外，还要追究直接责任人及其领导人的

市直单位收费员培训班

责任。12 月 14 日，市物价局与市财政局首次举办市直单位行政事业收费人员培训班，对400 多名收费人员进行法规政策培训，并填写“收费员资格证登记表”，颁发“收费员资格证”。

2001 年 12 月，全面推行收费“两证一卡”制度，培训收费人员 2300 多名，核发“收费员资格证”2100 多个。

2010 年 6 月 20 日，省物价局下发《关于印发〈湖南省收费员管理制度〉的通知》（湘价费〔2010〕83 号），明确凡在本省行政区域内的国家机关、事业单位以及受行政机关委托代行收费职能的有关组织中直接从事收费工作的人员均适用本制度。县级以上人民政府价格主管部门是“收费员资格证”的主管机关，负责本制度的实施。本制度所说的收费员是指具有收费资格的国家机关、事业单位、其他组织在政府价格主管部门业务指导下，从事本单位行政事业性收费管理工作和具体执收人员。“收费员资格证”实行年度考核管理，结合“收费许可证”年检同时进行。每年考核合格并由发证单位加盖合格章方可继续使用。“收费员资格证”有效期 3 年。

2011 年 9 月 6－7 日，市物价局在常德国际大酒店举办市直单位和省驻市各单位收费员培训班，对 180 名收费人员进行系统培训和业务知识考试，并颁发“收费员资格证”。

第三节　收费清理整顿

1989 年 12 月，市物价局会同市财政、审计部门对行政事业单位的收费项目进行清理、整顿和年度检查。查出违价收费 430 万元，不合理收费项目 433 个，降低收费标准 354 项，取消重复收费 142 项。

1990 年 12 月 4 日，市物价局出台《关于清理整顿乱收费的实施意见》。成立市物价局制止“三乱”领导小组，副局长钟明炎任组长，肖俊、彭道德任副组长，收费科负责具体工作，要求各区县市建立相应机构开展清理整顿工作。严格按照省市有关文件精神进行清理，重点整顿教育、医疗、公安、国土、城建等部门的行政事业性收费。

1991 年，全市开展治理乱收费（简称“治乱”）工作。市、县物价局成立“治乱”工作办公室，把“治乱”工作列入 1991 年的中心任务，全面开展对乱收费的治理整顿。全市共抽查单位 2165 个，收缴违约金额 550.69 万元，清退 235.4 万元。全市共清理文件 3759 份，取消文件 205 份，取消收费项目 529 个，降低收费标准 400 个，减轻企业和群众负担 3170 万元。常德市的做法受到省政府表彰，在全省“治乱”工作会议上被推介交流。

1992 年 1 月 14 日，市政府召开全市“治乱”工作总结表彰大会，总结 1991 年全市清理整顿行政事业性收费和治理乱收费情况。当年共取消收费项目 529 个，降低收费标准 401 个。

1993 年，市、县两级政府、物价部门取消收费项目 592 个，降低收费标准 231 个，当年减轻企业和群众负担 7204.3 万元。

1994 年，贯彻落实《湖南省行政事业性收费管理条例》，市物价局印发该《条例》及国家、省、市清理整顿乱收费文件汇编 5000 本，张贴公告 1.5 万份，印发资料 4.78 万份，开辟宣传专栏 1600 个，印发《市以上政府有关部门取消的收费项目涉及单位对照表》2000 份。召开电视、广播会 50 次，局长沈兆兴在电视中就制止乱收费问题答记者问，1994 年，分批公布取消与上级精神相悖的文件 115 份，取消收费项目 218 个，降低收费标准 117 个，吊销收费许可证 61 个。

1995 年，在全市推行中小学收费卡，在全省率先推行“建设项目收费卡”制度，省物价局在常德市召开现场会，向全省推广常德市的做法。

1997 年 11 月 23－24 日，市物价局在澧县召开全市清费治乱工作会议，布置全市清费治理工作。12 月 18 日，下发《关于取消一批市本级出台的收费项目的通知》（常价费字〔1997〕166 号），取消 1994 年以来出台的常价房字〔1996〕62 号等 8 份文件。

1998 年 12 月，按中央和省政府的通知精神，取消 306 个收费项目和 264 种基金，同时注销与变更了“收费许可证”，落实上级对行政事业性收费“切一刀”的指示。对水电局、农业局、卫生局、红十字会等行政事业单位，以财政拨款不足为由申请的 15 份立项收费报告未予审批。对党政机关，执法机关经营服务性收费进行专项清理整顿，废止区县市党政机关、执纪执法机关自行出台的经营服务性收费项目 31 项。在部分企业建立特派员制度，随时反馈涉及企业的收费、罚款、摊派等情况。“双向管理”涉企各种收费，全年减轻企业和群众负担 8000 多万元。

1999 年，市物价局清理收费文件 120 多份，收费项目 2100 多个，取消收费项目 55 个，对国家明令取消而常德市仍在执行的 41 个收费项目与越权出台的 5 个收费项目，通过新闻媒体宣布取消。与财政、监察、审计等管理部门，共同对公检法司、工商部门和交通、环保等 19 个重点单位收费文件进行系统清理，并将规定的收费项日和标准编印成册。组成 5 个小组对这些部门的收费政策执行情况进行清查，对自立项目、擅自提高标准和不使用财政统一票据的收费行为给予罚款处理。市物价局、市财政局联合下发《关于在市直单位开展执收单位自查、主管部门核查的通知》，要求 130 多家具有收费、基金、集资项目的执纪执法机关和行使行政管理职能的事业单位进行自查，填写清查表格，经物价、财政部门审核后，通过电视台和《常德日报》向社会公布。督促各区县市落实国家明令取消的收费项目 73 项，取消 11 个越权项目。

2000 年 1 月 18 日，市政府办公室发出《关于印发常德市实施企业税外费登记卡制度暂行规定的通知》（常政办发〔2000〕11 号），制止向企业乱收费、乱集资、乱摊派行为，维护企业合法权益，切实减轻企业负担。从 2 月 1 日起，施行常德市实施企业税外费登记卡制度的暂行规定。6 月 23 日，市物价局下发《关于取消市本级越权出台收费项目的通知》，废止撤销常价费函〔1990〕23 号等收费文件 18 个。11 月 27 日，下发《关于废止一批收费文件的通知》，废止常价费函字〔1995〕第6号等收费文件9个，取消越权设立的59个收费项目，落实上级宣布取消、降低、规范的51个收费项目，界定合法收费项目70个，并将合法收费项目及标准印成资料，发给执收单位和收费对象。对100多种中介服务机构的收费项目和标准进行清理，取消26个收费项目，降低13个收费标准。当年在全省率先实施收费管理“六个一”工程：农民负担一卡制、乡镇站所收费一站制、企业收费一所制、农村电价一票制、住院病人一日一清单制、服务项目收费一事一公示制。

2001年5月8日，市物价局清理规范涉及出租车、企业抵押贷款、三资企业等20多个部门100余项收费，取消10个收费项目。审理市直41个单位行政审批事项涉及的389个收费项目，取消自立项目122个。10月22日，市政府发布《关于进一步规范行政事业性收费和政府性基金管理的意见》（常政发〔2001〕22号），进一步规范财经秩序和行政事业性收费，遏制“乱收费、乱罚款、乱摊派”，强化政策性收费、基金收入的征收管理。

2003年，市物价局将4个部门的16项行政事业性收费转为服务性收费，取消收费项目36个。联合工商、税务、公安、交通、卫生等11个部门落实国家再就业优惠政策，对20项收费与部分服务性收费区分不同情况实行减免、减半或按最低额度收取。

2004年3月31日，召开全市物价系统清理整顿行政事业性收费紧急会议，组织3个督查组到区县市进行督导检查。全市共清理2000年以来的收费文件533份，取消废止越权审批和已经失效的收费项目415项。

2006年，对20多个主要涉企收费部门1000多个收费项目进行清理，汇编涉企收费项目目录，免费发放到企业。

2007年，变更市公安局、市司法局、市教育局、市水利局、市劳动局等5单位9个收费项目的收费标准，取消3个收费项目。

2008年，市物价局会同市财政局，对涉及农业用水、用电、农村中小学教育、农民建房收费、办理身份证、婚姻登记、计划生育、殡葬服务、有线电视、畜禽防疫、农村客运票价等16个方面的价格和收费文件进行全面清理整顿。共清理收费文件420个，取消涉农收费项目12个，降低农业灌溉水费10%，降低农业技术有偿服务收费标准20%，下调农村无线数字电视收费标准，控制农村乡镇卫生院医疗服务价格在三类医疗标准的80%以内，对中小学生自愿项目教辅资料实施限范围、限额度的“双限”政策等，每年减轻农民负担1.7亿元。

2009年，取消和暂停卫生部门“健康相关产品初审费”等9项收费，降低卫生部门收取工商产品卫生学鉴定费等10项收费标准；对国家、省、市自1992年以来的收费文件进行全面清理，整理出常德市各部门行政事业性收费项目及标准目录，在市政府网站、市非税局网站、市财政局网站、市物价局网站、常德有线电视图文频道公示，在《常德日报》刊登。

2010年，落实上级取消和停止的行政事业性收费项目，取消19个部门、单位的收费项目58项，降低收费标准25项，全市减轻企业缴费负担2000多万元。

2012年，贯彻落实全省部署的“六大领域乱收费治理”工作，即：开展治理涉农乱收费、开展对零售商向供应商违规收费、治理物流领域各环节乱收费、银行金融机构收费、电信收费、教育乱收费这六大领域乱收费的治理工作。成立“常德市物价局六大领域乱收费治理工作领导小组”：袁云波任组长，龚椰林、刘邦原、陈谋建、常新群、陈秋林、赵怡德、李印华任副组长。领导小组下设办公室及4个工作组：涉农乱收费治理工作组；零售企业乱收费及物业、交通乱收费治理工作组；银行、电信乱收费治理工作组和教育乱收费治理工作组。办公室及4个工作组分别由一名局领导担任组长（主任），相关科室负责人任副组长（副主任）。治理工作5－6月进行调查摸底、7月研究政策、8月公布收费、9月检查处理、10月规范行为。

第四章　价格调研与法治建设

第一节　价格调查研究

1989年，通过向领导机关和领导呈送报告及写论文，或专题汇报等，全年共完成调查材料155份，其中市委、市政府采用42篇，市领导批示11篇、省级报刊发表25篇、国家级报刊发表3篇。被省物价局评为调研工作先进单位。

1990年2月，市物价局设立从事调研信息工作的职能科室——综合科，配编3人，从汉寿县委办公室调进有较强文字功底的刘德贵担任综合科科长，区县市物价局也有从事价格调研信息工作的专职人员。8月，常德市木材降价后“两金”起征基价严重不合理，且产区收费混乱。通过调查，撰写的调查材料得到市政府批示。8月14日，会同林业部门下发《关于调整木材“两金”、计征基价和经营综合差率的通知》（常价价字〔1990〕92号），解决“两金”基价高和森工亏、林农苦的问题。全市13家亏损的森工企业半年扭亏8家，盈利2家。产区林农得实惠120万多元。9月13日，市物价局向市政府上报《关于我市碳铵产销情况及意见汇报》的调查报告，提出强化计划管理、强化专营政策、合理安排产销的建议。市政府采纳建议出台有关政策，保证了农业生产资料的正常销售。全年围绕计划经济与市场调节相结合的课题，深入实际调查研究，及时反馈情况、总结经验、宣传典型，撰写出一批有分量的材料。据统计，全市被市以上采用的物价文稿229篇，其中《中国经济体制改革》《经济日报》等国家级报刊发表10篇，上报国务院、中办采用3篇，省、市级219篇，其中上级领导批示8篇。常德市综合统计工作名列全省物价系统第一，被省物价局评为先进单位。市物价局、桃源县物价局的统计员被评为先进个人。石门县、汉寿县、桃源县的综合信息工作人员专、反馈快、数量多、质量好。汉寿县、桃源县、石门县、津市市等物价局的领导经常深入实际，带头写稿，为基层解决了不少实际问题。有的材料直接进入领导决策层。

1991年，市物价局把调查研究工作定为全年价格工作考核内容，设立调研奖励基金。规定局领导和业务科室负责人每个月用1/3的时间深入企业农村搞调查研究。通过对常德市10多家大型企业调查研究后，向领导和上级业务主管部门提交《搞活常德大中型企业价格的难点和对策》的调查报告。4月8日，全国搞活大中型企业价格座谈会在常德市召开，市物价局在会上作专题发言。国家10年规划出台后，为解决常德市农产品卖难的问题，市物价局深入常德市鱼、油、猪主要产地进行管放效果对比调查，获得大量数据，撰写出《农产品还是管少放多好》的调查材料，被国家体改委、农业部等多家采用。7月，刘德贵等针对农村用电问题采写的《难忍农村灯下黑——常德农村用电调查》一文被《中国电业》等多家国家级刊物采用，获全省、全市物价工作优秀调研文章一等奖。这篇文章为以后“两改一同价”的全国农电改革提供了思路。朱建武《农村供销社柜台职工乱价的原因及对策》、李国忠《卷烟难以入主渠道的调查与思考》获二等奖。是年市物价局各类调研文章被国家级刊物采用 12 篇、省级刊物采用 69 篇、各级党政机关采用 67 篇，获省级奖 2 篇，国家和省市会议交流 12 篇。自办《常德物价》用稿 89 篇。

1992 年，刘德贵为全省物价综合信息培训班上物价调研辅导课。他撰写的《农民进入市场忧思录》《农产品价格还是管少放多好》先后被中办、国办《经济参考》《农村工作通讯》及《农民日报》等报刊采用，为加快放开农产品价格步伐，减轻农民负担、调整农村产业结构起到了积极作用。他所写的《价格服务——新时期物价工作的主旋律》一文，为当时全国物价职能转变及时提供了新思路。一度职能部门习惯用红头文件收费，市物价局针对性地撰写了《如今企业怕“红条”》《救救“费”墟中的特困企业》等调查材料。集中“治乱”时综合科上报了《常德标本兼治，规范收费管理》等调研成果，都对当时新时期物价工作起到了参谋作用。1990－1995 年年初，市物价局综合科被市以上党委、政府和党报党刊采用文章 510 篇，按出勤日算，不到三天上一篇文章；按发表级别分，国家级 89 篇、省级 294 篇。《菜篮子跟着洪水上涨》信息被国务院领导传阅；按奖励情况分，获经济日报等国家级奖 6 篇。反映鼎城区治理乡镇乱设卡收费的文章《一句话报告拆掉八处路卡》获全国好新闻二等奖，全市优秀新闻金奖。《汽油市场在燃烧》《老物价的新足迹》获全国物价调研奖；按体裁分，党委、政务信息每年有 5－6 条上中央办公厅、国务院办公厅。市物价局的价格调研工作走在全省前头。

1997 年 5 月，市物价局副局长钟明炎（左一）、刘书敏（右二）、纪检组长吴俩明（左二）在农村调研

1998 年，常德遭特大洪涝灾害。物价部门就如何加强灾后市场管理、粮食流通及其价格体制改革中存在的问题广泛开展调查研究，为进一步搞好清费治乱减负工作，开展“五个一”调查活动，即调查：一个企业、一户农民、一位学生、一辆车子和一个个体户，撰写出一批有价值的调研材料。1992－1999 年，被市以上党政部门和报刊采用 527 篇，其中《卷烟价格放开值得注意的问题》一文被国家有关部门采用，《人民日报》等中央报刊采用 26 篇，中央领导直接批阅 4 篇，中央办公厅、国务院办公厅、国家计委采用 11 篇，获

国家、省奖3篇，调研文章《拆掉收费路卡》获全国、全省二、三等奖。

2001年，市物价局下发《关于开展明年物价工作设想和新时期物价工作定位等课题调研活动的通知》，明确各区县市物价部门调研提纲重点，开展主要农产品成本及活劳动作价、农户种植意向、中小学教育收费、农民建房收费、工商部门收费、农村税费改革后的收费管理、农民减负增收等新时期价格课题的调查研究。向市政府呈报农电调查材料，建议对农村电价实行一费制，坚决取缔村电工高价电费承包，全面实行电脑开票收费。市政府采纳调查材料的建议，加强农村电价管理，常德市农村照明电价比2000年每千瓦时降低0.05元，减轻农民负担近3000万元。

2002年3月24日，市物价局下发《关于加强价格调研工作的通知》（常价办字〔2002〕26号），部署开展“调查研究年”活动的各项工作，要求开展粮食品质与价格、农业结构调整、农民减负增收、整顿和规范价格秩序、治理乱收费等内容的调查研究。7月3－10日，对武陵区畜牧兽医站和城区定点屠宰场进行调查，撰写出《关于市城区生猪检疫费的调查情况汇报》的调查材料，建议市政府统一检疫票证，推行检疫收费公示制度，对检疫机构的违法行为给予处罚。市政府采纳建议，对城市的生猪检疫加强管理，保证了市民的食品安全。8月2日，市物价局下发《关于深入开展县级价格工作调研评比活动的通知》（常价办字〔2002〕82号），成立价格工作调研评比活动领导小组，局长印甫生任组长，副局长陈友康、刘新民、刘邦原、朱建武和纪检组长谭国荣任副组长，领导小组下设办公室，市物价局检查所、市价格认证中心、市价格调节基金征收管理办公室、市价格成本调查队、德山物价分局为成员单位，重点研究县级价格工作的地位和作用，提出加强县级价格工作的思路和措施，拟定《关于新时期县级价格主管部门职能、地位、作用的思考》等10个调研专题。全年撰写各类调查材料126篇，其中，国家有关部门采用4篇、省级有关部门采用10篇、市级有关部门32篇。9月12日，省物价局下发的《关于表彰优秀价格调研成果的通知》（湘价研字〔2002〕241号）中，市物价局钟志宏撰写的《促进农民减负增收的价格对策》和汉寿县物价局彭廷寿、刘佑吾、杨志林撰写的《当前基层价格工作的处境与出路》获三等奖。市物价局易伟献撰写的《浅谈涉案房地产评估》、武陵区物价局杨辉撰写的《当前农村减负工作思考》、鼎城区物价局龚玉峰撰写的《对市场经济下价格工作的定位和思考》、桃源县物价局邹昭英撰写的《奏响新时期价格工作主旋律》、姜文军撰写的《农村税费改革探讨与建议》等文章获优秀奖。

2003年，开展民营企业发展、收费环境、涉案物评估市场、教育收费、涉农负担等调研。物价工作人员深入药品生产流通企业进行调查，写出有关药品生产专题调查材料。市政协委员将药品专题调查材料在全国政协会议上作为提案提出，受到国家和省有关部门高度重视。是年共写各类调查材料83篇，被各级媒体采用28篇。

2004年，市物价局提出“工作中抓调研、以调研促工作”的指导思想，在观念、渠道、重点3个方面创新调研工作：创新观念。把开展调查研究作为全局“创学”的重要举措，提出“全员文字化”的新观念，要求全局工作人员不管在什么工作岗位从事什么工作，都要结合自身工作深入开展调查研究，并形成调查研究文字材料，将综合调研工作列入单位和个人的年度自查考核内容，改变了文字工作过去单纯由综合部门独立承担的局面，形成了“人人有学习动力，人人有调研压力”的工作氛围。同时，制定激励奖励办法，促进了全局综合调研工作水平和干部职工整体素质的提高。如产商品价格管理科、成本调查队等单位针对2003年年底粮食、棉花、生猪等生产生活资料价格波动及今年农业生产资料价格上涨的情况，及时深入农村、农户、企业和市场经营部门开展调研，写出了《关于市场价格上涨情况的调查与分析》《当前农资价格上涨的调查与分析》等调研材料，得到市委、市政府主要领导的肯定，起到了很好的参谋服务作用；创新渠道。在创新综合调研服务渠道方面，一方面积极向省局和市委办公室、市政府办公室报送政务方面的调研材料，反映上级价格政策和工作部署的落实情况，市场价格监测的动态情况以及建议措施，在调查研究的基础上，初步建立价格预警机制和应急反应机制；另外，通过各种新闻媒介向广大群众宣传价格政策，报道价格工作动态，充分发挥“12358”价格咨询、投诉平台作用，搭建群众价格维权、政府为民服务的连心桥。全年在市委、市政府编发的《常德发展导刊》《调研与决策》上发表调研文稿4篇，在《常德日报》《常德晚报》及常德电视台新闻栏目共发表新闻稿件17条次；创新重点。根据省物价局和市委、市政府提出的调研工作的重点和社会群众普遍关注的热点、难点问题，综合调研工作在创新的基础上突出了三个重点：一是围绕省局组织的“全省规范市场价格行为”调研活动抓调研。由局长印甫生牵头，分管领导具体负责专门的课题调研小组，制定了具体的调研实施方案；把综合调研纳入区县市价格工作考核的重要内容，记分比例由上年的10分增加到20分，要求各地每周上报1条以上的政务信息，形成了市、县两级课题调研工作体系。二是突出“八个一工程”抓调研。在过去“六个一工程”的基础上提出了“八个一工程”的新目标。即“商品价格一品一标签制、农电价格一票制、各类收费一块牌子公示制、住院病人收费一日一清单制、乡镇七站八所收费一站制、义务教育收费一费制、企业收费一窗制、农民负担一卡制”。通过综合调研，及时反映“八个一工程”的工作动态，总结工作经验。三是结合“四大环境建设”抓调研。针对新形势下价格工作出现的新情况、新问题，物价部门自身如何树立新形象、发挥新作用、解决新问题，局党组把建设物价工作的“体制环境、运行环境、秩序环境、服务环境”作为综合调研的工作重点，改善物价工作环境，理顺工作关系，推动物价工作健康发展。7月24日，通过对市城区几大农贸市场的调查，写出了《常德城区粮、油、肉、菜等价格的调查与分析》。8月13日下发《关于进一步做好规范市场价格行为调研工作的通知》（常价办字〔2004〕100号）。9月7日，派出2个调查小组深入桃源、安乡两县有养殖习惯的5个乡镇25个村的2097个散养户、15个养殖大户进行生猪饲养结构的情况调查，向省物价局提交《关于生猪饲养结构调整调查的情况分析》的调查材料，为全省生猪饲养结构调整工作提供了第一手资料。

2009年，市物价局在深入学习实践科学发展观活动中，按照一名领导、一个课题、一套班子的要求，带着群众最关心的7个价费热点问题，由7名班子成员各分一个专题分别带队深入全市9个区县市的40多个乡、村、20多个部门、30多个企事业单位，开展“问计基层群众，共谋科学发展”的调研活动。调研报告编印成《践行科学发展，提高服务水平》调查研究文集。这7篇分别由党组成员带队调查后写成的调研文章是：袁云波撰写的《关于全市义务教育阶段收费情况的调查》、龚椰林撰写的《切实规范电价秩序，严格执行电价政策——关于桃源地方电网电站自供区电价问题的调查》、刘邦原撰写的《以科学发展观为指导，努力提升价格公共服务水平——关于常德市价格公共服务工作的调查报告》、陈谋建撰写的《常德市农民进城务工、回乡创业收费情况调查》、常新群撰写的《对德山开发区涉企收费情况的调查与思考》、袁天鹏撰写的《关于常德市非机动车停放服务管理的调查与思考》、陈秋林撰写的《践行科学发展，做好粮棉调查，促进农民增收——常德市粮棉生产情况调查》。

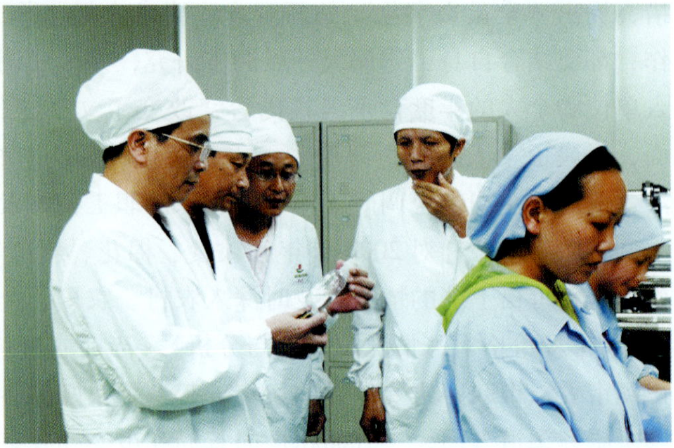

2009年7月1日，市物价局副局长龚椰林（左一）在阳光乳业调研

2010年，市物价局参加省物价局组织的纪念物价机构设立三十周年征文和演讲比赛，袁云波、李国忠撰写的《蔬菜价格为何这么高》和李印华、王强撰写的《公平自在心中》同获一等奖，袁云波撰写的《房地产调控中的正和博弈》获二等奖；陈秋林、张业文撰写的《加快土地经营权流转，提升农业规模种植效益》和陈谋建、易伟献撰写的《关于常德市国土资源行政事业收费的调研》同获三等奖。文渊妮以《物价责任大于天》为题的演讲获二等奖。全年上报各类价格信息126篇。在市委办公室、市政府办公室前三季度信息采用统计考核中，分别排全市第二、第三名。

2010年10月15日，市物价局庆祝省物价机构设立三十周年

2005－2011年，市物价局每年下发价格综合调研工作的任务和考核指标，有具体的计

分方法和奖惩办法。《关于目前农资市场价格情况与监管工作》等13篇调研材料向市政府和省物价局汇报。市政府利用市物价局提供的调研材料对市场价格进行调控，稳定了市场物价。省物价局在制定价格政策时参考了常德市的调研文章。

2012年，市物价局结合“走访群众听民声、深入基层解难题”作风建设主题活动，全局干部职工深入走访农村、社区和企业，人人参与调查研究，达到听民声、了民意、解民难的目的。

第二节　依法行政

1989年，市物价局修订公布《常德市各类商品价格和非商品收费管理办法》，明确商品价格、非商品收费的管理权限和作价办法，使价格管理有规可依、有章可循。

1990年4月14日，市物价局公布《非商品收费管理办法》和《非商品收费分类管理目录》(常价费〔1990〕52号)，共35条，涵盖工业、交通、文化、教育、公检法司、劳动人事、财政、地矿、工商、税务、民政、人防等部门。4月30日，市物价局、市工商局下发《常德市商品实行明码标价制度的实施办法》，要求按国家定价、国家指导价、市场调节价3种价格形式，分别采用红蓝绿3种标价签。实施办法共计18条。

1992年11月2日，市政府印发《常德市非商品收费管理暂行办法》(常政发〔1992〕21号)，该办法包括审批原则和程序、管理与监督、罚则共31条，进一步规范各级物价部门管理本行政区域内的非商品收费。

1993年3月，市物价局、市建委、市财政局、建设银行市支行制定《常德市商品住宅价格管理暂行办法》，内容包括商品住宅价格制定、商品住宅价格管理以及罚则，共19条，明确物价部门对商品住宅实行国家指导价管理。

1995年，市物价局制定“常德市建设项目收费卡”明确收费项目和标准，包括城市建设规划、工程质量监督、城市市政公用设施配套、人防工程易地统建、城市供水设施增容等共20项。该收费卡1997年5月6日重新修订发布。

1998年，市物价局、市交警支队出台《常德市交通事故车辆损失评估暂行规定》，全文13条，对处理事故的范围、事故车辆的评估与确认，作了明确的规定。

2000年7月6日，制定发布《全市旅游价格管理办法》(常价费〔2000〕98号)，规范旅游行业价格、审定宾馆客房、代办服务价格、明确对违价的处罚方式。

2003年，价格工作人员不断强化自身依法行政，严格遵守国家法律、法规。按照“法律适用、事实确凿、程序到位、处理恰当”的要求，不定关系价，不办人情案，树立良好的执法形象；切实履行执法职能，对各种价格、收费行为依法进行管理和监督检查，规范了价格行政执法行为，维护了企业和消费者的合法权益。组织市直和9个区县市深入开展越权定价专项治理，市本级废止越权定价文件16个，区县市废止17个，减轻了企业和群众的负担。市物价局的执法工作得到老百姓的称颂，也得到上级业务部门和市委、市政府的肯定。1998 年以来，全市依法查处价格违法行为 1980 起，未发生一起复议申诉案件，湖南卫视、湖南经视等媒体对此予以报道，市物价检查所被省物价局评为先进单位，桃源县、鼎城区物价检查所被国家计委命名为规范化检查所，鼎城区物价检查所获全国先进集体称号。

2006 年印发《常德物价局价费集体审批工作实施办法》（简称《实施办法》），规范价费审批行为，使价费制定做到科学、规范、公开。《实施办法》明确价费集体审批以局长办公会议的形式进行，由局长召集并主持，可以根据情况，邀请有关部门人员参加会议。局法制科负责会议的组织、协调，做好会议记录，编发会议纪要。集体审批范围是：法定权限范围内重要的政府定价、政府指导价的商品和服务价格制定或调整。审批程序是：由局政务中心窗口统一受理符合条件的审批申请事项并转交局法制科；局法制科对移交的申请事项进行登记，报局长批示；相关业务科室根据成本审核和市场调查等情况提出审批初步意见报告局分管领导，并送法制科；局法制科对经局长批示的审批事项督促相关业务科室按规定程序拟定送审方案以及相关资料，及时提交价费集体审批办公会议审议，相关科室根据集体审批意见办理；按照发文程序制发审批文件。集体确定认为须向上级报告的，经上级批准后再办文。最后由政务中心窗口回复申请单位。《实施办法》提出了“组织要求”“时限要求”“保密要求”“责任要求”等 4 个方面的审批要求。

2007 年 12 月 5 日，市物价检查所下发《关于开展价格行政执法目标考核的函》，对各区县市 2007 年度价格行政执法工作进行考核。（1）考核内容是各区县市 2007 年价格行政执法质量、勤政廉政、综合统计、配合协调等 4 个方面。（2）本次考核由市物价检查所组织实地考核打分（含制度建设、勤政廉政、案卷质量、协调配合）和平时考核打分（含综合工作、统计工作）相结合的方式进行。考核分值在《常德市价格监督检查执法考评办法》的基础上适当进行调整。调整后分值如下：制度建设 5 分、勤政廉政 10 分、案卷质量 35 分、综合工作 15 分、统计工作 15 分、协调配合 10 分。（3）要求各地做好年度工作总结、各项规章制度合订本、举报登记台账、“12358”值班记录、2007 年度案卷归档等工作。

2009 年 12 月 24 日，市物价局、市教育局印发《常德市义务教育阶段的学校食堂伙食费监督管理办法》（常价费〔2009〕128 号），该办法从价费构成到伙食标准、食堂用工及原材料采购和财务管理等均作出详细规定。

2011 年 9 月 20 日，市物价局发布经市政府法制办审核的《常德市物价局行政执法依据》。常德市物价局行政执法的主要法律依据是《中华人民共和国价格法》《湖南省价格监督管理条例》《湖南省行政事业性收费管理条例》《湖南省服务价格管理条例》等。主要行政执法依据见下表：

表 2－4－1　　**常德市物价局主要行政执法依据**

类别	序号	名称	制定机关	生效时间
法律	1	中华人民共和国价格法	全国人大常委会	1998.5.1
	2	中华人民共和国反垄断法	全国人大常委会	2007.8.30
行政法规	3	制止牟取暴利的暂行规定	国家计划委员会	1995.1.11
	4	价格违法行为行政处罚规定	国务院	2006.2.21（修改后从2010年12月4日起施行）
地方性法规	5	湖南省行政事业性收费管理条例	省人大常委会	1993.10.1
	6	湖南省服务价格管理条例	省人大常委会	2001.1.1
	7	湖南省涉案物价格鉴证管理条例	省人大常委会	2004.3.1
	8	湖南省价格监督管理条例	省人大常委会	2009.3.1
部门规章	9	价格行政处罚程序规定	国家发展计划委	2002.1.1
	10	价格违法行为行政处罚实施办法	国家发展计划委	2004.9.1
	11	关于商品和服务实行明码标价的规定	国家发展计划委	2001.1.1
	12	禁止价格欺诈行为的规定	国家发展计划委	2002.1.1
	13	制止价格垄断行为暂行规定	国家发展计划委	2003.11.1
	14	关于制止低价倾销行为的规定	国家发展计划委	1999.8.3
	15	价格违法行为举报规定	国家发改委	2004.10.1
	16	零售商供应商公平交易管理办法	商务部、国家发改委、公安部、国家税务总局、国家工商管理总局（第17号令）	2006.11.15
	17	零售商促销行为管理办法	商务部、国家发改委、公安部、国家税务总局、国家工商管理总局（第18号令）	2006.11.15
	18	国家发展改革委关于对部分重要商品及服务实行临时价格干预措施的实施办法	国家发改委	2008.1.15
	19	价格监测规定	国家发改委	2003.4.9
	20	政府制定价格成本监审办法	国家发改委	2006.3.1
政府规章	21	湖南省制止牟取暴利办法	省人民政府	1995.9.14

2012 年 10 月 21 日，市物价局行政执法案卷公开评议大会

2012 年贯彻执行《湖南省规范价格行政处罚裁量权办法》和《湖南省规范价格行政处罚裁量权基准》，把法治常德建设的要求与物价工作实际相结合，确立“打造阳光物价、推进公正执法、建设法治机关”的指导思想，深入推进价格法治建设工作。全面实行审批公开。凡是涉及群众利益的价格制定或价格调整，坚持召开听证会或座谈会征求意见。广泛听取各方面意见建议，保障群众的知情权、参与权、监督权，做到公开合理定价，科学民主决策。执法人员严守执法程序，重大价格违法案件坚持案件审理委员会集中审理或公开听证，以程序公正保障结果公正。严格行使自由裁量权，在处罚时做到一把尺子、一个口子，确保定性准确、处罚适度、符合标准。推行执法检查预告和回访制度，在进入被检查单位前告知检查行为，接受群众监督；案件办结后，采取问卷调查回访、电话回访等方式，对办结案件的当事人、涉案单位进行回访，促进公正办案、廉洁办案。邀请部分人大代表、政协委员、建设人民满意政府监督员、优化经济环境监督员、市民代表当场评议案卷，开展价格行政执法评议活动。

第三节　价格宣传与听证

一、宣传

1994 年，国家放开粮食价格后，市场物价上涨，对此，市物价局广泛开展价格法规、政策宣传。全年投入物价宣传的有 500 多人次，出动宣传车 150 多台次，物价主管部门负责人发表广播电视讲话及举行答记者问共 41 场次，张贴横幅标语 550 多条，印发宣传资料 1.1 万多份，印发商品价格监审办法近万份。撰写专稿被报刊、电台、电视台采用 180 多篇。对反面典型曝光 8 起。

1998 年，《中华人民共和国价格法》颁布，从 5 月 1 日起施行。4 月 3 日，市物价局发出《关于做好〈价格法〉宣传工作的通知》（常价综字〔1998〕029 号），要求各科室、单位及各区县市物价部门开展为期一个月的《价格法》宣传活动，将省物价局制作的《价格法》宣传挂图在街道、车站、码头、商场、集市、居民住宅区、机关厂矿、学校广泛张贴。5 月 1 日，集中开展咨询宣传活动，活动期间共印发宣传挂图 5000 多套，宣传单

50000张，悬挂和张贴横幅标语1000多条，出动宣传车100多台次。

2008年4月14日，市委宣传部、市依法治市领导小组、市法制办、市司法局、市广播电视局与市物价局6单位下发《关于组织开展〈价格法〉实施10周年宣传活动的意见》（常价综〔2008〕36号），市物价局制定纪念《价格法》10周年宣传活动方案，并拨付5万元作为宣传经费。当日，市政府副秘书长马麦秋主持召开会议部署宣传工作。4月30日，副市长李爱国在《常德日报》发布署名文章，宣传价格执法、价调基金、加强民生价格监管等。5月1－3日，在常德电视台新闻频道、影视频道进行《价格法》专题报道和图文宣传。各大超市、宾馆、医院、车站等26家窗口单位利用彩飘、拱门、条幅、横幅300多条宣传《价格法》。市物价局全体人员和武陵区物价局工作人员，在步行街金钻广场设立产商品价格、行政事业性收费、服务价格、价格鉴证和价格投诉等咨询平台，向群众免费发放《价格法律法规》《价格知识50题》等宣传册168册，《价格法》《价格违法行为行政处罚规定》《关于商品和服务实行明码标价的规定》与《禁止价格欺诈行为的规定》等宣传资料1500多份。市人大常委会副主任张启祥、副市长李爱国、市政协副主席张新民等参与并指导《价格法》宣传工作。

2009年，市物价局成立以局长为组长、常务副局长为副组长的宣传工作领导小组，明确局综合法规科主抓价格宣传工作。安排3名素质高、能力强的干部专职从事价格宣传工作。宣传中建立媒体联系制度、考核激励制度、经费保障制度。10月25日，开展“价费服务企业行”宣传活动，上门给企业送《涉企收费政策文件汇编》100多册。在服务新农村宣传活动中，发放近万份涉农价费公告到全市乡、村。局领导作客市政府网站和广播电台“嘉宾访谈”“行风热线”等节目，召开新闻发布会，两次组织业务骨干参加电视台、电台的价格宣传节目，回答群众关心的各类价格问题。免费向各单位发放《物价简报》《价格信息》《价费政策文件》3万余册。在《常德日报》头版头条发表的文章有：钟志宏的《城区瓶装液化气降至每瓶55元》，王强的《涉企收费必须公示》。全年在省、市级各类媒体共发表市物价局人员有关价格文章124篇。

市物价局价格服务宣传图册

二、听证

1999年1月13日，市物价局就市城区公共汽车票价举行常德市首次价格听证会。市政府副市长龚建明、市物价局负责人及有关工作人员、部门代表、市区两级人大代表和政协委员、消费者和经营者代表、新闻单位代表共40多人参加。听证会由市物价局常务副局长杨峰主持，申请人就价格制定和调整方案的依据作陈述性发言，市物价局介绍初审意见及有关政策，参加听证会的各方面代表发表意见，申请人对提出的问题和异议进行陈述解释，最后顺利通过了调价方案。市物价局局长、党组书记沈兆兴对听证会作了总结发言，副市长龚建明会后接受了常德电视台记者的专访。10月29日，市物价局联合市公用事业局在华都大酒店举行调整市城区自来水价格听证会。城区各方面代表32人参加，听取市自来水公司调价依据和理由、市工农产品成本调查队成本审核情况及物价局对初审意见的发言。表决结果为：居民生活用水、工业用水、经营用水、特种用水分别由每立方米0.72元、0.83元、1.37元、2.47元调整为0.82元、0.90元、1.48元、3.24元。省物价局、省公用事业局、市政府、市人大常委会、市经委、市财办有关领导参加此次听证会。

2001年10月24日，市物价局主持召开市城区自来水价格调整听证会。市直有关主管部门、生产经营企业、私营业主、机关事业单位、新闻单位、社会团体、居民委员会代表共28人听取了市自来水公司调价申请报告和市价格成本调查队成本调查审核情况、市物价局对调价初审意见。通过了按各类用水比价系数确定调整后的居民生活用水、行政事业用水、工业用水、经营服务用水、特种用水价格分别为每立方米0.98元、0.98元、1.08元、1.76元、3.92元。省物价局纪检书记刘辉朝、市人大常委会副主任向启国、市人大常委会财经委主任王志华、市政府副秘书长张家安、市政协经科委副主任邓益成出席听证会。

2010年8月23日下午，市物价局在常德国际大酒店召开常德市城区居民生活用天然气销售价格调整听证会。参加听证会的实到22人。市人大常委会副主任张启祥、省物价局商品价格管理处处长廖益平应邀出席。市物价局龚椰林、陈秋林、钟志宏、李国忠、张业文参加听证会。常德电视台、常德广播电台、《常德日报》等8家新闻媒体的记者与会采访报道。在听证会上，定价听证方案提出人向与会人员陈述了定价听证方案，定价成本监审人向与会人员介绍了定价成本监审结论及相关情况，随后，听证会参加人围绕定价听证方案发表了意见，进行了咨询，对于听证会参加人的询问给予了解释说明。之后，市物价局向市政府、省物价局上报常德市城区居民生活用天然气销售价格调整意见，经市政府同意、省物价局审批后执行。

是年12月10日下午，市物价局在常德国际大酒店召开常德市城区出租车客运价格体系调整听证会。本次听证会实到26人，市物价局袁云波、龚椰林、陈秋林、钟志宏、张业文、李国忠6名工作人员担任听证会听证人，龚椰林兼任听证会主持人，市政协副主席彭明建、市政府副秘书长张运华、市政府办副调研员李莉红、市纪委第一纪工委委员张跃华作为嘉宾出席会议。常德电视台、常德广播电台、《常德日报》、市政府网站等8家新闻单位的记者与会采访报道。在听证会上，定价听证方案提出人向与会人员陈述了定价听证方案，定价成本监审人向与会人员介绍了定价成本监审结论及相关情况。随后，听证会参加人围绕定价听证方案发表了意见，进行了咨询。听证人认为，本次听证会上听证会参加人提出的意见与建议客观中肯，有其积极性、合理性，对此应予以高度重视，认真研究。会后，市物价局将综合考虑听证会参加人提出的意见与建议，修改完善市城区出租车客运价格体系调整方案，上报市政府同意后，适时出台执行。

2012 年 9 月 11 日，市物价局在常德国际大酒店三楼举行制定市城区快速公交客运票价听证会，各界代表 23 人参加，常务副局长龚椰林主持。会上，物价部门介绍对快速公交运营成本的监审情况。快速公交营运总成本 3579. 4705 万元，年客运量 1168. 3650 万人次，按此计算常德大道“一主五支”快速公交定价成本每人次 3. 06 元。消费者代表、经营者代表和社会各界代表，对核定的快速公交成本即席与书面发言。经认真调查，广泛听取意见，确定常德市城区快速公交票价每人次 1 元，夏季开放冷空气时每人每次加收 0. 50 元。快速公交投入营运后，年营运产生的亏损额由市财政按国家有关政策给予补偿。当年还召开了诗墙公园和火车站停车场机动车停放服务收费标准、清水湖旅游门票价格、瓶装液化气价格、白鹤山殡仪馆殡葬服务收费等听证会或座谈会，广泛听取各方面的意见和建议，保障群众的知情权、参与权、监督权，做到公开合理定价，科学民主决策。

第五章　价格改革

第一节　农产品价格改革

1989 年 8 月 15 日，市物价局、市粮食局联合下发《关于安排早中稻议购指导价格的通知》，确定常德市早中稻的籼稻议购指导价为每 50 公斤 38 元，糯谷和粳稻的议购价由各区县市比照籼稻价格自行制定。

1990 年 3 月 29 日，市物价局转发省物价局、省烟草公司《关于调整烤烟收购价格的通知》，烤烟收购价格由每 50 公斤 90 元调整为 105 元。之后，市物价局贯彻实施国家、省多次调整烤烟收购价格的改革政策。10 月 24 日，市物价局、市供销社联合发出《关于调整衣花、棉絮零售价格的通知》，将梳棉机加工的衣花、棉絮零售价格，在普通弹制衣花、棉絮零售价格的基础上每 50 公斤分别提高 27 元和 32 元。衣花、棉絮批零差率按 12% 执行，综合差率按 8% 执行。

1992 年 4 月份提高粮食销售价。10 月 13 日，市物价局与市经济体制改革委员会、市财政局、市粮食局转发省《关于粮食价格和经营放开有关问题的通知》，常德市 11 月份放开粮油销售价格。至此，市场调节价的农产品达到 49 种（类）。

1994 年 3 月 31 日，市物价局发出《关于严格执行粮食销售限价的通知》：明确每 500 克标二早籼米不超过 0.65 元，标一早籼米不超过 0.70 元；每 500 克标二晚籼米不超过 0.80 元，标一晚籼米不超过 0.84 元。早籼米、晚籼米、菜油、茶油、余晚米、余赤米、猫牙米的零售价格必须报同级物价局审定。实行粮食购销体制改革。从新粮上市起，国家定购粮收购价格早籼稻每 50 公斤 44 元，晚籼稻每公斤 52 元。定购主要粮食品种销售价恢复执行国家定价。对粮食、食油、猪肉、蔬菜、成品油、化肥等与生产和群众生活密切相关的 53 种重要商品实行价格监控制度，对监测中的 25 种重要生产生活资料实行差率控制，对差率控制中的 12 种生活必需品与农资价格实行提价申报制度，对猪肉和主要蔬菜实行零售指导价。其后几年继续坚持国家定价、差率控制、零售限价、提价申报管理办法。

1996 年 7 月 15 日，市物价局、市粮食局下发《关于下达定购粮食销售价格的通知》，规定市城区和石门县 500 克标一早籼米最高零售价 1.25 元。市定鼎城区、汉寿县、桃源县、安乡县、澧县、临澧县、津市市每 500 克标一早籼米最高零售价 1.22 元。大米销售按国家质量标准划分为标二、标一、特制米 3 个等级，等级差价规定为 500 克 0.05 元。同种粮食销价以区县市为单位实行一县一价。各项农村用粮按照既可供应大米，也可供应稻谷的原则，由消费者自由选择。稻谷销售价格按省规定的出米率计算制定。市城区和石门县中等早籼稻谷每50公斤销售价81元，鼎城区、汉寿县、桃源县、安乡县、澧县、临澧县、津市市每50公斤中等早籼稻谷销售价79元。每50公斤中等中、晚籼稻谷销售价格分别比早籼稻谷高3元和7元，稻谷销售等级差价每50公斤为1元。

1998年6月17日，市政府办公室下发《批转市物价局关于制定粮食顺价销售报告的通知》，实施顺价销售的单位主要是国有粮食收储企业及其所属尚未独立核算的粮食加工企业，顺价销售的品种是原粮和成品粮。

1999年8月26日，市物价局、市粮食局下发《关于明确1999年中晚稻收购价格的通知》，明确中晚稻执行定购价、保护价“两价合一”的综合收购价，每50公斤中等中晚稻收购价分别为53元、58元。11月26日，市物价局、市粮食局下发《关于核定各区县市晚稻收购价格的通知》（常价价字〔1999〕166号），明确晚稻收购价格由各区县市人民政府核定，抄送市物价局和市粮食局备案。各区县市核定晚稻每50公斤收购价格为：桃源县、汉寿县54元，武陵区、鼎城区55元，澧县、临澧县、石门县、津市市56元，安乡县58元。此后，由政府制定粮食保护价格，市场价格低于保护价时，政府出资按保护价收购；市场价高于保护价时，按市场价收购。

2002年4月1日起，对常德市的晚籼稻实行保护性生产补贴外，全省粮食购销价格和市场全部放开。

第二节 农业生产资料价格改革

1989年4月7日，市物价局下发《关于认真贯彻省政府关于稳定化肥价格的通知》（常价价字〔1989〕35号），规定碳铵出厂价格每吨最高不超过310元，调剂出县的不超过330元，对农民的综合销售价格每吨产大于销和产销平衡的县最高不得超过350元，纯销区不得超过400元。各区县市自行组织的尿素，按常价价字〔1989〕25号文件第40、41条规定，由区县市物价局加权制定综合销售价报市物价局备案。

1990年2月25日，市物价局下发《关于加强农业生产资料价格管理的通知》（常价价字〔1990〕14号），贯彻执行国务院《关于化肥、农药、农膜实行专营的决定》和《关于完善化肥、农药、农膜实行专营办法的通知》精神，严禁将平价和综合价化肥、农药、农膜及其原料转为议价销售。化肥和农膜都要严格按规定价格和作价办法执行。粮、棉挂钩和专项肥执行国家规定价格。其他大化肥、农药和农资销售价格以县市为单位实行综合作价，具体价格由当地物价局核定。碳铵价格严格按省规定价格执行，出厂价格每吨全年平均不准突破310元，旺季控制在330元以内。

1992年9月份放开小化肥价格。全年国家、省下放给企业定价的882种（类）商品中，生产资料就有711种（类）。

1994年10月1日起，实施农资流通体制改革，大化肥由三级批发一级零售改为一级批发一级零售。尿素统一厂销价格，并实行综合作价，小化肥确定最高限价。常德市制定了农资价格管理办法，从严核定化肥、农药、农膜等主要农资商品的经营差率和价格，保持农资价格基本稳定。

1997年，市物价局下发《关于安排1997年碳铵等小化肥价格的通知》（常价价字〔1997〕17号），碳铵中准出厂价每吨500元，中准零售价每吨600元。市内企业生产磷肥中准出厂价每吨350元。贯彻上级有关政策精神，开始放开农资价格，实行市场调节价。至2004年上半年，常德市的农资价格一直比较平稳。2004年下半年，农资尤其是尿素价格上涨较大，影响农业生产和农民利益。根据国家发改委有关规定，对化肥价格实行临时价格干预措施。从2004年10月1日起，尿素、钾肥按实际进价顺加7%的经营差率制定销售价格。对碳铵、磷肥、复合肥、氯化铵等化肥价格，亦实施相应价格干预措施，稳定了化肥市场价格。

2005年3月24日，市物价局发布《关于农业生产资料价格管理政策规定的公告》，宣布化肥价格实行政府指导价。市内生产企业生产的碳铵出厂中准价格每吨500元、普通过磷酸钙出厂中准价格每吨330元，上浮不超过6%，下浮不限。最高出厂价每吨碳铵不超过530元、普通过磷酸钙不超过350元。市内生产企业生产的其他化肥出厂价格由县级物价部门核定。化肥的销售价格，按实际进货价格（包括实际运杂费、有冬储利息的包括冬储利息）顺加差率制定。批发环节的进销差率不得超过2%。同一品种化肥在省内流通只允许一道批发环节，即从省内经营企业购进的化肥，只能直接销给农民。零售环节的进零差率不得超过5%。从出厂直接到销售的经营差率允许合并计算，但不得超过7%。对农民销售的尿素价格，每吨最高不得超过1900元；个别边远山区运距运费高的，每吨也不得超过1950元。有生产企业的区县市碳铵每吨不得超过580元；无生产企业的区县市碳铵每吨不得超过590元。普通过磷酸钙每吨不得超过410元。种子批发价格按实际进货价格加经营管理费率和运杂费及税金制定，杂交种子最高经营管理费率不超过15%，常规种子经营管理率最高不超过20%。属专业公司营销网点销售的种子按省、市规定统一销售价格执行。6月14日，调整碳铵与普通过磷酸钙政府指导价，碳铵出厂中准价为每吨455元、普通过磷酸钙每吨360元。

2006年4月3日，市物价局、市财政局、市经济委员会转发省经委有关文件，继续对农业生产资料实行政府指导价。

2008年6月6日，市物价局发出《关于调整全市碳铵和磷肥价格的通知》（常价价〔2008〕56号）。碳铵出厂中准价格调整为每吨598元，普通过磷酸钙价格调整为每吨570元。对碳铵、普通过磷酸钙流通环节销售价格实行经营差率管理，作价办法是：批发价格=实际进货价格（含运杂费）×（1+进销差率）；零售价格=实际进货价格（含运杂费）×（1+进零差率），规定进销差率不超过1.5%，进零差率不超过4.5%。从出厂直接到零售的经营差率允许按不超过6%合并计算。经营单位按规定的作价办法和经营差率确定批发价格和零售价格。

2009年1月25日起，常德市碳铵、磷肥等小化肥出厂价格由政府指导价改为市场调节价。取消对化肥批发、零售价格经营差率控制和零售限价。改革化肥价格机制后，物价部门的职责是搞好农资价格的监测工作。

第三节　其他重要价格改革

1992－1993年，下放企业定价权，培育发展市场取得进展，以市场形成价格为主的价格机制初步建立。1992年，相继放开卷烟零售价格和市产煤炭等价格。至此，全市市场调节价格的商品达到910种（类），其中生产资料721种、工业消费品140种（类）、农产品49种（类）。全市国家管价的商品仅为61种（类）。市场机制在价格形成中占据主导地位，传统的高度集中的价格管理体制已经转变为市场价格为主的体制。按照全国、全省统一部署，常德市先后提高电力、石油、钢材、棉花、食盐、公路客货运输等150种商品、服务收费价格，提高地方上网电价、武陵酒、磷肥出厂价格。继1992年放开技术、信息服务、理发、照相、跨省公路运输等10多种劳务性收费后，1993年上半年调整旅游景点门票价格、宾馆和招待所住宿收费以及自来水价格。

2001年，推行审批制度改革，取消、下放、合并粮食收购保护价、成品油销售价等55项，精简审批项目69.6%。

2003年，突出宏观调控，稳步推进价格改革，对电价、水价、路桥收费等基础产业和公用事业价格实施改革。实现城乡居民生活用电同价，130多万农户生活用电从上年平均每千瓦时0.74元降至0.548元。加强对集中招标药品价格管理，当年共降低招标药品价格232种，审查药品价格1732种，全市药价平均下降20%，为群众就医减负2000余万元。

2004年，落实“中央1号文件”精神，实行粮食收购保护价格政策，促进粮食生产；实施义务教育收费“一费制”，规范教育收费行为；深化水价改革，开征城市污水处理收费。根据省政府文件精神，市政府下发《常德市水利工程水价核定及税费计收使用管理办法》（常政发〔2004〕17号），分别核定自灌、提灌、机电排灌、水轮泵灌和排洪机埠用水的价格。

2005年，规范部门和垄断行业价费行为，进一步深化电力、自来水、药品、教育、殡葬服务等价格收费政策。落实国家、省义务教育“一费制”改革政策。

2006年，对液化气等商品价格采取降低经营差率，企业保本经营和盈亏综合算账等措施。

2008年，常德市冰灾严重，在全省率先启动价格干预，对大润发等10家超市的400

多个品种价格进行临时干预，各区县市也同步进行价格干预。商品价格调价时进行调查摸底，将调价前后价格水平进行审核对比，严格审查调价依据，调价幅度。全年共办理调价备案82宗，涉及商品品种规格200多个。

2009年，对新建商品房实行“一费制”。对全市25家非营利性医院经营药品及医用材料价格进行公示。组织测算审定全市600多条公路运输线路营运成本，合理制定3000多台车辆的跨省、市、县的客运票价。

2010年，在武陵区、安乡县推行基本药物制度试点工作，实行基本药物“零差价”销售。基本药物销售价格下降30%，降价金额1200多万元。

2012年1月11日，市卫生局、市发改委、市财政局、市人力资源和社会保障局、市物价局、市食品药品监督管理局发出《关于推进村卫生室基本药物制度的通知》（常卫发〔2012〕8号）。规定村卫生室全部配备使用国家基本药物和省增补药物，不得再使用除此之外的其他药物，且村卫生室使用的这些药物统一执行省价格主管部门确定的零售价格，实行零差率销售，并对药品价格进行公示；村卫生室配备使用的药品由乡镇卫生院（社区卫生服务中心负责）通过省药品集中采购平台统一采购，村卫生室不得通过其他渠道采购药品，乡镇卫生院为村卫生室代购药品不得收取任何服务费用。通知还对村卫生室实施基本药物制度的其他相关工作予以明确，并提出具体要求。5月22日，市物价局、市卫生局向各区县市物价局、卫生局，市直二类及以上公立医疗卫生机构发出通知，要求全市30家执行二类及以上医疗服务价格的公立医院试行按病种定额包干收费。定额包干收费的病种确定为5个：结节性甲状腺肿、急性单纯性阑尾炎、自然临产阴道分娩、子宫平滑肌瘤、老年性白内障。7月31日，市物价局、市卫生局对按病种收费试点医院费用标准作出规定并提出6点要求，确定医药费用标准从2012年8月1日起试行一年。

第三篇《

价格调控

第三章

第三篇　价格调控

第一章　价格监测

第一节　价格信息网络

1989年，市物价局发展信息联络户150个，与国内400多家信息机构建立联系，信息收集和反馈面遍及全国26个省、市。

1990年5月30日，市物价局召开常德市首届价格信息发布会，各联络户、物价员等200多人参加。会上发布振兴常德经济的4条价格对策：一是流通企业经营限价产品有困难的，经物价部门签证后允许比价高于出厂限价的部分加在规定的最高销售限价上销售；二是国营管价产品，原材料涨价后未调整的，经物价部门批准可制定临时出厂价格或加收原材料差价；三是按照不减少财政收入、不增加企业负担、不提高产品价格的原则，在物资经营企业建立价调基金，在农资经营企业建立价格风险基金，增强企业后劲和适应市场的能力；四是取消提价申报品种，缩小差率控制范围。除省里明确不申报的品种外，减少照相机、电风扇、火柴、皮鞋、袜子等申报品种。对实行差率控制的成衣包装、印相纸、放大纸、空调机、投影机、机械打字机等放权给企业定价。

1991年，全市发行《湖南价格信息》6577份，建立常年价格信息联络户312个，召开价格信息发布会，为企业提供价格信息100多条，有10多家企业运用这些信息搞活了生产和流通。

1992年，市物价局配备先进信息传输设施和专门人员，微机系统与全国联网。

1993年，市物价局微机与桃源、安乡等县市物价部门联网，运用微机加强与报社、电台联络。开通经济广播电台价格热线电话，回答民众反映的热点问题，召开价格新闻发布会，把主要农产品15年成本收益列表分析向农村发布，为农民调整产业结构提供信息。

1994年新增价格顾问户和信息联络户31家，累计发展价格信息联络户520家。被市以上党政部门采用价格政务信息和物价分析125篇（条），其中省级采用55条，中央办公厅、国务院办公厅、国家计委采用11篇，获国家级奖1篇、省级奖3篇，《拆掉收费路卡》的信息获全国地方党报二等奖。市物价局综合信息工作在市直单位和全省物价系统中名列前茅。

1995 年，市物价局完善 22 种主要食品价格和 112 种主要商品报表的分析制度，建立区县市物价指数统计制度，为各级领导科学决策提供信息。省物价局授予常德市物价局、鼎城区计划物价局、石门县计划物价局、桃源县计划物价局全省价格信息工作先进单位一等奖，授予津市计划物价局、澧县计划物价局、汉寿县计划物价局价格信息工作先进单位二等奖，授予武陵区计划物价局、临澧县计划物价局价格信息工作先进单位三等奖。

1998 年 10 月 28 日，省价格信息中心设立湖南省价格信息中心常德工作站，聘请李印华任站长。

2004 年，市物价局始建门户网站，域名 http：//wj. changde. gov. cn，为市人民政府网站的子网站，域名使用市人民政府网站的二级域名。9 月 29 日，湖南价格信息网改为价格在线国际互联服务网。市物价局组织企业入网，发展网络会员市直属单位 300 户、汉寿县 300 户、桃源县 300 户、澧县 300 户、临澧县 300 户、石门县 200 户、安乡县 200 户、武陵区 200 户、鼎城区 200 户、津市市 50 户、德山开发区 50 户。

市物价局网站主页

2006 年 7 月 31 日，市物价局实施《常德市政务信息网上公开暂行办法》《常德市政务信息网上公开实施方案》，制定 12 条信息公开办法，建立常德市物价局网站（http：//wj. changde. gov. cn）。成立以局长袁云波为组长的价格政务公开工作领导小组，常务副局长龚椰林分管网上政务信息公开工作，综合法规科具体负责信息公开、收集、审核与发布工作，相关业务科室及时提供信息搞好网上公示。明确信息联络员，配备专职网站管理员。在网站上设置政策法规、办事指南、价费公示等 11 个栏目，信息更新频率每周 3 次以上。共发布动态信息、公告、公示等 60 余条，被省物价局“价格在线”网站采用 10 余条，被市政府门户网站采用 8 条，点击率超过 14000 人次。

2008 年，市物价局发出《关于加强政务公开和信息工作的通知》。局属各单位统一思想认识，增强服务意识，明确工作责任，推进阳光政务，做强信息平台。印发《常德市物价局政务信息网上公开办法》，安排专项工作经费 10 万元，另安排 10 万元用于网站改版和局域网建设。公开政府信息 1100 条，全文电子化率 98%，接受市民咨询 1300 余次，信息公开专栏访问量 20000 人次。网站栏目由 19 个增加到 36 个。

2010 年，实施《中华人民共和国政府信息公开条例》，推动价格政务公开，建设“阳光物价”工程。做到重要价费政策公开、重要价费审批公开、典型违价案件处理公开、重要价格成本监审公开、网上诉求办理公开、重要工作完成情况公开。公开的形式有电子政务平台、价格与民生栏目、价格听证会、新闻发布会、“12358”价格举报平台、价格公共服务平台、行风热线等。9月1日，向局属各科室、单位下发《关于加强市民网上诉求快速办理工作的通知》（常价综〔2010〕76号），要求落实责任、严格程序、明确要求、加强调度、严肃纪律。市委办公室《每日要情》和《重大信息》采用市物价局《我市近段时间蔬菜价格逐步走低，棉花价格从高位回落》等信息21条。市政府办公室的《常德信息》采用市物价局《11月份以来常德市蔬菜价格回落》等信息22条，省政府办公厅采用常德价格系统《当前蔬菜价格大幅走高》等信息8条。

2010年5月，常德市政府网站部分子网站座谈暨现场经验交流会在市物价局召开

2011年，市物价局《房地产调控中的正和博弈》等10多篇调研文稿在《湖南价格信息》刊登。《我市粮食价格持续上涨》等5篇在市委办公室《每日要情》刊登。《肉类、蔬菜、水产品价格小幅上涨》等15条信息在市政府办公室《常德信息》刊登。《常德市积极应对加碘食盐抢购现象》等29条信息被市政府办公室政务信息采用，其中被省政府办公厅采用3条。

2012年9月7日，总经济师李印华一行3人到甘露寺蔬菜批发市场、家润多超市、人人乐超市，实地调查了解、采集整理价格信息。

第二节　价格监测与分析

一、监测

1990年，根据省政府下达给市政府的控价目标，市物价局组成课题攻关组，推算职工基本生活费用价格指数，以此作为市政府对各区县市的控价要求，之后不断完善，形成了“五五监控”制度，这一做法创全省县级物价监控之先河，得到各级领导的肯定。

1993年，市物价局价格监测主要开展以下工作：（1）继续完善全市价格监测制度，由各区县市选择本地区1－2个有代表性的市场，对重要生产资料和生产要素市场价格进行监测；（2）继续执行“五五监控”制度，加强预测性信息的研究和分析，由各区县市确定专人按时报送；（3）各地出现价格异常波动，抢购、脱销等突发事件，或各项政策在实施中出现问题，要将情况及时上报市局。各区县市的政务信息和重点品种价格监测报告，由市物价局综合科及时汇总、分专题向省物价局上报，同时在次月初将全市主要商品市场成交价等资料反馈给区县市。由市物价局综合科对区县市报送的情况逐篇登记，作为年终评先依据。

1994 年，确定 53 种商品作为日常监测品种，并对“菜篮子”中的蔬菜价格实施重点监测。要求各区县市对所监测的商品价格变化趋势进行分析，每月 5 日前将本地市场价格水平和变化情况上报市物价局。

1995 年，确定 40 个国家定点价格调查监测单位，逐步构建全市价格监测体系，并将 40 个定点监测单位、351 个商品作为计算物价指数及物价监控的重点单位和主要代表规格商品。在各监测单位建立内部物价监测机构，配备专人负责该单位价格监测工作，对所抽选的代表性商品价格每月进行两次登记。每月 25 日前，由监测单位将价格登记表报送到市物价局价格科。开展“国家定点价格调查监测单位”挂牌活动，要求各监测单位认真执行物价政策，自觉规范价格行为，所有经营的商品全部实行明码标价，增强监测工作的透明度，自觉接受社会各界广泛监督。

2000 年，市物价局在桃源县、安乡县和鼎城区等粮食生产大县定点监测粮食购销价格，从新粮上市起，对早、中、晚籼稻（含普通稻和优质稻）的收购、销售价格进行监测。每个县至少选择 3 个以上集镇（墟场）作为监测点（必须有一个毗邻外省、区、县的点），一经确定不得更换，每周电话上报一次，每月汇总邮报一次（电话上报时间为每周星期四下午 4 点前，邮报时间为每月月底前）。

2003 年，确定 5 大类 400 余个监测品种，每个品种选择 2－3 个经营单位，以经营单位上报为主，直接采价为辅。

2004 年，强化农资市场价格监测工作，坚持农资市场价格监测工作专人专责和监测情况周报制度，加强对尚未实行价格干预措施的碳铵、磷肥、复合肥、氯化铵等化肥品种以及农药、农用薄膜的市场价格监测。对可能引起市场价格异常波动的现象和问题，及时进行预报预警，提出对策建议。

2005 年 4 月 25 日，市物价局召开局长办公会议，专题研究价格监测工作，形成 4 点意见：（1）统一归口管理。价格监测工作由市物价局办公室价格监测和综合信息部门牵头，相关职能科室共同参与。（2）整合监测资源。一是整合项目资源，形成统一的监测信息管理系统。二是整合人力资源，形成人散神不散的价格监测人员队伍，提高整体工作合力。三是整合布点资源，把重点监测对象放到省定的 18 家授牌单位上，充分发挥定点监测单位的作用。（3）加强信息分析，逐步建立价格监测数据库的管理系统。（4）制定制度规范。按照国家《价格监测工作规定》要求，建立健全常德市价格监测工作制度、价格异常波动监测预警制度、价格信息发布制度等。是年 12 月 15 日，市物价局明确 40 个价格监测点的采价单位及各采价点的联系人。各定点单位明确负责人和工作人员，及时、准确地报送价格信息资料。市物价局定期或不定期对定点单位的工作进行考核，对违反监测规定，拒报、虚报、瞒报或者伪造、篡改价格资料等行为，依据有关规定，责令改正，予以通报批评；严重的按有关法规予以处罚。对工作突出的单位和个人给予一定经济补贴和奖励。

2006 年 6 月，市物价局增设价格监测科。当年，撰写《关于目前农资市场价格情况与监管工作》《关于生猪市场价格调查分析》《常德水泥价格近期大幅上涨》等专题调查报告 13 篇，编发《常德价格信息》18 期，及时向市委、市人大、市政府、市政协领导和省物价局汇报，通过新闻媒体向社会发布、宣传。

2007 年，加大农资及农产品价格监测力度，对农资价格继续实行周报制度，制定下发《关于开展农资价格调查和定期收集上报农资价格情况的通知》，在全市设立 40 多个价格监测点，对化肥、农药、农膜、种子等主要农资价格进行跟踪监测。采取不定期巡查和联合调查方法，关注粮油肉菜等主要农副产品市场价格动态。针对年初和 5 月份猪肉价格上涨、7 月份粮油价格上涨、8 月之后蔬菜价格上涨等情况，市物价局通过会议汇报、专题汇报和信息专刊等形式，向省物价局和市政府领导反映。7－8 月，常德市场猪肉价格急剧上涨，价格监测人员深入城区定点屠宰企业，指导制定合理的经营差率。

2007 年 3 月 15 日，市物价局副局长陈谋建为价格监测点授牌

2008 年 5 月 25 日，召开价格监测定点单位总结表彰和业务培训会议。9 月份开始把大润发、家润多、步步高超市和甘露寺、青阳阁农贸市场的蔬菜、粮油肉蛋鱼、蜂窝煤的当天价格编入《每日快报》，为政府调控市场价格提供第一手资料。年末，市价格监测中心被评为全省价格监测工作先进单位。

2009 年，市物价局制定和完善《价格监测工作制度》，明确价格监测的基本任务：一是调查和分析重要商品、服务价格以及相关成本与市场需求的变动情况；二是跟踪反馈国家重要经济政策在价格领域的反映；三是实施价格预测、预警，并及时提出政策建议。明确由价格监测科牵头，价格科、服务价格科、收费科、价格成本调查队等单位参与，分别按职能做好相应的监测工作。当年，市监测中心被评为全国价格监测工作先进单位、全省价格监测工作先进单位。

2010年，市物价局建立健全价格监测网点，拓宽信息发布渠道，通过媒体、手机及时发布粮油肉菜等民生商品价格，开展经常性的调查、分析，引导社会各界正确看待价格走势，防止生产者惜售、经营者囤积、消费者抢购等非理性行为发生。同年，与移动公司创建手机信息群发网络，当年发送各类价格信息10余条7000多人次。12月，市价格监测中心和安乡县价格监测中心被命名为湖南省第二批规范化监测机构（湘价信〔2010〕189号）。当年，常德市价格监测中心被评为国家价格监测工作优秀单位和省价格监测工作先进单位。

2012年1月11日，市价格监测中心工作人员到龙阳生猪交易市场巡查

2011年1月20日，市物价局总经济师李印华率监测中心工作人员深入甘露寺蔬菜批发大市场、大润发超市、粮油批发市场，进行雨雪天气市场价格监测巡查。3月，市价格监测中心对批发市场进行调研，撰写了《近期常德市粮油、肉蛋价格及预期走势的调查报告》。6月上旬，市价格监测中心对生猪及猪肉价格上涨情况进行调研，将情况汇总成为《关于当前生猪及猪肉价格情况的调查》。6月底，《物价与民生》栏目正式推出，一方面通过《常德民生报》刊出，每周五发布，另一方面通过市物价局网站同步上线，监测品种包括粮油、蔬菜、肉蛋、液化气、农资、钢材、水泥等21类商品。7月，召开全市价格监测工作会议，传达全省价格监测工作会议精神，总结2010年度及2011年上半年价格监测工作，布置后段价格监测工作任务，并对优秀价格监测点予以表彰。8月初，总经济师李印华带领价格监测中心工作人员到甘露寺鸡蛋批发部、农资大市场、种子公司、三岔路煤店等多个价格监测定点单位指导工作，并发放监测补贴。12月，常德被确定为全国价格监测城市，每年新增上报30个监测点，涉及交通、燃气、学校收费、水电气等公共服务类商品。当年，市监测中心被评为全省价格监测工作先进单位。

2012年，针对春节期间猪肉价格上涨、蔬菜价格高位运行，市物价局加大市场价格监测和巡查力度，节日期间每日上报粮油肉菜等价格，撰写了2篇市场价格综合分析材料上报省市两级。2月10日，市物价局价格监测中心工作人员对甘露寺蔬菜批发大市场、大润发超市等进行巡查。通过走访群众和实地调研，市监测中心调整了《常德市城区部分重要商品价格监测日报表》品种，不再将黄豆、绿豆、生姜、大蒜等列入监测品种，同时增加散装菜子油、草鱼、鸡蛋、苹果、香蕉、12#螺纹钢、93#汽油、0#柴油等品种，调整后的监测品种为23项。3月15－18日，由市物价局总经济师李印华带队共7人到湖北省荆州市、襄阳市考察价格监测工作，学习两市物价部门价格监测工作经验。3月28日，市物价局网站刊登的《常德市城区部分重要商品价格监测日报表》再次改版，选取甘露寺、朝阳路、芷兰农贸市场和大润发、家润多、梅尼广场、人人乐超市作为固定采价点，由原来每种商品的集市、超市价格更改为7个采价点的每日实时价格。5月23日，召开全市价格监测工作会议，市价格监测中心主任、法制科科长王强传达省价格监测工作会议精神，对常德市2011年以来的价格监测工作进行全面总结，安排部署了2012年的价格监测工作。会上宣读了《关于表彰2011年度价格定点监测工作先进单位和先进个人的通报》，由局党组成员、总经济师李印华为受表彰的单位和个人颁奖。李印华在讲话中强调4点：进一步提高对价格监测工作重要性的认识、进一步提高价格监测工作的能力和水平、进一步解决价格监测工作面临的困难和问题、进一步发挥价格监测信息服务民众和服务决策的作用。党组书记、局长袁云波肯定了2011年以来价格监测工作所取得的成绩，对今后的价格监测工作提出3点要求：一要进一步重视价格监测工作，重参谋重引导；二要进一步提高工作水平，求真实强分析；三要进一步明确工作要求，建体系整资源。7月底，发出《关于认真开展价格监测数据报送工作的通知》，要求各区县市物价局建立价格监测专门机构，逐步完善价格监测网络，实行专人专项负责制，坚持定期上报数据和分析，并将价格监测这一项纳入年底目标管理考核。8月10日，对甘露寺批发市场内的粮油批发商店、大豆批发点、肉摊、冷库等进行了实地走访调研，撰写了《关于近期常德市粮油、肉蛋价格的调研报告》。国庆期间，由于全国首次实施7座以下小客车高速公路免费通行政策，应省局约稿，对常德市境内桃花源、柳叶湖和清水湖三个景区节日期间门票价格进行监测，形成调研报告《改革一小步，引发大关注》。当年，市价格监测中心被评为2012年度全省价格监测工作先进单位。

二、分析

1995年，常德市全年商品零售价格总指数为117%，比上年回落8.9个百分点，高出控制目标2.0个百分点：其中城区商品零售物价总指数为116.6，比上年回落9.1个百分点。从时间序列来看，全年分为两个阶段：即1－6月为物价上涨高峰阶段，零售物价涨幅分别为31.3%、29.2%、21.4%、24.2%、22.7%、22.1%，各月物价涨幅均在20%以上；7－12月为物价涨幅回落较大阶段，物价涨幅分别为1.9%、15.0%、7%、5.4%、5.5%、1.2%，平均涨幅低于10%。全年价格指数变动特点表现为：起点高、涨幅大、翘尾因素明显、食品类指数上涨快回落也快。

1996年，全市商品零售物价总指数为105.6%，比上年回落11.4个百分点，比国家制定涨幅10%的调控管理目标低4.4个百分点。当年物价形势以“稳”为主，物价指数均在1位数内呈波浪式缓慢上升，尽管遭受了特大洪灾，但在市委、市政府正确领导下，全市人民共同努力，有关部门齐抓共管，保证了全市物价水平基本稳定。

1997年，常德市经济发展稳中求进，宏观层面呈现发展适度、低通胀的格局，物价水平持续走低，商品零售物价上涨0.2%，居民消费价格上涨2.9%，分别比上年回落5.4和4.1个百分点，基本生活必需品和服务项目类价格高位运行，居民收入持续增加，生活水平和生活质量得到了进一步改善和提高。

1998年，全市商品零售物价指数为97.7%，为改革开放20年来的最低点，零售物价总水平比去年下降2.3%，居民消费价格总水平比去年下降0.5%，均在省政府确定的商品零售价格涨幅3%和居民消费价格涨幅5%左右的控制目标之内。居民消费价格月度同比总指数分别为101.4%、102.8%、101.7%、99.1%、96.7%、97.7%、101.2%、102.5%、99.6%、97.2%、97.7%和97.4%，指数运行呈“小波浪形”变化。

1999年，全市物价涨幅仍然承接回落惯性，全年CPI指数为98.1%，分月指数为98.6%、97.5%、97.9%、97.1%、99.3%、98.4%、96.6%、97.2%、97%、99.5%、98.6%、99%。近年来农副产品年年丰收，市场供大于求，食品类平均跌幅达3.8%，占全年零售物价跌幅的36.8%，加之当年宏观经济调控政策力度加大，全年物价走势呈现“V”形态势。

2000年，常德市物价止跌走暖，全年居民消费价格指数为100.1%，呈“V”形走势，最高点为11月份的102.3%，比最低点7月份高出3.9个百分点。其中食品类价格跌多涨少，下降3.2个百分点，绝大部分工业消费品稳中趋降，少数品种略有上升。

2001年，常德市场价格主唱“降”调，全年CPI指数为98.2%，每月指数分别为100.0%、99.0%、98.4%、98.6%、98.7%、95.5%、94.1%、95.2%、97.8%、99.1%、97.7%、98.3%。主要原因在于市场供应充足，居民收入增速放缓，部分经营企业低价促销。同时由于当年中国加入世界贸易组织，国外商品进口关税将大幅度减少，许多消费者存在持币待购的心理。

2002年，常德市居民消费价格总指数为100.6%，全市经济逐渐摆脱通货紧缩的阴影，形势逐步回暖。其中服务项目价格继续上涨，食品类价格指数出现近年来少有的“正增长”局面，市场总供给大于总需求。

2003年，常德市居民消费价格总指数为100.8%，比全国和全省分别低0.4和1.6个百分点。物价总水平呈“V”形走势，且主唱“升”调，当年每月CPI指数分别为100.0%、100.1%、100.1%、100.3%、98.6%、98.3%、100.5%、101.2%、101.0%、102.0%、103.9%、103.9%，农副产品价格出现近五年来首轮价格上涨，工业消费品价格基本平稳或稳中略降。

2004年，全市居民消费价格总水平与2003年同比上涨4.8%，高出全国0.4个百分点，低于全省0.3个百分点。从构成居民消费价格总指数的八大类商品看，呈现“四升四降”波浪式上涨态势，其中食品类价格平均上涨 12.3%，直接拉动消费价格总水平上升约4.1个百分点。当年分月涨幅为3.9%、2.0%、4.2%、4.6%、4.9%、5.9%、6.0%、6.5%、6.8%、5.4%、3.6%、3.5%。

2005年，常德市市场价格延续了2004年的回升势头，上涨速度有所减慢，全年居民消费价格总指数为102.7%，各月价格水平上涨呈逐月缩小之势：其中2月份价格涨幅最大，为6.8%，8月份和9月份价格涨幅最小，均为0.9%，最大涨幅与最小涨幅相差5.9个百分点。上涨推动力主要来源于食品、煤电油等原材料价格的上涨及政策性调价措施。

2006年，全市居民消费价格总指数为101.5，基本上与全省平均水平相近，在全省14个地州市CPI涨幅排名第九。全年价格走势平稳，1月份价格涨幅为1.1%，随后几个月价格总水平呈现逐月回落态势，5月份受粮食价格上涨影响涨幅上升到2.7%，6－10月份涨幅有所回落，维持在1%左右，11月份受油脂、猪肉等价格攀升，涨幅回升到2.6%，12月份达到年度最高点3.8%。从价格涨幅来看，食品、能源与交通三大类要素价格拉动全市CPI上涨。

2007年，由于食品价格和居住价格轮番大幅上涨的持续抢升，带动常德市全年CPI（居民消费价格指数）达到105.48%，比全省平均涨幅低了0.12个百分点，在全省排名第九，创1996年以来12年历史新高。全年CPI先由大宗农副产品领先上涨，带动食品类价格跟风上扬，再到下半年工业消费品价格普遍上调，使得全年消费价格“热点纷呈”，涨声四起。

2008年，全市CPI指数为106.0%，与全省平均水平持平，在市州中排名第11位，其中食品价格上涨14.8%，拉动价格总水平上涨4.9个百分点，是上涨的第一推手，但由于下半年美国次贷危机引发了全球范围内的金融危机，国内商品供需矛盾突出，迫使企业下调价格，导致全年居民消费价格指数呈现出“前高后低”的走势。

2009年，受金融危机、全球经济下滑影响，常德市物价总水平回落到较低水平，与上年同期相比呈典型的“V”字形走势，1－12月分别为+3.1%、－1.5%、+0.4%、－0.6%、－1.2%、2.4%、－3.1%、－2.1%、－1.1%、－2%、+0.9%和+3.0%。当年CPI累计指数为99.3%，与全国平均水平持平，低于全省平均水平0.3个百分点，从排位情况来看，2009年常德CPI在全省14个地州市中排名（幅度由高到低）位居第11位。

2010年，伴随经济持续回暖，宏观经济延续积极财政和适度宽松的货币政策，常德市CPI（居民消费价格总指数）从2009年11月份出现拐点由负转正，进入2010年后始终在较高水平运行，食品价格仍然是影响CPI上涨的主要原因。当年常德市CPI上涨3.2%，比全国平均水平103.3少0.1个百分点，比全省平均水平103.1高出0.1个百分点，在全省14个地州市中排名（由高到低）第6。

2011年，受原材料价格持续上涨，劳动人员报酬不断增加，粮食、石油等大宗产品价格持续高位运行等多种因素影响，常德市场价格高起点开局、持续攀升后逐渐回落。当年

CPI 同比上涨 5.5%，比上年涨幅高 2.3 个百分点，与全省持平，高于全国 0.1 个百分点。上涨幅度在省内 14 个市（州）中（由高到低）与长沙、益阳、郴州三市一起并列第二位。分月指数为 105.2%、105.7%、105.7%、105.7%、106.3%、106.5%、106.1%、105.9%、105.9%、105.7%、104.7%和 103.2%。

2012 年，常德市 CPI 指数为 102.0%，涨幅与全省平均水平持平，在全省排名中与长沙、张家界、娄底市并列第 6。当年，全市每月同比涨幅持续回落，10 月份回落至 0.6%，创 33 个月以来最低，全年呈中间低两头高的凹形走势。其中粮食、猪肉、蛋类、干鲜瓜果类价格同比涨幅较上年分别回落 18.2%、44.3%、17.8%、14.5%，成为影响 CPI 涨幅回落的主要原因。

第三节　价格调节基金

1994 年 7 月 11 日，市政府下发《关于建立市级价格调节基金制度的通知》（常政发〔1994〕9 号），建立市级价调基金制度。价调基金的资金来源：⑴市财政视情况每年安排一定数额的资金。⑵按政策规定应纳入价调基金的其他资金。⑶向市属企业、中央、省属驻常德企业及城区其他从事生产经营和提供劳务的单位（个人）征收资金。价调基金的用途是调控市场突发性暴涨的价格和重要的居民生活必需品价格；稳定重要节日期间的主要食品价格；扶持主要副食品的生产；平抑市场物价其他方面的特殊要求。价调基金的征收，坚持有利于国家产业政策的实施，符合国家平抑市场物价的政策，符合根据市情引导消费的原则。

一、征收

1995 年 8 月 4 日，市政府办公室发出《关于印发〈常德市市级价调基金征收方案〉的通知》（常政办发〔1995〕1 号），公布价调基金征收方案。价调基金征收范围及标准是：宾馆、旅社、招待所等按住宿收费标准的 4% 价外征收；按财会制度设立财务账簿的营业性夜总会、歌（舞）厅、酒家、餐馆、冷饮厅、咖啡厅、美容美发室、按摩厅等消费场所按营业收入的 3% 征收；未设立财务账簿的，分类别定额征收，夜总会、歌（舞）厅按一类每月 2000 元、二类每月 1500 元、三类每月 1000 元标准征收，卡拉 OK 厅按每月 500 元标准征收，美容美发室按每座位每月 20 元标准征收，健身按摩房按每床位每月 30 元标准征收，酒家、餐馆按每年每桌 200 元标准征收（只经营早点、小吃的不征收），冷饮厅、咖啡厅按每年 1500 元标准征收；自来水供应按每吨 0.02 元标准向自来水公司价内征收；承建市城区工程实行包工包料的按预算总造价 0.5% 的标准向施工单位征收，包工不包料的按建安总额 2.5% 的标准向施工单位征收；城区营运“的士”、正三轮摩托车、人力“慢慢游”，年检年审时分别按每年每辆 2160 元、2000 元、1200 元标准征收；棉花按销售量（含销市内）每50公斤0.5元标准向棉麻公司价内征收；凡市管价的产（商）品价格和收费标准调高时，按当年调价增值额的10%向受益单位征收；中央、省及外地在常德的企事业单位（含办事处营业部）按核准人数（含在职干部、职工、临时工、合同工）每人每月2.5元标准向所在单位征收，市属企业由市财政预算安排解决；经济效益好的中央、省、市属企业应承担部分调节市场物价的生产建设项目或相应的资金。方案对价调基金征收的分工予以明确，上述征收范围和标准中分别由市工商部门、市建委建工处、市公安、交警部门代征和市价调基金办公室征收。方案规定代征单位所收款项必须及时解缴市价调基金办公室基金专户。8月14日，市编办直〔1995〕25号文同意成立常德市价调基金征收管理办公室，其主要职能是：⑴根据全市国民经济发展和市场物价变动情况，拟定年度价调基金征收方案。⑵按确定的方案和政策征收价调基金。⑶对市场物价变化情况进行调查，预测预警。⑷拟定调节基金使用方案并对基金使用情况进行监督。各区县市亦相继建立价调基金制度及价调基金征收管理机构。当年，市本级征收额由上年的200万元增加到420万元。

1996年，市政府完善征收调节基金方案，市、县两级通过政府发文进行征收，没有成立机构的县落实专人负责征收，全市共征集价调基金1164万元。市本级征收600万元。

1997年，全市入库调节基金1260万元，其中市本级征收610万元。

1998年，市物价局在执行市政府征收和支出价调基金过程中，发现调节基金没有结余，不能应付市场突发事态，需求缺口较大。4月28日，市物价局向市政府呈送《关于确保价调基金专款专用的报告》（常价基字〔1998〕042号），提出围绕“稳定征收，严格管理”的原则开展工作。修订完善价调基金征收方案，实行任务分解、责任到人，奖超罚欠，改进工作作风和征收办法，确保基金及时足额到位。在征收项目减少的情况下，市本级征收入库490万元。

1999年，将餐饮、美容美发行业的价调基金转入经营性用水的水价内。其他用水每吨0.02元标准由自来水公司价外征收改为价内征收。对夜总会、歌（舞）厅、茶楼等消费娱乐场所的征收标准下调为每月500－1000元。对“的士”车的征收由原来每年2160元下调为1728元。对涉及征收工作的市交警支队、市建工局、市自来水公司等每个行业、部门分配征收任务、确定征收责任。安排3名同志专门负责夜总会、歌舞厅、茶楼的征收工作，该项目增收10多万元。建立调节基金统计报表制度，对800台出租车、50多家宾馆、招待所，30多家茶楼、舞厅、10多家中央企业使用台账登记制度。市本级完成价调基金征收金额525万元。

2000年6月13日，津市市人大常委会向省人大常委会反映津市市政府违规征收自来水调节基金。市物价局派谭国荣等3人前往津市调查，证实津市市确有超范围征收自来水价调基金的行为，经请示常德市人大常委会同意，停止执行津政办〔2000〕5号文件，自来水公司组价中所含价调基金予以剔除。7月1日，市物价局发出《关于取消自来水调节基金的通知》（常价房〔2000〕36号），取消自来水到户水价内征收的自来水价调基金。当年市本级共征收调节基金550万元。

2001年，市本级共征收价调基金530万元。

2002年2月15日，市物价局向市政府呈报《关于开征线路客运车辆和城区货运出租车价调基金的请示》（常价办字〔2002〕15号），凡线路客运车每辆每年按1000元计征，货运出租车每辆每年按500元计征。9月20日，市物价局、市财政局以常价办〔2002〕11号函委托市建设局代征建设工程价调基金。向各区县市价调基金征收管理办公室发函，调整部分价调基金征收标准。市本级完成价调基金征收480万元。

2003年，加大价调基金征管宣传力度，在常德电视台《都市生活》栏目就出租车价调基金的征收及投放效果等进行4期宣传。给市城区娱乐场所补送价调基金征收的常政办发〔2000〕33号文件90余份。组织11家宾馆，采用气球、拱门、横幅、条幅等方式在步行街、武陵阁、东门、物价局新院、宏达圆盘、烟厂等地进行宣传。把“非典”期间各级政府对价调基金减免的政策及时送达征收对象。当年非典期间减免出租车基金35万元、宾馆和招待所减免45万元，市本级完成基金入库380万元。

2004年，增加休闲娱乐与事业性收费两个项目。10月18日，召开全市价调基金座谈会，传达省价调基金座谈会精神，交流各地价调基金征管用经验，各区县市发展改革物价局分管价调基金工作的副局长、价调基金办主任参加会议。全年市本级征收价调基金370万元。

2005年，市政务中心明确出租车价调基金集中一年征收一次。制订《价调基金征收审核表》。当年市本级征收290万元。

2006年，由市物价局和市非税局联合征收价调基金，克服宾馆服务业与出租车征收困难，全年市本级征收230万元。

2007年，市本级征收价调基金262万元。

2008年6月2日，市政府第三次常务会议研究开征煤炭价调基金问题，同时对价调基金实行分类征收。市本级征收270万元。

2009年，加大对事业性价调基金征收范围，扩展对中央、省驻常德企业的征收范围。市本级征收350万元。

2010年，加强天然气、休闲娱乐业、出租车等行业的价调基金征收。全年市本级征收304万元。

2005－2010年，市本级征收价调基金情况见下表：

表 3－1－1　　**2005－2010 年价调基金征收统计**　　单位：万元

项目 金额 年份	天然气	出租车	宾馆	驻常企业	事业性收费	其他	合计
2005		76	75	16	45	建设工程 78	290
2006		75	70	15	70		230
2007	46	79	63	16	58		262
2008	64	41	59	16	69	煤炭 33	282
2009	110	61	68	18	82	休闲娱乐 11	350
2010	127	53	58	24	42		304
合计	347	385	393	105	366	122	1718

2011 年 6 月 29 日，市政府召开价调基金征收协调会，落实价调基金征收任务。7 月 27 日，开征建筑项目价调基金。市本级共征收价调基金 320 万元。

2012 年，出台《常德市市本级价调基金管理办法》，恢复征收建筑项目价调基金，新增行政性收费调节基金等项目；调整宾馆酒店调节基金征收标准。既扩大了征收规模，又更加切合常德经济社会发展实际，征收范围和征收标准更为科学。市本级共征收价调基金 1164 万元，这是市本级首次突破 1000 万元大关。

二、支出

1995 年，市、县两级共投入使用价调基金 500 万元，用于蔬菜基地建设、发展生猪规模养殖和猪肉、蔬菜价格补贴。投入 100 万元在市郊关天坪村新建 33.33 公顷高标准蔬菜基地，当年规划，当年投产，当年受益。兴建盐关养猪场投入 60 万元。二、三季度，常德市遭受特大洪涝灾害，生猪货源供应不足，个体屠宰户趁机抬价，市场肉价每 500 克由 5.5 元上涨到 6.5－7 元。市政府及时采取措施，安排价调基金 35 万元，责成食品公司组织货源，按每 500 克 6 元的价格限价供应市场。

1996 年，支出价调基金 1057.8 万元，用于扩充蔬菜基地、发展养殖业，补贴蔬菜、猪肉价格倒挂经营和农贸市场建设。先后扩建蔬菜基地 1200 公顷。还用 124 万元补贴经营，20 万元扩建蔬菜批发市场，扩建 9 家国有蔬菜连锁店。

1997 年，共投放价调基金 467 万元。为副食企业提供周转金 170 万元，向南丰畜禽养殖有限责任公司提供周转金 90 万元，帮助购回种猪 200 多头，饲料 300 多吨。投入 80 万元新建、改建蔬菜基地 8 片 200 公顷，城区一线菜地稳定在 1446.7 公顷，二线菜地 1333.3 公顷。投资 20 万元，在石门县海拔 1400 多米的东山峰等高寒山区发展高山反季节蔬菜。投放60万元扶持新建市蔬菜科研所。投资15万元支持建设澧县蔬菜水产批发市场，该市场每天交易农产品50多种，成交额60万元，仅销售鲜鱼就有3万公斤。

1998年，围绕控价目标和增加市场有效供给，投放基金190万元用于城郊240公顷蔬菜基地的新建，改建鼎城区桥南和澧县水产品批发市场。

1999年，共投放资金293万元。其中投资50万元解决蔬菜示范基地发展资金的问题，发展蔬菜大棚500个，新扩蔬菜面积333.33公顷。投资35万元对新宇食品总厂冷库进行低温改高温的改造。投资100万元建设沙港农贸市场。

2000年，价调基金主要支出是：鼎城区牛鼻滩镇水生蔬菜扶持款10万元、安乡下鱼口胡萝卜生产基地种子款8万元、市五交化站节日特困慰问金3万元、市水产良种场种苗引进补贴款10万元、桃源县科技兴菜补贴资金5万元、临澧县蔬菜大棚改造补贴款5万元、澧县乔家河新镇蔬菜生产技术种子引进推广补贴6万元、武陵区蔬菜深加工设备扶持款10万元、石门县高山反季节种子及技术改进补贴13万元、市蔬菜科研所新技术引进及试验扶持款10万元、市沙港农贸市场建设资金30万元、新宇食品总厂节日特困慰问金2万元、汉寿县蔬菜新技术推广资金10万元、市食品总公司设备改造费用3万元、津市市阳由乡蔬菜生产技术及种子引进推广补贴2万元。

2001年，支出价调基金235万元主要扶持项目是：市蔬菜办添置蔬菜检测设施设备和蔬菜科研经费30万元、市沙港净菜农贸市场配套建设资金20万元、石门县高山反季节蔬菜基地资金10万元、鼎城区石公桥及桥南鲜活水产品市场建设资金25万元、节日期间财贸特困企业职工生活困难补贴30万元、武陵区市场建设及科技兴菜奖励10万元、澧县蔬菜产业化扶持资金10万元、澧县张公庙镇兔子口村示范基地扶持款10万元、桃源县剪市镇科技兴菜补贴款5万元、桃源县泥窝潭乡科技兴菜奖励5万元、桃源县盘塘镇科技兴菜补贴2万元、市财办解决经费缺口15万元、临澧蔬菜产业扶持资金5万元、石门县蔬菜产业化扶持资金10万元、市委组织部石门扶贫点5万元、桃源县蔬菜产业化扶持资金5万元、澧县蔬菜产业扶持资金5万元、安乡蔬菜产业扶持资金3万元、津市蔬菜产业扶持资金6万元、市财政桃源扶贫点5万元、新宇食品总厂及市百货站解困资金8万元、市城调队物价指数调查补贴1万元、鼎城区蔬菜产业扶持资金5万元、汉寿县聂家桥乡5万元。

2002年，支出价调基金182万元的主要项目是：市蔬菜办蔬菜种子救灾款30万元、市蔬菜科研所10万元、武陵区蔬菜产业化扶持资金20万元、鼎城区蔬菜产业化扶持资金18万元、澧县蔬菜产业化扶持资金30万元、石门县蔬菜产业化扶持资金15万元、桃源县蔬菜产业化扶持资金8万元、汉寿县蔬菜产业化扶持资金5万元、津市市蔬菜产业化扶持资金5万元、安乡县蔬菜产业化扶持资金8万元、临澧县蔬菜产业化扶持资金3万元、市人大点村6万元、市委组织部点村3万元、市财办点村3万元、市屠宰办5万元、市价格监测补助款4万元、市城调队物价指数调查补贴3万元、澧县蔬菜扶持金6万元。

2004 年，使用价调基金 87 万元主要项目是：鼎城区蔬菜产业化扶持资金 20 万元、澧县蔬菜产业化扶持资金 13 万元、武陵区蔬菜产业化扶持资金 3 万元、安乡县蔬菜产业化扶持资金 3 万元、临澧县蔬菜产业化扶持资金 2 万元、桃源县蔬菜产业化扶持资金 2 万元、汉寿县蔬菜产业化扶持资金 6 万元、市蔬菜科研所 3 万元、市蔬菜办 3 万元、武陵区生猪定点屠宰 15 万元、市农业局水生水产实验基地 3 万元、澧县经贸局无公害蔬菜资金 3 万元、市归国华侨联合会 3 万元、市价格监测补助款 4 万元、市城调队物价指数调查补贴 2 万元、石门东山峰农场 2 万元。

2005 年，价调基金的投放为：财政预算支出 116 万元、放心工程支出 58 万元、专项资金支出 81 万元、代征费用支出 35 万元，市本级合计支出 290 万元。

2006 年，价调基金主要支出项目是财政预算支出 93 万元、放心工程支出 46 万元、专项资金支出 64 万元，代征费用支出 27 万元，市本级合计支出 230 万元。

2007 年，价调基金主要支出项目是财政预算支出 74 万元，放心工程支出 52 万元，专项资金支出 104.5 万元，代征费用支出 31.5 万元，市本级合计 262 万元。

2008 年，价调基金主要支出项目是专项资金支出 110 万元，价格监测网点建设资金支出 47.5 万元，代征手续费 32.5 万元，滚动留存 24 万元，结余 56 万元，市本级支出共 190 万元。

2009 年，价调基金主要支出项目是专项资金支出 173 万元，代征费用支出 43 万元，价格监测网点支出 32 万元，合计市本级支出 248 万元。

2010 年，支出价调基金 37 万元主要项目是专项资金支出 23 万元，代征收手续费支出 14 万元。

2005－2007 年、2008－2010 年市本级支出价调基金情况见下表：

表 3－1－2 **2005－2007 年市本级价调基金支出统计** 单位：万元

项目 年份	财政预算	放心工程	专项资金	代征费用	价格补贴	合计
2005	116	58	81	35		290
2006	93	46	64	27		230
2007	74	52	108.5	31.5		262

表 3-1-3　　2008-2010 年市本级支出价调基金情况统计　　单位：万元

<table>
<tr><td rowspan="2">2008 年</td><td>价格监测网点建设</td><td>专项资金</td><td>代征手续费</td><td>节余</td><td>合计</td></tr>
<tr><td>47.5</td><td>110</td><td>32.5</td><td>86</td><td>276</td></tr>
<tr><td rowspan="2">2009 年</td><td>价格监测网点建设</td><td>专项资金</td><td>代征手续费</td><td>节余</td><td>合计</td></tr>
<tr><td>32</td><td>173</td><td>43</td><td>102</td><td>350</td></tr>
<tr><td rowspan="2">2010 年（11 月 10 日止）</td><td>专项资金</td><td>代征手续费</td><td>节余</td><td>合计</td></tr>
<tr><td>23</td><td>14</td><td>267</td><td>304</td></tr>
</table>

2011 年，全市价调基金主要投放项目是代征手续费支出 38 万元。专项支出 282 万元，其中菜篮子工程支出 128 万元，物价补贴 74 万元，价格监测网点建设 32 万元，价调基金留存 48 万元。市本级支出 272 万元。

芦荻山乡蔬菜基地示范点

2012 年，明确价调基金扶持蔬菜生产的比例不低于 30%，共支付 54 处“菜篮子”工程专项资金 240 万元。用于 12 个价格监测网点建设 80 万元。全市争取省价调基金近 2000 万元。

第四节　价格补贴

1992 年 4 月 1 日，国家适当提高粮食定购价格，销售价格相应调整。粮食销售价格提高后，对城镇居民发放粮价补贴。国家机关、事业、企业单位职工和离退休人员及定期发放生活费的优抚救济对象，每人每月给予粮价补贴 5 元；国家供应统销价口粮的中小学民办教师、普通高等学校、中等专业学校在校学生，每人每月补贴 3 元；对月定量高于 15 公斤的体力劳动职工，超过部分按每 500 克 0.1 元的标准，由职工所在单位增加补贴。

2001 年 1 月 9 日，市政府副市长龚建明批示利用价调基金给部分特困企业职工适当春节生活补贴，分别支给市五交化站 8 万元、市中心百货大楼 2 万元、新宇食品总厂 7 万元，总计 17 万元。

2004-2005 年，对低保价格优惠政策进行检查，在《常德日报》《常德晚报》等新闻媒体公告对低保户的价格优惠政策，向市城区低保群众发放问卷调查表 200 份。常德市各区县市落实低保户价费优惠价政策情况见下表：

表 3－1－4　　2004－2005 年常德市低保户价费优惠政策落实情况统计　　单位：万元

项目 / 市、区	自来水费		污水处理费		照明用电费		有线电视收视费		义务教育杂费		医疗费	
	2004 年	2005 年 1－5 月	2004 年	2005 年 1－5 月	2004 年	2005 年 1－5 月	2004 年	2005 年 1－5 月	2004 年	2005 年 1－5 月	2004 年	2005 年 1－5 月
市本级	11.67	6.29	4.76	2.57	40.0	20.0	75.9	31.625			4.18	
武　陵									32.374	26.11	0.86	
鼎　城					18.4		3.3	0.15	50.0	30.0		
桃　源					24.9	12.3	22.6	10.2	69.0	38.0	64.5	
安　乡	0.3315	0.1381			25.6681	9.1	2.0	3.0	下学期 32.0	30.0	1.3	
临　澧	9.2	4.0			17.5	7.2	–	3.3	74.0	38.0	2.3	
石　门	1.1	0.8			2.1819	0.9091	2.4	1.6	13.091	6.946	3.1893	
津　市	9.8784	5.04	–	–	16	9.0	9.6360	4.015	–	–	–	–
澧　县	7.5	3.2	6.4	2.8	17.1	7.34	11.55	5.48	8.91	4.28	3.6	–
汉　寿					30.84	10.0	18.4	8.4		129.5	3.0	
合　计												

2007 年 10 月 16 日，市政府督察室组织市物价局、市民政局、市监察局，督查对低保户价费优惠政策落实情况。全市 1－9 月落实城镇低保户价费政策金额 1056.5 万元。12 月，由于受国际市场价格和国内商品供求结构的影响，粮油肉菜煤等生活必需品价格上涨，市物价局以常价〔2007〕81 号文向市政府请示给予市城区低保户适当价格补贴。12 月 6 日，市政府安排价调基金 169 万元，对市城区 1.2 万户、2.6 万名城镇低保对象分两次每人给予 30 元和 35 的物价补贴。

2010 年 10 月 12 日，市物价局下发《关于进一步落实城镇低保户价费优惠政策的通知》（常价服〔2010〕84 号）。低保户每户每月免交 4 吨水费、4 吨污水处理费、4 立方米管输天然气价款、8 千瓦时生活照明用电费；数字电视第一台电视机每月按 16.5 元的标准收取。若其家庭当年医疗负担超过 5000 元或有其他天灾人祸、特殊困难，免收当年全家所有电视机的基本收视费；子女到公办高中就读减半收取学费；免收医院挂号费，门诊诊查费减半收取；免收第二代居民身份证初次申领和换领证时的工本费。11 月 15 日，发布公告对市城区 28057 人，每人补贴 100

2010 年 11 月，市长陈文浩（右三）向市城区低保对象发放价格临时补贴

元，发放总额为280.57万元。当日下午，在武陵区城南方家巷社区举行物价补贴现场启动仪式，市长陈文浩、副市长徐万发、沈习森，市政府秘书长周代惠、副秘书长陈新波，物价、财政、民政、武陵区等单位主要负责人和部分城镇低保对象和媒体记者参加。

2011年4月18日，市物价局、市民政局、市财政局、国家统计局常德调查队下发《常德市城区低收入群体价格临时补贴与物价上涨联动机制具体实施办法》（常价综〔2011〕18号）。补贴对象为市城区在册城镇低保对象与所辖乡镇五保户（含武陵区、常德经济技术开发区、柳叶湖度假区）。补贴资金来源主要是价调基金和上级补助资金，不足部分由市、区财政预算安排。办法规定持续3个月每月居民基本生活费用指数涨幅超过3%，即启动价格临时补贴。具体补贴标准按居民月生活费用价格指数高低确定，补贴标准见下表：

表3-1-5 **常德市低收入居民生活补贴标准** 单位：元/人·月

低收入居民生活费用指数	补贴标准
103%-105%（含105%）	10
105%-107%（含107%）	20
107%以上	30

4月28日，召开实施低收入群体价格临时补贴与价格上涨联动机制新闻发布会，进一步明确补贴对象与方法。各区县市同时启动联动机制。下表为市民政局提供的2011年1-10月全市发放价格临时补贴的具体情况：

表3-1-6 **2011年1-10月全市价格临时补贴统计**

地区	发放对象	发放人数（人）	发放标准（元/月·人）	发放月份	发放金额（元/人）	小计（万元）	总计（万元）
武陵区	城市低保	20785	33.3	1-9月	300	623.54	677.92
	农村低保	1207	33.3	7-9月	100	36.20	
	农村五保	606	33.3	1-9月	300	18.18	
鼎城区	城市低保	11137	20	1-10月	200	222.74	222.74
汉寿县	城市低保	11439	20	8-10月	60	69.63	100.30
	农村五保	5279	20	8-10月	60	31.67	
桃源县	城市低保	10727	10	7-9月	30	32.18	51.41
	农村五保	6410	10	7-9月	30	19.23	
临澧县	城市低保	7600	20	1-6月	120	91.20	273.06
	农村低保	14500	15	1-6月	90	130.50	
	农村五保	4280	20	1-6月	120	51.36	
津市	城市低保	11858	20	7-9月	60	71.10	80.20
	农村五保	1508	20	7-9月	60	9.10	

续表

地区	发放对象	发放人数（人）	发放标准（元/月·人）	发放月份	发放金额（元/人）	小计（万元）	总计（万元）
石门县	城市低保	8778	10	4－9月	60	52.67	87.24
	农村五保	5762	10	4－9月	60	34.57	
澧　县	城市低保	15300	10	8－10月	30	46.00	68.00
	农村五保	7164	10	8－10月	30	22.00	
安乡县	城市低保	12500	10	7－9月	30	37.50	59.08
	农村五保（散养）	4796	15	7－9月	45	21.58	

2012年5月底前，对市城区（包括武陵区、常德经济技术开发区、柳叶湖旅游度假区）的低保对象和五保户24834人，发放1－4月份价格临时补贴共计124.17万元。详情见下表：

表3－1－7　　**2012年1－4月市城区价格临时补贴统计**

单位	发放人数（人）		发放金额（元）	
	低保对象	“五保”户	低保对象	“五保”户
武陵区	18872	574	943600	28700
常德经济技术开发区	3985	633	19250	31650
柳叶湖旅游度假区	513	257	25650	12850
小　计	23370	1464	1168500	73200
总计	24834		1241700	

2013年8月23日，市长周德睿（左三）等市领导参加给市城区低保对象发放价格补贴活动仪式

第二章 特殊时期价格调控

第一节 防汛抗灾期间价格临时干预

1991年6月，常德市连降暴雨，洪涝渍淹成灾，遭受巨大损失，物价部门加强灾区市场价格管理。凡国家管价的，一律不许突破规定的价格和经营差率，不准以任何理由加收费用，不准以平转议。凡不符合规定的收费项目和标准必须立即取消。开展以农业生产资料销售价格、农产品收购价格和47种生活必需品价格为重点的灾区市场物价检查。

1993年7月，常德市先后遭受两次暴雨袭击，经济损失达5亿多元。物价部门掀起“抓物价稳定、促生产自救、为灾民解难”的工作热潮，确保农产品收购价格到位和各项奖售优惠政策兑现，坚决管住农资商品价格，管住农村日用品消费价格，加强救灾物资的价格管理，强化灾区市场物价监督检查，开展灾区物价调查研究。

1995年6月下旬，常德市普降大雨，灾情严重。物价检查部门深入市场，检查猪肉是否突破限价或违反监控管理办法，大路蔬菜品种是否突破规定的差价和限价，菜价补贴是否到位，国家投放平抑市场粮、定销粮、灾销粮是否按规定价格挂牌供应，农药化肥是否按规定价格出厂销售，生活用煤用电用药用油是否执行国家规定价格和差率，对借灾哄抬价格、短斤少两、以次充好等违法乱纪行为要从严查处。

1996年，常德市普降暴雨，全市9个区县市209个乡镇，3075个村共237万人受灾，经济损失达62.7亿元。物价部门把工作重点放到抗灾救灾上来，密切关注居民生活必需品和农资价格，加强救灾物资的价格管理和市场物价监督检查。建立市场价格报告制度，停止提价增费项目的审批，对国有经营部门经营的粮、油、肉、生活用煤、液化气等商品价格进行冻结管理。免征运销常德市灾区重要物资车辆的过桥过渡费，减半征收集市贸易管理费。拨付价调基金150万元恢复蔬菜生产，拨付100万元补贴国营商家对猪肉、蔬菜等实行倒挂经营的亏损。

1998年，常德市发生历史罕见的洪涝灾害。为稳定灾区市场物价，全市物价部门运用价调基金平抑市场物价。同时出台《制止牟取暴利的暂行规定》，与工商、公安部门联合，严厉打击价格违法行为。对与灾区生产生活密切相关的粮油肉煤、小食品和棚布等10多种市场调节价商品，采取临时限价和控制差率等价格干预措施，稳定粮油肉煤等生活用品价格。下发防汛抢险运输车辆免征通行费、排渍用电免征各种基金附加费、因灾倒塌房屋重建免收费用、重灾区农村特困生免收学费等价格文件。

2003年9月1日，市物价局制定《常德市物价局关于特大洪涝灾害发生时灾区物价管理应急预案》（常价综〔2003〕104 号）。成立市物价局救灾工作领导小组，局长任组长，分管物价检查工作的副局长和分管商品价格工作的副局长任副组长，下设灾区物价管理办公室，物价检查所长任办公室主任，收费科、价格科、服务价格科、价格信息中心、办公室、价调基金办公室等负责人为成员。

第二节　“非典”期间价格临时干预

2003 年春，防治“非典”工作在常德市全面展开。4 月 20 日，市物价局成立防治“非典”工作领导小组，局长印甫生为组长，副局长刘新民和刘邦原为副组长，负责对全市“非典”期间价格工作统一管理。各区县市成立相应领导小组。23 日，市物价局下发《关于切实加强防治“非典”期间部分医药用品价格检查的紧急通知》（常价检字〔2003〕40 号）。各区县市物价部门安排专人专车，分成若干工作小组，分片包干，开展物价检查。市城区组织 97 人，分 37 个小组，将市城区 119 家防“非典”医药用品生产、批发、零售企业的检查包干到人。向全市各医疗机构、各药品经销单位发送《提醒遵守价格政策、稳定市场秩序的通知》4300 多份，并与各业主签订责任状。向社会公布“12358”价格举报电话，24 小时专人值班。

由于货源紧俏，不法商家趁机抬价，防治“非典”医药用品价格一度猛涨，各种价格违法案件接连不断，主要表现为超过国家规定差率销售中药饮片、违反价格行政干预措施销售防治“非典”医药用品、自立项目向营运车辆收取消毒费等。市物价局简化办案程序，对价格违法行为进行查处。4 月 28 日，德山卫生防疫站高价销售“84”消毒液。市物价局责令该站将多收价款全额清退，对其违法行为罚款 2 万元，并在常德电视台曝光。5 月 2 日，常德卫校附属医院超差率销售中药饮片与“84”消毒液，市物价局对该院罚款 1 万元。桃源县木塘垸大药房超差率销售板蓝根，被罚款 1 万元。鼎城区卫生防疫站自立项目收取消毒服务费，超差率销售口罩与双氧水被罚款 4 万元。5 月 14 日，桃源县发展计划物价局越权向县卫生防疫站批复超过省定差率销售 500 毫升瓶装“84”消毒液、过氧乙酸与口罩。市物价局撤销了桃源县局越权批复的文件，对该卫生防疫站处 10 万元罚款，并将该局违规情况通报给桃源县政府，处理了直接责任人。全市物价部门共出动 2556 人次，检查医药用品经销单位及其他相关单位 3952 个次，共查处价格违法案件 117 起，实施经济制裁 61.47 万元。

从 5 月 31 日起，全市再没有发生有关“非典”价格违法案件。省、市政府领导和省物价局领导多次抽查市物价局“12358”价格举报电话的值班情况，每次给予满意的评价。市委副书记、市防治“非典”指挥部指挥长周用金听取市物价局工作情况汇报后，给予高度赞扬。群众说市物价局是“人民的守护神”。9 月，常德市人民政府授予市物价局“常德市抗击‘非典’先进集体”荣誉称号。

第三节　冰灾期间价格临时干预

2008 年 1 月，大范围低温雨雪冰冻天气给常德市工农业生产造成重大损失，给人民群众的生活带来严重影响。因为灾害运输受阻，常德市市场价格出现较大幅度上涨。市物价局成立抗冰救灾工作和价格应急工作领导小组，所有领导干部不外出、干部职工取消休假、停开一切与抗冰救灾无关的会议，市局检查所实行 24 小时值班。各区县市物价部门加强市场监测和信息上报，建立健全价格监测预警机制和值班制度，确定专人对重点区域、重点市场的粮油肉等及水电煤气等重要商品进行价格监测，做到一日一监测、一事一反馈。物价部门全体干部职工参与灾期市场价格巡查，重点对农贸市场、超市、车站以及水电煤气等经营单位和个体经营门店监督检查，落实临时价格干预措施，对列入本地临时价格干预措施的重要企业单位和列入干预范围的重要商品价格，逐项落实。建议政府动用调节基金对城镇低保户发放一定数额的临时性生活补助，解决因物价上涨对低收入家庭增加的生活困难。同时启动对城区家润多、惠生公司等 10 家超市与肉类经营单位涉及粮油肉蛋奶共 400 多个品种价格的临时干预措施。市物价局领导班子成员分别带领 7 个检查组，深入各大车站进行灾期及春运价格的检查，向有关单位发放遵守价格政策提醒告诫书 1800 多份。市政府分管物价的副市长李爱国参加检查。

2011 年，市物价局局长袁云波为平息食盐抢购风波与市民交谈

2 月 3 日，向市城区 13 家大型宾馆、餐饮企业下发省物价局《关于餐饮行业价格自律提醒告诫函》，明确平均毛利率不得超过 60% 的规定，要求取消开瓶费、服务费，加强价格公示等。召开相关企业负责人会议进行安排部署，建立干预商品价格定期监测网络。要求各企业确定专人负责定期报价，认真做好相关商品价格公示和异动提示。2 月 6 日，对 6 家客运公司所属营运车辆乱涨价的违法行为进行曝光处理。全市物价部门共受理并处理群众价格举报 300 起，受理群众举报、咨询电话 2300 多个，现场查处纠正违价行为近 800 起。建立《每日快报》和手机短信两条渠道，及时向市委、市人大、市政府、市政协主要领导报送每天的市场价格动态。3 月 31 日，为解决在冰冻灾害期间受损的桃源县 29 个乡镇地方电网的问题，市物价局向省物价局报告，请求解决地方电网抗灾建设资金 200 万元。6

月2日，省物价局湘价函〔2008〕74号文批复解决35万元。市物价局与市财政局向各区县市财政局与发展改革物价局下发《关于下拨防冻抗灾省级价调基金的通知》（常财综指〔2008〕3号），为常德市低收入群体补贴15万元，为武陵区护城乡等17个蔬菜基地补贴45万元。市委、市政府授予市物价局“常德市抗冰救灾先进集体”荣誉称号。

第三章 价格指数

第一节 价格调控措施

1989－1991年，常德市建立提价申报制度，对名牌自行车、洗衣机、电冰箱、电风扇、火柴等放开价格的重要商品实行提价申报制度。1989年，对物价实行目标控制责任制。下发控制物价的文件25个。1990年，首次将控价目标向区县市下达。市物价局组成课题攻关组，根据省里下达的控价目标，推算职工基本生活费用价格指数，作为市政府对区县市政府下达控价目标的依据。

1993年下半年，发布粮油最高限价。

1992－1994年，主要采取3项措施实行价格调控：（1）抓价格调控责任落实。（2）抓重要商品和收费监管。（3）1994年起建立价调基金制度。1994年9月22日，市委、市政府下发《关于进一步稳定市场物价的意见》（常发〔1994〕19号）。9月25日，市物价局《关于切实加强当前市场物价管理的通知》（常价综字〔1994〕101号），要求各级物价部门增强抑制通货膨胀，控制物价过度上涨的紧迫感和责任感，把稳定物价作为当前物价工作的头等大事来抓；切实把住价格审批关，严格控制调价、收费与集资项目的出台；严格粮、油、肉、菜等重要消费品价格管理，对市场调节的粮、油和猪肉、主要大路鲜菜价格，实行销售限价管理。

1995年，市政府建立物价控制目标双向（即横向指市直有关单位、纵向指对各区县市）责任制，把控价责任落实到基层。按照15%的控制总目标，分别对市直有关单位制定粮食、猪肉、蔬菜、农资等8类重要商品和收费项目的分类控制目标。9月制定重要商品分月控制目标，在全省率先建立区县市价格指数统计制度。至此，建立起分别由市直相关部门和区县市负责的物价涨幅控制目标双向责任制。每月通报一次市直责任单位和区县市物价涨幅情况，并在《常德日报》上公布。市政府把严格控制物价过快上涨作为考核各级各部门政绩的重要内容，多次发文通报该工作落实情况，规定没有实现物价涨幅控制目标的单位和地方不能参加评先评奖，增强了各级各部门控制物价上涨的责任感和使命感，初步形成了各级政府和有关部门齐抓共管的局面。各区县市政府加大整顿市场物价秩序的力度，严格控制出台调价增费措施，狠抓“菜篮子”工程建设；市直各有关部门密切配合，在整顿农贸、农资市场价格秩序，充分发挥主渠道平抑市场物价和组织货源、保障市场供应等方面发挥了重要作用。

1996年年初，市政府转发市物价局《关于实施1996年物价控制目标双向责任制的报告》。9个区县市全年涨幅一律控制在10%以内；负责粮食、猪肉、蔬菜、农资、集市贸易、医疗保健费、学杂费的相关部门按10%的总控制目标，不能突破分类控制指数。把物价控制目标作为考核各地各部门政绩的重要指标，纳入“两个文明”建设的重要内容。市物价局对物价涨幅目标控制情况进行逐月考核，并在《常德日报》公布，由市物价局、市统计局、常德城市调查队发文通报，年终对区县市和市直相关部门控价责任落实情况进行全面考评。对实现控制目标、工作成绩突出的，由市政府通报表彰。对工作不落实、未完成控制目标的通报批评。各区县市抓“菜篮子”建设，稳定蔬菜种植面积，增加蔬菜产量，大力发展养殖业。严格调价增费项目出台，加强灾后物价管理，建立乡（镇）物价管理站，加强农村物价管理。市直有关部门加强行业价格管理，主动消化涨价因素，加强市场建设，整顿市场秩序，积极组织货源，发挥国有渠道平抑市场物价的作用。

1997年，市政府明确各区县市物价涨幅控制目标，规定市直有关部门负责的重要商品和服务价格控制目标，明确任务，落实责任。市物价局一方面加强对各区县市和市直有关部门控制目标实施情况的督促检查，继续坚持每月督查并在媒体公布，强化有关单位的责任意识。从3个方面搞好重要商品和服务类价格的调控和管理：（1）采取措施稳定粮、油、肉、菜等居民生活必需品价格。安排专人每天收集和公布农贸市场蔬菜批发价格，向城区各农贸市场发布当天零售限价。定期与各毗邻地市联系、了解蔬菜行情，指导开展余缺调剂，保证全年粮、油、肉、菜等价格的平稳运行。（2）重点开展药品价格整顿，抑制其价格不合理上涨。上半年，药品类价格居高不下，最高时上涨18.4%，群众对药品市场高回扣、高价格现象反映强烈。7月份，常德市成品药品价格整顿领导小组集中时间和力量对药品价格进行专项整顿，广泛宣传国家新的药品价格管理办法，铅印《首批下降的药品价格目录》，对市产药品价格进行全面审查。审查后的药品价格平均降低10%，减轻患者负担35万元。（3）搞好收费价格检查，严格控制居民消费价格上涨。当年，商品零售价格与居民消费价格的背离幅度较大，1－5月，零售物价只上涨2%，居民消费价格却上涨4.7%，特别是服务项目价格上涨20.6%，给低收入群体生活带来较大影响。全市物价部门在加强收费管理，严格控制收费项目出台的同时，充分发挥交通、邮电、医疗等行业物价站和职工物价站的作用，加大收费监督检查力度，严厉查处多收乱要和牟取暴利的行为，较好遏制了乱收费行为，1－11月份居民消费价格涨幅回落到3.1%。

1998年，市政府继续明确各区县市政府和市直有关部门对重要商品和服务价格涨幅的控制目标和责任。市物价局会同市统计局、常德城调队建立健全物价统计指数制度，完善物价控制目标考核指标体系。从7月1日起，改单一的物价综合指数为科学的社会商品零售价格和居民消费价格指数。继续坚持每月在《常德日报》通报控价目标完成情况。

1997－2001年，为抑制价格总水平过度下滑，常德市实施以启动内需为目标的价格调控措施，重点抓住房、农电、教育、旅游等价格监管。积极宣传启动市场、扩大需求的政策。增强经济调控手段，多次修订价调基金征收方案，使之更加合理规范。2003年，把启动市场、扩大内需、刺激消费作为价格调控的重要任务。定期分析全市商品价格指数，建立经济运行预警机制，强化价格调节基金的征收。通过对电价、水价、路桥收费等基础产业和公用事业价格改革，理顺价格矛盾，促进经济发展。2004 年，全市物价总水平在国际原油、原材料价格上涨、国内粮食价格上涨、煤电能源供应紧张、交通限载治超等多方面因素的影响下，价格指数逐月攀升。全市物价系统加大价格监测力度、完善应对价格异常波动突发事件的应急机制、适时适度加强价格干预、争取市政府和省物价局出台相关政策，增设事业性收费价调基金和休闲娱乐业价调基金两个项目，有效控制了市场价格的上涨。2005 年，严格执行国家关于价格调控的规定，从 2 月份起每月出台一项政策性价格调控措施；着力规范部门与垄断行业价费行为。2007 年，面对市场价格上涨态势，全市物价部门把控物价、保稳定放在各项工作的首要位置，千方百计控制物价过快过多上涨。市物价局多次向市委、市人大、市政府、市政协领导汇报市场价格形势等情况，市委常委会议、市政府常务会议听取汇报。市政府成立价格工作协调小组，发文出台加强价格监管和调控工作的措施。市长卿渐伟两次对价格和价格调控工作作出指示，副市长李爱国多次主持召开专题会议部署价格工作。市物价局两次召开全市价格工作会议，专题分析价格形势，研究落实价格监管和调控措施。

2008 年年初，冰雪严重灾害等因素造成市场价格快速上涨。市政府建立价格监管联系会议制度，成立价格监管工作领导小组，由分管物价的副市长李爱国任组长。先后 3 次召开价格联系会议，确保价格监管工作力量集中、调度及时、协调到位。价格部门认真落实国家、省临时价格干预措施，在全省率先启动对市城区 10 家大中型超市、肉品经营单位涉及粮、油、肉、蛋、奶共 400 多个品种价格的临时干预措施，较好地抑制了其他商品的跟风涨价。2009 年，价格调控的主要工作是检查落实主要商品监测报告制度，重点对生猪、粮油、钢材等市场价格形势开展专题调研，把握市场价格走势，拿出应对措施和建议，为领导决策提供参考。超额完成了市政府下达的价调基金征收任务。2010 年，运用价格调节基金扶持蔬菜生产、支持惠生肉业股份有限公司设立 20 家肉品直销店，直销价格每斤比市场低 1－2 元，为平抑市场物价发挥了积极作用。2011 年，市政府发出《关于稳定消费价格总水平，保障群众基本生活的通知》（常政函〔2011〕11 号），出台 15 条稳定市

2007 年 7 月 10 日，全市价格工作座谈会

场物价的具体措施。恢复开征市城区建筑工程价调基金。启动价格监测预警机制，对20多种居民生活必需品价格实行监测报告制度。9月6日，副市长沈习淼主持召开市物价局等14个市直有关单位负责人参加的第82次政府专题会议，专门研究价格调控监管工作。会议要求各级各有关部门要进一步提高思想认识，强化责任意识，齐心协力抓好物价调控监管工作，确保全市价格水平总体稳定、确保全市物价上涨幅度不超过全省平均水平、确保不出现重大价格违法违规案件、确保不因物价问题引发不稳定因素。10月11日，市委书记卿渐伟专题调研市场物价，强调搞好价格调控工作。市长陈文浩多次在会上强调保供稳价工作。市领导对节日市场物价进行巡查已经形成常态。市政府荣获2011年全省价格调控工作一等奖，市物价局获全省物价系统价格调控工作先进集体称号。2012年，市委、市政府领导多次调研市场物价，研讨调控措施。4月11日，市政府成立常德市价格调控工作领导小组，沈习淼任组长，陈彰波、袁云波任副组长，董奇泉、尹明先、郑大金、袁万明、周晓平、彭中好、张小东、徐世明、谢真新、石林、李印华、揭正亚、杨万里、刘从宏、徐礼美、孙功明、李力为成员。领导小组办公室设物价局，袁云波兼任办公室主任。完善和加强价格调控部门联系会议制度。市物价局组织开展农资、生猪、房地产等多项市场调研。召开市场价格形势及保供稳价工作汇报会，研究调控措施。促进责任落实。同时，加强与国家统计局常德调查队联系，定期分析价格形势，就CPI调控进行会商，解决具体问题，努力实现调控目标。

第二节　居民消费价格指数

1989－1993年，常德市市场物价基本稳定，特别是1991年实施治理整顿后，物价涨幅逐年回落。1989年物价上涨指数为14.6%，1990年为0.9%，是1984年以来涨幅最低的一年。1991年在常德市遭受洪涝灾害的前提下，全市物价涨幅仅为4.3%，1992年为9.1%。1993年5月、6月、7月三个月物价水平分别上升12.1%、16.8%和14.6%，随着宏观调控，治理金融秩序一系列举措的实施，9月份后物价指数回归正常，物价指数5年加权平均比全省低5.62个百分点。1994年，全年居民消费价格指数为126.8%，上涨26.8%，与全省平均水平基本持平。主要食品市场零售价格低于其他地、市。1995年，粮、油、肉、菜等主要食品市场供应丰富，市场价格秩序逐步规范，市场价格涨幅回落较大。比上年回落8.9个百分点，基本上完成了省下达的物价涨幅控制目标。1996年，全市物价上涨5.6%，实现了物价涨幅控制目标。1997年，全市居民消费价格上涨2.9%，在全省从高到低的排位由1996年的第6位移至第9位。商品零售物价指数是进入90年代后的最低水平。1998年，居民消费物价指数较上年同期下降1%左右，基本上实现了既保持市场物价的基本稳定，又促进经济发展和经济环境改善的目标。1999年，市场物价持续走低，居民消费价格指数同比下降1.9%。2000年，把启动市场，扩大内需，刺激消费作为价格调控的首要任务，促进了市场价格水平的合理回升。全市居民消费价格指数为101%，实现了市委、市政府确定的“全市居民消费价格总水平保持或略高于去年”的调控目标。

2003年8月起，常德市物价总水平走出负增长的低谷，在国际原油、原材料价格上涨，国内粮食价格上涨、煤电能源供应紧张、交通限载治超等多方面因素的影响下，价格指数逐月攀升。全年居民消费价格总指数为100.8%。2004年居民消费价格同比指数为104.8%。2005年，严格执行国家关于价格调控“两条控制线”管理的规定，从2月份起没有出台政策性价格和收费调整措施，全年居民消费价格同比指数为102.7%。2006年，面对国际市场价格波动和国家价格政策调整，煤、电、油、运等资源、能源价格持续上涨，房产价格高位运行，群众对物价上涨感受度较强，稳定市场价格压力很大。物价部门充分发挥价格宏观调控的作用，采取有效措施加强监管，积极疏导价格矛盾，保持价格总水平基本稳定，全年居民消费价格同比上涨1.5%，较上年涨幅回落1.2个百分点。2007年，受国际市场价格大幅上涨和国内经济增长偏块影响，常德市与全国、全省一样，价格总水平出现较大幅度上涨，全市居民消费价格同比指数为105.48%，同比上涨5.48%，低于全省平均涨幅0.12个百分点。2008年，全市居民价格消费同比指数为106%，在全省14个市（州）中，按从高到低排第11位，与全省平均水平持平。2009年，物价部门围绕“稳物价、惠民生、优服务、强基础”的工作目标，加强市场价格监管，运用价格杠杆保持经济平稳较快增长，价格总水平基本稳定。全年居民消费价格指数为99.3%，与全国持平，比全省低0.3个百分点。2010年下半年起，物价走势与全国、全省一样进入上行轨道，但保持了价格总水平基本稳定。全市居民消费价格指数为103.2%，比全国低0.1个百分点，比全省高0.1个百分点。2011年，物价继续保持上行态势，且势头明显加大。1－9月，全市居民消费价格指数累计上涨5.9%，与全省持平，比全国高0.2个百分点。CPI构成的8大类商品呈现普涨局面，其中食品类上涨12.9%、居住类上涨6.0%，成为拉升CPI上涨的主要因素。低收入居民生活费用价格指数（COLIL）上涨8.2%。全年居民消费价格指数为105.5%，与全省持平。2012年，全市居民消费价格指数为102.0%，涨幅比上年同期回落3.5个百分点，比全国低0.6个百分点，与全省持平。

下表中常德市价格指数包括居民消费价格指数（CPI）和工业品出厂价格指数（PPI）。市级不产生工业品价格指数，故表中的PPI为全省工业品价格综合指数。价格指数均以上年为100.00计算，由此可见，常德市的居民消费价格指数1989－2012年间，1998年、1999年、2001年、2009年与上年比略有下降，2000年、2002年、2003年与上年比基本持平，其余年份均有不同程度上涨。

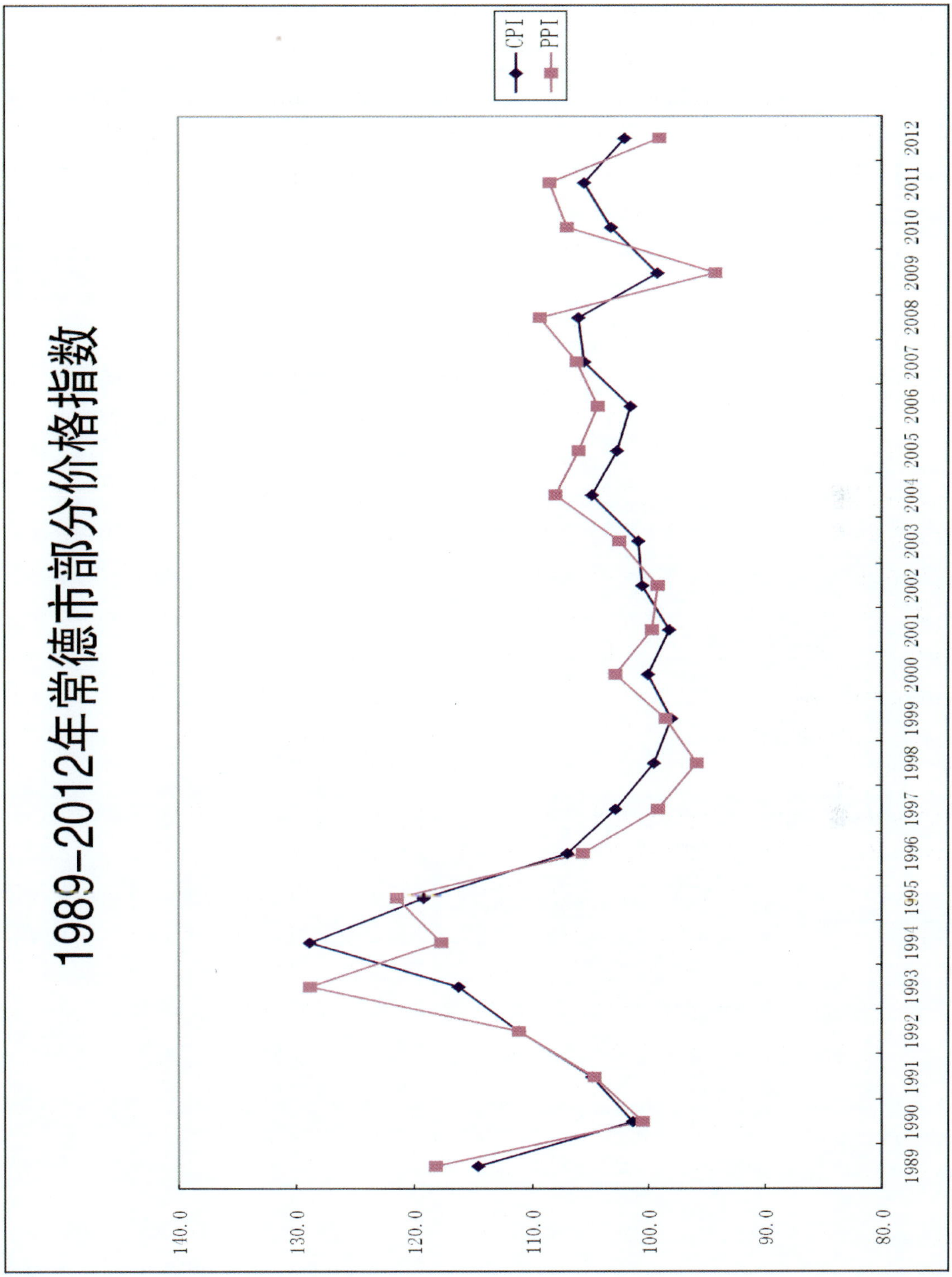
1989-2012年常德市部分价格指数
CPI
PPI
140.0
130.0
120.0
110.0
100.0
90.0
80.0
1989
1990
1991
1992
1993
1994
1995
1996
1997
1998
1999
2000
2001
2002
2003
2004
2005
2006
2007
2008
2009
2010
2011
2012

第四篇《

价格监督检查

第四篇　价格监督检查

第一章　价格检查

第一节　专项检查

1989 年，物价大检查工作与控制物价、实现物价涨幅明显低于上年度的目标紧密结合；与整顿流通领域秩序，反对“官倒”紧密结合；与惩治腐败、廉政建设紧密结合；与严肃物价纪律、堵塞漏洞紧密结合。物价大检查工作从 9 月中旬开始到 12 月月底基本结束，扫尾工作在春节前完成。检查对象是有价有费的国营集体企业、行政事业单位和个体工商户。检查的时限主要是当年，以前没有检查过的单位和个人可追溯到 1988 年，重大问题还可追溯到 1987 年。检查的重点是与控制物价、安定人民生活密切相关的重要商品价格和收费，着重开展对煤炭、石油、议价粮油及粮油副产品、农业生产资料、医疗收费和中小学教育收费。通过两个多月的自查、抽查，查出企业、行政事业单位和个体工商户对煤炭、石油、议价粮油、农资、医疗收费、中小学教育收费等方面的价格违法问题，及时予以纠正和行政处罚。全市参加检查的有 3100 多人次，被查单位 3937 个，查处违价行为和案件 2298 起，其中重大案件 111 起，没收价格违法收入 454. 35 万元，清退给用户 73. 58 万元。

1990 年，开展农资行业价格专项检查，共查处价格违法案件和行为 82 起，查处违价金额 36. 5 万元，其中清退农户 4. 24 万元，收缴财政 32. 26 万元，罚款 0. 12 万元。根据省物价局 9 月 22 日〔1990〕湘价检字第 123 号文件精神，开展电力行业价格专项检查，共查处电力价格违法案件和行为 16 起，查证收缴入库近 100 万元。同时取消农村电力乱收费项目 24 项，减轻农民负担 180 万元。10－12 月，按照国务院的统一部署开展物价大检查，全市共查处各类价格违法行为和案件 851 起，查证收缴入库 210. 7 万元，罚款 0. 3 万元，清退用户 12. 5 万元。

1991 年 10 月 9 日，市物价局下达《关于开展物价大检查的通知》(常价检字〔1991〕83 号)，对物价大检查提出 4 点要求：⑴这次物价大检查主要检查违反价格法规，乱涨价、乱加价、乱收费，牟取非法收入的行为。时限为 1991 年，一些以往未检查、未纠正的违价行为可追溯到1990年。⑵检查的范围是有价有费的行政事业单位、生产经营企业和个体工商户。在检查中应以自查为主，抽查为辅。要求各单位按照“物价自查情况申报表”的内容，认认真真地进行自查，并将自查出来的问题填入“申报表”，于本月31日前报市物价大检查办公室（办公室设常德市物价局院内）。物价大检查的抽查工作将从11月1日起进行。⑶物价大检查要认真执行宽严适度的政策。对自查自纠认真，申报自查问题及时的，予以从宽处理；对隐瞒不报、弄虚作假、明知故犯的，要视其情节，按照《价格管理条例》和《处罚规定》进行严肃查处。⑷市直各业务主管部门要加强对物价大检查的领导，督促下属单位搞好自查，并组织好系统内的互查，积极配合和协助物价检查部门搞好物价大检查。物价检查人员在对棉花价格的检查中，发现全市以棉配麻外销的3.95万吨棉花中，有违价问题的有1.5万吨。主要问题是价外加价、弄虚作假、虚购虚销，获取差价。根据国家和省有关政策精神，对澧县棉麻公司的11.1万元、鼎城区棉麻公司的11.5万元、安乡县棉麻公司的48万元非法收入予以收缴。12月，开展专项储备粮食价格检查，对于不执行最低保护价，违反价格政策的行为进行查处。查处专储粮违价案件4起，清退违价金额44万元。

1992年开展农资、农电价格专项检查。全市组织28个检查组，检查758个农资生产经营单位和农电单位，查处农资农电违价单位98个，查证收缴财政16.8万元，清退给农民6.6万元。开展部分行政事业性收费专项检查，检查行政事业单位182个、查证收缴非法所得131万元，有效遏制了学校、医疗卫生、城建、公安交警等部门的乱收费行为。

1993年，开展物价大检查的做法是所有企业、事业、行政单位和社会团体都对自己执行物价政策的情况进行自查。对价格违法问题的处理坚持“自查从宽，被查从严，实事求是，宽严适度”的原则。各单位对照有关物价政策，认真进行自查，如实上报。对不进行自查，有问题隐瞒不报或不如实上报等，发现后按有关规定从严处罚。

1994年，开展对市直单位和个体工商户的物价大检查，明确3月20日－4月10日为市直各单位、个体工商户物价大检查自查时间。时限是1993年下半年以来发生的价格违法行为，重大价格违法案件可以追溯到1992年下半年。自查的重点是与人民生活关系密切的基本生活必需品价格和服务收费。主要包括借税制改革之机擅自涨价和扩大进销差率、批零差率或在原价格之外另加增值税而提高产品和服务价格的行为；违反物价管理权限，擅自提高属于国家定价商品的价格或服务收费的行为，在铁路、公路、水运等运输中乱涨价、乱收费和在出售、办理票证时实行强制保险的行为；不执行最高限价和超过规定差率或利润率销售放开价格的商品，经营中短斤少两、掺杂使假、以次充好等变相涨价的行为；违反国家、省、市规定的调价备案、申报、差率控制（这些销售差率为含税最高控制差率）和临时性限价的办法，以及不实行明码标价的行为；违反国家有关规定擅自提高化肥、农膜、农药、农用柴油等农业生产资料价格和农村电价的行为；越权出台收费项目，擅自扩大收费范围，随意提高收费标准的行为。由于绝大部分单位态度认真、工作积极，在税务、工商、交通部门的密切配合下，自查工作收到较好效果。

1995年，市物价局加大监督检查力度，严肃物价大检查的纪律和责任，集中队伍、集中精力、集中时间开展专项检查，严厉查处了违法经营多收乱要行为，保障了整顿效果。成立了物价稽查大队，严密组织开展市场巡回检查。认真进行了农资、农电、粮食、棉花、交通运输价格和行政事业性收费专项检查，采取全市统一行动、下查一级和交叉检查相结合等形式，加大检查处理力度，严厉打击了价格违法行为。全市共查处价格违法行为和案件843起，实行经济制裁486万元。

1996年8月，按照省物价局、省电力工业局和省监察厅部署，对全市电力部门进行专项检查，查处超范围收取供电贴费、农业与农排用电不执行优惠电价、提前执行提价时间、强制收取安全保险费、随意追加电量等15类48起价格违法案件，查证违价金额800万多元，均予以清退和收缴。

1997年6月，市政府成立药品价格整顿领导小组，集中时间、集中力量对药品价格进行专项检查。利用报纸、电视、广播等媒体广泛宣传国家新的药品价格管理办法，印发了《首批下降的药品价格目录》，并对常德市生产的药品价格进行全面审查。据测算，经审核后的药品价格平均降低10%左右，可减轻患者负担35万元。全市物价部门在加强收费管理，严格控制收费项目出台的同时，充分发挥交通、邮电、医疗等行业物价站的作用，加大收费监督检查力度，严厉查处个别牟取暴利的行为，使乱收费行为得到遏制，1－11月居民消费价格涨幅回落到3.1%。

1998年2－3月，开展药品价格和医疗服务收费专项检查，市物价局联合相关部门对全市的检查工作进行部署、督导、落实。组织专、兼职检查人员38人，分为12个组，检查了23家医院、16家药品经营单位和53家个体诊所，查证违价金额55.49万元，清退26.97万元，收缴财政28.52万元，罚款0.22万元。8月，在全市范围内对金融系统经营服务性收费进行专项检查。包括人民银行、各商业银行、信用社、证券公司、保险公司、财政信托投资公司以及各类基金会。检查收费项目及其收费标准，国家明令取消的收费项目是否落实，整改了代办手续费以及强制保险行为。12月，对食糖价格进行专项检查，检查的重点是是否低于或高于国家指导价格，是否混淆等级，变相降低价格，是否采用多给数量或多计运杂费补贴使之低于国家指导价。市物价检查所对西洞庭农场糖厂等食糖生产企业进行检查，没有发现明显的违价问题。

1999年4月，全市开展电价专项检查，市、县、乡三级同时进行，共查证电价及收费违价金额1628万元，占全市全年各行业违价金额的46.6%。5月、8月、11月，分别进行交通收费、教育行政管理部门收费、电信资费的专项检查。重点整顿了路桥通行费，市、县教育部门的有关收费和电信运营企业资费。

2000年1－4月，对电信资费、移动资费、寻呼资费进行专项检查。查出自立项目收费、超标准收费和超差率销售电话机、超范围收取公用电话装机工料费和基本月租费、推迟执行本地通降费标准等价格违法行为。查清问题后向省物价局请示汇报。8月4日，省物价局下发《关于责成常德市物价局处理电信资费违法案件的函》（2000湘价字第12号），查证结果：⑴超范围收取公用电话装机工料费及手续费共17.06万元。⑵自定标准多收月租费共4.15万元。⑶自行收取160信息分台分成信息费共17.8万元。⑷未经批准，擅自收取寻呼公司主叫费41.58万元。⑸不按规定清退话费押金共55.56万元。对上述1－3项违法所得全部收缴财政，对自立项目收取寻呼费分成的行为，处以罚款4万元。对话费押金账面余额55.56万元，全部清退原交款人，无法清退的查实后收缴财政。

2001年，围绕治理经济发展环境，抓住难点热点问题，突出开展对教育、电力、医疗和药品、石油成品油、粮食、国土、建设、农电和农网改造、旅游等价费的专项监督检查，依法查处各类价格违法案件180起，清退用户1400万元、没收非法所得501.5万元、罚款101万元。5月，重点检查市直药品生产企业、经营单位、医疗单位，各区县市抽查一家主要县级医院。市县两级抽调68人，组成20个检查组，检查226家药品经销企业和医疗单位的价格执行情况。查证违价金额519.67万元，除按政策清退外，实施行政处罚110万元。7月，重点抽查了5个县市粮食、棉花、烤烟收购价格、农电价格和网改收费、邮电资费、中小学教育、建房、计划生育、婚姻登记、农机服务收费。经省、市联合检查，共查证违法所得5000万多元，按政策作出了处理。8－10月，全市以3个方面为重点进行检查：一是农网改造已经竣工验收合格的村组，其电价是否已经执行规定的标准；二是正在网改或尚未进行网改的地方，其电价是否已经降到省规定的标准；三是各地农村电价的限价水平是否真正到位。10月份总结时，达到了检查覆盖面百分之百、违价整改率百分之百。12月，按国家计委、国家粮食局《关于开展全国粮食主产区粮价专项检查的通知》精神，对粮食主产区安乡、汉寿、澧县等县进行专项检查。检查的重点是：是否按质论价，是否执行国家质量标准，是否按保护价敞开收购农民余粮，在陈化粮销售时有无弄虚作假，有无利用价格手段损害农民利益的行为。

2002年5月开展对下岗职工再就业收费专项检查。对市、县两级的工商、公安、税务、交通、技术监督、卫生、环保、城管、劳动、人事等部门和相关中介机构涉及下岗职工再就业的收费进行检查。重点查处不执行国家和省里规定的收费减免优惠政策、自立项目、超范围、超标准收费、肢解收费项目或重复收费以及其他乱收费行为。下半年，开展社团收费专项检查。市物价局会同市经贸委和民政局，对市本级交警、工商、交通、农机系统的机动车驾驶员协会、个体劳动者和私营业主协会、道路运输协会、出租车管理协会和农机使用者协会等社团组织进行试点检查，并结合工商系统的收费检查，对各区县市消费者委员会和个私协的收费情况进行了检查。查处了普遍存在的超标准收取个体会员和单位会员费、利用行政管理职能强制入会、利用年检年审强行收费，以及自立项目收取宣传资料费、会务费等乱收费问题。全市共查证收缴违法所得和处以罚款115万元。

2003年4月份开始进行涉及车辆收费的专项检查，检查对象为群众反映较多的交通、交警、农机监理部门。查证出的价格违法问题是：交通系统自立项目收取客货车年审费、农用车办证费、渡运附加费、没收违法所得、综合服务费，超标准收取手扶拖拉机养路费、客车运管费、变盘式拖拉机运管费、二轮摩托车养路费、过渡费，强制收取保证金，取消项目继续收费等等；交警系统经地方政府默认或签字同意收取已经取消的安全基金、交通设施费，超标准收取汽车年检费、补检费、临时行驶号牌费、禁区通行费等；农机监理系统强制收取作业机械服务费，重复收取人工检验费、普法学习费，自立项目收取事故救援费，超范围、超标准收取农机驾驶员培训费，未提供服务而实施收费（档案查询费、安全性能检验费）等。全市共查证以上部门违价金额1470万元。6月，开展成品油价格专项检查，重点是汽、柴油及相关商品批发和零售价格的执行情况。发现有擅自提高价格及浮动幅度，提前或推后执行调价政策，以次充好、掺杂使假、克扣数量变相提价，自立名目乱收费，不执行明码标价的规定等均作出严肃处理。

2004年，开展农业生产资料和涉农收费专项检查，针对农民反映强烈的价费问题，突出重点行业、重点项目进行重点检查。采取调查、提醒、告诫、劝阻等方式，规范有关部门和经营者的价费行为。综合运用行政处罚、媒体曝光、联合执法等手段提高检查威慑力。这次专项检查以市本级检查为主，同时运用集中检查、下查一级、交叉检查、联合办案等方式加大检查力度。市物价局3月10日前做好了重点清退案例的准备工作，省物价局统一协调组织清退。检查中注重调查研究，对调查和检查中发现的问题进行认真分析和研究，形成农资价格和涉农收费调研分析报告。全市共派出29个检查组，派出检查人员93人，对全市177家农资批发、零售商家进行检查。查处了桃源县种子经营单位违法金额22万元，经该县政府协调进行了处理。10月开展全国性治理教育乱收费专项检查，要求各区县市物价部门对辖区内的各类学校进行检查，市物价局对各区县市的重大典型案件进行抽查。严格实施义务教育收费“一费制”，进一步落实教育收费公示制度，全面推行“学生缴费明白卡”制度。此外，全年还组织了两次教育收费专项督查，进一步规范教育收费行为。

2005年10月进行全市教育收费专项检查。检查分自查、重点检查、整改三个阶段。共检查30个单位，其中省、市联合检查6个，市本级检查1个，市、县联合检查23个。查出违价问题49个，查证价格违法所得2681.07万元。主要有：⑴市县两级教育局违规将代管经费转为机关经费，用于机关开支，违规金额291.75万元。⑵教育部门违规提取代管经费项目4个，违规金额2145.25万元。⑶自立项目27个，违规金额699.46万元。⑷超标准收费项目9个，违规金额294.74万元。⑸学校超范围收费项目2个，违规金额12.47万元。⑹学校重复收费项目3个，违规金额30.64万元。⑺已被取消而继续收费项目1个，违规金额209.85万元。⑻代收费违规项目2个，违规金额148.38万元。对这些违价问题，责令相关单位停止价格违法行为，将多收价款全额清退给原交费者，确实无法清退的违法所得由物价部门没收上缴财政。对积极配合处理的单位免予罚款，对消极对待甚至不配合处理的给予一定的罚款。检查与处理情况上报市人大常委会和市政协相关领导。选择正反两个方面的典型在新闻媒体曝光，对不服从处理的单位和个人由纪检、监察部门作出处理。

2006 年开展化肥价格和涉农收费专项检查。通过 2 个多月的检查，市内小化肥生产厂家、化肥批发以及零售企业的市场价格秩序比较稳定，监管措施有所加强。农村中小学义务教育阶段“一费制”、农村义务教育经费保障机制、农村新型合作医疗服务收费、农村生产生活用水用电、农民建房、农民进城务工等价格和收费都得到较好落实。检查中，市物价检查所组成 3 个组到各区县市督导。2 月和 9 月，分别进行教育收费督查，重点对收费公示、收费标准及收费范围进行检查。

2007 年 4 –5 月，对全市国土系统收费进行专项检查，查证违价案件 19 件，给予经济制裁近 60 万元。11 月，开展涉及柑橘“绿色通道”价费优惠措施专项检查。重点检查所辖区域内各公路、桥梁收费站点涉及柑橘“绿色通道”价费优惠措施的落实情况。

2008 年开展惠农价格收费政策落实情况专项检查。5 月 30 日开始，全市由 573 人参加分组，对常德市 5 家化肥生产企业和 180 多家农资批零经营户开展全面检查，查处违价金额 66. 48 万元。11 月，根据湘价检〔2008〕161 号文件精神，市物价局、市纠风办、市教育局、市监察局、市财政局等 7 单位组成联合检查组，抽查各区县市的学校。查出自立项目收费、超标准收费、统一向学生收取城镇医保费、代收费未及时结算等问题 112 个，查证违规多收金额 486. 78 万元，均按有关政策进行了清退处理。

2010 年 4 月，全市涉企收费检查新闻通报会

2009 年开展涉农收费政策落实情况专项检查。组织 20 个检查组 550 人对农村教育收费、农用机动车与农民建房收费进行重点检查，查处价格违法案件 22 起，对 13 所学校查证的违价问题，予以清退 5. 3 万元、没收违法所得 12. 7 万元、罚款 0. 5 万元。对安乡县农机监理站违规收取农用拖拉机安全技术检验费 5. 31 万元实施清退，对未清退的 1. 5 万元予以没收。开展全市医疗服务和药品价格专项检查，检查药品经销单位和医疗服务机构 77 家，其中市直医疗服务机构 4 家，县直医疗服务机构 20 家，乡镇医疗服务机构 45 家，社区医疗机构 1 家，药品超市 7 家。查证没收价格违法所得 154. 96 万元。

2010 年 9 月 14 日起配合省物价局对市交通局、市建设局、市规划局、市国土资源局、市城管局、市房管局及其下属单位2007年1月至2009年10月的收费情况进行专项检查。共检查16个单位，查出违价问题30项，查证违价金额9382万元。查出的主要问题是：⑴市国土资源局超范围收取新增建设用地有偿使用费3912万元；未开展征地工作收取用地管理费472.95万元；自立项目、超标准和强制服务收费共计176.52万元。⑵市规划局超范围收取城市基础设施配套费3702.2万元；未签署协议收取放线费、地形图测绘费和技术论证费415.59万元。⑶市房管局自立项目收取住房抵押手续费141.3万元；超标准收取新建商品房转移登记费19.2万元。⑷市建设局无协议收取建筑施工监督管理费239万元；超范围收费24.3万元。⑸市城管局自立项目收取广告设置权有偿使用费174.3万元。⑹市交通局自立项目收取土地款35万元；海事局未经批准收取安全知识更新培训费33.5万元；征稽处超标准收取客运附加费24.75万元等。市物价局将检查情况向上汇报，省物价局案审会派检查组到常德市对上述问题处理结案。

2011年3月15日－4月30日开展全市有线电视收费专项检查。主要检查2009年4月1日以来有线电视收费执行情况，重大问题可向上追溯一年。此次检查由市物价局统一组织，下查一级，各区县市物价局配合检查。具体工作由市价格监督检查局组织实施。检查内容是：⑴继续收取已明令取消收费项目的。⑵违反规定擅自设立收费项目、提高收费标准、扩大收费范围收费的。⑶利用垄断地位擅自定价销售机顶盒及相关商品的。⑷违反规定，越权出台收费项目和收费标准的。⑸相关优惠政策落实不到位的。⑹不执行明码标价规定的。⑺其他违反国家价格政策的。经检查鼎城区、澧县、汉寿县、临澧县、石门县、桃源县、津市市等7个网络有限公司，共查证违法金额39.7万元，作出全额清退或收缴的处理。10月，开展教育收费专项检查，检查范围为市、县两级教育系统2010年秋季开学以来发生的收费行为，重大的乱收费行为追溯到上一年度。市价格监督检查局检查一室负责检查湖南文理学院（配合省局检查）、常德广播电视大学、常德市第一幼儿园；检查二室负责检查常德职业技术学院、桃源师范学院、常德市第一中学幼儿园；检查三室负责检查湖南同德职业学院、常德财经中等专业学校（含长采理工职业学校）、常德市新蕾幼儿园。对市本级被查单位查证处理违价金额164万元。

2012年3月，开展农村中小学教育收费、农村医疗服务和药品价格、农村用水用电价格、农产品农资价格、国土、水利、计划生育和民政等涉农价费专项检查。全市检查工作由市物价局统一部署，市价格监督检查局组织实施，各区县市物价局负责辖区内涉农价费行为的检查，市价格监督检查局重点对区县市22个单位进行抽查。全市检查了2011年1月1日以来各项涉及农民生产生活用电、供水、改水、抗旱过程中的收费以及教育、医疗、民政、国土、计划生育等500多家涉农收费单位。从检查情况看，全市落实涉农价费公示制度比较到位，基本上对涉及农民群众利益的各项价费政策都进行了公示，并公布了“12358”价格投诉举报电话；经营农产品和农资的公司和门市部价格政策执行较好，基本做到了明码标价；水利、计划生育和民政部门的收费较规范，没有发现乱收费现象。但也查出了一些违价问题，如超标准收费、部分基本药物未按零差率销售等行为。全市共查证违法所得金额459.26万元，清退用户43.09万元，无法清退的收缴财政。9月，开展教育收费专项检查，市价格监督检查局负责统筹安排。临澧县价格监督检查局出动20多人次检查全县义务教育学校8所、非义务教育学校2所、学前教育1所，查证没收违法所得20万多元。安乡县价格监督检查局检查高中学校4所、义务教育学校22所、幼儿园8所，查出有违规收费行为的学校11所，违规收费金额36万多元，对违规收费学校进行整改并实施行政处罚。石门县价格监督检查局对查证的违价问题，责令清退280.15万元，收缴财政8.5万元。

第二节　市场检查

1989－1991年，针对垄断市场、串通涨价，以次充好、变相涨价，欺行霸市、短斤少两、掺杂使假、不明码标价、随口喊价等现象，组织开展市场价格检查。其中1989年配合工商部门对285名欺行霸市的不法商贩给予吊销营业执照的处理。1990年，跟踪群众舆论热点狠抓粮油食品、日用消费品和冷饮价格的监督检查。全市共查处各类价格违法行为和案件851起，收缴违法所得210.7万元，清退用户12.5万元，罚款0.3万元。1991年，开展节日和灾后市场价格检查，元旦、“五一”“十一”等节日逢节必查。检查中，发挥局、所人员的骨干作用，组织乡镇、职工物价监督站，划片分块包干负责。针对市场价格因灾上扬，采取加大监管与强化检查并举，确保“菜篮子”等生活必需品和农产品收购价格基本稳定。把一时出现的压价估砣收猪、量筐购鱼和趁灾涨价等行为杜绝在萌芽状态。全市共检查国营、集体和个体工商户13420家，查处违价案件和行为790起，收缴违法所得365.35万元，清退10.73万元，罚款0.72万元。1992年，坚持“保护合法、支持改革、纠正失误、惩处违法”的原则，全市共查处违价案件和行为779起，查证违价金额467万元，收缴166万元，清退301万元。

1994年，对基本生活必需品价格实行重点监督检查，稳定粮、油、猪肉和蔬菜等基本生活必需品价格。对平抑市场粮、水库移民粮和灾区补贴粮全面查底子、查去向、查价格，边查边处理边整改。如对桃源、石门粮食部门老粮执行新价立即刹车，对德山粮油供应公司粮、油乱涨价问题立即予以纠正，并将情况上报市政府作出通报处理。从9月20日起，物价、工商配合，职工、农村物价监督队伍参与，全市集中200多人的联合执法队伍，分片包干，对粮油肉菜价格跟踪检查。市城区组成50多人联合执法队伍进入6大农贸市场，按照“宁可少品种，也不准超差率”的要求，逐摊位检查。对超过零售指导限价和哄抬物价的，轻则罚款，重则取缔营业资格，对高价猪肉限价拍卖。常德市市场猪肉、食油、鲜菜价格稳定在全省平均水平以下。

1995年，市政府颁发《关于切实加强农业生产资料市场管理的通知》，市物价局、工商局、公安局联合发布《关于整顿市场秩序平抑市场物价的公告》。物价、工商等职能部门按照纪律和责任要求，集中队伍、集中精力、集中时间开展市场检查，严厉查处市场违法经营行为。市物价局成立市场物价稽查大队，聘请市场物价监督员组织开展市场价格巡回检查。

1996年，重大节日、洪涝灾害和省第八届运动会在常德市召开期间，主动争取工商部门的配合与支持，发挥职工物价监督站、行业站的作用，采取定点（定市场）定人、分片包干、分线协同等形式，大力开展市场价格检查，对典型违价案件，及时公开曝光，从严处理，打击市场经营者掺杂使假、短斤少两、欺行霸市、哄抬物价的违法行为。4月份，针对群众反映强烈的公路客运价格混乱问题，与交通运管部门联手，在春运价格整顿的基础上，开展规范公路客运经营行为的整顿月活动，提前发公告，限期整改，上路检查和组织验收，整顿工作取得了明显成效。“的士”打表计程收费初步规范，公共汽车、中巴车多收乱要现象得到遏制。

1997年11月2日，市政府成立市物价大检查办公室，在市场物价大检查期间，市物价大检查办公室派出督导组抽查部分区县市大检查工作。物价大检查结束后，各区县市写出总结报告，连同物价大检查情况统计报表上报市物价大检查办公室。在元旦、春节两大节日期间，各区县市物价部门对粮食、肉类、蔬菜等主要农副产品和实行价格监控的商品的市场价格及服务收费进行了检查。

1998年常德市遭受特大洪涝灾害，市、县物价部门集中领导，集中力量，充分发挥职监站和乡镇物价站的作用，采取分片包干、定点到人、巡回检查等形式，并加强与工商、公安部门的联系，加强城乡市场价格监督检查，对不执行规定价格，牟取暴利、短斤少两、以次充好等价格违法行为，进行严厉打击，确保了灾期粮、油、肉、菜、煤等居民生活必需品价格的基本稳定。

1999年，为保障元旦、春节市场物价和春运票价基本稳定，保护消费者特别是低收入群体的利益，市物价检查所组织市场物价稽查队员和义务职工物价监督员对各大农贸市场、各主要商场、主要交通客运场所的商品和服务价格进行经常性地监督、巡查。配合消费者协会组织的“‘3·15’消费者权益日”“百城万店无假货”活动，查处市场价格违法行为。全市共查处各类违价行为129起，实行经济制裁15.8万元。

2001年元旦、春节期间，重点检查与人民生活密切相关的商品和服务价格，突出整治价格欺诈等不正当价格行为，维护正常的市场价格秩序，让人民群众过一个祥和的节日。在“两节”市场价格监督检查中，采取检查与宣传相结合的形式，运用多种方法，广泛宣传《禁止价格欺诈行为的规定》，提高群众对价格欺诈行为的识别能力，便于群众及时举报，保护自身合法权益。对群众投诉举报的案件认真受理、及时交办，做到举报一个查实一个。对屡查屡犯情节严重、性质恶劣的，通过媒体公开曝光，起到杀一儆百的作用。“五一”节期间重点检查旅游价格、宾馆酒店客房价格、车辆客运价格、电信资费、明码标价等执行情况，查处了一批哄抬价格、擅自提价、随意要价、价格欺诈等价格违法行为。

2004 年，以制止价格欺诈和价格垄断为重点，加大对旅游、餐饮以及商场、超市等行业和场所的检查力度，禁止虚假标价、两套价格、模糊标价、虚夸标价、虚假折价、模糊赠售、隐蔽价格附加条件、虚构原价、不履行价格承诺以及质量、数量与价格不符等价格欺诈行为；结合《制止价格垄断行为暂行规定》的实施，组织开展对价格垄断行为的监督检查，重点查处横向垄断、限制终端价格等行为。“五一”、国庆两个黄金周重点检查旅游、交通、餐饮娱乐业价格，查处价格欺诈、不明码标价等价格违法行为。“五一”期间，市物价检查所派出 3 个组重点对公园景点、旅游服务、交通运输、与群众生活密切相关的商品和服务价格以及化肥、农药、种子等农资价格进行监督检查，严肃查处乱加价、乱收费、不执行价格干预措施的价格违法行为，打击哄抬价格、囤积居奇、造谣惑众、牟取暴利等坑害消费者的价格违法行为。通过市场检查，处理了武陵区、安乡县、桃源县 3 起价格违法典型案例。

2006 年开展“市场监管年”活动，规范市场价格秩序、打击不正当价格行为、推进价格诚信建设。6 月中旬，市物价检查所与武陵区物价检查所联合，邀请武陵区工商局、步行街管委会参与，对步行街涉嫌价格欺诈的几家门店进行了一次反价格欺诈的重点检查。检查中发现华伦天奴世家等 2 家门店虚构原价，在提高价格的基础上打折或优惠，形成严重的价格欺诈行为。对此，市物价局召开公开案审会，对这 2 个案例进行公开审理，并邀请相关新闻媒体到场进行报道。案审会上，通过讲事实、讲政策，当事人心服口服，案审会后，对其进行了罚款处理，消费者拍手称快。

2007 年，元旦期间，市物价局分管局长带领检查人员，采取全面检查与重点检查相结合的方式，对 1500 多个摊位摊点、4 家大型超市、5 家液化石油气供应站、4 家交通客运站场进行检查。从检查的总体情况看市场商品供应充足、价格平稳，车站客运票价、液化气站、物业管理都有电子显示屏或价目公示栏，超市、个体经营户明码标价率较高。但少数市场与个体经营户明码标价还有死角，个别超市使用不规范的自制价格标签，促销价格广告宣传不规范，虚构原价等。对此，检查人员突出宣传规范和整改教育，明确相关政策，发出限期整改通知书。

2008 年 1 月，市物价局成立抗击冰雪灾害工作和春运价格监管工作领导小组，1 月初，局党组召开专题会议研究部署春运价格监管工作，制定监管工作方案和检查、值班计划。1 月 17 日，召开全市春运价格监管工作会议，各区县市价格主管部门和市直运输站场、企业主要负责人参加，会上传达了省物价局有关文件精神，安排布置了春运价格监管工作。1 月 21 日，又召开重点运输企业负责人紧急会议，再次强调落实春运价格不上浮等要求。之后检查人员加大监督检查力度，对热点问题重点查、重要部位巡回查、群众举报及时查，规范了客运票价行为。同时，市物价局全体干部职工放弃休假，打破科室分工，统一安排巡查活动。每天轮流安排2名班子成员带队开展巡查，全局共安排120多人次，平均每人参加巡查活动2次以上。1月29日启动全市灾期及春运价格大检查活动，全体班子成员带领7个检查小组深入各大车站、各主要线路检查价格执行情况，向有关营运单位发放提醒遵守价格政策告诫书1800多份，市政府分管物价的副市长李爱国参加检查活动。

2009年2月，市物价局根据市政府部门联系会议的部署和安排，加大春运价格检查和督查力度，开展多次检查活动。春节期间，每天安排检查人员驻站值守和巡查，及时处理价格举报和投诉，保证春运价格基本稳定有序。国庆节前集中开展市场价格检查活动，开展经常性的市场巡查。在国庆期间加强举报值班，确保“12358”电话24小时畅通，安排专人值守。市局在国庆期间对各地的值班情况进行抽查。各地对国庆期间的价格举报情况通过价格举报邮箱（cdsjgjb@163.com）做到一日一报。市、县物价部门成立应急小分队，及时处理价格举报案件。

2010年，“五一”期间，市、县物价部门分别由主要领导带队对辖区内的商场、超市、市场、车站、宾馆、酒店、景区和商业零售市场集中的门店开展检查活动，重点检查商品和服务价格公示和明码标价情况。对长期存在明码标价不规范、价格欺诈等价格违法行为的经营者进行重点打击，对性质恶劣的典型案件进行严肃处理并公开曝光。市物价局在市城区集中开展市场价格检查，市物价局主要负责人挂帅，市价格监督检查局局长钟昌宏负责总调度，市价格监督检查局、综合科、价格科、武陵区价格监督检查局参加。检查分5个组：一组负责宣传报道，二组负责甘露寺批发市场、青阳阁市场、紫桥市场、北站市场的价格检查，三组负责汽车北站、丹阳路车站、火车站大市场、汽车总站的客运票价的检查，四组负责春天百货、九芝堂大药房、益丰大药房、新一佳超市的价格检查，五组负责步行街、金钻广场的市场价格检查。

2011年1月，市人大常委会副主任张启祥（左二）一行在常德汽车总站检查春运情况

2011年1月25日，市人大常委会副主任张启祥、市政府副市长沈习淼、市政府副秘书长陈彰波、市政协经科人资环委主任袁翠兰、市物价局局长袁云波、市物价局副局长刘邦原巡查春节市场价格。他们先后到大润发超市、芷兰农贸市场、汽车总站等地了解春节期间粮油肉蛋奶、蔬菜等居民生活重要商品和客运票价的价格走势，现场听取各单位价格执行情况汇报。市、县价格部门加强节日市场价格监督检查，重点检查粮油等食品、交通客运和旅游、餐饮、景点等行业价格行为，及时查处各种乱涨价、乱收费和价格欺诈、牟取暴利等行为。7月份，在全市开展物业小区停车收费的市场巡查，对花城小区的业主委员会、星香源大酒店、美安物业公司、湘北公

司下发《责令限期整改通知书》；对顺源物业公司、阳光物业公司分别给予1000元的行政处罚并在报上公开曝光。8月份开展商品房销售明码标价的市场巡查。9月、10月份，集中组织中秋、国庆两节的市场巡查活动，重点对与人民群众生活密切相关的粮、油、副食品、客运票价和大型商场、超市进行巡查。11月份，联合武陵区物价局、武陵区教育局共50多人组成5个巡查小组，在市城区抽查20所幼儿园，对有问题的幼儿园当场下发《责令限期整改通知书》，要求在3天内整改到位，完善相关手续和规范收费行为，自觉接受物价部门的监管。

2012年，中秋、国庆期间，市物价局组成6个检查组，对市城区12家大型超市商场、商业集中地以及其他民生价格进行检查，确保节日期间价格基本稳定。9月26日上午，局长袁云波、副局长陈谋建带队对大润发、步行街等地进行巡查。巡查中，袁云波认真查看超市烟、酒、月饼的明码标价情况，详细了解粮食、猪肉、蔬菜等与人民群众生活密切相关的商品货源供应及价格等情况，袁云波就做好节日市场工作，要求各大超市精心组织货源，保证市场供应，扩大节日市场消费，稳定市场价格，加强价格自律，主动让利于民。同时他还向经营者和消费者表示价格主管部门一定要采取多种措施进一步加大市场价格监管。从各组的检查情况看，全市绝大部分超市商场商品价格稳定，商品标价整齐、规范、有序。但个别超市存在标价签使用不规范等问题，检查人员立即责成整改。

表4-1-1 1989-2012年常德市物价检查案件查处情况统计 单位：件、万元

年度	查处案件	违价金额	经济制裁		
			清退	没收	罚款
1989	2298	628	173.6	454.4	3
1990	2310	656	76	580	2.8
1991	790	376	11	365	0.1
1992	779	467	301	166	1.2
1993	872	518.2	243.3	274.9	3.5
1994	518	482.8	251.4	231.4	11.3
1995	843	486	265	221	2.3
1996	2603	1377	987	390	20
1997	2680	1902	1400	502	101
1998	1558	1233.4	953.7	279.7	73
1999	2436	3353.6	2758	595.6	139
2000	1139	2715.3	1702.3	1013	134.2
2001	1980	1901.5	1400	501.5	101
2002	493	5115	4421.5	693.5	40
2003	400	1642.4	1275.4	367	39
2004	415	2074	1630	444	73

续表

年　度	查处案件	违价金额	经　济　制　裁		
			清　退	没　收	罚　款
2005	427	1686.1	1594	92.1	12
2006	412	1453	1015	438	24
2007	411	1158.3	510.2	648.1	30.2
2008	681	1014.6	322.6	692	
2009	467	911.7	200.2	711.5	
2010	402	957.8	25.8	932	
2011	447	811.9	73.2	738.7	
2012	430	832.11	5.01	827.1	
合计	25791	33753.71	21595.21	12158.5	810.6

第三节　义务监督检查

一、职工义务监督检查

1989年1月28日，市物价检查所发出《关于加强社会价格监督工作，建立多层次多渠道价格监督网络的通知》，贯彻落实中共中央和国务院关于开展职工物价监督工作的通知精神，明确进一步加强职工义务物价监督站的建设，加强业务指导和业务培训，建立健全各种制度，尽快开展工作。设立物价违纪举报箱，充分发挥广大消费者对价格的监督作用；及时总结经验，树立典型，使社会价格监督工作取得新的进展。3月5日，市物价检查所提出《关于要求给予物价违价案件告发人、协办人奖励的请示》，充分依靠和发动广大人民群众检举揭发物价违法行为和参与对物价违法案件查处，按财政部〔1986〕财预字第228号、省财政厅湘财〔1987〕农字第211号及省物价局湘价检字〔1987〕第157号文件的规定，给予告发人和协办人一定奖励。

1992年7月16日，市政府办公室下发《关于同意成立常德职工物价监督总站的批复》（常政办函〔1992〕88号），组织全市职工开展物价监督活动，及时掌握物价信息，为政府提供意见和建议，任命吴本立为站长，雷志钦为副站长。

1993年，常德市设职工物价监督总站8个、分站67个，有物价监督员680人，其中市属专业分队4个、分站6个、物价监督员158人。为解决物价监督员的工作经费，11月17日市物价局向市财政局提出《解决市职工物价监督总站活动经费的报告》（常价检〔1993〕67号）。职工物价监督队伍常年活跃在街头巷尾、车站码头、集贸市场，为稳定市场物价，维护国家、集体和消费者利益发挥积极作用。

1994年4月23日，市总工会、市物价局常工字〔1994〕8号转发湖南省总工会、湖南省物价局《关于发挥职工物价监督组织作用，搞好全省市场物价大检查的通知》。对职工物价监督工作提出要求：⑴各级工会和物价部门要进一步更新观念，统一对职工物价监督检查的认识。在市场经济条件下，职工物价监督组织仍然具有重要作用，各级工会要继续发挥职工物价监督组织协助物价部门共同维护市场价格秩序的重要作用。各级物价部门要支持、指导职工物价监督站的工作。各级职工物价监督站要积极参与市场物价监督检查，以适应社会主义市场经济的要求。⑵积极组织职工物价监督站参加物价大检查工作。各级工会和物价部门要按照国务院和省政府通知精神，组织全体职工物价监督人员参加物价大检查。同时以大检查为契机，推动职工物价监督工作进一步开展。职工物价监督站点多面广，分布基层，与广大职工群众联系紧密，在大检查中能直接反映群众的要求和呼声。各级物价部门要关心和支持他们的工作，并加强对职工物价监督队伍的政策、业务培训，使他们掌握党的政策和物价政策。各地职监站要服从当地物价部门的业务指导，主动配合物价部门的工作。这次职工物价检查的重点是零售商业网点和集贸市场中与职工生活密切的基本生活必需品价格和服务收费、明码标价制度落实情况。对于短斤少两、以次充好、假冒伪劣等变相涨价行为，也要进行检查。⑶职工物价监督工作暂停的地方要立即恢复和健全组织；各级职监总站领导成员已调动的要及时补充；职监员力量薄弱的要迅速充实；原由工会发展的职监员已由物检所代管的，要逐步移交工会组织领导。各级监督站查处的罚没款，要按规定及时上交当地物价检查部门，职监组织所需经费由当地物检所专项上报财政予以解决。

1998 年 5 月 6 日，市物价局、市总工会下发《关于进一步加强职工价格监督检查工作的通知》（常价检〔1998〕69 号），明确职工价格监督检查工作的重点要由以检查经营者是否执行政府定价为主转变到维护公平竞争的市场价格秩序上来。职工价格监督组织必须针对新形势下价格违法行为的新特点开展工作，既要进行监督检查，又要搞好价格服务。常德市物价监督站在市物价局与市总工会的领导下开展工作，对常德市城市和农村的市场物价起监督和管理作用。

2003 年，因职工物价监督站在执法过程中出现一些偏差，群众反映很强烈。9 月 16 日，市物价局通知各区县市职工物价监督站实施整顿，停止执法。武陵区发展计划物价局接到通知后，召开全体职监站人员及区检查所全体工作人员大会，宣布停止职监站各项工作，收回执法证，对市场监管工作人员进行调整。经武陵区人大常委会推介 8 名人大代表、区政协推介 7 名政协委员为武陵区物价监督员。

二、农村义务监督检查

常德市 1987 年在全省率先建立乡镇物价监督站。1989 年，汉寿、石门等 4 县建立 42 个农村乡镇物价监督站，有 283 名物价义务监督员活跃在农村市场。1990 年，全市乡镇物价监督站发展到 59 个，这些站查处违价案件 329 起，清退违价金额 120 万元。汉寿县作为全省唯一的代表参加全国基层物价管理经验交流会。1991 年，农村乡镇物价监督站发展到 81 个，帮助纠正错误价格 1.2 万个，为农业服务产生效益 550 万多元。全市农村物价管理工作会议在石门县召开，推广汉寿、石门建站经验。之后，各区县市先后建立起乡镇站。9 月 13 日，省物价局组织全省 14 个市州物价局局长到常德市考察学习物价管理和建立乡镇物价监督站的工作。

1994 年，全市县级物价局与计委合并，部分乡镇物价监督站因县级物价机构合并而撤销。农村物价工作一度弱化，出现农村物价涨幅高于城区，特别是农资价格既高又乱，农民负担反弹现象。市委、市政府专题研究，作出“有条件的地方可设立乡镇物价监督站”的决定。1995 年下半年开始，随着撤区并乡，市、县物价部门着力抓乡镇物价监督站建设。市物价局在桃源县试点，年底，桃源县建立 40 个乡镇物价监督站。至 1997 年 4 月，全市 220 多个乡镇有 150 多个建立物价监督站。省物价局将常德市建立乡镇物价监督站的做法总结为“桃源模式”。1996 年 5 月，市物价局近 8000 字的《重点抓好“三化”建设，加强农村物价管理》的文章在全国农村物价工作暨经验交流会上印发。1997 年 4 月 23 - 25 日，全省农村物价工作会议在桃源县召开，桃源县委、县政府、市物价局、桃源县物价局分别作典型发言。12 月，桃源县物价局局长朱自权代表单位出席全国物价系统先进集体、先进个人代表大会，与参会代表一道受到李鹏等党和国家领导人的接见，朱自权在会上作典型发言。

2006 年，加强农村价费监管网络体系建设，探索农村基层价格监管网络、农产品价格信息咨询服务网络、“12358” 价格举报投诉网络的有效方式。在桃源县桃花源镇办点示范，通过调研和总结，形成了《唱好“三字经”，服务新农村》的经验材料，在全省农村价格工作会议上推介。

2009 年，9 个区县市所属乡镇均建立物价监督服务站，聘请村义务价格监督员，开展农村价格义务监督工作。

2010 年，义务物价监督员队伍得到巩固与发展，覆盖农村的价格监管网络初步形成。特别是石门县、桃源县、临澧县等县物价部门注重加强乡镇物价监督服务站建设和业务培训，指导开展农村价费公示，受理农民投诉举报，提高价格咨询服务，受到农民群众欢迎。

2012 年，以“全市农村价费监管年” 活动为载体，健全县、乡、村三级价费监管网络，全市共建成乡镇价费监督服务机构 207 个，聘请村级价费监督员 3591 名。加强涉农价费宣传公示，建立乡镇价费公示牌 324 块，村级价费公示栏 2888 个，价费政策基本实现全市农村全覆盖。大力整治农村价费重点、难点问题，查处涉农价费案件 192 起，清退不合理收费 566.61 万元，没收违法所得 438.29 万元，给予行政处罚 5.38 万元，维护了农民的价费权益。

第二章　价格投诉举报检查

第一节　电话投诉举报检查

一、"12358" 举报电话

2001 年 5 月 8 日，常德市全面开通"12358"价格举报电话，成立价格举报中心，专门负责价格举报投诉的受理、检查与回复工作。为了扩大"12358"价格举报电话的社会影响，普遍张贴国家计委办公厅统一印制的"12358 宣传画"，以便更好地维护消费者的合法权益，树立价格主管部门的良好形象。

2002 年初，市物价局"12358"价格投诉举报热线与"12345"市长热线和"12315"消费者权益投诉热线紧密联系和配合，形成整体互动网络；强化职能科室参与配合、快速反应的机制，层层分解责任，调动各方积极性，形成整体合力，为监管工作提供政策保障、人员保障和时间保障。如"12358"受理的市城区混凝土市场垄断经营、价格偏高问题，市物价局迅速开展市城区混凝土市场经营状况调查，并对生产企业的生产成本进行调查，很快掌握了企业生产成本和市场经营情况，并进行价格对比，提出了定期测算和公布市场交易价格，提出企业加强成本核算、挖潜节支、严格行业自律等措施和建议，规范了混凝土市场价格行为。

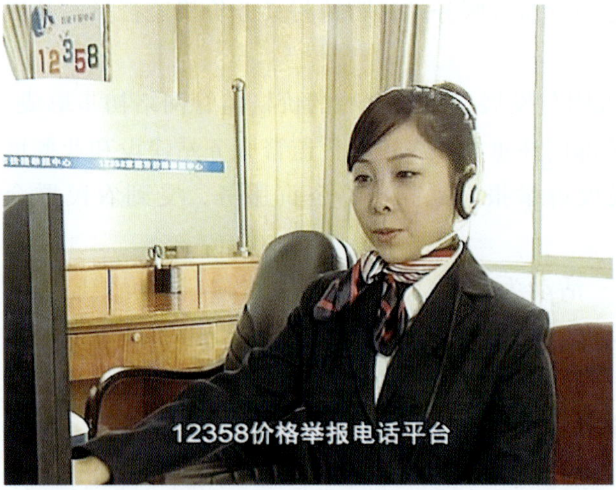

"12358" 价格投诉电话接线员

2003 年，市物价局将"12358"价格举报电话受理范围与内容向社会公示，方便人民群众投诉举报，维护合法权益。

2004 年，市物价局从 6 月 1 日起在全省率先对"12358"价格举报电话不再设置录音，实行 24 小时人员值守，并开通"13762632323"举报移动电话。

2005 年，市物价局明确一名副所长 24 小时值守接听"12358"价格举报电话，负责受理、查办、回复群众投诉举报工作，要求各区县市明确专人值守，全市基本形成以市价格举报中心为骨干的举报投诉网络。通过全市物价部门大力宣传和推介，“12358”价格举报电话家喻户晓、深入民心，真正成了党和政府与广大群众的连心线。汉寿县利用电视台等新闻媒体和放发宣传册宣传“12358”价格举报电话；鼎城区、临澧县在农民负担卡和其他价格宣传资料上都印有“12358”，广泛公布于商场、医院、学校、车站、码头等公共场所，每天都接到大量的咨询和举报电话，提高了物价部门的知名度和工作地位。市长热线、市优化办对“12358”价格举报工作给予很高评价。

2006年1月4日，市物价局向省物价局提出进一步优化“12358”价格举报电话受理服务工作的建议：一是快速反应能力亟待加强，很多单位没有配备相应的交通工具和人员，拖拉、推诿现象严重，群众常有不满情绪；二是希望省物价局、省物价检查所出台一些关于价格举报的过硬措施，以保证对价格举报检查工作的快速高效和规范有序。是年，在全省率先实现价格举报网络化、信息化，建成“12358”价格举报电子平台，健全价格快速反应机制。12月，设立农村“12358”价格网络举报投诉方式。

2007年，在做好上班时段“12358”工作的同时实行休息日值班制度，周六、周日安排专人值守“12358”价格投诉举报电话，确保双休日价格投诉举报渠道24小时畅通，认真受理群众来电投诉，做好详细记录。对紧急和重大的举报事件及时向分管领导报告，做到快速反应、及时处理。

2008年，市物价局投入40万元构建“12358”价格举报网络管理平台。2009年为举报中心工作人员配置笔记本电脑。2010年举报专车投入使用。价格举报工作从最初的一部电话一个人，发展成为拥有专门队伍、专车和专用电话、电脑、传真、复印等专门设备的规范化价格举报中心，实现了电话、网络、来信、来访多渠道受理价格举报和咨询，做到价格举报受理、信息处理、流转、查询以及价格信息动态发布等工作智能化，提升了价格举报管理和价格监督检查快速反应能力和及时处理的水平，拓展了“12358”的服务功能。

2010年5月1日，在“12358”价格举报电话开通9周年之际，在市城区社区、商场、超市、学校、宾馆、车站等地悬挂宣传图100张，印制张贴宣传画2000余份，通过电视、报纸、网络等媒体曝光价格举报查处案件，进一步扩大“12358”的知晓度。

2011年5月8日是“12358”价格举报电话开通10周年，市物价局5月4－8日开展纪念“12358”开通10周年“宣传周”活动。宣传周活动通过多角度、多渠道、多形式开展“12358”宣传，增强广大群众运用“12358”价格举报电话维护自身价格权益的意识与能力，打造“12358”价格举报品牌，提升物价部门形象。宣传活动的主题是“12358、价格连万家”“12358、情系你我他”。重点是宣传价格法律法规；宣传价格监督检查及价格举报的形式、职责；宣传“12358”价格举报电话开通10周年以来取得的工作成果；大力倡导价格诚信，曝光典型价格违法案例，禁止价格欺诈。5月4日，举行宣传周活动启动仪式、价格诚信单位授牌仪式和价格欺诈典型案例新闻通报会。省物价局、省价检局和市人大、市政府、市政协、市优化办、市法制办、市满意办领导，市物价局领导、科室负责人、价检局全体人员、区县市监督检查局局长以及诚信单位负责人参加启动仪式。5月6日，开展价格服务进商场、进超市活动。检查人员为步步高、春天百货、新一佳、梅尼、百胜、家润多、大润发、沃尔玛、丰采、华星、苏宁、国美等商场、超市相关工作人员授课，宣传价格政策，指导企业依法诚信经营。5月8日，开展价格宣传咨询和市场价格检查活动。对步行街各门店和各大超市的商品价格进行巡查，查处不正当价格行为，规范市场价格秩序。宣传《价格法》等价格法律、法规、规章和价格举报工作有关规定；接受群众咨询、投诉；发放价格法规政策宣传资料和印有“12358”宣传图片的环保购物袋；悬挂宣传条幅、设置价格法规宣传盾牌、设立价格法律咨询台、价格投诉举报台。“宣传周”活动期间，邀请到省、市新闻媒体进行现场采访。

2012年，大力推进“12358”价格举报中心队伍建设，为解决价格举报投诉受理问题，价格举报专职受理人员由1名增加到2名，进一步落实“12358”价格举报电话24小时人工服务。对受理接待人员进行专门培训，规范文明用语，树立窗口形象。成立应急小分队，无论是工作日还是节假日，接到举报快速出动处置。

二、投诉举报检查

2001年5月8日，常德市“12358”专线开通后，当年受理举报案件400多起，查处违价金额45万元。

2002年1－6月，“12358”价格举报热线全市共接到群众投诉、举报、咨询电话1050个。

2003年，市城区秋季开学头3天，接到学生家长打来关于教育收费的投诉与咨询电话143个，立即对投诉的问题进行调查处理。当年全市“12358”共接到投诉举报、咨询电话1350个，对举报属实的均作出了处理。

2004年，至6月30日，受理投诉举报咨询167人次，立案查处2起，答复投诉163起，清退3.3万元。

2005年，共接到群众投诉1800起，受理举报99件，办理98件，共退还企业和群众52万元。

2006年，市价格举报中心通过“12358”得知，丹阳路一个体理发者黄振中，与物业公司因水价发生矛盾，物业公司以黄拒交水费为由，将其水表强行撤卸带走，使黄停水6、7个小时，当时正值周末7月高温天，黄某紧急反映，下午4时，市价格举报中心负责人立即前往调查处理，对违规强行收费的物业公司负责人进行了严厉批评教育，并责令其立即恢复供水，妥善地处理了价格矛盾。事后，黄某对市价格举报中心的快速反应非常感激。又如下岗低保患者徐某，在社区价费公示栏中发现，省局〔2002〕267号文件中规定，在医院就诊可免挂号费和诊疗费减半，徐某找到医院负责人，但院方以财政拨款不足为由拒绝徐某要求，市价格举报中心负责人经“12358”得知这一消息后，立即与院方联系，重申了省价费优惠政策，经过多次协调，不仅清退了多收的挂号费、诊查费，还责令医院清退了多收的床铺费和护理费共51元。

2007年8月30日上午，有市民在看了8月28日的常德市新闻报道后，对前段时间全市网吧集体涨价的行为通过“12358”向市价格举报中心进行投诉。下午，举报中心工作人员暗访了几家网吧，发现每家网吧都张贴有网吧协会的通告，通告称：“从2007年5月1日起，全市上网价格调整为8点到24点2.5元/小时，不得以其他理由和形式下调上网价格，如有违规，网协将予以惩罚。”8月31日，市物价检查所、常德电视台、《常德日报》《常德晚报》记者一道查访了位于城区不同片区的几家网吧，证实了以上情况。接着，检查组来到市网吧协会，网吧协会负责人认可了以通告的方式要求各网吧涨价的事实，也认识到其行为属不正当价格行为。市物价局对网吧协会发出《责令整改通知书》，责令网吧协会立即撤销各网吧内张贴的统一调价的通告，恢复网吧业主自主定价。31日晚，常德电视台对这一情况在新闻频道进行了报道，常德晚报以《网吧协会价格垄断被叫停》为题头版头条予以报道。

2008年9月27日，鼎城区棉麻公司一刘姓职工通过“12358”投诉电话举报鼎城区劳动保障事务办理中心，在为其办理退休手续时收取托管费350元，在领取退休证时又收取260元未开票据。经调查，11月5日向举报者回复350元属合法收费，但260元属无服务收费，将其退还交费者。全年受理办结举报195件，实行经济制裁35万多元。

2009年，“12358”共接听咨询投诉电话2200多个，查处违价案件90件，清退7.55万元，没收和罚款4.41万元。按举报分类，排前五位的举报依次是：交通运价、物业及房产收费、行政事业性收费、医药价费、学校收费。

2010年4月23日，纪念12358价格举报电话开通九周年，市物价局干部回答市民价费疑问

2011年，“12358”价格举报热线开通10周年，市本级共受理价格咨询、投诉3万余件，其中立案查处2千余件，为消费者挽回损失50余万元，没收和罚款50余万元，结案率100%。

2012年，全年共接受价格咨询1200多次，受理投诉84件，全部办结，清退多收用户价款1.41万元，实施行政处罚2.32万元。价格举报案件办结率100%、回复率100%、举报人满意率95%以上。

第二节　网络投诉举报检查

2005 年 7 月，在常德市武陵区 48 个社区开通价费监督网上举报投诉平台。区政府成立价格网络管理工作领导小组，由分管价格工作的副区长任组长，明确各街道办事处分管经济工作的主要领导为街道监督站站长，各居委会主任为社区监督站站长。区、街道、社区三级网络分别制定工作制度。各级监督站明确专人负责。举办业务培训班，对价费监督、价费监督举报、价格法规及网上投诉举报平台的操作等方面进行培训，并为各社区印发培训资料及法规手册。建立健全价格网上举报快速反应机制，总站（区检查所）安排专人负责每天查阅网上投诉信息，准确记录，及时查复。网络平台系统实现区、街道、社区三级联网，全部微机化管理，设立网络定点单位 54 个。通过网站，回复群众价格咨询 153 人次，受理价费违规行为举报 16 宗，办理 16 宗，立案 2 宗。社区价费监督网建立后，很多价费矛盾在社区得到解决，减少了社会不稳定因素。

2006 年 2 月，市物价局在全省率先开通价格电子举报平台，使消费者可以在互联网的任何一个终端，向市物价局反映价格问题，并且可以选择在网上查看。Email、电话、信件等回复方式，可以使消费者从投诉到获取回复做到足不出户。在规章制度和体系建设上、进一步明确举报接待人员工作职责，制定了文明用语、举报登记、举报交办、举报反馈回复等一系列工作制度。明确由一名副所长分管举报中心，中心工作人员增加到 3 名。桃源县各乡镇实行“一站两中心”管理模式，即农村价格监督站、价格咨询中心、价格举报中心。市物价局将桃源县价格网络举报经验向全市推广。这一做法得到省物价局的重视与推介，当年全省农村价格工作会议在桃源县召开，推介桃源县农村价格实行网络监管的经验。全市共受理群众咨询 1651 次、投诉 104 起，办结 95 起，清退消费者多收价款 81726.5 元，罚款 5000 元。

2008 年 3 月 31 日，“怡景福园”某业主网上举报房地产开发商，对 7 项与物业相关的收费进行质疑。市价格举报中心逐项调查核实后，通过网站作出回复：按有关文件规定应收的费用有 3 项：⑴煤气开通费每户 2410 元；⑵水单独立户费每户 600 元；⑶有线电视开通费每户 300 元。不应收的费用有 2 项：⑴电单独立户费每户 300 元，⑵远程抄水表费每户 400 元（均已计入开发成本）。属于市场调节价的 2 项：⑴直饮水开通费每户 1600 元，⑵小区内车库门费每户 3300 元（但应在售房合同或商品房明码标价书中明确标识）。5 月中旬，群众网上投诉部分民营加油站高价销售 0#柴油，市物价局立即组织力量对其中反映较突出的常龙、欣龙加油站开展检查，经查实，分别给予了罚款 3000 元的处罚，群众对此交口称赞。市民肖某从网上投诉市华夏医院一次性为其销售中药 30 付，收费 1167 元。查实多收价款 540.6 元，责成该院予以清退。

2009 年 3 月 13 日，市和区县市价格监督检查局统一启用“价格举报”专用邮箱。各单位函件等文书可采用电子邮件的方式进行传输。各价格监督检查局“价格举报”电子邮箱是：常德市 cdsjgjb@163.com、武陵区 wlqjgjb@163.com、鼎城区 dcqjgjb@163.com、临澧县 llxjgjb@163.com、石门县 smxjgjb@163.com、津市市 jssjgjb@163.com、澧县 lxjgjb@163.com、安乡县 axxjgjb@163.com、桃源县 tyxjgjb@163.com、汉寿县 hsxjgjb@163.com。当年全市网上受理运价投诉 58 件、物业收费投诉 16 件、行政事业性收费投诉 15 件、医疗和药品价格投诉 14 件、教育收费投诉 10 件。价格监督检查部门对所有投诉都进行了调查、检查，按其不同情况分别予以落实和回复。

2010 年 9 月 1 日，市物价局发出《关于加强市民网上诉求快速办理工作的通知》（常价综〔2010〕76 号），通过建立价格监督软件管理系统规范举报工作流程，保证举报工作质量。要求各业务科室在线办理工作人员每天浏览政府网站“市民留言”和其他互动栏目，关注市民留言反馈和价格舆情，并以网友身份及时参与对价格有关问题的讨论，宣传价格政策，解答价格疑问。

2011 年 7 月 20 日，市物价局转发省价格监督检查局《关于开通省价格监督检查局网页的通知》，公布省价格监督检查局网址 www.hnswjj.gov.cn/jianduju/index.jsp；同时公布省物价局政务网（http://www.hnswjj.gov.cn）、价格在线（http://www.priceonline.com.cn/）以及网上投稿电子邮箱：hnsszhk@163.com。市物价局以此为平台面向社会提供与价格工作相关的法律法规和政策咨询服务，发布各项政务信息和国内、省内工作动态和通知通告，加强与各市州价格监督检查局的联系和交流，推介全国和各市州工作经验，交办并落实网上举报，进行网络举报回复。

第三节　来信来访及上级交办的投诉举报检查

2007 年 1 月 21 日，市长热线办转来 2007-06 号函，举报常德师范学校 0301 班强制要求学生住宿并收取费用。市物价检查所及时派员进行调查，1 月 25 日作出回复。检查人员分别找该校相关人员及部分学生家长调查核实，该校对幼师 0301 班并没有强制学生住宿并收取费用。去电与举报人核实，该员表示此事并未发生，只是班主任老师提出要求住宿。检查组认为，班主任老师要求城郊学生住宿的做法，违反了教育收费管理相关文件精神。检查人员向校方宣传相关教育收费文件精神，强调学生住宿为自愿行为。坚决杜绝强制住宿、强制收费等违规现象。3 月 13 日，省价格举报中心转来《强烈投诉常德汽车南站春运乱涨价行为》交办件，举报者反映常德-北京卧铺车票价平时每人 260 元左右，正月初八卖出价为每人 560 元，座席车为每人 480 元。根据《湖南省汽车旅客运价实施细则》（湘价重〔2003〕165 号）第六章“运费计算”办法，旅客运费 =（计程旅客运价 + 客附费 0.02 元/人·千米）× 旅客乘车里程 + 通行费 + 站务费。常德-北京座席车政府核定标准价为每人 584 元（不含站务费和燃油附加）。举报者所述车票价格未超过基准价，违价事实不成立。市物价检查所3月20日向举报者作出回复。3月22日，市价格举报中心对省价格举报中心（湘价检举函〔2007〕15号）转来举报常德市公证处多收公证费一案进行调查处理，将多收金额退还当事人。

2009年5月，省价格举报中心发来湘价检举函〔2009〕47号检举德山“香山一品”商品房开发商在交房过程中收取相关费用的问题。举报人反映该开发商在交房过程中向举报人收取水电安装费2600元、管道煤气安装费2410元、有线电视安装费400元、门禁系统400元、物业管理费700元。据调查，举报人反映的前4项收费金额属实，常德恒欣房地产开发有限公司与举报人签订的《预售合同》中明确了代收的这4项收费，但没有明确具体收费标准。根据检查情况，对常德恒欣房地产开发有限公司向举报人多收的1404元作出清退处理。根据举报检查情况，对该公司的房价外收费问题展开了全面检查，按照价格法律法规实施了行政处罚。

2010年1月上旬，市民孙某某反映常德市华油燃气有限公司2009年12月29日按每户2410元的标准收取管道燃气开户安装费。市价格举报中心调查后作出回复：依据《常德市物价局关于市城区管输天然气庭院管网设施建设费收取标准的批复》（常价价〔2006〕116号）规定，居民用户庭院管网设施建设费每户2410元；举报人2009年6月5日购买的常德市广远开发有限公司开发的“城西铭苑”商品房，其燃气管网建设2008年6月2日验收竣工，燃气庭院管网和室内管道安装已经完成，2009年属补收燃气庭院管网和室内管道安装费，应按每户2410元的标准收费，该公司不存在违价行为。3月，群众举报武陵区文博幼儿园巧立名目多收费。市物价局4月12日－5月13日，对该园2010年春季收费情况进行检查。经查证举报情况属实，责令该园立即整改，在以后的收费中，停止在保育费、伙食费外以其他名目收取费用的行为。如以后仍发生价格违法行为，将按照《价格法》《价格违法行为行政处罚规定》等法律法规严肃查处。

2011年8月11日，对市民王先生反映在常德南坪客运公司购买常德－北海车票，大人票价为366元，小孩身高1.42米，票价为280.50元的举报作出回复。依据《湖南省交通运输厅、湖南省物价局关于执行新的道路旅客运输儿童票及优待票的规定》（湘交运管〔2009〕409号），儿童票和优待票执行票价的50%，将多收的儿童票价款97元退还给举报人。

市物价局局长袁云波（前排左三）一行做客嘉宾访谈合影

2012年7月24日，市物价局局长袁云波作客市广播电台“行风热线”时，听众李先生反映农药价格太贵，要求物价部门加强监管。

袁云波当即作出说明：现行的农资价格实行市场调节价管理，即经营者自主定价，通过市场竞争形成价格，价格主管部门无权定价。物价部门对市场调节价商品或服务的监管，主要是两个方面：一是明码标价，要求经营者在经营中做到价格标示真实明确、字迹清晰、货签对位、标示醒目；二是不应有串通涨价、价格欺诈等不正当价格行为。为加强市场农资价格的监管，是年4－5月，市物价局组织各县市区集中对农资市场价格专项检查，基本规范了各农资经营者的明码标价等价格行为，同时要求经营者诚信经营，自行防止不正当价格行为的发生。如发现某区域存在串通涨价、价格欺诈等嫌疑，可通过拨打“12358”价格举报电话反映具体情况，李先生对答复表示满意。11月18日，举报人罗女士反映常德电业局农电部（灌溪镇）对其幼儿园的用电按每千瓦时1.04元收取电费，通过调查核实，多收的电费全额清退给罗女士。

表4－2－1　　**上级交办的投诉举报统计**

（2007－2012年）

年度	件数	其　中		
		省价格主管部门交办	市级交办	办结率
2007	28	7	21	100%
2008	29	7	22	100%
2009	31	4	27	100%
2010	18	3	15	100%
2011	20	2	18	100%
2012	21	6	15	100%
合　计	147	29	118	100%

第三章　价格诚信建设

第一节　“双信”活动

1989 年，全市评选出“双信”（物价、计量信得过）单位 21 个，帮助 56 家企业建立健全物价管理制度，使其逐步达到“双信”评选标准。

1990 年 3 月 7 日，市物价局、市计量局印发《关于继续开展“双信”评选竞赛活动的通知》（常价检字〔1990〕31 号）。各有关部门利用各种宣传手段广泛发动、深入宣传，“双信”活动在上半年掀起高潮，经工商行政管理部门批准发照的国营和集体商店、生产企业和个体工商户均参加“双信”评选。评选程序为企业自查申请、部门审定推荐、评委检查验收、群众监督评选。给被评上的“双信”单位颁发“双信”红牌，在“双信”单位中评出优胜单位，授予荣誉证书。市直单位以物价、计量部门为主，邀请用户委员会、消费者协会参加，组织主管部门及有关企业、商店的专职物价员进行交叉检查验收。评选标准为：⑴领导将物价、计量工作纳入议事日程，有布置、有措施。⑵有以物价计量为主的专（兼）职人员，并保持相对稳定。⑶认真执行物价、计量方针、政策和法规。⑷有完整配套的物价、计量管理、检查监督和考核奖励制度。⑸正确使用规定样式的红、蓝、绿 3 色标价签，做到一货一签，货签对位。⑹做到调拨单、盘底表、商品账、调价通知、变价单“五齐全”，价格“五相符”。⑺各种计量器具完整准确。⑻商品不以次充好、短斤少两、掺杂使假、提级压级、强行搭配。⑼做到“百问不厌，百拿不烦”，商品陈列整齐。⑽自觉接受物价、计量监督检查，主动汇报工作情况，认真听取顾客意见。常德市共有 1345 个单位参赛，挂牌授证 12 个单位。常德市中心百货大楼被评为全省“双信”优胜单位。

1991 年 4 月 1 日，市物价局、市计量局、市总工会发出《关于评选常德市物价计量信得过最佳单位的通知》（常价检字〔1991〕30 号），参评单位为连续 3 年经县以上（含县）人民政府或业务主管部门组成的评选委员会批准授予“双信”红牌，并仍保持“物价、计量信得过”荣誉的单位。评选办法为区县市物价局、标准计量局、总工会对参选单位按照市物价局、计量处下发的“双信”评选验收标准，逐项验收推荐上报。4 月 10 日，下发《关于市直“双信”单位竞赛评选结果的通报》（常价检字〔1991〕31 号），常德市中心百货大楼、常德市药材公司吉春堂药店、常德市武陵百货大楼、常德市物资贸易中心、常德三胞股份有限公司友谊商场、常德五交化站交电大厦、常德纺织品站纺织商场、常德百货站百货大楼、常德广播电视器材供应站、常德市日用杂品公司综合经营部、常德市广播电视公司、常德市粮油供应公司民主街粮店等单位为1990年度“物价计量信得过”单位。5月15日，下发《关于继续开展“双信”评选竞赛活动的补充通知》（常价检字〔1991〕44号），确定市直“双信”竞赛评选活动今后每年开展一次，对“双信”授牌的数量要适当控制，不符合“双信”条件的单位不予评选，已经挂牌的要摘牌，对严重违反物价政策和计量法规，且屡犯不改的要挂“物价计量信不过”黄牌，并通报批评，限期整改。是年，全市掀起“双信”单位保牌创最佳、参评单位夺牌争“双信”的热潮。经主管单位推荐、民主测评，常德市评出10家“双信”最佳单位，对12家价格计量失信于民的原“双信”单位给予摘牌处理，对1家问题严重的单位实行黄牌警告。

1992年6月26日，市物价局、市计量局向省“双信”领导小组呈送《关于推荐常德市中心商业大厦参加全国“双信”最佳单位评选的报告》。该商厦1991年完成商品销售额3384万元，实现利润180万元，分别比1990年增长10.22%和14.3%，资金周转29.7天，几大经济指标都名列全市商业系统第一，居全省同行业先进水平，连续5年被市政府授予“物价计量信得过单位”称号，1990年被省“双信”领导小组授予“省物价计量最佳单位”称号，先后被商业部授予“全国商业先进企业”、省政府授予“省级先进企业”和“优秀商业企业”、省商业厅授予“文明商店”和“全省商业系统模范执行物价政策最佳商店”、全省商业“四优企业”、省计量局授予“湖南省商业系统计量先进单位”等称号，1990年还获得“湖南省质量管理奖”。1991年2月，省政府下文，号召全省财贸系统向该单位学习，是常德市乃至全省最好的商业零售企业。8月10日，下发《关于市直“双信”评比验收的情况通报》（常价检字〔1992〕54号），市“双信”领导小组对市直“双信”单位进行复查验收，其合格单位是：常德中心百货大楼、常德市药材公司吉春堂药店、常德武陵百货大楼、常德市物资贸易中心门市部、常德五交化供应站交电大厦、常德纺织站门市部、湘北工贸总公司友谊商场、常德百货站百货大楼、常德市粮油贸易公司民主街粮店、常德广播电视供应站、常德市广播电视服务公司。同时，对1家不合格单位摘除“双信”红牌。9月8日，市“双信”领导小组向省“双信”领导小组呈送《关于推荐常德市武陵百货大楼、汉寿时代商场参加全省“双信”最佳单位评选的报告》。

2002年4月28日，市物价局、市质量技术监督局常价检字〔2002〕49号对常德市开展“双信”活动作出安排：⑴全市“双信”活动由市物价局、市质监局负责组织实施，并邀请行业主管部门、行业组织、工会、消费者协会、新闻媒体等单位参加，成立“双信”活动办公室负责相关工作，办公室设市物价检查所。⑵各区县市发展计划物价局、质量技术监督局要尽快成立“双信”活动办公室，确定专人负责，5月中旬报市“双信”活动办公室。⑶各区县市“双信”活动办公室要及时组织宣传发动和报名工作，5月底前将“双信”参评单位名单报市“双信”活动办公室。⑷各地要注意搜集“双信”活动中的新情况和新问题，及时与市“双信”活动办公室联系。此后“双信”活动改为价格诚信活动。

第二节　“诚信”活动

2004年7月12日，市精神文明建设指导委员会下发《关于开展第二届诚信典范企业评选活动的通知》（常文明委〔2004〕6号），市物价局推荐以下单位为市诚信企业：家润多超市、益丰大药房、天源管道燃气公司、金叶大酒店、吉利房产开发公司、金海大酒店、华都大酒店、妇幼保健医院、常纺机、市中医院、联通公司、八百里大酒店、市烟草公司、市盐业公司、常德华天大酒店、芙蓉大酒店、市石油公司、德华宾馆、市人民医院。

2005年9月17日，市物价局、市工商局、市质监局等部门、相关协会组织和厂家、商家代表，在市城区金钻广场开展以推进价格诚信、打击价格欺诈为主题的宣传活动，市物价局副局长刘邦原、助理调研员李印华等，现场接受群众价费咨询与举报。有群众反映市城区有的专卖店运用提高原价后折扣的欺诈手段宰客。针对群众反映的情况进行调查，发现有3家商户虚构原价，实行价格欺诈，马上现场取证，当即向他们宣传政策，予以提醒、告诫和警示，3家商户表示立即整改。

2006年7月27日，市物价局与武陵区发展改革物价局、武陵区价格协会向市城区各企业经营单位下发《关于开展价格诚信单位评选活动的通知》（常价检〔2006〕73号）。诚信单位评选活动的指导思想是“以诚实守信为荣，以见利忘义为耻”。坚持政府引导、企业参与、消费者认可的原则，建立和完善经营者内部价格管理制度，推进价格诚信，维护市场秩序，保障经营者和消费者的合法权益，促进常德市经济社会健康协调发展。开展价格诚信单位活动是“价格、计量信得过”活动、“百城万店无假货”活动的继续和发展。只要符合评选条件的企业或经营者，均可自愿提出申请，经初审合格后，市、县物价检查所向“价格诚信单位”评选委员会推荐，评选委员会组织现场验收，并写出验收评估报告。对评审合格的候选单位，通过报纸、电视、网络等进行公示，公示无异议的单位由市物价局授予“价格诚信单位”牌匾，并在市新闻媒体和政府门户网站公开表彰，推荐参加省“价格诚信单位”的评选。11月3日公布被评上的常德市价格诚信单位：常德南坪客运中心有限责任公司汽车站、常德市百利鞋业、常德八百里大酒店有限责任公司、常德市阳光物业有限公司、常德市天天美饮食有限公司、新一佳商业投资有限公司常德金钻店、常德九芝堂有限公司、常德市万美实业有限公司。

2007年4月28日，召开市城区共建价格诚信座谈会，市政协领导和市优化办负责人、市区企业代表和个体经营业主代表参加。座谈会通报了全市价格诚信建设的情况和有关处罚价格欺诈行为的政策规定，肯定了在价格诚信建设中取得的成绩，希望各经营业主维护价格诚信，自主参与。市政协领导对价格诚信建设提出了希望。部分经营者代表就价格诚信发表了看法。8月24日，在市物价局举行稳定市场共建价格诚信、维护食品价格稳定座谈会，与会人员共同学习价格法规，会上宣读了维护价格稳定倡议书，与会企业代表在倡议书上签名。

2009 年 4 月 14 日，市物价局印发《市城区电信行业价格诚信评议活动方案的通知》（常价检〔2009〕47 号），决定开展市城区电信行业价格诚信评议活动，构建和完善电信行业政府行政监督、社会民主监督、企业内部监督的机制和体系，倡导电信企业诚信经营。成立了电信企业价格诚信活动领导小组。邀请部分人大代表、政协委员和消费者代表以及各电信经营企业负责人参加现场评议。

常德市开展电信资费诚信评议活动

2009 年 5 月，市城区电信行业价格诚信评议活动。省价格监督检查局局长何唤鸣（下前排中）、市物价局局长袁云波（下前排左）会上讲话

2010 年 9 月 15 日，向市城区零售经营单位下发《关于开展“价格诚信单位”评选活动的通知》（常价检〔2010〕79 号），评选指导思想为：坚持政府引导、企业参与、消费者认可，建立和完善经营者内部价格管理制度，推进价格诚信，维护市场秩序，保障经营者和消费者的合法权益，促进社会经济健康发展。评选活动由市物价局、武陵区发展改革物价局主办。采取职能部门引导，参评单位自愿报名，评选委员会评审，群众投票的方式评选。评选对象为常德市城区零售经营单位。参评条件为开业经营两年以上，严格执行价格法律、法规和有关规定，没有价格欺诈、价格垄断等违价行为；有内部价格管理部门和专（兼）职物价员，内部价格管理体制健全；认真做好明码标价和收费公示工作，有完善的消费者价格投诉处理制度；无被物价、工商、质监、卫生等职能部门查处的违法纪录。经初审合格后，市价格监督检查局向“价格诚信单位”评选委员会推荐，评选委员会组织现场验收，并写出验收评估报告。对评审合格的候选单位，通过报纸、电视、网络等进行公示。被评上的单位由市物价局、武陵区发展改革物价局授予“价格诚信单位”牌匾，在常德市新闻媒体和政府门户网站公开表彰；推荐参加省“价格诚信单位”评选。

2011 年，市物价局在市城区零售经营单位中开展第二届价格诚信单位表彰活动。通过自愿申报、初审、复查、考核、验收和公示等步骤，4 月 29 日，授予湖南益丰大药房医药连锁有限公司、湖南九芝堂零售连锁有限公司、常德市西湖大酒店管理有限公司、常德八百里大酒店有限责任公司等4个单位“价格诚信单位”称号，发文通报表彰。同时，查处市城区商业步行城保罗威特等4个商家价格欺诈案，分别给予罚款500－50500元的处罚，并向社会公开曝光。通过树立正反两方面的典型，努力在社会营造诚信获益失信受惩的舆论氛围。5月4日，在市城区步行街举行为市价格诚信单位授牌仪式，市人大常委会副主任张启祥、市政协副主席张新民、市政府副秘书长陈彰波出席并讲话。市物价局局长袁云波总结常德市价格诚信建设工作情况，向获得价格诚信单位殊誉的单位表示祝贺，号召各商家向他们学习，合法经营、诚信经营，为市民群众提供良好的消费环境。

2012年，市政府成立由分管副市长任组长的价格诚信建设工作领导小组，发布《关于价格欺诈典型表现形式及应对措施的警示公告》。围绕规范市场价格秩序，营造公平、公正、公开、有序的消费环境，维护消费者的合法权益，掀起建设“现代常德、幸福家园”，深入开展价格诚信建设的群众热潮，价格诚信建设的主要活动有：⑴利用节假日、“价格法宣传日”等时机，组织“价格诚信”宣传活动。通过新闻媒体报道，印发宣传资料，张贴、悬挂宣传标语，组织价格服务，现场受理咨询、投诉，组织价格诚信承诺签署等宣传国家的价格收费法规政策，倡导诚实守信、文明经商的经营理念。⑵抓物价员队伍建设，凡有执行行政事业性收费和经营服务性收费的行政机关、企事业单位，以及与群众生活密切相关的重点行业，如医疗、教育、电信、交通运输、旅游、房地产、住宅小区物业管理、电力、自来水、燃气、石油、药品及大中型商业、餐饮业、城乡集贸（批发）市场等都要配备专（兼）职物价员（或收费员）；按行业分期分批组织物价员业务知识培训；各级价格主管部门与各企事业单位物价员保持联系和业务信息沟通；各级物价部门将物价员的基本情况登记造册，落实到人，建立档案，记录物价员培训及变动情况。⑶各级物价部门加强与其他业务主管部门、行业协会的协调与合作，抓行业明码标价和价费公示的规范工作，推广企业自制特色标价签。在农村推行明码标价，提高明码标价和价费公示的覆盖面和准确度。⑷市城区20家商业企业和行业协会签署价格诚信承诺书。为129家经营单位建立诚信档案。市物价局在10个规模大、实力强、信誉高、口碑好的商家开展“明码实价示范店”试点。制定常德市“明码实价示范店”和“明码标价示范店”评选活动方案，将考评的项目及标准进行量化，制定考核评分表。按照经营者参加、政府职能部门引导、消费者参与评价、社会监督的评选方法，全市12家企业被评为“明码实价示范单位”，并在全市物价工作会议上举行授牌仪式。有4家企业被评为湖南省价格诚信示范单位。⑸各级物价部门采集有价费行为的行政、事业单位和工商企业的信息，连续、完整、准确记录经营者的价格行为，建立纸质档案和电子档案，对出现价格违法行为的建立特殊档案，实行重点监管。建立价格诚信信息公布制度，在国家法规允许的范围内向社会公布经营者诚信信息。对价格违法行为情节严重的经营者依法实施行政处罚。⑹针对市场价格活动情况，采取召开告诫会、提醒会、发放告诫书、约谈、组织市场巡视等方式及时提醒经营者守法经营。

第三节　明码标价

1990年4月30日，市物价局、市工商局向市政府呈报《关于下达〈常德市商品和收费实行明码标价制度实施办法〉的请示报告》（以下简称“报告”）。“报告”主要内容是：“为了切实加强我市市场物价的管理，确保市场物价的基本稳定，根据国家物价局1990年2月1日颁发的第一号令《关于商品和收费实行明码标价制度的规定》，结合常德市实际情况，拟定了《常德市商品和收费实行明码标价制度实施办法》，现呈请审定。如无不当，请批转各地执行。”《报告》附实施办法8条，并附商品标价签式样。明码标价按国家定价、国家指导价、市场调节价3种价格形式分别采用红、蓝、绿3色价格标签、价目表。为保证明码标价工作顺利进行，在全市广泛开展宣传工作，张贴公告4000多份，办墙报810期，印发广告1.5万份，拉挂横幅500多条。7月5日，市城调队将此工作实施情况撰写题为《部分商业企业对明码标价制度反映强烈》一文呈送市政府，7月10日，市政府秘书长傅启芳作出批示：“实行明码标价必须坚决推行。北京、西安、上海、武汉等大城市都可办到，我们中等城市更应办到，调查反映的‘反应强烈’不足以说明此事不能搞，恰恰说明势在必行。当然对具体问题要妥善解决，工作要作细，请物价局抓落实。”7月24日，副市长李江作出批示：“同意傅秘书长意见。收悉后局里进行研究，并将情况向市政府汇报。”经市物价局组织人员上门督查等，到年底，市城区明码标价率达到97%。

1994年，针对常德市工、农贸市场明码标价工作存在的问题，3月28日，市物价局下发《关于工农贸市场必须明码标价的通知》（常价检字〔1994〕28号），重申在工、农贸市场经营工、农业生产资料、日用工业品和副食品的商家，都必须使用当地物价检查所监制的“商品标价签”，并认真填写，做到一货一签。经营果品、蔬菜或鸡鸭鲜活商品的由管辖市场的工商所每日悬牌公布各种商品的品名、计价单位和价格。5月9日，下发《关于开展明码标价检查评比工作的通知》（常价检字〔1994〕52号），决定在全市范围内开展一次明码标价工作检查评比活动。通过检查评比，常德市国营和集体企业明码标价率达到90%以上，个体工商户贴标签率明显提高。涌现出市区三岔路市场、澧县边贸城、临澧购物中心、桃花源风景区等一批明码标价比较好的典型。

1995年，在国家计委关于商品和服务实行明码标价的规定及实施细则发布一周年之际，市物价局组织各区县市按国家计委通知要求，开展学习、宣传、贯彻活动，加强对明码标价工作的监督检查。4月下旬，市物价检查所会同有关部门对各区县市贯彻落实情况进行抽查，进一步推动明码标价规定的贯彻落实。各区县市5月5日前将学习宣传、贯彻落实的情况书面报告市物价检查所。

1996年8月，市物价局对各区县市明码标价工作进行检查验收。采取听、看、查的办法，检查人员到被检查单位听取该单位明码标价工作的汇报，抽查一条主要街道营业面积

20平方米以上的商家10个，抽看大型商店和一个农贸市场，并将宣传资料发放到每个商铺和摊位。

1997年1月2日，市物价局《关于认真开展明码标价工作的通知》（常价检字〔1997〕01号）提出3点要求：⑴进一步提高对明码标价工作的认识，认真学习国家计委对明码标价工作的《规定》和《实施细则》以及省物价局的有关规定，克服可搞可不搞、工作难搞以及无人搞等厌倦情绪，下决心把明码标价工作搞好，使明码标价工作再上一个台阶。⑵加强与工商、公安、标准计量、工会等部门，特别是工商部门的联系与配合，取得他们的支持。工、农贸市场的明码标价工作，除物价部门经常检查外，要依靠工商部门的力量进行宣传落实，认真搞好，彻底改变工、农贸市场明码标价差和贴签率低的现象。⑶开展评比竞赛检查。为推进全市明码标价工作，市物价局决定1月下旬落实1996年常价检字69号《关于开展明码标价评比竞赛检查的通知》精神，进行明码标价工作检查评比。要求各地在检查评比前，再抓一下薄弱环节，把本地的明码标价工作搞好。

2001年2月28日，市物价局向全市发布《关于商品服务实行明码标价的公告》（以下简称“公告”），共12条，对明码标价提出具体要求和不执行明码标价的处罚标准，设置城区举报电话号码。3月27日，成立由局长任组长，分管副局长任副组长，相关单位负责人为成员的明码标价工作领导小组。在检查所设立专门办公室，负责组织明码标价“五个一工程”。以市城区商业步行街、第一人民医院、火车站家具产业园、电信移动营业厅、滨湖公园为明码标价“五个一工程”示范点，在示范点设置明码标价示范牌。在常德电视台连续滚动播放《关于商品和服务价格实行明码标价的规定》（以下简称“规定”）宣传标语，在《常德日报》开设专栏公布明码标价的有关政策，及时报道全市明码标价的工作动态。印刷“规定”40000份，“公告”10000份，在经营场所张贴和发送。下发《关于全市明码标价工作检查情况的通报》。各区县市物价局都建立相应的领导机构，广泛深入宣传发动。武陵区物价局组织专门力量，加班加点实施市城区明码标价“五个一”示范工程。深入示范点，向经营户宣传明码标价政策，督促落实明码标价工作。市城区“五个一”示范点的明码标价率达到100%，商业步行街被国家发改委评为“购物放心一条街”。火车站家具产业园的明码标价质量高、规范好。省物价局检查评比时充分肯定常德市市城区明码标价工作。石门县县人民医院率先在全市实行住院病人医药费用一日一清单制度，县电力局、县国土局分别制作700块和70块公示牌发到所属乡镇所进行价费公示。桃源县物价部门组织物价监督站开展对城乡市场明码标价工作的督查，全县普遍推行商品和服务价格明码标价，县城关镇市场示范工程的明码标价率在90%以上。津市市物价部门帮助市人民医院落实明码标价工作，所有药品外包装上都标示了价格，电子显示屏每日滚动播放主要医疗和药品价格。安乡县物价部门对不按规定明码标价的行为，发出整改通知书230份，依法行政处罚60多起不标价行为，将下渔口镇政府七站八所收费改由镇财政所“一个窗口”公示收费项目和标准，统一开票收费。鼎城区物价部门实行农村电价公示，雷公庙镇供电所公示12个村的到户电价，为方便农民查询，在大厅设置触摸式电脑查询台，供农民随时提取电量电价等信息资料。临澧县物价部门逐一上门向企业和商家送达明码标价工作通知，督促落实。对不按规定标价的企业和商家，进行3至5次批评教育，对拒不接受整改的，依法发出处罚决定书，给予经济处罚。在全省整顿规范市场价格秩序会议上推介了常德市明码标价工作的经验。

2003年8月1日成立实施价费公示制度领导小组，印甫生任组长，李印华任副组长，张业文、胡长青、陈大波、钟昌宏、杨谋兵为领导小组成员。8月4日，市物价局向市政府呈报《关于在全市全面实施价费公示制度的报告》，将价费公示制度由农村扩大到城市。8－11月，在全市城区（含县城）的所有事业性收费和服务价格执收单位，全面实施价费公示，制定了《常德市全面实施价费公示制度工作方案》。要求各区县市成立相应领导小组，搞好本地的价费公示工作。各收费单位采取设置电子显示屏、公示栏（墙、牌）、价目表、办事指南等形式，将收费项目和收费标准在缴费者方便阅读的醒目位置进行公示。教育收费严格区分自愿、必缴、代收部分，以学校为单位统一印制公示表和统一制作公示牌。医疗服务单位不仅通过大厅电子显示屏和门诊科室公示收费标准和药品价格，还在住院病房建立一日一清单制度，解决了患者对实际医药费用明细不清、收费项目不明的困惑。全市制作电子显示屏90多块、电子触摸屏38台，公示栏1300多个。市直行政事业收费单位收费项目和标准全部进入政务中心，通过超大型电子显示屏整天不间断地滚动播放，8台触摸屏可随时查阅。同时将所有收费项目及其标准纳入微机管理，全部使用电脑开票，城市收费公示面达到85%。

2004年8月23－24日，省政府在长沙市召开全省全面推进价格公示经验交流会议，市物价局在会上作典型发言，市物价局、市政务中心、石门县发展计划物价局3个经验材料在会上交流。会后，市物价局确定全市年底达到公示面、公示内容两个100%的工作目标，价费公示达到“范围无盲区、内容无差错、形式无虚假、管理无死角、检查无情面”的“五无”要求。当年，全市价格公示面农村达到100%、城市达到90%以上。通过价费公示，群众关注的“读书难、就医难、用电难、建房难”等热点难点问题得到较好解决。中小学教育收费公示面100%，全市中小学生每期学费比公示前人均减少240元。实行医疗、药品价费公示和主要病人一日一清单后，全市医药费用平均下降20%左右，减轻群众就医负担2000万元。

2005年5月16日，市物价局向市城区各有关单位发出《关于进一步做好明码标价工作的通知》（常价检〔2005〕33号），提出6点要求：⑴切实提高对明码标价工作重要性的认识，所有经营者必须对所有商品和服务实行明码标价。⑵各单位对所有经营商品的进价、销售价及价格变更情况建立详细、真实的记录，逐项建立详细的价格台账，促进明码标价日常化、程序化、规范化。⑶各单位必须使用物价部门统一监制和定点销售的标价签。⑷各行政事业单位、学校、培训中心、服务行业等单位，要在最醒目的地方公布收费项目、收费标准、批准收费的机关及文件名称，并公布“12358”价格举报电话。⑸市城区明码标价工作，除市直行政事业单位外，市物价局全权委托武陵区发改物价局实施管理和监督检查。⑹各单位要有一名主要领导分管物价工作，有条件的要设立专（兼）职物价员，抓好明码标价工作。12月12日，市物价局与市烟草专卖局下发《关于全面推行卷烟零售市场明码标价工作的通知》（常价检〔2005〕100号），规定凡常德市行政区域内的卷烟零售店，必须按规定实行明码标价，要求标明品名、产地、计价单位、零售价格等。12月28日开始，市物价局和市烟草专卖局在全市范围内开展为期3个月的卷烟零售市场明码标价专项集中整治活动。是年以武陵区为试点，开展价费公示进社区活动，实现区、街道、社区三级联网，设立网络定点单位54个，48个街道社区设立公示牌。

2006年8月30日，下发《关于切实做好价格工作服务新农村建设有关问题的通知》（常价综〔2006〕101号），创新价费公示，利用各种形式拓宽公示渠道，将主要涉农价费政策上卡、上墙、上网、上电视，扩大公示面，增强公示效果，更好地为农民群众服务。

2008年11月14日印发《常德市涉农价费项目及标准公示表》，将计划生育、民政等11个执收部门的社会抚养费与婚姻登记费等53项收费标准列入公示表，各地迅速公示到乡镇及有关部门、单位，并通过电视、报纸、网络等进行广泛宣传，接受社会和人民群众的监督，促进涉农价费政策的落实。

2009年7月6日，市物价局、市财政局、市教育局印发《教育收费公示制度实施办法》，向社会公布收费项目、标准、范围和收费批准机关及文件等内容。各区县市价格监督检查局将涉及城镇居民的重要价费内容进行整理，制成表格，在各社区公示。以下是市价格监督检查局制作的样表：

表4－3－1　　**“价格服务进社区”价格和收费公示内容城镇低保户价费优惠政策**

项目	优惠政策	文件依据	备注
居民生活用水	免收4立方米	常价服〔2009〕70号	
污水处理费	免收4立方米	常价服〔2009〕69号	
居民生活用电	免收8千瓦时	湘价重〔2006〕97号	
管输天然气	免收2立方米	常价价〔2006〕119号	
数字电视基本维护	16.5元/月	湘价服〔2006〕39号	
医疗服务收费	免收门诊挂号费、门诊注射费和住院床位费，门诊诊查费减半收取（公立医疗单位）	常卫发〔2006〕99号	

表 4-3-2　　自来水价格

项　　目	单位	价格	文件依据	备　　注
1. 居民生活用水	元/立方米	1.4	常价服〔2009〕70 号	(1)污水处理费（江北城区 0.8 元/立方米、德山开发区 0.6 元/立方米）、水资源费（0.02 元/立方米）随水价征收（常价服〔2009〕69 号、湘价费〔2004〕68 号）；(2)二次供水加价 8%，另加二次供水加压电费（常价服〔2005〕1 号）
2. 行政事业用水	元/立方米	1.4		
3. 经营服务用水	元/立方米	2.66		
4. 特种用水	元/立方米	5.84		

2010 年，全市物价部门进一步加强对药品价格公示工作的领导，按规定做好药品价格的公示工作。主要是规范政府定价和政府指导价药品价格公示，调整药品价格公示范围。6 月 10 日起，废止价格在线“湖南医药价费公示网”和湖南医药价格公报公示的市场调节价药品价格。要求加大对价格垄断、价格欺诈、哄抬价格、不实行明码标价、不执行法定价格干预措施等违法行为的查处力度，切实维护医药价格正常秩序；加强对县及县以上公立医院药品价格公示工作的督促、检查，确保公示工作健康、持续发展。

2011 年，在对大型超市、商场、连锁店的商品明码标价检查时，发现部分存在低标高结、标示不规范、虚构原价等违反明码标价规定的价格违法行为。市物价局要求各区县市及城区有关单位搞好价格公共服务进市场、进商场，帮助企业完善内部管理制度，建立内控机制，尽量减少工作上的失误和差错，进一步完善商品明码标价制度，促进企业诚信、守法经营，不断扩大商品明码标价的覆盖面。

2011 年 5 月，市价格监督检查局局长钟昌宏（左三）等巡查市步行街商家

2012 年，常德市启动“明码实价示范单位”评选活动。评选活动坚持公开、公平、公正的原则，经过宣传发动、组织报名、帮扶创建、考核评比、网上公示等程序，经市价格诚信建设工作领导小组审定，评选出 12 家单位为常德市 2012 年度“明码实价示范单位”，在全市价格工作会议上为他们举

行授牌仪式。他们是：湖南九芝堂连锁有限公司吉春堂药店、湖南好乐商贸连锁有限公司常德武陵大道店、常德市武陵区百利鞋业、湖南家润多有限公司常德店、常德步步高商业连锁股份有限公司桥南店、常德市民康药号有限责任公司（水星楼店和桥南大圆盘店）、常德市武陵区蓉九辣椒炒肉餐厅、常德市武陵区德茂门业经营部、湖南金和汽车服务有限公司、步步高商业连锁股份有限公司临澧县迎宾店、石门县平安购物广场有限责任公司。

2013 年 3 月 6 日，全市价格工作会议给 2012 年度常德市明码实价示范单位授牌

第五篇《

价格事务与公共服务

第五篇　价格事务与公共服务

第一章　成本调查与监审

第一节　成本调查

1989年4月1日，市物价局下发《关于进一步开展农本调查争先创优活动的通知》(常价调字〔1989〕31号)，对农产品成本调查工作争先创优的评比条件实行量化记分管理。具体内容是：成本调查工作有一名领导分管、有专干具体抓，并列入了议事日程的记2分，缺一项不记分；省、市指定的农产品调查品种有常年性登记调查点，调查点具有代表性。直报国家的品种不少于5户，其他品种不少于3户。调查户颁发了聘请书，建立了调查户档案，每年每户检查辅导在4次以上（含业务部门的检查辅导）；原始成本登记符合及时、准确、全面的要求，没有差错漏现象。每项记4分，共16分；直报国家物价局的品种，成本资料及时、准确、全面，并有质量较高的分析材料记15分，出现数据差、错、漏一处或迟报品种一天，或缺分析材料一篇均扣5分；农产品成本调查单项或汇总报表按规定及时报送省、市调查队记10分，缺报一个品种或迟报一天扣2分；数据准确记10分，每错、漏一个数据扣2分；报送省、市调查队单项或汇总报表的同时有分析材料的记20分，缺一篇扣2分。分析材料质量较高，既有扼要的成本收益变化情况、趋势及其原因，又有当地的产销情况、市场既价格动态，点面结合，提出建议篇加记2－5分；年内有专题调查报告或论文2篇（不含成本分析）记10分，缺报一篇扣5分，每超一篇加记2分。被报刊采用或政府批转的成本分析、调查报告或

市物价局副局长常新群（中）带领工作人员走访农调户

论文每篇按级别加分：县级加1分、市级加2分、省级加3分、国家级加4分；以县为单位每年有一次集中调查户、专兼职调查员总结评比、培训辅导活动记7分，没有活动不记分；年内有10次以上以函电等形式向市调查队反映调查工作情况记5分，缺次酌情扣分。年初有工作安排记2分，半年有工作小结记1分，年终有工作总结记2分；年底由市物价局成本调查队组织检查考核。通过听汇报、看记录、核资料、访农户当场记分。单项记分无负分，以计分多少确定先进单位，由市物价局给予精神和物质奖励。当年，全市共选择150个农户进行常年性农产品成本调查。对蔬菜、生猪、粮食、油菜籽、苎麻等33个品种从播种到收获的全过程进行跟踪记录，写出成本调查材料30余篇。

1990年，市物价局农产品成本调查的品种为早籼稻、晚籼稻、油菜籽、棉花、烤烟、蚕茧、生猪。由汉寿县、安乡县、澧县、石门县、桃源县等5县物价局各明确一名领导分管，抽调3名业务人员到市工农产品成本调查队工作。市调查队内部设立“成本调查课”和“成本审核课”，明确分工，各负其责。市、县两级农调部门配合实行“五统一”，即统一认识、组织、要求、经费、考核。因每年国家、省确定的调查品种有变化，其后4年依次取消对石门县的棕片，汉寿县的湘莲、棉花，澧县的鸭蛋、大麦、蜂蜜，石门县的桐子、皮木梓、棉花、红薯等品种的调查，其他品种与工作方式不变。

1995年，完善调查方法，开展专题调查，要求各区县市报表一律由分管局长签名加盖公章后按规定时间报市物价局。安排武陵区、津市市进行题为《蔬菜种植概况调查与分析》《“三节”期间蔬菜市场价格预测》，安乡县、汉寿县题为《主要农产品种植结构趋势调查》，桃源县、石门县、澧县题为《主要农业生产资料价格水平及其对生产成本的影响》，桃源县题为《生猪与稻谷生产比较效益研究》，安乡县、澧县题为《棉花与稻谷生产比较效益研究》，汉寿县题为《养殖业与种植业生产比较效益分析》，石门县题为《烤烟与稻谷生产比较效益分析》的专题调查。提出农业成本调查工作为合理制订和调整主要农产品价格服务、为领导宏观决策服务、为农村合理调整产业结构服务的宗旨。明确对调研文章的奖励办法：国家级采用每篇奖100元，省级采用每篇奖60元，市委、市政府采用每篇奖40元，市局采用每篇奖20元。

1996年，市物价局要求各区县市物价局除做好日常成本调查工作外，对国家的调查品种和早稻、晚稻、棉花、苎麻、小麦进行成本综合分析，写出分析材料随调查表上报。调查内容为成本价格等方面与上年比较的变化情况及其原因、预测生产成本、价格变动的趋势，提出有针对性的建议。

1998年3月，召开全市农产品成本调查工作会议，将参加会议的农调员组成3个组对桃源县、安乡县、汉寿县的3个国有粮食企业和部分粮食经营个体户收储、加工、零售等环节的费用进行为期一个星期的调查。通过调查，搞清了各个环节的费用情况，写出了分析材料，为市政府制定粮食收购价格提供了可靠依据。早稻上市之前，各地反映，优质稻收购价格不宜过高。物价部门组织有关人员深入到桃源县三阳乡和鼎城区斗姆湖镇等地进行调查，群众反映优质稻存在口感差、不易保管等问题。调查人员写出专题调查材料报有关部门，使其合理地制定了早稻优质稻收购价格。市物价局全年完成12个品种的农产品成本调查任务，完成了省局布置的农户存粮及农资购买情况、粮食流通费用情况的专题调查。并将调查资料提供给市统计局，编入1998年度《农村统计年鉴》，为各级政府提供了有价值的成本资料。

2000年，开展农产品成本预测和农产品直报。有晚籼稻、棉花、烤烟调查任务的石门县、安乡县、澧县、汉寿县新增成本预测分析项目，生猪直报调查由按饲养主体分类改为按饲养规模分类。安乡县物价局、桃源县物价局做好农产品专项调查工作，做一次性调查的农户每县不得少于15户。澧县、桃源县、安乡县、石门县物价局、西洞庭农场物价办，调查5月月底前已播农作物面积与产量，预计5月后农作物播种面积与产量，各县调查的每个品种不得少于15户。结合本地实际，详细分析调查品种种植结构及变化情况，对粮油等主要农产品供求形势和价格走势作出科学预测。11月20日，市物价局召开全市工农产品成本调查工作会议，参加会议的单位有武陵区、澧县、石门县、安乡县、桃源县、汉寿县等区县的物价部门。会议要求根据情况变化，调整调查点、户，保持点、户的代表性。会后，各区县市采取定时上门指导、帮助农户搞好分类登记、筹集资金对调查户给予适当补助等办法进行帮助，有的区县用奖励方式对登记及时准确的农户实行鼓励。石门县筹集资金1.32万元，对全县的调查户进行补贴。全市所有调查户都及时准确报送资料，完成了12种农产品成本调查工作，并将调查资料编入《2000年农村统计年鉴》。全市还组织调查人员，展开5个专题调查工作和3个品种成本预测分析，确定调查范围和调查面，真实反映常德市农业产业结构，为产业结构的合理调整提供了可靠的第一手资料。石门县物价局获全省成本调查工作优秀集体称号。

2003年，市物价局从人力、经费、用车等方面向成本调查工作倾斜。调整和优化调查点户，确保调查数据具有代表性。按照国家和省局要求，在2002年对农调户进行全面核查和重新建档的基础上，又对调查品种、调查点户进行个别调整和优化，确保成本数据的准确性，使全市农调户的平均成本水平能够反映常德市主要农产品的社会平均成本。市物价局分管成本调查工作的副局长带领市、县调查人员深入安乡、石门、桃源、鼎城4个县区的12个农户家中，对农户存粮与生猪养殖情况进行详细调查了解，写出反映安乡县《粮食库存继续下降，市场形势不容乐观》与反映桃源县《生猪规模养殖前景看好》的专题调查材料，先后被省、市报刊采用。桃源县四喜养殖公司采纳调查建议，扩大养殖规模，增加纯收入10万元以上。组织调查人员开展农产品价格实地调查，撰写调查报告26份，被国家、省、市报刊采用12份，其中《农业特产税征收中存在的问题与对策》引起有关领导重视。通过《常德统计年鉴》《常德日报》《常德物价》等渠道把成本调查数据发布出去，实现成本调查数据资料信息社会化。是年，常德市农产品价格全面上涨，部分城市居民纷纷上访。市物价局经过一个星期的实地调查，写出《农产品价格为何全面上涨》的调查报告，指出这是农产品价格连续几年下降的一次触底反弹，加上自然灾害的影响，价格上涨属于正常现象，不会引发大面积的商品价格上涨。调查报告在《常德日报》刊登后，稳定了市民的情绪，促进了社会安定。

2004 年，完成生猪、油菜籽等农产品专项调查任务，完成国家和省定的常规品种的调查工作，写出分析资料。农户依据资料合理调整种养结构，种粮积极性得到提高，全市粮食播种面积 531453. 33 公顷，同比增加 55840 公顷，产量 290 万吨，增长 18. 31%。市成本调查队被国家发改委授予全国农产品调查优秀集体，荣获全省农产品成本调查工作优秀集体称号，主要农产品价格调研监测报告获省级一等奖。

2006 年 4 月，市物价局在石门县召开全市价格成本调查工作暨学习培训专题会议，学习成本调查工作怎样服务新农村建设。通过 4 天的学习培训，大家思想认识明显提高，掌握了工作方法。国家和省安排常德市农产品生产成本调查的品种有早籼稻、中籼稻、晚籼稻、油菜籽、棉花、生猪、茶叶、柑橘、烤烟、鲜鱼等 10 个，另有调查专题 4 个。按照省、市确定的选点原则，对 4 个呈报区县的调查网点，逐一进行考察调整，对石门县新增的 15 个烤烟调查户逐一落实，使全市调查户选点布局合理。年初对新点户逐户进行辅导，年中逐户进行督促检查。

2007 年，国家和省布置给常德市农产品生产成本调查的 10 个品种与 2006 年相同。市物价局坚持确保“有代表性”的选点原则，全市调查户选点布局更趋合理。完成了 10 个品种 14 套次农产品成本调查和成本效益分析，做到上报及时，报表、数据真实，分析准确，全面反映常德市农产品价格构成的真实情况。选定所辖 3 个县的城关镇和市城区为调查户，采取定期旬报和不定期集中调查相结合的办法，对生猪的养殖成本、收购与批发的差价和零售商的利润空间开展猪肉成本调查，撰写出《猪肉价格涨势浅析》的调查报告，通过网络和媒体等多种途径予以发布。将农产品成本调查资料整理进入数据库，为合理制定价格服务。

2008 年，对调查点户进行重新布局，选择产量稳定、商品率高的农户作为调查户，到桃源、石门、安乡、鼎城等县区，开展 10 个品种的农产品成本常规调查和“农户种植意向”“农资购买意向”“农户存粮情况”3 个专项调查，进入 124 个农户进行常年登记、分类汇总、适时分析、及时上报。调查和采集的数据做到“早、精、准、细、实”。举办 30 多名农调员参加的农产品成本调查业务培训，学习《价格法》，讲授“农产品成本调查应把握的几个重点”专业课，组织讨论和交流农业成本调查的经验。

2009 年，农产品成本调查的品种有水稻、棉花、油菜籽、茶叶、烤烟、柑橘及淡水鱼等。因生猪市场价格变化较快，为获得第一手资料，对养殖规模达 12000 多头的桃源县枫树乡李四喜养猪大户每月至少走访一次，进行认真登记、仔细核算、准确汇总、详细分析、快速上报。按时完成了各个品种的月报、年报以及应急调查上报工作任务。在西洞庭管理区选取有一定种植规模的农户完成全年甘蔗生产成本登记、核算和上报任务，为全省农产品成本数据库提供翔实资料。

2010年，把棉花调查户集中到产棉大县安乡县，集中人力和财力。在桃源县增加一个生猪养殖大户调查点。在西洞庭管理区增加2个甘蔗调查种植户。在武陵区东江乡增加黄瓜、菜椒、萝卜各7个蔬菜种植调查户。先后完成水稻、棉花、油菜籽、茶叶、柑橘、烟叶、甘蔗和生猪等品种的调查、登记、汇总和上报任务。在桃源县的陬市镇、黄石镇，石门县的易家渡镇和安乡县的安宏、安裕等乡镇，抽选8个种植大户进行调查，了解他们规模种植水稻、棉花和油菜的成本及收益情况，了解他们在大规模种植过程中遇到的困难和问题以及各项扶农、惠农政策的落实情况。按时完成了国家布置的专项调查任务。全省价格成本调查工作会议在常德市召开，市物价局被评为全省价格成本调查工作优秀集体，安乡县物价局被评为全国成本调查工作优秀集体。

2011年3月，市物价局副局长常新群（右一）、陈秋林（右三）走访农调户

2011年，开展稻谷、大米价格成本指数调查工作。多次到常德金健米业粮油实业经营有限公司和常德广积米业有限公司，选定调查品种、指导填报方法、明确责任人。每月月底与两家公司联系，上门了解价格水平，采集价格信息；同时向有关企业了解同类商品的价格水平。在填报价格数据的同时，对当月全市稻谷和大米价格水平及形成原因进行定量分析，并对未来价格走势进行预测，写成文字报告一同上报。圆满完成了省物价局下达的稻谷及大米价格成本指数发布工作任务。在全面完成早稻、中稻、晚稻、油菜籽、棉花、生猪、烤烟、茶叶、柑橘、蔬菜和甘蔗等13个农产品成本调查任务的基础上，撰写出《常德市油菜籽生产成本收益及价格走势分析》和《关于我市蔬菜、猪肉生产流通成本的情况调查》等文章。通过全省交叉检查和省物价局全面考核，市价格成本调查队被国家发改委和省物价局评为全国、全省农产品成本调查优秀集体。

2012年9月13日，市物价局副局长刘邦原（右二）到汉寿金牛米业调研

2012年，进行生产成本和收益的比较分析，

分赴澧县、汉寿县、桃源县、鼎城区和安乡县等油菜生产大县区开展实地调查，深入农户了解情况，帮助分析种植中各种问题的原因，探讨解决问题的对策，并与农业部门交换意见，撰写出《常德市2012年油菜生产情况调查》上报省局和国家发改委。还完成了棉花、甘蔗、油菜籽、早籼稻、中籼稻、晚籼稻、烤烟、柑橘、蔬菜和生猪的月、季、半年度农产品成本调查任务。以下是2007－2008年、2009－2012年常德市主要农产品成本收益表：

表5－1－1　**2007－2008年常德市主要农产品成本收益**　单位：元/亩

品名	净产值（元）		减税纯收益（元）		50公斤含税生产成本（元）		50公斤平均出售价格（元）		每劳动日净产值（元）	
	2007年	2008年	2007年	2008年	2007年	2008年	2007年	2008年	2007年	2008年
早籼稻（亩）	166.31	221.67	166.31	221.67	51.46	58.87	73.64	86.69	23.36	51.79
晚籼稻（亩）	364.05	242.60	364.05	242.60	43.64	62.84	87.49	94.60	66.68	43.01
油菜籽	295.08	295.87	295.08	295.87	52.19	94.68	155.52	250.01	72.68	61.90
棉　花	654.22	6.55	654.22	6.55	375.37	480.02	678.53	483.09	22.12	0.22
茶　叶	2896.48	320.19	2896.48	320.19	254.35	282.83	684.89	330.00	778.62	29.70
柑　橘	3633.33	2194.12	3633.33	2194.12	16.87	20.26	56.07	44.86	168.21	97.43
烟　叶	145.37	299.96	145.37	299.96	505.83	639.67	562.65	752.46	3.87	8.86
早籼稻（亩）	745.98	792.34	552.16	690.70	211.28	329.91	7.12	4.28	385.85	469.03
晚籼稻（亩）	826.56	761.50	726.40	722.58	218.21	296.98	5.46	5.64	362.35	479.98
油菜籽	285.56	188.88	444.11	476.22	56.57	51.92	4.06	4.78	149.03	180.35
棉　花	182.98	174.48	1464.26	1029.83	320.27	363.33	29.58	29.32	810.04	1023.28
茶　叶	657.48	678.80	4568.75	2240.07	1539.98	1597.75	3.72	10.78	1672.27	1919.88
柑　橘	9267.32	8919.74	5196.38	4001.48	755.68	918.93	21.60	22.52	1563.05	1807.36
烟　叶	255.86	265.94	1439.60	2001.09	575.25	771.71	37.60	33.84	1294.23	1701.13

表5－1－2　**2009－2012年常德市主要农产品成本收益**　单位：元

品名	净产值				减税纯收益				50公斤含税生产成本				50公斤平均出售价格				每劳动日净产值			
	2009年	2010年	2011年	2012年	2009年	2010年	2011年	2012年	2009年	2010年	2011年	2012年	2009年	2010年	2011年	2012年	2009年	2010年	2011年	2012年
早籼稻（亩）	230.34	29.96	34.62	227.24	230.34	29.96	34.62	227.24	56.81	101.79	105.31	103.09	87.18	106.90	110.19	133.23	58.46	6.51	7.29	49.62
晚籼稻（亩）	97.59	242.61	128.32	191.18	97.59	242.61	128.32	191.18	77.98	93.11	121.69	111.86	90.94	126.41	140.07	135.67	21.31	37.79	20.08	34.82

续表

品名	净产值				减税纯收益				50公斤含税生产成本				50公斤平均出售价格				每劳动日净产值			
	2009年	2010年	2011年	2012年	2009年	2010年	2011年	2012年	2009年	2010年	2011年	2012年	2009年	2010年	2011年	2012年	2009年	2010年	2011年	2012年
油菜籽	139.70	216.23	358.51	99.97	139.70	216.23	358.51	99.97	103.10	92.41	94.29	179.08	162.75	179.79	213.87	233.29	28.28	55.16	90.99	23.36
棉　花	-69.88	970.57	-402.53	96.79	-69.88	970.57	-402.53	96.79	724.26	810.78	1102.19	925.38	696.46	1324.29	866.20	969.38	-2.45	28.95	-12.79	3.11
茶　叶	306.76	1735.98	1701.15	1691.14	306.76	1735.98	1701.15	1691.14	245.03	124.89	123.57	165.85	284.82	326.45	298.26	365.34	54.97	55.46	151.21	133.58
柑　橘	2155.14	2219.61	5495.29	2262.25	2155.14	2219.61	5495.29	2262.25	18.81	23.69	19.49	27.24	45.31	63.18	92.29	61.26	152.20	166.51	393.36	121.24
烟　叶	289.36	622.90	344.80	550.76	289.36	322.90	344.80	550.76	637.21	667.98	857.70	907.26	742.13	777.79	988.58	1097.48	7.95	56.63	11.98	17.69

品名	主产品产量（斤）				总产值（元）				物资费用（元）				劳动用工（个）				生产总成本（元）			
	2009年	2010年	2011年	2012年	2009年	2010年	2011年	2012年	2009年	2010年	2011年	2012年	2009年	2010年	2011年	2012年	2009年	2010年	2011年	2012年
早籼稻（亩）	755.54	584.18	706.40	751.34	661.17	627.23	781.89	1004.50	295.49	321.11	389.63	385.39	3.94	4.60	4.75	4.58	430.83	597.27	747.27	777.26
晚籼稻（亩）	748.20	724.42	694.20	799.32	684.59	921.09	977.71	1089.41	299.12	313.29	387.11	457.61	4.58	6.42	6.39	5.49	587.00	678.48	849.39	898.23
油菜籽	232.72	246.34	298.88	183.56	381.16	444.90	641.20	430.23	89.61	53.29	62.88	84.24	4.94	3.92	3.94	4.28	241.46	228.67	282.69	330.26
棉花	203.76	159.66	146.26	188.00	1750.93	2502.98	1477.51	2132.64	320.86	326.76	394.90	421.51	28.56	33.52	31.47	31.17	1820.81	1532.41	1880.04	2035.85
茶叶	770.96	861.26	973.78	847.72	2195.88	2811.61	2904.44	3097.08	1509.97	585.14	531.51	628.91	5.58	31.30	11.25	12.66	1889.12	1075.63	1203.29	1405.94
柑橘	8131.04	5620.90	7548.74	6650.02	3684.24	3551.11	6966.42	4074.05	721.02	646.49	486.55	539.12	14.16	13.33	13.97	18.66	1529.10	1331.50	1471.13	1811.80
烟叶	275.78	294.04	263.44	289.54	2046.64	2287.02	2604.31	3177.64	761.56	743.21	729.94	827.55	36.40	11.00	28.77	31.13	1757.88	1964.12	2259.51	2626.68

第二节　成本监审

2001年，常德市工农产品成本调查队更名为常德市价格成本调查队。价格成本调查队除负责完成国家、省下达的成本调查任务和负责重点品种的专项调查工作外，还担负起对实行政府定价和政府指导价的商品和服务价格定价、调价前成本审核的任务。市物价局重新调整设立市价格成本调查队，明确职能职责为负责农产品成本调查工作和定调价成本监审与定期监审工作。3月8日，市物价局召开会议专门研究成本审核工作。会议形成以下决议：凡是定、调价项目，必须事先进行成本审核，然后依据成本审核资料，合理制定价格。项目审核申报单位出具书面报告，分别报送业务科室和价格成本调查队，调查队会同相关业务科室及时进行成本审核工作，由调查队编制成本审核报告，报成本审核主管局长审批。各业务科室必须以成本审核为基础，然后审批价格。10月18－26日，对常德广达广播电视宽带网络有限公司的加密电视收费成本进行调查审验：设备投入总额240.80万元，成本费用由下列7项构成：⑴折旧费。参照有关政策依据，确定按5年折旧，年折旧额为48.16万元。(2)维护费。提取比例为3%，年维护费为7.22万元。(3)人员经费。平均每人每月基本工资按800元测算，加上各项基金57.5%，年度费用为12.10万元。(4)办公经费。估算年度费用为11.39万元。(5)节目版权费。境外3个年度费用41.80万元。(6)广告宣传费。估算年度费用3.00万元；6项合计税外年度成本为123.67万元。(7)税金。税率3.3%，年成本税额4.08万元。年度含税成本总额为127.75万元。审验结果为每户每月23.67元。

2003年3月20日，全市物价部门更新思想观念，认清成本监审工作的作用，有序开展价格成本审核工作。制定《常德市价格成本监审工作制度》与《常德市价格成本监审工作程序》，拟定《常德市重要商品和服务价格监审项目》，组织全市成本监审人员学习讨论、征求意见、反复修订，以正式文件下发执行。完成了全省组织的中小学生生均培养成本、医疗收费成本、燃气价格成本及水利工程水价成本等项目的价格成本调查监审工作。全市共收到成本监审报告36份，受理审核成本监审报告34份，其中市、县联合监审19个，市本级单独审核15个，共审减不合理成本金额8600万多元。

2005年，市物价局受理审核各类商品和服务价格成本监审报告35份，受省委托审核有线电视、驾校、火电成本，审核及申报总成本额28600万元，审减不合理成本7250万元。在全省率先启动医疗废物处置价格成本审核工作，并出具《常德市医疗废物处置价格成本审核结论报告》，为湖南省医疗废物处置收费标准提供依据。派员参加省组织的“加强成本监管，促进经济增长方式转变”的大型调研活动，在规定时间内完成近1万字的课题调研报告，受到省物价局领导和省成本调查队好评。3名成本监审工作人员以满分通过省命题资格证考试，取得由国家发改委颁发的“价格成本监审资格证”。市物价局对全市41名有成本监审资质的人员进行3天培训。

2006年，修订完善《政府定价成本监审办法》《政府定价成本监审工作制度》《政府定价成本监审工作程序》《政府定价成本监审项目》等规范性文件。全年受理价格成本监审报告19个，申报成本总额48亿元，审减成本总额4200万元。其中配合省队开展的华油管建输配公司、销售公司燃气价格成本以及联合桃源县队开展的桃源县自来水价格成本监审工作，均分别召开价格听证会，价格成本结论报告成为制定价格的可靠依据。

2007年，市物价局编写《常德市成本监审手册》，规范成本监审工作。用制度约束各级成本监审工作，严格要求执行成本监审规定。全年直接受理成本监审16家，审核成本总额6717.62万元，审增成本金额1952万元，审减成本金额1786万元。

2008年，市物价局《关于进一步规范定价成本监审工作的通知》明确规定，对依法监审的成本项目，通过实地考察、组织座谈和搜集资料进行初审，再根据相关财务报告、会计凭证、购销或建设合同以及交易原始凭证等资料对经营单位的财务成本进行科学计算和审核，计入合理费用，剔除虚列和不合理成本。形成初步成本结论后，及时向经营单位反馈，全面听取意见再作监审结论。是年按此程序开展自来水、污水处理、民办学校教育培养、学生公寓、经济适用房、医院自制药品、数字电视机顶盒等 10 多个项目的定价成本监审，审核成本总额 2.23 亿元，审减成本 3069 万元。同时指导和会同区县市完成管道天然气、民办教育培养、学生公寓住宿、自来水、污水处理、医院特殊病床等 6 大项目的定价成本监审。另外，配合省队对常德市公路客运成本和民爆器材经营成本进行实地审核。受省队委托，独立完成公办高中教育培养成本监审，受到监察组的好评。在成本监审过程中发现企业生产、经营管理漏洞，及时通过“结论报告”向企业提出合理化建议。上半年市场化肥价格剧烈波动，及时开展市场调查，对全市化肥生产企业的生产成本进行审核，查找波动原因，向市政府全面汇报，合理调整价格，保障了企业的正常生产和市场供应。

2009 年，贯彻落实国家发改委颁布的《政府制定价格成本监审办法》，落实省物价局颁布的《湖南省政府制定价格成本监审工作规程》《湖南省价格成本监审人员行为守则》和《湖南省政府定价成本监审报告格式规范》。先后对鼎城区六中、桃源县一中的学生公寓住宿成本，常德汇文中学、澧县九澧实验学校及汉寿县龙池实验学校的教育培养成本以及湖南鸿达燃气工程开发有限公司、鼎城九申管道天然气有限公司、安乡县三峡管道天然气有限公司的燃气到户价格成本进行全面监审，按时提交监审报告。共监审定价成本总额 10170 万元，审减 2534 万元。

2010 年，对市城区道路公共泊位停车服务、煤矿价格、因公出国（境）服务收费、经济适用房开发成本和湖南同德职业学院等 5 所民办学校教育培养成本、常德外国语学校等 2 所学校学生公寓住宿服务收费、常德闽鸿服装有限责任公司生产的学生校服成本、城市供水以及天然气设备维修服务价格等 13 个项目进行定、调价成本监审，共审核企业和单位总成本 2.78 亿元，审减不合理成本 5248 万元。其中，市民高度关注的城区道路公共泊位停车收费，通过召开价格听证会，向听证会代表通报停车服务成本监审过程，报告定价成本监审结果，出台常德市道路公共泊位停车收费政策。通过市场调查和财务审核，对滨湖公园和红卫社区的经济适用房进行成本监审，通过成本公开，既获得广大居民的理解和支持，又保护了低收入群体的利益。

2012 年，先后对常德诗墙公园停车收费、西洞庭管理区自来水公司城市供水价格、百江石油液化气销售价格、金华清真牛羊定点屠宰场租服务价格、常德外国语学校 PGA 高中国际课程班教育收费、火车站内广场停车服务收费、市自来水公司供水成本、津市市第三中学公寓住宿收费、常德大道地下综合管沟使用和维护成本、常德大道 BRT 快速公交运营成本、常德普通公交运营成本、湖南同德职业学院等 5 所院校教育培养成本、常德白鹤山殡仪馆殡仪厅服务成本、湖南嘉莉诗服装有限公司校服生产成本和常德中石油昆仑燃气有限公司维修服务成本等 19 个单位的经营项目成本定、调价和定期成本监审，共审核企业和单位总成本 4.79 亿元，审减不合理成本 0.57 亿元。在监审过程中，制定科学合理的成本监审报告，保障政府定价程序的公正、公开。在全省定调价成本监审报告考核评比工作中，常德市选送的《关于常德大道 BRT 快速公交营运成本监审报告》被评为一等奖，受到省物价局的表彰和奖励。

第二章　价格鉴定与认证

第一节　价格鉴证

1992年2月28日，省财政厅、省物价局《关于制定湖南省价格事务所收费项目和收费标准的通知》明确工业生产资料价格鉴证业务由市物价局价格事务所承办，每次按成交额2‰－4‰的标准收取鉴证费。同日，将价格鉴证地点由市物资局迁至市物价局。3月6日，召开常德市价格事务所成立大会。

1994年，省物价局等10家联合下发的《湖南省赃物罚没物过期无主物纠纷财物估价办法》（湘价房字〔1994〕268号）中将赃物、罚没物、纠纷财物、过期无主物统称为“四物”。1992－1998年，市物价局共鉴定赃物5030宗，总价值4250万元；罚没物850宗，总价值3500万元；纠纷财物2520宗，总价值9750万元。如1995年7月24日，受常德市人民检察院委托对走私摩托车价格进行评估，出具常价事鉴字〔1995〕22号估价鉴定书。这批走私摩托车系台湾台铃工业股份有限公司组装生产的铃木原装摩托车，数量144台（其中男式84台，女式60台）。依照《中华人民共和国价格管理条例》和国家有关物价政策规定，进口摩托车价格国家已放开。根据省物价局等10家联合颁发的《湖南省赃物罚没物过期无主物纠纷财物估价办法》第十二条、第三十条之规定，属于市场调节价的，按市场中等价格计算；对依法变卖的财物，根据其质量状况，参考当地市场价格计算。结合市工商行政管理局〔1995〕工商案字第15号处罚决定书和中华人民共和国常德进出口商品检验局〔1995〕0008号鉴定结果，并参照当地市场行情和同类产品质量状况，以及销售价格水平，估定其价格为：男式摩托车每台1.80万元，女式摩托车每台1.55万元，总价值244.20万元。

市物价局党组成员赵怡德（左三）接受市公安局为价格认证中心赠送的锦旗

1996年，开拓旧汽车交易、房地产市场和国有资产评估业务、组建了拍卖公司。“四物”评估、价格鉴证等业务均成倍增长，仅市价格事务所开展价格评估和鉴证业务730宗，评估标的价格2亿多元，拍卖行首次拍卖公物48万元。

1997年，价格事务所鉴定评估赃物案件49起、罚没案件10起、纠纷财务案件47起，评估总额820万元，无一例申请省级复核裁定，创估价鉴定收入9万多元。在多家竞争的情况下，既稳定了物贸中心的旧汽车交易所的鉴定评估业务，又取得了德海集团旧汽车交易所的法定评估权。全年共评估旧汽车680辆，评估金额500万元。价格鉴定与“四物”拍卖相结合，开展公务处理“一条龙”服务。全年共鉴定拍卖底价16起，金额250万元。组织银行抵押房产、司法处理罚没物等专场拍卖会7场，成交总额236万元，创佣金收入20万元。

1998年，开展“四物”评估鉴定120起，经济额834万元；评估旧汽车935辆，评估总额为1900万元；组织专场拍卖会8场，成交金额38万元。受保险部门委托，对雪朵服装厂和东方不夜城火灾损失进行了价格论证和鉴定，受到委托单位和当事人的好评。评估土地58.33公顷、房屋21000平方米，评估总金额3.5亿元。为维护当事人和委托人的合法权益，为19次公务拍卖制定了合理的拍卖底价，拍卖成交额233万元。

1999年，开展价格鉴定评估753件，评估总额9000多万元。其中“四物”鉴定81件，金额590万元；旧机动车交易评估1214台，金额3000万元；银行抵押物评估68起，金额3200万元；车损评估574起，金额900万元。此外，全年举行现场拍卖会6次，成交金额300多万元。

2000年，完成涉案物价格鉴定137宗，金额11716万元；事故车辆损失鉴定579台，金额178万元；旧机动车交易评估1079台，金额2732万元。在银座大酒店的房地产价格评估中，估价人员根据该酒店的债权人多、涉额大的特点，认真查阅有关资料，选定最佳估价方法，认真评审估价，对该酒店房地产作出了科学合理地估价，评估价格总额8053万元，写出了内容充实、结论肯定的评估报告，得到委托方、物主和债权人的肯定与认可。

2001年，办理涉案物、旧机动车辆交易的价格认证评估2230宗，认证评估总金额10417万元，每宗认证评估都得到司法单位和当事人的肯定与认可。

2002年，开展涉案物评估300起、车检评估1000起、旧车交易评估1500起，实现评估收入104万元。一季度开展的华天大酒店、银座大酒店价格评估规模大、价值高、时间紧，价格评估工作人员加班加点，不辞劳累，在规定的时间内拿出了翔实的价格评估报告，受到委托人和市领导的好评。

2003年，涉案物价格评估302宗，评估价值5亿元。

2004年，涉案物价格评估1300宗。

2005年，涉案物价格评估573宗，金额4000万元。

2006年，涉案物价格评估515宗，金额2744.80万元。接受鼎城区桥南市场火灾损害评估委托，评估结果受到5000经营户的认可和鼎城区委、区政府的赞扬。接受澧县澧澹乡7位农民食用菌价格评估案，经数次市场调查，按时出具鉴证报告，被法院采信。

2008年，受市政府安排对市城区沿江河段餐饮船舶价格进行评估，核算上万个数据，核查上千件物品，撰写评估报告300多页，将船主提出的1300万元的赔偿降为290万元，给市政府对被取缔污染环境的餐饮船进行补偿提供了科学数据，使拖延数月未果的取缔行动得到落实。8月，处理安乡县黄山头蚕种毒死案。该案蚕农提出11万元赔偿要求，历经2个月未果。接案后，作调查、请专家评估，其报告被法庭采信，蚕农赢了官司，挽回了损失。全年完成公安、检察机关委托的评估案件462宗，争取价格评估业务21宗，复核裁定价格评估案件18宗，总金额3100万元。

2009年5月26日－6月5日，市价格认证中心受桃源县人民法院委托，对该县观音寺水泥厂盗窃案案值进行复核。该县3个农民盗窃该水泥厂设备一案，曾经县价格认证中心评估为案值5.30万元，县法院据此分别处3人10年、4年、3年刑期。3人不服，提起上诉。市价格认证中心杨家武、高建设、胡国栋依据国家有关规定，准确进行折旧，确定成新率，复核实际案值为32300元。法院采信市价格认证中心的结论，对当事人分别作了减少刑期的改判。全年涉案价格评估413宗。9月8日，河南省周口地区一辆货车满载货物路过常德，由于路面坑坑洼洼，不慎在鼎城区黄土店镇挂断低压线导致短路，烧坏变压器，部分农户家电受损。当地20多户村民、电力部门、电信部门等扣住车子货物，开口要4万多元的补偿，更有一电器修理店搬来2台报废的电视机谎称被电线短路烧坏要价1000多元，几个社会青年骑着摩托车来回组织人员恐吓司机。孤单无助的河南司机经好心人指点，怀着忐忑不安的心情找到市价格认证中心。中心工作人员迅速赶到事发地点。当地村民见他们为外地人主持公道，对其进行谩骂阻挠。认证人员冒着酷暑步行，到周边2个村5个组逐户、对电视机、电脑进行勘验，将村民3万多元的索赔要求降为14700元、电力部门5500多元的索赔要求降为2100元、电信部门3000多元的赔偿要求降为600元。当事司机感动地说："我们在外遇到敲诈勒索的不少，像你们这么对待外地人的还是第一次看到。"他要请认证人员吃顿饭和买烟表示感谢，但都被婉言谢绝。

2010年8月，市物价局党组成员赵怡德（右一）主持全市价格鉴证业务培训班学习

2010年2月，配合市政府开展打击假酒的专项整治行动。整治办委托评估一批假酒和

生产设备的价值，原报告称标的价值20多万元。接到委托后，3次到德山假酒制作现场查验，并到酒类市场、商店调查采价，计算中把委托方按空酒桶容积重量计算了酒的价值的部分去掉，最后评估价值仅为24500元。评估的科学性、真实性维护了司法的公正、公平。4月，评估武陵区2宗汽修厂砸毁案。接案后现场勘查、市场采价。采集300多条数据，走访业主11人次，拿出价格评估报告，使公安机关能快速准确打击罪犯。6月，对2010年绿化建设直接费补偿标准进行认证。接受委托后，市认证中心参考以前的价格水平，科学确定了2010年城市绿化建设直接费标准、2010年城市绿化园林树木分枝费标准、2010年城市园林移植费标准。整个标准资料40余页800多项。上述费用在执行过程中有章可循，对各区县市同类费用的征收也起到了规范作用。全年涉案物价格评估：公安295宗、法院3宗、检察院6宗，争取业务11宗，总金额600万元。

2011年，一季度完成了市城区园林绿化建设直接费标准的认证。针对园林绿化树木近年来价格上涨较快的情况，市价格认证中心对这次认证的231个树种、465个不同规格的园林树木价格进行广泛的市场调查，先后到鼎城区毛栗岗苗圃、荷花园林绿化公司等5家园林场进行采价，取得了不同树种的近万字价格资料，完成了市城区2011年城市园林绿化建设直接费、设施配套费标准的认证，完成了市非税局委托的盗窃绿化树木、贩运走私木材、集中处理车辆等4个批次的价格认证，总金额12.30万元。完成了市政府委托的市城区砂石市场资产的认证，这宗业务涉及68家企业，为政府减少合同补贴价款30多万元。4月，对德山七星庵村村民损毁海利农药化工有限公司财物一案进行价格评估，维护了企业利益，得到政府和企业赞扬。全年共完成刑事案件价格鉴证93宗，鉴证金额500万元。

2010年5月，市物价局价格认证中心工作人员现场踏勘、核定青苗补损价格

2012年，市价格认证中心完成价格鉴证、价格认证和对区县市价格认证中心价格鉴证的复核裁定共118宗、公安部门委托鉴证97宗、政府和部分职能部门委托价格认证16宗、复核裁定5宗，标的总额1900万元。是年，认证小型汽车特殊号牌保留价第21－23期共132块，认证保留价金额111万元。为使保留价客观合理，一是开展广泛的市场调查，咨询外地特殊号牌的价格水平；二是参加特殊号牌拍卖会掌握情况；三是到交警办照地点调查了解。全年号牌拍卖金额和认证保留价金额相差仅5万多元。完成市本级财政拨款单

位和司法机关罚没物资处置价格的评估，先后对市非税局等3家单位委托的9辆小汽车、3辆摩托车、7辆电动车和金银首饰等物品的价格评估，金额10万多元。原常德肉联厂居民近百人多次到常德经济开发区绿地新都会建设项目工地阻工扰工，至项目部购置、租赁和雇佣的机械台班、签约工人、各类管理人员误工、项目停工造成经济损失。绿地新都会项目部和德山公安分局提出88万多元的损失标准委托市价格认证中心评估鉴定。接受委托后，鉴定人员4次到工地、2次向肉联厂阻工扰工居民代表、绿地新都会项目部留守人员调查了解情况，7次到市城区、鼎城区、常德经济技术开发区建设工地对项目负责人、助理、钻工、电工等管理人员和工人的工资水平、挖机、电焊机等各类机械台班费用水平进行采价，最终鉴证结论为27万元，为报案损失的30%。缩小了公安部门的打击面，同时也保证了绿地新都会项目的正常施工。市价格认证中心受托对省高管交警支队常吉大队桃花源中队、常长大队德山中队、常张大队桃源中队存放于桃源施救站、桃花源服务区、德山施救站的38辆处置车辆的价格进行鉴定。由于这批车辆存放场地泥水杂草堆积，存放时间较久锈蚀严重。为弄清情况，对每辆车的发动机、车身车架状况、锈蚀程度、残缺部位等进行仔细勘验登记。鉴于处置车辆市场价格波动较大，先后到市城区三岔路、火车站、鼎城区等地调查询价，对询价结果进行比较甄别取其均价作为认证价格，保证了认证结果的准确性和科学性。

第二节　车辆损失价格鉴定

1998年6月23日，市物价局、市公安局交警支队联合下发《常德市交通事故车辆损失评估暂行规定》（以下简称《规定》），明确事故车辆损失，是指由道路交通事故造成的各种汽车、摩托车、拖拉机等机动车辆和自行车、助力车、三轮车、人力车、畜力车、残疾人专用车等非机动车辆的损失。事故车辆损失评估工作由公安、农机交通事故处理机关委托市价格事务所车辆评估中心（以下简称评估中心）负责。评估中心在评估事故车辆损失时，应召集有关当事人共同参与。车辆已保险的，投保人应通知保险公司参加。在本行政区域投保而发生在异地的事故车辆损失评估由保险公司直接委托。《规定》明确了评估中心受理事故车辆评估的范围：损失在3000元以下，采用简易程序处理的具体处理办法；评估中心评估受损车辆的程序和评估报告书的确认办法及法律效益。《规定》强调：车辆评估中心在评估中应坚持实事求是、客观公正的原则。估价人员与当事人有利害关系的应实行回避。发现估价人员有徇私舞弊、弄虚作假行为的，视其情节轻重，由主管单位给予行政处分；构成犯罪的，移交司法机关追究责任。《规定》共13条，自发布之日起施行。10月25日，市物价局批复市价格事务所收取交通事故车辆损失评估费的标准，其标准见下表：

表 5－2－1 交通事故车辆损失评估收费标准 金额单位：元

评损金额	计费单位	执收单位	收费性质	收费对象	收费标准	备注
3000 元以下	台、次	车辆评估中心	服务性收费	车主	50－200	收费许可证号：常价费（服）证字第 018 号
3001 元至 10000 元	台、次	车辆评估中心	服务性收费	车主	300－500	
10001 元至 30000 元	台、次	车辆评估中心	服务性收费	车主	5%	
30001 元至 60000 元	台、次	车辆评估中心	服务性收费	车主	1500－3000	
60001 元以上	台、次	车辆评估中心	服务性收费	车主	最高限额 3000	

全年共评估旧汽车 935 辆，其中小车 820 辆、大车 110 辆、摩托车 5 辆，评估总金额 1900 万元，评估收入 19 万元。

1999 年，启动对旧机动交易的评估工作。全年共评估旧机动车交易 1214 台，金额 3000 万元。受损车辆评估 574 起，金额 900 万元。

2002 年 1 月 24 日，制订《交通事故车辆损失评估鉴定公开办事制度》《车辆评估鉴定部管理制度》。其后，因贯彻落实国清〔2000〕3 号文件精神，此项业务即行终止，转由其他评估机构办理。

第三节 房地产评估

1993 年 10 月 10 日，市物价局向各区县市转发《湖南省房地产价格评估暂行办法》（常价房字〔1993〕80 号）。各部门按照暂行办法的规定，建立健全制度，规范房地产估价程序。当年市物价局 4 名工作人员参加省物价局房地产价格评估培训班，获评估员资格证书。

1996 年 1 月，市物价局与市国土局联合成立土地估价事务所，市物价局专业评估人员罗劲平参与日常工作。恰遇常德市企业改制，该事务所承接市直所有破产改制企业的土地价格评估业务。11 月 18 日，依据《中华人民共和国房地产管理法》，制定市城区国有土地基准地价。全年评估土地 44 宗共 113.13 公顷，金额 23927.64 万元。是年 3 月，市物价局联合市房改办组成联合评估机构，对公房出售进行价格评估。8 月 12－20 日，市价格事务所李印华、高建设等受常德市武陵区人民法院委托，对市城区方家巷东城门 95 号一栋占地 71.2 平方米、建筑面积 134.3 平方米的住宅价值进行评估。这栋建于 20 世纪 80 年代的砖混及部分砖木结构的假三层住宅，为法院查封期财产，按武陵区法院要求进行房产及宗地现值评估。通过分别对宗地、房产各个项目进行细致评估测算，其结果为宗地价格 38508 元（每平方米 540.84 元）、房屋现值 34749 元、二次装修费用 7483 元（每平方米价格 314.46 元，地房合计每平方米 855.3 元）。市价格事务所全年公房价格评估 7800 万元，收评估费 14 万元，分成评估 3. 80 万元。

1997 年 5 月 29 日，受市房地产开发公司委托，对位于武陵区青年路面积为 3106. 986 平方米（0. 311 公顷）的国有商住综合用地进行评估。该宗地内建筑物为砖混、砖木结构，有国有直管公房和居民私房，大部分为 20 世纪 70 年代修建，建筑面积 4400 平方米。该宗土地估价系直接为政府收取土地使用权出让金，评估结果为总地价 426. 2261 万元，单位地价每平方米 1372 元。全年评估土地 49 宗，面积 653425 平方米（65. 33 公顷），评估总金额 26. 7276 亿元，收评估费 20 万元。

1998 年，受市邮电局委托对该单位分家前的房产价格评估，共评估 75 栋房屋，总金额 5000 万元，得到上级邮电部门认可。全年房地产评估费收入总额为 18 万多元。评估土地 58. 33 公顷，评估总金额 2. 50 亿元。

2002 年 2、3 月份，为华天常德大酒店改制进行资产评估，评估总额 1. 84 亿元。按规定应收评估费 50 万元，但考虑到政府为企业改制经济包袱较重，仅象征性的收了 8 万元，此事受到市政府领导的赞扬。

其后，因贯彻落实国清〔2000〕3 号文件精神，此项业务交由其他评估机构办理。

第三章　价格公共服务

第一节　价格信息服务

1989年，利用价格信息为工农业生产服务，推荐93种常德市名优产品编入《中国名优产品与价格大全》。为市内2000多家企业和300多个农户发送经济信息1280条，牵线搭桥成交商品总额500余万元。

1990年，运用价格信息帮助市塑料一厂将1200吨积压的农膜销售一空，使该企业盘活了流动资金。

1991年10月，市物价局进行市场价格信息调查，获悉市纺织站开办跳蚤市场的信息，根据上级精神，结合本地实际，决定放开成衣价格，继而对部分纺织品、鞋帽、卷烟、冷饮市场价格放开。各区县市运用此项信息搞活市场，仅汉寿县弹性价格门市部专柜市场就发展到32个。

1992年，市物价局全年共为生产经营企业发送有价值的商品供求信息和市场价格预测信息440条，被企业采用并产生经济效益的有200多条。

1993年，市物价局全年为工农业生产提供市场供求与价格信息8000多条，发布价格政策和价格警示信息160多条，为农民年初种什么，秋收以后又怎么销售出谋划策，为农民种养增收增效出力。

1994年，为企业发送信息3000多条，提供价格资料3000多份，同时积极开展政策信息咨询，提供政策依据80多份。

1996年，加大价格信息的广度、深度和力度。市物价局有80多条物价政务信息被市以上党政部门和上级主管部门采用。还充分利用《湖南价格报》《湖南价格信息》刊登的价格信息资料，为本市企业和经营者提供商品产、供、销信息服务，引导发展生产，搞活经营。

1998年，发行《价格导报》《湖南价格信息》《医药公报》共计8万多份，累计发展价格信息联络户1200多户，扩大了价格信息服务的覆盖面。

2001年，市物价局为房地产开发企业提供政策咨询及价格信息31次，为企业增效1300万多元。

2005年，重点围绕农资、粮食、液化气以及居民日常消费价格开展政策宣传、市场动态宣传、发展趋势宣传，合理引导群众对价格上涨的认识和心理预期。

2009年，组织市城区大润发、家润多、苏宁、国美等8家大超市相关管理人员100多余人，采取集中授课的形式宣传价格法律法规，发放价格宣传资料及各种价格信息资料800多份。通过讲解案例，剖析超市在明码标价等方面存在的价格欺诈等不正当价格行为，提高商家价格自律意识，引导商家合法诚信经营。

第二节　价格“八进”活动

2006年6月，市物价局成立价格服务进万家活动领导小组，局长袁云波任组长，副局长刘邦原为副组长，相关科室负责人为成员，检查所所长钟昌宏任办公室主任。7月初，在市城区召开全市“价格服务进万家活动”动员大会，各区县市物价局负责人参加。会上学习省物价局84号文件，印发实施方案，要求各区县市从执政为民、构建和谐社会的高度，强化价格服务意识，为经济社会发展创造良好的价格环境。要根据本地实际，有针对性地做好价格服务进农村、进社区、进企业、进学校、进医院、进商场、进景区、进市场“八进”工作，力争在其中一两项工作上有所突破。会后将20多个涉企行政事业性收费项目标准和10多个服务性涉企收费的政策法规，免费送到各企业及相关部门。8月，按照市物价局《“价格服务进社区活动”实施方案》的要求，以“创建‘12358’价格连万家”品牌为主线，稳步推进“价格服务进社区”工作，市城区50个社区有48个社区完成了价费、政策法规、监督举报公示工作，并取得了较好的社会效果。“价格服务进社区”活动的具体工作包括3个方面：一是价格和收费公示进社区。在社区繁华地带显要位置或方便群众的地方设立居民消费价格公示牌，公示内容包括物业管理、有线电视、婚姻登记、停车场、水、电、暖、燃气等群众密切相关的价格和收费标准；涉及老年人、低保户、下岗职工再就业优惠价格政策；公示牌监制单位、物价部门投诉电话等，共制作安装公示牌1340个，公示栏127个。二是价格政策法规进社区。免费向群众发放《价格服务指南》1万余份，为切实维护弱势群体的价格权益，印制“价格服务卡”5000余份，并将对下岗职工再就业的优惠政策印发到下岗职工的手中。此外，为方便群众咨询，除了“12358”举报平台外，还在物价网上开辟了“市民留言”“咨询信箱”“网上举报”专栏，及时解答政府关注、群众关心、社会各界关切的热点价格问题，普及价格法律知识。组织开展对企事业单位和城区居委会定期走访的

2012年9月7日市物价局总经济师李印华开展市场巡查

联系工作。与40个机关事业单位、48个社区居委会签订了定期联系协议。三是价格监督进社区。在社区设立了8个价格监督站，聘请了18名价格义务监督员，宣传价格政策法规。在大型生活小区设立社区价格收费监督岗，将监督站、监督岗的具体位置制作成网络图的形式，在各小区内的显要位置予以公示。

是年10月，“价格服务进商场”活动逐渐深入。一是开展经常性的市场价格巡查，规范经营者明码标价行为。2006年1－10月，先后对市城区步行街等主要经营场所进行了6个回合的市场价格巡查，并向300多家经营者每户免费发送标价签400张。二是抓价格诚信建设，树立正面典型。4月份开始，市物价局在商业步行街几次开展宣传活动。活动期间，向消费者免费发放《价格法》《禁止价格欺诈行为规定》等宣传资料，制作价格诚信建设成果宣传牌4块和以“倡导价格诚信经营、构建和谐消费环境”为内容的“友情提示牌”1000块，设立价格政策咨询台、“12358”价格维权热线受理台，随时接受群众的价格咨询与投诉举报，开展创建“价格诚信单位”评选活动，提高诚信经营意识，促进企业持续健康发展。三是严厉查处市场价格欺诈行为。全年，市物价检查所共立案查处价格欺诈案件25起，收缴罚没款19万元，清退给消费者40多万元。对个别服装经营者通过虚报原价、虚假折扣诱骗消费者消费的价格欺诈行为，在给予行政处罚的同时还进行公开曝光。

2007年价格服务进商场活动的内容：一是为商家送政策、送标价签上门。年初，市物价检查所全体出动，为市城区步行街商家送政策上门，宣传《价格法》《关于商品和服务实行明码标价的规定》《禁止价格欺诈行为的规定》等价格法律法规，向每个经营户赠送大小标价签400张。二是与商家签订“明码标价承诺书”。通过签订“承诺书”，督促商家承诺自觉遵守价格政策，依法诚信经营。同时在各商家醒目位置张贴“12358”宣传挂图，提醒经营者价格自律，也告知消费者合法维权。三是7月份在市城区召开共建价格诚信座谈会，与80名经营者代表座谈开展共建价格诚信的意义、方式方法等。会议结束后，与会者向市城区经营者发出“倡导价格诚信，共建和谐常德”的倡议书，引导广大经营者严格遵守国家政策法规，恪守商业道德，反对价格欺诈。

2008年的价格服务进农村活动，主要是检查农村实行经费保障机制改革的学校，要求学校除向自愿住校学生收取住宿费和就餐伙食费外，禁止再收取其他任何费用；对学校发放教辅资料实行限范围、限额度的“双限”政策。发挥县、乡、村三级价格监管服务网络作用，当调查了解到部分乡镇化肥出现断档脱销情况后，及时建议市政府召开价格监管联席会议，开展化肥稳价保供督查行动，要求有关部门和生产企业迅速抓好化肥生产和市场供应。

2009年，市物价局把价格公共服务工作作为“保增长、安民生、化矛盾、促发展”的中心工作及“弯道超车”战略思想的体现，当作转变机关工作作风、建设服务型政府、构建和谐社会的重要举措。将价格公共服务作为工作品牌来抓，在持之以恒上下功夫，建立长效服务机制；进一步深入调研，了解企业和群众的服务需求；分类建立价格公共服务工作台账，真实清晰地反映活动的全过程，将价格公共服务工作纳入流程化管理、动态式监管，促进工作的经常化、制度化、规范化。市物价局围绕价格公共服务工作的要求，结合常德市的实际抓落实，将工作重点由“点”向“面”推广，搞好4个服务：(1) 继续为企业脱困增效搞好服务，抓好各项对企业优惠政策的落实，确保企业真正得到实惠。(2) 继续为农民减负增收搞好服务，进一步巩固涉农收费公示制度。(3) 继续为促进投资和消费增长搞好服务，认真抓好涉企收费专项检查工作，优化价费环境。(4) 继续为改善民生促进和谐搞好服务，充分发挥基层价格监督服务站的作用，落实好对低保困难群体的价费优惠政策，及时调解价费纠纷。同时，完善覆盖城乡的价格监督服务网络。建站设点做到“一镇一站、一村一点、一企一员”，形成“三级联动”“三位一体”的服务组织网络。加强与价格监督服务员和价格联络员的联系，组织价格法律、法规、政策培训，进行业务指导，不断提高他们的政策业务水平和业务技能。更加普及价格公共服务的公示面，加强价格投诉举报网络建设，建立快速反应机制，及时解答、处置企业和群众的诉求。是年4月14日，市物价局印发《常德市物价局价格服务进万家，促进发展保民生活动实施方案》(常价检〔2009〕48号)。4月23日，在德山经济技术开发区启动“价格服务进万家促进发展保民生”活动，启动仪式由局党组副书记龚椰林主持，局党组书记、局长袁云波讲话强调，价格服务进万家是物价部门转变职能、转变作风，把价格工作做到群众身边，引导群众参与价格监管的一项重要工作。市政府副市长李爱国出席启动仪式并为湖南阳光乳业董事长授《涉企收费卡》。8月，为搞好价格公共服务工作，投入65万元建立全市价格监督自动办公系统和信息公开平台。在全市207个乡镇、3753个村、459个社区建立物价监督服务站；投资70万元在9个区县市、4个管理区建立永久性公示牌310个、电子显示屏60个。全市价格服务“八进”工作得到普及。

2009年8月，全市价格服务进农村现场交流会

2010年，常德市9个区县市的所有乡镇均建立物价监督服务站，聘请村义务价格监督员，覆盖农村的价格监督网络初步形成。石门、安乡、桃源、临澧等县注重加强乡镇物价站建设和业务培训，指导开展乡村价费公示、受理农民投诉举报、提供价格信息咨询服务。

2011年，价格服务“八进”工作主要抓3个服务：一是服务新型工业化建设。抓好

《关于积极落实资源环境价格改革措施促进经济发展方式转变的若干意见》（常政办发〔2010〕25号）的贯彻实施，推进“两型”社会建设。配合有关部门搞好全市重点用能企业、高能耗企业的监督管理，严格执行差别电价、惩罚性电价政策，进一步促进节能减排。编印《常德市涉企主要价费目录指南》，并在媒体、网络公示，帮助企业掌握政策。全面推行“涉企收费监督卡”和涉企收费“一费制”，监督和规范部门收费行为，减轻了企业负担。二是服务农业现代化建设。落实国家各项支农惠农价费政策，积极落实鲜活农产品绿色通道政策、粮食最低收购价和扶持生猪生产等政策，引导和保护农产品价格合理回升，促进农业增效、农民增收。查处粮食、棉花、烤烟等农产品收购环节压级压价行为。扶持蔬菜生产，市本级重点扶持鼎城区牛鼻滩镇、临澧县安福镇等万亩蔬菜基地。每个区县市重点扶持1个集中连片面积在200公顷以上的标准化建设基地，保证蔬菜供应，稳定蔬菜价格。三是服务新型城市化建设。组织召开市城区出租车客运价格体系调整听证会，1月18日启动新的出租车客运价格，缓解了出租车司机与乘客的矛盾。就市城区道路公共停车泊位收费标准举行听证会，听取意见后出台了收费办法，经市政府同意，从2011年5月4日起实施，缓解了“停车难、行车难”的问题。

2012年5月，市物价局副局长王建国（右一），总经济师李印华（右二）在石门联系服务企业

2012年，价格服务进农村的主要工作是开展“全市农村价费监管年”活动，加强农村价费监管网络建设，搞好涉农价费宣传公示，整治农村价费重点、难点问题，为现代农业建设创造优良宽松的价费环境。“价费监管年”活动的主要内容是：“一落实”“两服务”“三整治”“四强化”：“一落实”是落实国家、省、市强农惠农政策；“两服务”是搞好涉农价格监测信息服务和搞好主要农产品经营成本信息服务；“三整治”是整治农村教育收费、整治农村医药价格和农村电价、整治农村安全饮水价格及农民建房服务收费；“四强化”是强化农村基层价费监管网络建设、强化农村价费公示制度、强化农村价格诚信建设、强化涉农价费监督检查。价格服务活动还围绕服务新型工业化开展为企业清费减负工作。通过年检年审，取消18项收费，降低12项标准，减轻企业和群众负担3000多万元。继续推行涉企收费监督卡和“一费制”，监督和规范部门收费行为。认真执行差别电价，对全市14家高耗能企业执行差别电价的加价金额20多万元，对9家实行惩罚性电价的水泥生产企业加价金额500多万元，脱硫效率达到90%以上。通过价费服务进社区、

进商场为新型城市化服务。全面落实居民阶梯电价政策。扎实做好居民阶梯水价改革试点工作，组织调研，广泛征求意见，完善居民阶梯水价改革方案。为贯彻公交优先的发展策略，制定“同城同价”的快速公交票价标准。出台诗墙公园和火车站停车场机动车停放服务收费标准。公正开展市城区河道砂石资产清算认证，为市政府开展河道砂石开采权及砂场使用权拍卖提供可靠依据。

第三节　价格十件实事活动

2007 年 4 月 2 日，市物价局成立落实“十件价格实事”工作领导小组，领导小组为各科室明确价格实事活动的工作任务和责任划分：价格监测科负责整个落实工作中的联络、协调、督办和考核，综合、编发工作动态信息，统一对外宣传，搞好工作总结和经验推介。收费科负责教育收费一件实事的落实。价格科负责农资及农产品价格、春运价格、液化气价格、药品及医疗器械价格和农网“户表费”等 5 件实事的落实。服务价格科负责医疗服务价格、幼儿园收费、住房价格和扶持弱势群体价费优惠政策等 4 件实事的落实。物价检查所负责组织开展涉及“十件价格实事”的专项检查。市物价局“十件价格实事活动”有以下主要工作：

（一）保持农资和农产品价格基本稳定

2007 年，市物价局下发《关于开展农资价格调查和定期收集上报农资价格情况的通知》，在全市设立 40 多个农资价格监测点，对化肥、农药、农膜、种子等主要农资价格进行跟踪监督，发现问题及时纠正。春季个别地方尿素、碳铵价格快速上涨，市物价局严格审验成本、认真调查分析，报请市政府和省物价局同意出台限价措施，明确每吨零售价格尿素不得超过 1950 元、碳铵不得超过 530 元、磷肥不得超过 450 元，并通过报纸、电视予以公布。7 月、8 月份，常德市猪肉价格急剧上涨，物价工作人员深入市城区定点屠宰企业，指导制定合理经营差率，规范价格行为。

2008 年，对主要农资价格建立市、县两级日监测报告制度，并增设 12 个定点监测户，编写市场价格情况监测分析材料 12 篇、专题汇报材料 2 篇。成本调查人员深入 5 个碳铵生产企业、1 个磷肥生产企业进行生产成本审核，核定碳铵、磷肥等化肥生产成本。3 月下旬制定碳铵、普通过磷酸钙出厂中准价和上浮幅度，明确小化肥流通环节作价办法和经营差率，规定碳铵、普通过磷酸钙零售限价。结合农资打假，开展全市农资价格专项检查，查处了一批经营环节超差率、超限价的行为。落实国家提高粮食最低收购价和扶持生猪等农产品生产的各项政策；落实稻谷、棉花、油菜籽等农产品临时收购政策。查处粮食、烤烟、棉花等农产品收购环节压级压价的行为。

2009 年小化肥价格放开后，市物价局及时落实上级精神，以常价价〔2009〕31 号文件进行转发，并调整工作举措，把重心放到农资市场价格的监测上。坚持农资价格周报制度，做到每周五对化肥、农药、稻种、棉种、地膜等价格进行监测上报。对全市 6 个县的 7 家地产小化肥做到一月一报。由于受国际市场油价下跌、化肥储备增加、生产成本降低等因素影响，农资价格持续下滑。7 月份是传统用肥高峰期，也是历年价格高位期。但是 2009 年形势却一反常态，价格始终处于低位，尿素月平均价格每吨 1700 元，碳铵价格每吨 520 元，过磷酸钙价格每吨 400 元，同比分别下降 34.6%、38.1%、44.5%。10 月份以后，农资价格逐步回升。同时，对主要农作物种子价格实行政府指导价管理。

2010 年，及时转发国家粮食收购保护价和烟叶收购指导价等政策性文件，同时将提高稻谷收购保护价政策信息和烟叶收购价政策文件在《常德日报》《常德晚报》、市政府网站和本局网站宣传。开展粮食市场收购和价格情况的调查和督查。稻谷上市后，到农村和有关部门调查了解常德市稻谷收购及价格情况，到 11 月 25 日，全市累计收购中晚稻 1.95 亿公斤，收购均价每百斤 115 元，最高 120 元。全市收购早稻 4.95 亿公斤，收购均价每百斤 98 元，最高 102 元。

2011 年，落实农产品价格保护制度，及时转发贯彻国家、省提高稻谷最低收购价政策文件，将提价信息通过政府网站、物价局网站、媒体等进行宣传报道，扩大政策知晓度。新粮上市后，开展稻谷收购、生产成本与收益、收购价格的调查与督查，既调查督查全市面上情况，又到汉寿县、临澧县调查种粮农户和收储企业。从调查督查情况看，全市稻谷收购价格政策执行良好，农民种粮成本与收益同步增加。全市国有粮食企业和社会粮食经营企业收购早稻 460318 吨，收购均价每 50 公斤 120.30 元，同比每 50 公斤提高 25 元，比国家下达的最低收购价高 18.30 元；收购中晚稻 354528 吨，收购均价每 50 公斤 131 元，同比提高 26 元，比国家下达的最低收购价高 24 元。汉寿县早稻每亩生产成本 717 元，同比增加 197 元；每亩净收益 180 元，同比增加 60.80 元。由于稻谷收购价提高，农民种粮扣减农资、人工等成本增加因素后的净收益仍有所增加。

（二）维护节日期间市场价格稳定

2007 年是国家取消节日客运票价上浮的第一年，为了把这一惠民政策落实到位，春运、“五一”节前，市物价局分别召开区县市物价局分管局长、市直运输企业主要负责人会议，传达上级文件精神，部署节日客运价格管理工作，指导运输企业加强内部管理，搞好价格公示，要求运输车辆必须悬挂价格梯形表。春运前，连续 3 天在《常德日报》《常德晚报》上刊发 6 篇宣传文章，详细讲解政策规定。在主要车站码头设立大型价格公示牌 12 处、咨询台 20 多个，方便群众监督。市物价局与市交通、运管、城管等部门联合开展督查，对不公示线路票价、擅自提高价格标准等行为予以查处。春运期间，全市查实 180 多起举报，清退多收车费 2.4 万元，实施处罚 2 万元。常德电视台、《常德日报》《常德晚报》等进行了报道。

2008 年加强春运价格监管，严查违价行为。市物价局干部职工放弃休假，集中统一巡查活动，共组织安排 120 多人次。局领导班子成员分成 7 个检查小组深入各大车站、各主要线路等重点部位检查价格执行情况，向有关营运单位发放提醒遵守价格政策告诫书1800多份，市政府分管物价的副市长李爱国参加检查活动。“12358”价格举报电话保持24小时全天候畅通，及时查处违价行为。春节前后，全市价格举报中心累计受理群众举报、咨询电话2300多个，现场查处纠正违价行为300多起。

（三）落实药品、医疗价格管理规定

2007年，市物价局按照省物价局有关规定降低1080种8254个规格的药品价格，平均降幅16%，最大降幅62%，全年减轻群众用药负担1800万元左右。在监测工作方面坚持医疗费用监测定期上报制度。全市25家非营利医疗机构按规定上报有关医疗费用监测数据。督促医疗单位完善医药费用公示设施、公示方式、公示内容。市直医疗机构明码标价率在95%以上，住院病人医疗费用“一日一清单”和特殊医用材料价格备案得到较好落实。通过对市直各医疗机构进行上门督查，使医疗服务项目的降价政策得到落实，全市每年减轻患者就医负担4000万元。

2008年，落实特殊病床价格管理制度，从严控制特殊病床比例。对全市执行二类以上价格医院的特殊病床价格执行情况进行全面清理，纠正了一些医疗机构擅自扩大高价特殊病床比例的违价行为。继续做好医疗费用的监测工作。全市25家非营利性医疗机构及时上报监测数据，并将监测情况在市数字电视民生信息就医指南中进行公示，引导群众理性就医。继续督促医疗机构认真落实明码标价和住院病人“一日一清单”制度。市直医疗机构明码标价率达到95%以上。

2010年，市物价局在安乡县、武陵区开展基本药物价格制度试点工作。首先制定工作方案，1月19日在网上公布296个品种、2740个剂型规格基本药物零售价格，6月9日公布调整修订的直接挂网基本药物零售价。为搞好试点工作，市物价局抓政策宣传和价格公示，印制3万余份宣传资料发到基层卫生院和社区低保户，设立价格咨询台现场解答群众的咨询提问。统一制作200多个剂型规格药品价格公示牌和实施前后药品价格对比公示牌，发到32家基层医疗卫生机构进行公示。督促试点区县基层医疗卫生机构落实“五个一”的基本药物价格监管措施，即：设置一个价格公示栏、配备一名价格专管员、建立一本药品价格台账、健全一套价格管理制度和作出一份执行基本药物价格政策的公开书面承诺。

2011年，全面落实基本药物价格政策。到6月20日，全市9个区县市219家政府举办的基层医疗卫生机构全部实施基本药物零差率销售价格政策。基本药物价格公示到位，“五个一”监管措施落实到位，零差率销售执行到位，基层群众看病用药负担明显减轻。全市基层卫生院销售基本药物全年累计降价金额11000万多元、门诊病人每人次平均药费减少20多元、住院病人每人次平均药费减少200多元，第三批89家基层卫生院库存药品零差率销售降价金额3300万多元。

2012年，开展常见病按病种包干收费试点。市物价局和市卫生局联合下发《关于贯彻〈湖南省物价局、湖南省卫生厅关于开展按病种收费试点工作的通知〉的通知》（常价价〔2012〕34号），确定结节性甲状腺肿、急性单纯性阑尾炎、自然临产阴道分娩、子宫平滑肌瘤、老年性白内障等5个单病种包干收费试点，按照“不高于医院该病种近3年实际平均医药费用水平”的原则，认真进行测算，反复征求意见，并与市医保办、市新农合办衔接，合理核定了上述5个单病种医药费用标准，所定标准实际低于前3年平均水平和省内其他市州同病种标准。此后又联合市卫生局下发《关于按病种收费试点医药费用标准及有关问题的通知》（常价价〔2012〕45号），在全市30家二类以上公立医院实施。先后两次组织对实施情况进行督查，督查结果表明执行情况较好，群众医疗费用得到降低。

（四）兑现低收入群体的价费优惠政策

2007年，通过年审年检和文件清理，明确兑现城镇低保户在水、电、气、医疗、教育、有线电视等方面的价费优惠政策。市、县两级物价部门开展多次上门督查和调研活动，建立健全落实价费优惠政策的登记台账。10月中旬，由市政府督查室牵头，市监察局、市物价局、市民政局联合开展全市涉及城镇低保对象价费优惠政策落实情况专项督查。全市1－9月落实城镇低保价费政策的金额为1056.5万元，其中市城区262.9万元。由于物价上涨给低保群体生活带来一定压力，市物价局请经市政府同意，安排价格调节基金78万元对市城区2.6万个城镇低保对象每人给予30元的物价补贴。全市累计安排价格调节基金用于城镇低收入群众生活补贴480万多元。

2009年，落实维护对低收入群体的价费优惠政策，增加优惠项目或提高标准。如对低保户的优惠政策，省物价局只明确自来水、管道燃气、有线电视、医疗、教育等6项，而常德市增加了污水处理费项目，每户每月免收4吨污水处理费；在医疗服务收费项目中，省里只明确免挂号费、诊疗费减半收取，而常德市增加了免门诊注射费、免床位费；在教育收费上，常德市增加了“低保户子女到公办高中就读，减半收取学费”。另外，常德市还对残疾人、老年人出台了乘坐公交车等方面的价费优惠政策。

2010年，加大低保困难群体价费优惠扶持力度。对城镇低保户、“五保”户、残疾人、老年人、就业再就业及农民工转移等群体的价费优惠政策进行全面清理。清理后下发了《常德市物价局关于进一步落实城镇低保户价费优惠政策的通知》（常价服［2010］84号），印制了12000份“城镇低保户价费优惠政策明白卡”，通过社区下发到市城区绝大多数低保户手中。增加价费优惠额度，自来水价格调整的县，3人及以上的低保户优惠额度从每月4吨增加到6吨（如石门县），管输天然气的优惠额度由每月2立方米增加到4立方米。通过开展经常性的督促检查保证各项价费优惠政策的落实，全市每年减轻低保群众负担2000万多元。2010年落实低收入群体基本生活费用指数与最低生活保障标准联动挂钩办法。物价上涨以后，市物价局组织开展物价上涨对低收入群体影响的调研，并写出专题材料报市政府，提请对低保对象发放一次性物价补贴。11月15日，市政府召开常务会议，同意动用价格调节基金向市城区2.8万余低保对象每人发放100元的一次性物价补贴。

2011 年，落实低收入群体价格临时补贴联动机制。市物价局、市民政局、市财政局、国家统计局常德调查队经过前期调研，报市政府同意，4 月 18 日，联合下发《常德市城区低收入群体价格临时补贴与物价上涨联动机制具体实施办法》（常价综［2011］18 号），2011 年 1 月 1 日起施行。前三季度，市政府分 3 次向市城区（武陵区、常德经济技术开发区、柳叶湖旅游度假区）在册的 2.8 万余名城镇低保对象和所辖乡镇农村五保户每人发放价格临时补贴 300 元，共计 840 万元。并督促各区县市全面启动价格临时补贴机制，发放补贴资金 2000 多万元，缓解了低收入群体因物价上涨带来的生活压力。

2012 年 5 月底，向市城区城市低保对象和农村五保户发放 1－4 月的价格临时补贴，每人 50 元，共发放 124 万元，惠及困难群众 2.48 万名。8 月上旬，开展低收入群众生活情况专题调研，通过入户走访、召开座谈会等多种形式了解低收入群众生活情况。从武陵区城东办事处调查的情况看，一个 3 口之家的低保户一个月的基本生活开支以 2010 年 10 月市场销售价格计算需 811.50 元，而 2012 年 7 月需 1020.60 元，新增加支出 209.10 元，其中仅蔬菜一项增加支出 135 元。对此，市物价局向市委、市政府汇报，请求提高对低收入群体补贴的标准。虽然自 6 月份起生活费用价格指数涨幅偏低，没有达到启动联动机制的标准，但物价水平一直高位运行，物价上涨对低收入群体生活的影响增大，元旦、春节期间，还是给市城区困难群众发放了一次价格临时补贴。

（五）规范教育收费

2007 年，市物价局会同市教育、市财政部门联合下发文件，明确全市除市直、武陵区城区、德山开发区城区以外纳入新机制改革范围的所有义务教育阶段学校均全部免除学生杂费。全市小学生和初中生平均分别年减负 190 元和 260 元。对实行经费保障机制改革的学校除向自愿住校学生收取寄宿费和就餐伙食费外，禁止再收取其他任何服务费；对城市义务教育阶段学校服务性收费的最高控制限额由每生每期小学一、二年级 40 元、三—六年级 50 元、初中 80 元，分别降为 25 元、35 元和 55 元。对自愿住校学生的寄宿费实行最高标准控制。春、秋季开学前后，市物价局与市教育局、市纠风办等部门组成联合督查组重点检查农村义务教育免杂费政策的落实和学校食堂毛利率执行情况。全市教育收费检查共立案 166 起，查处违价金额 1471.32 万元，清退 1317.2 万元，没收违法所得 154.12 万元，遏止了教育收费负担反弹。市物价局加强审核把关，从严制定幼教收费标准，常德市的幼教收费指导标准比省定标准每年低 50－150 元。

2008 年，认真执行减免农村义务教育阶段杂费政策。开展两次教育收费专项督查，严格规范学校服务性收费行为。

2009 年，认真落实教育收费公示制度，明确收费项目、内容和标准，公示做到全面、准确、规范，公示率达到 100%。落实取消农村义务教育住校学生寄宿费和高中学生信息技术教育费等政策。规范义务教育学生自愿选择服务性收费。开展教育收费的专题调研，针对学校伙食费管理存在的问题，联合市教育局出台了全市学校食堂管理办法，严禁超利润现象，切实维护学生利益。2009 年 4 月和 10 月开展两次教育收费专项督查，并以市治理教育收费领导小组名义对督查情况进行通报，对发现的问题进行责令整改等处理。

2010 年，整顿规范幼教和中小学收费秩序的主要工作，一是开展幼儿园收费情况的调查，严格执行省物价局规范幼教收费标准的文件，核定市第一幼儿园的保育费、伙食费标准。二是会同市教育、纠风、减负等部门开展教育收费督查。三是参与全省交叉教育督查。四是落实教育收费公示制度，五是进一步规范义务教育学生自愿选择服务性收费。开展教育收费的专题调研。对实行经费保障机制改革的学校除向自愿住校学生收取就餐伙食费外，禁止再收取其他任何服务费。

2011 年，整顿规范中小学教辅资料价格。6－7 月，开展全市教辅资料收费管理专项调研督查，写出调研报告并在《湖南价格信息》第 9 期刊发。结合春、秋季教育收费督查，对反映强烈的教辅资料收费重点地域开展整顿。收费水平明显下降。

2012 年，落实全国教育收费专项检查的通知要求，及时向市政府分管物价、教育的副市长汇报，争取领导重视和支持教育收费专项检查工作，市政府领导对专项检查工作作了批示。市物价局具体部署安排检查工作，全市出动 13 个检查组，对 187 所学校进行检查。

（六）减轻农民负担

2007 年，落实取消农民用电户表改造收费规定。8 月 22 日市物价局联合市电业局召开全市价格股长、农电股长会议，提出将 11 月底以前取消农村户表改造收费列入对区县市工作考核的内容。

2008 年，全市全面取消农网改造中向农户收取的“户表费”，落实城乡用电同网同价，减轻农民生产生活用电负担。

2011 年，加强农村电价管理。根据国家、省调整电力价格政策精神，加强对农村电价的监管，合理调整全市省电网范围和地方电网范围的农村用电价格。全市省电网和地方电网已经进行农网改造的农村居民生活用电实现了城乡同价，到户价格维持原标准不变；地方电网未网改的农村居民生活电价由每千瓦时 0.85 元降低到 0.70 元。

2012 年，以“全市农村价费监管年”活动为载体，加强农村价费监管网络建设，着力搞好涉农价费宣传公示。全市共建乡镇价费监督服务机构 207 个，聘请村级价费监督员 3591 名，县、乡、村层层有机构、有人员，形成了无缝覆盖的价费监督网络。市物价局对 2009 年以来各项涉农价费政策进行清理，统一制作《2012 年常德市主要涉农价费项目及标准公示表》，对计划生育等 9 个部门涉及的 12 项收费进行明确，以文件形式下发到各区县市，并在网上进行公示。各区县市物价局组织乡镇统一建立高标准的价费公示牌，在村建立价费公示栏进行公示；全市共建立乡镇价费公示牌 324 块，村级价费公示栏 2888 个，覆盖 100% 的乡镇和 80% 以上的村。公布区县市物价局“12358”价格举报电话和乡镇价费监督服务站、村价费义务监督员电话，方便群众咨询、投诉。全市共受理涉农价费咨询、投诉2330件，全部予以回复。

（七）管好特殊时期的市场价格，保持和谐稳定发展

2007年加大液化气价格管理力度。10月，液化气出厂价格上涨，市物价局做好企业工作，坚持按照保本经营和盈亏互补的办法核定企业销售价格。在液化气出厂价格继续上涨的情况下，严格落实省里的规定，暂时冻结企业销售价格。11月1日，国家成品油调价之后，国内液化气价格出现急剧上涨，由于工作细致，方法得当，在液化气出厂价格涨幅达51.1%（由年初的每吨4500元左右上涨至年末的6800元左右）的情况下，常德市零售价格涨幅只有29.6%（从年初的每瓶71元涨至年底的92元），零售价格涨幅比出厂价格涨幅低21.5个百分点，每瓶液化气平均控制价格上涨至少在3元以下，为城区居民减轻用气负担180万元左右。

2008年，为控制冰雪灾害对物价的影响，全市价格部门落实临时价格干预措施，遏制以“菜篮子”为主的食品类价格过快上涨。市政府建立价格监管联席会议机制，由分管物价的副市长李爱国任会议组长，确保市场监管工作力量集中、调度及时。市物价局在全省率先启动了对市城区步步高、家润多、大润发、惠生公司等10家超市、肉类经营单位涉及粮油肉蛋奶共400多个品种价格的临时干预措施。各区县市共对52家企业的商品价格实行临时干预措施。针对冰雪灾害引起的生产受损、运输受阻等情况，半年时间投入154.3万元价调基金对蔬菜生产基地进行补损、对市场价格进行调控。市物价局共办理调价备案82宗，涉及商品品种规格200多个。加大市场巡查监督力度，对热点问题重点查、对重要部位巡回查、对群众举报及时查，共检查8家超市1000多个品种，对其中256个批次的商品一次性调价幅度超过4%的行为责令立即整改，对违法提价的商品价格一律退回到实行干预措施之前的价格水平。

（八）对住房价费行为进行监管

2007年3－5月，市物价局会同市房管局、工商局组成联合检查组对市城区39家房产开发企业、66家物业公司的价费行为和开发、从业、交易等行为进行专项检查。加强对商品房销售明码标价和价格备案工作。全年共发放商品房销售明码标价书6000份，实施商品房价格备案35万平方米。

2008年，加强廉租房价格管理，规范住房收费行为。会同房产、国土、财政等职能部门协调矛盾，落实廉租房、经济适用房、公寓式安置房在收费减免等方面的优惠政策，降低住房成本。跟踪经济适用房、廉租房的建设情况，提前介入，为合理制定经济适用房价格和廉租房租金打下基础。通过对商品房销售价格的备案审查，着力规范商品房价外水表安装立户、管道燃气安装立户、有线电视安装立户等收费行为，推行住房销售“一价清”模式。督促房地产开发企业做好商品房销售的明码标价工作。督促开发企业、物业服务企业与业主完善服务协议，协调业主与开发公司、物业服务企业的价格矛盾，保持物业服务收费水平基本稳定。

2010 年加强保障性住房价格管理。对涉企收费进行全面清理、经济适用住房及廉租房的价费优惠政策一并进行明确，保证价费优惠政策的落实。市城区廉租房的租金维持在 2004 年的标准，其中最高的砖混成套住宅月租金标准也仅为每平方米 1.35 元。

2011 年，将廉租住房、经济适用房、城市棚户区改造住房以及林区改造用房、国有工矿区改造以及“两限”等政策性住房纳入保障性住房监管范围。按保本微利原则，从严核定各类保障性住房价格，经济适用房的价格与同类商品房的价格保持合理的差价。从严核准利民小区经济适用房价格为每平方米 1600 元，大大低于市场价格，维护了低收入群众利益。

2012 年，加强保障性住房价格监管，规范物业服务收费。保障房审核价格坚持标准从低，市直廉租房、国有直管公房均执行 2004 年制定的租金标准。11 月月底，市公租房经营管理单位向市物价局提交公租房租金定价申请，按不高于同类市场租金标准 70% 的原则，从低核定公租房租金标准。加强物业服务收费监管，出台《常德市物业服务质量与收费考核办法》，并联合市房产局下发《关于开展物业服务质量与收费考核工作的通知》，成立城区物业服务质量和收费考核工作领导小组，明确考核内容和办法，严格考核奖惩规定，进一步规范物业收费，确保质价相符，其做法在省物价局《物价简报》上进行推介。市物价局对商品房价格专项检查工作进行周密部署，成立专项检查组，检查局全体人员出动，并抽调武陵区物价局 4 名干部参与检查。先后出动 60 余人次对“富华东郡”等 10 个在售楼盘情况进行检查，要求房地产经营企业在开盘前一次性公开全部销售房源，在交易场所醒目位置放置标价牌、价目表、公告牌或者价格手册，对商品房价格进行公示，严格实行“一套一标”。在检查过程中，查出“三一翡翠湾”和“锦绣朗峰”两家楼盘商品房销售点存在分幢标示内容不全的问题，均下发了《整改通知书》，要求整改到位。

（九）规范行政事业和服务收费

2008 年，强化旅游价格监管，营造良好消费环境。对全市的旅游门票价格进行初步调查，弄清了全市现行旅游门票价格的管理和执行情况。在 6 月下旬召开的全市物价局长座谈会上，对旅游价格整顿工作的步骤、要求进行具体安排，并作为下半年的工作重点。落实了免费开放政策，市本级城市公园、市博物馆全部实行免票。在旅游区大力推行明码标价，景区内明码标价率达到 100%。

2009 年加强特定商品和服务价格管理。为进一步规范价格行为，根据《湖南省特定商品和服务价格管理办法》，市物价局对特定商品和服务价格进行全面清理，下发常价服〔2009〕5 号文件，部署特定商品和服务价格的自清自查工作，在督查中对违规行为依法予以查处。加强建设项目收费管理，落实建设项目捆绑收费管理办法，减少收费环节，规范收费行为。取消住房租赁手续费，适当降低存量住房交易手续费。严肃查处、纠正对农民建房以罚代收和强制农民缴纳代办服务费等行为。加大对保障性住房价格管理力度，严格经济适用房价格和廉租住房租金审核。规范交通收费行为。落实取消公路养路费、公路运输管理费、公路客货运附加费等6个收费项目，并对落实情况进行跟踪检查和督导。同时，重新规范机动车驾驶许可考试办法并降低收费标准。整顿道路客运价格秩序。市物价局按照政策要求降低客运燃油附加费标准，从2009年1月11日起将公路客运燃油附加费标准由每公里每人票2元降低为1元。13个公路收费站撤站后，从5月1日起停止向旅客收取营运线路所涉及撤销收费站的客运票价通行费（每站每人次0.60元）。加强农村道路客运和市府所在地至农村客运价格的政府指导价管理，简化公路客运票价分类，组织测算审定新的客运票价，联合市交通局编印了《常德市公路客运价格册》，全市600多条线路、3000多辆车辆的跨省、市、县线路客运票价于6月22日公布执行，客运票价总水平有所降低。

2010年，完善和落实促进就业和创业价费优惠措施。一是组织专题调研。二是搞好文件清理。三是开展专项检查。开展行业协会收费专项检查，派出3个检查组，对市民政部门登记备案的249个协会团体机构进行排查，对其中24个有代表性的协会团体机构进行重点检查，查证了部分机构在收取会费以外存在收取项目经费、咨询服务费、资料费、赞助费、评审费等价格违法行为，共查出多收金额315.03万元。通过行业协会收费检查，规范了各行业协会收费行为，确保协会会员价费权益。开展涉企收费专项检查和行政事业收费检查。从4月份起，市物价局开展全市涉企收费专项检查，对各区县市质监、环保、公安、卫生、药监等10个部门的103家单位进行了检查，共立案65起，查出违法所得2300.14万元。检查市直相关部门及其下属单位27家，立案17起，查出违法所得1140.17万元。市物价局将行政事业收费检查与涉企收费检查相结合，在检查27家涉企收费的行政事业单位的基础上，还对市仲裁委、市民政局、市人防办、市第三医院4个单位进行了检查，另外还对行政事业单位考试收费提出合理化建议和意见，落实考试收费政策，协调考试收费矛盾。通过年检年审、全面检查、重点检查等措施，规范了全市考试收费标准。

2012年，加强对企业收费情况的检查，通过年检年审，取消18项收费、降低12项标准，减轻企业和群众负担3000万多元。继续推行“涉企收费监督卡”和涉企收费“一费制”，监督和规范部门收费行为。《湖南省机动车停放服务收费管理实施办法》出台后，市物价局组织对市城区机动车停放服务收费的审批情况和执行情况进行认真清理。在机动车停放服务收费管理中，坚持做到审批从严、标准从低。先后对常德火车站和市诗墙公园停车收费作了审批，同时对市体育中心、市广电中心、市第一中医院、市第三人民医院等单位的停车收费申请作出不予审批的决定。在审批中采取召开座谈会广泛听取群众意见，出台的价费标准既利于城市交通管理，又不损害群众利益，做到了公开合理定价、科学民主决策。

（十）打击价格欺诈行为

2008年，在全市部署开展打击价格欺诈行为的专项检查，重点对大、中型商业零售企业和宾馆、餐饮、酒吧、美容美发、娱乐休闲等服务行业，以及社会反映价格欺诈行为较多的行业采取服务与监督相结合、常规检查与突击检查相结合、重点检查与群众举报相结合、宣传价格法律法规与规范市场价格行为相结合等多种方式的反价格欺诈专项整治行动，遏制了全市市场价格欺诈行为，维护了广大消费者的价格权益。在查处举报案件过程中，把热点和需要及时办理的举报放在首位。比如部分民营加油站违价销售0#柴油，对成品油的价格举报频频发生，市物价局立即对反映较突出的常龙、欣龙加油站进行检查，查实后分别给予罚款3000元的处罚。5月中下旬，接到市内个别客运线路涨价投诉和0#柴油涨价投诉，物价部门及时召开中石化、中石油常德分公司协调会议，明确提出保供稳价的要求。先后5次上门到两家石油公司进行协调，及时向市政府领导汇报，同时和市商务局联系，实现了全市1000多辆客运车辆每车每天50公升的定点供应，化解了供应和价格的矛盾。

2010年5月1日，市物价局在价格举报电话开通9周年之际，开展“12358”价格维权电话宣传活动，通过集中宣传、媒体宣传和张贴宣传画等方式，扩大“12358”的知名度。活动期间，市物价局在市城区社区、商场、超市、学校、宾馆、车站等地共悬挂宣传挂图100多张、张贴宣传画2000余份。还通过电视、报纸、网络等媒体曝光价格举报查处案件。全年市物价局共受理价格咨询2036件、投诉179件，办结176件，共清退用户多收价款9010元，实施处罚1.33万元，价格举报案件办理回复率98%以上、群众满意率95%以上。

2011年，整顿规范高速公路救援服务收费。联合交通部门在充分调研和成本监审的基础上，加强对车辆救援服务和收费的监督检查，对违规救援和乱收费行为发现一起，查处一起。保持“12358”价格举报电话24小时畅通，对高速公路救援服务收费的举报做到有报必接，有问必答，快速反应，热情受理，及时反馈，把价格矛盾化解在萌芽状态。同时，加强价格知识宣传，制作了《倡导价格诚信，维护消费权益》宣传画册，以漫画的形式生动地展示价格欺诈、价格陷阱等违法行为的表现形式，在各大超市、集贸市场广泛张贴，增强了群众对价格违法行为的识别能力。市物价局制定《打击“价格陷阱”专项检查方案》。

2011年，市物价局为认真办好涉及民生的价格实事，切实维护人民群众价格权益，树立物价部门“执价为民、和谐发展”的良好形象，将工作任务及责任具体明确：⑴法制科为牵头协调单位，负责整个办理工作的联络、调度、综合统计与考核，编发工作简报，统一对外宣传，组织迎接省局考评，并负责“落实低收入群体价格临时补贴联动机制有关工作”1件价格实事的办理，并对照考核评分办法，分别于年中、年末进行评分。⑵价格科为责任单位，具体负责“落实基本药物价格政策”“落实稻谷等农产品收购价格政策”和“进一步加强农村电价管理”等3件价格实事的办理，并对照考核评分办法，分别于年中、年末进行自评打分。⑶收费科为责任单位，具体负责“整顿规范中小学教辅资料价格”“整顿规范高速公路救援服务收费”等2件价格实事的办理，并对照考核评分办法，分别于年中、年末进行自评打分。⑷服务价格科为责任单位，具体负责“继续加强保障性住房监管”“整治规范农贸市场和超市摊位费、进场费等收费行为”等2件价格实事的办理，并对照考核评分办法，分别于年中、年末进行自评打分。⑸价格监督检查局为责任单位，和收费科一起负责办理“整顿规范高速公路救援服务收费”1件价格实事的办理，并对照考核评分办法，分别于年中、年末进行自评打分。⑹价调办为责任单位，具体负责办理“运用价调基金，扶持蔬菜、生猪养殖基地等‘菜篮子’工程建设”1件价格实事的办理，并对照考核评分办法，分别于年中、年末进行自评打分。⑺价格成本调查队为责任单位，具体负责办理“做好稻谷价格、成本指数发布工作”“继续加强保障性住房监管”等2件价格实事的办理，并对照考核评分办法，分别于年中、年末进行自评打分。⑻办公室、监察室为工作配合单位，按照各自职责，做好后勤保障、督办考核等工作。

2011年1月，局长袁云波（右二）了解蔬菜生产情况

2012年，市物价局成立以局长袁云波任组长的领导班子和以法制科牵头的工作班子，对“十件价格实事”制定要求明确、操作性强的具体措施，对每一件实事都明确责任到领导、责任到科室，作为年度目标考核的重要内容。市物价局每季度的局务会议专题听取“十件价格实事”的进展情况汇报，研究解决工作困难、协调工作矛盾、搞好工作调度，同时加强对区县市工作的检查指导，一年内两次进行全面督查。

第四节　支持地方电力事业发展

20世纪90年代前后，常德市的电力十分短缺，供需矛盾相当突出，年缺口约有3.5亿千瓦时。1/3的工业企业生产能力不能充分发挥，经济效益受到影响。特别是枯水期，不少企业处于停产和半停产的状况。为缓解这一矛盾，原常德行署（常德市人民政府）决定，恢复退役的小火电机组发电，自办小水电，其电价本着保本微利的原则，予以适当提高加价，缓解人民群众生产生活的用电困难，促进全市经济发展。

1991－1992年，市政府为了保障工农业生产用电，经省计委批准下达地方小火电、小水电生产计划，自行贷款集资兴建三江口水电站，组织修复常德、石门等火电厂已退役多年的报废机组并网发电，并将其高于成本的亏损在全市采取按用户的用电量分摊加价的办法予以解决，基本维持小火电、小水电的正常生产。

1992－2007年，市物价局紧密配合市政府的部署，深入电力企业调查研究，核算成本，发现有企业由于煤炭价格和运价大幅度上涨以及人员工资等费用不断增加，促使电力成本上升，有的甚至高于电力销售价格，形成亏损。一方面帮助企业改革挖潜，减少费用，降低成本，一方面帮他们向省申请电力亏损补贴；不仅如此，还运用价格杠杆，适时适当地向省物价局呈报提高电力上网售价。从而扭转亏损状况，使企业健康发展，使电力良性循环，为全市经济社会发展做出贡献。

1989年至2007年，市物价局帮助地方电力企业争取省物价局解决补贴1892万元；通过提高上网电价为企业增收17707万元。

2008－2012年，电价正常运行，基本稳定，电力企业兴旺发达。下面是1990年至2007年支持电力企业提价增收以及申请补贴资金的概况。

1990年5月14日，市物价局通过调查核算，经市政府同意、报省物价局批准，将三江口水电站上网电价由每千瓦时0.05元、0.07元提高到0.12元。10月，通过实地调查，对青山水轮泵站1987－1989年3年电价执行情况和对成本进行核算，报省物价局批准，将上网电价由每千瓦时0.058元提高到0.10元，按年均发电量计算每年可增加电费收入126万元。

1991年5月14日，市物价局向省物价局请示核准，将三江口水电站电价由每千瓦时0.12元提高到0.16元，缓解该电站还贷的困难。

1992年3月9日，市物价局、市经委根据部分发电企业成本上升的实际情况，联合向省计委、省物价局请示，省物价局核定上网电价调高为小火电每千瓦时0.28元，小水电每千瓦时0.15元。

1993年8月28日，市物价局、市计委向省计委、省物价局报告，请求将三江口水电站上网电价每千瓦时由0.125元调升为0.20元，枯水期由每千瓦时0.175元调升为0.25元，得到批准。

1994年12月8日，市物价局向省物价局请示批准，提高青山水轮泵站新电站上网电价，不分丰、枯水期每千瓦时均提高到0.18元。

1995年1月12日，市物价局向省物价局并报省电力工业局请示，将石门磷肥厂发电上网电价由每千瓦时0.275元提高到0.40元。2月27日，将三江口水电站的上网电价由每千瓦时丰水期0.135元，枯水期0.185元，不分丰、枯水期均提高到0.25元。5月2日，将石门县火电厂上网电价由每千瓦时0.315元提高到0.40元，得到省物价局批复同意。

1996年9月8日，经市物价局报告，省物价局、省电力工业局为青山电站解决上网电价差价补贴180万元。

1999年1月28日，市物价局向省物价局报告，解决青山电站电价补贴200万元。同年 11 月 8 日，省物价局再次给该电站解决电价补贴 200 万元。

2000 年 12 月 16 日，12 月 20 日，市物价局两次向省物价局报告，省物价局给石门火力发电厂解决亏损补贴 60 万元，解决王家厂水电站发电补贴 60 万元，解决垱市水电站发电补贴 30 万元。

2001 年 11 月 26 日、27 日，市物价局报告之后，省物价局批准解决王家厂水电站发电亏损补贴 60 万元，解决垱市水电站发电补贴 20 万元。

2003 年 12 月 8 日，市物价局向省物价局请示，为缓解还贷压力，请求解决部分小水力、小火力发电站电价补贴得到批准。12 家站或公司共获补贴金额 365 万元：澧县王家厂水库电站 60 万元、澧县垱市电站 25 万元、鼎城区枉水小水电公司 25 万元、临澧县青山水电站 90 万元、临澧县官亭水库电站 6 万元、临澧县（清水、峰火、金宝滩）3 家水电站 24 万元、临澧县太平热电厂 50 万元、桃源县王家湾水库电站 30 万元、桃源县白洋河水电站 20 万元、桃源县浔津电力有限责任公司 35 万元。

2004 年 5 月 18 日，市物价局向省物价局请示，要求位于常德市临澧县境内的湖南中加（中国与加拿大合资）水电有限责任公司 2 号机组的上网电价也按 1 号机组的价格执行，即由每千瓦时 0. 278 元调为 0. 327 元，得到省局同意。

2005 年 1 月 4 日，市物价局向省物价局请示获得批准，由省物价局对全市 11 家小水电公司电价补贴共计 315 万元：澧县王家厂水库电站 60 万元、澧县垱市电站 25 万元、鼎城区水力发电站 25 万元、临澧县青山水电站 90 万元、临澧县官亭水库电站 6 万元、临澧县（清水、峰火、金宝滩）3 家电站 24 万元、桃源县王家湾水库电站 30 万元、桃源县白洋河水电站 20 万元、桃源县浔津电力有限责任公司 35 万元。

2006 年 1 月 10 日，市物价局向省物价局报告，获省物价局对全市 8 家小水电站电价补贴共计 256 万元：澧县王家厂水库电站 60 万元、澧县垱市电站 25 万元、桃源县王家湾水库电站 30 万元、桃源县白洋河水电站 20 万元、桃源县浔津电力有限责任公司 30 万元、临澧县青山水电站 60 万元、临澧县官亭水库电站 6 万元、鼎城区水力发电站 25 万元。

2007 年 2 月 7 日，市物价局向省物价局报告，获准省物价局对全市 4 家小水电站电价补贴共计 146 万元：临澧县青山水电站 90 万元、临澧县官亭水电站 6 万元、鼎城区水力发电站（枉水）25 万元、澧县垱市水电站 25 万元。

表 5－3－1　　1989－2007 年市物价局支持地方电力企业资金统计　　单位：万元

年　度	项　目	提价增收	申请补贴	合　计
1989	批准提价	1200		1200
1990	批准提价	1626		1626
1991	批准提价	3058		3058
1992	批准提价	2247		2247
1993	批准提价	1875		1875
1994	批准提价	2120		2120
1995	批准提价	2124		2124
1996	批准提价、申请补贴	440	180	620
1999	批准提价、申请补贴	795	400	1195
2000	批准提价、申请补贴	2002	150	2152
2001	申请补贴		80	80
2003	申请补贴		365	365
2004	批准提价	220		220
2005	申请补贴		315	315
2006	申请补贴		256	256
2007	申请补贴		146	146
合　计		17707	1892	19599

第六篇《

优化经济发展环境

第六篇　优化经济发展环境

第一章　减负工作

第一节　农民减负

1993－1997年，针对农民反映强烈的问题，物价部门对农资、农电和涉农收费几个重要项目，加大治理整顿力度，不断完善管理措施，遏制农民负担增长。一是整顿农资价格。1995年市政府颁发《关于切实加强农资市场管理的通告》，组织物价、工商、金融、供销等部门连续2年统一联合行动，从严打击无证经营、假冒伪劣和乱涨价等市场违法行为。为配合搞好综合治理工作，物价部门在完善农资价格管理办法的基础上，组织100多人的队伍开展专项检查，农资市场经营渠道比较规范，货源供应充足，价格稳中有降。1996年全市农资价格负增长2.5%，1997年继续呈下降趋势，特别是市管价的碳铵每吨下降30元以上。二是配套整改措施，整顿农村用电价格。1993年起，市物价部门与电力部门配合，大力整顿农村用电价格。至1996年年底，完成综合整改率85%以上，降低了电量损耗，同时加强农电价格管理，市定分类最高限价、县定具体分类到户价格，农业生产加工、排灌实行全市一价，照明用电实行以乡限价，统一电费抄收制度，分村定期定点公布。全市农村用电价格控制在全省中下水平，农村照明电价由原来的每千瓦时平均1元以上，1996年降至0.80元以内。三是健全职能部门、群众和舆论三方联合监督机制，逐步规范涉农收费。在职能部门监督方面，物价、财政、农经、纪检等部门密切配合，从严控制涉农收费项目出台、从严审定涉农收费标准，加强对涉农收费项目的清理整顿。1993－1997年先后3次对全市涉农收费项目进行全面清理，各级政府和有关部门共取消180多个涉农收费项目，降低30多个涉农收费标准，涉农收费审验、检查面90%以上。在群众监督方面，从1993年开始，先后在全市普遍推行"中小学收费卡""建设项目收费卡"制度，将卡发放到户，明确应收费的项目、标准和文件依据，并公布举报电话，增强群众监督的透明度。在舆论监督方面，经常运用报刊、广播、电视和公告，广泛宣传涉农收费政策和减轻农民负担的有关规定，对乱收费的典型公开处理。

2000年，贯彻市委三届四次全会关于治理乱收费、减轻农民负担的决定，重点对农村电价、中小学收费、农民建房收费等进行专项治理，农民人均减负每年在20元以上。(1)整顿农村电价。通过调查测算，审定下达了全市3444个村的农电到户限价，实行用电抄表到户，开票到户、收费到户。对已完成两改的村，及时降低限价水平，逐步推行城乡同价。2000年年底农村电价平均水平每千瓦时0.65元，比1996年降低0.15元。(2)治理农民建房收费。一是抓自清自查，各地清理取消了涉及农民建房的13个违规收费项目。二是抓督查，先后6次组织开展对全市农民建房收费情况督查，督促乡镇国土部门落实国家有关农民建房的政策规定，及时纠正违规收费行为。特别是省人民政府《关于规范农民建房收费规定的通知》下发后，全市迅速贯彻落实，坚决制止超标准收取“一书一证”工本费和强制收取中介服务费的乱收费行为。(3)治理农村中小学教育收费。落实市委，市政府关于取消教育维护费、集资费，禁止向学生“随读代征”教育附加费的规定。严格农村中小学学杂费管理，在执行省管项目和标准的基础上，从严管理省定项目市定标准的收费，取消农村小学单车停靠费和农村学校电脑维护费，降低农村中学单车停靠费、义务教育作业本费、小学外语课书籍费、中小学生电影票费的收费标准。(4)规范乡镇“七站八所”收费。采取市、县领导负总责全面抓、各收费主管部门自上而下具体抓的方式，清理整顿乡镇站所涉农收费。重点开展对计划生育、民政、公安、农机、保险等涉农收费的治理。3次组织力量督查治理工作，及时纠正一些乡镇计划生育站收取准生证费、民政办超标准收取结婚证工本费、派出所超标准收取户口簿和身份证工本费等违规收费问题，公开查处了澧县民政局设立婚姻登记服务中心强制乱收费、鼎城区蔡家岗派出所户政乱收费等问题，通报处理了一批乱收费的负责人，增强了基层干部价格政策法制观念，规范了站、所收费行为，减轻了农民的不合理负担。

2011年11月，优化经济环境监督员座谈会

2001年3月6日，市物价局发出《关于开展“加大对农业的价格支持保护，促进农民减负增收”课题调研的通知》(常价综字〔2001〕19号)，在全市开展“加大对农业的价格支持保护力度，促进农民减负增收”的调研活动，注重调研质量，确保效应；立足现实，前瞻未来；揭示问题，总结经验；分析形势，提出建议。7月3日，市物价局以常价检字〔2001〕82号转发《国家计委关于做好2001年涉农价格和收费检查的通知》。各区

县市物价局根据国家计委和省物价局文件精神，开展涉农价格和收费检查工作，突出重点，有计划、有步骤地组织实施。市物价局加强对此项工作的督查指导。7月17日，常德市全面启动涉农收费公示制。常德市物价局在津市召开全市涉农收费公示工作会议，市委副书记洪明祥、副市长龚建明到会并讲话。会后，全市各乡镇在政府所在地统一悬牌公示主要涉农收费，乡镇站所在收费场所分类挂牌公示本部门涉农收费，村级财务公开栏公示部分收费。推广津市市阳由乡“一块牌子公示、一个窗口收费、一本账簿管理”为主要内容的“一个窗口”收费管理的经验。各地逐步实施统一公示、统一开票、统一收费、统一管理，规范公示形式和内容，乡镇七站八所收费由乡镇政府设立“一个窗口”执收。物价部门把推行收费公示制作为服务市委、市政府工作中心、优化经济发展环境的大事来抓，确保8月底之前全面推行涉农收费公示制。9月6日，市政府发出《关于切实做好涉农价费和农民负担公示工作的通知》（常政发〔2001〕17号），要求各级各有关部门高度重视和大力支持此项工作，市、县物价部门、减负办将此项工作作为今后工作的重点，采取得力措施做好具体工作，加强涉农价费和农民负担的监督检查，严厉查处违法违纪行为。

2002年，市农村税费改革领导小组办公室、市农民负担监督管理领导小组办公室、市物价局联合发出《关于进一步做好农民负担公示工作的通知》（常农税费改办字〔2002〕7号），要求加强领导、搞好宣传和监督。同时，发布乡镇农民负担公示牌、学校公示栏、乡（镇）供电所公示栏、村年度农民负担公示栏的样本，统一公示形势、明确公示内容，重新清理和公布了涉农收费项目和标准。市物价局召开全市计划物价局长会，重点推介津市市、安乡县“一块牌子公示、一个窗口执收、一本账目管理”的收费管理模式。为了抓落实，市物价局明确2个科室具体负责督导。组成2个小组，分别于2月中旬、4月上旬、5月底对全市公示工作情况进行督查。对公示不规范、内容不齐全、收费项目变更不及时的行为进行查处和纠正。同时，还用发简报、局领导下县重点督查等形式，对收费公示工作进行落实。4月、5月，为切实减轻农民负担，市物价局采取市、县联动、下查一级的办法对建设、国土等涉农收费进行专项检查。对取消项目继续收费（施工企业上级管理费、工农业发展基金、交通发展基金、通讯发展基金、查账费）、超范围收费（征地管理费、配套设施费）、超标准收费（农民建房办证费）、重复收费（测量费）等乱收费行为进行查处。共检查单位50多个，查处违法收费金额900万多元。

2004年4月13日，市财政局、市物价局常财发〔2004〕38号对涉及农民负担的行政事业性收费项目作出3项规定：（1）取消行政事业性收费项目2项：湘价费〔2002〕323号的附件第7条规定的检疫证书费，以及附件3第8条规定的对畜禽饲养、屠宰、购销、贮存以及畜禽产品的生产、加工、购销、仓储等有关单位和个人进行考核、发证和定期技术监测收费。（2）免收对农民的行政事业性收费项目8项：水利部门收取的水土流失防治费、水利部门收取的堤垸保护费、水利部门收取的取水许可证工本费、水利部门收取的涉及农村中农民生活用水和农业生产用水的水资源费、国土资源部门收取的建设用地批准书工本费、交通部门对农民从事营业性运输的农用三轮车、农用拖拉机收取的公路运输管理费、工商行政管理部门对从事自产自销农副产品的农民收取的城乡集贸市场管理费、农村义务教育阶段的借读费。(3) 降低收费标准的行政事业性收费项目4项：农业部门收取的畜禽及畜禽产品检疫费、农业部门收取的农机监理费、农业部门收取的渔业船舶检验费、农业部门收取的海事调解费。

2006年7月28日，市物价局以常价综〔2006〕75号下发《关于切实加强涉农价费监管的通知》，全市物价部门把加强涉农价费监管作为价格部门服务社会主义新农村建设的重要内容来抓。加大监督检查力度，规范农村价费秩序，维护农民合法价格权益。

2008年，市物价局按照省物价局《关于进一步明确涉农价格政策的通知》（湘价综〔2008〕165号）精神，强调或重申农村用水、农用化肥、柴油、稻种、医药、农村客运等价格和电视、建房、办证等农村有偿服务收费以及教育收费政策。

2009年，全市价格主管部门抓涉农价费公示制度的落实，对公示牌（栏）进行全面清理，健全价费公示工作管理责任制，保证涉农价费公示工作长期坚持下去。建立公示内容动态管理制，确保涉农公示的准确、全面，实现涉农价费公示监督经常化、社会化，使涉农公示真正成为农民利益的“保护伞”。当年，市物价局和市财政局对前段涉农价格和收费监管工作进行全面清理，全市共清理涉农价格和收费规范性文件954个，其中废止61个，宣布失效531个。在清理文件的过程中，注意下基层调研，找部门座谈，广泛征求和听取意见、建议，收集基层单位、群众对涉农价费政策的意见和建议上千条。结合行政事业性收费和服务性收费年检年审，对涉农部门的收费执行情况进行严格审查，共取消行政事业性收费项目33个，降低收费标准17个，注销收费许可证12个，注销服务价格登记证22个。全市各地进一步重视公示阵地建设，基本做到县政务公开办事大厅有公示窗口、乡镇有综合公示栏、站所有部门公示牌、村有公示公告。全市共投入资金近50万元，制作各类涉农价费公示牌（栏、窗）4200多处，张贴公示公告12000多份，印发公示宣传资料27000多份。

2010年，农业部、国务院纠风办、财政部、国家发展改革委、国务院法制办、教育部、新闻出版总署《关于做好2010年减轻农民负担工作的意见》下发后，市物价局深入开展重点领域农村乱收费问题的治理，继续实施重点地区农民负担问题的综合治理，切实做好一事一议筹资筹劳的指导和监管工作。进一步推进农村相关改革。加大督促检查和违规违纪案件查办力度。加强农民负担监管制度建设，完善减轻农民负担的工作机制。

2011年，市物价局被市委、市政府授予减轻农民负担先进单位称号。

2012年5月8日，市物价局印发《“全市农村价费监管年”活动实施方案》（常价费〔2012〕28号），明确“全市农村价费监管年”活动的主要内容是：“一落实”“两服务”“三整治”“四强化”，即：落实国家、省、市强农惠农政策；搞好涉农价格监测信息服务、主要农产品经营成本信息服务；整治农村教育收费、整治农村医药价格和农村电价、整治农村安全饮水价格及农民建房服务收费；强化农村基层价费监管网络建设、强化农村价费公示制度、强化农村价格诚信普及、强化涉农价费监督检查。

第二节　企业减负

2002年，常德市贯彻落实《中共中央、国务院关于治理向企业乱收费乱罚款和各种摊派等问题的决定》精神，按照全省治乱减负工作会议部署，年初成立市优化经济环境整顿和规范经济秩序办公室，实行联席会议制度，市长为联席会议第一召集人，每月召开一次联席会议。市优化办下设企业减负领导小组办公室，办公室设市物价局，由市物价局一名调研员任办公室主任，抽调市物价局2人、市纠风办、市经贸委各一人集中办公。通过联席会、座谈会、张贴公告以及开辟报刊、电视、广播治乱减负专版、专栏、专题节目，编发简报，发放政策、制度小册子等形式，宣传治乱减负政策、制度及相关措施。利用常德电视台、《常德晚报》反复向全市公布物价监督电话“12358”、消费者投诉电话“12315”、质量监督电话“12365”。全年市、县两级共召开治乱减负和优化经济环境工作会议27场次、座谈会40多场次，编发简报200多期、张贴公告3.8万份、发放小册子6000余本。市乡镇企业管理局宣传《乡镇企业负担监督管理办法》，并在6月1日的《常德日报》上刊登宣传文章、编印《乡镇企业负担监督管理办法》（以下简称“办法”）小册子3000多本，免费发放到各区县市和相关部门、重点乡镇企业。市物价局多次与新闻舆论部门联系，对治乱减负工作进行报道。多次召集企业负责人座谈会，宣传企业减负政策和相关制度。全面清理收费文件，杜绝乱收费源头。5月，根据市委、市政府统一部署，市直各单位对1990－2001年的收费文件进行全面清理，共清理收费文件1195个，取消收费项目87个，占清理文件的7.3%。降低收费标准61个，占清理文件的5.1%，规范收费项目275个，占清理文件的23%。减轻企业负担3065万元。3－6月，市、县物价部门对全市2983个行政事业性收费许可证和1275个服务价格登记证进行年度检审，注销行政事业性收费项目31个，为企业减负700多万元。市本级取消收费项目43个，为企业减负240多万元；降低收费标准的项目41个，为企业减负160多万元；吊销许可证27个。澧县聘请有一定规模的各行业个体私营业主23名为经济环境监督员，对经济发展环境实行全程全方位监督，对遏制“三乱”行为收到较好效果。石门县、汉寿县对企业的检查处罚实施预告制，只要企业没有重大的违法行为，第一次只能纠错，并帮助企业在一定期限内整改，对不纠错或再犯的企业才能实施处罚。安乡县、澧县对重点企业（年产值500万元以上的）实行定费保护制度。

2003年，常德市围绕企业减负主要抓5项工作：（1）抓年检年审，根治收费乱源。3－7月，对市直182个行政事业性收费单位的收费项目和执行标准进行年度检审，对可收可不收的项目一律取消，对可高可低的项目一律就低。通过年检年审，取消收费项目138

个，降低收费标准11个，注销收费许可证12个，每年为企业和群众减负2000余万元。（2）抓收费公示，强化收费监督。在实行涉农收费公示制度、教育收费公示制度、住院病人一日一清单制度的基础上，逐步在全市城区范围内实行价费公示制度，城市价费公示面达到85%，市政务中心各部门办事程序公开透明、行政事业性收费100%公示，重要的服务价格公示全面铺开。（3）抓“12358”值守，健全价格举报制度。将“12358”价格举报专线电话作为联系群众的桥梁和纽带，明确专人24小时值班，逐个登记签批。全年共接群众举报、咨询电话1350个，对举报件，市物价检查所实行首接负责制，要求100%查处、100%回复、100%及时。（4）严格“两证一卡”制度。任何单位和个人在实施收费时，必须出示物价、财政部门颁发的“行政事业性收费许可证”和“收费员资格证”，并主动填写“企业税外费登记卡”，否则缴费单位和个人有权拒交和举报。（5）创新黄牌警告制度。市优化办创新黄牌警告的内容，提高追究标准。全年全市发出黄牌警告19次，其中对县级政府发出黄牌警告2次。

2004年3月上旬，市物价局举办全市物价系统优化经济环境培训班，组织大家集中学习价格工作的政策法规及减轻企业、农民负担的规定。培训班请市政府办副主任、市优化办副主任刘德贵作《求真务实，正确履职，为优化我市经济环境再立新功》的讲话。物价部门突出抓好市政府《政府工作报告》确定的优化经济环境“十项制度”的落实，即公开承诺、限时办结、项目代理、首查免罚、经济发展月报、跟踪监督、公开测评、政企联谊、责任追究、领导联企制度。市政府提出“要像爱护眼睛一样爱会环境”，市长陈文浩提出现在政府主要抓招商引资和软环境建设两件事。要把优化环境的工作作为各级物价部门的神圣职责，依法规范自身的执法行为。由于市物价局的积极努力，规范各项制度，认真落实政策，企业不合理负担得到进一步减轻。主要工作有以下4点：一是严格收费许可管理制度，切实规范价费行为。按照《湖南省行政事业性收费管理条例》《湖南省服务价格管理条例》和“收费许可证管理办法”的要求，市物价局认真开展“行政事业性收费许可证”和“服务价格登记证”的年审年检，对没有文件依据的收费项目坚决不登记上证，没有收费许可的项目坚决不准收费。根据国家、省的有关文件，取消行政事业性收费项目28个，降低收费标准5个，注销“收费许可证”6个，依法吊销“收费许可证”2个，注销“服务价格登记证”13个，减轻企业和群众负担320万元。二是进一步落实“两证一卡”制度。自2000年市政府下发《关于推行行政事业收费两证一卡制度》以后，市、县两级物价、财政、监察部门狠抓落实，取得了阶段性成果。对新成立、职能变更的单位及时换发“收费许可证”，对已不具备收费资质的单位及时吊销“收费许可证”，不符合办证条件的单位坚决拒绝办理“收费许可证”；对已具备收费员资格的坚持每年培训，对新上岗的收费员坚持先培训、考试合格后再发证上岗。是年，新培训收费员32人；严格“企业税外费登记卡”制度，常德市企业减负办对全市各企业下发“企业税外费登记卡”，对向企业收费的单位或个人，必须在卡上进行登记，否则，企业可以拒缴，并向有关部门举报，要求有关部门查处核实。三是对重点企业继续实行挂牌保护制度。根据《常德市重点企业挂牌保护实施办法》，市物价局先后对5家重点企业实施挂牌保护，维护企业的正常生产、经营秩序，保护企业的合法权益，控制和约束非正常行政检查活动。各区县市也在属地范围内聘请数名个体私营企业主作为优化经济环境的监督员，对经济发展环境实行全程全方位监督，有效遏制了“三乱”行为。四是出台一系列制度、政策，维护企业的合法权益。继“12315”“12358”“12365”投诉举报热线之后，常德市又推出了“12345”市长投诉热线，全方位解决企业生产经营中、群众工作生活中的困难。“12345”热线开通仅两个月，就接到各类投诉电话4700多人次，为企业解难50余起。11月18日，市政府副市长宋冬春（企业减负领导小组组长）主持召开由市政务中心、市物价局、市财政局、市交通局、市建设局、市运管处、市征稽处、市房管局等16家单位主要负责人参加的专题会议，研究出台了《常德市统一收取涉及建设项目行政事业收费及基金的方案》，即涉及建设项目的所有规费由政务中心一个窗口统一执收，解决了建筑企业多头跑、分头缴费的困难。

2006年4月18日，市物价局、市监察局、市优化办、德山经开区管委会联合发出的《关于加强德山经济开发区涉企收费监管服务的通知》（常价办〔2006〕41号）提出3点要求：（1）明确服务职责。市、区有关职能部门要强化服务企业意识，简化行政审批程序、规范行政行为，提高办事效率，为企业生产、发展提供良好的环境。价格主管部门要以“价费服务企业行”为主题，为企业提供全方位、多功能的服务。及时向企业提供涉企收费政策信息，认真受理企业收费问题咨询、投诉举报，协调处理收费矛盾、开展收费政策指导培训，发现乱收费问题，及时跟踪查处。监察部门、优化办对企业投诉的乱收费、乱摊派、乱罚款等危害生产经营环境方面的问题，进行调查核实，严肃处理相关违纪责任单位和责任人。德山经开区管委会相关单位尽力为企业新建、扩建、改建工程提供优质高效地全过程代办手续服务，保障企业工程顺利进展。（2）完善公示制度。价格主管部门对涉及企业的行政事业性收费文件进行认真清理，将合法有效的涉企行政事业性收费文件汇编印发给企业。对国家、省取消项目、降低标准、调整变动的涉企收费政策文件，及时转发给企业，并督促涉企收费单位在收费窗口公示收费项目及标准。对于涉企服务性收费，收费单位应严格按“服务价格登记证”规定的项目和标准执行，属于市场调节价的服务性收费，收费单位严格成本核算，合理确定收费标准，并采取有效方式进行公示。（3）严明政策纪律。对于企业供水、供电、消防、有线电视等设计、安装工程，坚持市场公平竞争的原则，企业可自主选定具备技术资质的机构从事设计、施工，相关单位不得强行指定施工队伍包揽工程。对企业自主选定且符合技术质量标准的工程，应及时予以验收，严禁设置障碍故意刁难。有关涉企收费单位要严格执行涉企收费政策，实行亮证收费，对于有幅度的收费项目取下限标准收费。严禁擅自设立行政事业性收费、罚款、集资项目；严禁擅自提高收费标准，扩大收费范围；严禁向企业摊派、索要赞助和无偿占有企业的人财物；

严禁向企业强买强卖，强制企业接受指定服务，从中牟利；严禁在公务活动中通过中介组织对企业进行收费；严禁将应由企业自愿接受的咨询、信息、检测、商业保险等服务变为强制性服务，强行收费；严禁强制企业派人参加不必要的会议、培训、学术研讨、技术考核、检查评比和学会、协会、研究会等；严禁强行向企业拉广告，强制企业订购书报刊物、音像制品等。

2007年，市政务中心、市物价局对全市89家行政事业单位的非税收入项目进行全面清理，依据常政发〔2003〕4号文件精神核发收费许可证。经过与各执收单位衔接，按照征管方式的不同，分别确定进入市本级财政专户并进中心收取的项目、进省财政专户但需进中心网络的项目、现场或直接开具手工票据收取的市本级项目、委托征收的政府基金或专项收费项目。所有收费项目和收费标准都进入中心网络监管，并通过中心电子大屏、触摸一体机、政务中心网站以及《常德日报》《常德广播电视报》等媒体公布，较好地控制了乱收费现象。市政府下发《关于推行行政事业性收费“两证一卡”制度》，由市县两级物价、财政、监察部门抓落实。针对机构改革和人事调整发生的变化，市、县两级共吊销许可证30个，由“行政事业性收费许可证”转“服务价格登记证”17个，注销“行政事业性收费许可证”29个，注销“服务价格登记证”56个。重申任何单位和个人在实施收费时，必须出示物价、财政部门颁发的“收费许可证”和“收费员资格证”，并必须填写“企业税外费登记卡”，否则缴费单位和个人有权拒交和举报。针对企业反映的难点问题，相关职能部门主动下企业调研，搞好维权服务。市企业减负办确定联系企业58家，开展走访活动。4－6月，市优化办先后组织两次大型走访活动，共走访企业100余家，收集意见和建议70多条，对其中反映突出的4个问题当即予以交办，敦促相关部门予以整改。编印《价费服务企业行》1000本，汇编20多个部门的全部涉企收费项目送给企业。召开涉企收费监管服务联席会议，宣传相关政策。企业反映，通过职能部门的监管服务，涉及企业供水安装、供电增容、前期环评等项目成本费用明显降低，强制服务、强制揽工明显减少，企业生产经营环境明显优化。市物价局确定10家招商引资的重点企业长期服务，发出“致德山经济开发区定点服务联系企业负责人的信”，以“定点服务联系卡”的方式明确责任领导和责任人、联系方式、服务内容。

2012年11月，市物价局副局长王建国（右二）、总经济师李印华（右一）到中联液压件厂调研

2008年7月中旬，市物价局在德山召开位于德山经济开发区的企业座谈会，通报

“价费服务企业行”活动情况。随后又开展“百企走访解难”“联十企访百户”等活动。8月，设立市物价局德山分局，强化职能职责和人员力量，增强涉企收费监管保障。

2009年5月6日，市委、市政府发出《关于促进中小企业平稳较快发展阶段工作的意见》和市推进新型工业化领导小组办公室常工办〔2009〕1号、2号通知。市物价局发挥部门职能作用，加大涉企收费监管力度，帮助中小企业渡过难关。按照市推新办“企业服务年”活动的总体部署，制定工作方案，将活动内容进行责任分解。落实到科室，到月到日。

2012年5月，市物价局副局长王建国（右一）、总经济师李印华（右二）在石门联系服务企业

2010年4月16日，根据《常德市2010年度千家部门联系千家企业活动工作方案》和市推进新型工业化领导小组办公室常工办发〔2010〕2号文件精神，市物价局制定《千家部门联系服务千家企业》工作方案，具体责任分解落实到科室、到责任人。

第二章　支持再就业和创业工作

第一节　支持再就业工作

1998年7月1日，市物价局常价费字〔1998〕084号转发省物价局、省财政厅联合下发的《关于对下岗职工再就业有关收费的优惠政策等的通知》，对下岗职工再就业过程中涉及的行政事业性收费实行优惠政策。优惠政策的具体内容是：下岗职工因再就业需要参加的各种培训，各级各部门各有关单位免收培训费；下岗职工再就业过程中需依法办理的各种证照费按50%收取（包括工商部门的“开业登记费”“营业执照工本费”；交警部门的“驾驶证费”“非机动车牌证费”；文化部门的“文化市场经营许可证费”；税务部门的“税务登记证收费”；卫生部门的“卫生许可证费”；新闻出版部门的“书刊经营许可证费；交通部门的“道路运输业经营许可证费”“公路运输营运证费”等）；下岗职工再就业过程中涉及的各类管理费一律减半收取；下岗职工再就业过程中涉及的各种验资、评估、鉴定收费，按规定标准的50%收取；各类职业介绍机构为下岗职工办理托管、调动、劳动合同鉴证、职业介绍等有关事务，免收一切费用；下岗职工再就业时，从事饮食、加工、制造、印刷等职业，只按规定缴纳超标排污费，排污费免收；公共人防工程维护费不得向再就业的职工收取；下岗职工报考汽车驾驶证，考试费按50%收取。优惠政策的实施办法是：下岗再就业职工凭劳动主管部门免费发放的“下岗证”享受上述优惠政策；各执行单位在收费时必须贯彻落实政策规定，凭“下岗证”对下岗再就业职工给予优惠。凡不执行规定的，要追究有关单位和个人的责任。该通知1999年12月31日终止。

2002年，开展对下岗职工再就业优惠政策落实情况的调查。市物价局在5月中旬、下旬组成4个调查小组，采取问卷调查、单位抽查、个别走访等形式，到武陵区、桃源县、德山经开区的12家企业和部门，重点对工商、税务、劳动、公安、交通、卫生、环保等部门落实下岗职工再就业优惠政策的情况进行调查，澄清底子，掌握问题线索，对一些违反规定乱收费、不落实优惠政策的单位进行了处理，有关优惠政策得到了较好落实，并为全省出台支持下岗再就业各项工程的价费优惠政策提供了翔实的第一手材料。10月16日，常德市开始对下岗失业人员再就业服务性收费实行优惠，具体规定见下表：

表 6－2－1　　下岗失业人员再就业有关服务性收费优惠项目及标准

序号	收费项目	收费标准	优惠标准	执收机构
1	职业介绍服务费			各类依法设立的职业介绍机构
	(1) 求职登记费（含表格费）	5 元/人次	免收	
	(2) 介绍、推荐服务费（含录用费）			
	一般工种	80 元/人次	免收	
	技术工种	100 元/人次	免收	
	一般职员	150 元/人次	免收	
	中级管理员	300 元/人次	免收	
	高级管理员	400 元/人次	免收	
	(3) 就业信息查询费（个人）	5 元/人次	免收	
2	劳动力市场信息网络服务费			公共职介机构
	(1) 信息入网费			
	个人求职入网	15 元/人	免收	
	(2) 信息网页发布费	个人：100 元/页年	免收	
	(3) 劳动力资源网络查询费	个人：0.5 元/分钟	免收	
3	职业介绍机构审批手续费（一次性收费，含发证费、表格费等）	200 元	免收	劳动力市场管理机构
4	流动职员就业跟踪服务费	3 元/人·月	免收	省级劳动力市场管理机构及其委托的经办机构
5	介绍赴境外民间劳务服务费（一次性）	800 元/人次	免收	省级劳动力市场管理机构
6	劳动保障事务代理费			公共职介机构
	(1) 档案托管服务费			
	单纯档案托管	5 元/人·月	免收	
	人事关系、档案托管	25 元/人·月	免收	
	(2) 代办因公、因私出国手续费	100 元/次	免收	

续表

序号	收费项目	收费标准	优惠标准	执收机构
	(3) 代办申报职称、推荐培训、考核费	初级：40 元/人次 中级：60 元/人次 高级：80 元/人次	免收	
	(4) 代办社会保险服务费	2 元/人·月	免收	
7	人事代理服务费			人事部门所属的人才交流服务
	代办中报职称：初级	40 元/人	免收	
	中级	60 元/人	免收	
	高级	80 元/人	免收	
	代办申报转正、定级	60 元/人	免收	
	代办因私出国手续服务费	100 元/人	免收	
	人事关系档案托管	25 元/人·月	免收	
8	人才推荐录聘服务费			依法设立的人才交流中介服务机构
	初级人才	150 元/人	免收	
	中级人才	300 元/人	免收	
	高级人才	600 元/人	免收	
9	求职登记费（含表格费用）	5 元/人	免收	依法设立的人才交流中介服务机构
10	信息入网费（个人求职入网）	15 元/人	免收	依法设立的人才交流中介服务机构
11	信息网页发布费（个人）	100 元/人·年	免收	省人才流动服务中心
12	人才信息网络查询费（个人）	0.5 元/分钟	免收	依法设立的人才交流中介服务机构
13	培训费	具体标准报当地同级物价部门另行批准	免收	人事部门所属的人才交流服务机构
14	职业技能培训费、岗位资格鉴定费		免收	政府部门、社团、国有企事业单位
15	信用担保服务费		免收	政府出资或政府与其他出资人共同出资设立的融资担保机构

续表

序号	收费项目	收费标准	优惠标准	执收机构
16	体检费			非营利性医疗机构
	执行一类价格医院	25元/人	减半收取	
	执行二类价格医院	23元/人	减半收取	
	执行三类价格医院	20元/人	减半收取	
17	验资费			会计师事务所等中介机构
	注册资本或资产总额			
	100万元以下（含100万元）	12‰	减半收取	
18	资信证明费		减半收取	银行系统
19	贷款抵押评估费	土地价格：最高4‰ 房地产价格：最高5‰	减半收取	银行、会计师事务所等中介机构
20	房产抵押手续费		减半收取	房地产交易中心
21	土地交易手续费		减半收取	土地交易市场
22	房地产咨询服务费			房产中介机构
	口头咨询		免收	
	书面咨询	200－500元/份	减半收取	
23	房地产价格评估费	最高5‰	减半收取	房、地产中介机构
24	房地产经纪服务费			房产中介机构
	房屋租赁代理	按半月至一个月成交租金额一次性计收	减半收取	
	换房介绍	按次计收20元，双方各交10元	减半收取	
	房屋买卖代理	按成交价格总额的0.5－1.5%计收	减半收取	
25	地产咨询服务费			地产中介机构
	口头咨询		免收	
	书面咨询	200元－500元/份	减半收取	

续表

序号	收费项目	收费标准	优惠标准	执收机构
26	土地价格评估费	最高4‰	减半收取	房、地产中介机构
27	地产经纪服务费（转让、抵押代理）		减半收取	地产中介机构
28	解答法律咨询			律师事务所
	不涉及财产关系	50－100元/件	50元/件	
	涉及财产关系	100－300元/件	100元/件	
29	代写法律文书			律师事务所
	代写诉讼文书	50－200元/件	50元/件	
	制作法律事务文书	200－2000元/件	200元/件	
30	代理民事、行政案件			律师事务所
	不涉及财产关系	500－5000元/件	500元/件	
	涉及财产关系（按争议标的）			
	1万元以下	500－1000元/件	500元/件	
	1万元－10万元（含10万元）	4%－5%	4%	
	10万元－50万元（含50万元）	3%－4%	3%	
31	证明经济合同：证明土地使用权出让、转让，房屋转让、买卖及股权转让			公证处
	标的额500000元以下	0.3%	减半收取	
	500001－5000000元	0.25%	减半收取	
32	证明其他经济合同			公证处
	标的额20000元以下	1%	减半收取	
	20001－50000元	0.8%	减半收取	
	50001－100000元	0.6%	减半收取	
33	证明民事协议	100－200元/件	100元/件	公证处
34	证明财产继承，赠予和遗赠	受益额的2%	受益额的0.5%	公证处

2006年2月13日，湖南省物价局下发《关于重新明确下岗失业人员再就业有关服务性收费优惠政策的通知》（湘价服〔2006〕16号）。常德市执行该文件通知的优惠政策，具体规定见下表：

表6－2－2　　下岗失业人员再就业有关服务性收费优惠项目及标准

序号	收费项目	收费标准	优惠标准	执收机构
1	职业介绍服务费			各类依法设立的职业介绍机构
	(1) 求职登记费（台表格费）	5元/人次	免收	
	(2) 介绍、推荐服务费（含录用费）			
	一般工种	80元/人次	免收	
	技术工种	100元/人次	免收	
	一般职员	150元/人次	免收	
	中级管理员	3 00元/人次	免收	
	高级管理员	400元/人次	免收	
	(3) 就业信息查询费（个人）	5元/人次	免收	
2	劳动力市场信息网络服务费			公共职介机构
	(1) 信息入网费			
	个人求职入网	15元/人	免收	
	(2) 信息网页发布费	个人：100元/页年	免收	
	(3) 劳动力资源网络查询费	个人：0.5元/分钟	免收	
3	流动职员就业跟踪服务费	3元/人月	免收	劳动力市场管理机构委托的经办机构
4	介绍赴境外民间劳务服务费(一次性)	800元/人次	免收	依法设立的职业介绍机构
5	劳动保障事务代理费			依法设立并具备托管条件的职介机构
	(1) 档案托管服务费			
	单纯档案托管	5元/人·月	免收	
	人事关系、档案托管	25元/人·月	免收	

续表

序号	收费项目	收费标准	优惠标准	执收机构
	(2) 代办因公、因私出国手续费	100元/次	免收	
	(3) 代办申报职称、推荐培训，考核费	初级：40元/人次 中级60元/人次	免收	
	(4) 代办社会保险服务费	2元/人月	免收	
6	人事代理服务费			人事部门所属的人才交流服务中心
	代办申报职称：初级	40元/人	免收	
	中级	60元/人	免收	
	高级	80元/人	免收	
	代办申报转正、定级	60元/人	免收	
	代办因私出国手续服务费	100元/人	免收	
	人事关系档案托管	25元/人·月	免收	
7	人才推荐录聘服务费			依法设立的人才交流中介服务机构
	初级人才	150元/人	免收	
	中级人才	300元/人	免收	
	高级人才	600元/人	免收	
8	求职登记费（含表格费用）	5元/人	免收	依法设立的人才交流中介服务机构
9	信息入网费（个人求职入网）	15元/人	免收	依法设立的人才交流中介服务机构
10	信息网页发布费（个人）	100元/人·年	免收	省人才流动服务中心
11	人才信息网络查询费（个人）	0.5元/分钟	免收	依法设立的人才交流中介服务机构
12	培训费	具体标准报当地同级物价部门另行批准	免收	人事部门所属的人才交流服务中心
13	职业技能培训费、岗位资格鉴定费		免收	政府部门、社团、国有企事业单位

续表

序号	收费项目	收费标准	优惠标准	执收机构
14	信用担保服务费		免收	政府出资或政府与其他出资人共同出资设立的融资担保机构
15	体检费			非营利性医疗机构
	执行一类价格医院	25元/人	减半收取	
	执行二类价格医院	23元/人	减半收取	
	执行三类价格医院	20元/人	减半收取	
16	验资费			会计师事务所等中介机构
	注册资本或资产总额			
	100万元以下（含100万元）	2‰	减半收取	
17	资信证明费		减半收取	银行系统
18	房产抵押手续费		减半收取	房地产交易中心
19	土地交易手续费		减半收取	土地交易市场
20	房地产咨询服务费			房地产中介机构
	口头咨询		免收	
	书面咨询	200-500元/份	200元/份	
21	房、地产价格评估费（100万及以下）	房产5‰，土地4‰	减半收取	房、地产中介机构
22	房地产经纪服务费			房产中介机构
	房屋租赁代理	按半月至一个月成交租金7额一次性计收	减半收取	
	换房介绍	按次计收20元，双方各交10元	减半收取	
	房屋买卖代理	按成交价格总额的0.5%-1.5%计收	减半收取	
23	地产经纪服务费（转让、抵押代理）		减半收取	地产中介机构
24	解答法律咨询			律师事务所
	不涉及财产关系	50-100元/件	50元/件	

续表

序号	收费项目	收费标准	优惠标准	执收机构
	涉及财产关系	100－300 元/件	100 元/件	
25	代写法律文书			律师事务所
	代写诉讼文书	50－200 元/件	50 元/件	
	制作法律事务文书	200－2000 元/件	200 元/件	
26	代理民事、行政案件			律师事务所
	不涉及财产关系	500－5000 元/件	500 元/件	
	涉及财产关系（按争议标的）			
	1 万元以下	500—1000 元/件	500 元/件	
	1 万元－10 万元（含 10 万元）	不超过 5%	3%	
	10 万元－50 万元（含 50 万元）	不越过 4%	2%	
27	证明经济合同：证明土地使用权出让、转让，房屋转让、买卖及股权转让			公证处
	标的额 500000 元以下	0.3%	减半收取	
	500001－5000000 元	0.25%	减半收取	
28	证明其他经济合同			公证处
	标的额 20000 元以下	1%	减半收取	
	20001－50000 元	0.8%	减半收取	
	50001－100000 元	0.6%	减半收取	
29	证明民事协议	100－200 元/件	100 元/件	公证处
30	证明财产继承，赠予和遗赠	受益额的 2%	受益额的 0.5%	公证处

2006 年 7 月 31 日，市物价局、市财政局常价费字〔2006〕76 号明确下岗失业人员和高校毕业生从事个体经营收费优惠办法。《办法》明确：除国家限制的行业（包括建筑业、娱乐业以及销售不动产、转让土地使用权、广告业、房屋中介、桑拿、按摩、网吧、氧吧等，下同）外，凡下岗失业人员从事个体经营，自 2006 年 1 月 1 日起至 2008 年 12 月 31 日，免交有关登记类、证照类和管理类等各项行政事业性收费（以下简称“收费”），期限最长不超过 3 年。2005 年年底前核准免交收费但未到期的人员，剩余期限内按此政策执行；高校毕业生从事个体经营，且在工商部门注册登记日期在其毕业后 2 年以内的，自

其在工商部门登记注册之日起3年内免交有关登记类、证照类和管理类收费。从事个体经营的下岗失业人员、高校毕业生免交的收费项目，包括工商部门收取的个体工商户注册登记费（包括开业登记、变更登记、补换营业执照及营业执照副本）、个体工商户管理费、集贸市场管理费、经济合同鉴证费、经济合同示范文本工本费；税务部门收取的税务登记证工本费；卫生部门收取的行政执法卫生监测费、卫生质量检验费、预防性体检费、卫生许可证工本费；民政部门收取的民办非企业单位登记费（含证书费）；劳动保障部门收取的劳动合同鉴证费、职业资格证书工本费；公安部门收取的特种行业许可证工本费（主要指烟花鞭炮安全质量合格证、机动车辆行驶证、驾驶员证、船民证、临时船民证）；交通部门收取的航务管理收费，包括水路运输管理费、水路运输服务证书费（含水路运输服务许可证、船舶营业运输证、港埠业务经营许可证）。内河船舶登记费。公路运输收取的管理费，包括道路运输业经营许可证、公路运输营运证、公路运输客（货）路单、汽车维修技工（检验员）证；林业部门收取的木材种子生产许可证、木材种子经营许可证工本费；农业部门收取的捕捞许可证、种子生产许可证、种子经营许可证、种子准运证、农用运输车行驶证工本费；新闻出版部门收取的图书报刊印刷许可证工本费；药品监督部门收取的药品经营许可证工本费；质量技术监督部门收取的特种作业人员操作证工本费；知识产权部门收取的专利登记费。价格主管部门通过广播、电视、报刊等新闻媒体，公布免收的各项具体收费项目，使下岗失业人员、高校毕业生及时了解和掌握有关收费优惠政策；工商、税务、卫生、民政、劳动保障等部门督促本系统有关收费单位认真落实各项收费优惠政策，促进下岗失业人员再就业和高校毕业生自主创业。上述部门颁发证照等有关支出由同级财政部门通过部门预算适当安排。从事个体经营的下岗失业人员，应当向工商、税务、卫生、民政、劳动保障等部门的相关收费单位出具劳动保障部门核发的“再就业优惠证”，经收费单位审核无误并备案后免交有关收费。从事个体经营的高校毕业生，应向相关收费单位出具“毕业证”原件并提交复印件，经收费单位审核无误并备案后免交有关收费。

市物价局加强对有关收费优惠政策落实情况的监督检查，凡不按规定落实收费优惠政策的，依据有关法律、法规进行处理，确保有关收费优惠政策的贯彻落实。同时，对出租、转让“再就业优惠证”或“毕业证”骗取收费优惠政策的，一经发现，有关收费单位立即对证件持有人终止执行收费优惠政策，并补收相关费用。市物价局认真开展收费公示和宣传报道，将各部门、各服务机构的收费优惠及减免政策以“物价局公告”的形式在报纸上连续刊登、通过广播电台滚动播报、通过互联网全文刊发，让广大市民了解优惠的项目、范围和对象，并接受社会监督；在网站上建立与市民互动平台，通过互动平台倾听市民的呼声和意见，随时了解政策的执行情况和动态反应。

第二节　支持创业工作

2008年，市物价局围绕市委、市政府关于促进全民创业的工作部署，把加强涉及就业收费监管、规范就业收费行为作为促进就业再就业工作的切入点和着力点，从组织、规范、检查、服务4个方面加大力度。对市直135个收费单位的收费情况进行全面检审，注销许可证6个，变更注销项目23个；检审服务价格单位182个，变更服务价格登记证102个，注销服务价格登记证2个，注销服务价格项目25个。年初，集中开展涉及全民创业收费文件和依据清理，清理了国家、省、市相关文件，对涉及就业的收费部门和收费项目进行了规范，并通过新闻媒体、政府网站发布和公示。同时，与纪委、财政、工商、审计等部门联合开展清理，规范行业协会和中介组织收费，落实国家取消个体工商户管理费、集贸市场管理费以及省政府取消和停止征收的62项行政事业性收费项目的规定。7月，与市优化办、市企业减负办组成调查组，就全民创业中有关收费情况进行专题调研，对市城区32家服装、餐饮、医疗、美容美发、超市、休闲娱乐、网吧、汽车销售、报刊书亭等经营单位和业主进行上门走访座谈，了解企业和经营业主收费现状和问题，提出合理建议，形成专题调研报告报市委、市政府，得到市领导的重视和肯定，市纪委专门组织针对中介机构服务收费的清理整顿。市物价局着力搞好信息服务，利用报纸、电视和价格网站等，及时向社会发布价费政策信息、市场价格行情和供求信息，为从业人员的经营活动提供帮助。

2009年，常德市对全市下岗失业人员、军队退役人员、高校应届毕业生、失地农民、返乡就业农民及残疾人自主创业的，凭相关证明材料自工商部门批准其经营之日起3年内减免行政事业性收费。全市财政、物价部门通过广播、电视、报刊等新闻媒体，对创业人员的各项具体减免收费项目及标准进行公示，使有关人员及时了解和掌握收费减免政策。相关收费单位对本单位的涉及创业人员收费减免政策进行全面公示，建立优惠政策减免台帐，对减免情况造册登记，并将落实优惠政策的统计资料逐级上报至省级主管部门，确保不折不扣地落实各项收费减免政策。凡不按规定落实减免政策的，按有关规定予以严肃处理。

2010年，市委、市政府《关于激励和推动全民创业的意见》要求加强涉及全民就业收费监管、规范就业收费行为。文件规定有财政拨款的执收单位涉及就业再就业的职业技能培训等服务性收费，有最低标准的按最低标准收取，没有最低标准的按现行标准的50%收取；对涉及就业、再就业及农民工安置的档案托管由用人单位承担托管费，不得转嫁给失业者负担，应就业而没有就业的由政府支付档案托管服务费；政府出资或政府与其他出资人共同出资设立的融资担保机构的担保收费，对再就业人员实行免费；对取得卫生合格证、连续在餐饮行业工作的员工，不再收取卫生知识培训费；对从事食品、饮用水生产经营人员、化妆品生产人员、公共场所直接为顾客服务人员、一次性医疗卫生用品生产人员和其他法律法规规定必须取得卫生健康证才可以就业的人员，可在省内跨区使用卫生健康证，一年内不再重复体检和收取在省内流动的卫生从业人员预防性体检费；对参加就业培训的，全面培训机构收取的就业前培训报名考务费，减免10%的学员学杂费或短训班收费；涉及就业再就业及农民工转移安置而形成的组织机构，其技术监督部门收取的组织机构代码标识证书收费由148元降至30元。市物价局组织全市各区县市收费管理人员，对全市3000多家行政事业单位、中介组织、社会团体的涉及就（创）业价费优惠政策执行情况进行检审，其中市直检审收费单位348个，检审收费项目4020个。

第七篇《

区县市价格工作

第七篇 区县市价格工作

第一章 武陵区价格工作

第一节 武陵区物价局

1984 年 1 月 18 日成立常德市物价局（现常德市武陵区物价局），内设办公室、业务股，主管常德市物价检查所，隶属常德市计委战线，1987 年 4 月机构改革调整划归财委战线，1988 年 8 月随地改市，常德市物价局更名为常德市武陵区物价局（简称区物价局）。区物价局内设办公室、政工股、收费管理股、价格管理股，辖 2 个事业单位：武陵区物价检查所（简称区物检所）、武陵区价格认证中心（加挂武陵区价格成本调查队牌子）。1994 年 9 月区物价局与武陵区计委合并，改名为常德市武陵区计划物价局，2002 年 3 月，更名为常德市武陵区发展计划物价局。2005 年 6 月，常德市武陵区发展计划物价局改为常德市武陵区发展改革物价局。2011 年 12 月单设武陵区物价局，隶属区发展和改革局。

武陵区物价局历任领导成员名录：

武陵区物价局历任领导成员名录

表 7-1-1

职务	姓名	任职时间	备注
局　长	鲍良才	-1992. 12	
	王顺业	1992. 12-1994. 9	
	喻绍球	1994. 9-1997. 9	
	杨新辉	1996. 6-1997. 9	
	曾勤建	1998. 1-2007. 8	
	曾明清	2007. 8-2011. 8	
	于娟清	2011. 8-	
	尹治才	2012. 2-	

续表

职务	姓名	任职时间	备注
副局长	李敦望	－1991. 7	
	刘德邻	－1991. 12	
	沈正建	1991. 9 －1998. 8	
	王德明	1991. 12 －2001. 2	
	王凤湘	1993. 3 －2007. 3	
	冯丁仕	1996. 1 －2012. 1	
	顾立新	2001. 2 －	
	于娟清	2004. 2 －2004. 12	
	谷正明	2005. 1 －2012. 1	
	谭巧云	2005. 1 －	
	廖文春	2007. 5 －	
	杨　飞	2010. 1 －2011. 12	
	万群星	2012. 1 －	

第二节　物价工作概述

1989 年 1 月，武陵区成立由区长张安中任组长的清理整顿行政事业性收费领导小组，对全区行政事业性收费项目、收费标准进行全面清理，对行政事业性收费单位进行年审年检。对药品、黑色和有色金属、彩电销售价格等实行限价管理，指令性和指导性价格并行。开展经营企业“物价、计量信得过”（简称“双信”）评选活动，评出北站商场等 10 家“双信”单位。

武陵区物价局召开农村价费监管工作会议

1990 年，对城区个体工商户作出《商品和收费实行明码标价制度》的规定，发出《关于广泛深入开展物价大检查的通知》，对辖区优质酥糖、焦切、生仁桃酥、大蛋糕和明油酥等 8 种食品产品的厂、销价格下达定价通知。被省物价局评为“物价宣传工作先进单位”。

1991 年，区物价局会同相关部门下到各粮店、商店、街道、厂矿，加大对市场的巡视和检查力度。对擅自搭车涨价的单位和个人进行严肃查处，并对粮油价格调整作出相应规定。加大对农药、化肥等涉农物资价格管理，对6个蔬菜生产基地实行平价供应。建立物价监督站、岗，设立义务监督员。查出违价案件及行为1290起，立案20宗，收缴入库8.22万元，清退给用户9.78万元，为特困企业减免53.18万元。

1992年，实行多项价格改革：⑴放开国有商业企业卷烟等零售价格；⑵缩小管价商品范围，管价的轻工商品价格由101种减少到17种，全年企业增收60多万元；⑶改变商品价格作价办法，扩大经营差率；⑷全面放开粮油销售价格。

1993年，做好食盐、电力价格调整的宣传解释工作。取消收费项目51个。全体物价干部被聘请为企业的常年价格顾问。

1994年，全区市场调节价的比重在社会商品零售总额中由1988年的2%上升到80%左右。对53种（类）重要商品实行价格监测制度，对监测中的25种（类）重要生活资料和农业生产资料实行含税最高差率控制，对大米、生米粉、二级菜油等少数重要的基本生活必需品实行最高限价，抑制物价过快上涨。

1995年，通过对53种主要商品市场成交价格进行分析，继续坚持控价申报制度，对部分农业生产资料、重要生活资料、少数重要工业生产资料实行差率控制和提价申报制度，适时实行最高限价控制等措施，城区物价涨幅呈现逐月回落，基本实现国家提出的15%左右的控制目标。对全区106个行政事业性收费单位进行检审，注销收费许可证8个，取消收费项目2个。建立了“学生收费卡”“农民负担卡”等制度。

1996年，对城区的粮、油、蔬菜和猪肉价格进行定点监督与市场检查，查处乱涨价及短斤少两的行为39起。对全区49所中、小学校进行检查，查出违价金额70余万元。对7乡1镇的电管站进行检查，查出超国家限价收取电费20余万元。均依法进行了处罚。

1997年，对全区房地产开发企业销售的商品房、安居房价格、农业生产资料价格进行审批，对208家行政事业性收费单位进行年检年审。以“清费、治乱、减负”为中心，开展石油成品油价格、农资价格、农电价格、建设项目收费、医疗行业收费，中小学校收费专项检查，共查出违价金额160余万元。城区建立5个物价监控站，对餐饮、娱乐、宾馆招待所等服务性行业收费明码标价情况进行检查，查处违价行为1000余起，上缴财政10万余元。

1998年，对汽修、医疗医药、教育收费、农村地价、房地产价格进行专项检查，共查处违价案件683起。5月1日《价格法》颁布实施，召开专门会议，邀请区人大、区政府、区政协及有关部门领导参加。组织乡、镇办事处负责人学习《价格法》。与市物价局联合开展《价格法》宣传一条街活动。在河洑镇自来水厂召开供水调价听证会。

1999年，依照《价格法》变更行政执法主体，成立区价格违法案件审理委员会。按“三不”要求（即对上级明令取消的收费项目一个不留，越权制定的收费项目一个不保，规定的收费标准一个不超），对243个行政事业性收费单位进行年审年检，取消收费项目5

项，降低收费标准4个，直接减负近150万元。开展教育收费、交通收费、农电价格、棉花价格的专项检查和市场监管，依法管理收费，突出减轻企业、群众负担，杜绝乱收费现象。规范和完善实行“四物”评估程序和行文格式。

2000-2001年，统一换发《湖南省服务价格登记证》。对行政事业性收费进行专项检查。实施明码标价“五个一”工程，组织1300多人次为城区大街小巷的经营户发放法律、法规性资料12000余份，“步行街”被国家命名为“购物放心一条街”。

2002年，会同城区供电局，深入各供电所，走访8个乡镇的部分农户，召开6次座谈会，制定武陵区城乡居民生活用电同价测算方案。为规范涉农收费，给7个乡镇、88个村、69个学校更换公示牌164块，农电价格收费公示牌14块。共检查1628个单位，查处违价行为428起，为群众清退204.5万元，上缴财政30.5万元。12月，物价检查所被授予国家级优秀基层检查所。

2003年，聘请人大代表、政协委员作依法行政的监督员。举办《价格法》《行政复议法》培训班。在抗击“非典”时期，进行地毯式检查，城区医药未出现乱涨价现象。

2004年，制定执法人员“八不准”，编制《行政执法手册》，杜绝人情案、关系案，做到公开、公正、公平执法。全年查处违价案件257起，清退547.8万元，上缴财政26.2万元。

2005年，学习贯彻“三个代表”重要思想，组织党员干部深入市场和农村，开展农业生产资料等涉农价费管理调查，监控农资市场价格和粮、油食品零售价格，全面调整修订涉农收费公示，在社区开展价格监督网络建设，遏制“三乱”现象。完成了《实行有序监督，推进诚信经营》等18篇综合调研文章。

2006年，从管理型向服务型转变，完善价格管理机制。4月28日，成立武陵区价格协会。开展“百城万店无假货”活动，在全省率先组织首届“价格诚信”单位评比活动，11月7日在商业步行街广场举行隆重授牌仪式，省物价检查所所长罗懿、市人民政府副市长李爱国、区人民政府副区长姜胜国为诚信单位授牌。6月，在全省率先建立乡村价费监控网络系统。

2007年，3月份制定《关于调控市场价格上涨的应急工作方案》，落实省“价格工作十件实事”。8月，召开全区幼儿园收费管理工作会议，要求区属75家幼儿园按规定办理“收费许可证”，规范幼儿园的收费行为。完善区、乡（镇）、村和区、办事处、社区三级价格监控网络体系，在全区93个监督网点中，确定102名价费监督员。

2008年，落实省市“价格工作十件实事”，推进价格服务工作。1月15日起，对粮、油、肉、蛋、奶5类商品从年初开始实行临时价格干预措施。对部分生产和批发零售企业实行提价申报和提价备案制度。出动186人次对全区所有大型超市进行检查，查出违反临时价格干预措施的商品43个类别，要求超市坚持对5类商品实行调价备案制度。受冰灾影响，原煤价格大幅上升，导致农资价格上涨，区内部分农资商家乘机抬价，区物价局对全区各乡镇的农资销售点宣传价格政策，检查进货渠道和进货价格，走村串户了解农资价格，对农民反映突出的销售点进行突击检查，遏制了农资乱涨价现象。

2009 年，以“价格服务进万家”为主题，把价格公开服务的重点放在社区、企业、学校，全面推进价格公示和全社会监督工作。与市物价局执法人员对常德市规划局等 5 家“涉农”“涉企”收费单位进行检查。武陵区被省确定为第一批基本药物零差率销售试点县（区、市）之一。

2010 年，执行《湖南省规范行政裁量权办法》，压缩自由裁量空间，提高执法水平和质量。自筹资金印制基本药物零差率销售宣传册，乡镇、社区价格监督员深入到社区、街道和乡村分发宣传册。对全区所有乡镇卫生院和社区卫生服务中心进行全面检查，规范超标准医疗服务收费 7 个，清理重复收费 2 个。

2011 年，以创建文明城市、优化经济发展环境为主体，对 36 家收费单位进行收费检审。换发“收费许可证”7 套、“服务价格登记证”9 套，变更“服务价格登记证”4 套。进行涉案物价格评估鉴定 151 宗，鉴定标的物金额 140 余万元，均为刑事案件，所办案例均无差错。

2012 年，开展“农村价费监管年”活动。组织区属企业参加“省价格诚信单位”和“市明码实价示范单位”评选活动，有 4 家企业获评省“价格诚信单位”，7 家企业获评市“明码实价示范单位”。完善幼儿园收费备案管理和农村集中供水价管理办法，规范收费行为，防止乱收费乱涨价现象发生。年底在高车建立起全市第一家平价蔬菜直销商店。

武陵区物价局、财政局负责人对步步高平价蔬菜店进行验收

修志工作人员：

分管领导：尹治才

资料征编：康敬信、宋明峰

第二章　鼎城区价格工作

第一节　鼎城区物价局

1984 年 1 月成立常德县物价局，1988 年 4 月随地改市，改称常德市鼎城区物价局。1995 年 1 月机构改革，区物价局与区计划委员会合并组建鼎城区计划物价局，1996 年年底，按省编委通知设立鼎城区物价局。2002 年 3 月组建发展计划物价局，2006 年 3 月更名为鼎城区发展改革物价局，2010 年 9 月，更名为鼎城区发展和改革局，加挂鼎城区物价局牌子。

1989 年，鼎城区物价局设办公室、物价检查所，有编制 15 人。1993 年增设价格事务所，配 3 人，价格管理股（加挂成本调查队牌子），配 2 人，行政事业性收费管理股，配 2 人，价格调节基金征收管理办公室，配 5 人，农村物价管理股，配 3 人。1996 年组建湖南省拍卖公司鼎城分公司，配员 3 人。2003 年，鼎城区价格事务所更名鼎城区价格认证中心，配 2 人。2008 年区物价检查所更名为区价格监督检查局，为副科级行政单位，编制 6 人。2012 年年底，鼎城区物价局有综合办公室、政工人事股、价格监督检查局、价格认证中心、行政事业性收费管理股、价格管理股（加挂价格成本调查队牌子）和价格调节基金征收管理办公室。2012 年年底，全局有人员编制 34 人，其中领导成员 9 人。34 人中有本科学历 12 人，大专文化 18 人，中专（含高中）4 人；有 7 人获职业资格证书，3 人获经济师职称，2 人为汽车驾驶员高级工。

附：鼎城区物价局历任领导名录

内设（二级）机构负责人名录

表 7-2-1

鼎城区物价局领导名录

(1989-2012 年)

职务	姓名	任职时间	说明
局长	姚碧初	1985.11-1990.3	
	聂景国	1990.3-1993.3	1993.3-1995.1 专职党组书记
	邓继明	1993.3-1995.1	
	龚玉喜	1995.1-1996.6	
	黄益兆	1996.6-2002.6	2006.3-2007.3 专职党组书记
	胡文	2002.6-2006.3	
	罗旺甫	2006.3-2012.10	
	潘文斌	2012.10-	副处级待遇
	李国保	2012.12-	
副局长	杨庆儒	1985.11-2002.6	
	刘景如	1985.11-1995.1	
	蔡家发	1991.1-2002.6	
	梁天泰	1991.1-2002.6	1996.6-2002.6 兼党组书记
	袁长安	1996.6-2002.6	
	杨启顺	1998.12-2006.3	
	刘军辉	1998.12-	
	马志	2001.10-2007.12	
	高用海	1998.12-2002.3	
	徐长君	2001.10-	
	张英	2002.2-2007.12	
	彭俊杰	2002.4-2005.5	
	高振君	2002.5-	
	张孝群	1998.1-2003.4	
	李建辉	2005.3-	
	熊跃辉	2007.9-	
	孙凤英	2010.10-2012.10	
	欧阳倩	2011.5-	
	李圣年	2012.10-	

续表

职务	姓名	任职时间	说　明
其他	梁久明	1995. 1 - 2005. 3	纪检组长、政联组长
	谈法学	1996. 6 - 2002. 6	纪检组长
	李建华	1998. 1 - 2003. 4	纪检组长
	李圣年	2007 - 2012	纪检组长
	王美容	1997. 3 - 2007. 3	党组副书记、政联组长
	周爱枝	1996. 6 - 2002. 6	工会主席
	孙凤英	2002 - 2007	工会主席
	李　俊	2007. 12 -	工会主席

第二节　价格管理

定调价申报与监审。鼎城区物价局对政府定价、政府指导价的商品和服务价格实行定调价申报登记制度。2001 - 2012 年，共办理定调价申报登记事项 723 件。同时，对管价范围内的商品和服务价格实行定调价成本监审制度。由当事人向区物价局申报定调价事项，区物价局按规定程序制定调整价格。

定调价听证。为提高政府定价的科学性，对与群众生产生活关系密切的重要商品和服务价格，从 2002 年开始鼎城区物价局实行价格决策听证制度。如 2004 年，鼎城区物价局在审核武陵镇居民生活用水销售价格时举行定价听证会。在广泛听取各方面意见的基础上，核定鼎城区供水公司居民生活用水到户价为每立方米 2. 80 元。

第三节　价格调控

鼎城区物价局严格执行价格政策规定，不允许擅自涨价或变相涨价。在特殊时期，启动预警机制，通过价格干预措施进行调控。1998 年抗洪救灾时期，区政府取消收费项目 78 项，其中绝大部分是文化、公安、建设、林业、教育等部门的行政事业性收费，取消收费总额 23. 17 万元。2003 年抗击“非典”期间，鼎城区取消收费项目 43 项，免征 14 项，取消和免征收费总额为

鼎城区物价局开展气排球比赛

718.72 万元。2008 年抗冰灾时期，鼎城区物价局对 400 多个商品实行限价，同时取消收费项目 152 项、收费总额 2973.13 万元。鼎城区人民政府 1995 年 1 月开始在全区试征价格调节基金，通过 3 年试运行，1998 年 2 月 26 日，区政府发出常鼎发〔1998〕8 号文件，决定在全区正式开征价格调节基金。区政府 8 号文件就价调基金的征收原则、用途、征收范围及标准、管理与使用等都作了明确规定。区政府成立价调基金领导小组，由分管副区长任组长，领导小组下设价调基金管理办公室（设区物价局内），价调办负责价调基金的征收和处理日常工作。区物价局增设农村物价管理股，负责乡镇七站八所价调基金的征管工作。

第四节　价格监督检查

鼎城区物价局的价格监督检查工作，得到上级主管部门和辖区人民群众的称赞，2000 年 7 月，区物价检查所被国家发改委授予“全国规范化物价检查所”称号。

价格监督。1984 年 4 月，常德县物价局设物价检查所，在武陵镇、河洑镇、牛鼻滩镇等乡镇建立 20 个义务物价监督站，每站聘请一名本地职工为义务物价监督员，在县总工会设立职工物价监督总站。1991 年，区物价、计量部门联合开展“物价、计量信得过”活动，河洑供销社等 10 个单位获得政府“双信单位”授牌。2001 年，在全区组织开展明码标价“五个一”示范工程活动，全区明码标价率 90%。2001 年 5 月，建立“12358”价格投诉举报平台，开通服务热线，全天 24 小时接受各方面的价格投诉举报。到 2012 年，共受理价格举报 1000 宗，接待群众来访 100 多人次，解答群众咨询 1000 多次，办结率 100%。

价格检查。1989－2001 年，鼎城区多次发生严重自然灾害，出现因灾哄抬物价、投机谋利现象。为维护市场价格秩序，区物价局加强价格检查力度，规范市场价格行为。如 1991 年全面清查农电价格，1992 年针对市场价格放开后出现的无序竞争而引起的价格混乱而进行的市场物价集中大检查，1993 年对公安、教育、劳动、人事、国土、林业、建设部门的收费专项检查，1995 年对直接影响群众生活的“菜篮子”“米袋子”“火炉子”“肥袋子”进行的重点检查等。2001 年后鼎城区物价检查步入常态化、规范化。

第五节　价格服务

随着价格改革的逐步深入，物价工作的职能开始由单纯的管理型逐步转变为管理服务型。物价部门的工作重点亦由上传下达转变为抓好重要商品和服务价格的调整审核、成本调查、市场动态分析、提供信息等。搞好价格服务，促进经济社会又好又快和谐发展成了物价部门的重要职责。

价格事务服务。鼎城区物价部门在工作中注重汇集、储存、传递、发布价格信息，更好地为消费者服务。1994－1995 年，在省业务主管部门的统一指导下，鼎城区建立起县级价格信息计算机网络，在区广播电视台开办价格信息专题节目，发行价格信息刊物、资料等。1997－2002 年，主要承担本地开发价格信息资源和组织征集本地企业参加价格信息网络。

价格认证服务。鼎城区物价局价格认证中心受理委托按程序进行价格评估认证。1993－1994 年，主要受理对司法、罚没等物资进行价格鉴定，帮助企事业单位开展商品价格、建筑工程造价和投资项目的价格效益评估。1995－1996 年，主要受理资产、房产及“四物”价格评估。1997－2002 年，主要受理涉案房产评估，调解价格纠纷，同时组织价格鉴定人员业务培训，对其进行注册管理。有 3 人获得注册价格鉴证师资格证书。

第六节 行政事业性收费

鼎城区物价局按照国家规定对行政事业性收费进行管理，尤其是对涉农涉企价费实行监管，依法依规对各类收费进行清理整顿。

综合管理。鼎城区物价局对收费单位、收费项目、收费标准及收费员实行登记、审核实行“收费许可证”“收费员资格证”管理。鼎城区 1989－2012 年行政事业性收费综合管理情况见下表：

表 7－2－2　　1989－2012 年鼎城区行政事业性收费登记审核发证统计

年度	行政事业性收费单位（个）	行政事业性收费项目（项）	发放收费许可证（本）	发放收费员证（本）	行政事业性收费总额（万元）	其中行政性收费额（万元）	事业性收费额（万元）	年审年检（个）	组织收费项目标准清理审检活动（次）
1989	83	820	450	83	1.53 亿元	6830	8470	450	1
1990	83	820	450	83	1.53 亿元	6830	8470	450	1
1991	83	820	450	83	1.53 亿元	6830	8470	450	1
1992	83	820	450	83	1.53 亿元	6830	8470	450	1
1993	83	687	330	61	1.46 亿元	6575	8025	330	1
1994	83	687	330	61	1.46 亿元	6575	8025	330	1
1995	83	687	330	61	1.46 亿元	6575	8025	330	1
1996	83	687	330	61	1.46 亿元	6575	8025	330	1
1997	83	687	330	61	1.46 亿元	6575	8025	330	1
1998	83	687	330	61	1.46 亿元	6575	8025	330	1
1999	53	353	116	61	1.08 亿元	5678	5122	116	1
2000	53	353	116	61	1.08 亿元	5678	5122	116	1

续表

年度	行政事业性收费单位（个）	行政事业性收费项目（项）	发放收费许可证（本）	发放收费员证（本）	行政事业性收费总额（万元）	其中行政性收费额（万元）	事业性收费额（万元）	年审年检（个）	组织收费项目标准清理审检活动（次）
2001	53	353	116	61	1.08 亿元	5678	5122	116	1
2002	53	353	116	61	1.08 亿元	5678	5122	116	1
2003	53	353	116	61	1.08 亿元	5678	5122	116	1
2004	53	283	116	60	9750	5328	4422	116	1
2005	53	283	116	60	9750	5328	4422	116	1
2006	40	189	118	40	8019.56	4829.18	3190.38	116	1
2007	40	189	118	40	8019.56	4829.18	3190.38	118	1
2008	40	189	118	40	8019.56	4829.18	3190.38	118	1
2009	40	189	118	40	8019.56	4829.18	3190.38	118	1
2010	39	184	39	39	8784.56	4331.63	4452.82	39	1
2011	39	184	39	39	8784.56	4331.63	4452.82	39	1
2012	39	184	39	39	8784.56	4331.63	4452.82	39	1

涉农价费管理。鼎城区物价局对涉农价费实行全面监管：一是在乡镇村建立涉农价费公示制度，要求全区 37 个乡镇（农林场）、608 个行政村至少各设立一处涉农价费公示墙或公示栏、公示牌、公示窗。物价局统一印发《涉农价格收费政策指南》《主要涉农价费表》等，张贴到乡镇墟场及村部醒目位置，并让群众了解举报电话“12358”。丁家港乡涉农价费公示收到很好效果，受到市物价局领导的肯定和称赞。二是加大监管力度，规范涉农收费行为。2008 年 11 月，区物价局组织全区涉农价费专项检查，为全区减轻涉农收费 300 万多元，依法没收违法所得上缴财政 30 多万元，清退不合理收费 20 多万元。三是 2012 年开展“全区农村价费监管年活动”。

涉企价费管理。鼎城区物价局为企业统一编印《涉企主要价费目录》《餐饮行业缴费明白卡》，给企业维权提供政策法律依据。区物价局与区优化经济环境领导小组办公室为重点企业制定“一费制费负卡”，企业凭此卡缴费，其他均可拒缴，并规定每月 20 日以后为缴费日，其他时间职能部门不得上门催收。实行一费制后，全区每年可为

鼎城区物价局到点村义务劳动

企业减负 20 万元。

收费清理检查。为维护正常的收费秩序，鼎城区物价局除每年年底对收费单位进行收费项目、收费标准、收费依据、收费情况进行年检年审外，还采取不定期方式，对各类收费行为不定期组织专项清理整顿，每年年审率均为 100%。

修志工作人员：
分管领导：潘文斌、李国保
资料征编：彭礼成、蔡明全、李伟

第三章　桃源县价格工作

第一节　桃源县物价局

1983年12月成立桃源县物价局，1994年9月与县计划委员会、县经济技术协作办合并，称桃源县计划物价局，2002年3月10日，更名桃源县发展计划物价局，2005年1月26日更名桃源县发展改革物价局，2010年8月1日，组建桃源县发展改革局，加挂桃源县物价局牌子。2012年年底，在编人员47人，退休9人。局机关27人，其中领导班子成员12人。1983年县物价局成立后在县人民政府大院计委楼西头二楼办公。1994年3月迁漳江镇黄花东路008号办公。2009年3月迁入漳江镇文昌东路004号县人民政府办公大楼中厅西侧一楼办公。二级机构县价格监督检查局租用中共桃源县委党校办公楼办公。内设机构政策法规股租用县城投公司办公楼办公。三处办公场所共有办公室22间，使用面积510平方米。办公室均配备有现代化办公设施，共有电脑40台，县物价局有小汽车2台。

2012年年底，桃源县物价局内部机构有：办公室、政工人事股、行政事业性收费和价格管理股（桃源县价格监测中心、桃源县价格成本调查队）、计划财务股、政策法规股。二级机构有：桃源县价格监督检查局、桃源县价格调节基金征收管理办公室、桃源县价格认证中心。

1989－2012年，桃源县政府先后由副县长唐佩安、刘志清、杨易、易发欣、印甫生、胡新建、覃光明、熊复兴、胡文波、陈章杰等分管物价工作。

表7－3－1　　桃源县物价局历任领导名录

（1989－2012年）

职务	姓名	任职时间	说　明
局长、党组书记	陈春廷	1986.4－1994.9	专职党组书记（1994.10－1998.2）
	龚茂民	1987.10－1991.3	兼职党组书记
	朱自权	1996.1－2002.3	
	琚克平	1999.1－2001.1	专职党组书记
	聂文华	1994.9－1995.12	
	周福初	2002.4－2005.12 2006.1－2007.12	党组书记 党组书记
	高世锦	2008.1－	党组书记
	唐本力	2010.12－	（兼）

续表

职务	姓名	任职时间	说　明
副局长	何春高	1989. 1 – 1992. 12	
	张国富	1988. 1 – 1989. 12	
	徐芳芹	1991. 1 – 1997. 1	
	张娥仙	1992. 11 – 2001. 5	
	廖友昌	1992. 3 – 1994. 9	
	陈春廷	1996. 1 – 1998. 2	
	琚克平	1996. 6 – 2001. 1	
	肖家中	1996. 1 – 2002. 3	
	刘菊明	1998. 2 –	
	吴福祥	2000. 4 – 2002. 3	
	朱建平	1998. 3 – 2004. 2	
	李忠诚	1999. 3 – 2003. 12	
	于交安	2002. 4 – 2010. 10	
	郭正清	2002. 4 – 2007. 12	
	胡廷文	2002. 4 – 2007. 12	
	钟昌喜	2006. 1 – 2009. 3	
	王海初	2006. 6 – 2009. 11	
	唐本力	2008. 1 – 2010. 11	
	邹昭英	2008. 4 – 2010. 8	
	吴建斌	2008. 4 – 2010. 9	
	陈中明	2009. 1 –	
	陈仲春	2009. 11 – 2012. 12	
	张立忠	2010. 9 –	
	丰建春	2011. 1 –	
副局级班子成员	刘云安	2000. 1 – 2002. 3	纪检组长
	王海初	2002. 4 – 2009. 10	纪检组长
	罗建立	2010. 9	
	赵德贵	2010. 9 –	纪检组长
	邓桃仙	1995. 9 – 2002. 3	工会主席
	肖家中	2002. 4 – 2007. 12	工会主席
	邓建南	2008. 1 –	工会主席
	李韶波	2006. 1 – 2011. 12	党组成员、重点办主任
	李晖	2010. 1 –	总经济师
	曾新华	2012. 1 –	党组成员、重点办主任

第二节　价格管理

一、保持物价基本稳定

1988 年，桃源县物价涨幅达到 25.9%。为了控制这一势头，1989 年的全县物价工作会议提出“坚持治理、整顿、改革，为实现今年的物价上涨幅度明显低于去年的目标而奋斗”，把管好蔬菜、猪肉、粮食等主要食品价格作为重点。控制农业生产资料价格上涨，抑制日用消费品涨价，严格管理城市公用事业和服务行业收费，整顿流通环节的价格，严肃物价纪律，强化监督检查，经过一年的努力，物价涨幅明显下降。1990 年，县物价局狠抓物价控制目标责任制落实。上半年召开两次全县性物价会议和 240 余场各种价格管理会议，将物价控制目标和措施落到实处。1995 年 6 月，县政府和县直有关部门对物价涨幅建立目标控制双向责任制。县物价局亦建立物价控制目标双向责任制。2002 - 2007 年抓价格和收费的监督检查，开展群众举报活动，与有关部门配合整顿市场价格，保障了市场物价基本稳定。

二、物价管理制度

价格申报制度　由企业提出定调价申请，经物价部门批准后实施。

价格成本监审制度　2006 年，桃源县物价局建立价格成本监审制度，在价格制定前实行成本监审。2008 年，应桃源县城市建设投资开发有限公司要求，县价格成本调查队对该公司所属污水处理厂成本进行调查后，提出从是年 9 月 1 日起按 0.6 元/立方米的标准开征污水处理费，污水处理厂建成运行后按 0.8 元/立方米标准征收。

2013 年 7 月 15 日，桃源县物价局局长唐本力（右一）主持召开银行业金融机构收费及规范经营工作会

价格听证制度　对重要商品和服务价格实行定调价听证制度。2006 - 2012 年，先后召开价格听证会 10 次。2006 年 6 月 6 日，受常德市物价局委托，在花源酒店 15 楼会议室对桃源县自来水公司提出的调整县城区自来水价格方案举行公开听证。

收费许可证制度　1989 年，桃源县人民政府第四次常务会议作出“各个收费单位要亮证（县物价局颁发的“收费许可证”）收费，没有发证的不许收费”的决议。全县行政事业单位收费和服务行业的收费，都必须办理“收费许可证”。当年全县发出“收费许可证”100余本，到2012年有216本“收费许可证”在使用。每年对“收费许可证”加强了管理，实行年审年检制度。

三、价格调节基金管理

1993年6月11日，桃源县人民政府发布《关于桃源县价格调节基金征收试行办法的通知》，9月18日，县物价局发出《关于征收价格调节基金的补充通知》，全县建立起价格调节基金制度。1993－2012年，全县累计征收价格调节基金3046.03万元。所收基金由县政府控制，用于平抑市场物价、建立大棚蔬菜基地、为低收入群体发放物价补贴。

四、农村物价管理

1989年，桃源县在9区2镇设立物价管理站。1995年在全县40个乡镇建立物价管理站，在桃花源旅游经济开发区设立“物价管理检查所”。每个站所配备1－2名专职或兼职工作人员，明确乡镇人大主席或政协组长为兼职义务监督员。在村、单位有义务物价员。县物价局对站所加强管理，举办业务培训，每人发基本业务知识手册。1996年，县政府办公室发文，明确由分管财贸工作的副乡、镇长分管物价工作。1996年5月6－10日，桃源县物价局作为湖南省唯一的代表出席在山西运城市召开的全国农村物价工作暨经验交流会议，局党组书记陈春廷在会上作题为《立足农业大县、抓好农价管理》的典型发言，发言稿在《价格理论与实践》第六期全文刊登、被《中国改革发展论文集》《世界优秀华人论文集》等50余部书籍收录。全市、全省农村物价工作经验交流会先后在桃源县召开。1997年桃源县物价局被评为“全国物价系统先进集体”。1998年桃源县物价局设农村物价管理股，对乡镇物价管理站进行管理。2012年，全县设54个涉农价格监测点。

第三节　价格改革

一、逐步放开商品价格

1987年《中华人民共和国价格管理条例》实施。桃源县初步建立起国家定价、国家指导价和市场调节价三种价格形式。1989年，放开自行车、电冰箱、黑白电视机、洗衣机、收录机、中长纤维布等7种日用工业品价格，之后又放开13种名烟名酒价格。1991年8月，桃源县财贸办公室组织到重庆市学习小商品“四放开”经验之后，全县国合商业确定100个试点的价格放开。到1992年，全县小商品价格彻底放开，由市场定价。

1998年5月1日《价格法》实施后，桃源建立起政府定价、政府指导价和市场调节价的价格体制。全县政府定价的商品由1978年的97%下降为1998年的6.5%，市场调节价由原来的3%，上升为78%，政府指导价为15.5%。2012年年底，除政府定价的17大类产商品价格外，其他商品价格都由市场调节。

二、实行价格“双轨”制

1985－1992年，工业生产资料价格实行“双轨制”，即分计划内和计划外两种价格。1989年，对桃源氮肥厂生产的碳铵，县政府下达的任务内部分是计内价格，超产部分是计外价格，这种做法1992年取消。1993年粮食价格曾出现过平价、议价。国家对粮食收购价格从1994年起实行最低保护价。市场物价波动较大时，采取最高限价或最低保护价措施。

第四节 价格监督检查

2000年7月，桃源县物价检查所被国家发展计划委员会命名为“规范化物价检查所”，2007年7月21日被国家发展和改革委员会确定为价格监督检查工作基层联系点。2008年1月31日桃源县物价检查所更名桃源县价格监督检查局，升格为副科级，属县物价局二级机构。1989－2012年物价检查共查处案件3687起，实施清退6849.05万元、没收非法所得1855.21万元、罚款6.75万元。

检查种类。价格监督检查的主要种类有“三大”检查、特殊时期检查、专项检查（行业检查）和重点检查。

“三大”检查，即由国务院统一部署的税收、财务、物价大检查，简称“三大”检查。1989－1994年“三大”检查中的物价检查共办案2185起，查出违价金额1700万余元，清退给消费者180万余元，收缴违法所得上缴财政255.49万元。

特殊时期检查，即每逢元旦、春节、国庆、中秋等节日，组织市场物价检查。对于涨价高峰期、自然灾害期、疾病流行期等特殊时期的市场物价检查。1994年9月16日《常德日报》头版报道桃源县物价局加大力度抓好国庆、中秋节日市场物价大检查。

桃源县物价局国庆节前开展市场价格检查

专项检查，即根据省物价局的统一部署开展的检查。2008年、2009年，检查24个行业收费，办理172个案件，查出违法金额

452.2万元。2011年出动检查办案人员176人次，检查农资产品经营门市部及有关涉农部门76家，立案31起，查处31起。

重点检查，1989－2012年，进行重点检查200余次。2010年9月，群众举报桃源县成湘琳燃气经营有限责任公司经营的瓶装液化气价格高于物价局的规定。县价格监督检查局，查出该公司每瓶液化气多收5元、10元不等，共计违法金额13000元，将其全部收缴上交财政。

1989－2012年，县物价局在全县范围内全面推行商品明码标价，共印发明码标价宣传资料2万余份，召开各种会议300多场次，举办培训班100多期，印刷红、蓝、绿三色明码标价签并确定供应点。经过努力，全县所有市场逐步实现明码标价。

1989年，县物价局聘请3名义务物价监督员开展市场价格监督，发现违价问题100多起，处理不合标准的衡器近百件。1992年通过县总工会组织职工义务监督员。1996－2004年聘请各乡镇人大主席、政协组长对当地市场物价进行监督。到2012年，有乡镇价格工作领导小组39个，村级农村价格服务监督员420余名。县物价局设置并公布价格举报电话6622903。2001年5月8日开通“12358”价格举报电话。同时配备电脑、传真机及应急专用车辆。2001－2012年，共接到举报电话1137起，网络举报46起，接访214人次，上级交办案件63起，共受理举报1460起，回复率100%，立案213起，查出违法金额434.5万元，清退414.8万余元，处罚19.7万元。

第五节　价格服务

一、为经济建设服务

1991年3月26日，县物价局对县水泥厂等企业的负担进行调查，写出《企业要腾飞、须斩绊马绳》的调查文章，受到县委、县政府领导的重视，县委办公室用《参阅件》转发全县。1992年1月5日，县物价局制订为县域经济发展服务四条措施，即四抓：抓理顺价格，为企业提高经济效益做文章；抓减轻负担，为企业创造宽松环境花气力；抓价格信息，为企业平等竞争找路子；抓重点解难，为企业走出困境想办法。1993年4月9日县物价局在尧河乡杉木岗村举行农产品价格信息发布会。1994年4月4日，县物价局制订大力支持个体私营经济发展的五条措施，县委书记作出批示，县委办公室的《县委通报》转发全县。2003年县物价局向全县作出六条工作服务承诺。2005年，为教育收费，县物价局向上级物价部门争取准予适当提高，桃源县一中的收费由原来的550元/人调高为800元/人。2006年，县物价局疏导县内各电价标准之间的矛盾，理顺国、地两网的农电价格，缩小了“两网”电价差距。2011－2012年，帮助陬市自来水厂改经营性电价为居民用电价，减轻负担20余万元。2009－2012年县物价局年年被县委、县政府评为支持工业发展先进单位。

二、为稳定大局服务

2003 年，三阳地区一度出现食盐抢购风波，影响社会稳定，县物价局查处违价行为带头者，及时平息了抢购食盐的风波。2008 年出租车主因承包费过高罢运，到省、市上访。县物价局经过调查，测算审核承包费标准，将每天承包费由 100 元降为 87 元，使出租车恢复运营。

三、为公正执法服务

1992 年成立桃源县价格事务所，2002 年 4 月成立桃源县价格认证中心，开启价格认证、“四物评估”鉴定及行政执法部门的涉案评估工作。2003－2012 年，共为县内各司法机关、行政执法机关和国家经济管理部门办理刑事、民事、经济、行政处罚案件的“四物”认证鉴定 982 起，总价值 2130 万元，交通事故车辆评估 83 起，定损额 288 万元，破产企业资产评估总值 1. 396 亿元。

四、为人民群众服务

1986－1994 年，开展“物价、计量信得过”活动，授予 36 家企业“物价计量信得过单位”称号；1995－2004 年利用县物价局主办的《物价动态》《桃源价格信息专辑》《桃源物价信息》《桃源物价》《农村物价》等简报及县办的《桃源报》发布价格信息；2006 年，县物价局督导落实对五保户和低收入群体的价费优惠政策。在全县设立涉农价费公示牌 1350 块，基本实现每个村公示。2007－2009 年县物价局开展“价格服务进万家”的“八进”活动。成立价格公共服务工作领导小组，开展价格公共服务活动。2011 年，县物价、民政、财政、统计等部门联合制定《桃源县低收入群体价格临时补贴与物价上涨联动机制具体实施办法》，7－9 月对县城区低保对象和农村“五保户”共 2 万人发放价格临时补贴 60 万元。2012 年为减轻患者用药负担，县物价局多次对基层医疗机构执行基本药物政策情况进行检查，使基本药物销售价格下降 40. 21%，基层卫生院门诊和住院病人每人次平均药费分别降低 30. 06 元和 112. 34 元。

1997 年 12 月，桃源县物价局荣获“全国物价系统先进集体”荣誉称号

修志工作人员：

分管领导：刘菊明

资料征编：陈春廷、刘云安、孔祥富

第四章　汉寿县价格工作

第一节　汉寿县物价局

1983年，成立汉寿县物价局。1994年12月起历经5次更名：1994年12月称汉寿县计划物价局，1996年1月复称汉寿县物价局，2002年3月改称汉寿县发展计划物价局，2005年12月称汉寿县发展改革物价局，2011年5月起称汉寿县发展和改革局，加挂汉寿县物价局牌子。

汉寿县物价局有干部职工50人，其中本科以上学历21人、专科学历20人；专业技术职务有经济师1人、审计师1人、价格鉴证师4人。县物价局设产商品价格管理股、非产商品收费管理股、价格监督检查局（副科级）、价格调节基金征收管理办公室、价格认证中心、价格成本调查队。

表7-4-1　　汉寿县物价局历任领导班子成员名录

职务	姓名	任职时间	说　明
局　长	廖翠一	-1989	
	蒋万甲	1990-1992	
	陈绍云	1993-1994	
	何华文	1995	
	彭廷寿	1996-2001	物价局局长
	杨仁华	2002	兼党组书记
	夏吉平	2003-2008	2004-2008年兼党组书记
	宋国彪	2009-2011	兼党组书记
	黄　强	2012-	发改局局长、党组书记
	鲁述初	2012-	发改局副局长、物价局局长
党组书记	蒋万甲	1993	
	管力生	1994	
	曾庆尧	1995	
	戴春茂	1996-1997	
	孙功建	1998-2001	
	詹仕美	2001	
	李正来	2003	

续表

职务	姓名	任职时间	说　明
其他成员	罗炼章、彭玉文、罗志荣、刘佐勋、吴剑初、曾华希、雷灿斗、郭力田、王伯歧、章　力、周定华、刘长生、胡祥波、徐跃珍、刘　毅、鲁述初、李建武、杨志林、何　立、李志刚、刘万保、刘振明、郭三定、钟丽琴、罗先跃、王青、青先友、杨文辉		

第二节　价格及收费管理

一、产商品价格管理

1989 年 2 月，对全县农用薄膜统一销售价格进行调整，调整后的地膜价格为每吨 8250 元、农膜价格为每吨 7670 元、微膜价格为每吨 9090 元。5 月，对县产碳铵价格进行调整，一级品带编织袋出厂价每吨 320 元，全县统一零售价每吨 366 元。

1990 年 2 月，塑料农用薄膜实行全县一价，一年一价，零售价格农膜、地膜、微膜分别由上年价格降为每吨 7270 元、7860 元、8350 元。

1991 年 1 月，原煤由每吨 90 元调整为 110 元，藕煤由每吨 84 元调整为 100 元，对五保户用藕煤仍按每吨 40.8 元供应。

1992 年 5 月 1 日起，县自来水公司、蒋家嘴自来水厂、坡头自来水厂、洋淘湖农场自来水厂、围堤湖供水厂的水价每吨由 0.34 元调整为 0.40 元。

1993 年年底，对县城、蒋家嘴镇市场粮油销售实行最高限价：每 500 克标二早籼米 0.65 元、标一早籼米 0.70 元、标二晚籼米 0.80 元、标一晚籼米 0.84 元。每 500 克二级菜籽油 3 元。

1994 年 3 月起，洋淘湖自来水厂和坡头自来水厂自来水价格调整为每吨 0.6 元。

1995 年 10 月，对全县猪肉实行最高零售限价，每 500 克猪肉（带骨）最高销售限价为 6.40 元。12 月，每 500 克猪肉（带骨）最高销售限价为 6 元。

1996 年 2 月，对全县食盐价格进行调整，500 克小塑料袋装每包零售价格，县城和坡头镇统一为 0.60 元，农村市场统一为 0.62 元。

1997 年 5 月，对全县民用液化气价格进行核定，供给零散户每瓶（12 公斤）50 元，常供合同户 45 元。

1998 年 4 月，调整县自来水公司自来水销售价格，居民生活用水每吨由 0.66 元调整为 0.86 元，生产用水每吨由 0.70 元调整为 0.91 元，经营（含基建）用水每吨由 0.88 元调整为 1.16 元，经营性用水中的娱乐服务业用水每吨 2 元。

1999 年 4 月，对全县猪肉实行最高限价，每 500 克猪肉（带骨）批发价格为有皮猪肉4元、无皮猪肉4.2元。每500克猪肉（带骨）零售价格为有皮猪肉5元、无皮猪肉5.3元。

2000年10月，实行农电全县一价，农村居民照明用电到户限价，非普工业用电，统一调整为每千瓦时0.75元。

2001年9月，核定全县农电最高限价。农村居民生活用电为完成“两改”的村每千瓦时0.65元，完成网改的村每千瓦时0.68元，改造后未入户的农户每千瓦时0.79元，未网改的一类村每千瓦时0.79元，未网改的二类村每千瓦时0.82元；非普工业全县统一核定为每千瓦时0.75元

2003年3月，调整农村居民生活用电价格。网改完成的每千瓦时0.548元，未完成的按地域条件分别执行每千瓦时0.61元或0.65元。

2005年6月，碳铵出厂价每吨由500元调整为455元，允许生产企业根据市场情况上浮不超过6%，零售价每吨不超过520元。

2007年4月，核定西洞庭湖湿地旅游风景区门票、船票价格。每条线路门票每人30元；船票价格分别为豪华型每人35元，冲锋舟每人70元，标准型每人30元，经济型每人25元。

2009年，居民生活用水和行政事业单位用水由每立方米1.26元调整为每立方米1.53元；工业用水由每立方米1.38元调整为每立方米1.60元；经营服务用水由每立方米2.25元调整为每立方米2.61元；特种行业用水由每立方米4.82元调整为每立方米5.82元。

2010年11月，调整管道天然气销售价格，居民用气每立方米2.93元，非居民用气每立方米3.38元。12月，全县乡镇卫生院全面实行药品零差率销售。

2011年8月，对出租车燃油附加费每车次由原来的0.50元调升为1元。

2012年4月，调整洋淘湖镇自来水价格，居民生活用水每立方米1.80元，非居民生活用水每立方米1.85元。

二、非商品收费管理

1989年6月23日－10月25日，对全县18个系统273个单位的行政事业性收费进行年检年审，取消不合理收费项目74个，为群众和单位减少支出159.80万元，降低收费标准103个，为群众和单位减少支出147万元。

1992年，对有收费职责的行政事业单位进行年检年审和核发新的收费许可证，取消不合理收费项目15个，降低收费标准35个，为企业和群众减轻负担120万元。10月，对临时进城的机动车辆收费标准每台次由0.50元调整为1元。

1993年，取消不合理收费项目104项，降低收费标准15个，为企业和群众减轻负担608万元。

1998年，对行政事业性收费单位进行年检年审，先后取消车辆进城通行证费等9项和

私营企业管理费等29项收费，减轻群众负担近1000万元。

1999年3－10月，取消收费项目96项，降低12个项目的收费标准，每年为企业和城乡居民减轻负担近1000万元。

2000年取消收费项目72项，降低收费标准25项。

2001年，对全县近400本“收费许可证”进行审验。

2004年共年检292个收费单位，取消收费项目31项，降低收费标准7项，注销“收费许可证”2个。

2005年，完善涉企收费“一费制”，给48个规模企业发放“费负卡”，减轻了企业负担，优化了企业发展环境。

2006年，对所有行政事业性收费单位进行收费年检年审，全年减轻企业和消费者负担500万元。

2011年，清理涉及行政审批、行政许可等收费项目，取消、降低收费项目和收费标准15项。

第三节　价格监督检查

1984年汉寿县物价检查所成立以来，认真履行价格职责，坚持每年元旦春节等重大节日市场价格巡查。1989年3月，在全省率先建立乡镇（场）物价管理监督站，第29次省长办公会议决定将汉寿县的这一经验在全省推广，《湖南日报》头版头条作了报道。

汉寿县发改局局长黄强（前排左一）、物价局局长鲁述初（后排中）进行市场价格检查

2003年，围绕群众关心的农业生产资料价格、农民建房收费、农村电价、中小学教育收费、医疗收费和药品价格、城镇供水价格、车辆收费、有线电视收费和下岗职工再就业等9个方面进行专项检查。防治“非典”期间，对经营涉及“非典”药品、消毒用品及食品的药店、医院和商店进行政策宣传及监督检查，严肃查处哄抬价格、趁机乱涨价、乱收费的价格违法行为。

2004年开展“价格诚信单位”评比活动。

2009年，共查处价格违法案件48件，责令退还多收价款117.52万元，罚没入库90万元。

2010年3－4月，开展涉农价格与收费专项检查。4－5月开展医疗收费整治；5－6月开展涉企收费专项检查；7－8月开展城区药品超市价格以及县医疗卫生机构医疗服务和药品价格执行情况的检查；9－10月开展教育收费整治；10－11月对农村电力价格、城乡自来水价格、液化气价格、天然气价格进行检查。

2011年，开展以农民建房、农民外出务工、计划生育、农机服务为重点的涉农收费监督检查，查处向农民乱收费案件5起。

2012年，评选出汉寿县三峡天然气有限责任公司等8家单位为汉寿县2012年度“价格诚信单位”。

1989－2012年，共查处违价案件2088件，清退1591.70万元、收缴财政1139.10万元、罚款111.60万元。

第四节　价格调控与服务

一、价格调节基金征收管理

1994年12月，汉寿县政府办公室出台《关于建立价格调节基金制度的通知》（汉政办发〔1994〕37号）（以下简称“通知”），1995年1月1日起执行。“通知”对征收范围、标准予以明确第一类是建筑、水电安装企业（含个人），按工程预算造价的0.5%征收；对装饰、装潢企业（含个人），按工程预算造价的0.5%征收。第二类是邮电、电力企业，按销售配套器材收入的1%征收。第三类是自来水公司，按实际销售总量，每吨0.02元标准价外征收。第四类是宾馆、旅社、招待所按实际营业床位按每天每床收费标准的10%价外征收。第五类是国家管价的商品和收费，在价格调高时，按调价增加收入部分的10%价外征收。第六类是个体客运车辆（含单位承包给个人的车辆），按核定座位每座0.5元征收；出租小车按每车每月5元征收；个体货运车辆（含拖拉机、小四轮和单位承包到个人的车辆），按核定吨位每吨每月2元征收。第七类是金融、保险业，按计税营业额1‰征收。第八类是美容美发行业，按营业座位每座每月15元标准征收。第九类是健身按摩、桑拿浴行业，按每床位每月20元标准征收；夜总会、营业性卡拉OK、歌舞厅，按每月100－300元标准征收；录像放映厅，按每月100元标准征收；对电子游戏室，按每月每台20元标准征收；营业性电脑打字、复印，按每月每台50元标准征收。

1998年，《汉寿县人民政府关于印发〈价格调节基金征管办法〉的通知》（汉政发〔1998〕9号）将征收范围及标准由9大类调整为11大类，自决定1998年6月1日起执行。第一类是建筑、水电安装、装饰装潢企业（含个人）。第二类是各种营运客运车辆。第三类是“慢慢游”交易。第四类是宾馆、旅社、招待所。第五类是娱乐、消费性场所。第六类是自来水公司。第七类是邮电、电力企业。第八类是广播、电视部门。第九类是石油经销单位。第十类是中央、省、市及外地驻汉寿企事业单位（含办事处、营业室）。第十一类是国家管价管费的商品价格和收费。

2002 年、2004 年、2009 年，县政府均发文对价调基金征收方案进行修订。1998－2012 年，全县价格调节基金共征收 1666 万元。

2008 年 1 月，汉寿县政府动用价调基金，对城区 12 个居委会 3560 个低保户的液化气价格进行补贴，每户补贴 30 元，共发放价调基金 106800 元。

二、价格认证及成本调查监审

1993 年 10 月，成立汉寿县价格事务所。2001 年，成立汉寿县价格认证中心（加挂汉寿县价格事务所、汉寿县价格成本调查队牌子）。1995 年，为公检法司系统的“四物”评估 62 宗，估价鉴定金额 116 万元。1996 年完成“四物”评估 120 宗。1997 年，开展车损评估等服务项目，全年完成“四物”评估 122 宗，接受价格信息服务的企业 200 多家。1998－2000 年受理评估业务 785 宗，评估金额 3394 万元。2001 年，共完成价格评估 146 宗，评估金额 1786 万元。2002 年受理价格认证、评估 162 宗，评估金额 2046 万元。2003 年受理价格认证、评估 172 宗，涉及金额 2500 万元。

2004 年共受理涉案物价鉴证业务 122 宗，鉴定价值 276 万元；成本监审业务 15 宗，审核总额 2450 万元。2005－2012 年受理涉案物价格鉴证业务 712 宗，鉴定价值共 4441.30 万元。2001 年 8 月，根据汉编办发［2001］3 号文件，汉寿县价格成本调查队成立，与价格认证中心实行两块牌子、一套人员，合署办公。自成立以来，汉寿县价格成本调查队按照上级及局党组的要求，对进入价格听证目录的部分国家定价商品和服务价格进行成本调查和成本审核，截至 2012 年年底，已完成医疗服务成本、农业供水成本、城市物业管理成本、城镇供水及污水处理成本、报纸杂志成本以及学校学生教育成本等行政事业性收费项目的成本调查测算审核工作 107 次，仅 2001 年开办之年就完成了汉寿县生源学校办学成本、汉寿县坡头渡口运行成本等 11 项成本调查监审。

汉寿县物价局价格监测工作会议暨监测点授牌仪式

三、拍卖服务

1997 年 9 月，成立湖南省拍卖公司汉寿分公司，为省公司设立的非独立法人分支机构，属县物价局的二级机构。2005 年 3 月，转变为民营企业。1998 年，完成拍卖业务 8 宗，成交金额 71 万元，拍卖佣金收入 3.02 万元。1999 年，完成拍卖业务 6 宗，成交金额 304 万元。2000 年，共举行 5 场拍卖会，拍卖成交金额 1100 万元。2001 年，共实现拍卖成交金额 1160 万元。县氮肥厂、麻纺厂等国有企业需转变为民营企业，对氮肥厂、麻纺厂等进行拍卖。2002 年，受理龙阳宾馆拍卖业务，使该宾馆转型为外资企业。2003 年，受理拍卖标的物 30 宗，成交金额 3200 万元。2004 年，举办拍卖会 9 场，成交总额 2100 万元，其中包括对县内首次开通的 2 条公交线路进行拍卖。

2005 年 3 月，拍卖公司与县物价局脱钩，成为民营企业。

修志工作人员：

分管领导：杨志林

资料征编：刘帆、周鑫

第五章　临澧县价格工作

第一节　机构与编制

1981年临澧县在县计划委员会设物价科，编制2人。1983年12月13日，成立临澧县物价局，次年4月，开始正式办公。1994年9月25日，县物价局与县计划委员会合并组成临澧县计划物价局。1995年11月，物价与计划机构分开后设立县物价局。2002年1月，县物价局又与县计划局合并组建临澧县发展计划物价局，2003年更名为临澧县发展改革物价局，属县政府正科级组成机构。2010年9月起，县物价局与局发展和改革局两块牌子、一套人马。机构设人民街县政府院内。

1983年临澧县物价局成立时定编5人，1990年增为10人，2000年增至11人。

表7-5-1　　局领导任职人员名录

职务	姓名	任职时间	说　明
局　长	谭　廉	1984.1-1985.1	
	龚伦祥	1985.2-1990.5	
	郑传明	1990.6-1991.12	
	卜功鑫	1992.1-1994.9 1995.9-2001.1	1994.9-1995.11兼党组书记
	于二彩	1994.9-1995.9	临澧县计划物价局局长
	马继红	2001.1-2002.1	
	刘茂梅	2002.2-2007.10	发展计划物价局、发展改革物价局局长兼党组书记
	张远贵	2007.10-2010.9	发展和改革局局长、党组书记
	汪晓虹	2010.9-	
副局长	龚伦祥	1984.1-1985.1	
	何永大	1985.1-1996.4	
	王维远	1993.12-2001.1	
	唐金平	1995.11-1997.10	兼党组书记
	汪晓虹	1996.3-2010.9	
	覃仕肼	1997.10-2002.1	兼党组书记
	石　虎	2001.1-2002.1	
	曾凡华	2002.2-2007.9	

续表

职务	姓名	任职时间	说　明
副局长	刘正雄	2002.2－2003.1	
	葛志刚	2002.2－2010.9	
	谭小文	2005.1－2010.9	
纪检组长	俞宽民	1991.1－1992.12	
	汪鼎金	1993.1－1995.10	
	张湘岚	2001.2－2005.6	
	金建初	2005.6－	
工会主席	金建初	2003.2－2005.6	
	刘国锋	2005.6－	

第二节　价格管理

价格审核与价格改革　1989年，县物价局将化肥、农药、农膜改为综合计价，实行全年一价、全县一价。1990年，对国家专储粮实行特定价格和议购价格政策。农业生产资料销售价格受能源、原材料价格上涨的影响而普遍提价，日用消费品、副食品、烟、酒等价格进一步放开。1991年，改进作价办法，放开大多数商品价格，社会商品零售总额的国家管价商品比例由1989年的59%下降到25%，市场调节价商品由1989年的41%上升为75%。1992年，建立企业调价备案制度和行业价格平衡协调制度。放开家电、成衣等40种商品价格。11月放开粮油销售价格后，又取消粮油定购价，政府只制定收购保护价或销售限价。1994年起，把教育收费、房地产收费、交通收费、民用燃气、电视收视费、自来水水价以及农村用电作为价格管理的重点。1996年，棉花收购价格放开，居民生活必需品的价格亦相继全部放开。

到2012年止，县价格部门先后对教育、城乡自来水、农村电价、燃气、营运出租车和房地产等价格及收费标准进行审核审批。

收费许可　县物价局对行政事业性收费实行收费许可制度。1987年61个局级单位领取行政事业性收费许可证，核定收费项目624个，收费标准4861个，下半年开始“收费许可证”年检。当年取消31个收费项目、28个收费标准，降低50个收费标准。此后，“收费许可证”一年一审。2000年实行“收费员资格证”制度，以后每年对该证实行年检年审。

价格听证　2000年起，临澧县对重要商品和服务价格的制定与调整，实行听证制度，举行定调价听证会，将听证会结果报县政府、市物价局审定价格。2000年1月19日，邀请县人大代表、政协委员、居民代表等参加县内首次价格听证会，征求县城自来水价格调整意见。此后，先后8次召开听证会，分别对县城的士营运权出让价格、县城及乡镇自来水调（定）价开征污水处理费、县城管道燃气调价及社区居民卫生费等进行听证。

价格调节基金管理 县物价局1995年成立价格调节基金征收办公室后。县政府每年下发价格调节基金征收方案，到2010年，年征收价格调节基金50万元左右，2011年4月县政府下发《临澧县价格调节基金征收管理办法》，将水泥、烟花、石膏、房地产纳入征收范围，当年征收价格调节基金243万元，2011年至2013年三年共征收900多万元。所收基金由县政府控制，主要用于扶持“菜篮子”生产基金、平抑市场居民生活价格、农贸市场建设，18年共投入基金1000多万元，2011年县物价局被评为全省价格调节基金征管工作先进单位。

第三节 价格事务

价格监测 1989年，县物价局创办《临澧物价动态》，及时公布市场价格走势。1990年，选定55种生活用品和生产资料价格进行监控。1992年，对55种生活必需品的市场成交价格监测加密到每月逢5采价，对农资价格、教育收费等组织4次专题调查。1993年3月，建立粮油、禽畜、化肥、建材等7大类、34种商品的固定采价点。2003年，采价范围由成交商品扩大到主要服务性收费，种类扩大到98种，对32种主要商品市场价格建立每周一次采价分析制度。2006年，建立并完善全天候、全方位、全过程的市场价格监测、汇总、分析、上报制度。开始对丁玲学校收费及县城两家医院7种单病种手术包干费、门诊住院费用进行常年定期监测。2007年，对41种重要商品、服务价格、消费品价格、节日市场价格进行监测，对猪肉采价由原来的一周一采改为双日一采。2008年，实行农情监测周报制度，做到常规情况定期报、动态情况及时报、突出情况紧急报。春节冰冻期间，坚持每天3次对粮、油、猪肉、蔬菜价格进行跟踪监测。对春运票价、农资价格、房地产价格、价调基金征收、价格形势等热点难点问题展开调研。2009年，对12大类116种重点商品和服务价格实行逢5采价监测制度；对碳铵、尿素、农药、种子等农资价格，坚持每周进行定时定点采价；对医疗费用和药品价格，细化到门诊、住院人均费用和单病种手术费用，实行每季一次专项调查，及时上报并公告。

成本调查与监审 1992年，县物价局对县氮肥厂、县气门厂等8家企业的生产成本进行调查和测算，提供合理的作价依据。1996年为11家企业进行成本分析和测算，核价15批次，核价金额100万元。拒批涉及39个收费项目和44个收费标准的13宗提价申请。1999年6月，开展药品价格全面监审，对部分定价过高、折扣较大的国产药品，按实际进价加差率的原则，于8月实行砍扣降价。2000年10月，对合口镇自来水价格进行成本调查，将供水平均价格调升为，每立方米1.37元。2001年10月，对青山灌区农业用水进行价格成本调查。2002年秋，对3所高中的学生公寓进行成本调查。2003年，对烟花鞭炮产业服务收费和建设工程检测费进行价格成本调查。2007年7月，对农村用电价格成本、

15 家幼儿园教育成本、丁玲学校和临澧驾校的办学成本进行审核。2008 年，对经济适用住房销售价进行成本监审。

第四节　价格监督检查

专项检查与重点检查　临澧县物价局重点开展农业生产资料价格、主要副食品价格以及教育收费、市场物价等方面的检查。1989 年 6 月中旬，查处县电影公司上半年变相涨价行为，由县法院强制执行。国庆节期间，县人大、县政协组织市场物价大检查，共检查 56 个经营单位，6 所学校、26 个医疗单位、4 个农贸市场。1990 年 1 月，县物价局设立价格违法案件审理委员会，价格监督检查行政执法主体由县物价检查所调整为县物价局。1992 年，共检查经营企业与行政事业单位 293 个，查处违价案件 43 起。1994 年开展“全国物价大检查”。1988—1995 年连续 8 年开展了财政、税收、物价“三大查”。1986－2003 年，累计查处违价案件 1247 件，立案 1172 件，查证违价金额 1198 万元，清退给消费者 630 万元，收缴财政 389 万元，罚款 179 万元。2005 年 7 月，开展查处价格欺诈专项行动。2006 年，开展“市场监管年”活动。2007 年，开展农资、春运、教育、医疗收费检查，查处违价案件 38 起。查证造价金额 650 多万元，收缴 55 万元。按照全市统一部署，开展对交警、建设、国土、医疗卫生 4 大系统的行业检查，查处违价金额 160 万元，收缴 25 万元。2009 年，制订《行政处罚自由裁量权适用办法》。2010 年，开展农村中小学教育收费、医疗收费、客运收费、建房收费以及粮食最低收购保护价、烟叶收购价、农资价格的专项检查，共查处违价案件 50 多件，查证违价金额 500 万多元，收缴财政 45 万元。2010 年、2011 年县物价局两次被评为全省价格监督检查先进集体。

临澧县人大常委会召开《价格法》执法检查动员会

明码标价和价费公示　1990 年 7 月，县政府印发《关于商品和收费实行明码标价的通知》，全县经营企业更换新的标价签。1994 年 3 月，全县印发标价签 50 万份，国家、集体经营单位明码标价率达到 95%。至 1998 年，全县大型超市、药店、医院、百货市场明码标价普及率 95% 以上。2001 年，县政府成立明码标价工作领导小组，分管副县长邱兵泉任组长。县电视台开辟《走近消费》栏目，县政府张贴公告，开展明码标价一条示范街、一个示范医院、一个示范市场、一个示范旅游景点、一个示范电信企业的“五个一”

工程。2010 年，开展“企业诚信年”创建活动。

2002 年 7 月底，县政府召开涉农收费公示工作会议。每个乡镇设置 2 块大型涉农收费公示牌。2003 年 6 月各乡镇实行“一块牌子公示，一本账目管理，一个窗口收费”。10 月，县政府召开大会总结价费公示工作，下发《临澧县价格与收费公示工作实施方案》，公示全县 854 个收费单位的行政事业性收费、经营服务性收费、政府管价商品价格。2005 年 7 月，启动价格监督进社区活动。2006 年，全市农村价费公示流动现场会的人员参观了临澧县修梅镇和安福镇清水村现场。2007 年，全县城镇、农村、社区价费公示覆盖率 98% 以上。2009 年，制作涉农收费公示牌 340 块发到每个行政村。新增网上公示，在全市首创短信群发平台，全县价费公示覆盖率达到 100% 。投资 1 万多元，在县工业园建立高标准的涉企收费公示阵地，得到省物价局局长龚秀松等领导的充分肯定。

价格投诉与举报检查　1989 年 5 月，望城中学 18 名学生举报学校加收学杂费，无偿收取黄豆、食油折合金额 6284. 5 元，县物价局责令学校全额清退。1990 年，受理社会价格举报 15 起，处理清退违价金额 1. 2 万元。2000 年 5 月，办理县人大转交的 24 名个体客运业主举报案，查证县交通部门违规收费 4. 95 万元，责令清退 3. 45 万元，罚没入库 1. 5 万元。1999 - 2002 年，共受理群众来访、投诉案件 66 件，全部查证回复。2003 年 5 月，设立价格投诉举报中心，公布“12358”价格监督举报电话，在醒目处设置“价格连着你我他，投诉请拨 12358”大型喷绘广告。2007 年春运期间，物价部门接到举报投诉电话 35 起，与交通运管处联合查处违价中巴车 18 台次，实施经济处罚 1. 8 万元。2008 年，受理举报投诉 17 件，结案率和回复率均为 100% ，投诉方满意率 90% 以上。2009 年，受理和回复县长热线、临澧论坛及网上诉求的各类价格问题 12 件，接报处理违价案件 43 宗。2010 年，成立价格举报应急分队。全年受理来电咨询 12 件，网上投诉 32 件，市局交办 17 件。10 月 5 日，石门一超市老板举报在临澧县境内被强收车辆卫生费，应急分队及时查处，责令城管部门如数退款，超市老板登门赞扬致谢。

价格监督网络　1991 年 3 月 1 日，常德市物价局到临澧县举办试点，组建农村乡镇物价检查站，城关、合口两镇先行建站，每站配编 2 - 3 名，经费自收自支，人员实行招聘制，月工资 200 元。合口镇被列为全省农村乡镇设立物价机构的 39 个试点之一。1996 年 7 月 3 日，全县除城关镇外的 16 个乡镇（区）均成立农村物价管理站。“乡镇物价管理站”与“乡镇农村合作经济管理站”两块牌子、一套人马，合署办公。1999 年 5 月 - 2000 年，调整临澧县职工物价监督检查站，检查员采用聘任制。2002 年，县政府明确乡镇物价管理站由一名副乡镇长分管。2007 年，临澧县完善城乡价费监督网络，各乡镇明确联络员、各村聘任义务监督员。

第五节　价格服务

价格公共服务　1992 - 2003 年，县物价局向企业和农民发布价格及供求信息近万条、发行各种价格信息、物价公报等4000多份，发展价格信息网络户1200多户，免费为信息网络户赠送价格刊物和报纸4000多份，为企业提供价格顾问53户次，运用价格信息增加经济效益200万多元。2009年，成立临澧县价格公共服务领导小组。组建1个价格服务网络中心，92个基层价格公共服务站、8个价格监测反馈点，建立企业联系服务制度，为企业提供定点服务。对石膏产品价低卖难的状况进行调研形成调研报告报送领导参考；举办一期100人参加的价格政策业务培训；向全县价格监督服务站、价格监督联络员、县直单位负责人、县级领导发《临澧县价格公共服务手册》1000册，编印《价格服务进社区宣传单》5000余份。重新制定办事指南、办事流程图。2010年，突出价格服务进企业、进农村、进学校、进社区、进商场、进医院、进市场、进景区“八进”主题活动，价格服务“八进”工作经验在全市推介。为市物价局“创满”工作提供示范现场。

临澧县价格部门在朝阳广场设立“3·15价格政策宣传台”，进行价格政策宣传

价格实事办理 2007年，按照省、市统一部署，启动办理“价格十件实事”活动。成立由局长任组长的“价格十件实事”办理领导小组。本着服务经济、服务发展、服务民生3大主题，围绕稳定“菜篮子”价格、农资价格、春运价格，降低农村电价、监控医疗价格、规范教育收费、扶持弱势群体等方面做工作。落实为特困户每户每月减免4吨水、8度电价费优惠政策。2007－2010年共为1.7万多户次城乡低保户减免电费106.4万元、水费45.5万元、医疗门诊费3.6万元、卫生防疫费43.6万元、有线电视收视费23.8万元、学杂费73万元。2007年度，被评为全省价格系统落实“价格十件实事”优胜单位。

价格鉴证 1992年，临澧县物价局开始价格鉴证工作。2000－2004年，累计完成企业资产评估总额2亿多元；完成涉案物价格鉴证350宗，评估金额2.45亿元；完成交通事故车辆定损230宗，评估总额257万元。2007－2010年，先后受理多家企业、单位房地产、整体资产、抵押设备评估1000多宗，完成评估总额1.5亿多元；开展涉案物价格鉴证1187宗，鉴证金额9080万元 。连续8年实现鉴证案件复核率为零，荣获2005－2006年、2007－2008年、2009－2010年、2011－2012年规范化省先进价格认证中心。

修志工作人员：
分管领导：汪晓虹
资料征编：杨运峰、刘定清、朱丹

第六章　石门县价格工作

第一节　石门县物价局

1983 年 12 月成立石门县物价局。1994 年 9 月，县计划委员会、县物价局、县经济技术协作办公室合并，组建县计划物价局。1996 年，计划、物价机构分设，称石门县物价局。2002 年 1 月，与县计划委员会合并，成立县发展计划物价局。2005 年 1 月，建立县发展改革物价局。2010 年 8 月，称县发展和改革局，加挂县物价局牌子。

2012 年底，石门县物价局内设（二级）机构有办公室、价格收费管理股、价格监督检查局、价格认证中心、价格调节基金征收管理办公室、价格成本调查队。

表 7－6－1　　石门县物价局历任领导成员名录

职务	姓名	任职时间	说　明
局长、 党组书记	赵忠敏	1990. 2－1992. 12	1990. 2－1991. 1 局长兼党组书记 1991. 1－1992. 12 局长、党组副书记
	邓定明	1991. 1－1995. 1	专职党组书记
	郑昌柏	1992. 12－1995. 1	局长、党组副书记
	覃道雄	1995. 1－1996. 2	专职党组书记
		1996. 3－2002. 2	局长、党组副书记
	殷远明	1995. 1－1996. 3	局长、党组副书记
	柴金玲	1996. 2－2002. 1	专职党组书记
	赵松岳	2002. 1－	县发改局副局长兼党组书记
	喻自平	2011. 3－	县发改局副局长兼党组副书记 县物价局局长
副局级 领导名录	易继森	－2002. 1	
	易全珍	1992. 11－2005. 7	
	覃事平	1992. 11－2007. 4	
	吕育政	1995. 1－1996. 1	
	何继忠	1995. 1－1996. 3	
	帅业贵	1995. 1－1996. 3	
	龚德惠	1995. 1－1996. 3	
	陈惠明	2001. 1－2004. 3	

续表

职务	姓名	任职时间	说　明
副局级领导名录	覃道雄	2002.1－2008.3	
	杨满堂	2002.1－2008.3	
	高悉朗	2002.2－	
	邓辰	2002.3－2009.3	
	蔡业洪	2003.3－2004.2	
	李　芳	2004.3－	
	喻自平	2004.3－2011.3	
	王晓丽	2005.7－2011.3	
	张延祥	2007.12－2011.3	
	向　斌	2009.3－	
	陈志军	2009.3－	
	刘德云	2011.3－	
	杨瑞良	2011.3－	

第二节　价费管理与服务

一、价格管理和改革

20世纪80年代中期开始，价格改革经历了探索起步、逐步放开到市场自主、政府调控几个阶段。石门县物价局运用价格职能，完善价格管理，推进价格改革，理顺县内工农业产品和主要生产生活商品价格，为县域经济发展和群众生产生活保驾护航。

1989年，理顺县产棉布、化肥、煤炭、电力等价格38种，当年增加产值1594万元，增加企业收入189万元；获利162万元。1990年，先后43次调整多种产商品价格。1991年，共调整产商品价格300多个，收费项目71个，放开日用小商品价格1140余种（类）。1992年组织实施国家价格改革措施。1996年，对碳铵全县实行分价区销售限价和综合差率控制；合理安排县产磷肥、复混肥价格和经营综合差率。1997年，落实粮食最低收购保护价、农电分类价格标准，完善限价措施。1999年，配合农村电网“两改一同价”工作出台石门县农村用电限价执行标准，农村电价限价到位率95%以上，当年减轻农民负担270万元。

2001年，重新审查公布县内各线路客运汽车票价；全县农电限价标准每千瓦时降低0.03元，农网改造的村每千瓦时降低0.10元；2003年，全县农村电网“两改一同价”全面完成，农村居民生活电价每千瓦时平均降低0.15元以上；调整县城区自来水供水价格、开征城镇污水处理费、县城区“的士”车经营权有偿出让和“的士”车营运收费、县城区天然气销售价格调整、县级公立医院综合改革医药价格等。石门县公立医院医药价格改革方案在全省8个试点县（市）中率先获得省物价局通过。

二、收费管理

1989年，对全县315个行政事业性单位的非商品收费工作进行年检年审，取消了8个单位收费项目21个，降低收费标准38个，被省、市物价局分别评为行政事业性收费清理整顿工作先进单位。1993年4月中旬开始，组织10人分4个组在60天时间内对县直95个收费单位进行年检年审，停止不合理收费项目13个；6月开始，对1989年以来县政府和县物价局下发的256份有关收费文件进行清理，取消项目48个，降低收费标准8个，年均减轻农民和企业负担379.95万元。1995年年检单位255个，对不合格单位作出清退5.3万元。1995年吊销收回“收费许可证”98个，注销收费项目23个，变更收费标准42个。

2010年石门县出租汽车营运价格听证会

2000－2012年，全面更换全国统一样式的“收费许可证”和“服务价格登记证”。

三、价费服务

石门县物价局坚持价格服务办实事的宗旨。1993年，一批国家重点建设工程如石门火电厂、长石铁路、澧水公路大桥等先后在县城区上马，县内一批配套工程随之破土动工，各类劳务收费价格矛盾凸显。县物价局在县政府领导带领下，深入有施工任务的3个乡镇、10多个村组和8个建设、施工单位，广泛听取意见，制定各方都能接受的劳务价格，保证了重点工程顺利进行。全年深入基层、农村、市场开展调研活动506人次，写出各类专题调研材料31篇，市场价格分析材料15篇。主动上门为20多家企业解决价格难点20多个，为企业增加效益、为农民减少开支780多万元；组织召开价格协调会18次，为16家企业疏导价格矛盾19次，减少企业开支92万元。为县内中小水电、火电上网价格争取到每千瓦时提高0.025元，为县内发电企业年增收612万元。2000年以来，落实中央、省市的政策法规，出台了一系列惠民富民的价费政策。2008年，督导落实低保户医疗优惠政策、落实鲜活农产品销售环节收费减免政策、落实液化石油气低保优惠政策等。

第三节　价格监督检查

一、专项检查

1989年，组织41人，分成12个检查小组对全县800多个单位开展为期两个多月的物价大检查，共查出各种违价案件及行为733起，收缴财政44.48万元，清退用户40.1万元。这种全国性部署的物价大检查一直持续到1997年。2000年，出动300多人次，检查独立核算单位70多个，查出价格违法案件74件，清退用户78.22万元，收缴财政262.09万元。对全县乡镇计生、民政、卫生、派出所及县计生委、妇幼保健站和64所中小学校1999年、2000年的收费情况进行全面检查，共查出违纪违价单位70个，责令清退53.4万元，收缴财政17.5万元。1989－2000年，石门县物价检查所共派出检查力量9624人次，检查单位7428个（含个体工商户），对查出的违价金额收缴财政841.79万元、清退用户318.83万元。2001年，重点开展对全县医院、学校收费的专项检查，全年共出动检查力量700人次，检查独立核算单位56个，收缴财政43.21万元。2004年，出动300多人次，重点检查医疗、农资、教育、国土、电力等行业价格、收费情况。检查单位102个，对查出的价格违法金额收缴违法所得53万元，退还给用户金额299.85万元。2009年，共出动700多人次，检查单位56个，查出价格违法金额537万元，收缴违法所得65万元，清退21万元，罚款5万元。仅春运期间就出动400多人次，检查客运车辆260余台次，查出违价车辆50余台次，现场清退乘客多收票款1.2万多元，实施经济制裁6万余元，发出春运情况通报8期，对个别严重违价车辆在县电视台公开曝光。2001－2012年，共派出执法力量3650人次，检查各类单位647个，查出违价金额6245.53万元，收缴价格违法所得773.19万元，清退用户2668.96万元。

二、价费监督

1991年10月，常德市物价局在石门县蒙泉物价站召开全市农村物价管理经验交流会，石门县的泥沙、维新、蒙泉三个物价监督站在大会上发言。2006年8月，在省物价局召开的全省农村物价管理工作会议上，石门县物价局作典型发言，介绍乡镇建立义务价格监督站的经验。2012年12月，市物价局在石门县召开“全市农村价费监管年”活动总结大会，与会人员参观了石门二都、易家渡、新关镇等5个乡镇、村的农村价费监管现场，石门县物价局和二都、新关两个乡镇在会上汇报了情况。

石门县物价局加强对“12358”价格举报平台的设施建设，打造执法为民的举报品牌。对举报的突发性价格事件，做到快速反应，有序应对。如2011年3月中旬日本发生地震引发核泄漏事件，谣传我国东部沿海食盐受染，县城及乡镇顿时兴起一股食盐抢购风波，原本1元多一包（350克）的加碘食盐，猛涨到3－5元一包，最高达到每包11元。接到群众举报后，县物价局在24小时内将抢购食盐的风波平息。1989－2012年，共收到各类价费举报案件1254件，基本做到了件件有回复、事事办落实。

三、明码标价与价格诚信建设

20世纪90年代初开始推行明码标价制度。县人民医院从1998年开始实行住院病人医药费用一日一清单制度，2000年以后这一做法扩展到县城区的所有医院。2005年起，县直所有有收费项目的行政事业性单位、医院、学校和重要管价的服务性企业及乡镇部门一律在本单位的公示栏中公示收费项目及标准。县物价局还联合县教育、县财政部门统一制作收费公示牌发到全县各学校。2009年5月开始，在县政府门户网站和县局域网上公示县直主要行政事业性单位、服务机构、重要商品经营单位的价格和收费项目及标准，并随变化而调整。2011年对进入县开发区的所有涉企收费均公示在开发区园区，县城区8个社区（居委会）均制作《石门县居民生活价格和收费公示》牌，将与居民生活密切相关的水、电、气等5个方面20项价费政策予以公示。2011年开始，对城区所有开发在建的商品房实行销售价格公示，一套一标，在售房的醒目处公示价目表。

石门县物价局局长喻自平主持价格诚信建设活动启动仪式

第四节　价格认证

1992年6月上旬，县价格事务所为县城10多家企业、公司服务，取得收入1.6万多元，全部缴入县财政。1998年，制订《石门县交通事故车辆评估操作细则》。1992－2001年，石门县价格事务所配合公、检、法、司等部门，评估涉案“四物”1352件，涉案金额1622万元；对18家县属破产企业进行资产评估，金额1376万元；发行价格报刊，建立信息网络户916户，为中小企业提供价格资料，信息和咨询1800余条（次），为企业增加经济效益2153万多元；1999－2001年，完成事故车辆定损评估348台（次），金额140万多元。2002－2012年，共完成各种价格业务案件1369宗，金额6277万元，其中为司法机关办理涉案物价格鉴证960宗，涉案物价格认证252宗；为社会办理资产评估112件，为交通事故车辆办理定损评估698件，评估金额1715万元。

第五节 价格调节基金征收管理

1989－1994年，石门县开始在个别年份进行价格调节基金征收，期间仅征收出省重要物资价格调节基金52万余元，用于城镇蔬菜补贴及居民生活用煤补贴等20多万元。

1995年3月，县政府成立石门县价格调节基金征收管理办公室（设县物价局）。3月13日，经县政府常务会议研究，县长陈文浩签发15号政府令，颁发《石门县价格调节基金征收管理实施细则》。1995－2012年，共完成价调基金征收1829.5万元，年均101.6万元；支出1134.23万元，年均63万元。主要用于“米袋子”“菜篮子”产业建设扶持，蔬菜和食品经营中的价格倒挂补贴，家禽、家畜、水产等生态农业示范区建设，城镇农贸市场建设，对城镇低保户价格补贴，天然气经营购销倒挂补贴等。2012年，向省物价局争取高山蔬菜基地建设资金100万元。2008年年初特大冰冻灾害期间，石门县城管道天然气货源受阻，进价突涨，为缓解燃气公司因涨价带来的压力，减轻楚江地区近两万户用气居民的生活负担，县政府从价格调节基金中拨付专款60万元补贴燃气涨价，使县城居民过上一个安宁、祥和的新春佳节。2011年，石门县的价格总水平一直高位运行，12大类居民消费和服务价格全线上涨，平均涨幅为5.8%。石门县物价局及时向县委、县政府汇报，制定《关于建立低保标准与物价上涨挂钩的联动机制的实施方案》，向在册城镇低保户和农村“五保户”共14540人发放价格临时补贴87.24万元，其中41.24万元由价格调节基金解决。

修志工作人员：
分管领导：高悉朗
资料征编：周常家、王俊

第七章　澧县价格工作

第一节　澧县物价局

1980 年 1 月，设澧县物价委员会。1983 年 12 月，成立澧县物价局。1994 年 9 月，撤销澧县物价局，组建澧县计划物价局。1995 年 11 月，计划物价分设，恢复澧县物价局。2002 年 1 月，澧县物价局和澧县发展计划局合并组建澧县发展计划物价局。2004 年，澧县发展计划物价局更名澧县发展改革物价局，2011 年 1 月，更名澧县发展和改革局，加挂澧县物价局牌子。2012 年年底，澧县物价局设价格监督检查局、办公室、收费价格股、成本调查队、价格调节基金征收管理办公室和价格认证中心 6 个股室，共有工作人员 17 名。

局领导名录和内设（二级）机构负责人名录：

表 7－7－1　　　　澧县物价局历任领导成员名录

职务	姓名	任职时间	说　明
局长、党组书记	龚光寿	1984－1993	兼党组书记
	李祖柏	1993－2001	1993－1995 年兼党组书记
	戴承国	1996－2001	专职党组书记
	刘志容	2001－	2002－2006 年专职党组书记
	孙运岩	2002－2008	2007－2008 年兼党组书记
	李宏球	2008－2009	2009 年兼党组书记
	雷　鸣	2010－	县发改局长兼党组书记
	周月华	2011－	县物价局局长
副书记	孙运岩	2002	
	戴承国	2003－2006	
	刘志容、戴承国	2007－2008	
副局长	廖生治	1989－2001	2002－2005 年专职党组成员
	陈水安	1989－1994	
	杨振锡	1995－2002	
	吴学金	1995－2001	2002－2005 年专职纪检组长
	雷　鸣	1996－2005	
	邓松山	2003－2005	
	王焕林	2003－2006	

续表

职务	姓名	任职时间	说　明
副局长	韩先悦	2007 -	
	张业平	2007 -	2006 年专职纪检组长
	向　辉	2008 -	
	龚德永	2009 -	2007 - 2008 年专职纪检组长
纪检组长	胡业轩	1995 - 2001	
	陈亚东	2009 -	
工会主席	颜学林	2003 - 2008	
	彭国平	2009 -	

第二节　价格改革与价费管理

1989 年 4 月，调整粮食收购价格，早籼稻收购价格每 50 公斤由 17.09 元提高为 22.10 元。

1990 年，落实各类商品分类定价办法，提高客运票价、住房租金、自来水、电力、肥皂、洗衣粉、食糖、棉纺制品、金属材料价格以及医疗收费标准。

1991 年，制定增强企业活力的 6 条政策措施。

1992 年，实施以"简政放权"为主要内容的改革。政府定价品种缩减为 89 种。

1993 年，提高自来水、电力、黄金、养路费、客货运输附加费、尿素、食盐、邮电等价格。

1994 年，实施非农业人口口粮限量每月 10 公斤和限价每 500 克 0.82 元的供应办法。棉花收购价格提高为每 50 公斤 500 元。

1995 年，建立 7 个市场价格监测站，市统计调查部门开始发布澧县市场分月价格指数。

1996 年，县政府统一核定县级水利工程水费项目与标准，全年减轻农民水费负担 280 万元。

1998 年，清理县内收费政策文件，取消收费项目 106 个，减少收费总额 816 万元。7 月，对溃垸的灾区市场实施价格临时干预措施。

1999 年，取消收费项目 628 个，降低收费标准 98 个。

2000 年，核发全国统一印制的"收费许可证"185 个，37 个不符合收费政策规定的单位被取消收费资格，787 个收费项目和标准被取消。

2001 年，全面推行涉农收费公示制度，将涉及农民的收费项目清理汇编成册发到 32 个乡镇，统一制作"涉农收费公示牌"向农民公示。农村收费实行"一块牌子公示、一个窗口收费、一本账目管理"。

2002 年，对非营利性医疗卫生单位的医疗服务价格实行政府指导价，对营利性医院的医疗服务价格实行市场调节。

2003 年，对抗“非典”时期的板蓝根冲剂、抗病毒口服液、食盐、消毒液、疫苗、口罩、部分中医药材实行最高限价和进销差率控制。

2004 年，全县农村义务教育阶段学校教育收费实行“一费制”。

2005 年，县物价局对澧县氮肥厂所产碳铵制定出厂价和最高零售价。

2007 年秋季，全县 32 个乡镇农村义务教育阶段学校全部免收学杂费，减轻学生负担 300 多万元。

2008 年，对“丰采超市”“步步高超市”“宏卫市场”等经营单位涉及粮、油、肉、奶、蛋共 200 多个品种价格实施临时干预。

2011 年 11 月，澧县物价局局长周月华（右一）向群众解答价格知识

2011 年 7 月 1 日起，全县 32 个乡镇卫生院同步执行基本药物“零差率”销售价格政策。

澧县物价局在价费管理中形成了 4 项管理制度：

收费许可证制度　从 1987 年开始实行收费许可证制度。县物价局对全县 200 多个行政事业性收费单位和服务价格执收单位的收费情况进行清理整顿，核发“收费许可证”或“服务价格登记证”，规定全县收费单位必须亮证收费和按标准收费。

收费年审制度　实行对行政事业性收费的年度检审，加强对收费动态的管理，强化对行政事业性收费的监管。实行年检年审制度，对颁发的每一个“收费许可证”和“服务价格登记证”的年度收费情况进行检审。通过年检年审，按政策对违规者进行注销“收费证”、取消收费项目、调整收费标准等处理。

收费公示制度　1997 年开始实行涉农价费公示制度。将农村建房、教育、计划生育、医疗等涉及农民的主要收费项目、标准、依据等予以公示。

价格成本审核与听证会制度　制定或调整价格，必须经过成本审核。特别是政府定价、政府指导价的重要商品和服务价格的制定与调整，必须进行民主决策，实行价格听证会制度。2001 年 6 月，澧县举行首次听证会，对县城区自来水供水价格进行调整。此后，对县城出租汽车和公交车营运价格、垃圾处理费、污水处理费、天然气价格等价格的制定与调整，均召开定调价听证会。

第三节　价格监督检查

澧县价格监督检查工作以“规范价格行为、营造良好价格环境”为中心，开展行业专项检查、一般性市场检查和重点价格举报督查，1989－2012年共查处各类违价案件1900多件，查证违价金额3500多万元，均按照法律法规和相关政策予以处理。

历年检查重点　1989－1992年，物价监督检查的重点是计划内生产生活资料转为计划外销售的问题，即价格“双轨制”时期的“平转议”问题。1989年，全县统一开展财政、物价、税务“三大”检查。1990－2002年，物价监督检查的重点是行政事业单位“乱收费、乱罚款、乱摊派”问题。2003－2006年，物价监督检查的重点是治理教育、医药价格乱收费问题。2007－2012年，物价监督检查的重点是涉企涉农收费以及民生价格问题。

物价监督网络　1991年4月，县政府决定在全县农村6个区和县城设立7个基层物价检查监督站，每站配备人员编制3名。1992年3月，大堰垱区物价管理站成立。1996年10月，各乡镇人民政府指派一名干部担任物价助理员，全县共有物价助理员32名。

价格诚信建设　2002年开始明码标价工作，到2009年，县城各大超市明码标价率达到95%以上。在明码标价的基础上，逐步推行明码实价。

2009年，为全县83家规模企业、6家零售企业、11家房地产开发企业发放“收费明白卡”和“收费监督卡”，帮助企业抵制乱收费。

2009年8－9月，对涉及县城居民的重要价费内容进行整理，各社区居委会制作公示牌在醒目位置进行公示。

2010年2月，澧县物价检查工作人员进行春运市场价格检查

价格投诉平台　2001年5月，设立“12358”价格投诉举报电话。建立价格投诉举报工作制度，制订价格投诉举报中心工作人员守则，要求案件办理权责明确、行为规范、程序合法。到2012年，共受理价格咨询110余件和价格举报案件660余件，督促返还消费者多收价款25万余元，罚没上缴财政33万余元。

专项检查　每年开展春运客运票价检查，通过召开会议，提醒告诫客运企业业主自觉遵守价格政策，维护价格秩序。价格监督检查局采取定点检查和上路巡查相结合的方法进行检查。至2012年年底，共检查线路60条，出动检查人员2000多人次，查出违价车辆

900 多台次，当场清退多收旅客票价款 5.5 万多元，罚没上缴财政 200 万多元。

第四节　价格服务

澧县价格事务所（2001 年 1 月更名为澧县价格认证中心），开展对四物的评估及其他价格中介服务。1992－2002 年，价格认证工作主要进行国有和集体企业改制、改造和解体过程中的财物鉴定。2003－2012 年，澧县价格认证中心遵循“客观、公正”的原则，严格依照国家法律、法规和相关政策规定，搞好涉案物品的价格鉴定。每年进行 200 多起刑事案件鉴定，无一例申请重新鉴定或复议。

第五节　价格调节基金

1995 年，澧县成立由常务副县长任组长，物价、财政、审计等相关部门负责人为成员的价格调节基金征收管理工作领导小组。7 月 1 日起开征价调基金。制定《澧县价格调节基金征收方案》。征收范围主要是交通运输、固定资产投资等领域。

1998 年，澧县遭受历史上罕见的洪灾。为加强灾后市场物价管理，县物价局运用价调基金 35 万元，扶持“菜篮子”基地建设。

2004 年 7 月 13 日，调整《澧县价格调节基金征收方案》。调整后的方案扩大了征收范围，主要包括县城区出租汽车、建设工程、驻澧县企业以及行政事业性收费等。

2011 年，居民消费价格指数一路攀升。为保障低收入群体生活水平，县物价局向县人民政府汇报，与县民政局、财政局、统计局联合发出《关于印发澧县低收入群体价格临时补贴与物价上涨联动机制具体实施办法的通知》，一次性为城镇低保户发放价格临时补贴 390 余万元。

2012 年 4 月 25 日，澧县人民政府，再次对价调基金的征收范围和标准进行调整。价调基金的征收范围扩大到工程建设、房地产交易、矿产资源、烟花鞭炮等 14 个领域。全年征收价格调节基金 350 万元，首次突破 300 万元大关。

1995－2012 年，澧县共征收价调基金 1798 万元。价调基金主要用于扶持蔬菜基地建设、农贸市场建设、低收入群体生活补助、价格监测、价格信息发布等。

修志工作人员：

分管领导：向辉

资料征编：王中晶、周云飞

第八章 安乡县价格工作

第一节 价格改革与价格管理

1991－1996 年，消费需求扩张，市场商品供不应求，多种涨价因素汇合一起引发新一轮价格上涨。⑴继续实行物价总水平控制目标责任制；⑵对大米、食用油、猪肉、鸡蛋、白糖、酱油、牛奶、肥皂、洗衣粉、蔬菜、学生作业本、民用煤、液化气、公用住宅租金、自来水、学杂费、医疗费等商品和服务价格实行提价申报制度，并规定最高限价；⑶建立重要商品储备和价调基金制度，增强调控市场物价的经济能力；⑷建立市场价格监管、监测制度，打击暴利、欺诈和哄抬价格行为。市场价格涨幅得到遏制，1996 年物价涨幅为比上年回落 10.3 个百分点。1997－2001 年连续 5 年安乡县市场价格总水平为负增长。2002 年全县社会商品零售总额中，市场调节价比重达到 97%。2000 年，在下渔口镇进行涉农收费公示试点，通过 2 年努力，全县 20 个乡镇都设立了公示牌，公示率 100%，被农民称为“民心工程”、“阳光工程”。2003 年，对抗“非典”板蓝根冲剂、抗病毒口服液、食盐、消毒液等商品采取价格紧急干预措施，制定最高限价和进销差率，有效遏制乱涨价行为。2004 年秋季开始，农村学校义务教育阶段实行“一费制”。2005 年春耕时期，农资价格暴涨，县物价部门将县产碳铵由市场调节价改为政府指导价管理，根据成本制定出厂价和最高零售价。制定了殡葬服务收费项目和标准。对县汽车站客运车辆收费、几所民校收费标准、学生课堂作业本、医院自制药剂价格等进行了制定和调整。2006 年价格工作重点转移到服务新农村建设上，安乡县价格部门服务新农村建设工作在全省经验交流会上作典型发言。2007 年、2008 年，针对市场县政府建立价格监管联席会议制度，适时召开价格联席会议，确保市场监管力量集中，调度及时，监管到位。启动对步步高、恒生超市、大丰翔商场、广兴超市等 6 个经营单位涉及粮、油、肉、奶、蛋共 200 多个规格型号品种价格的临时干预措施，加强农资价格监管，严审企业成本，合理制定碳铵价格，全力办好“价格十件实事”。全年价

2010 年 11 月，安乡县发改物价局局长潘宏祥（中）主持县城区管道天然气销售价格调整听证会

格涨幅为 6.5%。为控制市场价格不合理上涨发挥了积极作用。

2009 年，通过成本审核和召开听证会，对城区垃圾处理费征收标准、管道燃气销售价格进行调整。2010 年 1 月 30 日，全县 20 个实施基本药物制度的乡镇和社区卫生院基本药物全部实行零差率销售。2010 年 4 月 29 日，常德市政府在安乡县召开全市试点县区实施基本药物价格政策现场调度会，安乡县作典型发言，介绍经验。与会代表参观了安康、安丰两个卫生院。

安乡县 2006 年 3 月定为国家和省价格监测县，2010 年 12 月通过省中心验收，成为全省规范性价格监测机构。2012 年 5 月 30 日市物价局在安乡县召开全市农村价费监管年工作现场会，与会者参观了安康、安裕、安丰三个乡镇的价费公示及明码标价工作。

第二节　价格监督检查

安乡县价格监督检查工作以行业检查、一般性市场检查和重点价格举报督查为主要内容，1989－2012 年，共查处各类违价案件 2156 起，清退给用户 764.3 万元，上缴财政 1056 万元。

一、重点检查

为稳定“米袋子”“菜篮子”价格，每年元旦、春节、中秋、国庆等节假日和市场价格波动较大时，安乡县的价格监督检查人员都进入市场，对群众基本生活必需品价格实行重点监督检查。1996 年中秋节期间，县城肉价从每公斤 13.00 元涨到 15－16 元。2007 年下半年至 2008 年 5 月肉价从每公斤 16 元涨到 20 元、最高 30 元。价格部门一方面发布限价规定，一方面派人到市场全天候巡回检查，严肃查处“肉霸”、“菜霸”，很快稳定了市场肉价。县物价部门 24 年共出动 825 人次开展市场检查，打击短斤少两、哄抬价格等行为，立案 650 起，清退消费者 35.8 万元，罚没 68 万元，规范了经营者的价格行为。

二、专项检查

县价格监督检查局对电力、石油、交通、农资、粮食、棉花等垄断和重点行业的价格和收费进行专项检查，共立案查处价格违法案件 73 起，清退 28.3 万元，收缴财政 253.2 万元，罚款 5.4 万元。开展对教育收费和医疗服务、药品价格的专项检查，对查出的教育收费违法所得，实施清退 486 万元，收缴 232 万元；对查出的医疗服务和药品价格违法所得收缴 365 万元。

三、明码标价

按照国家计委《关于商品和服务实行明码标价的规定》和《实施细则》的精神，县价格工作人员家家到、户户落，宣传督导，包干指导，搞好明码标价。每年出动宣传车10多台次，喷印交通运输客车票价200多车次，制作和悬挂各行政事业性收费单位公示牌80多块。每个乡镇制作一块永久性的涉农价费公示牌。2012年底，县城商场和个体经营户明码标价率达到90%以上。

2011年12月6日，安乡县第三届“价格诚信示范单位”评选活动启动仪式

四、价格监督网络

安乡县通过多种形式构建价格监督网络，全面推行价费服务：(1)建立行业检查机构，充分发挥行业协会监督作用。(2)1987年开始建立乡镇物价监督检查站，首先在官垱、大鲸港、陈家咀、焦圻、黄山头5个集镇试点，挂牌成立乡镇物价检查站，后因各种原因1992年停止工作。(3)2001年开通全国统一的价格举报电话“12358”，并为群众开通了信息化的投诉举报通道，物价检查工作被国家计委命名为“规范化检查所”。2006年在全市价格工作会议上作题为《安乡“12358”，一个正在唱响的品牌》的典型发言。(4)2007年，在全县企事业单位中开展“提倡价格诚信，反对价格欺诈，建设诚信安乡”价格诚信活动。12月举办首届价格诚信单位评选活动。每次评选活动均为评选上的单位举行授牌仪式。

第三节　价格服务

安乡县价格认证中心20年共为企业提供价格信息咨询服务800多次，开展涉案物价格鉴证1000多件，鉴定金额6500多万元。鉴定标的涉及房地产、机动车辆、机电设备、家用电器、家具用品等。1997年7月成立常德市金翼拍卖有限公司安乡分公司。1999－2004年，每年对县城区“慢慢游”人力车经营权进行有偿拍卖，为政府筹措城建资金2400多万元。1998－2002年，对商业、粮食、供销等改制或破产企业的国有资产举办50多场拍卖会，成交额1.5亿元，拍卖增值收入2000多万元。2003年常德市金翼拍卖有限公司安乡分公司被撤销注册登记，停止了在安乡县单独开展拍卖业务的活动，其拍卖业务由常德市金翼拍卖有限公司直接办理。

第四节 成本调查监审

20世纪70年代，安乡县开始农产品成本调查。1984年开始按省、市统一布置，改一次性调查为常规性调查，改座谈调查为聘请常年性农户登记调查，农调工作走上规范化、制度化、常规化的轨道。2002年被列为国家、省重点调查县，承担国家、省下达的主要农产品调查任务。通过对全县2001－2012年主要农产品生产成本收益情况调查汇总，10年间主要农产品生产成本收益情况呈现如下特点：一是成本呈上升趋势，特别是2004年以后，由于农资价格大幅上涨带动总成本上涨；二是粮食、油料类作物价格在跳出前几年持续低迷的状态后，自2004年起出现恢复性上升，种植收益相应呈现增长态势；三是经济作物和生猪价格受市场供需变化和自然灾害影响存在周期性波动，从而导致收益上的波动。

2002－2012年安乡县成本调查队连续11年被评为国家、省先进单位。

第五节 价格管理机构

安乡县物价局成立于1983年3月。2012年年底有干部职工34人、离退休人员3名。随着机构改革，安乡县价格管理机构几经更替，1993年9月－1994年10月为县工商物价局，1994年10月－1995年11月为县计划物价局，1995年11月－2002年2月为县物价局，2002年3月－2012年10月为县发展改革物价局，2012年10月为安乡县物价局。

2012年年底内设（二级）机构有：价格管理股、收费管理股、价格认证中心、价格成本调查队、价格调节基金征收管理办公室、价格监督检查局（副科级）。

安乡县物价局历任领导名录；内设（二级）机构负责人名录。

表7－8－1 安乡县物价局历任领导名录

（1989－2012年）

职务	姓名	任职时间	说明
局长	潘力民	1988.11－1993.11	党组书记兼局长，物价单设
	孙正军	1993.12－1994.12	党组书记兼局长，工商物价局
	朱玉龙	1995.1－1995.11	党组书记兼局长，发展计划物价局
	黄祖顺	1995.12－1999.12	党组书记兼局长，物价单设
	郑晓林	2000.1－2002.5	党组书记兼局长，物价单设
	金德贵	2002.6－2008.3	党组书记兼局长，计委物价合并
	潘宏祥	2008.4－2012.9	党组书记兼局长，发改物价合并
	李绍清	2012.10－	党总支书记兼局长，物价单设

续表

职务	姓名	任职时间	说　明
副局长	陈忠炎	1989. 1 –1994. 12	
	彭惠民	1995. 12 –2001. 12	
	杨德志	1984. 4 –1997. 12	
	罗先坤	2000. 1 –2002. 5	
	王福元	2000. 1 –2008. 9	兼党组副书记
	贺安乡	2002. 6 –2007. 12	
	宋华云	2002. 6 –2008. 9	
	彭卫星	2002. 6 –2012. 10	兼县政务中心党支部书记
	雷　波	2002. 7 –2012. 10	兼党组副书记
	曾凡明	2002. 6 –2012. 10	
	陶金元	2003. 10 –2012. 10	2002 年 8 月至 2003 年 9 月为局党组成员
	姚建湘	2005. 3 –2010. 12	
	李铁岚	2009. 1 –2012. 10	2004 年 2 月至 2008 年 12 月任工会主席
	胡昌庆	2008. 4 –	兼价格监督检查局局长
其　他	张昌振	2004. 1 –2008. 9	党组副书记，其中 2002 年 3 月至 2003 年 12 月任工会主席
	邱荣福	2008. 1 –	纪检组长，2005 年 1 月至 2007 年 12 月为局党组成员
	陈水清	2012. 9 –10	工会主席
	戴　菁	2012. 9 –10	党组副书记

修志工作人员：

分管领导：胡昌庆

资料征编：曾勇、侯勇

第九章　津市市价格工作

第一节　价格管理机构

1980年设立物价管理委员会管理物价。1983年改称津市市物价局。2002年3月5日，物价局与计划委员会合并，称津市市发展计划物价局，2005年更名为津市市发展改革物价局。2010年5月，津市市委、市政府《关于印发〈津市市人民政府机构改革方案实施意见〉的通知》，成立津市市发展和改革局，加挂津市市物价局牌子。

2012年底，津市市物价局设价格股（加挂价格成本调查队牌子）、价格监督检查局（副科级）、价格认证中心、价格调节基金征收管理办公室。

下面是津市市物价局历任领导名录，内设二级机构任职人员名录。

表7－9－1　**津市市物价局历任领导名录**

（1989—2012年）

职务	姓名	任职时间	说　明
局　长	孟凡超	1989－1995	
	傅冠明	1995－2002	
	刘家庆	2002－2006	
	曹后新	2006－2012	
	易　榕	2012－	
副局长	龚道恒	1989－1996	
	龚俊生	1991－1995	
	李建国	1992－1995	
	李忠新	1995－2003	
	郭秋阳	1995－1997	
	谢韶辉	2003－2008	
	张可华	2004－	
	刘益平	2008－	
	杜兴华	2008－	（正科级）
	周先智	1995－2000	工会主席
	周晓君	1995－2004	纪检组长

第二节　价格改革与调控

1988 年 4 月 18 日，津市市政府颁布《关于严格控制物价上涨幅度的通知》，召开 250 多个单位负责人参加的会议传达贯彻市政府《通知》精神。当年在新洲、渡口、保河堤 3 镇建立物价监督站。1990 年，津市市政府下达物价涨幅控制在 14% –16% 的目标。市物价局建立主要商品监控制度，实行物价上涨控制责任制，对 47 种人民生活必需品和收费项目、8 种农资商品逐项逐月监控，对 25 种重要生产资料实行价格差率控制。1992 年，贯彻国务院关于“增强大中型企业活力的 11 项措施”，下放企业定价权，拉开省、部优产品的质量差价、花色差价；对地方产品如蚊香、丝绸、皮鞋、糕点、小磨麻油等实行企业定价。对农村用电实行限价管理，常德市物价局以《四字联姻，治本指标》为题推广津市市窑坡乡农电价格改革的经验。1992 年共放开 882 种国家管价的商品价格，其中：生产资料 711 种（类）、工业消费品 120 种（类）、农产品 41 种（类）、市管商品 10 种（类）。1993 年，向市场发布粮油最高限价，抑制价格上涨势头。7 月 19 日，市政府办批转物价局等单位《关于加强对执法部门和垄断行业价格管理切实纠正行业不正之风的通知》。1995 年，针对津市市上年市场零售物价指数 124.8% 的现状，市委、市政府制定控价目标责任制。年底，物价指数回落到 107%。1995 年 5 月，市政府颁布《津市市价格调节基金征收办法》，7 月 1 日起开征价调基金。1996 年，津市市物价局被评为全省价格信息工作先进单位。1997 年，分期分批调整主要农产品、电力、自来水、成品油、城市公交等基础产业和公用事业价格，放开绝大多数商品和服务价格。2003 年起运用价调基金和重要物资储备制度等价格手段调控市场，稳定物价、调整结构、扶持生产、搞活流通。2009 年，市政府办公室印发《津市市应对市场价格异常波动应急预案》的通知，物价部门加强对市场价格异常波动情况的监测、分析和预测。及时向市政府和应急领导小组提出应急意见，根据市场价格趋势，建议启动或终止应急预案，实施各项应急措施。

津市市物价局局长易榕（右二）陪同省发改委领导到企业调研

第三节 价格与收费管理

行政事业性收费许可证制度 1988 年 12 月实行行政事业性收费许可证制度。物价局会同财政局对全市 230 多个行政事业单位和服务单位收费情况进行清理整顿，对达标的单位颁发“行政事业单位收费许可证”或“服务价格登记证”。

行政事业性收费检审制度 1992 年起对行政事业性收费实行年检年审制度，对颁发了“行政事业收费许可证”的单位每年对其收费标准和收费执行情况进行年检年审。年检年审中及时变更和注销已取消的收费项目，对已经没有收费项目的单位注销其“收费许可证”。对有违反收费政策行为的提出整改意见，并进行跟踪检查。

涉农价费公示管理制度 1997 年，省物价局在津市市试点涉农价费公示制度。将农村建房、教育、计划生育、医疗等对农民收费的主要项目、标准、依据和政策予以公示，让农民明明白白交费。当年在津市市召开全省涉农价费公示现场经验交流会。2004 年省物价局局长李后祥、省物价检查所所长罗懿到津市市检查农村涉农价费公示工作。

收费审批监管制度 津市市物价局对各部门开办的短期培训办班，按照省物价局、省财政厅〔1991〕湘价费 093 号文件精神，严格按课时、培训天数、培训内容核定培训费；对医疗系统单病种医疗费用进行监测，将监测结果上报常德市物价局；加大对物业管理的监管力度，对其收费进行清理整顿，对各物业公司的收费项目、收费标准严格审批。

价格成本审核和价格听证会制度 津市市物价局对所有定调价项目都经过严格的价格成本审核，对与群众生活息息相关的商品和服务价格的定调价实行听证会制度。对出租汽车企业服务费和客运价格，公交车客运价格、自来水价格、蒸汽价格、生活垃圾处理费、污水处理费、天然气销售价格等重要商品和服务价格的制定与调整，认真开展成本监审，召开价格听证会，保障价格决策公开、公平、公平。

第四节 价格监督检查

20 世纪 80 年代，随着市场经济的发展，津市市价格形式呈现多元化状态，市物价局制定了《关于加强市场物价管理和监督检查的具体规定》，组建职工物价监督站，通过国家、社会、内部三条渠道进行物价监督检查。

物价监督 1989 年，津市市成立价格监督服务站 13 个。制定《价格监督服务站工作职责》《社区价格监督服务联络员工作职责》《农村价格监督服务联络员工作职责》。要求价格监督服务站和义务价格监督员做好价格服务。2009 年，开展价格服务进社区、进农村、进市场、进企业等活动。2000 年开通“12358”价格举报电话，24 小时接听。2006 年根据“12358”群众举报，对津市市环保局、欣运客运公司、津市市第二中学、职教集团、保河堤中学、保河堤卫生院等单位的违规收费行为进行查处。2006－2012年共受理价格咨询604件、受理价格举报案件216件，返还消费者多收价款13.08万元，罚款29.03万元。

执法检查　执法检查的主要内容是教育收费、医疗收费、医院和药品超市价格、客运票价、工商、技术监督、公安、交警等单位的行政事业性收费、电信收费和乡镇国土、计划生育等涉农收费以及市场价格串通、价格欺诈等不正当的价格行为。1989－2012年共查处违价案件551起，违价金额5603.42万元，清退给消费者745.00万元，没收上缴国库614.71万元。罚款4.26万元。

津市市物价局召开首届“价格诚信示范单位”授牌大会

第五节　价格调节基金管理

1995年7月1日，津市市政府颁发《津市市价格调节基金征收办法》，开征价调基金，同时成立以主管物价的副市长任组长，物价、财政、审计等相关部门组成的价调基金领导小组。主要对交通运输、固定资产投资、服务等部门和行业进行征收价调基金。1996－1999年共征收价调基金59万元。2003－2012年共征收价调基金759.35万元。价调基金主要用于扶持主导产业、养殖业等政策性补贴和农贸市场建设以及对因生活必需品价格上涨而影响基本生活的低收入群体给予价格补贴。2011年物价指数居高不下，物价局及时向市政府汇报，根据市政府第十次常务会议精神，确定城市低保户及五保户补贴标准为每人每月20元，当年发放价格补贴160万元。2012年3月6日津市市政府办公室颁发《关于印发〈津市市价格调节基金管理办法〉的通知》，明确市人民政府负责价调基金的征收、管理和使用的审批，市物价局负责价调基金的征收、使用、管理等日常工作。办法强调价调基金建立滚动使用机制，由财政专户储存，实行“收支两条线”管理，任何单位和个人不能截留、挤占、挪用，不得用于平衡财政预算。

第六节　价格服务

1992 年 4 月起津市市物价局进行价格调研、价格信息、价格事务、价格拍卖和价格培训、健全价格信息发布制度、建立“价格在线”网络等工作。每年向境内企事业单位、个体工商户等发行《湖南价格信息》和《价格公报》120 多份。1992－1994 年，开展“物价计量信得过”评比活动，授予 23 家企业“物价计量信得过单位”称号。开展涉案评估、拓展车损评估、银行抵押贷款评估等价格认证业务。1994－1999 年（除 1996 年）的 5 年时间，进行涉案评估 343 件，金额 350.94 万元。2001 年开展交通事故车辆、货车定损案 8 件、金额 5.68 万元。2000－2012 年共进行涉案评估 1197 件、评估金额 1750 万元。

价格鉴证　2010 年 2 月 20 日，澧县芦苇总厂二分厂遭遇火灾，受津市市雪丽造纸有限公司委托，2 月 21 日津市市价格认证中心开始对烧毁现场进行勘验，并聘请石门大地测绘队认定受损面积、勾画受损图。又经 2 个多月寻访砍柴工、搬运工、当地居民，以及纸厂前 3 年的送货量。按照《芦苇湖南地方规定》（DB43/104－1997）等合理确定标的物的亩产为 0.85 吨，计算出烧毁的芦苇为 2224.8 吨，鉴定烧毁芦苇损失为 1181 万元。双方当事人对此均无异议。

1992－2012 年共进行价格鉴定 620 件、鉴定金额 1159 万元。

价格拍卖　1996 年起，开展拍卖业务工作。1996 年对弘源丝绸有限责任公司、市猪鬃总厂等 9 个单位的房屋、设备进行依法拍卖，合计金额 1058.51 万元。2000 年，为配合企业改制对津市市酶制剂厂进行拍卖，以 420 万元成交。是年还对市出租汽车经营权和政府清理超标小汽车进行拍卖。2001 年对湖南汽车车桥厂车辆经营权进行拍卖，对湘 J80091 等 21 辆汽车的经营权实行拍卖，拍卖金额 256 万元。

明码标价　1994 年根据国家《关于商品和服务实行明码标价的规定》以及《实施细则要求》，制定《津市市明码标价工作实施方案》，通过上街宣传、督促，登门检查等，发放标价签近 15 万份。

修志工作人员：

分管领导：杜兴华、刘益平

资料征编：徐小平、孟祥英、彭金刚

第十章　西湖管理区价格工作

第一节　机构与人员

1988 年 4 月，西湖农场工商所与物价办合并，组成“西湖农场工商物价科”。1990 年，为利于工商和物价部门各自发挥职能，又将工商物价科分为工商所和物价办两个单位，两块牌子、一套人马。副科长钟孝坤分管物价，物价专职工作人员有宋道球 1 人。1995 年 1 月，组建“西湖农场计划物价审计统计科”，副科长钟孝坤分管物价。1997 年 1 月，成立“西湖农场物价办”（正科级），配员两人，主任李宗宏，副主任曾梦辉。1999 年 8 月成立西湖管理区，2000 年 1 月物价办配员 1 人，为副主任曾梦辉。2002 年 8 月西湖管理区计划、物价、统计与移民合为移民局，一套班子，四块牌子。副局长刘吉长分管计划物价统计工作。2008 年 5 月，计划、物价、统计机构从西湖移民局分离，组成“西湖管理区发展改革物价统计局”，有工作人员 4 名，局长朱健平统管各部门全面工作，发改、物价、统计分别设局（简称区发改局、区物价局、区统计局）。11 月根据西政发〔2008〕23 号文件精神成立“西湖管理区价格监督检查所。2010 年 4 月增员 1 人，调入张绍忠任西湖价格监督检查所所长。2012 年年底，西湖发展改革物价统计局实有工作人员 8 人（在编 5 人，不在编 3 人）。

前排左：張紹忠.朱建平.封吉龍.後左：朱田.胡文治.陳露.劉英

西湖管理区价格管理人员合影

第二节　价格管理与监督检查

西湖管理区物价机构工作人员少，受定价与处罚权的制约，从事以下一般价格管理工作。

收费许可证　1997 年起，不定期对全区收费单位的收费资格、收费项目及标准进行清理整顿。西湖管理区机构改革前，1997－2010 年有收费行为的行政事业性单位 38 个，服务性收费单位 15 个，全都颁发了“收费许可证”，实行亮证收费。2011 – 2012 年发放“行政事业性收费许可证”24 个，“服务价格登记证”13 个。每年坚持“收费许可证”和“服务价格登记证”年检年审。

设立举报电话　西湖管理区设立价格投诉举报电话“12358”和“2823721”。因区电信局为汉寿县电信局的下属分局，拨打座机“12358”就会通往汉寿县物价局，故专门设立并公布“2823721”物价办公室电话，方便群众投诉举报、价格咨询。1990 – 2010 年间，共受理 27 起确有违价行为的举报，涉及教育、医疗、防疫、药店、客运、司法、建设等行业，都做出了相应的清退和罚没处理。

实行涉农价费公示　2001 年，在全区全面实行涉农价格收费公示制度。全区有行政事业性收费单位 38 个，服务性收费单位 15 个，66 个生产队（村），制作公示牌 126 块，公示覆盖率 100%。常年公示，每年根据涉农收费变动情况调整公示。2005 年开始，对 26 个行政村（场），2 个居民委员会进行涉农价格收费公示和各类收费公示。

例行检查　西湖管理区价格例行检查的主要内容：1985 – 1997 年开展物价、财政、税务“三大检查”。通过检查对农资、棉花、电力进行违价查处，规范了市场价格秩序。对教育收费检查，每年两次，每学期开学期间，会同区“减负办”、区财政、区纪委对各学校的各项收费情况进行明察暗访，发现问题立即整改。2000 – 2012 年会同减负办等部门对涉农收费单位每年进行一次不定期检查；对医疗收费和药品价格进行不定期抽检；对农资市场价格进行不定时定次检查；对幼儿园收费、液化气价格、个体医疗诊所、个体药店开展经常性价格检查。

价格诚信建设　2012 年 5 月，西管办发〔2012〕3 号文件，成立西湖管理区价格诚信创建工作领导小组并印发《西湖管理区价格诚信创建工作实施方案》。8 月，印发《西湖管理区价格诚信创建示范单位评选方案》。被表彰的 2012 年度“价格诚信”创建工作示范单位有区人民医院、区广电中心、区电力公司、经技贸家电超市、德海大药房等 5 家。组织腰鼓队敲锣打鼓为这 5 家单位举行授牌仪式，并制作“西湖管理区价格诚信创建示范单位风采录”在区电视台滚动播出。

第三节　价格拟定与监督实施

根据《中华人民共和国价格法》精神和《湖南省价格听证会实施办法》的规定，制定或调整涉及群众切身利益，且属于政府指导和政府定价的公用事业价格、公益性服务价格、自然垄断经营的商品价格，都举行价格听证会。至 2012 年年底西湖管理区共召开 5 次定、调价听证会。每次价格拟定前，会同区财政及调价相关主管部门认真进行成本调查。听证会后将拟定价格报市物价局批复后下文通知并就实施情况进行监督。

2012 年 11 月 1 日，西湖区管委会副主任陈和平（右一）、物价局局长朱健平（右三）陪同市物价局局长袁云波（中）调研西湖蔬菜基地建设情况

修志工作人员：

分管领导：朱健平

资料征编：张绍忠

第十一章　西洞庭管理区价格工作

第一节　价格管理机构

1989－2000年，西洞庭农场（简称农场）设物价管理办公室。农场供销社、物资供销公司、职工医院等单位设专职物价管理人员。

2000年8月，农场更名为西洞庭管理区，设计划审计局。2001年西洞庭管理区机关机构编制调整，常编办〔2001〕43号文件将计划审计局更名为发展计划物价局，人员编制为5人，局长黄幼男，副局长汪圣明，有科员3名。2005年汪圣明内退，彭胜军调入担任副局长。2007年根据常编办〔2007〕65号文件精神，发展计划物价局更名发展改革物价统计局，人员编制6名，局长黄幼男，副局长彭胜军，有科员4名。

第二节　物价管理和价格改革

1988－2012年，物价管理和价格改革经历了3个时期：

治理整顿时期（1988年9月－1992年10月）。这一时期，因经济过热，价格管理的指导思想是“既要稳定物价，又要振兴经济，以控为主，总量压缩”。主要任务是：控制物价上涨，正确处理改革、发展、稳定三者的关系。

深化改革时期（1992－2001年）。这一时期价格改革的主要任务是根据各方的承受力，理顺价格，加快改革步伐，建立以市场形成价格为主的价格机制；在坚持价格总水平相对稳定的前提下，进一步扩大市场调节价范围；建立和完善价格宏观调控体系。

完善时期（2001－2012年）。这一时期主要是进一步理顺价格，由狭义价格转向广义价格；价格管理由下游产品转向上游产品的资源、能源等生产要素的价格管理；价格调整重点由一般民生价格调整转向垄断性、公益性、保护性、强制性价格调整。确保价格总水平基本稳定。政府管理职能转变为定规则、当裁判、搞服务。在价格改革过程中，始终将“米袋子”“菜篮子”作为稳定市场的主要内容。

第三节　收费许可证管理

1989年，农场建立较完善的行政事业性收费办理和年度审查工作管理制度，1989－2010年，年审率均为100%，合格率平均在98%以上。物价部门对部分执收单位存在的问题均提出整改意见，并进行跟踪督查，规范行政事业单位收费行为，遏制乱收费现象，减轻企业和农民负担。

第四节　收费管理

西洞庭管理区物价机构对收费部门的收费项目、标准、收费依据进行审核。2005年以后，在全区实行义务教育阶段公办中小学校“一费制”，2006年规范涉农收费行为，在全区推行涉农收费公示制度，要求收费单位对收费项目、标准、依据、监督电话进行公示，并在各办事处（镇）、村设立公示牌、公示栏。2007年对义务教育阶段的公办中小学校实行“两免一补”政策，免除学费和杂费，减轻了学生家长的负担。

第五节　价格举报

2007年，西洞庭管理区物价部门设立“12358”价格举报电话，凡群众价格举报投诉，做到接报即应，有报必查，件件有答复，事事有回音。至2010年共接受各类价格举报案件54件，其中价格咨询53件，立案查处1件，办结率和回复率均为100%。

西洞庭管理区价格管理人员合影，右二为局长黄幼男

修志工作人员：

分管领导：彭胜军

资料征编：艾磊

第十二章　桃花源管理区价格工作

第一节　价格管理机构

1993 年 12 月成立常德市桃花源旅游经济开发区物价管理检查所，隶属湖南省桃花源旅游经济开发区管委会、桃花源风景名胜区管理处，业务接受桃源县物价局指导，负责桃花源旅游开发区范围内（含桃花源镇）的价格收费管理、调处价格争议、查处价格违法行为。2011 年 5 月，成立桃花源旅游管理区物价局（简称桃花源物价局），下设物价管理检查所，有工作人员 7 名。杜群 1993 年起任所长，2011 年 5 月改任局长。

第二节　价格调控

桃花源物价局加大对主要农副产品、涉农商品价格的监测力度，在全区范围内设立 5 个监测点，每天上报价格数据，及时掌握市场价格动态。2005 年 1 月，省物价局对桃花源景区门票价格作出调整，并明确每张门票提取 1 元作为价格调节基金，由物价管理检查所进行征缴，每年征收约 10 万元价调基金。2012 年运用价调基金 5.8 万元扶持菜篮子建设；通过民政部门对低保户、五保户发放价格补贴 3 万余元。

第三节　价格管理

桃花源物价局对各单位的收费项目、标准、收费依据进行严格审核。所有涉农收费单位都进行收费项目、标准、依据、监督电话公示，各村（居）都制作收费公示栏，并配备 1－2 名价格监督员。2012 年全区医院、药品超市均实行药品零利润，所有学校食堂实行零利润。2011－2012 年对百床馆、景区电瓶车、党员学习培训、天鹏商混等单位、企业的收费进行了成本核算。

第四节　价格监督检查

桃花源物价局加大价格检查力度，节假日期间全天对景区进行巡查，保障旅游市场正规有序，杜绝了宰客现象的发生。2011 年对医院、学校分别进行两次价格检查，对两个单位的违规收费行为作出没收、罚款处罚。

桃花源管理区物价局全体人员合影，右二为局长杜群

修志工作人员：

分管领导：杜群

资料征编：杨立

第十三章　柳叶湖旅游度假区价格工作

第一节　价格机构沿革

1993 年 11 月，鼎城区人民政府下文成立柳叶湖风景旅游区，全区物价工作由鼎城区物价局管理。1994 年 6 月更名为常德柳叶湖旅游度假区，1995 年 12 月柳叶湖划归市建委管理，物价工作由市物价局管理，柳叶湖相关部门协助。2008 年 9 月，柳叶湖旅游度假区区划调整，明确柳叶湖旅游度假区经济发展局对口市物价局，协助市物价局工作。2013 年 9 月由市编办明确柳叶湖旅游度假区经济发展局负责全区物价相关职责。经济发展局人员编制 5 名，局长石朝仲，副局长胡以枚，负责物价工作人员 1 名。

第二节　价格工作简介

2008 年后，柳叶湖旅游度假区经济发展局在市物价局的指导下，开展物价日常工作。对景区收费单位进行收费项目、标准、依据、监督电话公示，并协助市物价局处理景区价格投诉。每年对全区教育收费进行价格检查，发现问题立即整改，杜绝中小学校和幼儿园乱收费现象。2012 年对太阳山水厂价格进行核定，规范用水价格。2014 年 4 月，市物价局下放行政事业性收费许可证核发及年检年审、服务价格登记证核发及年检年审、行政事业单位和社团组织短期培训收费审批、物业服务收费标准备案、民办幼儿园收费备案等五项价格行政管理事项到经济发展局。据此对行政事业单位和服务业单位收费项目、标准、收费依据进行严格审核，对区内收费单位进行《收费许可证》年检年审工作；对全区民办幼儿园收费进行备案，并对备案价格进行公示，确保幼儿园、幼儿和家长的合法权益。

柳叶湖旅游度假区物价局全体人员合影，左三为局长石朝仲

修志工作人员：

分管领导：石朝仲

资料征编：印敏

第八篇《

人 物

第八篇　人　物

第一章　人物传略

吴俩明

吴俩明（1941－2013），汉族，湖南省桃源县人。曾任常德市物价局党组成员、纪检组组长、调研员。1960年9月应征入伍，1962年6月加入中国共产党，大专文化。先后在中国人民解放军五十五军一六三师炮兵团、广西边防三师炮团、解放军303医院、广西柳州军分区等部队和军事单位任班长、排长、副连长、政治指导员、副政治教导员、营长、副团长、副院长、后勤部部长等。参加过1979年对越自卫还击战和1981年保卫法卡山战斗。1988年5月转业至市物价局工作，先后担任过市物价检查所所长、市物价局党组成员、纪检组组长、调研员等职务，直至2001年3月退休。

吴俩明1990年5月起任市物价局党组成员、纪检组组长期间，先后分管党风廉政建设、纪检监察、办公室、农村建整扶贫等工作。他在抓党风廉政建设、清费减负和纠风工作、加强机关制度建设和作风建设等方面都做出了很大贡献。

吴俩明2013年5月11日病逝，享年73岁。

朱自权

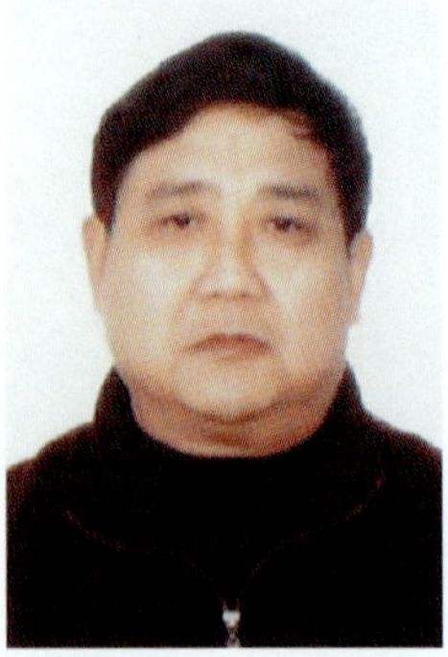

朱自权（1953－2014），桃源县钟家铺人，中共党员，大专文化。1977年10月参加工作，任桃源县理公港区团委书记。自此先后任桃源县牛车河公社党委组织委员、杜坪公社党委副书记、革委会主任、杜坪乡党委书记，龙潭区委副书记、区长，桃源县国土局党组书记、副局长。1996年1月任桃源县物价局局长，2002年3月调任县统计局党组书记、局长，2003年1月—2008年12月任县国土资源局党组书记、局长，2006年8月—2012年12月任市国土资源局副调研员。

朱自权在县物价局工作期间，抓稳定，控涨幅，加大价格调节基金征管力度，增强了政府对价格的调控能力。按照上级规定规范收费行为，为企业和群众减轻负担5000余万元。开展农资、电力、教育、医疗、国土、建设等专项检查，立案查处836件，查出非法所得1816万元，收缴价格违法收入318万元上缴财政。对乡镇物价管理站人员抓好稳定工作，并在全县844个村聘请义务物价监督员，办了3期培训班，召开了2次现场会。农村物价管理受到国家、省、市物价系统的高度赞扬，1997年4月全省农村物价管理工作现场会在桃源县召开。朱自权1997年12月17日出席了全国物价系统先进表彰大会，作了《切实管好农村物价，促进县域经济发展》的经验介绍，县物价局被评为全国物价系统先进集体。按照县委、县政府的“乡村建基地、部门建实体，农户建庭院”的决策部署，采取干部职工集资入股分红的办法，办养羊基地、办柑橘基地、办竹器工艺厂，为干部职工人均创收3000余元。在办公院内修建一栋干部住房和车库，改善了干部职工居住条件。1999年帮助马宗岭乡响水垱村修建了二层楼的新村部和1000余平方米的边贸市场。朱自权多次被县委、县政府评为先进个人，四次被常德市人民政府记二等功。

朱自权2014年3月1日病逝，享年61岁。

第二章　人物简介

第一节　优秀物价工作者

一、市物价局优秀物价工作者

（以出生年月为序）

钟明炎（全国物价系统劳动模范）

钟明炎，中共党员，1933 年农历腊月初六（1934 年 1 月 20 日）出生，湖南省望城县人。1983 年以前任常德地区计划委员会物价科科长、地区物价处副处长；1983－1988 年任常德地区物价局副局长；1988－1992 年任常德市物价局副局长，1993 年任市物价局顾问，1994 年退休。在 40 多年的价格工作中，多次受到省、市表彰与奖励，1990 年被国家物价局授予全国物价系统劳动模范称号。

钟明炎以调查研究指导工作实践，积极稳妥推进价格改革。在放开小商品价格之后，又推出了“管计划内商品价格，放计划外商品价格；管通用商品价格，放地方性商品价格；管零售商品价格，放内部结算价格；管畅销商品价格，放滞销商品价格”等举措，得到省物价局的肯定并向全省推介。

钟明炎经常提醒自己要注意过好“四关”：这就是“亲属朋友关、权力关、廉洁关、职务关”。1986 年，全市养猪业大发展，饲料供不应求。市内几家饲料厂受利润驱动偷工减料，非法牟取收入，物价部门查证后准备给予行政处罚。他的妻子在常德地区粮食局负责抓粮油加工工业，她向钟明炎说明饲料加工工业的困难，希望给予照顾。但在案审会上钟明炎依然提出要严格执行政策，全额收缴了违价金额 32 万多元，并处以罚款 3 万元。1987 年，物价部门查出常德石油部门上千吨汽油“平转议”的严重问题。有人提示他处理“油老虎”要当心。他想，维护价格秩序是物价部门的职责，执行政策决不能含糊，全额收缴了非法所得 19.2 万元。面对社会上的送礼歪风，他自定“四条规矩”，即“说情礼”当面拒收、“进贡礼”坚决拒绝、“感情礼”照价付款、“节日礼”加倍回敬。1989 年 8 月，市里有个部门举办 3 天培训班，报告人均收费 130 元，并给钟明炎等人送来了毛料服装。他当面拒礼，据实核批了每人收费 40 元的标准。1981－1987 年，钟明炎主持物价局的全面工作。1988 年 1 月组织上安排一位副师职转业干部任局长。钟明炎全力当好新局长的配角，更加主动抓好分管的工作，全局工作多次受到上级表彰。

朱伯章（常德市劳动模范）

朱伯章，汉族，高中文化，中共党员，1941 年 5 月 16 日出生，1963 年参加工作，2001 年退休。曾先后在湖南省供销社常德办事处、常德地区供销社、常德供销学校、常德市物价局工作，在这些单位曾担任科员、教研室主任、科长和检查所所长等职务。

朱伯章工作期间曾主编《常德物价》、常德地区各种“价格汇编”多册，退休后帮助常德市政务中心编写《常德政务》。曾多次在国家、省、市物价部门主办的刊物上发表论文，1993 年 8 月在省物价局的《市场导报》上发表的《县级政府控价目标的控制与分解》一文，被评为全省第二届优秀价格论文，同年在《市场导报》发表的《正确运用价格杠杆促进农村商品生产》一文，也被评为优秀论文。曾多次被评为先进个人、优秀共产党员。20 世纪 80 年代起，被省物价局、市政府和市物价局评为先进个人和优秀共产党员就有 16 次，其中记功 2 次，1995 年被市政府授予市级劳动模范称号。

朱伯章为稳定常德物价经常深入农村、基层进行调查，为领导出谋划策，为单位起草了很多文件。为稳定农村电价每年都深入农村检查，发现违价问题立即督促纠正，并按照有关规定进行处罚。为了扶植和支持小水电的发展，在调查的基础上，他每年向省物价局汇报，为小水电争取到补贴资金近 4000 万元。

余本松（常德市劳动模范）

余本松，汉族，湖南省澧县人，1947 年 3 月 23 日出生，1964 年 9 月入伍，1967 年 11 月加入中国共产党，中专文化。1985 年 2 月从部队转业到常德地区物价局工作。

余本松在物价局工作期间，先后任常德地区价格信息站副站长、站长，工农产品成本调查队队长、党支部书记，市物价局机关工会主席，价格事务所党支部书记，市物价局德山物价办党支部书记。2007 年 5 月退休。

余本松负责的中国物价自学函授常德站，1990 年被国家物价局评为全国先进函授工作站，他本人被国家物价局评为先进个人。该员在工作期间，曾几次被评为先进工作者和优秀共产党员。2006年5月被常德市人民政府授予常德市劳动模范称号。

张桂清（常德市人民满意公仆）

张桂清，汉族，河北省枣治县人，1949年8月出生，1966年12月参加工作，1974年6月加入中国共产党，高中文化。

张桂清，1966年到常德纺织机械厂当工人，1974年6月转干，1984年9月调常德市物价局工作，先后任成本调查队队长、局党总支副书记、局办公室主任、检查所和调控办书记。2009年退休，现任局老干支部书记、局机关党委委员。

张桂清在工作期间，多次被评先进工作者，全省物价系统成本调查、物价检查先进个人和优秀党员。2001年7月被市委、市政府授予全市“人民满意公仆”称号。

刘德贵（全市物价系统优秀共产党员标兵）

刘德贵，汉寿县人，1951年9月生，中共党员，大专文化。1971年4月参加工作，1989年12月从汉寿县委办公室调市物价局工作，任综合科科长。1994年1月借调到市政府办工作。1996年1月调市政府办先后任秘书科科长、副处级督查员、副主任、正处级督查员、优化办常务主任等。刘德贵在市物价局任综合科科长期间，带头“多学、多写、多磨、多干”的“四多”作风在全省推广。撰写的调研文章为上级物价部门和市委、市政府提供价格决策参考与服务。1992年，全省物价综合工作现场会在常德召开，推广常德经验。刘德贵连续几年被省物价局、省委办公厅评为全省优秀调研员、信息员，1991－1993年连续3年由市政府记功，并浮动一级工资，1994年又奖励晋升一级工资。《湖南物价》曾以《一分耕耘、一分收获》为题介绍他的事迹。1991年被评全市物价系统“优秀共产党员标兵”，局党组发文号召全系统向他学习。

陈大波（常德市十佳公务员）

陈大波，汉族，常德市鼎城区人，1961 年 5 月出生，1983 年 8 月参加工作，1989 年 8 月加入中国共产党，电大本科文化。

陈大波 1981 年 8 月考入常德地区供销学校学习物价专业，1983 年 7 月毕业后到常德县牛鼻滩贸易货栈、中河口乡供销社工作；1985 年 4 月调常德地区物价局任物价检查所检查员。1990 年 4 月起先后任常德市物价局副科级监察员、办公室副主任、主任科员、收费管理科科长、商品价格管理科科长，2005 年 8 月任助理调研员，2008 年 3 月调常德市交通局工作。

陈大波在市物价局工作期间 2 次被评为全省落实十件价格实事先进个人，2 次受到市政府嘉奖，3 次荣立三等功，2004 年被市委、市政府授予全市十佳公务员称号。

杨家武（常德市十佳人民满意公仆）

杨家武，汉族，湖南省澧县人，1964 年 4 月出生，中共党员，本科文化。1983 年参加工作，1985 年调常德地区物价局，先后从事物价检查、价格调节基金征收、价格评估、农产品成本调查和定调价成本监审等工作，相继任价格调节基金办公室主任、价格认证中心主任、农产品成本调查队队长。具有价格鉴证师、涉案财务价格鉴证复核裁定员和司法鉴证人等执业资格。多次获全省物价工作先进个人、全省优秀价格鉴证师等称号，多次被市物价局评为先进个人和优秀共产党员并受到市政府嘉奖，2012 年获常德市十佳人民满意公仆的称号。

二、区县市优秀物价工作者

区县市优秀物价工作者由各区县市物价局推荐产生，按市委、市政府行文顺序（即武陵区至津市市）排列，各区县市的两人按姓氏笔画排列。

陈凤池

陈凤池，女，1950 年 7 月出生，中共党员。曾任武陵区物价检查所所长。工作期间多次获常德市、武陵区财贸、物价系统先进个人称号，4 次获区嘉奖、2 次立三等功、6 次被市政府嘉奖。她撰写的《“三损三重”的郊区农民负担》调查报告，曾在《农民日报》发表，被《基层领导论文集》一书收录，她被邀请参加在人民大会堂召开的农村经济发展研讨会。

1993 年 5 月，陈凤池被检查出患有恶性肿瘤，但她隐瞒病情，仍然带病坚持工作。后因病情加重被发现，党委书记王凤湘强制送她到省肿瘤医院治疗。她出院回家后，多次向组织要求上班，组织反复考虑，同意她半工半休上班，可她一到单位就全天不离岗。在她的带动下，全所上下积极工作，当年查处违价金额 175 万元，比上年增长 4.26 倍。2000 年，武陵区物价检查所被授予国家级优秀基层检查所称号。

曾勤建

曾勤建，1957 年 12 月出生，现任武陵区人大常委会副主任，1998 年 1 月至 2008 年 8 月任常德市武陵区物价局局长，先后三次荣立二等功，七次荣立三等功，多次受省、市嘉奖。2002 年被当选为武陵区第九次党代会代表、常德市第四次党代会代表、常德市第四届人大代表。

曾勤建任区物价局局长期间，武陵区的物价工作连年获全市第一，三度被评为红旗单位，行政执法推荐为省级优秀，物价检查所被国家发改委命名为“全国规范化物价检查所”。他组织举行的第一、二届常德城区服务业优秀服务评选活动，建立的社区、乡村价格信息平台，开展的价格监控网络，组建的城区价格协会都走在全国、全省、全市之先，被省、市报刊、电台、电视等媒体转载传播。2003 年在全国抗“非典”期间，他带领全局人员，加大执法检查、督查力度，采取地毯式方法，巡查抽查交替使用，保证了物价稳定，受到省物价局的表彰。

孙　芸

孙芸，汉族，1972年出生，本科文化，现任鼎城区物价局收费管理股股长、武装干事。

孙芸1989年10月应征入伍，在武警广西总队南宁市防暴支队服役12年，2000年11月在转业回家途中，因浴血勇斗持刀行凶歹徒，受到广西武警总队通报表彰，并被《人民日报》《武警报》以及广西、湖南等多家新闻媒体追踪报道。转业后，安排到鼎城区物价局工作。十几年来，他在价费监管的岗位上保持了军人能吃苦耐劳的优良品质。尤其是在清理收费文件、执行上级政策等方面能坚持按原则办事，并与优化办制定了“涉企收费一费制”等一系列优化经济发展环境的收费政策，为企业和群众减轻负担3000多万元。孙芸先后荣立“三等功”6次、受上级嘉奖10多次、荣获“优秀共产党员”称号5次。

李友文

李友文，汉族，1941年11月出生于湖南省常德县。1956年参加工作。他从事物价工作21年，先后在价格监督检查、价格收费管理、价格事务、公物拍卖等岗位上服务15年。为适应价格改革的需要，在担任价格监督检查所所长期间，他带领和发动物价检查人员常年活跃在基层，上山下乡、串街走巷，检查处理价格违法行为和案件数千起，做到件件事实清楚、证据确凿、定性恰当、案卷规范。期间发生的一例价格诉讼案以价格检查所胜诉而终结，此案资料编入国家物价局《价格行政诉讼案例选编》。他主持仲裁处理价格纠纷80余起，最大限度地维护了消费者和企业的合法权益。李友文先后十三次被评为省、（地）市、县（区）优秀物价工作者，价格事务所曾被评为全省先进单位。

陈春廷

陈春廷，1944 年 3 月出生，湖南省桃源县人。1964 年 7 月参加工作，1966 年 4 月加入中国共产党。1986 年 6 月任桃源县物价局局长、党组书记。1996 年任专职党组书记，1998 年任主任科员。2004 年 3 月退职休息。

陈春廷受省里关于 12 种紧俏物资出口征收调节基金办法的启示，拟制出《价格调节基金制度试行方案》（讨论稿）由县政府发到全县讨论。他在县政府常务会议上汇报价格调节基金的作用和好处，后县政府发出桃政发［1993］13 号《关于桃源县价格调节基金征收试行办法的通知》，在桃源县建立起价格调节基金制度。1994 年 4 月，他起草制定县物价局支持个体私营经济发展的五条措施，《县委通报》转发全县，县委书记作出批示，号召全县向物价局学习。1990—1995 年，县物价局连续 6 年被评为全省物价宣传工作先进单位、获一等奖。1996 年陈春廷代表湖南省出席在山西运城市召开的全国农村物价工作会议，他在会上的发言稿《立足农业大县，抓好农价管理》在《价格理论与实践》第六期全文刊登，之后被多部书籍收入。1997 年，桃源县物价局被评为全国物价系统先进集体。

陈春廷多次被评为优秀共产党员，受到上级机关的表彰，其中 1993 年、1995 年、1998 年分别由常德市人民政府或市政府办公室记大功、二等功和授予“优秀物价工作者”等称号。

罗炼章

罗炼章，汉族，1932 年 12 月出生于汉寿坡头镇，中共党员，1949 年 10 月参加工作到 1992 年退休，一直在物价部门工作。曾获全国从事物价工作三十年纪念章。

1983 年，汉寿县物价局成立，罗炼章被任命为副局长兼检查所所长，后任县物价局党支部书记。他几乎年年被县政府批准记功和评为先进个人，先后 5 次被评为省、市物价系统先进工作者，曾出席全国加强农村物价管理先进经验交流座谈会。

1984 年，物价系统开始改革，上级物价部门没有改革模式，罗炼章大胆提出了“三管三不”的管价办法，即牌价管住不错，议价管好不乱，市价管活不死。这种管中有放、放中有管的新尝试，很快在全市推广。

1987 年初，罗炼章提出建立乡镇物价管理监督站的设想，得到省市物价局领导和各级党委、政府的支持。1989 年省政府 29 次省长常务会议作出推广汉寿县办站经验的决定。

1990年《湖南物价》连续刊载，同年3月10日，《湖南日报》头版头条作了报道。7月，汉寿县物价局应邀赴京参加了全国加强农村物价管理经验交流座谈会，他在会上作了专题发言。

汪晓虹

汪晓虹，女，1960年出生，湖南省临澧县人，大专文化，1976年参加工作，1985年1月加入中国共产党，现任临澧县物价局局长。1996年3月从县委组织部调到县物价局任副局长、党组副书记，2010年10月任现职。

汪晓虹的农村价费监管、联合交通监管客运价格和手机短信宣传平台等经验被全市推介，为全市农村价费监管现场会提供两次参观学习现场。临澧县计划物价局的领导班子被誉为全市发改物价系统的优秀班子，每年都评为全县目标管理先进单位，2010－2012年连续三年评为县“十佳满意机关”，她本人连续5年获得嘉奖及记三等功、二等功等县、市级奖励。2011、2012年，临澧县物价局连续两年获全省价格系统价格监督检查工作、价格认证工作、价格信息工作先进单位、一次获省价格综合法规工作先进单位等称号，连续三年获市价格工作先进单位；2011年、2012年县政府副县长在全市价格工作会议上作典型发言。三年间临澧县物价局先后获得全市满意机关建设、价格实事办理、农村价费监管、价格调控、价格监督检查、价格举报先进单位等称号。

金建初

金建初，中共党员，1968年10月出生，1989年6月毕业于湘西商校物价专业，分配到县物价局，历任检查所长、工会主席、纪检组长。从事价格监管工作二十多年来，查办各类违价案件1200多起，多次荣获市县先进个人、优秀检查员称号，2010年、2011年他分管的价格监督检查工作荣获全省价检工作先进集体称号。1997年开始，探索完善了住院收费“一日一清单”制。2000年，率先与运政管理部门联合建立客运车辆价格诚信档案，形成价格违法联动机制，对遏制中巴车、的士车等乱收费收到明显效果。2003年，农村生活照明电价高于城镇，群众反映强烈，他带领检查所走访电力企业，上门宣传国家电价政策，并深入到全县每个乡村，调查取证电价实际执收情况，从严查处各种乱涨价行为，清退群众保证金、押金等420多万元。

喻自平

喻自平，汉族，中共党员，1964 年 1 月出生于石门县楚江镇。现任石门县发展和改革（物价）局党组副书记、常务副局长、县物价局局长。喻自平 1985 年 7 月从湖南商业专科学校毕业，分配到石门县审计局工作，1988 年 10 月调石门县物价局，先后担任物价股长、检查所长。

喻自平收集整理物价资料剪辑 30 余本、物价专业档案 40 多本，取得了国家级价格鉴证、房地产价格评估、价格检查行政执法等资格证书。2011 年担任县物价局局长后组建了 20 个乡镇（区）和县城楚江镇 15 个社区的基层物价服务工作站，开展“价格公共服务八进”活动，“让群众知情，让标准公开，让违规难行，让纠错便捷”，打造“阳光物价”的做法受到省、市物价局的高度评价，并召开现场经验交流会向全省、全市推广。牵头组织的县人民医院、县中医医院、县计划生育和妇幼保健院 3 家县级公立医院“药品零差价”综合改革方案，在全省 123 个县区市中第一个获得通过，2013 年起成为全省 8 个试点单位之一。省人民政府副省长李友志、省卫生厅党组书记肖策群、省教育厅副厅长肖国安、常德市人民政府市长周德睿一行 2013 年 9 月 12 日到石门县调研了改革试点情况。

喻自平先后 12 次被省、市物价局评为价格工作先进个人，被县委授予“全县优秀共产党员”称号，18 次被县人民政府记功、嘉奖。

覃海燕

覃海燕，女，土家族，中共党员，1968 年 1 月出生于石门县所街乡。石门县物价局价格收费管理股股长。覃海燕毕业于新疆财经学院会计专业，1997 年 5 月入新疆霍城县发展计划物价局，曾任霍城县物价检查所所长（副科级）。2006 年 11 月，随丈夫从部队转业调入石门县发展改革物价局工作，先后担任县价格调节基金征收管理办公室副主任、县价格认证中心主任、县价格成本调查队队长等职。

覃海燕是国家注册价格鉴证师、经济师，她主办的县级公立医院“药品零差价”综合改革方案，在湖南省物价局首先获得通过。牵头负责的全县“农村价费监管年”工作，得到省、市物价主管部门的高度评价，其经验被广泛推广。覃海燕牵头负责的全县物价指数统计、价格成本调查工作，连续 5 年被省、市物价部门评为先进单位。到 2012 年，覃海燕获得县人民政府嘉奖 4 次、记三等功奖励 1 次。

毛祖斌

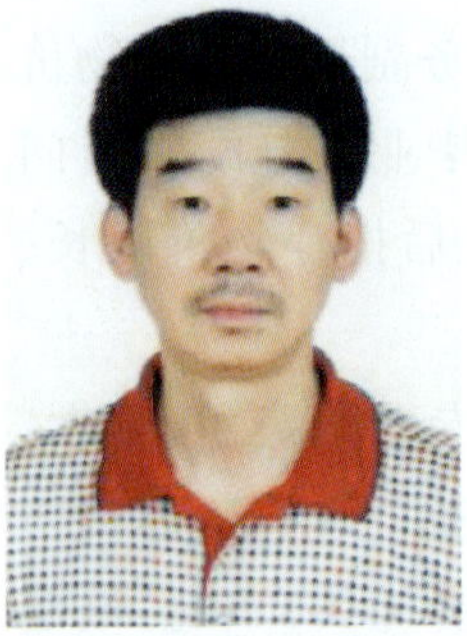

毛祖斌，汉族，1963 年 5 月出生于澧县，1996 年加入中国共产党。1982 年从常德地区供销学校物价专业班毕业，2004 年获得湖南省高等教育自学考试法律专业本科文凭。

1982 年 8 月，毛祖斌被分配到澧县官垸供销社任物价员，9 月调入澧县物价检查所，先后任副所长、所长、价格监督检查局局长。

毛祖斌先后荣获“常德市优秀检查员”“常德市先进工作者”“常德市‘三大查’先进个人”“省人民政府税收财政物价大检查先进个人”“湖南省价格行政执法先进个人”等称号，多次受到县政府嘉奖。他领导的单位连续多年被评为“常德市价格监督检查工作先进单位”“湖南省价格行政执法先进单位”。

毛祖斌能正确运用手中的权力，自觉把自己置于组织和群众的监督之下，严格遵守工作纪律，洁身自好，公正执法，不以权谋私，以一个共产党员的标准约束自己，真正做到了一身正气、两袖清风。

覃米立

覃米立，女，1963 年 9 月出生，中共党员，副主任科员。1992 年调入澧县物价局工作，先后在局价调办、财务室、价格股、监督检查局、监测中心及收费价格股工作，曾荣获“全省价格调节基金征收管理工作先进个人”“全省价格监督检查工作先进个人”“全市统计调查工作先进个人”等称号，多次被评为县级优秀工作者，荣立三等功。

1992 年，澧县开始征收价格调节基金。为了制定《价格调节基金征收管理方案》，覃米立跑遍全县 32 个乡镇，访企业、问群众，深入基层调研，科学制定方案，当年就征收价调基金 20 多万元。

无论在哪个工作岗位，覃米立总是积极工作，认真负责，履职好“物价天平”。她担任澧县物价局收费价格股负责人时，着力抓好“清费减负”工作，认真查处乱涨价、乱收费问题，努力规范收费行为。一年一度的“收费许可证”和“服务价格登记证”检审，坚决按政策及时取消或变更相关收费单位的收费项目和标准，坚决维护人民群众的根本利益。对人民群众反映的突出的教育收费、医药价格、农村短途客运票价、城市公共交通运输价格、水电气价格等热点问题，她常抓不懈，注重从源头依法治理，取得了良好的效果，得到社会各界的高度赞扬。

曾　勇

曾勇，1963年8月出生，大学文化，中共党员，安乡县发展和改革局副主任科员。曾勇于1984年3月到安乡县物价局工作，先后从事农本调查、价格检查、价格管理等工作，曾三次荣获全国农本调查工作先进个人，二次获全国发改系统价格监测工作先进个人，多次获省物价局农本调查、价格监测工作先进个人，获全国农调工作20年荣誉称号、省物价局物价工作30年荣誉称号。2009年在全市农村卫生院基本药物“零差率”试点改革中，在规定时间内完成了制定方案的工作，2009年7月，常德市在安乡县召开现场会，推介该县基层卫生院实行药品“零差率”改革的经验。在价格监测工作中，曾勇恪尽职守，认真负责，使安乡县成为国家、省的重点监测县，2010年11月，该监测中心成为全省规范化价格监测机构。

潘宏祥

潘宏祥，汉族，1963年8月出生、湖南省安乡县人，中共党员，中央党校函大文化。1981年参加工作，1984年调入安乡县物价局工作，先后担任安乡县物价检查所副所长、所长，安乡县物价局副局长，2008年4月起任安乡县物价局局长。

他始终做到“民有所需、我有所为，民有所呼、我有所应，民有所求、我有所行”，全面履行价格监管服务职能，不断推进全县价格工作上水平。近年来，安乡县物价局连续被评为全市物价工作目标管理红旗单位，连续几年被国家发改委、省物价局评为价格监测工作先进单位，连续被省物价局评为农本调查、价格监督检查等工作先进单位，被评为全省物价机构成立三十周年先进集体。2008年，潘宏祥代表县政府在全省涉农价费监管工作现场会上作典型发言，工作经验在全省推广。2009年，全市价格公共服务进农村工作经验交流现场会在安乡县召开。2010年，全市试点县区实施基本药物制度现场调度会在安乡县召开，安乡县县政府有关领导作典型发言。

孟祥英

孟祥英，女，1973 年 9 月出生，湖南省津市市人，本科文化，中共党员。津市市物价局价格股股长，价格鉴证师。1994 年 7 月参加工作，1995 年 1 月调到津市市物价局工作。工作期间，突出价格宣传，完善局域网页，建立乡、镇、村三级价格监督网络和农村价费监管联席制度，使价格收费透明化。开展价费宣传知识讲座，制作光碟在各个乡镇巡回播放宣传，提高群众的价费维权意识。在常德市率先规范乡镇卫生院医疗服务价格。瓶装液化气价格在常德市最低。《共产党员要有俯与仰的气质》和《人民的公仆》2 篇文章分别获津市市二等奖和常德市三等奖。2005 年、2010 年、2011 年、2012 年各获三等功一次，2007 年、2008 年、2009 年连续三年获津市市政府嘉奖。

熊　文

熊文，1968 年 8 月出生，1988 年 8 月参加工作。现任津市市价格监督检查局局长，价格鉴证师、土地估价师。从事物价工作 25 年，坚持原则，秉公执法，严守工作纪律，多次被评为省、市先进个人，2006 年被评为全国价格监督检查先进个人。

熊文在省、市物价局的支持、指导下，先后查处了 2006 年电信行业的价格歧视案件、2011 年民办幼儿园价格串通和轮胎协会价格串通等案件。

他重视价格举报和应急处置工作。通过建立健全快速处置和应急处理机制，及时制止了 2008 年冰灾期间交通运输价格的乱涨价行为及 2012 年的食盐抢购涨价风波。

第二节　市物价局副处级以上任职人员

一、党组书记、局长

沈兆兴

沈兆兴，1944年11月出生，临澧县人，中共党员，大专文化，曾任市物价局党组书记、局长。1964年9月应征入伍，历任班长、排长、团、师、军司令部参谋、团参谋长、副团长、科长、副师长。1979年2月参加对越自卫还击作战荣立三等功。1986年12月转业，次年1月任常德地区物价局党组书记。1988年地改市时任市物价局局长、党组书记，2004年退休。履职13年，在价格管放结合探索期、放开价格转型期、两次物价过度上涨非常期，以促进经济发展为目标、以服务企业、群众为出发点、以用好用活职能为手段，为经济发展、民生改善、社会稳定做出了努力。

以开拓精神促进发展。争取上级领导、部门支持，10年多渠道筹集电力建设资金1.2亿多元，在省内率先征收公路过桥（路）费，率先对紧俏生产资料（石油、钢材等）实行差率控制，引进医疗设备、有线电视、天然气入户、电话（手机）通话、社会办学等收费先行先试，支持新产业、事业发展。

以公仆精神服务企业和群众，严格管价权限。两年间清理市局和有关部门涉价（费）文件320多个，明文废止130多个，取消收费项目70多个，维护生产、经营企业自主定价。建立定（调）价报备、审查、听证制度，公开、科学管价。着力解决群众反映强烈的上学贵、看病贵、用电（油）贵、农资贵等问题。每年查处违价案件数十起，清退、收缴违价款数百万元。严守法规纪律，单位和个人10多年没有发生严重违纪违法行为。

以创新精神攻坚克难。经过近两年努力市政府出台价格调节基金制度。1998年，针对通膨时期农村物价涨幅高于城市的问题，市、县联手连心探索强化农村物价管理的政策措施。桃源县管理机构到乡（镇）、涉农价（费）公示到村、农民负担卡到户、商品标价到店（柜）的经验在全国、全省推广。沈兆兴被评为省先进个人，荣立三等功。1990年、1998年常德市抑制通货膨胀、控制物价上涨工作两次受到省政府通令嘉奖。

印甫生

印甫生，1949年5月生，桃源县人，中共党员，大专文化。曾任市物价局党组书记、局长。1974年参加工作。历任中学教师、中学校长、联校长，公社管委会副主任，副书记，乡镇党委书记，区长，区委书记、县委委员、常委，县委办主任，副县长，县委副书记。

2000年1月调常德市物价局工作，先后任副局长、局长、党组书记。印甫生在市物价局工作期间，和全局干部一道，致力于把单位建设成“团结的、和谐的、正气旺盛的优秀集体”；他以身作则、率先垂范、公道正派、敢抓敢管。印甫生在市物价局任职期间偿还基建债务和解决历史遗留问题资金共1200多万元。完成了该单位办公楼的搬迁和建设。在教育、医疗、住房和多类涉农收费等方面的做法和经验，在全省推广。常德市物价局及其工作过的其他单位多次被评为全省先进单位及常德市先进单位。

袁云波

袁云波，1962年1月出生，湖南省石门县人，土家族，中共党员，大学文化。市物价局党组书记、局长。1982年8月中专毕业分配到石门县袁公渡公社工作，1985年10月调石门县委组织部，先后任干部、副科级组织员、副部长、正科级组织员。1995年1－9月，先后任石门县皂市区委书记、新铺乡党委书记、常德市财贸办公室主任助理（挂职）。1995年9月－2002年5月，先后任临澧县委常委、县委组织部部长、副书记。2002年5月－2004年9月，任武陵区委副书记。2004年9月任常德市物价局党组书记、副局长。2005年1月任常德市物价局局长、党组书记。中国共产党常德市第五届委员会候补委员，中国共产党常德市第六届委员会候补委员、委员（2013年1月增补）。袁云波担任市物价局局长后，坚持“执价为民、和谐发展”的理念，带领物价局一班人，稳物价、强监管、促改革、惠民生、树形象，努力维护市场价格秩序、维护经济发展环境、维护群众价格权益，开创了常德市价格工作新局面。袁云波任职后，市物价局在全省率先开展价格诚信建设活动、率先启动价格临时干预措施、率先发放价格临时补贴、率先开展价格行政处罚公开听证、率先查处串通涨价案件、率先开展“价比三家”监测活动、率先推进居民阶梯式水价改革。

2004－2012年市物价局多项工作连续7年成为全国物价系统的先进，受到国家发改委的通报表彰，还先后荣获全省依法办事示范窗口单位、市级文明单位、全市五好领导班子、全市十佳人民满意机关、全市目标管理先进单位、市级文明标兵单位、全省物价系统价格调控工作先进集体和落实十件价格实事先进集体等称号。2011 年常德市政府荣获全省价格调控工作一等奖。

二、现任副处级领导人员

龚椰林

龚椰林，汉族，1959 年 6 月出生，常德市武陵区人，中共党员，大学文化。市物价局党组副书记、副局长。

龚椰林 1976 年 12 月起，在常德七一机械厂工作，先后任工人、宣传干事；1980 年 5 月开始，在原常德市（现武陵区）市委办公室工作，1984 年 12 月任副科级秘书，其间于 1985 年 9 月 – 1988 年 7 月在湖南电大常德分校常德师专新闻专修班学习，获大专文凭；1988 年 8 月调常德市人大常委会办公室工作，先后任秘书科科长、综合科科长，1992 年 2 月任办公室副主任。

1997 年 9 月任中共津市市委副书记；2001 年 2 月调常德市财贸办公室（2001 年 9 月改名为常德市内贸办公室）工作，任党组成员、副主任，其间于 2001 年 8 月 – 2003 年 6 月兼任常德财经专科学校党委书记。

2005 年 1 月起，在常德市物价局工作，任党组副书记、副局长。其间于 2006 年 8 月 – 2008 年 12 月在中央党校函授学院经济管理专业本科班学习，获本科文凭。

刘邦原

刘邦原、汉族、1957 年 4 月出生，湖南临澧县人，中共党员，大学文化。市物价局党组成员、副局长。刘邦原 1976 年 12 月应征入伍，在广州军区 41 集团军服役，先后任战士、排长、组织（宣传）干事；1988 年 11 月调常德军分区先后任组织科长、企业办主任；1996 年 4 月起任常德市武陵区武装部政委、中共常德市武陵区委常委；2001 年 10 月起任常德市物价局党组成员、副局长。

陈谋建

陈谋建，汉族，1965年7月1日出生于湖南省常德县（现常德市鼎城区），中共党员，大学文化，现任市物价局党组成员、副局长。

陈谋建1985年7月任常德市日杂总公司干部、物价员，1990年1月任武陵区供销联社干部，1992年1月起在武陵区政协任副科级秘书，1997年9月调市政协工作，先后任调研科副科长、主任科员、科长和人事科长。2002年12月任常德市政协办公室副处级纪检员、机关党委副书记。2005年8月调任市物价局副局长、党组成员。

常新群

常新群、汉族、1960年3月出生，湖南省汉寿县人，中共党员，大学文化。市物价局党组成员、副局长。

常新群1977年7月参加工作，1978年12月应征入伍，在陆军第六师炮兵团一营任战士。1982年起在新疆某部先后任排长、正排职教员、副连职教员、副连长、连长、正连职及副营职干事、人武部科长、营教导员、正营职干事、团政治处副主任、主任等职。1997年3月起先后任新疆某军分区干部科科长、南疆军区政治部干部处副团职干事、某团政治委员、喀什市人武部政治委员、市委常委等。其间先后于1986年3月－1989年2月和1994年9月－1997年7月在西安政治学院学习分别获大专和本科文凭。2001年9月至2003年9月在首都师范大学修完硕士研究生课程，获马克思主义哲学与政教专业学习结业证。2005年10月转业到常德市物价局任党组成员、副局长。

陈秋林

陈秋林，汉族，1959年9月出生，湖南省张家界市慈利县人，中共党员，大学文化。市物价局党组成员、副局长兼工会主席。

陈秋林1976年9月－1978年12月，在慈利县零溪乡任民办教师；1978年12月应征入伍，在部队先后任战士、参谋。其间，1979年1月－1980年12月在桂林陆军学校机要训练大队（岳阳班）学习，获中专学历。1984年9月－1986年10月在常德师专汉语言文学专业学习，获大专文凭。1986年10月转业到常德地区劳动局任科员、科长。2001年10月－2008年3月在常德市审计局任党组成员、工会主席。

2008 年 4 月调市物价局任党组成员、工会主席、副局长。其间，2006 年 8 月 - 2008 年 12 月在中央党校函授学院法律专业本科班学习，获本科文凭。

赵怡德

赵怡德，汉族，1957 年 1 月出生，常德市武陵区人，中共党员，大专文化。市物价局党组成员。

赵怡德 1978 年 12 月参加工作，在常德市（现武陵区）公安局任警察，1989 年 1 月调任常德市监察局干部，1993 年 3 月调中共常德市纪律检查委员会，先后任干部、副科级纪检监察员、正科级纪检监察员、干部室副主任等，2007 年 3 月调市物价局任党组成员、市纪委派驻市物价局纪检组长。2010 年 2 月起任市物价局党组成员。

王建国

王建国、汉族、1963 年 7 月出生，湖南常德市鼎城区人，中共党员，大学文化。常德市物价局党组成员、副局长。

王建国 1981 年 7 月参加工作，任常德县洞庭乡中学教师；1982 年 9 月起在常德师专学习，1984 年 8 月起在常德县报社任记者、编辑，1985 年 1 月起在中共常德县委宣传部工作，1986 年 6 月起在常德县教育委员会任干部，其间 1984 年 9 月 - 1987 年 7 月参加湖南师大函授本科中文专业学习。1987 年 12 月调常德县教师进修学校任教师。1988 年 9 月调常德财经学校先后任教师、副科长、科长。1995 年 8 月任市政府财贸办科长，2005 年 2 月任市食品安全办科长，2005 年 8 月起先后任市食品安全办副调研员、科长，2009 年 7 月任市食品安全办党组成员、纪检组长。2010 年 10 月，任市食品安全办党组成员、副主任、纪检组长，2012 年 3 月调市物价局任党组成员、副局长。

李印华

李印华，女，汉族，1960 年 5 月出生于湖南省慈利县，原籍河北省巨鹿县，中共党员，大学文化。市物价局党组成员、总经济师。

李印华 1976 年 8 月作为知识青年下放到慈利县岩泊渡公社茶场，1978 年 8 月考入湖南省供销学校物价班学习。1980 年 8 月起先后任慈利县农副产品公司物价员、副经理。1986 年 10 月调入常德地区物价局，先后任物价检查所副科级纪检员、价格成本调查队副队长、局办公室副主任、价格事务所所长、非商品收费科科长、产商品价格科科长，2003 年 6 月任常德市物价局助理调研员。2008 年 12 月中央党校函授本科法律专业毕业。2009 年 9 月任常德市物价局总经济师。

钟昌宏

钟昌宏，1966 年 1 月出生，湖南省桃源县人，汉族，中共党员，本科文化。市价格监督检查局局长（副处级）。

钟昌宏 1984 年 4 月参加工作，任常德地区物价局驻桃源县成本调查员，1986 年 10 月调回市工农产品成本调查队。后在市物价局行政事业性收费科和价格科工作多年。1999 年调价格检查所，历任纪检员、副所长、主任科员。2003 年任所长，2008 年任价格监督检查局局长。

三、非领导职务任职人员

易伟献

易伟献，汉族，1962 年 4 月出生于湖南省长沙市，原籍湖南省湘乡市，中共党员，大学文化。市物价局副调研员。

易伟献 1982 年 8 月毕业后分配到铁道部武昌车辆厂工作，1986 年 1 月调常德市物价局。1992 年起先后任常德市物价局收费科副科长、房地产价格科副科长、市价格事务所书记、市价格认证中心主任、收费科科长，其间 1994 - 1996 年在市武陵百货大楼挂职锻炼任总经理助理。2012 年任市物价局副调研员兼收费科科长、2013 年起任市物价局副调研员，具有拍卖师、房地产估价师、价格鉴证师、司法鉴定人等专业技术资质。2002 年获得市人民政府授予的“市劳动模范”称号。

钟志宏

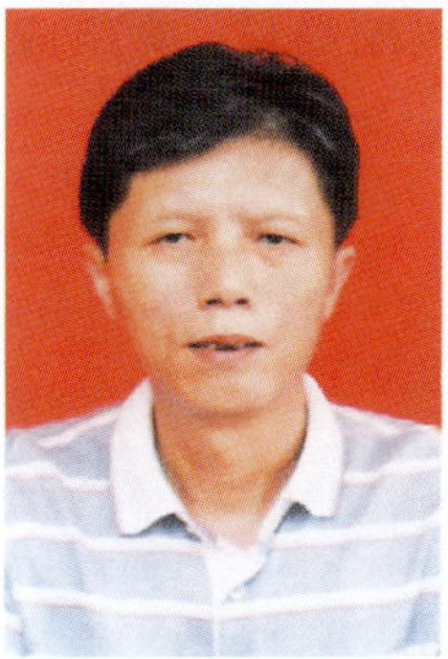

钟志宏，汉族，1959 年 10 月出生于湖南省常德市（现常德市武陵区），原籍湖南省望城县，中共党员，中专文化。1987 年 12 月调入常德市物价局工作。市物价局副调研员。

钟志宏 1976 年 8 月起到安乡县安裕乡新安村当下放知青，1978 年 12 月 – 1980 年 12 月在常德纺织机械厂技工学校学习；1980 年 12 月 – 1987 年 12 月在常德粮运车队工作（其间：1985 年 9 月 – 1987 年 12 月在常德粮校学习财会专业）；1987 年 12 月起在市物价局任办事员；1995 年 10 月起任市物价局产商品价格管理科副主任科员；1997 年 4 月起任市物价局房地产价格管理科副科长；1999 年 4 月 – 2000 年 3 月任市物价局房地产价格管理科主任科员；1997 年 12 月 – 1999 年 12 月任市物价局驻石门县所街乡栋青村建整扶贫工作组组长；2000 年 3 月 – 2001 年 12 月任市物价局综合信息科科长；2001 年 12 月 – 2008 年 3 月任市物价局德山物价管理办公室主任；2008 年 3 月 – 2012 年 3 月任市物价局产商价格管理科科长；2012 年 3 月 – 2013 年 4 月任市物价局副调研员兼产商品价格管理科科长，2013 年 4 月任市物价局副调研员。

四、曾任副处级领导人员

（以姓氏笔画为序排列）

左宜斌

左宜斌，女，汉族，1951 年 10 月出生，常德市武陵区人，中共党员，大专文化，注册会计师。2011 年底退休。1997 年 5 月由武陵区人民政府调市物价局任副局长、党组成员，曾任市物价局党组副书记。2002 年 5 月调市发展改革委员会工作。

刘书敏

刘书敏，汉族，1937年8月出生，湖南省邵阳县人，中共党员。1955年3月参加工作，1979年6月从事物价工作，1981年至1982年在省财经学院进修，1984年4月任常德地区物价局副局长、党组成员。1988年元月任常德市价格学会会长、省价格学会理事。

朱建武

朱建武，汉族、1962年8月出生，常德市鼎城区人，中共党员，本科文化。1983年8月参加工作，在常德县河洑区供销社物价统计股任干部，1985年8月调常德地区物价局先后任成本调查队副课长、课长，1989年1月起先后任常德市物价局成本调查队副队长及党支部委员、局办公室副主任、物价检查所副所长及党支部委员、价调基金办公室主任及党支部副书记，其中1998年9月－1999年12月在澧县澧南乡任党委副书记（挂职）。2001年9月起任市物价局副局长、党组成员，2008年4月调其他单位任职。

刘新民

刘新民，土家族，1954年3月出生于慈利县二坊坪盛德村，大专文化。1971年12月参加工作，任万福小学教师。1972年12月应征入伍，1974年11月加入中国共产党，1981年10月转业，先后到常德地区计划委员会秘书科、价格科（物价委员会）工作。1984年任常德地区物价检查所副所长（主持工作），1987年任该所党支部书记、副所长（主持工作），1985年任工农产品成本调查队书记（主持工作），1994年任局办公室主任，1993年任价格科科长。1994年任市物价局副局长、党组成员。2005年8月调离市物价局。

李父军

李父军，汉族，1952年11月出生，湖南省常德市桃源县人，中共党员，大专文化。

李父军1977年7月从湖南省商业学校物价三班毕业后，8月参加工作，先后在常德地区财贸干部学校任政工干事，常德地区供销学校任政工干事，团委书记。1981年5月调常德地区工商局办公室工作。1982年1月调常德地区计委物价科，先后在常德地区物价局任办公室主任，价格科科长，物价检查所所长。1992年7月起先后任常德市人民政府驻广西凭祥市办事处副主任、驻广东湛江市办事处副主任。2000年1月调任常德市商业局联合工会主席。2001年8月调市物价局，先后任助理调研员、调研员至2012年退休。

岳伏春

岳伏春、汉族、1952年2月出生，湖南省安乡县人，中共党员，大专文化，高级经济师。

岳伏春1969年12月应征入伍，在北京卫戍区服役，1986年2月从部队转业到常德地区（市）财贸办任科长，1995年11月调常德机电工程学校任党委副书记、副校长，2003年10月调常德市物价局任调研员，2012年3月退职休息。

杨　峰

杨峰，汉族，1943年农历九月十七日出生于常德县（今常德市鼎城区）黄土店，大学文化，中共党员。

杨峰大学毕业后1968年8月入广州军区南湾湖军垦农场劳动锻炼，1970年5月应征入伍在解放军总后勤部山丹军马四场工作，1980年8月转业到常德县供销社，1984年1月调常德县外贸局任副局长，1985年1月起任临澧县副县长，1987年4月起任常德地区（市）审计局副局长，1993年3月调市物价局任副局长、党组成员至2001年，2003年11月退职休息。

周辉明

周辉明，汉族，1963年6月出生，湖南省津市市人，中共党员，大学文化。1984年7月参加工作在常德地区计划委员会基建科任干部，1985年1月调市物价局工作，曾先后任农产品调查队副队长、局办公室副主任、物价检查所副所长、所长，2003年6月起任市物价局党组成员、工会主席，分管价格认证中心工作。2007年3月调其他单位任职。

袁天鹏

袁天鹏，汉族，1963年8月出生，湖南省桃源县人，中共党员，大学文化。曾任桃源县七中教师，浯溪河乡办公室主任。1989年3月调入团市委，先后任干事、办公室主任、团市委常委。2001年任市乡镇企业局党组成员、纪检组长，2004年底任市乡镇企业局局长。2008年3月任市物价局党组成员、副局长。2012年3月调离市物价局。

雷志钦

雷志钦、汉族、1955年3月出生，湖南省安乡县人，中共党员。1975年8月湖南省商业学校物价专业毕业，1975年9月－1976年4月任常德地区轻化公司干部，1976年5月－1984年10月任常德地区计划委员会干部（其中1983年9月－1984年7月在中国人民大学物价专业进修），1984年10月－1985年9月任常德地区物价局价格检查科科长，1985年9月－1993年7月任常德地区（市）物价局副局长。1993年7月调离常德市物价局。

谭国荣

谭国荣，女，1951年7月出生于湖南省澧县城关镇和平街10号，祖籍湘潭县霞岭乡桥头村。汉族，大专文化，1971年2月参加工作，1972年12月加入中国共产党。

1971年2月起在澧县县委办公室工作，1972年6月起任澧县梦溪乡妇联主任，1973年10月调常德地区（常德市）妇联在组织部、儿少部、组宣部工作，先后任干部科副科长、科长等职（1988年12月-1989年12月在市委党校脱产学习行政管理专业）。1998年3月调常德市物价局任党组成员、纪检组长，2006年12月起任市物价局调研员，2011年9月退休。

翟振彪

翟振彪，汉族，生于1948年8月，湖南省临澧县人。中共党员，大专文化。1968年3月应征入伍，历任空军雷达兵战士、班长、技师、所长。军区空军技术科长、副所长、团长等职。1994年9月转业地方，分配到常德市物价局任副局长、党组成员，后任调研员，曾兼任局党总支书记。2008年8月退休。

黎星兵

黎星兵，1954年12月生，汉族，湖南省石门县人。中共党员，大专文化。1972年2月参加工作，1974年8月加入中国共产党。

1972年2月起，在石门县三板公社担任民办教师，并任小学校长。1974年9月起为常德师专中文科学生。1976年8月毕业后9月分配到常德地区教学辅导站任干部，1977年10月调任常德地区劳动局干部，1982年9月调常德地区计划委员会工作，1983年12月先后任基建科副科长、基建科科长、物资科科长。1990年1月-1992年8月任常德市鼎城区人民政府副区长，1992年8月调市物价局任副局长、党组成员。1993年3月调其他单位任职。

第三章　人物名录

第一节　全国物价系统先进个人

全国物价系统先进个人包括1988－2012年全市物价系统的受表彰者，共21名。

表8－3－1

年　份	姓　名	奖　　励
1988	张昌春（临澧局）	全国优秀义务物价检查员
1990	钟明炎（市　局）	全国物价系统 劳动模范
1990	余本松（市　局）	中国物价自学函授学员先进个人
2001	易伟献（市　局）	收费统计工作 先进个人
2002	樊丽平（石门局）	全国农产品成本调查 优秀个人
2003	胡国栋（市　局）	全国价格监测工作 先进个人
2005	徐兴涛（市　局）	全国农产品成本调查 优秀个人
2005	高宏亮（市　局）	全国价格监测 优秀个人
2006	李国忠（市　局）	全国成本监审工作 先进个人
2006	何　婷（安乡局）	全国价格监测工作 优秀个人
2006	熊　文（津市局）	全国价格监督检查 先进个人
2007 2011	曾　勇（安乡局）	全国价格监测工作 优秀个人
2008	彭月村（安乡局）	全国价格监测工作 优秀个人
2009	胡光忠（市　局）	全国农产品调查 优秀个人
2009 2010	侯　勇（安乡局）	全国价格监测工作 优秀个人
2009 2010	裴世杰（市　局）	全国价格监测工作优秀个人
2010	颜雪梅（市　局）	全国收费统计工作 先进个人
2010	田卫东（桃源局）	全国农产品成本调查 优秀个人
2011	饶　凯（市　局）	全国价格监督检查 办案能手
2011	梁　辉（市　局）	全国价格统计工作 先进个人
2012	魏锴昀（临澧局）	全国优秀价格认证人员

第二节　全省物价系统先进个人

市物价局受省局表彰人员

（1989—2012 年）

1990 年度

从事物价工作 25 年以上，授予荣誉证书和纪念章（含区县市局人员）：钟明炎、朱伯章、赵忠敏、印业文、罗炼章、潘力民、李政安

全省物价大检查先进个人：侯国保、彭道德

业务统计先进个人：梁辉（女）

近几年先进工作者：钟明炎、朱伯章、朱建武

工农产品成本调查先进个人：黄新明

1991 年

工农产品成本调查优秀调查员：黄新明

1992 年

全省财、税、物价大检查先进个人：张桂清

1994 年

物价业务统计工作先进个人：张业文

1995 年

价格监测工作优秀个人：张业文

1998 年

省人事厅、物价局联合表彰全省物价系统：沈兆兴（一等功）

2001 年

“三五”普法先进个人：钟志宏

2002 年

价格综合法规调控工作先进个人：龚玉峰
优秀价格调研成果：钟志宏（二等奖）、龚玉峰、易伟献（优秀奖）
农产品成本调查工作先进个人：许菊林（女）

2003 年

价格法制工作先进个人：琚克平
价格调节基金征管工作先进个人：杨家武

2004 年

价格调节基金征管工作先进个人：杨家武
法制工作先进个人：琚克平
物价综合统计工作先进个人：李桃玉（女）
信息工作先进个人：陆春桂（女）
农产品成本调查工作先进个人：许菊林（女）
综合法规调控工作先进个人：杨家武、龚玉峰

2005 年

综合法规调控工作先进个人：杨家武
价格监测工作先进个人：龚玉峰
农产品成本调查工作先进个人：许菊林（女）

2006 年

2005—2006 年度优秀价格认证员：易伟献

价格综合工作先进个人：龚玉峰

价调基金征管工作先进个人：杨家武

价格行政执法工作先进个人：刘艳勋、李健丽（女）

价格成本调查工作先进个人：李国忠、许菊林（女）

2007 年

优秀价格鉴证师：易伟献

价格成本调查工作先进个人：徐兴涛

价格综合工作先进个人：龚玉峰

价调基金征管工作先进个人：张桂清

落实十件价格实事先进个人：陈大波、朱致君

2008 年

价格行政执法先进个人：钟昌宏

农产品成本调查先进个人：徐兴涛

落实十件价格实事先进个人：陈大波、朱致君

省人事厅、物价局联合表彰先进个人：龚椰林、李国忠

纪念《价格法》实施 10 周年宣传活动先进个人：李国忠、刘艳勋

价格综合工作先进个人：龚玉峰

价格法规工作先进个人：李国忠

价格监测工作先进个人：李国忠

价调基金征管工作先进个人：聂智芳（女）

价格系统抗冰救灾先进个人：龚椰林、刘艳勋、李国忠

2009 年

价格法规工作先进个人：李国忠

价格综合工作先进个人：王强

价格监督检查统计工作先进个人：李桃玉（女）

价格鉴证工作先进个人：高建设

价调基金征管工作先进个人：聂智芳（女）

价格监测工作先进个人：裴世杰

价格法律法规知识竞赛二等奖：

领队：龚椰林，组织工作先进个人。指导：李国忠

队员：李印华（女）、钟昌宏、廖在利（女）

2010 年

“价格工作 30 年”征文活动获奖作者：

一等奖：袁云波、李印华（女）、李国忠、王 强

二等奖：袁云波

三等奖：陈谋建、陈秋林、易伟献、张业文

价格监测工作先进个人：李印华（女）

价格综合法规工作先进个人：王强

价调基金征管工作先进个人：姚宛妤（女）

参加省物价系统演讲比赛二等奖：文渊妮（女）

全省物价系统先进个人（二等功）：李清

2011 年

价格监测工作先进个人：李印华（女）

价格综合法规工作先进个人：李国忠、王强

价格监督检查先进个人：郑鑫丽（女）、胡光忠

优秀价格调研成果一等奖：袁云波、王强

二等奖：刘邦原、钟志宏 三等奖：陈秋林、张亮、刘艳勋、徐颖奇（女）、徐兴涛、姚光华、何勇

价格在线暨政务公开优秀通讯员：王强

价调基金征管工作先进个人：何勇、姚宛妤（女）

2012 年

价格综合工作先进个人：刘贞科

价格法规工作先进个人：王强、李弘

价调基金征管工作先进个人：何勇

2011—2012 年度价格成本调查优秀个人：蒯菁（女）

优秀注册价格鉴证师：杨家武

2011—2012 年度优秀价格认证人员：高建设、彭春霞（女）
《湖南价格鉴证》优秀通讯员：杨家武
价格监测工作先进个人：文雯（女）
价格监督检查先进个人：熊泽惠（女）、马建

区县市物价局获省局表彰人员

（1989—2012 年）

武陵区

1990 年：**王德明** 物价工作先进个人
宋明峰 2011 和 2012 年度价格监督检查先进个人

鼎城区

2000 年：**刘志伟** 价格监督检查先进个人
2006 年：**杨启顺** 价调基金征管工作先进个人
2007 年：**罗旺甫** 价调基金征管工作先进个人
2008—2012 年：**罗立新** 价调基金征管工作先进个人
2009、2010 年：**高 丽** 优秀价格鉴证师
2011 年：**陈定坤** 价格监督检查先进个人
2012 年：**刘少军** 价格监督检查先进个人
王政奎 价格认证先进个人
刘少军 价格监督检查先进个人

桃源县

1989 年：**姜文军** 物价业务统计先进个人
1990 年：**姜文军** 物价业务统计工作先进个人
雷志中 被评为先进个人
陈一余 全省“三大检查”先进个人
1998 年：**杨 明** 价格信息网络建设先进个人
2001 年：**邹昭英** 价格监督检查先进个人

2004 年：**邹昭英**　综合法规调控工作先进个人

2007 年：**李　晖**　价格综合工作先进个人

邹昭英　价格行政执法工作先进个人

2008 年：**戴森林**　价格成本调查工作先进个人

2009 年：**向　军**　优秀价格认证人员

李　晖　价格综合工作先进个人

2010 年：**朱明超**　价格信息综合工作先进个人

敬国辉　价格监督检查工作先进个人

王英杰　价格综合法规工作先进个人

2011 年：**张志宏**　价格信息工作先进个人

翦志勇　价格监督检查先进个人

戴森林　价格成本调查优秀个人

2012 年：**张志宏**　优秀价格认证人员

戴森林　价格成本调查工作优秀个人

敬国辉　价格监督检查先进个人

汉寿县

2002 年：**杨志林**　价格综合法规调控工作先进个人

杨志林、刘佑吾　《当前基层价格工作的处境及出路》获全省优秀调研成果三等奖

2003 年：**杨志林**　价格综合法规调控工作先进个人

2005 年：**杨志林**　《建立三种机制推进药品超市价格诚信建设》被评为全省“规范市场价格行为研究”优秀调研成果优秀奖

2006 年：**杨志林**　价格综合工作先进个人

2007 年：**杨志林**　价格综合工作先进个人

2008 年：**夏吉平、杨志林、刘帆**　《一项很有推广价值的创新—汉寿县推行涉企收费“一费制”的调查与思考》获纪念《价格法》实施十周年优秀征文一等奖

2009 年：**彭延寿**　《当前基层价格工作的处境及出路》获全省优秀调研成果三等奖

2010 年：**彭延寿**　物价工作 30 年先进个人

高宏亮　价格认证先进个人

刘　帆　价格综合法规工作先进个人

刘林红　价格信息工作先进个人

2011 年：**高宏亮**　价格信息工作先进个人

2012 年：**高宏亮**　价格信息先进个人

周家贻　价格监督检查先进个人

临澧县

2002 年：**刘国锋**　价格信息工作先进个人

2003 年：**刘国锋**　价格信息工作先进个人

2004 年：**杨申平**　旅游价格调研成果优秀奖

2005 年：**刘国锋**　价格信息工作先进个人

2006 年：**史彩新**　价格行政执法先进个人

2008 年：**魏锴昀**　（2007－2008 年度）优秀价格认证人员

2008 年：**张远贵**　《价格法》实施十周年宣传活动先进个人

2009 年：**史文新**　价格监督检查统计工作先进个人

2010 年：**李显清**　价格综合法规先进个人

史文新　价格监督检查与统计工作先进个人（两项）

魏锴昀　征文作品优秀奖

2011 年：**汪晓虹**　价格信息工作先进个人

李显清　价格综合法规工作先进工人

杨申平　价格监督检查先进个人

2012 年：**覃　中**　价格信息工作先进个人

史文新　价格监督检查先进个人

史彩新　优秀价格调研成果三等奖

史彩新　价格法规工作先进个人

周真武　价格调节基金征管先进个人

魏锴昀　优秀注册价格鉴证师

石门县

1990 年：**赵忠敏**　物价工作先进个人

喻自平　工农产品成本调查工作先进个人

1991 年：3 人被评省先进个人

1999 年：**王成全**　价格信息网络建设先进个人

2004 年：**樊丽平**　《加强旅游价格管理，促进旅游经济发展》省二等奖

2005—2006 年：**傅左义**　价格成本调查工作优秀个人

龚道彬　优秀价格认证人员

2007 年：**刘湘河**　价格行政执法先进个人

赵松岳　贯彻落实“十件价格实事”先进个人

2008 年：**喻自平**　综合法规调控工作先进个人

2007—2008 年：**覃海燕**　价格成本调查工作优秀个人

2009 年：**曾光耀**　价格成本调查工作先进个人

2010 年：**覃事福**　《退钱》二等奖

喻自平　物价系统先进个人（三等功）

刑要红　价格监督检查工作先进个人

2011 年：**覃海燕、唐哲、余厚兵**　（2010—2011）涉案物价格鉴定管理优秀案卷奖

2012 年：**王　俊**　价格综合工作先进个人

余厚兵　（2011—2012）优秀价格认证人员

唐　哲　2012 年度价格监督检查先进个人

樊丽平　《平价门店应成为平抑物价的生力军》获三等奖

澧　县

1990 年：**雷　鸣**　物价工作先进工作者

2005 年、2006 年：**王庆轩**　优秀价格认证人员

2006 年：**覃米立**　价调基金征收管理工作先进个人

2010 年：**廖生治**　物价系统先进个人（二等功）

2011 年：**周月华**　价格调节基金分管工作先进个人

胡向峰　价格监督检查先进个人

2012 年：**周云飞**　价格监督检查先进个人

安乡县

2001 年：**潘宏祥**　价格监督检查先进个人

2002 年：**胡昌庆**　2002－2008 价格监督检查先进个人（7 次）

2008 年：**曾　勇**　价格监测工作先进个人

李绍勇　获《价格法》实施十周年优秀征文奖

2010 年：**侯　勇**　《安乡县瓶装液化气市场价格调查》第二名

曾勇、熊兴芝　《如何做好新形势下的价格监测工作》第三名

彭剑平　2009－2010 年度 优秀价格认证人员

彭月村　2009－2010 年度价格成本调查优秀个人

2011 年：**熊兴芝**　全省价格政务公开优秀通讯员

2010、2012 年：**李绍勇**　价格监督检查先进个人（2 次）

2011 年：**曾　勇**　价格监测工作先进个人

2012 年：**侯　勇**　《安乡县油菜籽生产情况调查》三等奖

曾　勇　《开展价格诚信建设的几点作法》三等奖

李建华　价格监督检查先进个人

津市市

1990 年：**龚道恒**　省物价系统先进个人

2012 年：**俞　进**　价格监督检查先进个人

桃花源管理区

2004 年：**杜　群**　全省优秀旅游价格调研成果一等奖

第三节　市委、市政府奖励人员

全市物价系统二等功获得者

陈丽君（女）、朱建武、张业文、陈春廷（市大功、二等功）、李登望（市大功）、胡廷文、朱自权、聂文华、高世锦、雷鸣、潘宏祥、杜群、周维红

市物价局三等功获得者

1989 年：李印华（女）、梁辉（女）、郝介球

1990 年：刘德贵、李国忠、彭明详

1991 年：朱伯章、陈大波、陈望生

1992 年：罗劲平、刘德贵、胡长青

1993 年：罗劲平、潘妍（女）、胡长青

1994 年：周辉明

1995 年：沈兆兴、黄新明、朱伯章（市级劳模）

1997 年：沈兆兴、李经建（女）

1998 年：朱致君
1999 年：李经建（女）
2000 年：李印华（女）
2001 年：陈大波
2002 年：周辉明、易伟献（市级劳模）
2003 年：易伟献
2004 年：谭慧（女）、陈大波
2005 年：钟昌宏
2006 年：胡长青
2007 年：陈大波
2008 年：刘艳勋
2009 年：李清
2010 年：李国忠、王强
2011 年：文智、吴宛燕（女）
2012 年：王建国、王强、何勇、龚玉峰、杨家武

市物价局受嘉奖者

1989 年度

雷志钦、陈望生、肖俊、钟志宏、余本松、黄新明、刘新民、陈大波

1990 年度

钟明炎、徐兴涛、陈望生、罗劲平、易伟献、周辉明、李清、陈大波、李桃玉（女）、杨金海

1991 年度

罗劲平、陈丽君（女）、刘德贵、李父军、钟志宏、肖俊、李国忠、胡长青、侯国保、李经建（女）

1992 年度

李桃玉（女）、许菊林（女）、周辉明、肖俊、侯国保、姜开斌、喻启辉、李清

1993 年度

刘德贵、许菊林（女）、钟昌宏、李清、周辉明、朱伯章、李桃玉（女）、颜雪梅

（女）

1994 年度

肖俊、李清、范严林、李经建（女）、胡长青、喻启辉、刘德贵

1995 年度

饶前进、潘妍（女）、钟志宏、胡长青、刘昱萍（女）

1996 年度

沈兆兴、李健丽（女）、周辉明、张桂清、易伟献、钟昌宏

1997 年度

钟志宏、钟昌宏、李清、罗劲平、张业文、许菊林（女）

1998 年度

左宜斌（女）、周辉明、李经建（女）、钟昌宏、杨家武、许菊林（女）、高建设

1999 年度

左宜斌（女）、李印华（女）、张业文、李清、罗劲平、侯国保、黄新明

2000 年度

刘新民、周辉明、张桂清、李清、张业文、姜丌斌

2001 年度

谭国荣（女）、易伟献、侯国保、李清、罗劲平、李经建（女）、黄新明、张业文、杨家武

2002 年度

谭国荣（女）、陈大波、朱致君、聂智芳（女）、熊泽惠（女）

2003 年度

谭国荣（女）、陈大波、胡长青、罗劲平、黄志成、饶凯

2004 年度

印甫生、刘新民、朱致君、何勇、刘照玲（女）、刘艳勋、陆春桂（女）

2005 年度

龚椰林、谭国荣（女）、李印华（女）、张业文、何勇、谭慧（女）、陆春桂（女）、陈望生

2006 年度

刘邦原、陈谋建、钟志宏、张燕（女）、姜开斌、雷鸣（女）

2007 年度

陈谋建、钟昌宏、易伟献、杨家武、刘艳勋、徐兴涛、何勇、雷鸣（女）、黄志成

2008 年度

龚椰林、常新群、赵怡德、李国忠、钟志宏、李清、胡光忠、鲁观兵、刘照玲（女）、王顶虑

2009 年度

陈谋建、陈秋林、李国忠、易伟献、杨家武、罗劲平、李健丽（女）、熊泽惠（女）、王强、吴宛燕（女）

2010 年度

李印华（女）、袁天鹏、钟志宏、杨家武、何勇、罗劲平、熊泽惠（女）、文智、吴宛燕（女）、琚克平

2011 年度

龚椰林、赵怡德、李国忠、王强、易伟献、何勇、张业文、李清、谭慧（女）、文渊妮（女）、刘照玲（女）

2012 年

袁云波、陈秋林、钟昌宏、张亮、蒯菁（女）、罗芬（女）、李清、鲁观兵、李弘、徐颖奇（女）、颜雪梅（女）

第四节　市物价局表彰的优秀共产党员

1989 年度

余彩林、梁辉（女）、雷志钦、朱建武、刘新民、李印华（女）、侯国保

1990 年度

张桂清、李父军、梁辉（女）、胡长青、侯国保、刘新民（以上报市直工委表彰）

1991 年度

喻启辉、余彩林、彭明详、杨家武、朱建武

1992 年度

朱建武、潘妍（女）、彭明详、陈丽君（女）

1993 年度

杨峰、陈大波、胡长青、彭明详、侯国保、余本松

1994 年度

李健丽（女）、黄新明、刘玉萍（女）、李桃玉（女）、梁辉（女）、朱建武、杨家武、朱致君、钟志宏

1995 年度

徐兴涛、李经建（女）、姜开斌、侯国保、高建设、罗劲平、李健丽（女）、张业文

1996 年度

陈大波、钟昌宏、姜开斌、张桂清、高建设、喻启辉、朱建武、陈丽君（女）、潘妍（女）、梁辉（女）、杨家武、彭明详、黄新明、侯国保

1997 年度

刘厚麟、胡长青、高建设、罗则范、喻启辉、杨峰、李国忠、梁辉（女）、彭明详、李健丽（女）

1998 年度

余彩林、罗劲平、梁辉（女）、李经建（女）、张业文、王顶虑、侯国保、颜雪梅（女）、杨峰、喻启辉、朱敏（女）、李清

1999 年度

朱伯章、张桂清、姜开斌、潘妍（女）、李健丽（女）、易伟献、颜雪梅（女）、黄新明、杨峰、梁辉（女）、李桃玉（女）、李国忠、范严林、熊泽惠（女）、罗则范、黄志成、刘照玲（女）

2000 年度

谭国荣（女）、钟志宏、李国忠、梁辉（女）、朱敏（女）、李桃玉（女）、李健丽（女）、王顶虑、朱建武、易伟献、刘照玲（女）、罗劲平

2001 年度

左宜斌（女）、李经建（女）、胡长青、李印华（女）、王顶虑、李健丽（女）、李桃玉（女）、张燕（女）、高建设、喻启辉

2002 年度

李健丽（女）、王顶虑、喻启辉、颜雪梅（女）、徐兴涛、姚宛妤（女）、琚克平、钟志宏、李印华（女）（工委）、朱致君

2003 年度

周辉明、钟昌宏、李健丽（女）、吴宛燕（女）、刘照玲（女）、徐兴涛、姚宛妤（女）、何勇

2004 年度

罗劲平、李国忠、胡长青、颜雪梅（女）、陈大波、李清、潘妍（女）、钟昌宏、黄志成、高建设、易伟献、聂智芳（女）

2005 年度

高建设、李经建（女）、雷鸣、聂智芳（女）、侯国保、李健丽（女）、饶凯、黄志成、徐兴涛、颜雪梅（女）、王顶虑、刘照玲（女）

2006 年度

陈大波、刘东华、龚玉峰、陈望生、何勇、谭慧（女）、颜雪梅（女）、王顶虑、饶凯、徐兴涛、黄志成、杨家武、高建设、朱伯章

2007 年度

吴宛燕（女）、罗劲平、刘泽华、龚玉峰、谭慧（女）、胡长青、颜雪梅（女）、李清、郑鑫丽（女）、潘妍（女）、梁辉（女）、钟志宏、聂智芳（女）、刘照玲（女）、胡光忠、朱伯章

2008 年度

李国忠、钟志宏、李清、胡光忠、鲁观兵、刘照玲（女）、王顶虑

2009 年度

鲁观兵、颜雪梅（女）、谭慧（女）、雷鸣（女）、龚玉峰、饶凯、刘照玲（女）、姚宛妤（女）、曾伟、刘书敏、朱伯章

2010 年度

聂智芳（女）、姚光华、刘照玲（女）、郑鑫丽（女）、姜开斌、姚宛妤（女）、文渊妮（女）、余彩林、潘妍（女）、王顶虑、陈望生、沈兆兴、余本松

2011 年度

刘艳勋、杨家武、钟志宏、龚玉峰、徐兴涛、罗劲平、黄志成、郑鑫丽（女）、梁辉（女）、彭春霞（女）、余彩林、姚宛妤（女）、曾伟、朱伯章、彭道德（女）

2012 年

刘艳勋、罗劲平、陈望生、张立新、姜开斌、裴世杰、文雯（女）、王顶虑、郑鑫丽（女）、饶凯、毛燕（女）、曾志勇、姚宛妤（女）、杨家武、刘泽华、徐兴涛、姚光华、朱伯章、李桃玉（女）

附　录

光荣榜
二0一三年度
先进单位
办公室
人事科
价格监督检查局
先进个人
优秀共产党员
刘贞科 张业文 文渊妮 黄志成 颜雪梅 谭 慧
刘艳勋 姚光华 姚宛妤 刘泽华 李健丽 朱致君
王任制 胡光忠 孙 煜 饶 凯 余本松 李桃玉
优秀党务工作者
鲁观兵 张桂清

附　录

一、重要文件

中共常德市委、常德市人民政府关于进一步稳定市场物价的意见

常发〔1994〕19号

各区、县（市）委和人民政府，市直有关单位：

今年以来，我市市场物价居高不下，特别是进入八月以来，猪肉、蔬菜、鸡蛋、食糖等与人们生活密切相关的基本生活必需品和中小学收费的价格上涨较多，群众反映强烈。为了迅速扭转这种状况，进一步稳定市场物价，根据中央、国务院和省委、省政府有关指示精神，现提出如下意见：

一、切实加强对稳定市场物价工作的领导。物价问题涉及千家万户，关系到经济发展和社会稳定的大局。各级党委和政府要把稳定市场物价列入重要议事日程，作为当前的一项紧迫任务来抓。要实行党政一把手负责制，继续实行物价总水平控制目标责任制，把控制物价涨幅作为检验各级党政领导政绩和各地工作成效的一项重要指标，加强考核，兑现奖罚。凡因控制物价不力而引发社会事端，并造成严重后果的，要追究当地党政主要领导的责任。

二、下大力整顿流通秩序。一是整顿肉类市场，坚决制止病害肉类上市。各级工商行政管理、畜牧防疫、卫生防疫部门要切实履行责任，严格审查屠宰加工场及设施的卫生条件，对不符合规定条件或无证、无照经营的，要坚决予以取缔；对伪造、买卖检疫检验证章，以及出具伪证干扰肉类卫生管理秩序的行为，要依法严厉打击。国庆节前各地要集中力量，进行一次整顿肉类市场的突击行动，造成扫除病害肉类的强大声势。二是整顿粮食市场。国营主渠道对限价供应的粮食，必须采取适当方式保证供应到居民手中，不得突破限价，不得断档脱销，不得卖大户。对于向国营粮店套购粮食，转手倒卖，掺杂使假，哄

抬粮价者，必须从严惩处。三是整顿蔬菜市场。对守法经营的菜贩要保护、支持，对长期把持菜市场，盘剥菜农，哄抬菜价，损害消费者利益的菜霸，要坚决打击。要鼓励产销见面，对菜农进城卖菜提供多种方便。各菜市场要让出部分场地让菜农直接进场卖菜，工商部门对其要提高工作透明度，在粮店、肉店、农贸市场和批发市场设立限价牌、公平秤、举报电话或举报站，广泛接受群众监督。

三、加强市场物价监督。各地、各部门要认真贯彻国务院“关于今年下半年各级政府不出台新的调价措施”的决定，严格控制调价、收费与集资项目的出台，年前一律不得出台新的调价措施和提高收费标准。对违反这一规定的，要坚决纠正。当前，各级物价部门要突出抓好两件事：一是对省政府规定的十八种居民生活必需品和服务价格由省制定作价原则，规定差率，严格监控。各地要根据实际情况宣布限价，严格执行。二是对今秋开学以来部分地方中小学和幼儿园收费过高的问题，要会同教育管理部门弄清情况，按照有关规定迅速纠正。

四、抓好蔬菜和副食品生产。要对蔬菜生产面积进行一次全面清理，按照省政府规定的市、区人均三厘，县（区、市）城人均二厘五的标准稳定一线蔬菜基地面积，凡改种、抛荒和种应付菜的，收回菜地重新分配。要发展一批以当地拳头产品为主的二线蔬菜基地。要结合农村冬种组织农民发展冬季蔬菜。要严格控制征用蔬菜基地，确需征用的，应按规定征足新菜地建设基金，专款专用，除省政府明文规定者外，各级各部门都不得减免。对蔬菜生产和新开发的蔬菜基地，要采取适当优惠政策予以扶持。市区建立的副食品价格调节基金要尽快落实，物价部门要排除一切阻力，加强征收力度，及时足额征缴入库，以用于平抑市场价格。为缓解市区蔬菜和食品供求矛盾，武陵区要突出抓好蔬菜和副食生产，在种足蔬菜面积的同时，狠抓一季速生菜应市，并做好规划，逐步建立猪、蛋、禽、鱼生产基地，提高市区自给水平。鼎城区也要选择一部分近郊种植蔬菜和发展副食品生产，以减轻市区供应压力。

以上意见，请认真贯彻执行，并于九月底以前将贯彻落实情况向市政府专题报告一次。

中共湖南省常德市委
常 德 市 人 民 政 府
一九九四年九月二十二日

常德市人民政府
关于建立市级价格调节基金制度的通知

常政发〔1994〕9号

各区、县（市）人民政府，市直有关单位：

为了增强市政府运用经济手段调控市场物价的能力，避免因市场物价的剧烈波动而影响经济秩序和人民生活，根据国务院国发〔1993〕60号和湖南省委、省人民政府湘发〔1993〕8号文件精神，结合我市实际，经研究，决定建立市级价格调节基金制度。现将有关事项通知如下：

一、价格调节基金的资金来源

（一）市财政视情况每年安排一定数额的资金。

（二）按政策规定应纳入价格调节基金的其他资金。

（三）向市属企业、中央省属驻常企业及城区其他从事生产经营和提供劳务的单位（个人）征收的资金。

二、价格调节基金的征收必须坚持有利于国家产业政策的实施，符合国家平抑市场物价的政策，符合根据市情引导消费的原则。

三、价格调节基金的用途

（一）调控市场突发性暴涨的价格和重要的居民生活必需品价格。

（二）稳定重要节日期间的主要食品价格。

（三）扶持主要副食品生产。

（四）平抑市场物价其他方面的特殊需要。

四、价格调节基金的管理和使用

（一）为了保证基金的及时、足额征集和合理使用，市人民政府成立市级价格调节基金领导小组，由主管物价的副市长任组长，市政府办、经委、建委、财办和财政、税务、审计、工商、物价局等单位负责人为成员。领导小组下设办公室（设市物价局内。以下称“市价格调节基金办公室”），负责处理日常工作。

（二）凡按规定应该征收的资金均由市价格调节基金办公室负责征收，有的也可指定有关部门代征。被征单位必须按要求如期、足额上缴。逾期不缴的，按每日2‰收取滞纳金。

（三）征收价格调节基金使用市财政监制的专用收款收据，所收资金应及时解缴到市财政设立的价格调节基金专户储存，代征单位可按有关规定提取代征手续费。

（四）价格调节基金必须专款专用。凡符合规定条件使用价格调节基金，必须在每季度初由市价格调节基金办公室向市财政提出书面报告与用款计划，待市财政审核并报市政府审批同意后，由市价格调节基金办公室按规定给有关单位或企业办理拨款手续，价格调节基金实行专项提取，量入为出。当年结余可结转下年使用，并接受财政、审计部门的监督。

（五）使用价格调节基金的部门和单位要建立专账，并在每季度终了后 7 日内向市价格基金办公室报送报表一式三份，年底办理决算。

五、价格调节基金制度的试行

缴纳价格调节基金的单位（个人）及标准，实行一年一定。每年年初，由市价格调节基金办公室与市财政局拟定具体方案，报市政府批准后公布执行。

六、本通知自 1994 年 7 月 1 日起执行。

常德市人民政府

一九九四年七月十一日

常德市人民政府办公室关于印发《常德市市级价格调节基金征收方案》的通　　知

常政办发〔1995〕1号

各区、县（市）人民政府，市直有关单位，中央、省属及外地驻常企事业单位：

根据省人民政府《关于建立、规范和完善价格调节基金的通知》（湘政发〔1995〕17号）和市人民政府《关于建立市级价格调节基金制度的通知》（常政发〔1994〕9号）精神，经市人民政府研究同意，现将《常德市市级价格调节基金征收方案》印发给你们，请认真贯彻执行。

1994年下半年未缴足价格调节基金的单位，应按《1994年度下半年市级价格调节基金征收方案》补缴。

附：

常德市市级价格调节基金征收方案

一、价格调节基金征收范围及标准

1. 对宾馆、旅社、招待所等按住宿收费标准的4%价外征收。

2. 对按财会制度设立了财务账簿的营业性夜总会、歌（舞）厅、酒家、餐馆、冷饮厅、咖啡厅、美容美发室、按摩厅等消费场所按营业收入的3%征收；未设立财务账簿的，分类别定额征收，具体标准为：夜总会、歌（舞）厅按一类每月2000元、二类每月1500元、三类每月1000元标准征收，卡拉OK厅按每月500元标准征收，美容美发室按每座位每月20元标准征收，健身按摩厅按每床位每月30元标准征收，酒家、餐馆按每年每桌200元标准征收（只经营早点、小吃的不征收），冷饮厅、咖啡厅按每年1500元标准征收。

3. 对自来水供应按每吨0.02元标准向自来水公司价内征收。

4. 对承建市城区工程实行包工包料的按预算总造价0.5%的标准向施工单位征收，包工不包料的按建设总额2.5%的标准向施工单位征收。

5. 对城区营运的“的士”、正三轮摩托车、人力“慢慢游”，年检年审时分别按每年每辆2160元、2000元、1200元标准征收。

6. 对棉花按销售量（含销市内）每50公斤0.5元标准向棉麻公司价内征收。

7. 凡市管价的产（商）品价格和收费标准调高时，按当年调价增值额的10%向受益单位征收。

8. 对中央、省及外地在常的企事业单位（含办事处、营业部）按核准人数（含在职干部、职工、临时工、合同工）每人每月2.5元标准向所在单位征收。市属企业由市财政预算安排解决。

9. 经济效益好的中央、省、市属企业应承担部分调节市场物价的生产建设项目或相应的资金。

二、价格调节基金征收分工

上述征收范围和标准中第2项由市工商部门代征；第4项由市建委建工处代征；第5项由市公安、交警部门代征；其他各项由市价格调节基金办公室征收。代征单位所收款项必须及时解缴市价格调节基金办公室基金专户。

三、本方案从1995年元月1日起执行。

常德市人民政府办公室

1995年8月4日

常德市人民政府
关于稳定消费价格总水平保障群众基本生活的通知

常政函〔2011〕11号

各县市区人民政府，常德经济技术开发区、柳叶湖旅游度假区、西湖管理区、西洞庭管理区管委会，市直有关单位：

去年以来，受市场流动性充裕、国际大宗商品涨价、天气气候条件异常、劳动力和土地成本增加以及市场投机力量活跃等多种因素影响，以农产品为主的生活必需品价格上涨较快，价格总水平逐月攀升，加大了城乡居民特别是中低收入群体的生活负担。为进一步做好价格调控监管工作，稳定市场价格，切实保障群众基本生活，根据《国务院关于稳定消费价格总水平保障群众基本生活的通知》（国发〔2010〕40号）、《湖南省人民政府关于稳定消费价格总水平保障群众基本生活的实施意见》（湘政发〔2010〕30号）精神，现就有关事项通知如下：

一、大力发展蔬菜生产。适应城市化进程，切实加强蔬菜种植基地和蔬菜大棚建设。严格落实省下达的市、县最低保有面积标准，建立健全菜地占补平衡和补偿机制，保障和提高蔬菜生产能力。合理调整蔬菜种植结构，增加反季节蔬菜生产和越冬蔬菜供应。财政、物价、农业等部门要进一步落实扶持蔬菜生产的各项政策措施，支持蔬菜产业加快发展。

二、降低农副产品流通成本。落实国家、省鲜活农产品运输绿色通道政策。将马铃薯、甘薯（红薯、白薯、山药、芋头）、鲜玉米、鲜花生列入绿色通道品种范围。自2010年12月1日起，所有收费公路（含收费的独立桥梁、隧道）全部纳入鲜活农产品运输“绿色通道”网络范围，对整车合法装载运输鲜活农产品车辆免收车辆通行费。对绿色通道品种《目录》范围内的鲜活农产品与《目录》范围外的其他农产品混装，且混装的其他农产品不超过车辆核定装载质量或车厢容量20%的车辆，比照整车合法装载车辆执行。考虑车辆计量计重设备可能出现的合理误差，对超限超载幅度不超过5%的鲜活农产品运输车辆，比照合法装载车辆执行。进一步规范和降低农副产品流通环节的各项收费，整治农贸市场和超市乱收摊位费、进场费等不规范收费行为。

三、稳定农副产品供应。积极配合国家有关部门做好中央储备粮、油投放和轮换有关工作，按照国家下达的地方储备粮油规模指导计划，建立和充实粮、油、肉地方储备，保持地方粮、油、肉的投放力度，保障市场供应。城市人民政府和各经营单位要提前做好小包装成品粮油和越冬蔬菜等农副产品储备工作，加快定点屠宰场、蔬菜批发市场、社区肉菜店和冷链物流建设。

四、保障化肥生产和能源供应。落实对化肥生产用电和铁路运输的价格优惠政策，保证化肥生产企业正常生产用电。各县市区人民政府和各有关部门要加强化肥调运工作，落实化肥淡季储备政策和计划安排，对淡季化肥储备实行财政贴息，确保农业用肥需要。各级经信、商务部门要加强组织协调，搞好运力衔接，确保煤、电、油、气等能源供应。各地对城乡居民生活及企业生产正常用电要予以保证，不得随意拉闸限电。

五、发放价格临时补贴。落实省政府对城乡困难群众发放价格临时补贴政策：从 2010 年 11 月起，连续 5 个月对农村五保对象发放临时价格补贴，连续 4 个月对城乡低保对象及享受国家抚恤补助的优抚对象发放临时价格补贴。补贴标准分别为：农村五保对象和城市低保对象每人每月补贴 20 元；农村低保对象和享受国家抚恤补助的优抚对象每人每月补贴 15 元。所需资金由县市区人民政府通过上级补助、本级安排和结余资金统筹解决。按规定足额发放中等职业学校国家助学金，提高农村义务教育部分家庭经济困难寄宿生生活费补助标准，保持各大中专院校学生食堂饭菜价格基本稳定。

六、建立物价上涨与低收入群体价格临时补贴联动机制。按照国家、省有关要求，在基本生活必需品价格突发性上涨，并持续时间较长的情况下，根据本地区生活必需品价格上涨情况，结合经济发展水平和财力状况，对城乡低保、五保供养对象等城乡困难群众发放价格临时补贴，确保低收入群体的生活水平不因物价上涨而降低。尽快建立和完善最低生活保障、失业保险标准与物价上涨挂钩的联动机制。逐步提高基本养老金、失业保险金和最低工资标准。

七、积极稳妥推进价格改革。严格落实国家和省统一部署的价格改革措施，确保周密安排、平稳出台。对市、县管理价格的，在居民消费价格指数突破预期调控目标时暂缓出台提价方案。按照国家、省安排必要时实施临时价格干预措施，积极探索大米、食用油、猪肉等重要生活必需品差率管理办法。

八、进一步强化医药价格监管。巩固安乡县、武陵区第一批基本药物制度试点成果，启动第二批试点县基层医疗机构实施基本药物制度工作。严格执行基本药物“零差率”销售有关规定；完善公立医疗机构药品价格监管，确保县级以上公立医疗机构网上药品集中采购中标药品临时最高零售价格监管措施落实到位；继续降低偏高的药品价格，努力减轻人民群众用药负担。

九、清理、规范和取消各种不合理收费。认真清理越权出台的行政事业性及各种服务性收费项目。落实省政府规定，自 2011 年 1 月 1 日起，取消单台设备及企业能量平衡测试费，水路运输、服务证书工本费，船舶焊工培训考试费，汽车维修技工、检验员证书工本费，机动车尾气检测费，机动车新车上户、转籍、变更人工检验费，农作物新品种审定费，农机维修网点收费，会计专业技术初、中级资格证工本费，电算会计资格证工本费，注册会计师证券期货考试合格证工本费，会计从业资格证年检费，注册会计师非执业会员证工本费，质监部门资料工本费。卫生学鉴定费在现行标准上降低30%，药品注册审批费、中药品种保护评审初审费、已有国家标准药品审批费、药品生产许可证审查费在现行标准上降低15%，注册资金总额在1000万元以上的企业注册登记费由0.8‰降至0.6‰。物价、财政部门要加强对收费资金的监管，重点治理和规范行政事业性单位凭借行政权力或垄断地位向企业提供服务的各项收费。

十、加强价格调节基金征收、使用、管理。按照“取之于价格，用之于价格”的原则，依法做好价格调节基金的征收、使用、管理工作，充分发挥价格调节基金在给予特困群体一次性价格补贴、扶持蔬菜生产、平抑居民生活必需品价格等方面的作用。

十一、加强市场价格监督检查和反价格垄断执法。强化价格监管力量，重点打击经营者在生产自用外，超出正常的存储数量或存储周期，大量囤积市场供应紧张、价格发生异常波动的商品等恶意囤积、哄抬价格以及变相涨价、合谋涨价、串通涨价、欺行霸市等违法行为。严厉查处恶性炒作事件和捏造、散布涨价信息等违法行为。

十二、完善价格监测和信息发布制度。加强价格监测预警，建立健全价格新闻信息披露机制，正确把握舆论导向，正面宣传居民生活必需品、主要农产品和生产资料等生产供应及市场价格情况，客观分析价格变动趋势，准确阐释价格政策，澄清不实报道，稳定社会预期，防止因信息不灵导致生产者惜售、经营者囤积、消费者抢购等非理性行为发生。

十三、整顿农产品收购秩序。严格粮食收购资格审核，落实粮食经营者最高库存量的规定，加强粮食收购资金监管；取缔无证照收购加工棉花的行为。

十四、建立市场价格调控联席会议制度。物价、发改、经信、监察、粮食、农业、商务、交通、财政、民政、统计、工商、质监、新闻办等部门要加强协调、密切配合，各司其职、各负其责，确保国务院和省、市政府确定的稳定消费价格总水平、保障群众基本生活各项政策措施落实到位。

十五、加强价格工作领导。各县市区人民政府要进一步加强对价格工作的领导，配备与价格调控和价格工作任务相适应的机构、领导班子，充实工作队伍，健全乡镇、街道价格监管网络，制定和完善价格应急调控监管预案，及时排查、妥善疏导各种价格矛盾，对可能引发局部价格上涨的苗头性、趋势性问题，确保在本地区得到妥善解决，防止和杜绝因价格问题引发社会群体性事件。

二〇一一年一月十一日

二、全市价格工作会议（选介）

市委、市人大、市政府、市政协对物价工作十分重视，每年召开一次全市价格工作会议，对上一年价格工作进行总结表彰；传达全国、全省物价工作会议精神；研究、布置全市物价工作。市委、市人大、市政府、市政协相关领导出席会议并讲话。参加会议的有各区县市政府分管物价工作的副区县市长，发展改革物价局局长、分管物价工作的副局长、办公室主任、价格监督检查局局长、价格（收费）股长；常德（德山）经济技术开发区、柳叶湖旅游度假区、西湖管理区、西洞庭管理区、桃花源管理区管委会物价局局长（物价办主任）；贺家山原种场物价办负责人；市直有关单位负责人以及市物价局全体领导班子成员及科室、单位负责人。

（一）1990 年全市价格工作会议

1990 年 3 月 20 – 23 日召开全市物价工作会议，副市长李江出席并讲话，副局长刘书敏作工作报告，纪检组长吴俩明作题为《去年物价检查工作情况和今年工作任务》的讲话。会议明确：这次全市物价工作会议就是学习中央领导同志最近有关物价工作的指示，贯彻全省物价工作会议精神，布置全市物价工作。此前国家先后召开了全国物价工作会议和物价监督检查工作会议。姚依林副总理接见参加全国物价工作会议的代表时指出：今年既要稳定物价，又要振兴经济，还要适当调整某些必须调整的价格。应当看到，治理整顿只是初见成效，物价涨势只是得到初步抑制，不稳定的因素仍然很多，“外有压力，内有困难”，当年的物价工作担子更重。

全市物价工作会议提出 4 点要求：一是明确任务，认真落实物价控制目标责任制。二是审慎行事，精心组织价格调整措施出台。三是大力治乱，严格整顿价格秩序。四是要求振奋精神，努力做好 1990 年的物价工作。副市长李江的讲话就搞好常德市 1990 年的物价工作提出了 3 点要求：一是把握物价形势，努力实现全方位的控价目标；二是正确执行物价政策，力争达到 1990 年控制物价和发展经济两全其美的目的；三是切实加强领导，提高物价管理水平。

（二）1991 年全市价格工作会议

1991 年 3 月 8 日召开全市物价工作会议。会议主题是传达全国、全省物价工作会议和物价检查工作会议精神。市政府领导到会并讲话。局长沈兆兴作《把握形势，开拓进取，努力攀登物价工作新台阶》的工作报告。会议认为：常德市的物价工作在控制物价水平、调整结构、推进体制改革、加强队伍建设等方面取得了丰硕成果。会议指出：1991 年是“八五”计划的第一年。物价管理是执行“控制物价水平、调整价格结构、深化价格改革、促进经济振兴”的重要工作。会议要求在保证国家和省定项目顺利出台的前提下，对市级管理的商品价格调整要作出妥善安排，达到“管住少数、放开多数”的价格改革目标。重点治理农村电价、成品油、棉花、药品价格和行政事业性收费。全市物价部门要加强管理，做到控制措施从严，把握重点整顿治乱求效，参政献策专题调研求深，兴工强农职能服务求全，严肃纪律廉洁清政求硬，抓好教育培训，思想业务素质求高，增强团结协作相互配合求紧。

（三）1992 年全市价格工作会议

1992 年 3 月 5 日召开全市物价工作会议。传达贯彻全国全省物价工作会议精神，总结工作，交流经验，动员全市物价部门认清形势，更新观念，努力做好新形势下的物价工作。局长沈兆兴作工作报告。会议认为：常德市价格水平持续保持稳定，价格结构性调整力度加大，价格调控手段得到改进，价格收费秩序整顿成效明显，价格服务意识不断增强，围绕党和政府的中心开展工作更加主动，物价工作领域更加宽广，物价工作联系更加紧密。但在重要商品价格放开后，相应的管理措施没有很好跟上，市场变化分析、预测工作应该加强。会议要求严格控制物价水平，努力保持市场物价基本稳定；严密组织领导，适时出台价格改革政策，逐步健全价格调控体系，拓宽工作领域，强化物价部门主管价格的职能作用。要用崭新的思想观念、科学的工作方法做好新形势下的物价工作。

（四）1994 年全市价格工作会议

1994 年 3 月 15 日召开全市物价工作会议。省物价局局长李后祥、市政府副市长洪明祥出席会议并讲话，市物价局副局长刘书敏作工作报告，局长沈兆兴作《紧急行动起来，深入扎实地开展全市物价大检查》的报告。会议认为：1993 年常德市各级物价部门围绕贯彻中共十四大精神，逐步建立了以市场价格为主的价格体制，市场物价总水平保持稳定。但常德市物价工作存在市场约束机制和调控机制不太健全，不能很好地适应新时期要求等问题，转变工作职能，拓宽工作领域的任务仍然很重。会议要求：物价工作要正确处理好改革发展和稳定的关系，积极稳妥地推进价格改革，切实减轻农民负担，努力保持物价总水平基本稳定。会议提出主要做好以下几件工作：⑴严格控制物价上涨幅度；⑵进行深化改革；⑶切实加强市场物价管理；⑷尽快建立市场价格机制；⑸继续搞好工作职能转变。副市长洪明祥在讲话中肯定了物价工作在常德市经济工作中的作用，要求物价部门清醒地认识到当年全市严峻的物价形势，千方百计稳定常德市人民基本生活必需品价格，下大力加快建立健全价格调控体系。

（五）1999 年全市价格工作会议

1999 年 2 月 2－3 日召开全市物价工作会议。市人大常委会副主任俞斌龙、副市长龚建明、市政协副主席蒯定勋出席会议并讲话。市物价局局长沈兆兴作题为《改善价格调控，扩大消费需求，努力做好新形势下的物价工作》的报告。会议要求 1999 年要做好以下主要工作：⑴改善价格调控，扩大内需。⑵进一步加强和深化价格、收费的管理与改革。⑶严格农村物价管理，扩大农村市场。⑷加大价格监督检查力度。⑸拓展价格服务领域，正确处理物价工作中的几个关系，依法行政，树立物价系统的良好形象。副市长龚建明的讲话对物价工作提出3点要求：⑴正确把握形势，统一认识，明确物价工作新思路。⑵继续发扬成绩，突出重点，努力取得物价工作新成效。⑶进一步转变观念，改进作风，全力做好新时期的物价工作。市人大常委会副主任俞斌龙、市政协副主席蒯定勋到会提出3点要求：一要加强学习、加强宣传，让广大群众了解和熟悉物价政策、法规，提高物价工作的透明度；二要根据《价格法》等法律法规，按价格管理权限办事，狠抓消费治乱，强调各级不能唯“政绩”而不顾老百姓的“死活”，严禁越权提价增费；对公用事业、公益性、垄断性商品和服务价格要实行价格听证会制度，做到依法治价、民主管价；三要加大监督检查力度，着力规范价格和收费行为，努力减轻企业和群众不合理负担。

（六）2003年全市价格工作会议

2003年1月17日召开全市价格工作会议。会议贯彻市委经济工作会议和全省价格工作会议精神，总结2002年物价工作，部署2003年物价工作。副市长龚建明到会讲话，市物价局局长印甫生作工作报告。会议认为：全市物价部门贯彻落实“三个代表”重要思想，按照市委、市政府年初确定的工作思路和目标任务，运用价格杠杆，整顿规范经济秩序，圆满完成了各项工作任务。会议要求：按照全省统一部署，稳步推进价格改革，做到依法行政、依法治价、依法治费。突出价费公示，不断提高服务水平，进一步抓好干部队伍建设。副市长龚建明的讲话首先肯定物价部门工作扎实、成绩显著，2002年的工作为今后价格工作的发展奠定了基础。他指出，形势催人，时不我待，物价工作者要围绕全面建设小康社会，努力完成当年价格工作的任务。工作中要注意方法，选准重点，积极开创全市价格工作新局面。

（七）2006年全市价格工作会议

2006年2月23日召开全市价格工作会议，总结回顾2005年价格工作，部署2006年价格工作。省物价局副局长张正、副市长李爱国出席会议并讲话。市物价局局长袁云波作题为《坚持科学发展，提升服务水平，扎扎实实做好2006年价格工作》的工作报告。会议认为：全市价格部门认真履行价格监管职责，强化价格服务，促进了价格环境优化和经济健康发展。2005年的价格工作收到了“五新”的效果：决策参谋水平有新提高、热点价费行为得到新规范、价费监管渠道有新拓展、物价部门的社会影响有新提升、依法行政维权树立了新品牌。会议要求2006年价格工作要围绕中心、服务群众、履行职能、促进发展。重点是“探索一条新路，夯实两大基础，突破三个难点”。市政府领导的讲话，要求统一思想，提高认识，切实增强价格工作的责任感和使命感；围绕中心，突出重点，着力发挥价格部门在促进经济发展、维护群众利益中的作用；加强领导，搞好协调，努力营造良好的价格工作环境。

省物价局领导的讲话指出价格工作要把握好5个方面的问题：⑴保持市场价格总水平的基本稳定。⑵2006年乃至“十一五”期间价格改革的重点是资源性价格改革。⑶严格规范价格行为。⑷缓解热点价格问题。⑸价格服务社会主义新农村建设。

（八）2007 年全市价格工作会议

2007 年 3 月 7 日召开的全市价格工作会议，回顾总结 2006 年常德市的物价工作，安排部署 2007 年物价工作。副市长李爱国在会上讲话。局长袁云波作题为《服务经济发展，维护群众利益，切实做好 2007 年价格工作》的工作报告。会议充分肯定 2006 年全市价格部门发挥职能作用，积极疏导价格矛盾，保持市场价格总水平基本稳定，维护了人民群众的价格利益，助推了常德新型工业化建设和新农村建设，大力推进了队伍建设和机关管理。会议指出：资源价格改革已列入 2007 年国家价格工作的重要日程。常德市的价格工作面临诸多矛盾，主要是消费价格指数的基本稳定与群众实际感受不一致的矛盾；资源环境价格改革推动价格上涨与居民、企业承受能力有限的矛盾；群众对医药、教育、住房等减负期望值与现行体制机制下实际减负能力受多种因素制约的矛盾；经济利益多元化、价格矛盾系统多样化与价格监管力量薄弱的矛盾。会议要求 2007 年的物价工作要围绕市第五次党代会提出的建设“工业强市、文化名城、和谐常德”的目标任务，积极履行价费监管职能，提高服务水平，努力做好 3 个“强化”：一是强化涉农价费监管，服务和促进新农村建设。二是强化涉企收费监管，服务和促进新型工业化建设。三是强化市场价格监管，规范市场经济秩序。副市长李爱国在讲话中提出 3 点要求：⑴把握重点，切实增强价格工作主动性。⑵保障民生，切实发挥价格职能作用。⑶扩大宣传，切实改善价格工作环境。

（九）2008 年全市价格工作会议

2008 年 2 月 27 日市政府召开全市价格工作会议，副市长李爱国出席会议并讲话。市物价局局长袁云波作题为《以十七大精神为指导，扎实做好 2008 年价格工作》的工作报告，会议认为：常德市物价部门采取有效措施，履行监管职责，各项工作稳步推进，取得了明显成绩：⑴加强了市场价格监管。⑵规范民生价格行为，促进社会和谐稳定。⑶热心服务企业发展。⑷落实了涉农价费政策。⑸突出了基础基层工作，提高价格服务水平。2008 年是新一届市政府领导班子工作的开局之年，全市价格工作要防止经济增长由偏快转向过热，防止价格由结构性上涨突变为明显通货膨胀。会议要求物价部门要充分发挥物价职能作用，疏导价格矛盾，重点搞好 5 个方面的工作：一是保持价格总水平基本稳定，搞好价格政策引导，落实价费帮扶政策，实施价格调控。二是扎实开展价费服务企业行活动，深入开展价格诚信建设活动。三是强化民生价格、涉农价费、行政事业性收费三项监管。四是搞好价格监测预警工作，认真做好商品和服务价格定调价项目成本监审。加强价格监督检查，强化价格认证鉴证工作。

（十）2009 年全市价格工作会议

2009 年 2 月 20 日召开全市价格工作会议，副市长李爱国出席会议并讲话，市人大常委会副主任张启祥、市政协副主席彭明建出席会议。市物价局局长袁云波作题为《全面贯彻落实科学发展观，努力开创价格工作新局面》的工作报告。会议认为：2008 年常德市价格部门在特大冰冻自然灾害和国际金融危机的严峻形势下克服困难开拓工作，为常德市经济发展做出了新的贡献。在加强市场调控，努力控制价格总水平过快上涨、加强民生价格监管，着力办好“十件价格实事”以及服务中心促进经济又快又好发展等方面取得了可喜成绩。加强和完善了价格基础工作，提高了价格工作水平。会议确定 2009 年的价格工作要以科学发展观为统领，紧紧围绕“稳物价、保增长、扩内需、促民生、强基础”的工作目标，努力实现价格总水平基本稳定。运用价格杠杆，保持常德市经济平稳较快增长。会议要求 2009 年价格工作要突出做到：⑴完善价格调控机制。⑵增强价格监测功能。⑶强化市场价格监管。⑷完善价格补贴联动机制。⑸落实节能减排价费政策。⑹落实资源性价格改革政策。⑺加强涉企收费监管。⑻整治服务价费行为。⑼落实惠农价费政策。⑽提高农产品成本调查工作质量。⑾增强价格管理和服务功能。副市长李爱国的讲话指出既要充分发挥物价部门对市场价格的监管主导作用，又要树立良好的社会形象，要依法行政，规范管理。要保持适度价格涨幅，增强投资者热情，激发经济活力。

（十一）2010 年全市价格工作会议

2010 年 3 月 17 日召开全市价格工作会议，副市长沈习淼出席会议并讲话，局长袁云波作题为《围绕中心，服务大局，力争价格工作再上新台阶》的工作报告。会议认为 2009 年全市价格工作围绕稳物价、惠民生、优服务、强基础的工作目标，加大价格调控力度，强化市场价格监管，规范市场价费行为，取得了以下 6 个方面的成绩：⑴市场监管力度加大，价格调控手段不断强化。⑵价格公共服务全面推进，群众满意程度不断提高。⑶清费减负工作加强，经济发展环境不断优化。⑷突出以人为本和谐发展，民生价费问题不断规范。⑸基层工作得到加强，管理服务水平不断提升。⑹党风廉政建设得到落实，机关队伍建设不断巩固。会议确定：2010 年全市价格工作要围绕促进经济平稳较快发展这一主线，着力加强市场监督，稳妥推进价格改革，切实维护民生民利，努力实现 CPI 涨幅控制在 3% 左右的预期目标，促进常德市经济又好又快发展。会议要求物价部门和价格工作人员要改进和加强价格调控监管，实现价格总水平基本稳定；围绕中心服务大局，促进全市经济又好又快发展；认真办好价格实事，切实维护人民群众利益；夯实基础工作，提高监管服务水平。副市长沈习淼讲话提出 4 点要求：⑴要提高价格工作新认识，切实加强组织领导。⑵要适应发展新形势，创新价格监管工作理念。⑶要顺应人民新期盼，解决民生价格突出问题。⑷要落实满意机关新要求，加强干部队伍自身建设。

（十二）2011 年全市价格工作会议

2011 年 3 月 7 日召开全市价格工作会议，副市长沈习淼到会并讲话，局长袁云波作题为《充分发挥价格职能作用，服务“现代常德，幸福家园”建设》的工作报告。会议认为，全市价格部门服务常德市经济工作做到了“四维护”：维护了市场价格秩序、维护了经济发展环境、维护了人民群众利益、维护了价格部门形象。会议明确 2011 年全市价格工作要深入贯彻落实市委经济工作会议、全省价格工作会议精神，紧紧围绕科学发展这一主题和促进经济发展方式转变这根主线，充分发挥价格职能作用。在“稳物价、转方式、惠民生、创满意”方面下功夫，为推进“现代常德，幸福家园”建设做出积极贡献。会议对2011年价格工作提出5点要求：⑴强化市场监管，稳定价格总水平。⑵落实价格改革措施，促进经济发展方式转变。⑶规范价费行为，优化经济发展环境。⑷加强民生价格监管，促进社会和谐稳定。⑸依法行政，提高价格监管服务水平。

（十三）2012年全市价格工作会议

2012年2月28日在常德国贸金龙玉凤会议室召开全市价格工作会议。市人大常委会副主任张启祥、市政府副市长沈习淼、市政协副主席韦绍斌出席会议并讲话。市政府副秘书长陈彰波主持会议，市物价局党组书记、局长袁云波作工作报告。会议肯定：2011年全市价格部门围绕“稳物价、转方式、惠民生、创满意”的工作目标，在价格调控、价格杠杆、价格服务、价格执法、管理水平、部门形象等方面取得了明显成效。常德市的价格工作得到省政府、省物价局和市委、市政府的肯定：市政府获全省价格调控工作一等奖，副市长沈习淼代表市政府在全省会议上介绍经验；市物价局获全省物价系统价格调控工作先进集体和落实十件价格实事先进集体称号、被市委、市政府授予常德市十佳人民满意机关称号。会议明确，2012年全市价格工作的总体思路是：深入贯彻落实市委经济工作会议、市五届人大五次会议和全省价格工作会议暨省价格调控工作领导小组会议精神，坚持科学发展观，加快转变经济发展方式，突出保供稳价这一主题，以“法治常德建设”为契机，着力打造阳光物价，推进依法治价，充分发挥价格职能作用，努力保持价格总水平基本稳定，为“现代常德、幸福家园”建设营造良好的价格环境。会议要求2012年价格部门要突出抓好5个方面的工作：一是努力保持价格总水平基本稳定；二是积极落实促进改革发展的政策措施；三是切实办好改善民生的价格实事；四是突出强化涉农价费监管；五是大力推进价格公正执法。会议强调要强化举措，确保全年各项目标任务的完成；努力做到“五加强”：加强调查研究、加强舆论宣传、加强基础工作、加强队伍建设、加强考核评比。

市政协副主席韦绍斌的讲话指出，要用整治角度思考价格，用创新方式管理价格，用改革举措调控价格。市人大常委会副主任张启祥从经济增长、充分就业、物价稳定和国际收支平衡四个方面阐述了当前经济形势和经济发展难点。副市长沈习淼讲话要求全市价格工作要做到客观分析形势、创新监管方式、突出工作重点、加强组织领导。

三、集体荣誉录

（一）受全国物价系统表彰

1. 市物价局

时间	奖励机关	受奖单位	荣誉称号	备注
1990 年	国家物价局	市物价局物价自学函授站	全国先进物价函授工作站	
2003 年	国家发展和改革委员会	市物价局	全国价格监测工作先进单位	
2004 年 2 月	国家发展和改革委员会	市物价局	2002—2003 年全国农产品成本调查优秀集体	
2007 年 3 月	国家发展和改革委员会	成本调查队	2005—2006 年度全国农产品成本调查工作优秀集体	
2008 年 10 月	国家发展和改革委员会	常德市价格认证中心	2006—2008 年度价格认证机构规范化建设达标单位	
2009 年 2 月	国家发展和改革委员会价格监测中心	市物价局	2008 年度全国价格监测工作优秀单位	
2011 年 3 月	国家发展和改革委员会价格监测中心	市价格监测中心	2010 年度全国价格监测工作优秀单位	
2011 年 12 月	国家发展和改革委员会	市价格成本调查队	全国农产品成本调查工作优秀集体	
2012 年 12 月	国家发展和改革委员会	常德市价格认证中心	2010—2012 年度价格认证工作先进单位	

2. 区县市物价局

桃源县物价局 1997 年被国家计委、人事部评为全国物价系统先进集体。

鼎城区物价检查所 2000 年被授予全国规范化物价检查所称号。

桃源县物价局 2000 年被国家发改委命名“规范化物价检查所”。

武陵区物价检查所 2007 年被评为国家级优秀基层检查所。

安乡县物价局被评为 2007 年度全国价格监测工作优秀单位。

安乡县价格成本调查队被评为 2008—2009 年度全国价格成本调查工作优秀集体。

（二）受省物价局表彰

1、市物价局

时间	奖励机关	受奖单位	荣誉称号	备注
1990 年	省物价局	市检查所	价格检查工作先进集体	
	省物价局	市物价局	业务统计工作先进单位	
	省物价局	市物价局	综合工作先进单位	
1991 年	省物价局	市物价局	近几年工作先进单位	
	省物价局	市物价局	综合信息工作先进单位	
	省物价局	市物价局	统计工作先进单位	
1993 年	省物价局	市物价局	物价宣传工作先进单位	
	省物价局	市物价局	物价业务统计工作先进单位	
1994 年	省物价局、人事厅	市物价局	全省物价检查先进单位	
	省物价局	市物价局	物价业务统计工作先进单位	
1995 年	省物价局	市物价局	价格信息工作先进单位	
	省物价局	市物价局	价格监测工作优秀单位	
	省物价局	市局价格科	工农产品价格管理工作优秀单位	
1998 年	省物价局	市物价局	物价综合监测统计工作做得好的单位	
1999 年	省物价局	市物价局	价格信息网络建设先进单位	
	省物价局	市物价检查所	物价监督检查先进单位	
2001 年	省物价局	市物价局	物价系统“三五”普法先进单位	
2002 年	省物价局	市物价局	价格综合法规调控工作先进单位	
	省物价局	市局检查所	价格监督检查工作先进单位	
	省物价局		农产品成本调查优秀集体	
2003 年	省物价局	市物价局	价格监测工作先进单位	
	省物价局	市物价局	价格调节基金征管工作先进单位	
	省《价格法》实施5周年宣传活动领导小组	市物价局	宣传贯彻《价格法》先进单位	
2004 年	省物价局	市物价局	价格举报工作先进单位	
2005—2006年度	省物价局	市局价格认证中心	价格认证工作先进单位	
	省物价局	市价格成本调查队	价格成本调查工作优秀集体	
2006 年	省物价局	市物价局	价格综合工作先进单位	
	省物价局	市物价局	价格行政执法先进单位	
	省依法治省领导小组	市价格监督检查局	依法办事示范窗口单位	
	省物价局	市物价局	价格综合工作先进单位	

续表

时间	奖励机关	受奖单位	荣誉称号	备注
2007 年	省物价局	市物价局	价格综合工作先进单位	
	省物价局	市物价局	价格行政执法先进单位	
	省物价局	市物价局	价格监测工作先进单位	
	省物价局	市物价局	价格成本调查工作先进单位	
	省物价局	市物价局	价格监督检查工作先进单位	
	省物价局	市物价局	落实十件价格实事优胜单位	
	省物价局	市物价局	价格综合工作先进单位	
	省物价局	市物价局	价格行政执法工作先进单位	
2008 年	省物价局、省人事厅	市物价局	先进单位	
	省物价局	市物价局	价格综合工作先进集体	
	省物价局	市物价局	价格系统落实“十件价格实事”工作优胜单位	
	省物价局	市物价局	贯彻落实“十件价格实事”二等奖	
2007—2008 年度	省物价局	市成本调查队	价格成本调查工作优秀集体	
	省物价局	市价格认证中心	认定行政许可工作先进单位	
	省物价局	市价格成本调查队	农产品成本调查优秀集体	
	省物价局	市物价局	纪念《价格法》实施十周年宣传活动先进集体	
	省物价局	市物价局	价格信息工作先进单位	
	省物价局	市物价局	价格监测工作先进单位	
2009 年	省物价局	市物价局	价格法律法规知识竞赛组织工作先进集体	
	省物价局	市物价局综合法规监测科	价格监测工作先进单位	
2009—2010 年	省物价局	市价格认证中心	先进价格认证中心	
	省物价局	市价格成本调查队	价格成本调查工作优秀集体	
2008—2009 年度	省物价局	市价格成本调查队	价格成本调查工作优秀集体	
	省物价局	市价格认证中心	涉案物价格鉴证案卷管理评比一等奖	

续表

时间	奖励机关	受奖单位	荣誉称号	备注
2008—2009年度	省物价局	市价格成本调查队	价格成本调查工作优秀集体	
	省住房和城乡建设厅、省经济和信息化委员会	市价格成本调查队	湖南节水型单位	
2010 年	省人社厅 省物价局	市价格监督检查局	物价系统先进集体	
2011 年	省物价局	市物价局	物价系统价格调控工作先进集体	
	省物价局	市物价局	物价系统落实十件实事先进单位	
	省价格调控工作领导小组	市物价局	价格调控工作一等奖	
	省物价局	市价格监测中心	价格监测工作先进单位	
	省物价局	市物价局	行政事业性收费管理工作三等奖	
	省物价局	市物价局	价格综合法规工作先进单位	
	省物价局	市价格成本调查队	稻谷成本价格发布平台工作优秀调查队	
2012 年	省价格监督检查局	市价格监督检查局	第十届全省价格监督检查案卷评查优胜单位	
	省物价局	市价格监督检查局	价格举报工作先进集体	
	省物价局	市价格成本调查队	价格成本调查优秀成本监审报告一等奖	
	省物价局	市价格成本调查队	价格成本调查优秀调研报告优秀奖	
	省物价局	市价格成本调查队	价格成本调查工作优秀集体	
	省物价局	市价格监测中心	价格监测工作先进单位	
	省物价局	市物价局	价格监督检查先进集体	
	省物价局	市物价局	价格系统价格工作先进单位	
	省物价局	市物价局	价格综合工作先进单位	

2、区县市物价局

武陵区

1990 年：物价宣传工作先进单位

2008 年：价格综合工作先进单位

2012 年：2011—2012 年度价格认证工作先进单位、价格法规工作先进单位

鼎城区

2006 年：价格认证工作先进单位

2007 年：价调基金征管工作先进单位

桃源县

1989 年：农产品成本调查工作先进单位

1990 年：《湖南物价》发行工作先进单位

1991 年：物价宣传工作先进单位

1992 年：物价宣传工作先进单位

1993 年：物价宣传工作先进单位一等奖

1994 年：物价宣传工作一等奖、物价监督检查工作先进单位

1995 年：价格信息工作先进单位一等奖

1996 年：价格信息工作先进单位

1997 年：价格信息工作先进单位一等奖

1998 年：价格信息工作先进单位一等奖

2001 年：价格信息网络建设先进单位

2002 年：价格信息工作先进单位

2004 年：价格举报工作先进单位

2005 年：全省规范化物价检查所

2006 年：价格成本调查工作优秀集体

2007 年：价格成本调查工作优秀集体

2008 年：价调基金征管工作先进集体、成本调查优秀集体、《价格法》实施 10 周年宣传活动先进集体

2009 年：价格认证工作先进集体

2010 年：价格信息工作先进单位

2011 年：价格信息工作先进单位、价调基金征管先进单位、涉案物价格鉴定案卷管理先进单位、价格监督检查先进单位、县局为先进集体

2012 年：价调基金征管先进单位、价格监督检查先进单位

汉寿县

1990 年：物价系统先进集体

1994 年：价格信息工作先进单位
2002 年：价格信息工作先进单位
2003 年：价格信息工作先进单位
2005 年：价格信息工作先进单位、价格综合法规调控工作先进单位
2007 年：价格行政执法先进单位、价格系统先进集体
2008 年：价格综合法规工作先进集体
2010 年：价格信息工作先进单位
2011 年：价格信息工作先进单位
2012 年：价格信息工作先进单位

临澧县

2005—2006 年、2007—2008 年、2009—2010 年：价格认证工作先进单位
2010 年、2011 年：价格监督检查先进集体
2011 年：价调基金征管先进单位、价格监督检查先进单位
2012 年：价格信息工作先进单位、价格认证工作先进单位

石门县

1989 年：农产品成本调查先进单位
　　　　农村物价监督先进单位
　　　　非商品收费年检先进单位
1990 年：物价工作先进单位
　　　　农产品成本调查工作先进集体
1991 年：农本调查、依法办案、物价宣传、价格服务工作先进单位
1992 年：工农产品成本调查先进单位
1994 年：物价检查先进单位
1995 年：价格信息工作先进单位一等奖
1996 年：价格信息工作先进单位
1999 年：成本调查工作优秀集体
2000 年：价格信息网络建设先进单位
2001—2002 年：农产品成本调查优秀集体
2003 年：价格法制工作先进单位
2004—2005 年：价格成本调查工作优秀集体
2005—2006 年：价格成本调查工作优秀集体
2007 年：价格行政执法先进单位

2008 年：价格法规工作先进集体、价调基金征管工作先进集体

2010 年：价调基金征管工作先进单位

2011 年：农产品成本调查优秀集体

2012 年：价格综合工作先进单位、价调基金征管工作先进单位

澧 县

2011 年：价格综合法规工作先进单位

2006 年：价格行政执法先进单位、价格调价基金征收管理工作先进单位

2010 年：价格监督检查工作先进单位

2011 年：价格综合法规工作先进单位

安乡县

1996 年：价格信息工作先进单位

2006 年：价格综合工作、价调基金征管工作先进单位

2007—2012 年：连续 6 年价格监测工作先进单位

2008—2009 年：涉案物价格鉴证案卷管理先进单位

2009 年：价格监督检查工作先进集体

2009—2010 年：先进价格认证中心

2010 年：物价系统先进集体

2012 年：价格监督检查工作、价格综合工作、价格成本调查先进单位

津市市

1996 年：价格信息工作先进单位

2012 年：价格法规工作先进单位、价调基金征管工作先进单位、价格监督检查先进单位

（三）市物价局受市级表彰

时间	颁奖单位	荣誉称号
1994 年	市委办 市政府办	信息调研工作先进单位 政府系统信息工作目标管理先进单位
2000 年	市委、市政府 市政府办 市档案局	农村建整扶贫工作县先进工作组 农电两改一同价工作先进单位 市直档案工作年检优秀单位

时间	颁奖单位	荣誉称号
2002 年	市直机关工委	机关党务工作先进单位
2003 年	市委、市政府	城市创建工作先进单位
		市直单位量化目标管理先进单位
	市政府	抗击“非典”先进单位
	市纪委、市监察局	市直纪检、监察组织目标管理先进单位
	市总工会	工会工作目标管理先进单位
2004 年	市政府	再就业工作先进单位
		对口支援工作先进单位
	市委、市政府	农民负担监督管理工作先进单位
2005 年	市委、市政府	农村基层组织先进后盾单位
		建设点村工作先进工作组
	市政府	对口支援工作先进单位
	市国防动员委员会	人民防空行政执法先进单位
2006 年	市委	精神文明创建工作文明单位
		表彰学习型机关先进单位
2007 年	市委、市政府	农村基层组织先进后盾单位
		建设点村工作先进工作组
		农民负担监督管理工作先进单位
	市直机关工委	廉政文化进机关优秀活动方案单位
2008 年	市委、市政府	目标管理先进单位
		抗冰救灾先进单位
		农民负担监督管理工作先进单位
2009 年	市委	全市机关干部宣讲“十七大”精神、送温暖先进单位
	市委、市政府	农民负担监督管理工作先进单位
		争创“五好”领导班子先进集体
		农村点村先进单位
	市政府	单位联系社区城管创建工作先进单位
	市委办	党委办公室信息工作先进单位
	市政府办	常德政府网站优秀子网站
2010 年	市委、市政府	农村点村工作先进后盾单位
		农民减负监督工作先进单位
		湘商大会嘉奖单位
	市委办、市政府办	企业服务年活动先进单位
		政府系统建议提案办理工作先进单位
	市政府	十佳人民满意机关
		独立院落管理工作先进单位
	市消费者委员会	消委物价监督先进工作部

续表

时间	颁奖单位	荣誉称号
2011 年	市委、市政府	文明标兵单位
		目标管理先进单位
		农业农村工作先进单位
	市委办	结对帮扶先进单位
		农村办点工作先进单位、先进后盾单位
		市直机关党的工作先进单位
	市政府	十佳人民满意机关
	市政府办	对口支援工作先进单位
		推行依法行政工作先进单位
		政府系统办公室工作先进单位
		政务监督工作先进单位
		市直单位优秀子网站
		政府系统建议提案办理工作先进单位
	政协常德市委员会	提案办理先进单位
	市消费者委员会	消委物价监督先进工作部
2012 年	市委、市政府	目标管理先进单位
		作风效能建设工作先进单位
		农民负担监督管理工作先进单位
		依法行政工作先进单位
		电子政务工作先进单位
		政府系统办公室调查研究工作先进单位
		政府系统政务信息工作先进
	市政府办	十佳人民满意机关
	市委办	第三产业目标管理先进单位
	市委办、市政府办	信访工作先进单位
		法治常德建设工作先进单位
	市消费者委员会	消委物价监督先进工作部

索 引

一、文字索引

二、图片索引

（一）彩版图片索引

（二）随文图片索引（不含区县市随文图片）

后　　记

常德市物价局2012年7月制定《常德市物价志（1989—2010）》编修方案，10月19日召开市物价局全体人员及区县市物价局有关人员参加的修志工作动员大会。《常德市物价志》原定上下限时间为1989—2010年，后将下限延至2012年。

2012年9月—2013年2月系统收集资料，2013年3月—2014年6月完成资料长篇及志书初稿的编写工作，经过几轮修改，于2014年10月印发征求意见稿，开始对志稿进行内审。又经市方志办初审、市保密局和市统计局审核、专家评审、市方志办复审、方志出版社校审、市方志办终审等程序后，《常德市物价志（1989—2012）》最终于2015年6月进入印刷厂正式出版发行。

《常德市物价志（1989—2012）》最初成稿110多万字（不含照片版面）。鉴于市物价局职能并入常德市发展改革委员会，为完整记述该局工作，根据相关领导提议，志稿设《限外辑要》，对2013年、2014年市物价局的工作作简要综述，且2013年综述已纂稿成文。后市物价局修志办公室决定取消综述，仅记述2013年、2014年大事，并将志稿删改压缩至现存字数。

《常德市物价志（1989—2012）》共8篇36章120节。市物价局聘请余昭绪、李涤波、周丕元担任志稿编纂工作，余昭绪任主纂。周丕元因病参加至2013年9月，完成了第二篇第三、四章及第三篇、第四篇、第五篇部分初稿的撰写，由余昭绪、李涤波补充完善；李涤波撰写第二篇第一、二章和第六篇的初稿；余昭绪负责第一、七、八篇和概述及照片编排；李弘为收集资料做了很多工作；文雯、刘琳参加了照片的收集编排。

《常德市物价志（1989—2012）》全文由余昭绪负责统稿。

市物价局全体干部职工和退休人员、各区县市物价局和管理区物价机构有关人员对物价志的编修工作大力支持，积极配合。市物价局党组书记、局长袁云波十分重视修志工作，在修志动员会上作报告，强调编修物价志的重要性，提出做好修志工作的具体要求。经常过问修志工作，及时解决修志工作中人、财、物等问题。分管修志工作的党组成员、总经济师、执行主编李印华经常到修志办公室向修志人员问寒问暖，帮助解决生活和工作中的困难，为加快修志进度出主意、想办法，提出具体要求，采取有效措施，使工作环环扣紧。她经常审读志书初稿，帮助搜集、补充资料；参加照片的收集与编排。副调研员、修志办主任钟志宏两次审读修改100多万字的志稿，又对删改稿进行审阅，以其业务专长和文字功底及认真负责的精神，为提高志书质量做了大量工作。市物价局牵头单位法制科科长、修志办副主任王强，为保证修志资料及时到位，与本局各科室单位和区县市物价局以及需提供资料的其他单位做了大量的协调沟通工作。为迎接市政府督查，市方志办公室对修志工作的检查督导和参加有关会议几次撰写汇报材料，如实汇报修志工作情况，使物价局的修志工作获得市方志办及兄弟单位的好评。他和李印华、钟志宏一道为修订志书篇目反复推敲，发动全局（含退休人员）讨论，历经10次以上调整、修改；对志稿进行了审读、修改。李印华、王强还带领编纂人员赴汉寿县、澧县、临澧县、石门县等地调查征集价格资料。

市方志办（科）领导刘李波、周华辉、葛锐、周波、蒯甜等分别出席市物价局的修志动员会、到市物价局讲授修志业务知识、审改篇目、督导检查修志工作，几次审阅志书初稿，组织专家评审等，周波经常接受编纂人员电话咨询，不厌其烦，热情耐心地释疑解惑。

对以上各位给予《常德市物价志（1989—2012）》编修工作的关心、支持与帮助，一并表示诚挚的谢意！

尽管我们力求全面、真实、客观、系统地记述24年来全市价格工作的历史与现状，但由于资料收集的艰难，时间较为紧促，加之编纂人员水平、能力的局限，往往力不从心，疏漏与谬误在所难免，敬请读者见谅。

《常德市物价志（1989—2012）》编辑部

2015年6月